KB080694

영원한
동맹이라는
역설

영원한 동맹이라는 역설

새로 읽는 한미관계사

초판 1쇄 발행 / 2021년 3월 29일
초판 2쇄 발행 / 2021년 4월 23일

지은이 / 김준형
펴낸이 / 강일우
책임편집 / 박주용 신채용
조판 / 황숙화
펴낸곳 / (주)창비
등록 / 1986년 8월 5일 제85호
주소 / 10881 경기도 파주시 회동길 184
전화 / 031-955-3333
팩시밀리 / 영업 031-955-3399 편집 031-955-3400
홈페이지 / www.changbi.com
전자우편 / human@changbi.com

ⓒ 김준형 2021
ISBN 978-89-364-8676-1 93300

* 이 책 내용의 전부 또는 일부를 재사용하려면
  반드시 저작권자와 창비 양측의 동의를 받아야 합니다.
* 책값은 뒤표지에 표시되어 있습니다.

새로 읽는
한미관계사

영원한 동맹이라는 역설

김준형 지음

창비
Changbi Publishers

일러두기

1. 국제관계를 표현할 때 국가를 지칭하는 말들 사이에는 중점을 넣어 구별했다(한·미관계 등). 단, 고유명사이거나 혼동이 없는 경우(한일기본조약, 남북관계 등)에는 중점을 넣지 않았다.
2. 각 문맥에 따라서, 5·18민주화운동은 5·18민주화운동, 광주민주화운동, 광주민주항쟁, 광주항쟁 등으로, 6·10민주항쟁은 6·10민주항쟁, 6·10항쟁, 6월항쟁 등으로 표기했다.

지금까지 썼던 책들 가운데 가장 묵직한 저서를 내놓게 되었다. 바쁜 세상에 이런 두꺼운 책을 읽기 어려울 것이라는 생각에 프롤로그와 에필로그를 요약처럼 길게 썼다. 이 두 글만 읽어도 책의 주제를 파악할 수 있을 것이다. 부제를 보면 짐작할 수 있듯이 역사서의 형식을 따랐기에 사건 내용에 대한 설명이 들어가야 했으므로 책 전체를 관통하는 주제를 붙잡고 끌고 가는 일이 쉽지 않았다. 프롤로그와 에필로그에서 주제와 문제의식을 한번 더 다졌던 이유다. 이 때문에 책 출판 과정의 소회와 도와주신 분들을 향한 사례를 담은 머리말을 따로 떼어내게 되었다.

책을 출판하는 시점에 필자의 직함은 국립외교원장이다. 외교관들을 교육하고, 외교·안보정책 연구를 담당하는 외교부 소속기관인 국립외교원을 전담하는 이른바 '어공'(어쩌다 공무원)인 셈이다. 부임 전 21년간 대학에서 국제정치와 외교를 가르쳤고, 공직의 임무가 끝나면 교단으로 돌아갈 것이다. 사실 이 책은 창비로부터 5년 전에 집필 요청을 받아놓고 미뤄온 글빚을 마침내 갚는 것이다. 어쨌든 출판 시점에는 외교부 소속의 공무원으로서 기존 한·미관계에 대한 비판적 견해를 세상에 내놓는다는 사실이 무척 부담스럽기도 하다. 하지만 학자와 외교관의 이중적 정체성을 가지고 한·미관계를 분석할 수 있어서 하나만 가졌을 때보다 나은 결과물을 낼 수 있었다고 생각하고 감사한다. 한가지 일러둘 것은 국립외교원장직이 기밀을 다루는 자리도 아니거니와, 책 내용 중에 공직에서 알게 된 보안 사항이나 비공개 사항은 없다는 점이다. 평생 학자로 살아온 만큼, 학문적 분석과 공개된 자료 등에 기초해 집필한 책이며, 불분명한 부분들은 학문적 추론에 의한 것임을 본문에서 밝혔다.

미국을 전공하고, 미국에서 유학하는 등 미국에 우호적일 수밖에 없는 조건들을 갖춘 사람이 비판적 견해를 가지는 것에 대해 필자는 자주 비난받곤 했다. 이 책의 출판으로 그같은 비난이 재점화될지도 모르겠다. 하지만 한·미관계의 오랜 연구자로서, 그리고 교육자이자 외교관으로서 한미동맹에 대한 객관적이고 균형적인 견해를 바탕으로 상식적이고 합리적인 접근을 제시하려 한 것이 일평생 소신이자 책을 쓴 가장 본질적인 동기이다. 대한민국이 이제는 미국과 동등한 관계로 나아갈 수 있는 충분한 자격과 시간을 가졌다는 것을 강조하고 싶었으며 다른 뜻은 없다.

학자로 살아오면서 '한반도'라는 주제는 크나큰 도전이자 관심이었다. 국제정치학자로서 이처럼 흥미로운 주제는 다시없을 것이다. 미·중 패권 대결의 최전방, 탈냉전의 바다에 떠 있는 냉전의 섬이자 전쟁과 평화가 분단으로 마주하는 곳이 바로 한반도이다. 국제정치 이론을 적용할 대상과 주제를 언제든지 어렵지 않게 찾을 수 있는 실험실 같은 곳이다. 그러나 '한국인'이라는 또 하나의 정체성은 한반도 문제에 흥미로만 다가갈 수 없게 만들었다. 학문적 호기심과 민족적 사명감이 끊임없이 교차하며 나를 고민하게 했다. 부족하지만, 이 책은 그러한 고민이 남긴 흔적이라고 할 수 있을 것이다. 지금까지 우리의 역사에서 대외 환경이 우호적이었을 때는 거의 없었다. 그로 인해 우리 민족의 삶은 고난의 연속이었지만, 동시에 줄기찬 응전의 결과로 오늘날의 발전된 위상에 오를 수 있었다고 믿는다.

도와주신 분들이 참 많다. 인생은 결국 혼자지만, 혼자만으로 살 수 없다는 것을 이번에도 확인하게 된다. 한 가족으로 받아준 국립외교원과 외교부 동료들에게 감사한다. 수년 동안 함께 공부 모임을 해온 외·안·통 동료학자들, 잠시 떠나 있지만, 한동대 동료들과 학생들, 특히 집필에 큰 도움을 준 제자 김진서에게 고마움을 전한다. 무엇보다 빈틈없이 원고를 점검해준 창비의 저력에 존경을 표하며, 포기하지 않고 오랜 기간 기다려준 성의와 믿음에 큰 감사를 드린다. 인생의 스승으로 존경하는 임동원 장관님과 문정인 세종연구소 이사장님께서 기꺼이 추천사를 써주셔서 감사드린다. 오랜 시간 우정을 나눈 벗, 독서광 최재천 전 의원은 출간 전부터 이 책에 비상한 관심을 쏟아주었다. 감사의 마음을 전하며, 이후 날카로운 평가도 부탁드린다. 이외에 일일이 거명하지 못해도 고마운 이들이 많으며, 마지막으로 필자의 일 중독을 원망하는 가족들에게는 고맙다는 말과 미안하다는 말을 함께 전한다.

2021년 3월 국립외교원에서
김준형

차례

제 3 부 새로운 도전과 한·미관계의 미래: 2008년~2020년

양면적이지만, 두개의 얼굴로만
설명할 수 없는 한·미관계

두개의
상반된 미국

우리는 극단적 양면성을 묘사할 때 '야누스적'이라는 말을 쓴다. 클리셰cliché가 되어버린 표현이지만, 이중성은 국내 정치의 대립각을 유지시켜온 한·미관계의 과거와 현재를 설명하는 데 유용하다. 한국사회 내부에서 유구하게 흘러온 대미인식 체계에는 상반된 미국이 존재해왔다. 하나는 제2차 세계대전 이후 세계 최강의 군사력과 경제력을 통해 한국이 제국주의 일본의 식민지 압제에서 벗어나는 데 결정적인 도움을 주었으며, 이어진 전쟁과 빈곤의 나락으로부터도 구해준 '구원자'와 분단 대결 구조에서 안보와 생존을 지켜주는 '보호자'의 미국이다. 대한민국이 식민지에서 벗어나 근대적 국가를 건설하는 데 미국의 역할은 그야말로

'절대적'이었다. 한국은 독립과 전쟁 이후에 미국의 원조로 연명했고, 이후 미국식 시장자본주의와 사회시스템을 받아들여 국가발전을 이루었다. 또한 분단이라는 치명적인 안보 환경은 미국과의 군사동맹을 통해 극복해왔다. 이렇듯 정치 및 군사는 물론이고, 경제, 사회, 문화 등 모든 분야에서 한국에 끼친 미국의 긍정적 존재감은 누구도 부인하기 어려운 범위와 신화를 형성해왔다.[1]

한국사회 속에 존재하는 또다른 미국은 제국주의 일본의 범죄를 눈감아주었을 뿐 아니라, 그 재건과 부흥을 적극적으로 지원했다. 또한 한국이 식민지에서 독립한 직후 곧바로 벌어진 한국전쟁과 이어진 분단, 그리고 냉전 대결구조를 만든 책임에서 자유로울 수 없는 미국이다. 전후 대한민국의 경제발전과 민주화에 대한 미국의 결과론적 공헌을 외면할 수는 없다고 하더라도, 미국은 한국의 경제발전을 자국의 이익에 유리하도록 유도하고 자국의 동아시아전략을 위해 한국의 민주화에 역행하는 행태를 보인 적도 적지 않았다. 역사의 결정적인 변곡점들에서 독재정권들을 비호함으로써 민주화를 방해했고, 미·소와 미·중으로 이어지는 강대국 패권경쟁의 카드로 한국을 이용하면서 한국에 국익의 희생을 강요하기를 주저하지 않았다.[2]

물론 어떤 국가관계도 일면으로만 인식될 수는 없으며, 긍정과 부정의 양면성을 가진다. 그러나 전형적 양면성으로만 치부하기에는 한·미관계가 우리 사회에 끼친 파급효과는 너무도 크고, 미국을 바라보는 이러한 상반된 시각은 그대로 이식되어 한국 내의 진보와 보수를 가르는 가장 확실하고도 분명한 경계선으로 작동했다. 한국사회에 고착화된 두개의 미국은 서로에게 영향을 끼침으로써 좀더 균형적인 대미인식으로 발전하기보다는 오히려 시간이 갈수록 각자가 갖는 편향된 이미지만을 주장하는 이념투쟁의 결정적 이유가 되었다. 특히 전자의 미국관에 충실한 보수세력에게 미국은 한국이 생존을 위해 반드시 의지해야 할 대상이므로, 그들은 미국에 이의를 제기하는 세력들이라면 누구라도 배은망덕을 넘어 '종북' 또는 '친북'이라는 프레임을 씌워 국가의 적대세력으로 공격했다. 무엇보다 이들은 국가권력을 거의 독점해왔으며, 친미노선은 권력 유지를 위한 가장 확실한 보증수표였다. 진보정부들은 보수정부들과 비교해 상대적으로 자율적이고자 노력했지만, 기본적인 틀을 벗어나지는 못했다. 근래에 와서 상대적으로 진보적인 인물들이 대통령에 당선됨으로써 정권을 잡았다고는 해도 권력구조를 보수와 공유해야 했으며, 전반적인 기득권은 여전히 보수세력의 차지였다. 따라서 미국이 한국의 의사와 상관없이 일방적인 정책을 밀고 나간다 해도 이에 저항하기는커녕 때로는 매우 협조적이었다. 이는 한국의 국익이 훼손되는 경우도 포함되었다. 미국과 한미동맹은 신성불가침의 신화가 되었고, 그 신화는 한국의 대미정책이 변수가 될 가능성을 없애버리고 상수로 만들었다.

그러나 한국과 미국의 이익은 일치하지 않을 수 있으며, 동맹이 아무리 중요하다고 해도 우리의 국익보다 앞설 수는 없다는 대안적 인식들이 미약하게나마 생겨났다. 한편으로는 친미에 기댄 독재체제에 저항하면서, 다른 한편으로는 직접적으로 미국을 향해 비판적인 견해를 보이기 시작했다. 그러나 미국에 대한 비판적 주장은 반독재에는 한목소리를 내는 사람들 가운데서도 다양한 스펙트럼을 보였으며, 투쟁 양상도 반독재 투쟁에 비해서는 상대적으로 온건했다. 미국을 독재정부의 적극적 동조세력으로 비판하면서 미군 철수나 동맹 철폐를 내세운 강경한 반미부터, 미국에 비판적이지만 분단질서가 해체되기 전까지는 미국을 의지할 수밖에 없다는 현실론까지 다양하게 존재했다. 한국에서 강경한 반미세력은 규모도 크지 않았고, 1980년 5·18 민주화운동이나 2002년 효순·미선양 사망 사건을 포함한 몇몇 예외적인 경우를 제외하고는 국민의 지지를 크게 얻지 못했다. 민주화가 달성되고, 사회주의권의 붕괴로 냉전이 종식된 후에는 적극적 반미가 설 땅은 더욱 축소되었다.

한미동맹의 신화와 관성

되돌아보면, 이념적 또는 신화적 친미주의자들은 인식의 편향성에서 한발짝도 벗어나지 않았지만, 비판적 대미인식을 가진 사람들은 시간이 흐르면서 균형을 향한 조정과 변화를 모색했다고 평가할 수 있다. 더불어 전자의 인식을 가진 사람들이 분단구조와 냉전을 최대치로 활용하면서 권력을 독점하다시피 해왔고, 그 권력의 핵심 기반이 반북·친미였다는 점은 편향적 인식이 탈냉전 도래 이후에까지 내구성을 가지는 데 막대한 공헌을 했다.[3] 사실 지금도 미국에 대한 분열된 인식체계는 한국사회를 갈라놓고 있다. 물론 한국사회 전체적으로 보면 새로운 현상도 발견되며, 이슈별로, 세대별로 훨씬 다면적이고 복잡한 인식들도 나타나고 있다. 하지만 정치세력화의 차원으로 보면 한·미관계를 둘러싸고 극우와 극좌가 대치하는 전형적인 양상은 과거와 비교하여 달라진 것이 없다.

70년의 긴 시간 동안 한미동맹은 신화가 되었고, 한국은 동맹에 중독되어왔다. 이는 우리가 처한 분단구조와 열악한 대외 환경 아래서의 불가피한 선택이라는 측면이 있음에도 불구하고 압도적인 상대에 의한 '가스라이팅'gaslighting 현상과 닮아 있다. 가스라이팅 현상은 누군가가 타인의 심리나 상황을 교묘하게 이용하고, 또 때로는 조작하여 그가 스스로를 의심하게 만듦으로써 타인에 대한 지배력을 강화하는 현상을 말한다. 압도적인 지배력으로 상대방의 합리적 판단력과 현실감을 잃게 해서 통제력을 행사한다. 미국의 심리치료사 로빈 스턴Robin Stern은 저서 『가스라이팅 효과』*The Gaslight Effect*에서 의식적·무의식적으로 상대를 조종하려는 가해자와 그를 이상화하고 그의 관점을 비판 없이 받아들이는 피해자가 만들어내는 병리적 현상이라고 정의했다.[4]

한국은 종합국력이 세계 10위권이고, 북한보다 40배의 군사비를 사용하지만, 여전히 미국의 도움 없이는 생존의 위기를 맞을 것이라는 막연한 공포를 지니고 있다. 그 결과 우리의 국력이나 대외 환경의 변화와는 상관없이 안보를 미국에 전적으로 의존하며, 합리적이고 자율적인 의사결정을 하지 못하는 상태가 되는 것이다. 가스라이팅은 처음에는 매우 친밀한 관계에서 출발할 확률이 높다. 부모가 엄한 자녀들에게서나 사이비 종교를 따르는 무리에서 자주 발생하는데, 이들이 스스로 판단하는 능력을 의심하면서 시작된다. 이런 관계가 오랫동안 진행되다보면 피해자가 실수를 하거나 어려움에 빠질 때마다 힘을 가진 쪽에서 이를 계속 상기시킴으로써 피해자로 하여금 점점 자신을 믿지 못하게 만든다. 가스라이팅은 단순한 괴롭힘이나 학대가 아니라 가해자와 피해자가 함께 만들어내는 합작품이다. 일차적으로는 가해자의 통제가 원인이지만, 피해자 역시 가해자의 인정을 바라고 가해자를 이상화하면서 그와의 관계를 유지하려 한다는 점에서 책임을 피하기 어렵다.

한국과 미국의 관계는 사실 1953년 한미동맹이 공식적으로 출범하기 전부터 기울어져 있었다. 본문에서 상세하게 기술하지만, 이미 최초의 만남부터 우리의 일방적 구애였다. 미국은 35년 제국주의를 벗어나게 해준

'해방자'라기보다는 실제로는 식민지인을 대하는 새로운 점령군에 가까웠다. 1945년 9월 일본군의 무장해제를 명분으로 한반도 38선 이남에 들어온 맥아더Douglas MacArthur 사령관은 "내가 지휘하는 승전군대는 오늘 북위 38도선 이남의 조선 영토를 점령한다"는 '점령자'의 포고문을 발표한다. 그리고 제국주의 피해자의 해방보다 공공질서 유지라는 명목으로 일본인과 친일파들의 안전을 확보하는 데 주력했다. 이후 제주항쟁, 애치슨라인 획정, 한국전쟁, 5·16쿠데타, 광주민중항쟁 등 한국의 현대사에 남긴 미국의 족적은 상호성이나 평등성과는 거리가 멀었다. 긴 시간이 지난 후 트럼프Donald Trump 대통령의 방위비 분담금 인상에 대한 발언은 이런 관계의 내구성이 어떤 결과를 만들었는지 처절하게 보여준다. 그는 "우리는 (…) 약 82년 동안 그들(한국)을 도왔다"면서 "우리는 사실상 아무것도 얻지 못하고 있다"고 하는 한편, 또다른 곳에서 "한국에서 방위비 분담금을 받아내는 것이 아파트 월세를 받는 것보다 쉬웠다"고 말하기도 했다.[5] 그리고 대북제재와 관련해서는 "그들은 우리의 승인 없이는 아무것도 하지 못한다"면서 "그렇게 하지 못할 것"이라고 했다.[6]

이런 관계는 미국의 행보만으로 완성되지 않았으며, 우리 내부의 인식체계의 중독이 동반되었다. 예를 들면 한미FTA자유무역협정 협상은 정치적으로 많은 논란과 혼란을 가져온 이슈였다. 그런데 미국과의 협상에 임했던 한국 대표들의 발언은 귀를 의심하게 만들었다. 2011년 9월 2일 위키리크스가 공개한 외교문서에서 드러나듯이, 한·미 간 자유무역 협상에서 한국 측 협상대표들이 "죽도록 싸웠다"fighting like hell고 할 만큼 미국의 입장이 관철되도록 노력한 것은(설령 당시 존재했을 수도 있는 구두로 합의된 협상 원칙을 따르기 위한 것이었을지 몰라도) 예외적으로 일어난 사건이 아니라 빈번하게 일어났던 것이다.[7] 이것이 광화문과 시청의 '태극기집회'에서 태극기부대가 성조기를 함께 드는 이유이기도 하다. 박근혜의 국정농단으로 말미암은 탄핵은 미국과 전혀 관련이 없음에도 성조기는 태극기와 같이 취급되거나 심지어 더 소중한 초월적 상징으로 내세워진다.

최근에도 유사한 사례는 넘쳐난다. 2018년 이후 한반도 평화프로세스가 한창이던 때에 야당과 보수세력은 국내에서의 반대도 모자라, 미국의 조야를 만나는 자리에서 한국정부를 비판하고, 남북 간의 협상을 방해했다. 2019년 하노이회담 결렬의 이면에는 나경원 당시 자유한국당 원내대표의 발언이 있었다는 문정인 대통령 통일외교안보특별보좌관의 언급은 상당한 신빙성이 있다. 나의원은 하노이회담 전에 있었던 여야의원단 방문에서 낸시 펠로시Nancy Pelosi 하원의장을 포함한 민주·공화당 정치인을 만나 남측이 남북 경제협력에 비무장으로 나서려 하고 있다는 전혀 사실이 아닌 주장을 건네며, 남북 경협은 절대로 안 된다고 (막아달라고) 했다는 것이다.[8] 그뿐이 아니다. 민경욱 전 미래통합당 의원은 미국 대선이 부정선거라고 주장하는 미국 현지 시위에 참여해 한국의 총선이 부정선거라고 적힌 피켓을 들고 있는 모습이 트럼프 대통령의 트위터에 오르기도 했다. 2020년 4월 23일 미국 백악관 청원 홈페이지 '위 더 피플'We the People에는 "미국에 중국 바이러스를 밀반입하고 한·미 안보를 위협하는 문재인을 구속 및 기소하라"라는 제목의 청원이 올라왔다.[9] 문재인 정부의 정책에 미흡함이 있더라도 헌법에 따라 민주적 선거로 선출된 대통령을 미국의 대통령에게 구속·기소해달라고 탄원하는 120만명이 훌쩍 넘는 사람들이 존재한다는 사실은 바로 한미동맹이 한국의 이성을 마비시킨 가스라이팅의 사례라고 할 수 있다.

물론 한미동맹 관계를 가스라이팅 현상에 비교하는 것은 지나치다는 반론이 있을 수 있다. 한·미의 예속적 관계를 강조하려다가 오히려 스스로를 격하시킬 수 있고, 미국이 가해자이고 한국은 피해자라는 설정 역시 과도하다고 볼 수도 있다. 특히 미국이 그 정도로 의도적이고 교활한 계획하에 지속적으로 한국을 조종한다는 것은 음모론에 가깝다는 비판을 받을 수 있다. 그럼에도 불구하고 그같은 비교가 한미동맹의 실상을 보여주는 것도 사실이며, 적어도 최근 한·미 양국에서 제기되는, 북한이 남한을 가스라이팅한다는 주장보다는 상대적으로 설득력이 있다.[10] 김대중 정부에서 햇볕정책을 이론적으로 뒷받침했다가 우경화의 길로 들어선 정치학자이자 정치가인 김근식은 문재인 정부를 향해 김정은 위원장에게 가스라이팅을 당한다고 비판했다.[11] 북한이 상대방에게 못되게 굴고 적대적인 도발을 일삼는데도 이에 대해 문재인 정부가 강경하게 대응하지 못한다고 해서 이것이 가스라이팅은 아니다. 우선 이 현상은 적대적인 관계보다는 친밀한 사이에 일어나고, 압도적 강자가 약자에게 가하는 현상인데, 북한은 한국에 친밀하고 압도적인 존재가 아니다. 문재인 정부가 남북관계의 개선을 바라는 것은, 그것이 안보비용을 줄이고 평화를 달성하기 위한 수단이기 때문이다. 북한의 위협에 판단력을 상실했다는 것은 어불성설이며, 극우세력이 진보정부가 친북 좌파라는 전제를 진실로 간주하기 때문에 내린 잘못된 결론이다.

트럼프 행정부와
한미동맹의 세속화

대한민국 역사상 세번째 진보정권이자 촛불혁명으로 출범한 문재인 정부와 트럼프 행정부의 조우는 사실 한미동맹의 변화를 촉발할 충분한 잠재적 계기가 될 수 있었다. 왜냐하면 국정농단을 시민의 힘으로 심판한 촛불혁명의 수혜자 정부가 확보할 수 있었던 높은 정당성은 자율적 동맹 관계에 추진력을 더할 수 있었고, 또한 트럼프 대통령의 등장과 미국 우선주의를 표방하는 트럼피즘은 그간 이솝우화에 나오는 '벌거벗은 임금님'과 같았던 한미동맹의 신화를 벗겨버릴 수 있었기 때문이다. 트럼프는 동맹관계를 철저하게 거래적 접근으로 다뤘으며, 미국의 이익이 자동으로 동맹국인 한국의 이익이 될 수 없다고 규정한 것은 큰 함의를 던져준다. 한미동맹이 아무리 중요해도 국익을 앞설 수 없다는 상식조차 수용하기 어려웠던 한국의 신화적 동맹 관점에 대한 변화의 바람이 미국으로부터 불었다고 할 수 있다.

트럼피즘은 또다른 의미에서 동맹의 신화를 흔들었다. 적대세력의 위협에 대한 억지와 평화 유지라는 동맹의 존재 이유에 근본적인 의문을 제기하였다. 2017년 북한에 대한 '최대의 압박' 정책을 추진하는 과정에서 그것이 비핵화의 수단이었더라도 매우 공세적이었고, 반평화적이었다. 그해 9월 트럼프의 첫 유엔 연설은 트럼피즘의 반평화적 함의를 극적으로 보여주었다. 그는 김정은을 자살 임무에 나선 로켓맨으로 조롱하고 북한을 멸절해버리겠다는 등의 극단적 표현을 서슴없이 사용했다. 평화의 전당이라고 할 수 있는 유엔에서 행한 연설이라는 점을 생각하면 매우 충격적이다. 이는 부시George W. Bush 대통령이 유엔이 승인하지 않은 이라크 전쟁을 감행했던 것처럼 미국이 유엔의 평화적 권위를 무시한 것이다. 특히 유엔의 한국전쟁 참여는 집단방위체제의 발동이었고 한반도 평화를 지켜준 상징이었으며, 현재까지도 한미동맹의 평화적 정당성은 유엔사의 존재로부터 말미암는다는 점에서 우리에게 시사하는 바는 매우 크다.

트럼프는 역대 미국 대통령들이 다자협력을 지지하고 미국의 리더십을 정당화하는 가치를 강조해온 것과 확연한 차이를 보였다. 물론 어떤 미국 대통령도 그러한 가치로 포장을 했을 뿐 실제로 가치를 이익보다 우선하지는 않았다. 일각에서는 트럼프는 위선의 허울을 벗어던지고 솔직하게 표현한 것에 불과할 수도 있다고 말한다. 그러나 트럼피즘은 단순히 위선을 벗어던진 것이 아니라 다자적인 국제협력질서에 대해 안티테제를 본격 투사한 것이었다. 고단수의 '미치광이 전략'이라는 평가도 있지만, 거친 조폭의 리더십에 가깝다. 트럼프의 언행은 국내외 할 것 없이 편을 가르고 싸움을 조장했는데, 그는 여당인 공화당과도 충돌하고, 자신이 임명한 국무장관까지 조롱했다. 전쟁이 나더라도 거기(한국)에서 수천명이 죽을 뿐 여기(미국)는 상관없다는 막말도 서슴지 않았다.

발칸반도와 함께 지정학적 저주로 불리는 한반도에서 미국을 동맹 상대국으로 삼고 있다는 것은 부인할 수 없는 자산이다. 북한의 핵무기 위협은 물론이고, 중국의 급격한 부상은 오히려 한·미관계의 중요성을 증대시키므로 이를 계속 유지 발전시켜야 한다. 그러나 미국이 자신의 이익을 위해 평화 부재의 상태를 활용하면서 우리의 동맹비용을 일방적으로 높이는 것이나, 평화를 지키기보다 오히려 훼손하는 행보는 분명 문제가 있다. 철저한 거래적 관점에서의 동맹을 내세운 트럼프도 여러차례 한미동맹을 단순한 동맹 이상으로 위대한 동맹이자 '영원한 동맹'이라고 치켜세우는 립서비스는 멈추지 않았다. 그러나 이면에는 한반도 핵위기를 활용해 한미FTA 개정, 주한미군 주둔 분담금 인상, 미사일 방어 및 한·미·일 군사협력 추진 등에서 적극적으로 미국의 이익을 챙겼다.

트럼피즘은 동맹이 가지는 기존의 신화적 지위를 흔들었다. 트럼프의 이익 우선 또는 거래적 관점에 입각한 동맹정책이 한미동맹의 맹목적 신화를 역설적으로 세속화할 수도 있다는 가능성이 어느정도 실현되었는지 이 책을 집필하는 시점에서는 정확하게, 그리고 객관적으로 평가할 수는 없다. 일단 분명한 것은 보수세력의 동맹에 대한 맹신과 중독에는 당장 큰 변화가 있어 보이진 않는다는 점이다. 게다가 친미적이면서도 트럼프에 대해서는 비판적 견해를 가진 사람들은 트럼프와 미국을 분리함으로써 트럼프의 동맹정책을 개인적 일탈로 축소하는 합리화의 경향마저 보인다. 트럼프의 일방적 동맹 다루기 속에서도 미국에 대한 절대적 지지를 철회하지 않았다는 말이다. 한국 보수세력의 미국에 대한 절대적 충성심과 한국사회 전반에 뿌리내린 동맹신화의 내구성은 가히 놀랄 만하다. 그럼에도 트럼피즘은 어떤 경우에도 영원할 것만 같던 한미동맹도 한국과 미국 각자의 이익을 위해서는 얼마든지 흔들릴 수 있다는 인식을 본격적으로 발아시켰다고 본다. 어떤 본격적인 전환을 가져올 수 있을 것인지 확인하려면 좀더 시간이 필요해 보인다.

바이든 행정부의 출범과
동맹 복구 공약

2020년 11월 치러진 대선에서 트럼프는 재선에 실패했고, 조 바이든Joe Biden이 2021년 1월 제46대 미국 대통령에 취임했다. 취임사에서 바이든은 트럼프의 갈라치기로 말미암은 국내 분열을 극복하고, 대외적으로는 자국 이기주의를 앞세워 무시했던 국제규범과 가치를 준수함으로써 리더십을 회복하며, 동맹과 함께 세계질서에 관여하겠다고 천명했다. 트럼프는 미국과 세계가 맞닥뜨린 총체적 위기의 결과이자 촉매였다. 2차대전 이후 미국이 구축하고 이끌어온 자유주의 국제질서는 미국에 부와 영향력을 제공했으나, 제조업이 경쟁력을 잃었고, 금융자본주의의 득세와 양극화로 중산층이 붕괴했다. 여기에 백인 인구 감소와 이민 증가가 겹쳤으며, 최초의 흑인 대통령의 등장은 백인들을 충격에 빠뜨렸다. 노동자와 약자의 대변인을 자처하던 민주당은 입으로만 진보를 내세우는 '브라만 좌파,' 우리 식으로는 '강남좌파'의 위선이라는 비난과 함께 외면받았다. 트럼프는 이런 상황을 최대치로 활용함으로써 대통령이 될 수 있었다.

트럼프 임기 말 시작된 코로나 팬데믹의 습격으로 미국이 맞닥뜨린 위기와 미국인의 위기의식은 심대하다. 스페인독감 이후 1백년 만의 보건 위기, 대공황 이후 90년 만의 경제 위기, 1960년대 이래 60년 만의 인종갈등 위기, 남북전쟁 이후 분열 위기, 그리고 인류사에 유례가 없는 기후변화의 위기가 중첩해 있다고 한목소리로 말한다. 바이든은 자신의 당선이 트럼프의 폭주를 되돌릴 변곡점이라면서, "미국이 돌아왔다"America is Back고 천명했다. 그러나 바이든의 약속대로 변곡과 유턴이 가능할지 미지수다. 바이든의 노력 여부에 따라 미국의 소프트파워와 국제적 신뢰도가 일정 부분 회복될 수는 있겠지만, 근본 문제가 치유되기는 매우 어려울 것이다.

바이든의 등장은 한미동맹에도 직접적인 영향을 미칠 것이다. 일단 바이든은 트럼프에 의해 훼손된 동맹을 복구하겠다고 약속했다. 바이든은 트럼프의 주한미군 분담금 증액 요구를 두고 조직폭력배들의 '보호비 갈취'로 규정했다. 분담금을 원하는 만큼 인상하지 않으면 미군을 감축하거나 철수하겠다는 협박은 없을 것이다. 그러나 동맹 재조정은 여러 변수로 말미암아 시간이 흐름에 따라 다시 제기될 수밖에 없는 문제다. 미국 내 다양한 이념집단들의 동기는 달라도 감축 또는 철수가 필요하다는 견해가 수면 위로 부상할 수 있다. 동맹 재조정은 한반도 상황과도 밀접하게 연결되어 있다. 한반도 평화프로세스가 현재 교착된 상황이라 수면 아래로 들어갔지만, 한반도 평화체제의 구축에 진전이 이뤄지면 정전체제에 기반을 둔 주한미군은 물론이고 유엔사의 변화 문제는 불거질 수밖에 없다.

　바이든 정부의 동맹정책은 한·일관계에도 영향을 끼칠 것이 확실시된다. 일본은 동북아에서 가장 신냉전적인 전략을 추구하며, 미·중 갈등을 활용해 재무장을 완성하겠다는 목표를 위해 매진해왔다. 오바마Barack Obama 행정부는 미국의 전략적 이익을 위한 한·미·일 삼각 군사협력의 구축을 위해 위안부와 과거사 문제에 대해 일본의 손을 들어주었다. '아시아로의 중심축 이동'Pivot to Asia이란 이름으로 미일동맹을 강화하고 대중 봉쇄망 구축과 미사일 방어를 위한 상호운용성의 제고에 방점을 두었다. 트럼프 행정부 4년간 한·일관계는 최악으로 치달았다. 한·일관계 중재에 관심이 거의 없던 트럼프와는 달리 바이든은 적극적으로 중재할 가능성이 크다. 그러나 이것이 일본의 손을 들어주고 한국의 양보를 압박하는 방향으로 갈 경우, 우리에게는 어려운 상황이 전개될 수 있다. 바이든은 한국을 혈맹이자 친구로 본다는 뜻을 여러차례 피력했다. 그러나 미국은 역사적으로 동맹을 동등한 친구로 대한 적은 없다는 점을 기억해야 한다. 트럼프 4년이 동맹은 영원할 수 없고, 국익을 초월할 신화는 없다는 것을 역설적으로 보여주었듯이, 바이든이 등장했다고 다시 동맹을 국익 이상의 신화로 되돌리는 우를 우리는 범하지 말아야 한다.

새로 읽는
한미관계사

이 책은 가장 가까운 관계이면서도 극단의 억측과 맹목의 편견이 중첩되고 축적되어온 한국과 미국의 관계에 관한 논의를 담은 것이다. 보수진영에는 미국이 한국의 절대적 수호자이지만, 진보진영에는 한국의 분단을 고착화하고, 자국 이익을 위해 철저하게 이용해온 국가라는 관점은 지금도 변하기는커녕 국내 정치와 결부되면서 강화되고 있다. 미국을 한쪽에서는 디딤돌로, 다른 한쪽에서는 걸림돌로 생각한다는 말이다. 우리는 과연 미국을 잘 알고 있는가? 우리가 알고 있다고 생각하는 미국은 정말로 그런가? 유일한 군사동맹이라는 현실과 전쟁을 함께 싸워 이긴 혈맹이라는 역사가 미래의 동맹까지 의심 없이 보장할 수 있는가?

이 책은 1882년 한국과 미국이 맺은 조미수호통상조약부터 2021년 현재까지 햇수로는 139년, 세기로는 3세기에 걸친 역사를 18개의 마디로 나눠 살펴보았다. 18개의 마디는 다시 3개의 큰 마디로 나누었는데, 1부는 개항부터 1970년대까지, 2부는 1980년대부터 2007년까지, 그리고 3부는 2008년부터 현재까지를 다뤘다. 한·미관계 역사의 전부는 아니지만, 주제의식과 관련된 핵심 사안들을 빠뜨리지 않기 위해 노력했으며, 동맹 형성 이전도 다뤘지만, 동맹 형성 이후가 주를 이룬다. 책의 제목 '영원한 동맹이라는 역설: 새로 읽는 한미관계사'는 시간을 따라 기술하며 역사적 접근을 하고 있음을 암시하지만, 전형적인 역사서는 아니다. 그리고 동맹이 영원할 수 없다는 것이 영원하다는 것보다 상식에 더 가깝지만, 상식보다 더 강력하게 정치화되어버린 한미동맹의 신화를 파헤친다는 의미에서 새로 읽을 만한 책이기를 원했다.

이렇게 프롤로그에서 문제를 제기한 다음 18개의 장을 관통한 후 에필로그에서 내리는 결론을 한마디로 축약하자면, 한미동맹은 신화화되었고, 우리는 동맹에 중독되었다는 것이다. 합리성과 국익의 실용주의는 작동하기 어렵고, 외교의 영역은 물론이고 모든 영역이 한미동맹으로 환원되고 만다. 분단구조의 오랜 관성으로 인해 모든 문제를 안보의 문제로 보는 것처럼 국가의 관계도 한미동맹이라는 프리즘으로만 바라보는 것이 과거의 일이 아니라 오늘날의 현실에도 지배적이다. 이 책을 관통하는 당위적인 동시에 현실적인 주제의식은 한·미관계는 깊어져야 하지만, 한미군사동맹은 약화되는 것이 국익에 바람직하다는 것이다. 한·미관계의 발전을 위해서 우리는 반드시 자율성을 회복해야 한다. 정상적인 국가 대 국가의 관계로 나아가는 것은 관계가 약화되거나 나빠지는 것이 아니라 업그레이드되는 것이다. 그것은 반미도 친북도 아닌 합리성의 확보이자, 제도화이다. 감정으로 폭발하거나 쏠림으로 가게 되는 것을 예방함으로써 더욱 건강한 관계가 되는 길이다. 국익을 위해, 그리고 건강한 한·미관계의 미래를 위해 우리가 적극성을 띠고 얘기해야 할 때가 왔다. 이제 70년 묵은 신화를 과감하게 벗어던지고, 영원한 동맹이라는 역설을 바로잡아야 한다. 역설을 바로잡을 수 있는 것, 또는 그 역설이 바로잡혔다고 확인할 수 있는 것은 "하지 않을 말은 있어도 하지 못할 말은 없는 관계"가 되는 것이다. 지금까지 미국은 한국이 하지 못할 말이 많은 나라였다.

제 1 부

만남에서 동맹까지

개항~1979년

제1장
한국과 미국, 첫 만남과 첫 배신

한·미,
그 첫번째 만남

한국과 미국의 공식적인 관계는 1882년에 맺어진 조미수호통상조약으로 시작되었다. 조미수호통상조약은 조선이 서방 국가와 맺은 최초의 근대조약이다. 조약 체결 이전부터도 조선에 대한 미국의 관심은 다른 서구의 국가들보다 상당히 높았다. 미국이 조선에 관심을 표한 최초의 기록은 1834년까지 거슬러 올라간다. 극동에 대한 조사 임무를 받은 로버츠 Edmund Roberts라는 사람이 미국 국무장관에게 보낸 보고서에 일본과 통상관계를 열게 되면 장차 조선과도 교역의 가능성이 있다는 내용이 들어 있다. 이 권고안은 주목을 받지 못하다가 1845년 2월 미국 하원의 해사문제위원회 위원장 프래트 Zadock Pratt 의원이 일본과 조선에 대한 통상사절단 파견을 본회의에 제안하면서 재론되었다. 하지만 제안은 부결되었다. 그러다가 미국은 1853년 페리Matthew C. Perry 제독이 일본과 화친조약을 맺으면서 동아시아의 교두보를 확보하게 되었고, 그에 따라 조선이 다시 관심을 받았다. 그런데 당시 미국은 내부의 국가 건설과 영토 확장이 한창 진행 중이던 때라 조선까지 넘볼 여력이 없었다.

이런 수차례의 공식적인 접근 외에도 1850년대 중반에서 60년대 중반까지 미국 선박이 조난되어 조선과 접촉한 적이 있었다. 조선은 여전히 쇄국을 고집했지만, 인도주의적 입장에서 조난자들을 구해주었다. 그러다가 문제가 된 것이 바로 1866년 8월에 발생한 제너럴셔먼General Sherman 호 사건이다. 미국 상선이 대동강을 거슬러 올라와 고압적 자세로 조선에 통상을 요구했다가 평양의 백성들에 의해 불태워진 사건으로, 유명한 신미양요辛未洋擾의 배경이 되었다. 미국의 선원이 죽고 일이 커진 가장 큰 이유는 이들이 조선의 민간인을 공격하고 납치하는 등 난폭하게 도발했기 때문이다. 이전의 조난 사건들에서 조선이 구호와 친절을 베풀었음을 미국이 모르지 않았을 텐데도, 이를 깡그리 무시하고 폭력적인 접근을 택한 것은 이후 강제 개항을 위한 명분을 쌓으려는 다분히 의도적인 도발이었다.

미국은 예상대로 이 사건이 일어난 5년 후인 1871년에 자국민 살해와 선박 방화에 대한 항의로 미군을 파견해 강화도를 침공함으로써 신미양요를 일으켰다. 미국은 제너럴셔먼호 사건 직후인 1866년 12월과 1868년 3월에 진상을 파악하고 조선의 대응을 살펴보기 위해 탐문을 실시하는 한편, 청나라를 통해 조선과의 교섭을 시도하기도 했다. 교섭은 조선에 배상금 지급과 통상조약 체결을 요구하는 것이었지만, 조선은 이를 단칼에 거절했다. 이렇게 되자 미국은 함포를 앞세워서 조선을 무력으로 응징하고 개항으로 이끌기 위해 원정 함대를 꾸렸다. 그 와중에도 미국은 통상조약에 대한 의사를 계속 타진하였다. 미국 함대를 이끈 로저스[John Rodgers] 제독과 흥선대원군 사이에 서신이 오가며 신경전이 벌어진 뒤 미국은 상륙작전을 감행했다. 엄청난 화력을 동원한 미군의 전력에 한참 못미치는 조선군은 결국 패배하고 광성진이 함락당한다. 그러나 조선이 이후에도 미국과의 통상조약을 거부하고 소규모 기습과 방어를 계속하며 전면적인 항전도 불사한다는 자세를 보이자, 미국은 포기하고 5월 16일 스스로 철수해버린다. 결국 미국은 전투에서는 이기지만 기대한 개항에는 실패했고, 오히려 당시 흥선대원군의 쇄국정책 유지에 추가적인 명분과 정당성을 부여했다.

조미수호통상조약 이전까지 미국의 대조선 접근 방식은 제국주의의 전형적인 '함포 외교'[gunship diplomacy]를 통한 강제적 개항 압박 방식이었지만, 결과적으로 조선에는 성공하지 못한 셈이다. 미국이 다시 조선에 접근하기 시작한 것은 신미양요가 일어난 지 7년 후인 1878년이었다. 1873년에 흥선대원군이 실각하고 1876년에는 일본이 운요호雲揚號 사건을 앞세워 조선과 강압적인 통상조약을 체결하자, 미국이 자극을 받고 재도전에 나섰다. 미국은 신미양요의 경험을 거울삼아 그동안의 강압적 방법을 폐기하고 평화적 방법을 통해 접근하면서, 동시에 직접적인 접근이 아닌 주변국의 중개라는 도움을 받는 방향으로 선회했다. 조선은 1876년 일본과의 강화도조약을 시발점으로 미국(1882), 영국과 독일(1883), 이탈리아와 러시아(1884), 프랑스(1886) 등 서구 열강들과 연이은 불평등조약을 체결했다.

제너럴셔먼호를 찾기 위해 조선에 온 적이 있던 로버트 슈펠트[Robert W. Shufeldt] 미국 해군 제독이 조선과의 조약 체결의 임무를 맡았다. 미국은 먼저 일본이 조선에 대해 가장 큰 영향력을 지녔다고 보고 미국과 조선 간의 외교관계 수립을 위한 중재를 일본에 의뢰했다. 그러나 이미 점점 가시화되고 있던 일본의 조선 침탈 위협에 대한 고종의 혐오가 있었고, 불과 수년 전 미국이 개항을 강압적으로 밀어붙였던 것에 대한 불만의 기억이 채 가시지 않았던 조선 조정은 이번에도 미국의 개항 요구를 쉽게 수용하지 않았다. 슈펠트가 일본에 도착해서 주일 미국공사인 존 빙엄John A. Bingham을 통해 일본의 외상 이노우에井上馨의 소개장을 받고 조선을 방문했다. 개항 여부를 타진했지만, 조선의 조정은 이를 거부했다. 슈펠트는 돌아가는 길에 일본에서 다시 이노우에 외상을 통해 조선에 개항 의사를 재타진했지만, 마찬가지 대답을 들어야 했다. 계획이 틀어지자 심기가 불편해진 슈펠트는 무력을 통해서라도 조선의 개항을 강행하려 했지만, 이번에는 본국 정부가 허락하지 않았다. 대신에 미국정부는 청나라에 손을 내밀게 되었고, 당시 일본에 밀려 약세를 면치 못하던 청나라는 자국의 이익을 위해 미국의 요청을 이용했다. 즉, 미국을 끌어들여 일본의 조선 침략을 막는 동시에 러시아의 남진까지 봉쇄하겠다는 의도로 미국의 요청을 받아들였다.

1880년 8월과 이듬해 7월, 청나라의 이홍장李鴻章과 미국의 슈펠트는 텐진에서 만나 조선과 미국의 수호조약 체결에 관해 두차례에 걸쳐 협상을 벌였다. 고종 황제는 당시 미국에 대해 좋은 인상을 가지고 있었으며, 무엇보다 일본의 야욕과 기세를 미국의 힘에 의지해서 막아보려는 강한 기대를 지니고 있었다. 협상방식은 조선이 미국과 직접 협상을 하지 않고 중국과 협상을 하고, 중국은 조선을 대신해서 미국과 협상하는 것이었다. 조선정부는 이러한 청의 '연미론聯美論'에 호응함으로써 미국과의 수교가 마침내 가시권에 들어오게 되었다. 그러나 그 과정은 조선 내부의 반발을 고려해서 비밀리에 추진되었다. 조선은 1882년 1월 영선사로 파견된 김윤식이 이홍장과 비공식으로 협의를 하고, 이후 이홍장과 슈펠트가 협의했다.

그런데 이홍장은 미국과 조선 사이에서 '정직한 중개자'honest broker가 결코 아니었다. 원래 청나라가 연미론을 주장한 목적이 미국을 이용해 러시아와 일본을 견제하려는 것이어서 그렇기도 했지만, 이 기회에 중국은 조선이 자신의 속국임을 국제적인 기정사실로 만들기 위해 조선과 미국의 조약에 '조선은 청의 속국이다'라는 조항을 1조로 삽입하려 했다. 이에 조선의 김윤식은 찬성했으나 슈펠트가 강력하게 반대함으로써 회담은 결렬이 되었다. 미국으로서는 당연히 이 조항을 받아들이기 어려웠을 것이다. 주권국가 대 주권국가의 조약에서 상대방이 다른 나라, 즉 중국의 속국임을 인정하는 것은 곧 미국이 중국의 눈치까지 봐야 한다는 의미이기 때문이다. 국제조약에 대한 조선의 무지를 자국의 이익을 위해 이용하려던 중국의 음모를 미국이 수용하지 않은 셈이었다. 어떤 의미에서 중국을 '정직한 중개자' 역할 정도로 한정시키려 했던 듯하다. 그러나 이마저도 조선의 주권이라는 관점으로 보면 불완전한 것이었다. 어쨌든 이후의 협상은 김윤식이 배제된 채 이홍장과 슈펠트 사이에 재개되었으며, 결국 문제가 되었던 속방 규정은 본문에서는 빼고 차후 조선에서 미국에 보내는 외교문서에 조선이 중국의 속방임을 표시하는 것으로 타협되었다.

고종 19년, 1882년 3월 25일(음력) 슈펠트가 인천에 도착하였고, 4월 6일(음력) 인천 제물포에서 조선의 전권대신 신헌, 부대신 김홍집과 미국의 전권대사 슈펠트 간에 14개의 조항으로 된 '조미수호통상조약'이 체결되었다. 한국과 미국이 첫 공식 관계를 수립하는 순간이었다. 역사적인 조미수호통상조약은 보는 관점에 따라 양극단의 평가를 받는다. 한쪽에서는 우리가 맺은 주권국가와의 최초의 근대적 조약이라는 평가가 있지만, 반대편에서는 굴욕적인 불평등조약에 불과하다는 평가를 받는다. 가장 큰 이유는 이 조약이 내용으로나 당시 현실적으로나 기본적으로 조선 측에 불리하고 미국에 유리하기 때문이다. 그리고 중국의 속국이라는 것이 본문에서는 빠졌지만, 조약의 성립부터 완성까지 중국이 개입했고, 한국은 전혀 주도적 역할을 하지 못했다는 점 때문이다.

하지만 상당한 의미도 있다. 우선 당시 실질적인 세계 최강으로 부상하고 있던 미국과 서방 국가 중 가장 먼저 외교관계를 수립했다는 것은 의미있는 행보였다. 미국은 2차대전 이후 세계 패권국으로 본격 등장했지만, 19세기 말에 이미 국력에 관련된 거의 모든 지표에서 세계 최강이었다. 다만 그후 반세기 이상을 1823년 고립주의를 표방한 먼로독트린 Monroe Doctrine 을 유지함으로써 국제정치에 대놓고 개입하지 않았을 뿐이다. 그렇다고 미국의 중남미 공략이나 아시아 공략을 보면 완전한 고립주의는 또 아니었다. 아무튼 조미수호통상조약은 적어도 형식상으로는 주권국 사이에서 체결된 쌍무적 조약이었으며, 일본과 맺어진 강화도조약에 비하면 진전된 측면이 있었다. 예를 들면, 일본에는 치외법권을 영구적으로 부여했지만 미국에는 잠정적으로 부여하고, 차후 조선의 법을 개정한 이후 미국민도 조선의 법을 따른다는 사실을 명기했다. 또한 강화도조약에는 없던 관세 권한도 중국과 동일 비율로 설정했다. 조약 8조에는 조선의 강력한 요구로 인천항에서의 쌀 수출을 금지하는 내용을 담았다.

조미수호통상조약의
함의

앞에서 언급했지만, 조미수호통상조약은 수교협상 중에 당사자 조선이 배제되고 중국과 미국에 의해서 협상이 이뤄진 약점이 있었다. 당시에 조선 내부는 쇄국을 이끌던 흥선대원군의 실각에도 불구하고 위정척사론衛正斥邪論이 여전히 강경했던 것도 직접적인 협상보다 중국에 위임하는 선택이 이루어진 중요한 이유였다. 위정척사는 '진짜는 지키고, 가짜는 배척한다'는 뜻으로 정학을 지키고 이단인 사학을 배척하는 유교의 이념이다. 원래 송나라 주자가 여진족의 침략으로 한족과 중국의 문화가 위기에 빠졌을 때 유교의 정통성을 강조하고 오랑캐의 사상을 배척하기 위해 강조했던 것이 위정척사였다. 구한말 외세의 개항 압력이 거세지자 이를 조선의 유교에 대한 근본적인 도전으로 인식하고 반외세 저항을 펼치려던 조선의 이념적 근거의 역할을 했다. 구한말 위정척사는 서양을 오랑캐로, 서양의 학문과 종교를 이단으로 규정하고 기존의 유교 이념을 중심으로 한 체제를 유지하려는 보수주의 및 민족주의적 논거였다.

조미수호통상조약 제1조에 삽입된 '거중조정居中調停'은 중요한 논란거리로서 주목할 필요가 있다. 제1조에 "만약 타국이 '불공경모不公輕侮', 즉 제3국으로부터 부당하게 업신여김을 당하면, 알려서 반드시 서로 돕고 거중조정함으로써 그 우의의 두터움을 표시한다"라는 규정을 넣음으로써 주권국가 간의 쌍무적 협약이라는 근대적 조약의 모습을 갖춘 것은 특기할 만하다. 물론 이 조항은 조선 측이 원해서 넣은 것은 아니었으며, 조약문 작성에 당사자로 참여한 이홍장과 슈펠트의 작품이었다. 그중에서도 청나라의 이홍장이 그동안 중국이 서구의 국가들과 불평등조약을 맺은 경험을 살린 것이었다. 특히 이 조항은 1858년 중국과 미국이 체결한 톈진조약의 제1조와 거의 일치한다. 물론 이홍장이 조선을 위해서 이를 삽입했을 것으로 보이지는 않지만, 일본이라는 공동의 도전에 대하여 미국을 활용해서 안전판을 만들어야겠다는 계산이 강했을 것이다. 조선도 비슷한 맥락의 생각을 하고 있었을 것으로 짐작된다. 비록 중국의 의도로 삽입이 되었지만, 고종으로서는 분명 일본의 침략이 노골화되는 시점에서 미국의 힘을 끌어들여서라도 이를 막아보려는 몸부림의 표현이었을 것이다.

그럼에도 조미수호통상조약은 독소조항을 담은 불평등조약이라는 불명예를 벗지는 못한다. 특히 미국에 최혜국대우권을 인정하는 조항은 가장 대표적인 독소조항으로, 일본과의 강화도조약에도 없던 불평등 조항이다. 이는 차후 다른 나라에 부여한 다른 특권이 있으면, 미국에도 자동으로 그 특권을 동일하게 부여해야 한다는 것으로 당시 아시아, 아프리카의 무지한 국가들을 대상으로 서구 열강이 강요한 수법이었다. 미국은 철도부설권, 개항장 설치권, 관세협정권, 운산 금광 채굴권, 치외법권 인정 등 많은 특권 사항을 넣었고, 혹시 빠진 것은 최혜국대우 조항을 통해 차후 보장받을 수 있게 조치한 것이다.[1] 미국은 청나라가 조선을 속국으로 규정하려는 것을 막고, 거중조정을 집어넣는다든지, 또는 조약을 수호조약이라 부르는 등 조선에 우호적인 듯이 행동하면서 실제로는 제국주의의 전형적 행태인 불평등조약의 체결을 강행한 것이다.[2] 조선으로서는 거중조정을 들어 조·미가 동맹관계라는 정체성을 가지는 것으로 해석했지만, 미국은 자기가 원하는 실리는 모두 챙기면서, 거중조정이라는 의미 없는 외교적 수사로 대신한 것이라고 해석했다.

미국의 성장과
해외 진출

여기서 당시 미국이 당면했던 대내외 환경과 외교 방향에 대해서 살펴볼 필요가 있다. 미국은 1776년 영국으로부터 독립을 달성한 후 서서히 국가의 모습을 갖추어갔다. 미국의 초대 대통령 조지 워싱턴George Washington은 임기를 마치기 직전 고별연설에서 유럽 열강들의 복잡한 권력 다툼에 말려들어가지 말 것을 당부하였다. 워싱턴은 "다른 나라들과의 관계에서 우리 행동의 가장 큰 법칙은 상업적 관계는 확대하지만 정치적인 연결은 최소화하는 것이다"라고 강조했으며, 이것이 이후 미국 외교의 중요한 원칙으로 자리잡았다. 고립주의 노선은 후임 대통령들에게 이어졌고, 제5대 대통령인 제임스 먼로James Monroe에 의해 대외정책 노선으로 공식 천명되었다. 먼로독트린은 미국 최초의 공식 외교노선인 동시에, 2차대전 이후의 냉전에 대처하기 위해 만들어진 트루먼독트린Truman Doctrine과 함께 미국 역사상 가장 중요한 두개의 외교원칙으로 꼽힌다.

역사가들은 인류 역사상 양대 시민혁명으로 프랑스혁명(1789)과 더불어 미국의 독립(1776)을 꼽는다. 프랑스혁명은 그렇다고 하더라도 일개 국가의 독립을 함께 꼽는 것은 의아하게 여겨질 수 있다. 그러나 미국의 독립전쟁은 미국혁명이라고 불릴 만큼 타당한 이유가 없지 않다. 비록 한 나라의 건국 과정이지만, 영국의 절대왕정을 피해 미국에 공화정을 세운 것이기 때문이다. 프랑스혁명이 국내에서 절대왕정과의 투쟁으로 이룬 것이라면, 미국은 영국이라는 구질서의 탄압으로부터 탈출해 신대륙으로 가서 인민주권을 중시한 공화정의 나라를 세웠고, 이를 막으려는 영국과 전쟁을 벌인 후에 독립을 쟁취한 것이었다. 사실 연대순으로 따져도 미국이 프랑스보다 먼저 근대적 공화정을 세웠다.

프랑스혁명이 일어난 후 1792년부터 1815년까지, 17세기의 '30년전쟁' 이래로 유럽은 가장 길고 참혹한 프랑스혁명 전쟁과 나폴레옹전쟁으로 쑥대밭이 되었다. 나폴레옹전쟁은 혁명으로 혼란해진 틈을 타 절대권력을 확립한 나폴레옹Napoléon이 벌인 정복전쟁이었지만, 동시에 프랑스혁명의 자유와 민권 사상을 유럽 전역으로 확산하는 핵심의 역할을 했다. 그러나 나폴레옹의 야심은 실패로 끝나고, 영국, 오스트리아, 러시아, 프로이센, 프랑스 등 유럽 5개 열강은 '신성동맹'Holy Alliance이라는 이름으로 절대왕정체제를 복구시켰다. 1815년 시민혁명의 물결을 차단하고 유럽 구체제의 안정을 집단지도체제를 통해 도모하기 위한 빈조약Treaty of Vienna이 체결됐다. 그런데 빈조약은 미국에 새로운 걱정거리를 안겼다. 유럽이 전쟁의 소용돌이에 빠져드는 동안 미국은 독립국가 건설에 매진할 수 있었는데, 전쟁이 끝나면 '구체제'앙시앵 레짐Ancien Régime로 돌아간 유럽 열강들이 전쟁 전에 식민지였던 미주대륙으로 돌아올 가능성이 커진 것이었다. 미국의 국가 건설 체계가 어느정도 갖춰졌다고 할 수 있는 5대 대통령 제임스 먼로 행정부는 이런 상황을 고려하여 빈조약 8년 후인 1823년에 먼로독트린을 선포했다. 미국 고립주의의 상징인 먼로독트린은 한편으로는 유럽의 구체제로부터의 단절 선언이고, 다른 한편으로는 북미뿐 아니라 남미까지 미국의 세력권이라는 점을 알리면서 유럽의 귀환을 허용하지 않겠다는 뜻을 천명한 이중 포석이었다.

이후 일부 유럽 열강이 야심을 드러내기는 했지만, 미국의 걱정과는 달리 미주대륙으로의 전면적인 제국주의 복귀는 없었다. 오히려 미국은 먼로독트린을 지키면서도 때로는 돈으로 때로는 전쟁을 통해 미시시피 강의 서쪽으로 확장을 거듭하며 점점 초강대국의 모습으로 변모해갔다. 19세기 중반 멕시코를 침공해서 현재의 캘리포니아, 뉴멕시코, 네바다, 유타, 애리조나를 병합했고, 1867년에는 러시아로부터 알래스카를 단돈 720만 달러에 매입하면서 오늘날의 모습을 갖추었다. 국가 건설과 영토 확장이 마무리되자 19세기 말부터 대륙 밖의 세계로 눈을 돌리기 시작했으며, 그 시발점이 된 정책이 이른바 '문호개방정책'Open Door Policy이었다. 아시아, 특히 중국을 놓고 유럽의 열강들이 이미 선점하고 있는 지위에 대해 기회 균등의 원칙을 보장할 것을 요구한 것이다. 1899년과 1900년 미국의 윌리엄 매킨리William McKinley 대통령의 국무장관 존 헤이John M. Hay가 열강에 외교 서한diplomatic notes을 보내 동등한 무역의 권리를 인정할 것을 요구했다. 이는 일방적 요구였고, 유럽의 열강들은 가타부타 반응하지 않았지만, 이 정책의 함의는 꽤 크다. 왜냐하면 미국이 오랜 고립주의의 잠에서 깨어나 아시아로 눈을 돌렸음을 확인한 외교정책이기 때문이다.

미국이 문호개방정책 선언으로 아시아 진출을 공식화했지만, 실제적인 진출은 이전부터 이미 시작되었다. 앞에서 살펴본 것처럼 미국은 조선을 향한 관심의 결과로 1882년에 조미수호통상조약을 체결했다. 초기에는 무역을 통한 이익에 초점이 있었지만, 아시아를 선점해 있던 국가들과의 세력 경쟁과 갈등은 피할 수 없었다. 미국의 아시아 진출 초기에 조선은 국제정치적으로 두가지 점에서 주목을 받았는데, 하나는 중국에 진출하는 길목이라는 점이었고, 두번째는 미국인의 금광에 대한 집착과 환상이었다. 미국 역사 속에서 1848년에 서부 캘리포니아에서 금광이 발견되면서 1870년대까지 이어진 골드러시는 이를 보여주는 것으로, 금광에 대한 집착을 이해할 수 있을 것이다. 미국은 조선 최대의 금광인 평안도 운산 금광을 차지해서 엄청난 이익을 남겼다는 점에서 원래의 목적을 채운 셈이었다. 미국이 75명의 미국인 및 유럽인들과 함께 2960명의 광부들을 고용할 정도로 운산금광은 규모가 컸는데, 미국은 운산 금광을 통해 40년 동안 9백만 톤의 광석을 채굴해서 당시 싯가로 1500만 달러의 순이익을 올렸다고 한다.[3] 이것은 앞에서 말한 알래스카를 두번이나 사고도 남는 금액이다.

미국의
배신

미국의 배신은 처음부터 예정되어 있었던 것이나 마찬가지였다. 미국이 거중조정 조항을 외교적 수사 정도로 봤다는 점에서 미국을 통해 일본의 침탈을 저지하려던 고종의 기대는 번지수를 잘못 짚은 것이었다. 게다가 일본은 미국의 가장 큰 우방이었고, 아시아 진출의 교두보였다는 점을 고려하면, 잘못 짚어도 한참 잘못 짚은 것이었다. 조미수호통상조약 체결 후에 벌어진 청일전쟁이나 러일전쟁에서 미국이 취한 행보를 보면 미국은 조선에 어떤 도움도 제공할 생각이 없었다. 미국은 그 연장선에서 결국 조선과 외교관계를 수립한 지 23년 만에 결정적 배신행위를 하고 만다. 1905년 시어도어 루스벨트Theodore Roosevelt 미국 대통령은 당시로는 사상 최대 규모의 외교사절단을 아시아로 파견해 악명 높은 일본과 가쓰라-테프트밀약을 체결하였다.

당시 외교사절단을 수송한 배의 이름이 '임페리얼 크루즈'Imperial Cruise

였다. 제임스 브래들리James Bradley의 저서 『임페리얼 크루즈』(2010)는 이런 미국의 제국주의적 음모와 일본과의 야합의 실상을 1백년 만에 상세하게 고발했다. 저자는 이 책을 쓰기 위해 당시 외교사절단의 이동 경로를 정확하게 1백년 만인 2005년에 그대로 답사했다고 한다. 미국이 조선의 운명을 바꾸려는 배신의 미션이었다. 1905년 7월 일본국의 수상 가쓰라桂太郞와, 나중에 루스벨트의 뒤를 이어 대통령에 오르게 되는 당시 미국 전쟁부 장관(현재 국방부 장관) 태프트William Howard Taft는 아시아에서 미·일 양국의 세력권을 분할·인정하는 밀약을 맺었다. 밀약의 요지는 다음과 같다. 일본은 필리핀에 대해 하등의 침략적 의도를 갖지 않으며 미국의 지배권을 확인한다. 극동의 평화 유지를 위해 미국, 영국, 일본은 실질적인 동맹관계임을 확인한다. 일본의 대한제국에 대한 지배권을 인정한다.

당시 회담에서 가쓰라는 조선의 잘못으로 러일전쟁이 일어났다고 주장했고, 태프트는 일본이 조선의 보호국이 되는 것이 동아시아의 안정에 도움이 된다는 점을 강조했다. 이는 곧 일본의 조선 침탈에 면죄부를 부여한 것인데, 이는 1882년 조미수호통상조약을 위반한 배신행위이자, 구체적으로 '거중조정'의 법적 의무를 불이행한 국제법 위반이었다. 미국은 조선을 배신함으로써 아시아대륙에 대한 일본의 제국주의적 확장에 날개를 달아주었고, 무엇보다 조선에 대한 강제합병의 일등공신이 되었다. 미국이 일본 제국주의를 도운 것은 여기에 그치지 않는다. 일단 겉으로는 러일전쟁을 종전시키기 위한 중재에 나섰지만, 실제로 이 전쟁에서 미국과 영국은 일본을 지원해 일본이 승리할 수 있게 만들었다. 시어도어 루스벨트는 러일전쟁에 소요되는 일본의 전쟁비용을 지원하기 위해 미국의 사업가들까지 끌어들였는데, 그 액수가 7억 엔에 이르렀다고 한다.[4]

미·일 간의 밀약은 7월이었고, 일본은 여세를 몰아 그해 11월 17일 마침내 조선과 을사늑약乙巳勒約을 체결했다. 그사이 4개월간, 미·일 사이에 빈번한 공모가 있었음은 두말할 필요가 없다. 루스벨트가 러일전쟁의 중재를 통해서 종전조약을 이끈 공로로 노벨평화상을 수상했지만, 이는 그의 성향은 물론이고 외교정책과도 상반되었다. 그는 미국의 유명한 러시모어산Mount Rushmore에 얼굴이 새겨진 네 명의 대통령 중 하나로, 미국인들에게 나름의 존경을 받지만, 대내외적으로 그간의 미국 지도자와는 전혀 다른 인물이었다.[5] 매우 독선적인 스타일을 가진 그는 자유방임으로 인한 미국사회의 혼란상을 극복한다는 명목으로 국가주의적 규제와 통제를 강화했고, 이를 위해 필요하다면 민간인들에 대한 고문과 학살까지 자행했다. 또한 백인우월주의자로 하와이, 필리핀, 쿠바 등의 약소국을 힘으로 탈취하며 제국주의 팽창정책 성향을 노골적으로 드러낸 인물이었다. 루스벨트는 한쪽에서는 일본과 밀약을 하고, 다른 한편에서는 러일전쟁을 중재해서 포츠머스조약을 체결해냈다. 이는 평화를 위한 정직한 중재의 노력이라기보다는 서구의 아시아 침탈에 뒤늦게 합류한 데 대한 만회의 차원에서 이루어진 것이었다. 그는 팽창주의자였고, 제국주의자였다. 일본과 맺은 밀약도 사실은 의회의 승인을 받지 않았다는 점에서 위헌적 요소가 있었다.

당시 고종은 미국에 의지해서 극일해보고자 하는 의도를 분명하게 가지고 있었다. 그것이 미국을 최초의 서방 수교국으로 선택한 이유였다. 고종은 미국이 열강의 침략을 저지하고 조선을 보호해줄 것이라고 기대했다. 그는 미국을 형님 같은 나라라고 생각하고, 실제로 '대인배'의 나라라고 표현한 적도 있었다. 19세기 말 한반도를 침탈하려는 제국주의 열강들의 위협 속에서 미국과의 수교를 통해 살아남을 방안을 모색했던 것이다. 반면에 루스벨트는 일본의 사무라이 정신을 매우 좋아했으며, 반대로 한국에 대해서는 멸시했다. 이미 판세가 결정났음에도 고종은 이를 알지 못했으며 미국에 잘 보이기 위해 힘썼다. 미국은 조선이 우호조약을 맺은 최초의 서양 국가였지만, 조선은 미국의 관심 밖에 있었다. 미국은 조선이 원래부터 일본의 세력권에 있는 것으로 단정했으므로, 이 조약이 예측을 뛰어넘는 미국의 행보는 아니다. 그리고 밀약의 형태이기는 하지만 일본과의 밀약을 통해 그간의 미국의 입장을 공식화한 것에 가깝다. 다른 관점에서 본다면 미국은 조선과의 우호조약을 통해 자신의 경제적 이권을 챙기는 것에만 몰두하여, 자신을 열강 가운데 유일한 마지막 구원세력으로 보는 조선의 순진한 기대를 백분 이용했지만, 결정적인 순간에 등을 돌려버렸다.[6] 이익투쟁이라는 국제정치의 차가운 현실이 확인되는 뼈아픈 역사의 순간이었다.

고종은 미·일 사이의 밀약이 있었는지도 까맣게 모른 채로 밀약 체결 불과 50여일 후에 미국 대통령의 딸인 앨리스까지 초청해서 환대했다. 사실 앨리스는 미·일 밀약을 위한 미국의 아시아 사절단의 일원으로 참여했는데, 체결이 끝난 후 미국으로 귀국한 태프트와 달리 중국을 방문하고 있다가 고종의 초청을 받고 조선으로 놀러온 것이었다. 조선의 극진한 환대에도 불구하고 앨리스가 무례한 행동을 일삼은 것도 문제였지만, 당시 미국이 이미 일본으로 기울어버린 사실을 전혀 모르고 있던 조선 조정의 인식이 더 큰 문제였다. 앨리스가 돌아간 지 두달도 지나지 않아 을사늑약에 의해 대한제국의 외교권은 박탈되고 말았다.

미국이 조선과 서로 약속한 거중조정 조항을 어긴 것은 맞지만, 이 조항에 지나치게 의미를 부여하는 것 역시 문제가 있다는 점은 반드시 지적되어야 할 것이다. 조항의 문구를 보면, 마치 체결 상대국이 위협받을 경우 반드시 상대를 돕는다는 뜻이므로 동맹조약의 자동개입 조항처럼 보이지만, 이는 확대해석이다. 조선은 확대해석을 했고, 미국은 처음부터 이를 외교적 수사 정도로 치부했었다. 물론 그렇다고 미국의 조약 위반이나 배신이 완전히 정당화되지는 않는다. 다만 동맹국 간 의무조항을 파기한 정도의 심각한 위반은 아니라는 말이다. 조선에 대한 미국의 진짜 배신행위는 그보다 처음부터 조선에 대해 주권국가로서의 어떤 존중도 없이 경제적 이익 수탈을 목적으로 하며, 일본의 속국임을 기정사실로 하고 있음에도 조선의 절박한 처지를 이용해 원하는 방식의 조약을 끌어냈다는 점일 것이다. 거기에는 미국이 늘 강조하는 인권, 주권, 평화의 가치는 일말의 여지도 없었다. 그리고 거중조정 조항은 다른 불평등조약을 구성하는 독소조항들을 은폐하는 도구로 활용된 것이다.

가쓰라-태프트밀약이 한국이 일본의 식민지로 전락하게 만든 유일한 원인은 아니지만, 한국과 미국의 매우 역사적이고 상징적인 첫 조약 체결 후 23년 만에 한국이 미국에 배신을 당하게 된 것만은 부인할 수 없다. 이를 확인하듯이 미국은 조선에 대한 일본의 강제병합이 확정되자 두번 다시 뒤돌아보지도 않고 서구 열강 중에서 가장 먼저 한국과의 인연을 끊어버렸다. 미국은 또한 1905년 일본 제국주의에 의한 강제적 을사보호조약이 체결되었을 때 가장 먼저 공사관을 폐쇄한 나라였다. 그러나 미국이 한국을 배신한 댓가를 두고두고 치르게 된다. 일단 미국은 후에 일본과 맺은 이 밀약을 후회하게 된다. 한반도의 전략적인 중요성을 전혀 이해하지 못한 탓에 아시아에서 교두보를 잃어버렸고, 이것이 태평양전쟁의 한 불씨가 되었다고 자각하게 된다. 게다가 조선을 포기하는 대신 지배하고자 했던 필리핀도 식민지로 삼는 데는 실패한다. 물론 이후 필리핀에 대한 영향력은 유지하지만 말이다.

그중에서도 일본의 진주만 기습공격은 대조선 배신의 공모자였던 일본으로부터 가해진 엄청난 '뒤통수 치기'였다. 그러나 국제정치가 늘 그렇듯이, 배신의 주범이었던 루스벨트가 직접 벌을 받은 것은 아니었다. 밀약의 체결은 당시로는 실리를 챙긴 미국 외교의 성공사례 중의 하나였고, 그는 세계 평화에 공헌한 인물로 노벨평화상까지 받았으니 말이다. 그의 사과는커녕 조선의 처지가 제자리로 되돌려지거나, 아니면 적어도 역사가에 의한 객관적 평가를 받는 것도 모두 불가능하게 되었다. 미국과 일본의 비열한 밀약은 오래도록 공개되지 않았고, 미국은 늘 착한 패권으로서 세계의 경찰이라는 신화를 유지해왔다. 더 안타까운 것은 이런 역사는 어떤 반성도 없이 묻어버린 채, 또는 모른 척한 채 미국이 지금 다시 일본과의 적극적 동맹을 통해 아시아 재균형 전략을 도모하고 있다는 점이다. 미국은 당시 러시아의 남하를 견제하기 위해 일본 제국주의를 지원한 것처럼 오늘날 대중국 봉쇄를 위해 일본의 신군국주의를 키우는 것이 얼마나 위험한 도박인가를 깨닫지 못하는 것 같다.

조선의 미국 사랑과
「갱스 오브 뉴욕」

다시 돌아보면 당시 조선은 이해하기 힘들 정도로 미국에 대한 과도한 기대와 맹목적인 호의를 가졌다. 문제는 그것이 조선의 일반적인 짝사랑이었고, 미국은 철저하게 이익에 기초한 행보를 보였을 뿐 아니라, 더 나아가 이를 최대한 활용해서 그들이 원하는 것을 모두 얻는 패턴을 취했다는 것이다. 조선이 그렇게까지 한 이유는 무엇이었을까? 먼저 국제 정세에 대한 조선의 무지가 가장 큰 이유다. 구한말 일본과 청나라, 그리고 러시아라는 열강의 치열한 갈등의 틈바구니에서 풍전등화의 운명이던 조선은 어떻게든 살아남아야 했다. 1880년(고종 17년)에 일본의 침략 가능성을 확인하고자 김홍집을 일본에 파견해서 그로 하여금 한달 동안 도쿄에서 머물며 이를 확인하도록 한 조선은 그 과정에서, 러시아의 남하가 조선의 최고 위기라는 주일 청국 참찬관 황준헌黃遵憲의『조선책략朝鮮策略』의 잘못된 분석을 맹신했고, 이를 극복하기 위해 미국에 의존하기로 한 것이었다. 동북아의 역학관계를 제대로 판단하지 못한 상태에서 이른바 새로운 행위자인 미국에 의존해서 위기를 벗어나려는 기대만 앞섰다고 할 수 있다. 반대로 미국은 벌써 오래전부터 자국 이익의 맥락에서 조선에 대한 접근을 준비하고 꾸준하게 실행해왔다. 앞에서 살펴본 것처럼 단독으로 시도했다가 문제가 생기자, 일본을 중재자로 하여 다시 시도했고, 그것도 어려워지자 중국을 내세우는 방식으로 자신의 의도를 실천하였다.

두번째는 미국이 이전의 열강과는 전혀 다른 모습으로 다가왔기 때문이다. 즉 총칼을 앞세우고 조선을 겁박해온 기존의 열강들과 확연히 다르게 보였다. 조선은 미국을 폭력에 의존하기보다 선교사를 보내고, 의료와 교육을 앞세우는 평화적인 나라로 인식했을 것이다. 사실 이것은 앞에서 설명한 미국이 스스로 자신을 합리화하고 정의하는 미국식 제국주의의 독특한 방식이기도 하다. 2차대전 이후에도 미국 패권은 무력을 통한 정복보다 소프트파워를 통한 예외주의를 강조하는 것과 상통한다. 그러나 예나 지금이나 미국은 실제로 자신의 이익을 위해 필요한 것은 반드시 취하는 다른 열강과 본질은 다르지 않다. 오히려 필요에 따라 하드파워와 소프트파워를 적절하게 혼합 사용해왔다. 아무튼 고종은 일본, 러시아, 중국의 압박으로 사면초가인 상황에서 겉으로 친절하고, 세련되며,

폭력을 앞세우지 않은 미국에 엄청난 기대를 걸었다. 그러나 반복하거니와 미국으로서는 조미수호통상조약에 담긴 거중조정을 포함한 상호주의나 약속은 모두 외교적 수사에 불과했으며, 처음부터 이를 지킬 생각이 없었다.

이런 외교 방식의 본질은 미국의 예외주의에서 비롯된 위선이지만, 앞에서 자세히 밝힌 것처럼 당시의 국제 정세에서 미국이 추구하던 기조와 관련이 깊다. 먼저 미국은 영국으로부터의 독립 이후 대외적으로 고립주의를 표방하면서 내부의 국가 건설에 매진하느라 다른 제국주의 열강보다 늦게 팽창정책에 시동을 건 늦깎이였기에 곧바로 이들과 경쟁하고 충돌하기보다는 틈새 전략을 선택했다. 게다가 미국은 아시아를 침탈하려던 열강 중에서 지리적으로 가장 멀리 떨어진 국가라는 점에서 불리했다. 이 점은 지금도 비슷한데, 미국은 아시아의 역내국이 아니라는 점에서 늘 교두보를 확보하려 했다. 당시나 지금이나 한국과 일본이 그런 교두보의 역할을 했다. 당시 일본은 미국의 가장 좋은 교두보였지만, 조선은 어리석게도 일본의 침탈을 막기 위해 미국을 끌어들인 것이다. 결과는 뻔한 일이었다. 한국과 미국의 첫 만남과 첫 배신은 미국의 위선과 우리의 숭미의식의 합작품 같은 것이었다. 이런 한·미관계의 특징은 오늘날에도 조금도 달라지지 않았다. 한국이 어려워질수록 미국에 대한 일방적 짝사랑은 재현된다.

조지타운대학의 정치학자 찰스 쿱찬Charles A. Kupchan은 2019년 말 국립외교원 시그너처 컨퍼런스에서 발제를 통해 미국에 대한 통찰력 있는 관찰을 공유했다. 그는 도널드 트럼프 행정부의 일방적이고 규칙과 전례를 벗어난 행태를 비판하면서 그것이 원래 미국의 실체에 가까울 수도 있다고 했다. 즉 세계가 목격해온 민주주의와 자유를 지키고, 자유무역과 국제 협력을 이끌어내며, 안정적인 국제질서를 위한 공공재를 공급하는 미국의 모습은 불과 1백년이 되지 않는다는 것이다. 이것이 전자의 규칙 위에 군림하는 일방주의적 미국보다 더 짧은 기간의 예외적 모습이라고 했다. 쿱찬의 언급은 조미수호통상조약이 체결되기 직전 시기인 1860년대 뉴욕의 모습을 그린 마틴 스코세이지Martin Scorsese 감독의 2002년 작품 「갱스 오브 뉴욕」Gangs of New York이라는 영화가 생각나게 만든다. 실화를 바탕으로 한 소설을 영화화한 것인데, 미국의 부와 화려한 문명을 상징하는 도시 뉴욕은 아름답거나 자랑스러운 역사를 지니고 있지 않다는 점을 적나라하게 보여준다. 사실 지금도 밝고 화려한 도시의 이면은 미국사회의 부조리와 절망을 모두 안고 있는 곳일지도 모른다.

  아무튼 이 영화는 19세기 중반 '파이브 포인츠'Five Points로 불리는 곳에서 당시 아메리칸드림을 찾아 유럽에서 넘어온 수많은 이민자와 토박이들이 폭력적이고 잔인한 주도권 쟁탈전을 벌이는 모습을 그리고 있다. 사실 토박이들도 오래전부터 살았던 원주민이 아닌 바에는 더 일찍 정착했을 뿐인 같은 이민자들이다. 그들의 싸움이 벌어지는 현장은 마치 중세를 방불하게 하는 피비린내 난무하는 야만의 전쟁터였다. 이민자들 간의 주도권 쟁탈이 벌어지는 그 시간에 미국은 국토가 반으로 갈라져 남북전쟁을 치렀다. 하지만 전쟁에 동원된 것은 가난한 이민자 청년들이었다. 부자의 자녀들은 3백 달러만 내면 면제가 되었는데, 영화는 이것도 다룬다. 영화의 마지막 장면은 주인공들의 비석과 함께 현대의 뉴욕을 보여줌으로써 화려한 오늘날의 미국의 탄생 기원을 알린다. 미국은 탈취와 폭력으로 세워진 나라라는 사실을 명확하게 보여주는데, 이는 당연히 미국인들이 가장 들춰내기 싫어하는 치부이기도 하다. 이민자의 나라지만, 선점한 이민자들은 토박이가 되고, 새로운 이민자들은 차별에 시달리는 미국의 자화상은 지금도 마찬가지다. 미국은 자신을 가리켜 전혀 다른 유형의 제국주의라고 포장하지만, 조미수호통상조약이 조인된 1882년 무렵은 미국이 이렇게 내부의 폭력적 투쟁과 영토 확장을 막 끝내고, 같은 방식으로 해외를 넘보기 시작한 시기였다. 이 시기 미국은 해외 식민지 확보를 위해 전형적인 제국주의적 팽창정책을 추구했으며, 남태평양의 하와이, 중남미의 쿠바, 아시아의 필리핀 등을 삼켰다.

미국의
오판과 오만

국제정치는 그때나 지금이나 치열한 국익 다툼이 벌어지는 정글과도 같은 곳이다. 우리는 그때나 지금이나 명분에만 집착하거나, 희망적 사고로 인해 순진하고 경직된 외교를 하는 경우가 많다. 영원한 우방도 영원한 적도 없다는 말은 너무도 잘 이해하고 있는 것 같지만, 실제로 이를 적용하는 데는 어려움을 겪는다. 특히 미국에 대한 일방적 구애와 한미동맹의 신화는 이미 중독 수준을 넘어 종교가 되었다는 점에서 고종의 결정을 비판할 자격이 없을 수도 있다. 시어도어 루스벨트 대통령은 조선에 대한 외교적 배신을 지휘하면서, 한국은 이 세상에서 가장 부패하고 무능하며, 일본이 한국을 차지하는 것을 보고 싶다고 했었다. 그의 조카뻘인 프랭클린 루스벨트Franklin D. Roosevelt 대통령도 2차대전의 막바지에 한국의 독립에 관한 논의를 하면서 미개한 한국은 20~30년 신탁통치를 해야 하는 나라라고 할 정도였다.

미국은 자신은 과거 유럽의 제국주의 국가들과 다르다는 점을 늘 강조해왔다. 군대를 이용해 영토를 정복하고 다른 국가를 식민지로 삼아 자원을 수탈했던 유럽의 제국들에 비해, 미국은 착한 패권국으로서 평화와 번영의 공공재를 공급하는 국가임을 자랑스럽게 내세운다. 이런 인식은 '패권'hegemony과 '제국'empire이라는 말에 대한 호불호 감정에 반영되어 나타난다. 미국인들은 제국이라는 단어를 별로 좋아하지 않는다. 이것이 과거 서구 제국주의와 연결되어 있다고 여기기 때문이다. 미국 자신은 선한 리더이며, 언덕 위에서 세상을 향해 빛을 내리비추는 '신의 도성'City of God이라는 기독교적 세계관을 가지고 있다. 즉 미국은 과거에 명멸했던 많은 제국주의 국가와는 근본적으로 다르다는 데 자부심을 느낀다.

17~18세기 소위 제1차 제국주의 시기에 융성했던 포르투갈이나, 스페인, 그리고 19~20세기 초의 제2차 제국주의를 이끌었던 영국, 프랑스 등이 아시아, 아프리카, 남미에서 영토를 정복하고 자원을 수탈했던 것과 미국의 패권은 전혀 다른 차원이라고 주장한다. 이에 대해 세밀한 논의를 통해 반박할 여지는 있겠지만, 여타 제국주의 국가들과의 상대적 관점에서만 본다면 완전히 틀린 말이 아닐 수는 있다. 몇몇 사례를 제외하면 미국은 약소국가를 군사력을 통해 강제로 합병하거나 정복하기보다는 자국의 경제력이나 문화, 지식 등의 소프트파워를 통해 그들 국가에 간접적으로 영향력을 발휘하는 경우가 많았다. 그래서인지, 미국인들은 지금도 '식민'colonial이라는 말에 대한 거부감이 별로 없다. 오히려 좋아하는 경우도 많다. 이 단어는 우리로 치면 고전적이라는 의미, 전통미가 있다는 뜻으로 레스토랑이나 가구 스타일에도 사용되고 심지어 대학농구팀의 이름으로도 사용된다. 자신들을 지배했던 영국이 결국은 자기들의 뿌리라는 인식이 있을 것이고, 결국 독립전쟁에서 이겼다는 데 대한 자부심도 이유가 될 것이다. 또한 역사가 짧은 미국이 조금이라도 오래된 전통

에 대해 갖는 동경심이 발동한 이유도 있을 것이다. 우리가 일제강점기라면 치를 떠는 것과는 사뭇 다르다.

미국인들은 이렇게 제국이라는 말은 본능적으로 싫어하지만, 패권이라는 말은 싫어하지 않는다. 패권이라는 말은 세계 최강의 힘을 가진 것에 대한 객관적인 표현이라고 여기기 때문에 거부감이 없다. 그런데 중국인들은 이와 정반대다. 제국이라는 말은 꽤 잘 수용하는 반면에, 패권이라는 말에는 과민반응을 보이거나 적극적으로 이를 부정한다. 이 역시 중국인들의 역사적 경험이 작동하기 때문이다. 중국은 20세기 중반부터 지금까지 미국과 소련에 대한 대항이념으로 '반패권주의'anti-hegemony를 강하게 주장해왔다. 중국의 반패권주의의 대상은 물론 미국과 소련이었다. 1950년대에는 미국이었고, 1960~70년대 이후에는 중·소분쟁이 발생하면서 소련도 함께 대상이 되었다. 1980년대 이후에는 중국의 대외개방 정책으로 반패권주의 원칙이 유연해졌으며, 따라서 강하게 주창되지는 않았다.

그러나 최근 미국과 중국의 전략경쟁이 심화하면서 미국의 일방주의에 대한 비판과, 다극화를 통한 미국의 영향력 상쇄를 위한 수단으로 반패권주의가 새롭게 부각되고 있다. 중국 학자들과 회의할 일이 자주 있는 필자는 토론 중에 미·중 간 패권경쟁이라는 표현을 썼다가 강한 항의를 받은 적이 여러번이다. 그들은 중국은 미국과 패권경쟁을 한 적이 없고, 미국의 부당한 패권주의적 압박에 중국이 대응하는 것이라고 주장한다. 이와는 달리 중국인들은 제국이라는 말에는 과민하게 반응하지 않는다. 물론 과거 서구 제국주의에 대한 반감이 완전히 사라진 것은 아니지만, 오히려 '제국'이 이전 중화제국의 위용을 가리키는 말일 수 있고, 또 중국의 부흥이 과거 제국의 영광을 재현하려는 중국몽中國夢과 닿아 있기 때문일 것이다.

어쨌든 후발 제국주의 국가로 아시아에 뒤늦게 진출했던 미국이 자화자찬의 주관적 평가에도 불구하고 여러 지점에서 전략적 실수를 한 것은 분명하다. 조선을 내주고 받은 필리핀조차도 스페인과의 전쟁의 수고에도 불구하고 식민지로 삼는 데는 결국 실패했다. 자신들은 원래부터 제국주의적 야심은 없었고 식민지 개설에도 관심이 없었다고 미국은 반응하겠지만, 그 역시도 패착이다. 오히려 다른 서구 제국주의 국가들처럼 국익을 챙기지도 못하면서 선한 패권과 고립주의의 가면을 쓰고 있느라 이것도 아니고 저것도 아닌 어정쩡한 세계전략을 펼칠 수밖에 없었고, 이는 차후 태평양전쟁에 휩쓸리는 단초가 되었다.

한국과의 관계를 보면 2021년 현재 시점에서 139년 전 조선은 미국과 수교했다. 오랜 시간이 흘렀고, 한·미관계의 오랜 역사는 현재의 한·미관계의 단단한 토대로 평가받아왔다. 하지만 이런 긴 역사나 조미수호통상조약이 조선이 서양 국가와 맺은 최초의 조약이라는 포장지만큼의 실속이나 의미는 없었다고 평가할 수 있다. 이 장에서 살펴본 것처럼 한국과 미국의 첫 만남은 이미 배신의 씨앗을 배태하고 있었다. 미국은 한국을 이용만 하려 했던 것이고, 전체적으로 봐도 일본의 전략을 돕거나 그것에 말려들었을 뿐이다. 실제로도 한·미 양국의 관계가 전략적으로 중요해진 것은 아무래도 2차대전 종전을 전후한 미국의 전후처리 과정이라고 봐야 할 것이다. 역사적으로나 지정학적으로 한국과 크게 관련을 지니지 않았던 미국은 일본과의 전쟁으로 아시아에 본격 개입하게 되었고, 승전 이후 패전국인 일본의 전후처리 과정에 한반도를 필연적으로 포함할 수밖에 없었다.[7]

그런데 전후처리 과정에서조차 한국에 대한 무지는 여전했고, 그 무지로 말미암아 한반도 분단이라는 치명적 결과를 초래하게 된다. 사실 따지고 보면 미국이 한국의 독립과 관련해 한국의 운명을 대변하기를 기대하는 것은 마치 고종의 순진한 기대처럼 애초부터 무리였다고 할 수 있다. 가쓰라-태프트밀약 이후 30여 년 동안 미국은 무역, 선교, 재산권 보호 등을 보장받으면서 일본의 한반도 지배를 전폭적으로 지원했다. 태평양전쟁도 마찬가지다. 일본은 미국을 공격한 적이었지만, 전후처리 과정에서 미국은 국익 차원에서만 행동했다. 조선의 독립과 해방에 대해서는 어떤 심각한 고려나 지원도 없던 첫 수교 이후 63년 만인 1945년 대한민국의 해방은 그렇게 미국의 두번째 배신으로 다시금 얼룩진다. 미국이 본격적으로 패권으로 등장하는 가장 효율적이고 빠른 길은 전범국가 독일과 일본을 자신들의 아바타로 만드는 것이고, 그렇게 하기 위해서는 다시 이를 위한 질서를 재건해야 했다.

제2장

분단과 한국전쟁의 기원, 그리고 미국

체험의 역사인가?
기록의 역사인가?

한반도 분단 및 한국전쟁의 원인과 책임에 대한 학술논쟁이 한창이던 1980년대에 사학자 신복룡은 한·미관계의 역사를 '체험의 역사'에서 '기록의 역사'로 다시 인식해야 한다는 주장을 한 적이 있다. 그가 말하는 체험의 역사는 한반도 분단과 전쟁을 단순한 시각으로 볼 때 북한과 소련이 침략한 것이고, 미국은 멸망 직전의 한국에 와서 사망 3만 6574명에 부상자가 10만명이 넘을 만큼[1] 희생을 치른 혈맹이라는 이분법의 인식만 강조하는 것이다. 반면에 1980년대 이후 기록의 역사라는 관점은 객관적이고 맥락적인 부분을 강조하면서 처음으로 미국의 책임론에 대해서도 거론하기 시작했다. 그러나 그런 해석은 북한을 보는 시각을 독점하려는 한국 독재정권에 의해 친북 좌파의 인식으로 몰리는 경우가 많았다.

한반도 분단과 연이은 한국전쟁은 두말할 필요 없이 우리 역사가 가진 최대의 트라우마다. 두 사건은 과거의 일이 분명하지만, 실재하는 현재를 규정하는 한국사회가 가진 공동체의 천형과도 같다. 되돌리고 싶은 민족적 비극이라는 점에서 그에 대한 책임론의 제기는 언제나 현재진행형이다. 한반도 분단과 한국전쟁의 원인에 관한 논쟁은 곧 책임론과 자동으로 결부되어왔다. 한반도 분단과 한국전쟁의 원인과 책임론은 불가분의 관계지만, 서로 분리해서 다뤄야 할 이유도 존재한다. 먼저 한반도 분단의 원인에 대해 논해보기로 한다. 결론을 먼저 말하자면, 분단의 원형을 제공한 것은 누가 뭐래도 일본 제국주의에 의한 한국의 식민지화이다. 식민지체제가 와해되는 과정에서 미국과 소련의 군정에 의한 분할 점령으로 한반도에는 대립적인 정치경제체제가 이식되게 되었다. 이 체제들이 이후로도 계속되는 미·소 냉전의 대결구조로 공고화되어 오늘에 이르렀다. 그러나 (남북을 막론하고) 국내 정치세력이 민족자주국가의 성립보다는 정권 획득과 유지를 위해서 미·소 갈등구조에 상당 정도 자발적으로 편입됨으로써 동서 냉전의 전위대로 전락했다는 한국 내부의 책임도 작지 않다.

그렇다고 민족 내부의 자주적 움직임이 전혀 없지는 않았다. 예를 들면, 김구의 반탁운동과 김규식의 좌우합작운동 등 미·소 주도 질서에 대한 대안 모색 차원의 시도가 분명히 존재했다. 그러나 결국 이러한 시도들 역시 권력기반이 약했던 임시정부 출신은 한민당과 결속을 모색하고 좌우합작 또한 미국의 정책에 주도권을 잃고 표류하는 것으로 귀결됐다. 당시 이승만, 한민당이나 김일성 세력은 현실적 기반은 강하나 민족적 자주성이 취약했고, 김구, 조만식, 김규식, 여운형 등은 민족자주성은 강했으나 현실적 기반이 취약했다. 이러다보니 미·소의 갈등과 개입이 민족적 요소들보다 현실적인 요소들을 더욱 강화하는 바람에 시간이 갈수록 후자는 무력화하게 된다.

　분단의 기원에 관한 초기의 연구와 논쟁은 미국 학계에서 주도한 냉전의 기원 논쟁을 이끌었던 전통주의적 해석이 주류를 이루었고, 국내에서는 그것을 수용한 외인론外因論이 주류를 이뤘다. 한반도의 분단에 관한 국외 학자들의 논의는 'Why?'라는 원인의 문제에 초점을 두었지만, 국내 학자들의 논의는 그토록 비극적인 분단을 획책한 책임이 누구에게 있는가 하는 'Who?'라는 책임의 문제에 집중됐다고 할 수 있다. 원인론을 주장하는 측은 아무래도 냉전체제의 기원 같은 국제정치적인 역학관계의 변화, 또는 전후처리 같은 상황에 주안점을 두기 때문에, 관련 당사국의 학자들은 대체로 자국만은 한반도 분단을 반대했으나, 당시 역학관계에서 어쩔 수 없는 결과로 분단이 이루어졌다는 식의 논지를 펴는 경우가 가장 많다. 기껏해야 비의도적인 정책 실수라는 여지만을 남기는 정도이다. 국내 학자들 논의는 책임론에 치중하였고, 이는 자연스럽게 분단 현실을 반영할 수밖에 없었다. 따라서 학문적인 논쟁보다는 이념 및 감정적 논쟁의 성격을 띠게 되었고, 남·북한 내부에서의 논쟁은 거의 부재했으며, 남과 북 각각의 논의는 상호 체제에 대한 비방으로 변질되었다.

　그런데 미국 학계도 소련과의 동서 갈등으로 말미암아 이런 이념적 편향해석의 경향을 띠는 것은 크게 다르지 않았다. 냉전의 기원에 관한 전통주의와 수정주의 논쟁도 같은 맥락이고, 한반도 분단은 하나의 사례 정도로만 취급되었다. 이 논쟁의 영향을 받은 국내에서는 한반도 분단의 책임이 주로 외세에 있다는 외인론과 내부의 책임을 거론하는 내인론內因論 논쟁으로 이어졌다. 일단 냉전의 기원에 관한 전통주의Traditionalism는 냉전의 원인을 호전적이고 공격적인 소련의 팽창정책에서 찾는다. 미국은 이러한 소련 공산주의의 호전적 팽창에 대항해 세계 평화를 지키는 세계 경찰의 역할을 했다고 본다. 이것이 바로 트루먼독트린의 기초가 되는데, 이념대결에서 미국은 선이고 소련은 악이라는 이분법적 사고로, 현재까지 미국정부가 취하고 있는 공식 입장이다. 주요 학자로는 플레밍Denna Frank Fleming, 애덤 울람Adam Ulam, 레이먼드 가소프Raymond Garthoff, 조지 매큔George McCune, 아서 그레이Arthur Grey 등이 있다.

국내에서는 전통주의에 입각한 분단의 기원론이 1970년대 중반까지 거의 만장일치로 수용됐었다. 그러다가 전통주의 내부에서 시간이 갈수록 작은 변화가 일어났는데, 분단의 주요 책임은 소련의 팽창주의에 있다는 전통주의의 큰 틀에서 논지를 전개하지만, 미국도 정확한 판단과 준비를 하지 못하는 바람에 몇가지 전략적 실수를 범했다는 주장이다. 종래의 시각보다는 미국의 부분 책임론을 제기하는 비판적 사고를 제공한 것에 의의를 찾을 수 있다. 다른 소수 의견도 있었는데, 정치학자 서대숙이나 이정식이 북한 정권의 형성 과정에서 김일성이 소련과 결탁해서 민족주의적 토착 공산주의 세력을 제거하는 바람에 분단이 이뤄졌다는 주장을 펼쳤다. 즉 국내 권력기반이 취약한 김일성이 소련을 끌어들임으로써 권력 획득에는 성공했지만, 그 댓가로 미국과 소련의 대결에서 소련의 전위대 역할을 할 수밖에 없었다는 것이다.

수정주의 해석의
도전

　냉전의 기원에 대한 전통주의 해석은 1970년대부터 수정주의Revisionism 역사관에 의해 도전을 받았다. 핵심 논지는 미국의 전후 공격적 대외정책이 미·소 냉전의 진짜 원인이었다는 것이다. 데이비드 호로비츠David Horowitz, 브루스 커밍스Bruce Cumings, 마이클 선더스키Michael Sandusky, 존 루이스 개디스John Lewis Gaddis 등이 냉전의 기원에 대한 수정주의 논지를 피력했으며, 신용하, 진석용, 이용희, 이호재 등은 그와 함께 한반도 분단에 대한 논의를 담당했다. 이들이 제기한 새로운 논점은 2차대전 직후 미국의 대외정책이 적극적으로 소련을 봉쇄하고 압박하는 전략이었으며, 이미 전쟁으로 엄청나게 파괴된 소련은 단지 미국의 공세에 수동적으로 반응하는 정도였다는 것이다. 즉, 전후 전쟁 피해를 거의 입지 않은 압도적인 국력의 미국이 자본주의 진영을 통합하고 패권을 구축하는 데 위협을 느낀 소련이 동유럽을 완충지대 삼아 방어망을 형성했다는 것이다. 미국은 전범국가인 독일과 일본을 친미정권으로 부활시킨 다음, 이들을 중심으로 유럽과 아시아를 미국 패권의 세력권으로 재건했다. 북대서양조약기구North Atlantic Treaty Organization, NATO라는 집단동맹 체제나 아시아에서의 샌프란시스코동맹 체제 역시 미국이 먼저 구축했고, 소련은 나토에 대응하여 바르샤바조약기구Warsaw Treaty Organization, WTO를 그리고 한·미·일 삼각 체제에 대응하여 북·중·러의 북방 삼각 체제를 구축할 수밖에 없었다는 것이다. 또한 체제 내의 결속력 역시 비교가 안 된다고 보았다. 예를 들면 북한에 대한 소련의 영향력은 남한에 대한 미국의 영향력과는

	외인론	내인론
전통주의	(전통적 외인론) 전통주의가 냉전의 기원에 대한 미국의 공식 입장이듯이, 전통적 외인론은 한국의 공식 입장으로, 분단책임을 하루아침에 좌파들을 반탁에서 찬탁으로 돌변하게 만든 소련에 돌림.	(복합적 내인론, 재수정주의) 분단의 본질적이고 궁극적인 책임은 우리 내부에 있다는 주장으로, 독립운동기 임시정부의 분열과 해방 직후 좌우대립 현상이 분단의 가장 큰 원인이라고 주장.
수정주의	(배타적 외인론) 친미라는 이념적 관점에서 탈피하여 한반도의 분단을 미·소 패권경쟁의 결과로 바라보는데, 미국의 책임을 조금 더 강조함.	(수정주의적 내인론) 원래 수정주의보다는 약화된 논의지만 미군정이 한반도 내의 공산주의나 민족주의 운동을 억압하고 친일세력을 보호했던 것에 대한 비판.

비교도 되지 않을 만큼 작았다는 것이다.

　1970년대 중반까지 전통주의가 이렇게 도전을 받은 것은 1975년 정보자유법Freedom of Information Act, FOIA**2**에 의거해 미국정부의 비밀문건들이 해제됨으로써, 미국이 북진할 당시 북한의 건국과 관련한 엄청난 양의 문서를 노획했다는 사실이 알려지고 그 일부가 공개되면서 냉전의 기원은 물론이고 한반도 분단 과정에서 행해진 미국의 적극적인 역할이 드러났기 때문이다. 수정주의자들은 한반도 분단의 책임은 미국에 더 있다고 주장했는데, 그 이유로 소련은 당시 한반도에 크게 관심이 없었고, 나중에도 북한의 자율적 의사에 따라 독립국가가 수립되도록 도와주려 했다는 것이다. 특히 소련은 얄타회담이나 포츠담회담 등의 전시 회담들에서 한반도 문제에 관해서는 항상 수동적 입장이었으나, 미국은 반대로 친일세력을 허수아비로 내세워 모스크바삼상회의에서 합의한 신탁통치안을 파기하고, 민족주의자들을 탄압하여 분단을 고착시켰다는 것이다. 한반도 분단의 기원 연구는 통일논의처럼 언제나 이념분열의 장이 되었다. 미국에 대한 책임 논의는 결국 소련이나 북한의 책임을 희석시킴으로써 친북좌파라는 체제 파괴 세력의 주장으로 매도되고, 이들이 주장하는 바는 일

고의 가치도 없다고 규정되었다.

앞장에서도 지적한 바처럼 한국에 대한 미국의 편견과 무지는 전후처리 과정에서도 여실히 드러났다. 루스벨트 대통령은 필리핀은 50년, 한국은 20~30년의 신탁통치가 필요할 정도로 독립국가로서의 능력이 모자란다는 발언을 할 정도로 편견이 심했다. 오히려 소련과 영국이 신탁통치 기간을 대폭 줄여야 한다고 주장할 정도였다. 미국은 나중에 한국전쟁에 파견하는 군인들에게 한국을 미국보다 9백년이나 뒤떨어진 야만국으로 소개하기도 했다. 물론 내인론의 판단을 뒷받침할 근거도 있었다. 1920년대 임시정부 산하에 27개 정당·사회단체가 난립했고, 해방 직후인 1947년에는 463개 단체가 있었으며, 소속회원이 6700만명(그중에 80퍼센트가 남한)이나 되었다. 당시 총인구는 2500만이었고, 남한 총인구는 1600만이었다는 점을 고려하면 분열적 상황은 충분히 짐작 가능했다. 그러나 35년간의 식민지배가 끝나고 해방을 맞이한 시점에 많은 단체가 등장하고 사람들의 정치적 열의가 높아 중복가입을 한 것을 생각하면, 이것 때문에 한국에 독립을 허용하지 않는다는 것은 강대국의 오만이다. 사실 미국은 원래부터 한국의 독립이나 미래에 대해서 별로 중요하게 여기지 않던 차에 이런 통계들을 내세워 자신들의 정책을 합리화했다. 분단의 책임을 내부에서 찾으려는 내인론은 분단 문제에 관한 인식의 지평을 크게 넓혔으나, 한편으로는 외세의 영향을 과소평가하고, 역사 인식을 당위성의 차원으로 협애화함으로써 지나치게 경도되고 편협한 해석이 되었다는 비판을 받을 수 있다.

군사편의주의설과
정치적 의도설

지금까지 살펴본 분단의 기원에 관한 논의들은 국제 냉전과 한반도 분단에 대한 포괄적인 역사관 및 이론적 시각을 보여주는 것인데, 구체적으로 한반도가 어떻게 분할되었는지, 즉 38도선이 어떻게 그어지고, 또 미·소의 분할 점령은 어떻게 이루어졌는지에 대한 논쟁도 활발하게 전개되었다. 그 중심에는 전통주의 시각을 바탕으로 하고 트루먼Harry Truman 대통령의 회고록과 딘 러스크Dean Rusk의 청문회 증언에 기초해서 설명이 이루어진 미국정부의 '군사편의주의설'과 '정치적 의도설'의 논쟁이 있다. 먼저 군사편의주의의 설명은 2차대전의 갑작스러운 종전으로 준비가 덜 된 상태에서 미국은 당시 한반도에 주둔하고 있던 일본군의 무장해제를 위해 한반도의 중간 위치로 생각한 북위 38도를 남·북 분할의 선으로 그어 그 이북은 소련이, 이남은 미국이 담당하기로 했다는 것이다. 특히 북한에 진주하던 소련의 남하를 막기 위해 빠르게 그리고 편의적으로 결정했다는 것이다.

소련이 1945년 1월 12일에 독일로 진격하기 시작해서 4월 25일에 베를린을 함락할 때까지 15만이나 사상자를 냈다는 사실을 미국은 인지하고 있었다. 따라서 동북아에 대한 미국의 전략은 종전과 전후처리 과정에서 더이상의 불필요한 피해와 손실을 최소화하는 데 집중했다. 이런 큰 정책의 틀을 가지고 한반도의 일본군 잔당 처리를 소련에 맡기자는 전략이 힘을 얻었다. 당시 미국 내에서는 소련의 도움을 받더라도 일본을 완전히 패망시키는 데 적어도 18개월은 걸릴 것으로 전망할 만큼 상황이 부정적이었다는 것이다. 당시 일본군은 일본 본토에 2백만명, 태평양과 서남아시아에 1백만명, 그리고 한국·타이완·만주에 2백만명이 주둔하고 있었는데, 그중 36만 5천명이 한반도에 주둔 중이었다. 이에 반해 당시 미국의 주력부대는 일본 오키나와의 남쪽 6백 마일 지점에 있었으므로 소련의 개입에 의한 지원이 꼭 필요했다는 것이다.[3]

그러나 일본의 항복이 예상보다 빨리 진행되고, 소련군이 북한에 진입한 상황에서 그 진격 속도가 너무 빨랐다. 그대로 두면 한반도 전체가 소련의 수중에 떨어질지 모른다는 우려로 미국의 전쟁부Department of War는 한반도의 절반이라도 건지자는 생각에 작전국 전략정책단 정책과의 찰스 본스틸Charles Bonesteel과 딘 러스크 두 대령에게 소련이 수용할 수 있는 한반도 분할선을 30분 안에 마련해서 올릴 것을 명령했다고 한다.[4] 8월 11일 새벽 2~3시 사이에 두 대령은 당시 사무실 벽에 걸려 있던 내셔널지오그래픽 지도를 가져와 서울을 포함하고 인천도 들어가는 38선이 좋겠다고 생각해서 그같은 안을 올렸고, 이것이 그대로 채택되었다는 설명이다. 이것이 한반도 38선 분단의 기원에 대한 전통주의 시각을 바탕으로 한 미국정부의 공식 설명이다. 즉 소련의 팽창주의 정책에 대한 임기응변의 작전이었고, 미국의 점령은 일관성과 준비가 결여되었다는 비판을 받을 수도 있지만, 당시로는 최선이었다는 것이다.[5] 본스틸 대령은 후에 유엔군 사령관이 되어 한국에서 근무했고, 러스크 대령은 전역 후 국무부에 근무하다가 국무장관까지 되었다.

트루먼은 후에 그의 회고록에서 이를 뒷받침한다. 이승만이 제기했던 얄타 밀약설 등에 대해 트루먼은 승전국들의 전후처리 회담에서 한반도 38도 분할안은 한번도 공식적 의제로 취급된 적이 없었다고 했다. 다만 동아시아 전반과 한국 문제 일부를 협의하는 차원에서 논의가 되었다고 적고 있다. 이어서 그는 38선이 "일본의 항복을 접수하기 위한 편의적 할당"(a convenient allocation of responsibility for the acceptance of the Japanese surrender)일 뿐이라고 언급했는데, 바로 이 언급에 근거하여 군사편의주의라는 이름이 붙게 되었다.[6] 군사편의주의설은 미국이 당시로는 최선을 다한 결과 절반이라도 건졌다면서 임기응변을 긍정적으로 평가하거나, 또는 그것이 후에 남북 분단이라는 비극적인 결과로 이어진 것은 미국의 의도가 아니었으며, 당시로는 예측이 불가능했다고 주장한다.

이에 반해 남북 분단의 원인 제공자나 신탁통치의 기획자가 미국이었듯이, 38선 분할까지 미국의 주도로 이루어졌다고 주장하는 '정치적 의도설'도 있다. 이는 수정주의자들의 견해로, 38도선 획정은 미국의 치밀한 전략적 계산의 산물이라는 것이다. 미국의 현실주의 사고가 철저히 반영된 것으로, 아시아에서 가장 중요한 중국과 일본 정책을 위한 완충지대 buffer zone 로서의 한반도를 이미 고려하고 있었다고 봤다. 앞에서 언급한 정보자유법으로 비밀이 해제된 문서에 따르면, 한반도 점령 계획은 1945년 8월에 닥쳐서 마련된 것이 아니라 1944년 초까지 거슬러 올라갔다. 이른바 '힘의 진공 전략'power vacuum strategy 으로, 이는 한국을 그 누구의 세력권으로도 분류하지 않음으로써 소련의 야욕을 차단하는 것이다. 미국은 처음부터 지정학적 사고에 의해 한국은 소련의 세력권이라는 인식이 강했다. 즉 미국은 해양세력이고, 소련은 진군이 쉬운 대륙세력이라고 생각했다. 그러므로 일본은 확실히 독점하고 한반도는 둘로 나누는 일종의 무승부를 만드는 것이 미국의 국익에 가장 좋은 결과라는 목표를 세웠다. 만약에 미국이 한국을 독점하려고 한다면 소련의 큰 저항이 있을 것이고, 그렇게 되면 일본에 대한 기득권도 유지하기 어렵다고 판단했다.

우선 미국의 이러한 일종의 '비기기 전술'은 오판이었다. 소련은 적어도 전쟁 직후만 하더라도 피해 복구와 유럽에서의 냉전질서 형성 등으로 말미암아 한반도에 대해서는 독점욕은커녕 관심도 크지 않았다. 그저 최소의 희생으로 최대의 전리품을 챙기자는 의도 정도는 있었으나, 중국을 손아귀에 넣고 일본의 북방 4개 도서를 손에 넣은 이상 한반도에서 큰 욕심을 부리면 오히려 미국의 저항을 강하게 받을 것으로 인식했다. 동유럽을 소련의 위성국가로 삼아 대미 방어 벨트를 구축하고자 열성을 다한 것과 비교하면 아시아에서는 전혀 적극적이지 않았다. 카이로회담 이후 소련이 대부분의 합의사항을 비교적 순순히 지켜왔다는 점은 이를 뒷받침한다. 또한 결정적인 증거로서, 스탈린^{I. V. Stalin}은 8월 9일 한반도 진군을 결정한 후 12일까지, 미리 미국 측에 요구했던 청진항 지역만 제외하고 북한에 대한 진격을 자제했다. 38선이 그어진 후에도 소련은 미국을 쓸데없이 자극할 경우 유럽, 중국, 일본 문제와 관련하여 이미 확보한 기득권에 영향을 받을 수 있다고 판단해서 매우 자제하는 모습을 보였다.

몇가지 이유로 '정치적 의도설'이 상대적으로 타당성이 더 있어 보인다. 먼저 전후의 한반도 문제에 대해서 소련은 항상 수동적이었고 미국이 능동적이었다는 것은 분명한 사실이었다. 미국이 상대적으로 소련보다 한반도 문제에 일관되게 적극성을 띠다가 갑자기 소련의 팽창주의에 대한 전격적 반응을 보였다는 것은 앞뒤가 맞지 않는 면이 많다. 두번째로 미국의 분할계획은 38선 이전에도 여러차례 있었다. 역시 비밀이 해제된 문서들 가운데 미 정부 회의록들에서 4개국 분할 점령 계획도 발견되고,⁷ 합동전쟁기획위원회^{Joint War Planning Committee, JWPC}의 안인 40도 10분 안(신의주까지 미국이 관할), 38도 45분 안 등과 같은 여러가지 분할계획을 고려한 증거들이 있다. 이 역시 미국의 즉흥적 대응이라는 설명이 타당성을 가지기 어렵게 만든다.

'정치적 의도설'이 주목받는 또다른 이유는 사전에 여러 분할계획이 있었던 사안이 두 대령 선에서 갑자기 결정되었다는 것은 무리한 해석이고, 결정의 주체는 그보다 상부였으리라는 것이 더 합리적 추론이기 때문이다. 한반도 38선 획정은 상당 기간 미 정부 내에서 구상되고 논의되었기 때문에 8월 11일의 결정은 기껏해야 완결 부분의 촉박함일 뿐일 것이다. 정치학자 이완범은 저서 『한반도 분할의 역사』(한국학중앙연구원출판부 2013)에서 미국의 '준비 부족에 의한 실수'라는 주장을 정면으로 반박했다.[8] 미국이 한반도에 대해 별다른 준비를 하지 않은 탓에 38선을 30분이라는 짧은 시간 내에 편의적으로 결정할 수밖에 없었다는 '준비부족론'은 미국의 책임을 줄이려는 변명에 불과하다는 것이다. 미국은 1945년 2월부터 한반도를 군사적으로 점령할 준비를 했으며, 38선 획정 실무자가 관련 문서의 상당 부분을 직접 검토하거나 기안했다는 점에서 한반도의 분할은 계획의 산물이라는 것이다.[9]

게다가 러스크 대령과 본스틸 대령이 사용했다는 내셔널지오그래픽 지도에는 40도선과 35도선만 그려져 있을 뿐 38도선은 나타나 있지 않으며, 당시 38도선이 표시된 지도는 하나도 없었다(다음 지도 참조). 러스크와 본스틸은 서울과 인천이 38도선 이남에 있었기 때문에 38도선을 기준으로 남·북한을 나눴다고 했지만, 이 지도로는 서울과 인천이 38도선 이남에 있다는 사실을 알 수 없다. 또한 이완범은 더 결정적 근거로 전쟁부 작전국 3대 국장이었던 존 헐John Hull 중장과 전직 미 군사실 직원 해리스Harris 대령의 전화통화 녹취록을 들었다. 헐 중장은 "38선은 (1945년 7월—인용자) 포츠담에서 마련됐다"라며 "우리 전략가들은 3개의 주요 항구를 주목했으며, 그 가운데 2개의 항구(인천과 부산—인용자)는 우리 지역에 포함해야 하며 서울 바로 북쪽에 선을 그어야 한다고 생각했다. 따라서 38선을 따라서가 가장 좋은 위치라고 판단했다."고 회고했다.[10] 38선 획정은 일반적으로 알려진 것과 달리 1945년 8월 11일 새벽이 아니라 7월 25일 무렵 이미 착상되었다는 얘기다.

마지막으로 미국은 19세기 말 이래로 아시아 진출에 있어 한국을 일관되게 대일본 정책의 종속변수로 봐왔다. 한국이 일본 제국주의의 피해자로서 독립을 통해 복권한다는 대의명분 같은 것은 애초에 없었다. 만약에 그랬다면 한반도가 아니라 일본 본토의 분할을 추구했을 것이다. 또한 분할 점령 시 서울을 베를린 식으로 넘겨주더라도 원산이나 인천, 그리고 부산의 항구를 확보하려고 애를 쓴 것은 미국 스스로 대륙세력보다는 해양세력으로서 한반도 정책을 생각한 것임을 짐작할 수 있다. 이 모든 정황과 증거를 종합해볼 때, 한반도 분할은 미국이 긴급상황에서 한 실수 또는 졸속 결정이거나 최선의 임기응변이었다기보다는 상당히 오랜 기간 숙의를 거듭한 극동전략의 일부였다. 소련이 38도선을 의외로 쉽게 수락하자 40도 10분 제안을 하지 않았던 것에 대한 후회가 있었다고 하지만, 그것이 미국의 즉흥적 결정임을 말해주는 것은 아니다. 미국은 한국이 일본과는 달리 패전국의 점령지임에도 불구하고 한국에 대해 패전국 취급을 했던 책임을 분명히 가지고 있다.

여기서 꼭 언급해야 하는 부분은 38선이 그어진 당시에는 누구도 이를 영구적 분단으로 생각하지 않았다는 점은 전통주의나 수정주의가 공통적으로 동의한다는 것이다. 그러나 문제는 미국과 소련 모두 이런 식의 분리를 한국의 통일자주독립국가 수립을 위한 준비단계로 생각한 것은 더더욱 아니라는 점이다. 미·소 양측은 상대방이 반쪽을 차지하고 있는 불안한 상태를 제거하고 가능하면 독점체제를 유지하려 했을 뿐이다. 최

66

본스틸이 38도선을 그었다고 알려진 내셔널지오그래픽 1942년판 벽걸이 지도

미국 전쟁부는 예상보다 빠른 일본의 항복과 소련의 진군으로 한반도 전체가 소련의 수중에 떨어질지 모른다고 우려해 찰스 본스틸, 딘 러스크 대령에게 소련이 수용할 수 있는 한반도 분할선을 30분 안에 마련해서 올릴 것을 명령했다고 한다. 두 대령은 당시 사무실 벽에 걸려 있던 내셔널지오그래픽 지도를 가져와 서울과 인천이 들어가는 38선이 좋겠다고 생각해서 안을 올렸고, 이것이 그대로 채택되었다는 것이 미국의 공식 설명이다. 즉 소련의 팽창주의 정책에 대한 임기응변이었다는 것이다. 반면 수정주의자들은 38도선 획정이 중국과 일본 정책의 완충지대를 만들기 위한 미국의 현실주의적이고 치밀한 계산의 산물이라고 주장한다.

악의 시나리오는 상대방에 의한 통합이며, 이는 절대로 수용할 수 없다는 것이었다. 여기서 크지는 않지만, 한국의 운신 가능성이 전혀 없지는 않았다. 한국민이 단합하여 독립을 추구할 경우 가능성은 있었다. 한반도의 분할을 설명할 때 강대국의 냉전이나 영토적인 야심의 탓으로만 돌릴 경우, 결국 통일의 열쇠도 강대국에 있다고 보게 된다는 점에서, 내인론처럼 내부적 책임 문제도 얘기할 필요가 있다.

분단의 기원에 대한
내부 책임론

분단의 기원에 대한 미국의 책임이 작지 않다는 결론과 함께 우리 내부의 책임에 대해서도 약간 살펴볼 필요는 있다. 이 책을 관통하는 핵심 주제의식 중 하나가 한·미관계의 신화, 특히 군사동맹의 신화와 맹목의 친미주의에서 벗어나기다. 신화와 맹목이 형성된 이유의 한쪽 끝은 한국에 대해 미국은 어떤 경우라도 선한 구세주라는 이미지이고, 다른 쪽 끝은 이것을 실용적 입장에서나 우리의 국익의 입장에서 바라보지 못해 프레임 속에 스스로를 결박해버린 의식이다. 따라서 분단의 기원의 상당 부분이 미국의 책임이라는 자각과 동시에 우리 자체의 행동에 대한 객관적인 논의도 필요하다. 이 역시 결론부터 말하자면, 좌우익을 막론하고 자주적이고 근대적인 민족국가를 수립해야 한다는 명분에는 누구도 이견이 없었지만, 민족통합의 근본 장애인 외세 개입을 비롯한 분단질서를 해소할 방안을 일관되게 모색하기보다는 해방 직후 국내 권력의 진공상태라는 혼란 속에서 각자가 세력 확장에 몰입함으로써 오히려 분단을 가속화하

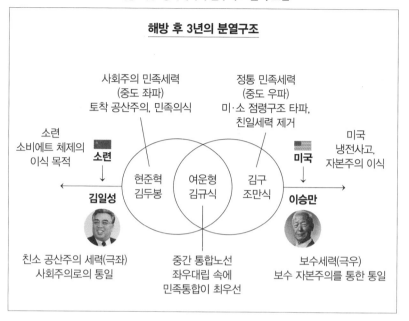

해방 후 3년의 분열구조

소련
소비에트 체제의
이식 목적

소련

사회주의 민족세력
(중도 좌파)
토착 공산주의, 민족의식

정통 민족세력
(중도 우파)
미·소 점령구조 타파,
친일세력 제거

미국
냉전사고,
자본주의 이식

미국

김일성 → 현준혁 김두봉 / 여운형 김규식 / 김구 조만식 ← 이승만

친소 공산주의 세력(극좌)
사회주의로의 통일

중간 통합노선
좌우대립 속에
민족통합이 최우선

보수세력(극우)
보수 자본주의를 통한 통일

고 냉전질서를 한반도에 확대 재생산했다는 것이다.

한반도 분단을 한 몸에서 갈라지는 모습으로 비유한다면, 미국과 소련의 역할은 분단과정의 원심력을 제공하고, 남북의 각 정치세력은 구심력을 발휘함으로써 분단과정은 가속화되고 공고화되었다. 상대적으로 중앙에 있는 중도의 통합 노력은 이런 분열에 저항하는 모습을 보였다. 해방 후 국내에서 경쟁했던 정치세력들은 앞의 도표처럼 크게 일곱개 정도로 분류할 수 있을 것 같다. 먼저 중도우익 성향을 지닌 정통 민족세력으로, 김구나 조만식을 중심으로 형성되었다. 이들은 민족주의 의식으로 무장되어 있어 미·소 군정으로 대표되는 점령구조를 타파하고 친일세력을 청산할 것을 주장하며, 38선의 획정에 반대한다. 당연히 한국민 스스로가 근대적 민족국가의 주체가 되어야 한다는 주장을 굽히지 않는다. 김구는 해방 직후 이념분열에 대해서 비판하면서 "한국이 있고야 한국 사람이 있고, 한국 사람이 있고야 민주주의도 공산주의도 또 무슨 단체도 있을 수 있다"고 했다. 두번째는 극우적 보수세력으로, 한민족의 독립을 목표로 삼지만 그렇다고 자신들의 주도권과 보수 자본주의 정권 수립이라는 전제를 포기할 수는 없다. 인정하지 않았지만, 이들은 민족통합보다는 정권 창출을 우선한다. 이념적 잣대에 의해 근대국가의 건설에 사회주의 세력이나 민중세력은 물론이고, 심지어 전통 민족세력까지도 배제하는 방향으로 나갔다. 당시 이들은 미·소 중심의 아시아 질서 재편의 국면이라는 현실을 정확하게 파악했으나, 이들에게 민족의식은 크게 중요하지 않았다.

세번째는 중도좌파적 성향을 지닌 사회주의적 민족세력으로, 현준혁이나 김두봉 같은 이들이 이끄는 토착 공산주의 계열이다. 이들은 진정한 민족해방과 자주독립국가 건설은 계급해방과 공산국가의 건설을 통해서만 가능하다는 주장을 견지하는 등 이념적 성향을 보였다. 그렇지만 독립과 민족통합의 문제에서는 온건타협 노선을 견지하는 특징을 보였다. 다만 극우 및 친일세력이 최대의 적이며, 정통 민족주의 세력은 타협 가능하다고 주장했다. 해방 직후에 소련의 대북한 영향력 확대에 반발하기도 했지만, 북한에서 일본군을 몰아냈다는 명분 때문에 적극적인 반대를 하지는 못했다. 이들은 민족의식은 상당히 고취되어 있었으나, 현실 인식이나 국제정치적 감각에서는 뒤떨어졌다. 네번째로는 극좌적 성향을 지닌 친소 사회주의 세력이다. 김일성이 여기에 해당하는데, 사회주의 국가 건설이나 계급해방을 표방한다는 면에서는 사회주의 민족세력과 같으나, 극우세력과 마찬가지로 한반도에서 자기들이 중심이 된 통일이 이루어져야 한다고 봤다.

　다섯번째로 좌우대립의 소용돌이 속에서도 어떻게 해서든 민족통합을 이루기 위해 동분서주했던 세력인데, 김규식과 여운형의 좌우합작 노력이 핵심이다. 이들은 좌우대립 속에서 민족통합이 최우선이라는 명제를 들고 좌우통합과 민족자주독립국가 수립에 최선의 노력을 기울였다. 그러나 미·소의 갈등구조와 진영 분할의 틀 속에서 살아남기는 매우 어려웠으며, 국내의 극좌와 극우세력으로부터 모두 공격의 대상이 되었다. 예를 들면 건국준비위원회는 조선공산당이나 한민당 모두에 적극적으로 배척당했으며, 조직 내부에서도 좌우익이 충돌하였고, 결국 붕괴하고 말았다. 다음 두 세력은 외부 세력인 미국과 소련을 들 수 있다. 미국은 앞에서도 살펴본 것처럼 친미세력 형성과 자본주의의 이식이라는 동아시아 전략으로 한반도를 인식했다. 소련과의 대결구조의 관점에서 한반도를 다뤘기 때문에 좌파적 이념을 가진 세력은 물론이고, 민족주의 세력마저도 철저하게 배제했다. 마지막으로 소련은 미국과는 반대로 소비에트체제의 한반도 이식이 최고의 목표였다. 초기에는 미국보다는 수동적이었으나, 시간이 갈수록 그리고 미국의 의도를 알고 난 후에는 점점 적극성을 띠기 시작했다.

　한반도의 분단이 고착화하는 데 미국과 소련 모두의 한반도전략이 큰 역할을 했다는 것은 주지의 사실이다. 그러나 두 초강대국의 점령정책은 다른 점이 있었다. 한반도 분단에 대한 소련의 책임 역시 논쟁거리다. 그러나 미국과는 달리 소련과 북한에 대해서는 정보가 부족해서 그 실체에 대한 접근이 어려웠다. 탈냉전 이후 정보 공개 상황은 나아졌지만, 여전히 상대적으로 부족한 상황은 개선되지 않았다. 일단 논쟁은 소련이 초기에는 한반도에 대한 무지와 준비 부족으로 점령정책에서 실수를 거듭하였고, 한반도 분단의 의도도 없었지만, 시간이 갈수록 북한에 대한 소비에트화의 의도를 굳히게 되었다는 주장이 있다. 다른 한편에서는 소련도 미국처럼 북한 점령에 대한 치밀한 계획과 충분한 사전 정보를 가지고 점령에 임했다는 주장이 맞선다. 후자의 경우 토착세력, 민족세력의 예상되는 반란을 의식하고 간접통치와 이른바 통일전선전술을 통한 연합전술을 처음부터 적용했다고 주장한다. 더 규명되어야 하는 부분이 있으나 탈냉전 이후 공개된 자료들을 종합해보면, 처음에는 우호적 정권의 수립을 통해서 간접통치를 할 의도가 있었다. 스탈린이 1945년 10월 20일 점령군에게 보낸 지시에 "조선 땅의 반일단체 및 정당 결성을 방해하지 말고 도와주라. 일본의 강점자 섬멸이 목적이지 한반도엔 욕심이 없으므로, 북조선 인민의 개인적, 사회적 소유는 소련군이 보호한다는 홍보를 적극적으로 하라."라는 부분이 나온다. 그러나 이후 소련은 미국과의 경쟁이 현실화되고 북한의 소비에트화의 가능성이 확인되면서 적극적인 분단 고착으로 전환했다고 보는 것이 더 타당해 보인다.

미국은 한반도의 특수상황이나 민족세력에 대한 고려는 없었지만, 일본을 포함한 아시아전략은 훨씬 적극적으로 준비되어 있었다. 문제는 그 전략이 패전국에 대한 점령정책을 닮아 있었다는 것이다. 오히려 한국 내 일본인을 연합국의 동맹국 사람 취급을 하면서 그들의 보호에 적극적이었다. 점령군에게 직접적이고 무제한의 권력을 이양하도록 함으로써 점령자처럼 행동했다. 초기만 비교했을 때는 소련보다 더 현지 정서를 무시했다. 법과 질서를 강조했지만, 우월감을 가지고 미국적 질서를 이식시키려 했다. 그러므로 미국의 군정은 한국인에게로의 궁극적 이양을 위한 과도정부의 역할을 했다기보다 후에 미국의 이익에 해를 끼칠지 모르는 조직이나 세력 들을 제거하는 데 집중했다고 보는 것이 맞다. 당연한 결과로서 진보적 민족주의나 사회주의 계열은 발을 붙일 수 없게 되었다. 한민당과 이승만은 이러한 미국의 목적에 가장 적합한 요소를 갖춘 세력이었다. 게다가 이들은 영어를 잘했고, 보수적 이념 성향을 지녔다. 그리고 무엇보다 미국이 일본을 살려주듯이 친일파를 살려줄 경우 이들은 미국에 가장 충성할 수밖에 없다는 점에서, 미국의 국익 확보에는 절묘한 방안이었을 것이다. 오죽하면 1945년 9월 11일 『뉴욕타임스』의 사설이 "우리가 일본 식민 쓰레기들에게는 약하고, 독립시킨 민족에게는 억압적이어야 하는가?"라고 비판했을까?

한반도 분단의 기원과 관련해 당시 국내 세력들의 해방에 대한 인식의 차이가 컸다. 크게 보면 민족주의자들은 미국을 비롯한 연합국이 일제 패망의 촉매가 되긴 했어도, 독립 주체는 여전히 한민족이 되어야 하며, 미국이든 소련이든 외세에 대한 의존은 새로운 사대주의라는 인식이었다. 반대로 보수주의자들은 해방이 연합국의 선물이므로 그들이 권력을 이양할 때까지 기다려야 한다는 주장을 폈다.

또한 미국이 친일파 관리나 한민당과 협력한 것은 정보나 행정 편의 때문으로만 설명하기는 어렵고, 국제적 냉전구조와 연결해서 설명해야 한다. 즉 미국은 반공정책을 통해 세계 패권국으로 부상하기 위해 일본을 부활시키고, 한반도는 이러한 구조의 틀에 맞도록 재편하고자 한 것이다. 이에 대해 소련은 미국의 이러한 일본 지배와 궤를 같이하는 남한에 대한 점령정책을 충분히 숙지하고 북한 내 반일감정을 최대한 이용하여 신탁통치의 유리한 고지를 점령하려는 전략과 연계했다. 즉 좌익이 주장하는 일본 잔재 세력의 철저한 제거를 남북통합의 최대 선결조건으로 내세웠다. 그러나 소련 역시 민족주의자와 토착 공산세력을 철저하게 배제했는데, 그 이유는 미국과 마찬가지로 자국의 이익에 해가 될 존재라고 파악했기 때문이다. 당연히 소련의 반제국주의 태도도 우리 민족에 대한 배려로서 취한 것이 아니라, 사회주의 이념이 원래부터 지닌 성향이자, 당시 소련이 미국에 대항해 한반도에서 영향력을 행사할 수 있는 가장 큰 무기였다.

당시 우리 민족 내부는 주체적인 입장에서 갈등의 본질을 파악했어야 했지만, 국제 냉전질서라는 엄청난 힘에 대항하기는 일단 민족 내부의 역량이 역부족이었다고 볼 수도 있다. 그러나 2차대전 종전을 앞두고 미·소의 세계 재편이 시작된 초기에는 한반도에 대해서 그렇게 첨예한 대결 구도가 형성된 것은 아니었다. 오히려 그 주요 대상은 유럽, 일본, 만주 등이었으며, 한반도는 주변적 또는 부가적 관심 대상이었으나, 미·소의 점령 후에 첨예한 대결의 장으로 진행, 발전된 것이라고 볼 수 있다. 따라서 우리는 이러한 구도가 굳어지기 전에 한민족의 단결과 발 빠른 적응으로 주도권을 잡을 기회가 전혀 없지는 않았다. 그러나 정치세력 간의 끊임없는 주도권 싸움으로 실기하고, 일반 국민은 그 틈새에서 의식과 이념의 심각한 혼란을 겪음으로써 정권이나 체제 갈등에 영향을 전혀 주지 못했다. 민족 내부의 분열은 신탁통치를 결정한 '모스크바삼상회의' 후 구성원들이 찬탁과 반탁으로 나뉘면서 더욱 가속화했다. 소련의 공세에 대항하기 위해 미국은 미국대로 남한 내의 좌익세력에 대한 대대적인 검거를 시작하면서 남쪽의 친미세력화를 적극적으로 추진했다. 반탁운동은 극우단체들의 좌파 및 반미세력 제거를 정당화하는 논거를 제공했고, 이후 미국과 이승만의 반공 공세가 거칠 것 없이 전개되었다. 제주도민의 3분의 1을 학살한 4·3사건은 그런 맥락에서 발생했다.

한국전쟁의
기원

한반도 분단의 기원에 대한 논쟁도 중요하지만, 한국전쟁의 기원도 그에 못지않게 중요하다. 이 둘은 중복되는 영역이 있지만 구별해야 할 또다른 요소들도 포함하고 있기에 분리해서 살펴볼 가치가 있다. 한반도는 1950년 6월 25일에 개전하여 1953년 7월 27일 휴전협정이 체결될 때까지 3년 하고도 1개월 2일 동안 민족의 역사상 가장 참혹했던 동족상잔의 전쟁을 치렀다. 특히 1951년 초부터 휴전협정이 체결되는 53년 7월까지 장장 2년 동안 치열한 공방전이 지속됐다. 휴전협정 협상이 시작되면서 체결이 완료되기 전에 양측이 조금이라도 유리한 위치를 차지하기 위한 것이었는데, 그사이 너무도 많은 젊은이가 목숨을 잃었다. 전쟁 초기 북한의 기습공격으로 남한이 적화통일이 될 수도 있었던 절대적 위기 상황까지 몰렸던 것을 생각한다면, 그래도 다행한 결과였지만 전쟁의 상처는 너무나 깊었다. 남·북한을 합쳐 250만이 죽거나 실종되었고, 다친 사람까지 합치면 당시 남북 총인구의 6분의 1에 달하는 5백만명이 직접적인 피해자였다. 또한 1천만이 넘는 이산가족이 발생했고, 물적 피해도 엄청났다. 전쟁 직전과 비교하면 공업생산의 60퍼센트와 농업생산의 80퍼센트가 감소했는데, 모든 것이 잿더미가 되었다는 표현이 정확할 것이다. 게다가 한 민족이 둘로 나뉘게 되었고, 평화체제가 아닌 정전체제라는 점에서 전쟁이 재발할 수 있다는 불안이 현재까지 계속되고 있다.

한국전쟁의 기원을 연구하는 것은 분단의 기원 논쟁에서 보았듯이 이념적 성격을 띠기 때문에 객관성을 확보하기가 쉽지 않다. 대립하는 두

체제를 동시에 연구대상으로 삼아야 할 때 하나의 권력을 비판하는 것이 다른 권력을 정당화하는 것이 될 소지가 있기 때문이다. 또한 미·소 사이의, 그리고 남북 사이의 자료 수집의 불균형 문제 역시 연구를 어렵게 하는 이유다. 그래서 한국전쟁 연구는 또다른 한국전쟁이라고 부르기도 한다. 일단 한국전쟁의 다층적 함의를 살펴보자. 먼저 세계의 냉전질서가 충돌한 전쟁이라는 차원이다. 한국전쟁은 분명 남북 간의 내전이지만, 냉전 대립의 국제전이라는 차원과 불가분이다. 유럽 열강의 제국주의 질서가 사라지며, 소련의 공산주의와 미국의 자본주의의 대결이라는 구조로 전이하는 과정에서 충돌이 발생한 것이다. 두번째로는 동북아에서의 군사 및 이념적 세력균형이 붕괴한 전쟁이었다. 즉, 한·미·일의 남방 자본주의 삼각동맹과 북·중·소의 북방 사회주의 삼각동맹 간의 세력균형이 붕괴한 것이다. 세번째로는 한반도 내 남·북한의 내전이었다. 세계 차원과 동북아지역 간의 대결구조가 지양되거나 해소되기는커녕 한반도에서 더 증폭되어 전쟁이 벌어졌다. 마지막으로 해방 후 떠오른 권력집단 간의 대결이었다. 김일성을 중심으로 한 급진 좌익세력과 이승만을 중심으로 한 극우 보수세력의 대립이 전쟁으로 치달았다.

분단의 기원처럼 한국전쟁의 기원에 대한 대표적 논쟁 역시 전통주의와 수정주의 사이에서 벌어졌다. 이것이 자연스러운 흐름이라는 것은 한반도의 분단이 한국전쟁의 가장 큰 원인이라는 움직일 수 없는 사실에 기인한다. 다만 기원이 만들어낸 현상이 다른 것이다. 먼저 전통주의는 소련의 팽창주의가 북한을 앞세워 전쟁을 일으킨 데 대해서 당시 세계경찰로서 책임을 다하던 미국이 평화를 위해, 한국 국민을 보호하기 위해 피를 흘려 방어했다는 논리다. 이는 비극적인 전쟁을 일으킨 책임론에 집중하는데, 미국 학계에서는 특히 북한 뒤에서 조종한 소련의 책임론을 부각함으로써 냉전의 기원과 책임까지 패키지로 엮었다. 스탈린의 한국전쟁 주도를 가장 많이 거론한다.

전통주의의 대표적 학자인 D. F. 플레밍은 한국전쟁의 기원에 관한 여섯가지 가설을 정리했다.[11] 먼저, 나토 결성을 포함해서 미국이 유럽에서 영향력을 강화하고 소련과 동유럽을 압박해나가는 데 대해서 소련이 그같은 압력을 분산하기 위해 한반도에서 전쟁을 일으켰다는 가설이다. 두번째는 자국을 배제한 채 추진되는 아시아에 대한 미·일 간의 평화조약 체결을 막기 위해 소련이 전쟁을 일으켰다는 설이다. 미일동맹이 강화될 경우를 대비해서 한반도에 대항동맹을 만들고자 했다는 것이다. 세번째는 남한이나 미국이 허점을 보인 기회를 포착해서 소련이 전쟁을 일으킨 것으로, 오랜 논란이 되었던 '애치슨 라인'Acheson Line을 원인으로 보았다. 1950년 1월 당시 미국의 국무장관이었던 애치슨Dean G. Acheson은 미국의 극동방위선에서 필리핀과 오키나와를 바로 연결하고 한반도는 제외했다. 네번째는 소련이 어느정도 전후 복구를 완료한 시점에서 공산주의 팽창정책을 펼칠 경우, 미국과 서방이 어떻게 대응하는지를 시험하려 했다는 것이다. 나머지 두가지 가설은 소련의 힘을 시위해서 국제 공산주의 혁명의 물결을 일으키고, 공산주의 진영의 내부 단결을 도모하기 위한 무력시위였다는 것과 미국과 중국의 대결을 유도하기 위해 소련이 판 함정이라는 설이다.

한편 수정주의는 아시아에 대한 미국의 제국주의 정책의 결과가 곧 한국전쟁이라고 주장한다. 특히 19세기 말부터 시작된 미국의 문호개방정책의 결산이라는 의미를 지닌다는 것이다. 즉 레닌의 제국주의론에 기초해서 미국의 아시아 진출은 자본주의의 급격한 발전으로 말미암아 발생한 국내의 잉여생산을 해소하기 위해 미국이 해외시장을 개척하는 과정에서 이루어졌으며, 중국의 공산화와 소련의 아시아 진출에 제동을 걸 필요가 발생해 미국이 이를 강력하게 추진하는 과정에서 전쟁으로 이어졌다고 주장한다. 수정주의는 분단의 기원에 관한 논쟁에서와 마찬가지로 미국의 책임론을 거론하지만, 전통주의보다는 서구 제국주의라는 구조적 원인을 강조한다. 그러다보니 전쟁 발발에 대한 소련이나 북한의 책임론은 희석된다. 여러 전시 회담들에서도 나타나듯이 소련이 미국에 대해 여러차례 약세를 인정했음에도 미국이 공세적 태도를 취함으로써 결국 소련으로 하여금 대응이 불가피하게 만들었다고 수정주의는 주장한다. 북한에 대해서도 소련은 민족주의자 김일성을 중심으로 한 한국민의 자치권을 미국에 비해서는 더 인정하고, 식민지 잔재를 청산하는 개혁정책과 남북의 단일정권을 나름대로 지지했다는 것이다. 그런데 미국이 한반도에 좌파 또는 민족주의 정권이 성립하는 것을 허용할 수 없어서 친일 잔재 세력과 공모한 것이 전쟁의 진짜 이유라는 것이다.

　일부 수정주의 학자들은 여기서 더 나아가 북한의 남침 자체를 부인하고 오히려 북침론을 주장하거나 미국과 한국이 북한으로 하여금 남침하도록 유도했다고 주장했다. 주목해야 할 또다른 부분은 전통주의는 한국전의 성격을 국제전으로 규정하는 반면, 수정주의는 한국전을 내전으로 보고, 더 나아가 제국주의에서 벗어나려는 민족해방전쟁으로 보는 좌파적 시각을 보였다는 점이다. 한국전쟁의 구조적 원인과 미국의 책임론을 강조한 수정주의는 1970년대에 미국의 역사학계에, 그리고 1980년대에는 한국에 큰 영향을 끼쳤다. 대표적 학자가 브루스 커밍스였으며, 그의 책 『한국전쟁의 기원』*The Origins of the Korean War*은 논쟁에 불을 지폈다. 커밍스는 수정주의자였지만 북침론을 주장하지는 않았다.[12] 하지만 그는 어느 쪽이 전쟁을 처음 일으켰는지가 아니라 좀더 구조적이고 근본적인 이유에 집중하였다. 즉 한국전쟁은 베트남전과 유사하게 반식민지 전쟁이라는 것이다. 일본 제국주의에 대항했던 빨치산 출신 김일성은 북한을 접수했지만, 남한에서는 김구와 같은 민족주의자들이 밀려나고 이승만과 친일파들이 미국과 결탁하면서 제국주의 질서의 연장을 꾀했던 것이 전쟁의 원인이라고 주장했다. 그는 이 과정에서 미국의 책임을 가장 신랄하게 비판했다.

그렇다면 한국전쟁은
누구의 책임인가?

이 장에서 한국전쟁의 기원과 관련해 한국전쟁의 시작과 과정, 그리고 결말의 자세한 논의는 할 수 없다. 다만 연구자로서 가능한 객관적 요약 평가는 할 수 있다.[13] 한국전쟁의 제안자는 역사적 사실로서 입증된 북한의 김일성이었다. 김일성의 제안을 접한 스탈린은 처음에는 거절과 주저함 사이를 오가다가 결국 동의했으며, 이 과정에서 중국의 마오쩌둥毛澤東과 상의하라고 했다. 마오쩌둥도 미국의 개입 가능성에 대한 우려로 처음에는 망설이다가 결국 동의하게 된다. 일단 결정이 된 다음은 소련보다 중국이 적극적으로 북한을 도왔다. 당시 김일성은 기습공격을 하면 남한 내부의 혁명세력이 봉기할 것이고, 단기전으로 끝내면 미군의 개입 가능성도 배제할 수 있다고 확신했다. 그러나 결과적으로 모두 잘못된 예측이었다. 1950년 6월에 집중된 대남 평화공세나 북침에 대한 조작 증거들은 수정주의가 북침론 주장으로 이어진 이유를 말해준다. 사실 이승만의 통일과 북침 의지는 김일성의 그것에 못지않았고, 이전에 여러 경로를 통하여 언급되기도 했지만, 이 자체가 북침의 직접적인 증거가 될 수는 없다. 오히려 자주 반복되던 이승만의 말뿐인 북진론은, 북침을 위장하려 한 김일성에게 결정적 순간에 이용당한 것으로 보는 것이 더 타당하다.

정치학자 박명림은 『한국전쟁의 발발과 기원』에서 한국전쟁의 기원을 어느 시점으로 보느냐에 따라 전통주의와 수정주의로 나누어진다는 점을 지적한다. 먼저 전통주의자들에게는 1950년 6월 25일이 전쟁의 원인이고 기점이다. 보통 한국전쟁을 '6·25전쟁'으로 부르는 것도 그런 이유인데, 사건 자체에 대한 현상적인 해석이 주류를 이룬다. 다시 말해 전쟁의 원인을 김일성과 스탈린이라는 두 공산주의 독재자의 야욕에서 찾고, 그들에게 책임을 돌리는 것이다. 반면에 수정주의는 일제 식민지의 경험이 분단의 원인이자 동시에 한국전쟁의 근본적 원인이라고 본다. 일종의 구조적 결정론으로, 모든 식민 시대의 사실들이 전쟁의 기원으로 연결된다. 문제는 그렇다면 식민지 경험을 가지고도 전쟁에 이르지 않은 나라를 설명할 수 없다는 점이다. 또한 앞에서도 지적한 것처럼 구조를 강조하면, 전쟁은 일어날 수밖에 없었다고 보기 때문에 전쟁을 일으킨 측의 책임론이 희석된다.

박명림은 두 주장의 약점을 통합하고 보완하는 제3의 해석을 내놓았다. 전쟁의 커다란 원인은 수십년의 식민구조와 해방 이후 구축된 미·소의 냉전체제가 제공했다고 보지만, 동시에 그 원인으로 해방 이후 권력 획득을 위해 스스로 냉전구조에 편입되고 이를 활용했던 민족 내부 구성원들의 분열과 한국전쟁을 실제로 일으킨 김일성의 책임을 모두 포함시킨다. 사람의 힘과 책임이 배제된 결정론도 아니며, 6·25라는 현상만 보는 상황 논리만도 아닌, 둘 모두의 원인을 복합적으로 포함하고 있는 시각이다. 이 시각은 1945년 이래 형성된 분단질서가 거대한 힘이긴 했지만 초기부터 전혀 거스를 수 없을 만큼 고착된 것이 아니었듯이, 한국전쟁 또한 피할 수 없는 운명의 힘이 아니라 북한의 실질적 선택이 작용한 것이라고 본다.

한반도 분단과 한국전쟁의 기원에 대한 논의를 정리해보자. 한국은 상하이임시정부를 중심으로 일제에 항거했지만, 연합군의 결정적 도움으로 해방되었다는 것은 부인할 수 없다. 그런데 프랑스의 망명정부는 전후처리가 이뤄질 때 주요 행위자로 인정을 받았지만, 한국의 임시정부는 전후처리 과정에서 철저히 주변으로 밀려났고, 미국과 소련이 한반도에 남아 있던 일본군의 무장해제를 한다는 명분으로 38선을 중심으로 한반도를 분할 점령하였다. 이것이 민족 분단이라는 비극의 출발점이 되었다. 미국과 소련은 군정을 실시하면서 그들이 원하는 대로 우리의 국가 건설이 이뤄지도록 밀고 나갔다. 점점 확실해지는 냉전 대결에서 미국과 소련 모두 한반도를 자기 체제의 우월성을 증명하기 위한 시범사례로 삼았으며, 동시에 한반도에 그들의 전략적 교두보를 마련하고자 했다.

우리의 책임도 없지 않았다. 어려운 상황이었지만 민족단결을 통해 미·소의 정책에 어떻게든 저항하여 남북통합을 이루고 국가 건설을 추진해나가야 했음에도, 오히려 공백이 생긴 권력을 차지하기 위해 각자가 유리한 대로 미국과 소련 세력에 편승하면서 더욱 분열되었다. 결국 1948년 남쪽에는 대한민국, 북쪽에는 조선민주주의인민공화국이라는 이질적인 정권이 수립되었다. 남쪽은 이승만 정권이 미국을 의지하며 통치했지만 혼란한 국내 정세가 좀처럼 진정되지 않았다. 반면에 북한은 분열이 전혀 없지는 않았지만, 남한과 비교해 안정세를 유지할 수 있었다. 게다가 1949년 중국 본토가 공산화되자 북한 권력층은 이를 계기로 큰 자신감을 가지고 남침계획을 구체화하였다. 당시 미국 일각에서는 소련이 미국과 유럽을 대상으로 제3차 세계대전을 일으킬 것이라고 주장했지만, 당시 소련은 전혀 그럴 만한 상황이 아니었다. 소련은 제2차 세계대전 최대의 피해국으로 3천만에 달하는 사망자와 함께, 국가 전체 부의 4분의 1이 날아갔으며, 1700개의 도시가 파괴되었다. 이런 처지에서 당시 세계 총생산량의 절반 이상을 차지하고 있던 최강 미국을 대상으로 전쟁을 일으킨다는 것은 현실성이 없었다.

반면 미국은 제2차 세계대전으로 인한 피해가 거의 없었다. 물론 종전 이후 군비를 줄이려는 노력도 했고, 점령군도 철수했다. 주한미군 역시 1949년 6월에 철수시켰다. 그런데 남북의 불안한 대치 상황에서 미군의 철수는 북한의 남침을 부추길 수 있었을 것이다. 이 부분에 관해 수정주의 학자 일부는 미국이 군을 철수함으로써 한국전쟁을 유도했다는 주장을 하고 있기도 하다. 한국전쟁의 원인과 발발의 책임에 관한 많은 주장이 있지만, 북한 김일성이 소련을 부추겨 전쟁이 일어났다는 것이 가장 폭넓게 받아들여진다. 다만 미국도 한국전쟁에 대한 책임을 면할 수는 없다는 점은 분명하다. 미국의 역대 대통령을 포함해 어떤 고위 인사들도 1950년 한국전쟁을 분단의 시작점으로 삼지, 1945년의 미·소 분할 점령이나 3년간의 군정은 절대로 언급하지 않는다. 한·미관계는 한국전쟁에서 미국이 엄청난 피를 흘려가며 공산화의 위협으로부터 한국을 구했다는 관점에서만 출발한다. 미국은 한국전쟁 발발 이후에는 구원의 손길을 내밀었지만, 그 비극에 대한 원초적 책임의 일부분을 면하기는 어렵다.

한국전쟁은 같은 민족끼리 치른 동족상잔의 내전인 동시에 미국과 소련, 중국을 포함하여 유엔 회원 16개국이 참여한 국제전쟁이었다. 또한 남한과 북한에는 총력전이자 전면전이었던 반면, 미국, 중국, 소련에는 제한전쟁이었다. 이 때문에 2차대전 후 체제경쟁을 벌이던 미·소 양대 강국의 전쟁을 대신한 대리전쟁으로도 불렸다. 한국전쟁은 2차대전 이후 인류가 치른 최대의 전쟁으로 꼽힌다. 그래서인지 트루먼은 3차대전을 막기 위한 전쟁이었다고 했다. 미국이 3차대전을 막았다는 말이겠지만, 우리의 입장에서는 한국을 희생양 삼았다는 것으로 들린다. 미국에서 한국전쟁은 '잊혀진 전쟁'a forgotten war이라고 불린다. 여러 이유가 있을 수 있겠지만, 무엇보다 분단체제를 해소하지 못한 전쟁이기 때문이 아닐까? 한국전쟁은 도돌이표였다. 해방 후 미·소가 북위 38도를 기준으로 마음 대로 그어버린 분단선이 서쪽은 38선 아래로 조금 내려왔고, 동쪽은 38선 위로 조금 올라갔다. 강원도 고성에 김일성의 옛 별장이 있는 이유다. 전쟁을 잠시 쉬자는 휴전협정에 의한 정전체제가 2021년 현재 시점에서 68년째 지속된다는 것은 세계 역사상 유례가 없는 기형적인 현상이다. 한국전쟁은 세계 전쟁사 중에 가장 긴 시간 동안 전쟁도 평화도 아닌 휴전 상태이다. 아무리 오래되었다고 해도 정전체제는 엄격하게 말하자면 전쟁상태다. 이것이 통일은 둘째 치고 정전체제의 불안정성을 명확하게 인식하고 이를 평화체제로 변경해야 하는 가장 큰 이유가 된다.

제3장
미국의 전후 아시아전략과 1965년 한일기본조약

　1965년 6월 22일 한국과 일본은 4개의 부속 협정과 25개 문서로 구성된 '대한민국과 일본국 간의 기본관계에 관한 조약', 줄여서 '한일기본조약'을 체결하였다. 이 역사적인(?) 조약은 이후 한·일관계를 규정하는, 그리고 제한하고 왜곡하는 중심축으로 작동한다. 한일기본조약의 탄생은 미국이 전후 아시아전략인 동북아 동맹네트워크 구상을 위해 한국과 일본을 압박해서 체결하도록 만든 데 따른 것이다. 이 조약을 기점으로 미국은 한국 및 일본과 두개의 양자동맹을 구축하는 한편, 냉전체제의 남방 삼각동맹의 시동을 걸었다. 이는 또한, 미국이 전후 아시아전략 가운데 가장 중요하다고 생각했으나 1951년 샌프란시스코조약에서는 부재했던 한·일 간의 고리를 마침내 연결하는 함의도 가진다. 그리고 이 전략은 21세기에 와서 오바마 대통령이 미·일 안보 가이드라인^{방위협력지침}을 수정하면서 구체화한 대중국 봉쇄를 위한 '아시아로의 중심축 이동' 전략으로 이어졌다. 이 장은 샌프란시스코조약과 한일기본조약 체결을 둘러싸고 형성된 미국의 전후 아시아전략이 한·미관계에서 지니는 의미에 대해 살펴보고자 한다.

미국의 전후처리와
샌프란시스코체제

한국전쟁이 한창이던 1951년 9월 미국은 일본과 샌프란시스코강화조약을 체결하며 일본에 대한 전후처리를 밀어붙였다. 이 강화조약의 핵심 의도는 일본을 미국의 대아시아 패권전략의 교두보로 삼는 것이었다. 더불어 한국에서 대리전쟁을 치른 소련과 공산화에 성공한 중국에 대항할 전략적 요충지를 일본을 중심으로 구축하는 것이었다. 이는 일본이 수십 년간 아시아에 만들어놓은 질서를 미국이 그대로 가져와서 재활용하겠다는 결정이었다. 그리고 일본은 미국의 이러한 전략적 요구에 동의함으로써 전범국가나 미군정에 의한 피점령지의 지위에서 벗어나 미국이 구축하는 자본주의 세계질서에 당당하게(?) 편입하는 것을 의미했다. 그러나 우리의 관점에서 보면 이것은 미국이 일본의 전쟁범죄에 눈감고, 한국을 다시 미·일 전략의 하부구조로 편입하는 것이었다. 미국이 너무도 짧은 시간 만에 일본의 35년 제국주의 만행에 면죄부를 주는 행위였으며, 한국전쟁이 끝나기도 전에 한반도에서 냉전체제의 대리전쟁을 가능하게 만드는 시도였다.

샌프란시스코조약은 시작부터 많은 문제점을 안고 있었는데, 일본의 침략과 전쟁의 피해자인 다수의 아시아 국가들을 배제한 채 연합국과 일본만의 강화조약 체결을 강행한 것이다. 전후 배상 문제의 해결이나 아시아 각국과 일본의 관계 정상화 문제를 고려하지 않음으로써 이후 외교적 분쟁의 판도라 상자를 열어버린 셈이었다. 2차대전 이후 시간이 갈수록 미·소의 대립 구도가 확산하면서 일본과의 강화조약 체결에 대한 연합국 간의 의견이 일치하지 않게 되었는데, 1949년 중국이 공산화되고 이듬해 한국전쟁이 발발하면서, 미국은 일본의 전략적 역할의 중요성이 커지는 것에 주목했다. 이에 일본을 대공 동맹네트워크의 교두보로 삼기 위해 강화조약을 서두르기 시작했다. 일본 국민은 연합국 전체와 조약을 체결하자는 여론이 강했지만, 일본정부는 자신들의 생사를 좌우할 미국과의 단독강화를 통해서라도 하루빨리 피점령지의 지위를 벗어나기를 원했다.

양국 지도부의 이러한 공통된 인식으로 샌프란시스코회의가 개최되었다. 공산화된 최대의 피해국 중국은 아예 초청되지 않았고, 인도나 미얀마 등은 조약에 반대하여 참석을 거부했다. 한국은 초청되지 않았다. 파리강화회의에 프랑스의 레지스탕스가 승전국 일원으로 초대된 것과는 달리 대한민국 그리고 당시 전쟁 중이던 북한조선민주주의인민공화국은 초대받지 못했다. 물론 당시 전쟁 상황이 한국의 참석을 어렵게 한 점은 있었지만, 한국이 강화조약에 참석하는 것을 일본이 적극적으로 반대했기 때문이기도 했다. 당시 일본 총리 요시다 시게루吉田茂가 강력한 로비를 통해 한국의 초청을 극구 막았던 것이 역사적 사실이다. 한국이 부여받은 지위도 승전국이나 패전국이 아닌 애매한 '특별상태국'이었다. 미국은 한국이 연합국의 일원이 아니었기 때문에 일본과의 교전국 지위를 인정할 수 없다고 주장했다.

1945년 9월 2일 포고된 것으로 패전국 일본 군대의 처리를 담고 있어 한반도 분단의 기원이 되었던 미국의 '일반명령 제1호'는 우리 국민에 의한 독립운동을 인정하지 않으며, 우리는 일본의 항복을 받을 권리가 없다는 의미를 내포했다. 미국은 연합국, 중립국, 적국 중 어느 쪽에도 속하지 않은 국가를 특별상태국으로 분류했고, 여기에 오스트리아, 이탈리아, 태국 등과 함께 한국을 포함시켰다. 당시 광복군이나 임시정부의 활동이 일부 연합국에 협조적이고 일본에 저항적이었지만 한국이 승전국으로 인정받기에는 부족했다는 것이 미국의 판단이었다. 한국이 전범국에 저항하지 않고 부분적으로 부역한 국가군에 속했다는 것은 마땅히 받아야 할 배상을 받을 수 없게 된다는 것을 의미했다. 물론 미국이 서둘렀던 강화조약의 성격상 패전국의 배상 규모와 범위는 애초부터 축소될 개연성을 가지고 있기는 했지만, 이는 일본 제국주의 전쟁의 가장 큰 피해자인 한국으로서는 부당한 처리가 아닐 수 없었다.

그런데 이러한 한국의 억울한 처지는 미국이 의도적으로 만든 것이기도 하다. 왜냐하면 2차대전 종전 과정에서 보인 전후처리와 깊은 관련이 있기 때문이다. 즉 미국은 해방 이후 한반도 질서를 구축하며 민족세력을 배제하고 친일세력을 등용했는데, 이것이 샌프란시스코강화조약에서 한국이 특별상태국의 지위를 받는 데 결정적인 역할을 한 것이다. 다시 말해서 미국이 한국을 승전국은커녕 피해국으로도 인정하지 않은 채, 오히려 일본에 부역한 국가로 만들고, 이를 샌프란시스코강화조약에도 그대로 적용했다는 말이다. 여기에 전후처리의 규칙을 주도적으로 만든 승전국들이 모두 제국주의 국가였다는 점도 그들이 식민지의 피해에는 둔감하고 그들 위주의 세계질서를 재구축하는 데 여념이 없던 이유를 설명해 준다. 이처럼 한국이 승전국은커녕 피해국으로도 인정받지 못했던 것이 후에 한일기본조약에서 일본의 한·일병합을 불법화하여 이에 대한 배상을 받는 것이 아니라, "독립축하금"이라는 이상한 용어로 자금을 지원받게 된 이유가 되었다.

한마디로 샌프란시스코조약은 일본의 배상 책임에 미국이 앞장서서 면죄부를 제공한 조약이었다. 일본 정치지도자들이 망언을 계속하고, 특히 한국에 국제조약을 위반하지 말라는 역공을 하는 원인도 여기에 있다. 만약에 미국이 한국을 승전국은커녕 부역 국가로 만들지만 않았더라도 이런 후유증은 남지 않았을 것이다. 한국이 부역 국가가 된 것은 태평양전쟁 중 일본 제국주의에 의해 행해진 강제징용 때문이라기보다, 미국이 전후에 친일 부역세력을 중용했기 때문이었다고 보는 것이 타당하다. 샌프란시스코조약은 미일동맹의 기반을 마련한 것이고, 미국의 대소 봉쇄망을 위해 미국을 중심으로 한 이른바 '허브 앤 스포크'Hub and Spokes라는 중첩적 양자동맹 체제를 구축하는 출발점이었다. 유럽에서도 독일을 부활시켜 미국의 전후 반공질서를 구축한 것은 비슷하지만, 이는 나토라는 '집단방어체제'collective defense system로 친미 자본주의 국가들을 묶는 방안이었다. 그런데 유럽과는 달리 아시아의 경우는 전혀 다른 민족, 종교, 문화를 가진 다양성으로 인해 집단방어망을 구축하기보다는 미국을 중심축으로 하여, 아시아의 여러 국가와 개별적인 양자동맹을 중첩적으로 맺는 것이었다. 마치 자전거처럼 바퀴의 중심hub인 미국과 바큇살spokes인 아시아의 동맹국들이 연결된 모양이라고 해서 이를 '허브 앤 스포크'라고 부른다.

2차대전 이후 패권으로 부상한 미국의 독일 및 일본에 대한 전후처리 방식은 이렇게 달랐다. 미국은 유럽에서는 북대서양조약기구라는 다자기구를 통해 독일의 재무장을 막는 동시에 공산주의의 위협을 공동으로 방어하는 소위 '이중봉쇄 전략'에 나섰다.[1] 그리고 주변국 특히 승전연합국의 일원이었던 프랑스를 위시한 전쟁 피해 당사국들의 철저한 과거청산 과정에 대한 요구를 적극적으로 수용하는 동시에, 분단을 통해 독일이

다시 전쟁을 일으키기 어렵게 만들었다.

그러나 아시아에 대한 미국의 전후처리는 전혀 다른 양상으로 흘렀다. 미국은 앞장서서 과거청산을 축소 또는 면제했으며, 독일처럼 분단을 통한 일본의 약화도 추진한 바 없었다. 뉘른베르크전범재판과 도쿄전범재판은 판이했는데, 도쿄재판은 연합국과 일본의 전쟁에 대한 뒤처리에만 집중하고, 위안부 문제와 강제징용을 포함해 아시아인들의 피해에 관해서는 눈을 감아버린 재판이었다. 미국이 독점적으로 주도한 1951년 샌프란시스코강화조약은 더욱 변질되어 청산과 책임 추궁은 뒷전이었고, 향후 미국에 유리한 국제 환경을 구축하는 것에만 골몰하였다. 전쟁 책임에 대한 외면은 물론이고, 애매한 국경선 처리로 일본과 주변국 간 영토분쟁의 불씨를 남겼으며, 실권이 없다고는 하지만, 심지어 일본의 천황제를 존속시켰다. 단지 더글러스 맥아더의 주도로 일본군의 무장을 해제하고, 평화헌법을 제정해 재무장의 가능성을 제한하는 정도를 가지고 주변국들을 설득했다.[2]

다시 정리하자면, 독일의 경우는 '강요된 철저한 과거청산'에 의한 과거로부터의 단절인 데 반해, 일본의 경우는 미래 일본의 변화(또는 변화 가능성)를 미국이 보장하는 일종의 '강요된 미래의 평화'라고 할 수 있다.[3] 독일과 일본 모두 미국의 전략적 이익을 위해 반공 및 반소의 전위대 성격을 가지고 있었지만, 그 구체적인 방법론과 전개과정은 차이를 보이면서 오늘날 전혀 다른 전후체제가 형성되었다. 일본의 전후체제라는 것은 제대로 된 과거청산은 하지 않은 채 미일동맹으로 본토에 대한 침략을 막는 데 집중하는 요시다독트린의 전수방위체제를 일컫는다. 그리고 이후 진행된 냉전과 한국전쟁으로 일본은 미국의 소위 '기지 국가'의 역할을 충실히 행하게 되었다. 일본의 복구와 부분적 재무장을 허용하는 대신

©국가기록원 제공

1953년 한미상호방위조약 가조인식과 참관하는 이승만 대통령

미국은 1951년 샌프란시스코강화조약에 이어 그해 9월 8일 미일안전보장조약을 체결하여 미일동맹의 출범을 알렸고, 1953년 10월 1일 한미상호방위조약을 체결하여 한미동맹을 출범시켰다. 1953년 8월 8일 열린 조약 가조인식에서 변영태 외무부장관과 덜레스 미 국무장관이 서명하는 현장에 이승만 대통령이 참관하고 있다.

미국이 동맹을 통해 관리하겠다는 의도였다. 오늘날 미국이 추구하고 있는 한·미·일 3국의 군사협력의 시작은 바로 샌프란시스코체제였다.[4]

일본이 안전보장뿐 아니라 국가의 정체성을 위해 아시아가 아니라 태평양 너머의 미국만을 바라보는 모습이 샌프란시스코체제이며, 그 군사력에 기반을 둔 것이 미국의 아시아 패권이었다. 그러므로 최근의 미국의 아시아 재균형 전략은 샌프란시스코체제의 변화라기보다 기존 체제의 재확인이자 재활용이라는 함의가 있다. 또는 전후 지속됐던 한·미·일 '의사 동맹의 실질화'로 볼 수 있다. (이 부분은 16장에서 상술한다.) 1965년 한·일수교 당시 일본 헌법 9조로 인해 명시적인 군사동맹은 불가능했다는 점도 유사 삼각동맹의 형태가 유지된 또다른 이유였다. 물론 차이점도 존재하는데, 체제의 기원은 일본의 재무장을 제한하기 위해 미일동맹이 주로 작동했던 것이라면, 이제는 미국의 전략적 필요가 달라짐에 따라 일본의 군사 및 경제적 동원을 극대화하는 것으로 바뀐 것이다. 미국은 샌프란시스코강화조약에 이어 그해 9월 8일 미일안전보장조약을 체결하여 미일동맹의 출범을 알렸고, 1953년 10월 1일 한미상호방위조약을 체결하여 한미동맹을 출범시켰다.

미국의 중재와
한·일 국교 정상화의 시작

미국은 다음 순서로 삼각의 남은 변들을 연결하는 차원에서 한·일 국교 정상화를 추진했다. 동맹으로 연결한 것은 아니고, 미국의 전략을 위한 관계 정상화 조치였다. 미국은 샌프란시스코조약이 체결된 직후부터 한·일 간에 관계 정상화가 이뤄지도록 꾸준히 압력을 행사했다. 1951년 10월 예비회담이 개최된 이래 1965년 6월 한일기본조약의 체결까지 기간으로는 14년이 소요되었다. 한일기본조약은 미국 아시아전략의 추진이라는 단순한 목표를 지니고 있었지만, 한·일 간에 이것은 35년의 일본 식민지배라는 과거를 청산하는 문제이자, 이에 대한 배상 청구라는 복잡하고 어려운 과제가 놓여 있는 것이었다. 아무리 반공이라는 명분을 위한 것이라고 하더라도 한·일 양국의 관계 정상화를 위한 움직임이 해방된 지 10년도 되지 않은 시점에서 벌써 시작된다는 것은 피해당사자 한국에 대한 배려가 전혀 없었음을 의미한다. 그러나 이것이 가능하게 되고 결국 14년 만에 결실을 보게 된 데는 미국의 역할(압박)이 가장 결정적이었다. 미국이 협상 과정에서 적극적인 개입을 통해서 한·일 양국을 압박했기 때문이다.

미국은 샌프란시스코강화조약 직후부터 일찌감치 한·일 간의 중개 노력을 시작하였으나, 청구권 문제에 대해서는 가능한 한 개입하지 않는다는 방침을 유지했다. 무엇보다 한국과 일본 사이의 엄청난 입장의 차이로 인해 협상이 지지부진을 면치 못하고 있었기 때문에 자신들이 개입하면 문제를 더욱 어렵게 할 수 있다는 판단을 했을 것으로 보인다. 한·일 양국은 미국의 유권해석을 여러차례 요구했지만, 미국은 계속 모호한 태도를 유지했다. 이러한 애매한 입장에서 벗어나 좀더 적극적으로 개입하기 시작한 것은 케네디John F. Kennedy 정부에 와서였다. 한일회담 14년간의 과정을 미국의 행정부별로 대별하자면 아이젠하워Dwight Eisenhower 정부는 분명 한·일 국교 정상화를 강하게 원하고 있었지만, 적극적 개입의 자세를 보이지는 않았으며, 이후 케네디 행정부에서 개입을 본격화했고, 존슨Lyndon Johnson 정부에 와서 적극적으로 타결을 성취하는 과정을 보였다.

일본은 한일회담이 진행되기 이전부터 식민지 지배 행위에 대한 배상으로서 청구권 명목의 자금을 한국에 전달하는 방식에는 거부감을 보였고, 한국에 경제협력 방식으로 자금을 제공하는 것을 선호했다. 앞에서 지적했듯이 미국은 샌프란시스코강화조약 체결 때부터 배상의 성격을 모호하게 만들었으며, 따라서 과거사 청산을 원하던 한국의 입장과는 거리가 멀었고, 겉으로는 명분 때문에 적극적으로 내세우지는 못했으나 내심 일본의 해결방식을 선호하였다. 이런 속내는 점점 미국의 입장으로 굳어졌으며, 나중에 미국이 한국에 청구권 명목을 강조하지 않고 경제원조의 성격을 띠는 이른바 패키지딜package deal 형식으로 합의하도록 종용하는 것으로 귀결된다.

앞에서 지적한 것처럼 한·일 국교 정상화가 추진된 것은 무엇보다 미국의 아시아전략이라는 안보적 목표를 이루기 위한 것이었지만 경제적인 이유도 매우 컸다. 미국은 2차대전 이후 압도적인 경제력을 과시했지만, 한국전쟁을 계기로 재정적자 문제가 불거졌다. 유럽과 아시아에 지속적으로 원조를 하고 자본주의 경제권의 구축에 많은 돈을 퍼부은 것도 상황을 더 어렵게 만들었다. 이른바 달러의 과도한 지출에 따른 후유증이 나타났고, 이 때문에 한국에 대한 경제 및 군사 원조가 부담스러워지는 시점이었다. 케네디 대통령은 미국은 대외원조를 통해 공산주의와의 체제경쟁에서 우위를 유지한다는 전후 정책을 유지하고 싶었지만, 악화일로의 국제수지로 말미암아 의회와 불편한 관계였다. 해방 이후 1960년대 초까지 미국의 원조에 절대적으로 의존해오던 한국 경제는 미국에도 부담이 되기 시작했다. 이에 케네디 행정부는 한국정부가 전적인 원조경제에서 벗어나 경제개발계획을 세우고 좀더 효과적으로 자립경제를 이룰 수 있도록 지원방식을 변경해야 한다고 생각했다. 군사원조 위주에서 경

제원조 위주로 전환하는 것은 물론이고, 경제개발 없이는 원조도 없다는 방침을 세운 것이다.[5]

미국은 이어서 한국에 대한 부담을 일본과 분담하는 해법을 생각하기 시작했다. 일본은 미국의 어려움을 덜 수 있는 최고의 카드였을 것이다. 왜냐하면 1960년대의 일본은 전후 복구에 성공했고, 한국전쟁을 계기로 눈부신 경제발전을 이뤄 이미 미국의 제2의 무역상대국으로 부상할 만큼 성장했기 때문이다. 게다가 일본은 4억 9천만 달러의 대미 부채가 있었는데, 미국이 이에 대한 상환을 저개발국의 원조로 대체해주기로 일본과 합의했다. 미국으로서는 안보와 경제 문제를 한꺼번에 해결할 수 있는 묘안이었고, 케네디는 이의 실천을 위해 한일회담의 중재에 적극적으로 나섰다. 게다가 한국의 정부가 박정희 정권으로 바뀌어 있던 것도 미국에는 호재였다. 그동안 미국의 한·일 국교 정상화 노력이 진전을 보지 못한 이유 중 하나가 이승만의 철저한 반일주의였다. 1960년 4·19혁명 후 등장한 과도정부인 허정 내각과 장면 정부에도 미국은 대일관계 개선을 강하게 요구했지만, 정부의 성격상 쉽게 받아들일 수 없었다. 그러다가 1961년 5·16 군사쿠데타가 일어나고 친일 및 친미주의자 박정희 정권이 등장하자 미국은 이를 최고의 기회로 생각하고 한일조약 타결을 위해 속도를 냈다. 박정희는 미국의 요구를 받아들여 1961년부터 본격적인 협상을 시작했고, 1년 만에 일본의 경제협력을 약속받았지만, 이번에는 영해나 어로 문제 등으로 합의에 이르지는 못했다.

미국은 포기하지 않고 1963년부터 한·일협상 타결을 미국의 우선순위의 하나로 삼고 한·일 양국을 더욱 압박하기 시작했다. 존슨 대통령이 직접 나서서 양국의 주미대사들을 설득하기도 하고, 고위급 인사를 양국에 보내 압박하기도 했다. 1964년 1월 로버트 케네디Robert Kennedy 법무장관과 딘 러스크 국무장관이 내한하여 한·일 국교 정상화를 위한 회담을 빨리 타결하라고 압박했다. 그리고 그해 9월에도 국무성 차관보 윌리엄 번디William Bundy는 미국은 한·일 국교 정상화를 위해 할 수 있는 일을 모두 하겠다고 했다. 이러한 미국의 재촉 속에서 대한민국과 일본은 다섯차례에 걸쳐 밀고 당기기를 했으나 서로 의견이 달라서 제대로 타결을 보지 못했다. 이견 중에서 배상과 관련해서는, 일본은 개인배상을 제의했지만, 한국정부는 이를 거부하고 국가배상을 일본 측에 요구했다. 미국은 그 과정에서 매우 집요하고 일관되게 협정 체결의 성사를 위해 간섭했다. 일본의 공여 액수에 관해서도 미국은 간섭했다. 국무부는 물론 자국 대사관에 보내는 전문에 일본이 합리적인 액수를 제공하는데도 한국이 수용하지 않을 경우, 미국의 대한국 차관과 연계시켜 압박할 것을 주문할 정도였다.[6]

아직 권력기반이 취약했던 박정희 정권은 케네디 정부의 추인을 받기 위해 방미를 추진했는데, 미국은 이 기회를 적극적으로 활용하였다. 박정희의 방미와 한일협정의 서명을 맞교환하려는 것이었다. 미국정부는 한일협정 서명 시기 역시 박정희의 방미 전이어야 한다는 의사를 전달했다. 반면에 일본은 조급할 이유가 없었다. 미국의 압력이 있었지만, 한국의 사정이 급한 것을 뻔히 아는 일본은 서두르지 않았다. 당연히 협상 시작부터 일본이 우위를 가지게 되었다. 당시 오히라大平正芳 외상이 미국의 압력에 대해서 일본에서는 역효과를 낼 수도 있으므로 일본에 맡겨두라고 할 정도였으니, 한국과는 다르게 일본은 어느정도 대미자율성을 지니고 있었다. 미국은 안보와 경제 논리에 의해 한·일관계의 정상화를 신속히 달성하는 것이 중요하지만, 지나친 대일 압박은 일본의 반미감정을 건드려 전체 일을 그르칠 수 있다고 생각했다.[7] 결과적으로 미국의 압력은 한국과 일본에 비대칭적으로 작용했고, 일본을 움직이기보다는 한국을 움직이는 쪽으로 강하게 작동했다.[8] 이런 불리한 입지는 협상 결과에 그대로 투영되었는데, 일본이 한국이 겪은 식민지 피해에 대한 배상금이나 보상금이 아니라 경제협력이나 지원, 독립 축하의 명목으로 돈을 주겠다는 주장을 관철할 수 있었던 큰 배경이었다.

한일기본조약
체결

박정희 대통령은 워싱턴에 한일기본조약을 6월까지 체결할 수 있다고 밝히고, 그렇게 원하던 방미 허락을 받아 1965년 5월에 실행에 옮겼다. 원래 미국이 내걸었던 방미 전 협정 체결은 아니었지만, 박정희는 한일회담 수석대표에게 6월 15일까지 한·일협상을 매듭짓도록 전권을 부여했다. 박정희 정권은 대한민국이 얻어내야 할 정당한 댓가도 얻어내지 못한 채 한일기본조약을 체결했고, 일본과의 외교관계를 수립하게 된다. 한일기본조약은 6월 22일 마침내 체결되었고, 8월 14일 국회에서 여당 단독으로 비준 절차를 완료하였다. 1905년 을사보호조약이 체결된 지 60년 만에 다시 한·일 간에 조약이 체결된 것이다. 식민지를 벗어난 지 20년도 되지 않은 시점에서 한국은 일본을 외교상대국으로 인정한 것이다. 합의가 어려웠던 쟁점 사항들은 추후 협상에서 논의할 수 있다는 문구를 삽입하면 된다고 했다.

협상이 중요한 쟁점에 대한 합의 없이 졸속으로 체결된 것은 역시 미국의 압력과 함께 무력으로 탈취한 권력에 대한 미국의 추인을 받으려는 박정희 대통령의 조급함이 큰 역할을 했다. 독도 문제, 위안부 문제, 강제징용 등 매우 중요한 문제들이 해결되지 않은 채로 서둘러 체결됨으로써 분쟁의 씨앗이 두고두고 문제를 일으키게 된 것이다. 한일기본조약 전문가인 장박진 박사는 당시 한국이 식민지 관계 청산이 불가능한 조건에서 한일회담을 진행했기 때문에 한일기본조약은 처음부터 예정된 결과일 수밖에 없었다고 주장한다.[9] 일단 한일기본조약 당시 한국정부는 과거청산에 관한 국민적 합의 도출의 의사도 능력도 없었다. 그리고 일본 내에서 과거를 반성하는 세력들은 한일회담 자체를 반대했으므로 한일회담이 일본의 과거사 반성을 토대로 진행될 가능성은 없었다. 마지막으로 한일기본조약이 반공 논리에서 만들어졌기 때문에 우리가 기대하는 조약을 이뤄낼 수 없었다는 것이다.[10] 샌프란시스코강화조약 4조에는 한국과 일본이 양자 협상을 통해 미해결 재산 청구권 문제를 교섭하라고 되어 있다. 당시 우리는 일본에 식민지 지배에 대한 배상금을 요구했지만, 샌프란시스코조약으로 말미암아 청구권 협상의 테두리를 벗어나지 못했다. 미국의 도움으로 일본은 한반도 식민지 지배의 불법성을 전혀 인정하지 않으면서, 돈을 줌으로써 그 책임에서 벗어날 조약을 체결할 꽃놀이패를 손에 쥘 수 있었다.

박정희 정권이 일본과의 협정을 일방적으로 추진하는 과정에서 한국 내부에서는 야당과 시민, 재야단체까지 연인원 350만이 대대적인 항거시위를 통해 굴욕적 한일기본조약을 반대했다. 1964년 6월 3일에는 1만여 명의 시위대가 경찰 저지선을 뚫고 광화문까지 진출했고, 청와대 외곽의 방위선을 돌파하기에 이르렀다. 시위대는 정권 퇴진까지 요구했다. 정권에 대한 심각한 도전으로 번진 소위 6·3사태에 대해 박정희 대통령은 계엄령을 선포하고 4개 사단의 병력을 동원하여 이를 막았으며, 1965년에는 2월부터 8월까지 6개월간 위수령을 선포하면서까지 협정 체결을 밀어붙였다. 그 과정에서 대외적으로는 한국민의 99퍼센트 이상이 협정 체결을 지지한다며 국민 여론을 호도했다. 당시의 항거시위는 주로 반일시위였지만, 미국이 배후에서 이렇게 압력을 행사했다는 것이 알려졌다면 반미감정도 함께 폭발했을 것이다.

굴욕적인 한일기본조약의 합의사항은 크게 세가지였다. 먼저 일본은 한국에 무상공여로 3억 달러를 10년에 걸쳐 나누어 제공하되, 용역과 물품 한·일 청산계정에서 대일 부채로 남은 4573만 달러는 3억 달러에서 제한다. 다음으로 일본은 한국에 대외협력기금 차관으로 2억 달러를 10년에 나누어 제공하되, 상환은 7년 거치 20년 분할 상환으로 하며, 연이자 3푼 5리의 정부 차관으로 제공한다. 마지막으로 일본은 한국에 수출입은행 조건 차관으로 1억 달러 이상을 제공한다. 이는 민간차관으로 국교 정상화 이전에도 실행할 수 있다. 외교 정상화의 댓가로 우리가 받은 것은 유상자금, 무상자금 및 차관을 합쳐 약 8억 달러에 불과했다. 일본은 한일기본조약의 체결을 두고 성공이라고 자평했다. 한일기본조약으로 청구권 문제가 "완전하고 최종적으로 해결"되었다고 선언했으며, 이후 일체의 배상 요구에 대해서 같은 입장을 고수해왔다.

한일기본조약 체결 과정의
한·미관계 함의

이번 장에서는 샌프란시스코강화조약과 한일기본조약의 결정 과정을 살펴보았으며, 결론적으로 이 둘의 상호관련성이 매우 깊다는 것을 명확하게 확인할 수 있었다. 샌프란시스코강화조약은 2차대전 및 한국전쟁 이후 대한민국의 정체성과 국가 건설, 그리고 무엇보다 대외정책을 규준하는 중요한 틀로 작동해왔다. 한일기본조약의 체결은 적어도 미국의 구상에서는 샌프란시스코체제의 구축을 확인하는 마지막 퍼즐이자 고리였다. 냉전체제는 심화되어갔는데, 유럽에서는 나토와 바르샤바조약기구라는 양 블록 간의 집단 대 집단의 갈등이 전개되었다면, 아시아에서는 미국을 중심으로 한 중첩적 양자동맹의 네트워크가 자전거 바큇살처럼 펼쳐진 형태였다. 그중에 한반도와 베트남이 아시아 냉전체제의 최전방과도 같았다.

한반도의 경우는 소련·중국·북한의 북방 삼각동맹이 형성되어 있기에 이에 대한 대비로 미국은 한국·미국·일본의 남방 삼각동맹의 확실한 구축이 필요했다. 남방이나 북방 모두 삼각이라고는 해도 사실 두개의 양자동맹은 확실하지만 삼각형의 한 변이 제도적으로 부재했을 뿐 아니라 실제로도 모호했다. 북방 삼각동맹의 경우 북한을 중심으로 중국 및 소련과의 두 양자동맹이 연결되었고, 남방 삼각동맹은 미국을 중심으로 한국 및 일본과의 두 양자동맹이 연결된 형태인데, 냉전체제라는 큰 틀로 보면 삼각동맹의 대립 구도처럼 인식된 것이다. 북방 삼각동맹은 중국과 소련의 관계가 중국 공산화 과정에서의 알력과 공산화 이후 중·소분쟁의 악화로 말미암아 아킬레스건이 되었다. 마찬가지로 남방 삼각동맹은 미국의 관점에서 보면 한·일관계가 과거사로 말미암아 반공동맹의 약한 고리였다. 이 때문에 미국으로서는 한국과 일본의 관계 정상화가 꼭 필요하다고 생각했기에 한일기본조약의 체결을 적극적으로 압박했다.

미국의 사전기획과 적극적 개입으로 체결된 한일기본조약은 가쓰라-태프트조약에서 시작되었던 미국과 일본의 '아시아 및 한반도 카르텔의 부활'이라는 함의를 갖는다. 미국은 자신들은 명시적 개입을 하지 않았다고 주장하지만, 거시적인 차원뿐만 아니라 미시적인 차원에서도 다양한 방법으로 관여한 정황들이 있다. 앞에서 밝힌 것처럼 특히 케네디 정부에서는 개입정책을 노골화하는 정도의 수준이었다. 더욱이 여러 역사적 자료의 공개로 불거졌던 것처럼 미국이 박정희의 군사쿠데타를 획책 또는 적어도 지지했다면, 한국인의 운명이나 미래에 대해서는 일말의 고려도 없는 이런 부조리한 고리의 독립변수는 분명 미국이다. 1964년 5월 3일 미국의 당시 중앙정보국Central Intelligence Agency, CIA 국장이었던 덜레스Allen Dulles가 BBC에 출연해서 "내가 재직 중 펼친 해외 활동 중에 가장 성공한 것이 한국의 5·16 군사혁명이다"라는 말을 했다. 그리고 이어서 미국이 아무것도 하지 않았다면 아마도 한국민은 공산주의의 선전에 말려들어 남북통일을 요구하는 폭도들을 지원했을지 모른다고 언급했다. 이는 미국이 박정희의 쿠데타를 지원했다는 명확한 증언이라고 할 수 있다. 한국의 군사쿠데타에 개입했다는 것을 공중파 라디오에서 자백한 것이나 다름없다.

아무튼 한·일 간에 고질적으로 반복되는 과거사 왜곡, 독도 영유권 주장, 망언 문제 등은 기본적으로 한·일 간의 문제이고, 일본의 몰역사적 태도에 기인하는 것은 분명하지만, '배후 조종자'mastermind가 미국이라는 것 역시 부인하지 못한다. 겉으로 보기에는 한일기본조약의 타결로 한국이 미국과 함께 일본을 압박해서 돈을 받아낸 듯하지만, 실제로는 청구권의 명목이 아니기 때문에 과거에 대한 사죄의 성격으로 돈을 지불하는 것을 거부한 일본을 설득하지 못한 것이다. 반대로 미국이 정통성 시비로 불안정했던 박정희 정권을 몰아붙임으로써 결국 한일기본조약은 일본이 원하는 방식으로 타결되어버렸다. 미국은 냉전의 논리와 케네디 정부가 처한 상황적 조건으로 말미암아 쿠데타로 집권한 불법적인 박정희 정권을 압박해서 한국이 일관되게 주장해온 식민지 지배와 역사적 과오에 대한 사죄와 보상의 논리를 포기시켰다. 한국의 구한말에도 그랬듯이 이미 일본은 자국의 동아시아 안보전략에서 가장 중요한 거점이며, 한국에 대한 원조 부담을 일본에 떠맡길 수 있는 일거양득의 기회라고 판단한 것이다.

구한말 조선, 그리고 1960년대의 대한민국의 역사와 현재, 그리고 미래에 대한 일말의 고려도 미국에는 없었다. 미국은 구한말 조선을 배신하고 일본 중심으로 아시아를 바라보던 시각을 그대로 유지하면서 늘 선한 동맹이자 자비를 베푸는 존재로 남아 있다. 미국이 그 과정의 잘못에 대한 극복 노력을 하지 않는다면 스스로 선한 패권이라고 강조하든, 트럼프 식으로 미국 우선주의의 고립주의로 돌아가든 상관없이 신제국주의 일극 체제의 패권이라는 비난을 벗을 수는 없다. 우리는 우리대로 역사적 사실에 대한 직시 없이 희망적 사고와 미국에 대한 일방적 구애의 신화만을 고집할 경우 역사는 반복될 뿐이다. 조세희는 『난장이가 쏘아올린 작은 공』에서 이렇게 말한다. "지금도 같은 일이 되풀이되지만, 그때 제일 참을 수 없었던 것은 악이 자선이 되고 희망이 되고 또, 정의가 되었다는 것이다. 참을 수 없다."[11]

학계에서는 한일회담에서 식민지배에 대한 과거청산이 제대로 이뤄지지 못한 이유로 주로 미국의 대일 및 대한반도 정책, 그리고 식민지 병합의 불법성을 규정할 국제법이 부재했고 보상기준이 불분명했다는 상황적 조건을 지적한다. 한일기본조약에서는 식민지 관계 청산이 조문상 불가능했다. 왜냐하면 병합의 불법성에 대한 명확한 규정과 그 책임에 따른 보상이 기본조약의 성격이 아니었기 때문이다. 그대신 청구권 교섭이 우선되고 과거사 청산이라는 본질은 모호한 채로 끝나버렸다. 한국정부가 미국의 냉전 논리에 함몰되고, 군사정부의 정통성 시비를 종결시키기 위한 원군인 미국을 얻어 권력을 공고화하는 데만 정신이 팔려 있었기 때문에 이 문제를 적극적으로 제기하지 못했다. 앞에서도 지적한 바 있지만, 군사쿠데타 정권이었기에 국민적 합의 도출의 의도나 능력 역시 처음부터 없었고, 당연히 과거사 청산은 애초부터 실현과는 거리가 먼 얘기였다. 굴욕적으로 체결한 한일기본조약이 박정희 정권이 추진한 경제개발의 밑거름이 되었고, 이로 인해 쿠데타 세력의 장기집권 기반이 되었다. 그러나 일본에 구걸하듯 받은 돈으로 경제발전에 매진해 성공했다는 것만으로 역사와 민족 앞에 지은 죄를 정당화할 수는 없다.

민의에 의해 선택된 정부를 무력으로 무너뜨린 5·16 군사쿠데타는 미국의 건국 정신이나 민주주의 원칙과는 반대되는 것이다. 그러나 당시 미국은 냉전질서의 구축자였고, 반공지상주의에 지배되어 있었다. 친미와 반공만 내세우면 독재정권이라고 하더라도 무조건 지지하였다. 프랭클린 루스벨트가 중남미 니카라과의 악명 높은 독재자 소모사Anastasio Somoza García에 대해 "(그가) 개자식이기는 하지만 우리의 개자식이다"(may be a son of bitch, but he is our son of bitch)라는 유명한 말을 했는데, 미국은 트럼프 행정부까지 1백년 동안 마치 미국 외교정책의 사운드트랙처럼 이를 반복 연주하고 있는 것이다.[12] 구한말 배신행위를 한국을 구하기 위한 행위였다고 포장했던 것처럼, 미국의 정치지도자들은 한일기본조약 역시 공산주의의 위협으로부터 우리를 지키기 위한 미국의 선의이자 자비라고 말한다. 그리고 지금도 미국은 중국과 북한의 위협으로부터 우리를 지킨다고 한·미·일의 삼각동맹을 구축하려 한다. 정말 하나도 변하지 않은 한반도의 민낯이다. 그러나 역사의 고비마다 나타나는 진짜 공통점은 친일, 친미, 반민주, 냉전세력의 야합이 만들어낸 결과이다.

제4장
1965년 또 하나의 사건, 베트남전 파병

파병의
배경

바로 앞장에서 한·미관계를 규정하는 매우 중요한 1965년의 사건을 면밀하게 살펴보았다. 한일기본조약은 이름만 보면 미국이 비집고 들어갈 만한 곳이 없지만, 그 배후에서는 미국의 조정과 개입, 그리고 압박과 야합이 큰 역할을 했던 역사적 사건이었다. 사실상 미국의 구상에서 시작되었고, 미국에 의해 그 과정이 주도되었으며, 타결까지 이뤄졌다. 이 장에서는 같은 해 발생한 또 하나의 사건인 한국의 베트남전 파병을 다룬다. 베트남전은 미국과 베트남의 전쟁이다. 한국과는 상관이 없는 전쟁으로 여길 수도 있지만, 냉전체제가 만들어낸 이 또 하나의 이념전쟁에 한국은 개입했다. 여기에는 한·미관계의 성격을 결정짓는 원인인 동시에, 결과를 반영하는 중요한 함의가 있다.

한국군의 베트남 파병은 베트남전이 치열해지며 어려움을 겪기 시작한 미국이 한국에 파병을 요청하면서 이뤄졌다. 1964년 9월에 의료부대 병력 130명과 태권도 교관 10명을 보내면서 최초의 파병이 진행되었다. 그후 한국은 1965년 2월에 비둘기부대 2천여명, 10월에 해병 청룡부대와 육군 맹호부대를 파병했다. 군수지원부대인 십자성부대와 군수물자 수송을 담당한 백구부대 역시 파병되었다. 1966년 미국의 추가 파병 요청으로 4월에 혜산진부대, 8월에 백마부대가 베트남에 상륙했다. 한국은 4만 8천명을 파견해 미국 다음으로 많은 병력을 파병한 나라였다. 1968년 5월부터 베트남전을 끝내기 위한 휴전협정이 시작되었고, 한국도 1971년부터 73년까지 철수를 진행했다.

우선 베트남전의 개요를 간단히 알아보자. 베트남전은 1955년부터 1975년까지 계속된, 미국과 베트남(정확하게는 남베트남)이 한편이 되어 북베트남과 남베트남민족해방전선을 상대로 벌인 전쟁이다. 남베트남민족해방전선은 남베트남에 있던 공산주의 세력으로 일명 '베트콩'VietCong이라고 불렸다. 베트남전은 한국전쟁과 유사한 점이 많다. 프랑스 제국주의의 베트남 점령과 두차례의 연이은 세계대전, 그리고 2차대전 이후 형성된 미·소 냉전체제가 전쟁의 직접적 배경이자 원인이었다. 1883년부터 베트남은 프랑스의 식민지였다. 제2차 세계대전 중에는 일본이 잠시 점령했는데 전쟁 말기에 베트남 독립운동세력이 일본군을 몰아냈고, 독립운동을 주도적으로 이끈 민족의 영웅 호찌민Hô Chi Minh이 1945년 전쟁이 끝나자 북부 베트남을 중심으로 베트남민주공화국을 수립했다. 그런데 제국주의의 미련을 버리지 못한 프랑스가 다시 돌아와 베트남 왕조의 마지막 황제인 바오다이Bao Dai를 앞잡이로 내세워 별도의 국가를 세워버

ⓒ국가기록원 제공

한국군 베트남전 참전

박정희는 베트남전에 한국군을 파병함으로써 미국의 행정부가 그전부터 논의해온 주한미군 및 한국군 감축 계획을 되돌리고 한미동맹의 견고함을 과시해 권위주의 정부의 정당성을 보완하려 했다. 당장은 미국이 한국군의 파병이 매우 필요한 상황이었기에 파병에 대한 반대급부를 박정희 정부에 제공하기로 했지만, 시간이 갈수록 한국정부가 요구 수위를 높이고 남북관계에서 공격적 방식을 사용하며 한반도를 위기 상황으로 몰아감에 따라 한·미관계는 불편해졌다. 사진은 1966년 10월 25일 한국군 해병대 청룡부대가 베트남 파논 지역에 상륙하는 장면이다.

렸다. 이에 호찌민은 민심을 끌어모아 1946년부터 장장 9년 동안 돌아온, 또는 떠나지 않은 외세와의 투쟁을 이끌었다. 호찌민은 끈질긴 투쟁 끝에 마침내 승리를 거두었고, 1954년 제네바협정에서 프랑스는 베트남에서 완전히 철수하는 대신 북위 17도를 사이에 두고 남북 분단체제는 유지하기로 합의했다.

그런데 그것이 끝이 아니었다. 프랑스가 물러간 자리에 이번에는 미국이 개입하기 시작했다. 미국의 지원을 받는 응오딘지엠Ngo Dinh Diem이 바오다이를 쫓아내고 베트남공화국(남베트남)을 세우고 대통령에 올랐다. 미국은 한국전쟁과 동유럽의 공산화 과정을 경험하면서 공산주의 팽창 정책의 다음 목표가 베트남이라고 생각했다. 제2차 세계대전 직후 트루먼 대통령은 소련과 공산주의의 물결을 막는다는 이른바 트루먼독트린이라는 강력한 봉쇄정책containment policy을 표방했고, 이어 아이젠하워 대통령은 동남아시아를 이 봉쇄전략의 성공 여부를 판가름할 최전선의 승부처라고 보았다. 소위 '도미노이론'domino theory을 주장했는데, 도미노 게임처럼 한 국가가 공산화되면 이는 걷잡을 수 없이 주위로 번지므로 처음부터 이를 막아야 한다는 것이다. 즉 베트남이 공산화되면 인도차이나반도가 공산화되고, 인도차이나반도가 공산화되면 동남아시아가 공산화되며, 이는 전체 아시아와 세계로 확산할 것이므로 베트남의 공산화를 막는 것이 미국의 이익과 직결된다는 논리였다.

도미노이론은 원래 지정학에서 나온 이론으로 어느 한 지역에서 세력을 내어주면 마치 도미노 블록들처럼 그 주변 지역이 연쇄적으로 무너지는 것을 의미한다. 도미노이론은 아이젠하워 대통령과 존 덜레스John F. Dulles 국무장관이 1954년 미 의회에서 공식적으로 언급하였지만, 1947년 조지 마셜George Marshall 국무장관이 유럽부흥계획인 마셜플랜Marshall Plan

이 필요한 이유를 설명하는 논리적 근거로 피력된 바 있었다. 미국 봉쇄정책의 설계자 조지 케넌George Kennan은 유명한 「긴 전문」Long Telegram에서 공산주의는 붉은 물과 같아서 틈이 있는 곳은 스며들어 공산화할 것이므로 방벽을 쌓아 이를 봉쇄해야 한다는 정책을 권고했었다. 도미노이론은 이의 연장으로 공산주의 정권에 의해 한 국가나 지역이 무너지면 그같은 현상은 걷잡을 수 없이 확산할 것이라는 경고와 함께 필요하다면 전쟁을 해서라도 이를 초기에 막아야 한다는 주장이 담겨 있다.[1] 1954년 3월 인도차이나에서 프랑스가 철수하고 베트민Viet Minh, 베트남독립동맹회이 북베트남을 지배하게 되자, 아이젠하워 대통령은 4월 기자회견에서 도미노이론을 앞세워 개입의 당위성을 역설했다. 도미노이론은 케네디와 존슨 정부에 베트남전 합리화를 위한 이론적 기반을 제공했다.

미국의 베트남전 개입

미국의 이런 반공주의와 봉쇄전략은 베트남 내부 사정이나 베트남 국민의 의견을 철저히 무시한 정책이었다. 호찌민의 북베트남은 독립운동의 공로와 함께 식민지 잔재 청산과 포괄적인 개혁 노력으로 국민에게 깊은 신망을 얻고 있던 반면, 남베트남은 미국의 엄청난 물적 지원을 받았지만 심각한 부패로 국민이 등을 돌리고 있었다. 결국 응오딘지엠은 1963년 군부쿠데타가 일어나 암살당하고 만다. 하지만 미국은 굴하지 않았고 존슨 대통령은 베트남의 친미정권을 지원하기 위해 본격적인 전쟁을 준비했다. 호찌민은 남베트남을 무력으로 통일하기 위해 정규전을 벌이는 동시에 남베트남 후방의 베트콩을 동원해 남측 내부를 교란했다. 미국과 남베트남은 남쪽 내부의 베트콩과 북베트남을 상대로 두 전쟁을 치러야 했는데 이미 민심이 돌아선 탓에 연전연패를 당했다.

미국은 북베트남이 베트콩을 뒤에서 조종하는 것으로 판단하고 북베트남과의 전면전을 준비하게 되었다. 사실 정당성이나 국민의 지지 측면에서 볼 때 남베트남은 북베트남에 비해 아주 많이 뒤떨어지기 때문에 전쟁의 명분이 없었지만, 미국은 조작을 통해 이를 만들어냈는데, 그중 대표적인 것이 통킹만 사건이다. 이는 1964년 8월 미국의 구축함 매덕스호가 통킹만에서 북베트남 잠수함의 어뢰와 기관총 공격을 받았다는 것으로, 미국은 이를 빌미로 북베트남과 전면전을 벌인다. 미국 의회는 전쟁에 대한 전권을 대통령에게 부여했다. 그런데 훗날 이 사건은 미국이 먼저 북베트남 군함을 공격해 발생한 것으로 밝혀졌다. 빌미를 억지로라도 만들어 전쟁을 벌이기 위한 의도적인 공격이자 조작이었다. 압도적으로 우월한 화력을 가진 미국은 총공세에 나서 북베트남의 도시와 농촌을 말 그대로 무차별 폭격했다. 베트콩이 숨어 있다고 판단한 정글을 없애버리기 위해 고엽제라는 독극물을 뿌리고 3천도의 고열을 내뿜으며 주변을 불바다로 만드는 네이팜탄을 쏟아부었다.

북베트남도 가만히 있지 않았는데, 1968년 1월 구정 새벽에 남베트남의 36개 도시에 대한 기습작전을 감행하였다. 이 '구정 대공세'The Tet Offensive로 전쟁 양상은 역전되어버렸다. '구정 대공세'는 베트남에서 가장 중요한 명절인 구정 휴일을 맞아 1백개가 넘는 남베트남의 도시와 진지들에 대해 북베트남이 벌인 조직적인 기습공격을 일컫는다. 원래 이날은 남북의 베트남이 매년 묵시적으로 잠정 휴전을 해왔으나 호찌민은 역으로 기습공격을 감행한 것이다. 남베트남군을 괴멸하고, 남베트남 주민들의 봉기를 선동하며, 미국이 베트남에 대한 개입을 철회하도록 하려는 의도였다. 미국과 남베트남 정부가 구정 공세를 어느정도 버텨내기는 했지만, 미국이 입은 피해에 대한 언론 보도는 미국 내 여론에 큰 충격파를 던져, 전쟁에 대한 지지가 약해지고 반전운동이 거세게 일어나는 계기가 되었다. 국제 여론마저 등을 돌렸다. 이 공세를 계기로 승부의 추가 북베트남으로 넘어가고, 길고 지루한 미국의 철수가 시작되었다.

1969년 1월 존슨을 이어 새로운 대통령에 오른 리처드 닉슨Richard Nixon 대통령은 트루먼독트린을 폐기하고 닉슨독트린을 천명하였다. 이는 미국 외교정책에서 매우 의미있는 변화이다. 도미노이론에 입각해 공산주의에 대한 철저한 봉쇄를 전세계에 걸쳐 무차별적으로 펼치는 트루먼독트린에 따르면 베트남전은 공산주의의 공격에 맞서 민주주의와 자유를 지키는 이념전쟁이었다. 트루먼독트린은 당연히 공산주의와의 평화공존은 불가능하고, 아무리 그 나라가 세계의 변방에 있고, 미국의 직접적인 이익이 없는 곳이라고 하더라도미국은 그곳을 위해 싸워야 한다는 원칙을 갖고 있는 만큼, 베트남전쟁은 곧 미국의 전쟁이었던 것이다. 이를 두고 '베트남전의 미국화'Americanization of the Vietnam War라고 부른다.

그러나 후임 대통령 닉슨은 이런 이념과 원칙보다 실용주의 노선을 선택하고 1970년대에 동서 냉전체제의 긴장 완화, 이른바 데탕트détente 정책을 펼친다. 소련을 포함한 공산주의 진영과의 평화공존을 추구하였고, 따라서 한반도와 베트남에 대한 정책도 대화와 긴장 완화로 변화하였다. 이런 변화는 닉슨 대통령과 그의 참모 헨리 키신저Henry Kissinger가 선택한 미국 외교정책의 주도적인 변화이기도 하지만, 오랜 전쟁에 따른 경제적 타격이나 전쟁 피로감, 국내의 반전 움직임으로 인한 어쩔 수 없는 선택이기도 했다. 미국이 이제는 세계 전체 전선을 모두 감당하는 전략에서 후퇴하겠다는 정책이었다. 2차대전 직후 전세계 총생산량의 절반을 넘게 차지했던 압도적인 미국은 경기불황과 원조외교로 인한 국제수지 악화, 그리고 베트남 전비 소요로 그 비중이 20퍼센트 아래로 곤두박질했다.

닉슨독트린에 의해 베트남전은 이제 더는 미국의 전쟁이 아니게 되었으니, 이는 '베트남전의 베트남화'Vietnamization of the Vietnam War였다. 1969년 7월 닉슨은 괌을 방문해 가진 기자회견을 통해서 미국 전략의 변경을 공개적으로 선언했다. 핵심은 동아시아 동맹국들이 자주국방 능력을 강화하는 것이며 미국은 앞장서서 대신 싸우기보다는 후방에서 지원하는 역할을 할 것이라고 천명한다. 이는 후에 닉슨독트린으로 공식화되는데, 말이 우방국들의 자주국방 능력 강화이지, 실제로는 미국의 철수를 암시하는 것이었다. 미국은 아시아의 우방국에 대한 핵무기 공격은 방어하겠지만, 그외의 공격에 대해서는 당사자가 1차로 방어하고, 미국은 군사 및 경제적 원조만 하겠다는 것이다. 결국 미국은 1973년 1월 파리에서 평화협정을 맺고 베트남 철수를 본격화했다. 미국이 철수하고 미군의 무기와 장비를 지원받은 남베트남정부는 베트콩과 전쟁을 계속했지만 역부족이었다. 미국도 이기지 못한 채 떠나고 후방지원만 하는 전쟁에서 승리할 수는 없었다. 결국 북베트남과 베트콩의 대공세로 남베트남은 1975년 수도 사이공을 함락당함으로써 패망하게 된다.

닉슨독트린은 미국의 대한반도 정책에도 적용되었다. 만약에 베트남처럼 한다면 한국의 방어는 남한이 스스로 담당해야 하고, 미국은 한국전쟁 때처럼 같이 싸우지 않을 수 있다는 논리인 셈이다. 더 나아가 남북이 다시 전쟁을 벌일 경우, 미국은 한국을 버릴 가능성도 있다는 것이었다. 실제로 베트남전 이후 닉슨 행정부는 주한미군을 감축하고, 차후 더 감축할 의사까지 밝혔다. 미군의 감축으로 생긴 공백은 한국군의 자주국방 역량을 강화하는 방법으로 보완하는 방향을 잡기도 했다. 이 때문에 1970년 대 데탕트 기간 내내 미군 감군 또는 철군 문제로 한국과 미국 사이의 갈등이 잦았으며, 박정희 정권은 핵무기의 독자 개발을 포함한 자주국방을 모색하기도 했다.

베트남전은 미국으로서는 악몽의 전쟁으로 기억된다. 미국이 제2차 세계대전 이후 가장 많은 병력을 투입했으며, 2차대전 때보다 더 많은 양의 폭탄을 투입했음에도 패배를 당했던 전쟁이다. 미국은 세계 최강의 지위는 유지할 수 있었지만, 자존심에 큰 상처를 입었고, 전쟁의 정당성을 놓고 국내 여론도 심각하게 분열되었다. 당시 미국 내의 반전 분위기는 소위 '베트남신드롬'Vietnam Syndrome을 낳았는데, 지역이나 민족 내부에 대한 이해 없이 냉전 대결 구도에서 이기기 위해 무조건 개입하는 일은 없어야 한다는 반성을 담고 있었다. 미국이 국익과도 직접적인 관련이 없는 지구 반대편까지 군대를 보내 세계경찰이 될 필요는 없으며, 될 수도 없다는 인식이 확산했다.[2]

베트남전은 또한 '텔레비전의 전쟁'으로 알려져 있다. 무슨 말일까? 제2차 세계대전이나 한국전쟁에 관한 영상자료들도 꽤 남아 있지만, 그것은 역사적 기록물의 성격이 컸다. 그런데 방송 기술이 발전하고 텔레비전이 대량으로 보급되면서 베트남에서의 전쟁은 안방에 텔레비전으로 생중계되었다. 미국도 공산주의에 맞서서 자유를 위해 싸운다는 명분을 자랑하기 위해 적극적으로 종군기자들과 함께 방송카메라맨들을 대거 전장에 투입했다. 자유 수호를 위해 공산주의와 정당한 전쟁을 열심히 치르고 있다는 것을 국민에게 홍보하기 위한 목적이었지만 시간이 갈수록 의도한 바와 반대의 결과를 초래했다. 어떤 장면을 찍든지 간에 사전검열 없이 내버려두다보니, 수많은 미국 국민이 텔레비전을 통해 자기 나라의 젊은 군인들이 죽어 나가는 모습을 보고 충격을 받은 것이다. 홍보가 되기는커녕 많은 국민들이 왜 자기들의 젊은 청춘이 아무 상관도 없는 머나먼 나라의 내전에 가서 목숨을 잃는 것이냐며 불만을 터뜨렸고 이는 점점 대규모 반전운동으로 번져가는 도화선이 되었다.

한국의 베트남전 파병의 전말

그렇다면 한국은 어떤 연유와 과정으로 미국도 실패한 전쟁인 베트남전에 참여하게 되었을까? 미국의 요구에 굴복한 것일까? 아니면 한국의 군사정부가 미국으로부터 원하는 것을 얻기 위해 적극적으로 참전한 것일까? 이 베트남전 파병은 같은 해에 있었던 한일기본조약과 무슨 관련이 있으며, 또 한·미관계에는 어떤 함의를 가지는 것일까? 결론을 먼저 말하자면, 박정희는 한국군을 파병하면서 미국의 행정부에서 그전부터 논의해온 주한미군 및 한국군 감축 계획을 되돌리고, 이를 통해서 한미동맹의 견고함을 과시함으로써 쿠데타로 탄생한 권위주의 정부의 정당성을 보완하려 했다. 단기적으로는 미국 입장에서 한국군의 파병이 매우 필요한 상황이었기에 파병에 대한 반대급부를 박정희 정부에 제공하기로 했지만, 시간이 갈수록 한국정부가 요구 수위를 높이고 남북관계에서 공격적 방식을 사용하며 한반도를 위기 상황으로 몰아감에 따라 한·미관계는 매우 불편해졌다.

일단 1960년대에서 70년대에 이르기까지 미국이 처한 상황을 알 필요가 있다. 2차대전 직후부터 1970년 데탕트 이전까지를 소위 '대합의'Grand

Consensus 기간으로 부른다. 이는 중의적 의미를 포함하고 있다. 먼저 국제 정치학에서 현실주의와 이상주의의 제1차 대논쟁이 전간기에 벌어졌는데, 현실주의의 승리로 이 기간 국제정치가 현실주의로 수렴하는 현상을 대합의라 부른다. 또한 미국이 반공주의에 의한 봉쇄전략이라는 외교정책을 취하는 데 대해 여·야 할 것 없이 당파주의를 극복하고 통합적 지지를 보인 것을 대합의라 일컫는다. 외교정책과 표리관계인 국내 정치 역시 보수 우파의 득세가 지배적이었다. 그러나 이런 패러다임 자체가 1960년 대부터 조금씩 허물어지기 시작했다. 특히 국내적으로는 진보정치가 부상했고 사회적으로도 흑인민권운동, 히피 문화, 페미니즘, 반전운동 등을 위시한 진보의 물결이 퍼져갔다. 문화적으로는 주류 문화에 적극적으로 도전하는 하위문화subculture 또는 기존의 문화와 종교에 반대하는 반문화 Counterculture의 시대가 도래했다. 한편으로는 대합의의 부산물이자 과잉 이라고 할 수 있는 매카시즘McCarthyism이 망나니의 칼날을 휘둘렀지만, 정반대로 마오쩌둥의 사상이나 맑시즘, 그리고 신좌파운동까지 그전까지 미국에서는 상상도 할 수 없었던 사조가 등장하는 혼돈의 시대였다.

1960년대는 세계적으로도 전환기의 시대였다. 한편에서는 2차대전 후 진행되던 미·소의 냉전 대결이 더욱 완강해졌는데, 핵미사일의 축적에 따른 공포의 균형이 이루어지며 쿠바 미사일 사태가 일어난 것도 이때의 일이다. 미국은 2차대전에서 일본에 핵무기를 투하한 시점에는 독점적 핵무기 보유국의 지위를 지녔지만, 이후 1949년 소련, 1952년 영국, 1960년 프랑스가 핵무기 실험에 성공했다. 그리고 마침내 중국이 1964년 핵실험에 성공하고 말았다. 미국이 베트남전에 본격적으로 참여하면서 전쟁의 장기화와 반전운동의 등장이 동시적으로 이루어졌다. 경제불황은 이 모든 변화와 전환을 더욱 불안정하게 만드는 역할을 했다. 미국의 대외정책의 공식적 전환은 앞에서 지적한 것처럼 1970년대 닉슨독트린에 의해 이루어졌지만, 60년대에 이미 트루먼독트린의 견고함은 조금씩 흔들리고 있었다. 그래서 미국은 여러가지 변화를 시도했으며, 그중 하나가 아시아에서 한·미·일의 삼각 군사협력네트워크를 견고하게 만드는 동시에 한반도의 방어와 그것을 위한 경제적 부담을 일본과 함께 지는 것이었다. 미국의 존슨 대통령은 1965년 5월 미국에서 박정희와 정상회담을 갖고 한·일 국교 정상화에 대해 최종 합의를 하면서 베트남전 파병 문제도 함께 타결한다.

앞장에서 밝혔듯이, 미국이 한·일 문제에 대해서 적극적으로 개입하기 시작한 것은 케네디 정부 때였다. 케네디 정부는 전임 아이젠하워 정부의 소극적인 대외정책에서 벗어나고 싶었다. 아이젠하워 대통령의 '대량보복 전략'Massive Retaliation Strategy은 미국의 경제적 동력을 해치지 않는 범위에서 냉전을 수행하기 위해 예방이나 선제공격을 지양하고 공격을 당했을 때 핵무기로 대량보복을 한다는 것이었는데,[3] 케네디는 세계에 대한 미국의 관여를 더 확대하고, 친미정부들에 대한 원조 확대를 시도했다. 그러나 상황은 녹록하지 않았다. 미국의 당시 국제수지 적자는 심각하게 악화된 상태였기 때문에, 이를 축소하라는 의회의 압력은 나날이 높아졌다. 이런 상황에서 케네디는 미국의 영향력을 유지하면서도 재정적자를 개선해야 하는 모순적 목표를 동시에 달성해야 했다. 이를 해결하고자 기존의 소비품이나 군수품 위주의 원조 방식에서 벗어나 원조대상국들의 자립적 경제기반을 구축하기 위한 차관 방식으로 전환하려 했다. 이런 변화의 직접적인 영향이 가해진 국가가 바로 한국이었다. 한국은 그동안 미국의 원조에 절대적으로 의지하였는데, 전후 대한국 원조 규모는 세계 4위에 해당할 정도로 막대했다. 미국은 1960년대 초에 '한국 문제에 관한 대통령 TF'를 출범시키면서까지 정책 전환을 시도했으며, 이를 통해 소비재 원조 중심에서 경제개발을 위한 차관 중심으로 정책이 변화하기 시작했다. 또한 미국정부는 이러한 원조정책의 변화와 더불어 앞장에서 살펴본 바처럼 일본과의 부담 공유를 모색했다.

그런데 미국의 정책 전환에 주한미군의 감축과 한국군의 감축 계획이 포함됐다는 점을 당시 박정희 정부는 심각한 도전으로 인식했다. 존슨 행정부가 등장하면서, 1961년에 일어난 박정희의 군사쿠데타를 사실상 추인했고, 한·일 국교 정상화 추진을 위해 적극적으로 개입한 새뮤얼 버거Samuel Berger 대사 후임으로 1964년 7대 대사인 윈스럽 브라운Winthrop Brown 대사가 부임했다. 브라운 대사는 박정희 정권에 베트남전 참전을 압박한 인물로 잘 알려져 있다. 그가 한국에 부임하기 전에 존슨 대통령으로부터 하달받은 주 임무는 한·일 국교 정상화 타결을 마무리하는 것과 1950년대부터 꾸준히 제기된 주한미군과 한국군의 감군을 추진하는 것이었다. 전자는 케네디 행정부가 거의 만들어둔 것을 마무리만 하면 되는 일이었으나, 후자의 임무는 미국의 계획에도 불구하고 제대로 진전되지 못했던 일이었다. 중국군이 1958년까지 북한에 주둔하고 있었고, 한반도의 안보 상황이 쉽게 안정되지 못한데다가 군사쿠데타까지 일어났기 때문이다. 박정희가 1963년 대선에서 승리하고 안정세를 보이자 미국은 한·일관계의 개선과 함께 주한미군과 한국군의 감축 계획을 적극적으로 추진하고자 하였다.

물론 주한미군과 한국군 감축 계획은 미국 내에서도 논란이 되었다. 감축 실행 여부에 관한 논쟁부터 주한미군과 한국군 감축의 동시 실행과 순차적 실행에 대한 의견도 부딪쳤다. 1964년 초에 대내적으로 대략적인 합의를 본 미국 측은 한국에 적극적으로 의견을 개진하기 시작했다. 박정희는 당연히 반발했고, 한국군의 규모를 유지하는 것은 물론이고 주한미군의 주둔 비용 가운데 한국에서의 현지조달 비율까지 상향 조정해달라고 요청했다. 그러나 미국은 단호했다. 한일회담의 진전 여부에 따라 시기는 조절될 수 있으나 감군계획에 대해서는 한국 측 의견을 수용할 수 없다는 것을 분명히 했다. 이런 입장은 한국군의 베트남전 파병이 논의되는 와중에도 견지되었다.

박정희는 집권에 성공한 이후에 다시 심각한 위기를 맞은 것으로 인식하였다. 물론 결국 자신이 당선되긴 했으나 민정 이양 이후 선거를 통해 정권을 잡았다는 정당화 논리와 함께 미국의 지지가 권력의 가장 큰 기반이었지만 미국의 감군계획은 심각한 도전이었다. 앞장에서 밝힌 것처럼 한·일 국교 정상화를 불리한 조건에서 수용함으로써 미국에 어필하고자 했지만, 그것만으로 미국의 계획을 변경시킬 수 없었다. 그래서 박정희는 1965년 5월 미국을 방문하여 한일기본조약 체결이 임박했음을 알렸고, 그 체결 이후에 미국정부는 한국정부에 공식적으로 베트남에 전투부대를 파견해달라고 요청한다. 박정희는 사실 쿠데타 직후인 1961년부터 한국군의 베트남 파병을 여러차례 미국에 제안했지만, 자국 방어에도 힘이 부족한 한국의 참전 제안에 대한 미국의 반응은 시큰둥했다. 1963년 말에 미국이 한국군의 파병을 요청했지만, 그것은 소규모 의료부대와 태권도 교관의 파견 요청이었다. 반면에 박정희는 미국의 거절에도 불구하고 전투부대의 파병을 꾸준히 제의했다. 한국정부는 파병을 통해 미국의 감군계획을 막아보려 한 것이다.

마침내 한국군의 베트남 파병에 대한 미국의 태도가 바뀌기 시작했다. 이는 박정희의 외교적 노력의 결과라기보다는 어렵게 돌아가는 베트남전의 상황 때문이었다. 미국은 북베트남의 공세가 강해지고 있을 뿐 아니라, 전쟁 명분 부재에 대한 비판에 시달리자 한국군의 파병이 필요해졌다. 같은 아시아 국가가 전쟁에 참여함으로써 미국은 과거 서구 제국주의와 다를 것이 없다는 비판을 비껴갈 수 있게 되었고, 실제로 전쟁비용 측면에서도 훨씬 값싼 비용으로 한국군을 활용할 수 있었다. 한일기본조약이 기정사실화된 지점부터 파병 문제가 한·미관계의 최우선순위로 상향되었다. 그러다보니 이제 미국이 부탁하는 처지였고, 한국은 부탁을 들어주는 묘한 입장이 되었다. 박정희는 상황을 더욱 적극적으로 이용했다. 미국의 감군계획을 중단시키는 것이 자신의 권력을 유지할 수 있는 핵심이었지만, 미국에 대해서는 한·일 국교 정상화로 어려워진 자신의 정치적 입지에도 불구하고 무리해서 파병하는 것이니 미국이 자신에게 크게 보상해야 한다는 논리로 다가갔다.

한국은 미국의 전쟁에 대한 참전(다른 면에서는 동맹의 연루entrapment 지만) 요청을 수용했으니, 미국도 동맹국 한국에 대한 안보공약을 더욱 확실하게 해달라고 요구했다. 그것을 보장하는 장치 중 하나가 이른바 '자동개입 조항'이다. 한미상호방위조약 내에 명시적인 자동개입 조항은 없다. 오히려 한국이 위기 상황이더라도 미국은 헌법적인 절차에 따라, 즉 의회의 동의를 받아 개입해야 한다는 조항 때문에 박정희는 동맹 방기의 두려움을 느끼고 있었다. 아울러 박정희는 파병을 조건으로 불평등한 주둔군지위협정Status of Forces Agreement, SOFA을 개정해줄 것을 미국에 요구했다. 쿠데타 직후 이 협정은 박정권에 대한 가장 활발한 비판의 대상이었다. 그러나 미국은 꿈쩍하지 않았다. 한국군의 베트남 파견을 미국이 한국에 부탁하는 매우 낯선 그림이었지만, 한국정부가 요구한 주한미군에 대한 한국의 사법권 적용과 미군기지 한국인 노동자들의 노동쟁의 조정 기간의 보장 등의 문제도 미국은 들어줄 수 없다는 노선을 고수했다.

여기서 우리는 좀더 깊이 들여다볼 필요가 있다. 뭔가 앞뒤가 맞지 않는 것은 박정희는 자신이 칼자루를 쥐고 있다고 생각하고 파병을 조건으로 안보공약부터 경제적 이익의 제공은 물론이고 자신의 정치적 입지를 확고히 하기 위한 도움까지 요청했다는 점이다. 그런데 미국이 제공한 것은 파병에 직접 소요되는 경비와 약간의 부가적인 경제적 반대급부 등 박정희가 원하는 핵심 요구인 안보공약이나 주한미군 감축 계획 철회 등의 수준에는 미치지 못하는 것들이었다. 또한 미국 측이 제공한 것들의 대부분은 약속한다거나 고려해보겠다는 정도의 언급이었다. 이는 점차 어려워지는 베트남전으로 인해 부족한 전투병력을 채워줄 대안은 한국밖에 없었기에, 한국의 요구를 들어주는 모양새는 갖추었으나 실제로 미국이 그것을 수용해서 변경하거나 포기한 것은 많지 않았음을 말해준다. 한국의 요구에 대해서 브라운 대사는 한국정부의 요구가 지극히 비합리적이고 불합리하다고 불평하기도 했다. 물론 브라운 대사는 한국의 요구를 어느정도는 들어줘야만 추가적인 파병이 가능하다는 데는 동의했으며, 이른바 '브라운각서'를 썼다.

김종필과 오히라 일본 외상 간의 각서가 한일기본조약이 타결되기 직전의 약속 문서라면, 브라운각서는 1966년에 한국정부가 베트남전에 전투부대를 파병하면서 파병에 대한 미국의 보상조치를 주한 미국대사의 명의로 약속받은 각서이다. 이 두 각서는 당시의 종속적이고 일방적인 한·미관계의 실상을 그대로 보여준다. 브라운각서는 총 14개 항으로 이루어져 있는데, 핵심 내용은 다음과 같다. 추가 파병에 따른 비용은 미국정부가 부담하고 베트남 주둔 한국군을 위한 물자와 용역은 가능한 한 한국에서 조달한다, 베트남에서의 구호와 건설 등 제반 사업에 한국인 업자를 참여시킨다, 미국은 한국에 추가로 군사원조와 차관을 제공하고 베트남과 동남아시아에 대한 수출 증대를 가능하게 할 수 있는 차관을 추가로 제공한다, 그리고 한국군 육군 17개 사단과 해병대 1개 사단의 장비를 현대화한다 등이다.

브라운각서는 미국이 베트남전 파병에 따른 '베트남 특수'를 통한 고용증대와 경제성장을 한국에 가져다준 가장 결정적인 증거 문서로 자주 인용된다. 그러나 실상은 그와 다르다. 미국이 한국에 제공하기로 한 차관은 파병과 직접적 관련이 없이 이미 지급되기로 예정되어 있던 정상적 차관에 아주 미미한 증액이 포함된 것이었고, 추가 예산 제공 역시 미국의 입법과 예산 계획 안에서라는 단서조항이 붙었다. 또한 한국에 제공된 자금은 미국산 물품 구입에만 사용되어야 한다는 조건들도 붙어 있었다. 더욱이 이것은 박정희 정부가 외교를 잘해서 미국이 원하지 않는 약속을 따낸 것이 아니라, 미국 측의 급한 사정으로 인해 한국이 요구하기 전에 미국이 이미 한국군 전투병 파병의 댓가로 한국에 제공하려고 내부적으로 마련해놓은 패키지였던 것이다.

결정적으로 박정희가 한국군 파병을 적극적으로 밀어붙인 가장 큰 이유였던 주한미군 및 한국군의 감축은 베트남 파병과는 상관없이 미국의 정책으로 파병 이후에도 계속 추진되었다.[4] 그리고 박정희 정부가 요구한 한미상호방위조약이나 주둔군지위협정의 개정도 이뤄지지 않았다. 주둔군지위협정의 경우 3차 파병이 요청되던 시점에서 미군의 주요 범죄에 대해서 한국이 재판권을 가진다는 약간의 수정이 있었으나, 후에 미국의 동의 없이 재판권을 행사할 수 없다고 재규정됨으로써 불평등한 조항은 그대로 유지되었다.

베트남전 파병의 과정에서 보인, 한국정부의 과도한 자신감에서 나오는 요구에 대해서 미국은 일단 파병이 필요한 상황 때문에 속내를 감추었으나 한국의 박정희 정권에 대한 신뢰를 계속 잃어갔다. 게다가 한국은 당시 협상에서 주도권을 장악했다는 확신으로 미국이 미군을 감축하지 못하게 막는다는 차원에서 한반도에서 북한과의 충돌을 불사하는 매우 공세적인 정책을 택하면서 미국과의 갈등을 키웠다. 비무장지대에서 남북 간 충돌이 빈번해지고, 남한정부는 매우 호전적으로 이에 보복하는 행위가 반복되었다. 남한이 북한을 먼저 습격하는 사건들도 있었는데, 그 발생 시기가 주로 미국과의 중요한 협상이 벌어지는 시기와 일치하는 것도 이것이 박정희의 의도된 전술임을 알려준다. 미국은 이에 대해 여러가지 경제적 제공 약속을 통해 다독이기도 했으나, 불만은 축적되었다. 그렇지만 박정희의 대북 공세는 멈추지 않았다. 미국은 당시의 위기를 1950년 전쟁 직전의 수준을 넘어서는 것으로 판단했다. 미국은 점차 한국군의 파병을 추가로 요청하는 것은 한국의 모험적 대북 공세를 부추기는 동시에, 주한미군의 감축을 더욱 늦추게 만들 수 있다는 인식을 하게 되었다. 따라서 한국에 더이상의 파병을 요구해서는 안 된다는 공감대가 미국정부 내에 확산하였다.

동맹과
전쟁 연루

베트남전 파병은 미국의 명분 없는 이념전쟁에 용병 역할을 함으로써 한국이 동맹의 참전(또는 연루) 요청을 수용한 사례였다. 마치 미국이 한국전쟁에 참전한(또는 연루된) 것처럼 말이다. 주로 연루이론에서 비대칭 동맹일 경우 약자는 강자에게 방기abandonment의 가능성이 더 크고, 강자는 약자에게 연루entrapment의 가능성이 더 많은 법이다. 한미동맹의 태생적 기원은 한국전쟁과 국제적 냉전에서 한국이 생존을 위해 비대칭 동맹을 기꺼이 수용한 것이다. 전쟁 억지와 안보를 위해 한국의 대미자주성을 자발적으로 부정함으로써 한미동맹이 출범했다고 할 수 있다. 한국은 후견-피후견 동맹에 가까운 비대칭적 동맹의 하부 단위를 자임하는 것이고,[5] 약소국의 존망이라는 사활적 이익의 절실함으로 인해 동맹에 대한 종속성이 높아질 수밖에 없다.[6] 동맹의 상부 단위인 미국이 전적인 독립변수의 역할을 하는 것을 수용하는 것이다. 그 결과 한국에 대한 미국의 정책적 배려는 매우 약할 수밖에 없고, 한미동맹은 철저하게 미국의 세계전략을 따라갈 수밖에 없게 된다. 동맹의 연루와 방기라는 전형적인 딜레마 상황에서도 한국은 방기에 대한 절대적 두려움으로 말미암아 미국의 전략에 대해 어떤 반대도 할 수 없었으며, 심지어 베트남전과 같은 미국의 전쟁에 연루되는 것조차 수용했다.[7]

실제로도 한·미는 그런 전형적인 동맹의 딜레마를 크게 벗어나지는 않았지만, 그래도 베트남전은 비대칭 동맹의 주니어파트너인 한국이 겪은 연루의 사례임은 분명하다. 이에 대한 지금까지의 지배적인 해석은 미국이 세계가 정당성을 공감하지 못하는 베트남전을 수행하는 과정에서 한국을 강하게 압박하여 참전을 종용했다는 것이다. 하지만 미국이 한국의 참전을 원하고 필요로 한 이유는 존재했으나, 한국이 떠밀려 참전하기보다는 오히려 그런 미국의 필요를 이용해서 박정희 정권이 요구사항을 제기하는 방식이었다. 그러나 과연 동맹이론이 지적하는 딜레마였을 것인가에 대해서는 해석이 다를 여지가 충분하다. 지금까지 우리가 면밀하게 관찰한 것을 토대로 분석을 한다면, 딜레마라기보다는 오히려 한국 박정희 정부의 의도를 가진, 나름의 자율성을 발휘한 일련의 행보였다.

그러나 이런 해석도 한계가 있다. 왜냐하면 한국정부가 자율성을 발휘하고 미국이 수세적으로 한국의 요구에 응하는, 겉으로 드러난 모습은 온전한 실상이 아니었기 때문이다. 세계가 공감할 수 없는 베트남전을 치르던 미국이 한국의 파병이 필요했던 상황이었음은 분명하지만, 미국이 한국의 압박에 끌려간 것은 아니고, 오히려 한국의 요구를 들어주는 듯하면서도 실제로는 의도를 인지하고 한편으로는 장단을 맞춰주는 것처럼 하면서 다른 한편으로는 전체 상황을 충분히 관리하고 있었다. 그리고 점점 한국의 행보가 미국의 관점에서 한계를 넘어간다고 보았을 때는 여지없이 제어했다.

정치사학자 박태균은 베트남전에 대해 한국인들이 하나의 신화를 가지고 있다고 지적했다. 그것은 베트남전이 없었고, 참전이 없었다면 한국은 경제성장에 성공하지 못했을 것이라는 신화이다.[8] 이런 신화의 현실성은 차치하더라도 참 묘한 것은 1965년에 있었던 또 하나의 사건, 바로 앞장에서 다룬 한일기본조약도 역시 같은 신화를 가지고 있기 때문이다. 즉 한일기본조약은 한국의 경제성장을 가능하게 한 결정적 동인이었다는 신화이다. 일본과 국교를 정상화하지 않았더라면 한국은 계속 빈곤 속에서 살았을 것이라는 신화가 있다. 감정적인 분노에 사로잡히고 과거사에 갇혀 일본과의 관계를 개선하지 않았더라면 오늘날의 우리는 없었을 것이라고 말한다. 액수도 문제거니와 마땅히 받아야 할 배상금이 아닌 이상한 명목의 돈을 굴욕적으로 받고 일본에 면죄부를 줘버린 군사정부의 결정에 면죄부를 주는 것이다. 이는 민주주의를 난도질한 쿠데타 세력이 차후 개발독재로 스스로를 정당화한 것으로, 한국의 극우세력이 항상 해오던 방식이었다. 일본에 의한 식민지의 경험이 한국의 근대화를 견인했다는 바로 그 논리가 1965년에도, 그리고 지금까지도 관통하는 왜곡된 신화이다.

박정희 정권은 쿠데타에 의한 민주주의 훼손이라는 태생적 기원의 정당성 부재를 극복하기 위해서 베트남전을 적극적으로 활용했다. 또한, 당시에 미국이 주한미군 감축을 계획하고 있었으므로 권력의 물리적 기반인 군대를 감축하려는 계획을 되돌리려는 의도가 분명했다. 초기에는 거절하던 미국이 베트남 전황이 어려워지자 한국의 제의를 수락했고, 파병의 반대급부로 한국에 주어진 것들도 적지 않았다. 그러나 한국의 희생이나 비용도 만만치 않았다. 대미자율성은 하락했고, 미국의 용병이 되기를 그것도 자발적으로 요청했다는 점에서 국제사회에서 한국의 위상은 위축되었다. 그리하여 한국은 당시 강대국의 냉전의 틈바구니에서 3세계의 자율성 제고를 추구하던 '비동맹운동'Non-Aligned Movement, NAM 가입을 거부당하기에 이른다. 한국은 베트남전 참전으로 대공산권은 물론이고 3세계에 대한 외교에서 손상을 크게 입었다. 한국의 5천이 넘는 젊은이들이 목숨을 잃었고, 현지에서 많은 민간인 학살에 개입한 것을 포함해 많은 전쟁범죄에 연루되었다.

우리는 우리의 값싼 역사관과 베트남의 아픔과 희생에 상관없이 그리고 미국의 용병이라는 비판에도 아랑곳하지 않고, 돈만 되면 그리고 정치적으로 도움만 된다면 적극적으로 미국을 위해 뛰어들었다. 물론 공산주의 침략으로부터 자유세계를 지킨다고 합리화하는 것을 잊지는 않았다. 일본이 한국전쟁을 이용함으로써 경제가 일어난 계기가 되었던 것처럼, 우리는 그것을 비난하면서도 베트남전을 이용해 돈벌이에 혈안이 되었던 부끄러운 자화상과 이중잣대를 갖고 있다. 특히 당시 정부는 돈이 된다니 민족사의 명분도 저버리고 미래에 발목이 잡힐 것도 고려하지 않은 채 일본과의 협약을 진행한 세력이었다. 그래서 우리는 다시 물어야 한다. 그리고 앞으로도 반복적으로 질문해야 할 것이다. 왜 우리는 베트남에 갔을까? 그 결정은 어느 정도의 반성을 요구하는 일일까? 파병함으로써 얻은 것과 잃어버린 것은 무엇일까. 거의 60년이 지난 지금이라도 이를 정산해야만 우리의 미래에는 다시는 그런 행위를 반복하지 않을 수 있을 것으로 믿는다.

제5장
닉슨 쇼크와 유신체제

1970년대의
국제 정세

미국은 1970년에 접어들면서 대외정책에 큰 변화를 모색했는데, 그 중심에는 닉슨과 키신저가 있다. 2차대전 직후 조지 케넌이 이론적 배경을 제공하고, 트루먼 대통령이 대외정책에 앞세운 반공주의의 봉쇄정책은 '대합의' 기간을 지나고 1960년대 후반부터 흔들렸다. 결정적으로 베트남전의 늪에 빠져든 미국은 출구전략을 모색할 수밖에 없었다. 1960년대 말 정권을 잡은 닉슨 대통령은 전형적인 현실주의 외교 참모인 키신저와 함께 트루먼독트린을 수정하고, 동서의 긴장 완화를 내세운 닉슨독트린으로의 변화를 시도하였다. 그 과정에서 미국은 중국과의 관계 개선과 소련과의 평화공존을 모색한다. 문제는 미·중관계 정상화를 동맹국인 한국과 일본에는 알려주지 않고 은밀하게, 전격적으로, 그리고 일방적으로 진행했다는 것이다. 이른바 '닉슨 쇼크'Nixon Shock인데, 한국과 일본은 큰 충격에 빠졌다. 특히 박정희는 엄청난 충격을 받았다. 앞장에서 본 것처럼 베트남전 파병을 놓고 미국에 주도권을 가졌다고 생각했고(물론 오판이었지만), 한미동맹의 군건함이 쿠데타의 불법성을 면책하는 가장 중요한 수단이었지만, 미국의 세계전략 변화 앞에서 다시 불안해했다. 궁여지책으로 박정희는 한편으로는 미국이 주도하는 세계적 데탕트와 보조를 맞춰 남북관계 개선에 나섰고, 다른 한편에서는 핵무기 개발을 포함한 자주국방을 위한 역량 강화 노력과 함께 국내 정치적으로는 권력 집중을 위해 유신독재를 획책했다.

한반도 문제, 남북문제, 그리고 한·미관계는 단순하지 않으며, 매우 복합적이고 다층적이다. 특히 지정학과 역사적인 면이 두드러지고 동시에 분단국의 역학이 구석구석 반영되어 있다. 분단의 기원에서 살펴본 것처럼 글로벌, 동아시아, 한반도, 그리고 정권의 차원까지 네개의 중층구조를 지니고 있다. 게다가 남북을 둘러싸고 있는 4대 열강의 이익이 항상 부딪치는 곳이다. 남·북한은 분단과 전쟁을 겪은 후 본격적인 국가 건설에 매진하는데, 이념과 체제의 상이성에도 불구하고 물리력과 강제력이 집중된 국가라는 면에서 유사한 체제를 만들어갔다. 최장집은 이런 남·북한 국가에 종속이론가 함자 알라비Hamza Alavi의 과대성장국가론을 적용했는데 상당한 적실성이 있다.[1] 남·북한 모두 권위주의 체제를 강화했고, 경제 역시 북한이 계획경제라면, 남한은 그보다 정도는 덜하지만, 권위주의 체제에 의한 발전국가로 시장에 깊게 개입하는 경제체제를 구축했다. 정치문화 역시 권력이 1인 또는 소수의 엘리트에 집중된 체제였다.

앞에서도 지적한 바처럼 2차대전 이후 신생국들이 넘쳐났던 아시아,

과대성장국가론

　파키스탄 출신의 사회학자 알라비가 1972년에 내놓은 사회분석 모델로, 식민지배를 당하다 독립한 개도국에서 왜 권위주의 정권이 쉽게 들어서느냐를 분석했다. 그는 식민지 시절 침략국이 통제를 위해 세워둔 각종 권력기구가 독립 후에도 그대로 남으면서 미숙한 시민사회를 억압한다고 주장했다. 특히 침략국의 편의에 따라 만들어진 비대한 관료기구, 군대, 경찰 등이 과대성장 국가의 상징인데, 이들은 처음부터 미숙한 시민사회와는 달리 너무 강했다는 것이다. 독립 후 이를 장악한 세력이 쉽게 독재체제를 강화해서 권력을 공고히 만들었다. 알라비의 이론을 정치학자 최장집이 응용해 한국의 유신체제에 적용했다. 알라비의 모델에서 한국은 반공이데올로기와 경제성장 제일주의 전략이 덧붙여졌다. 반공정권을 확립하는 과정에서 고도의 강제력을 행사하는 강력한 국가기구가 들어섰다. 여기에 일사불란한 성장 정책이 맞물려 행정 일변도의 관료국가가 됐으며 이는 정당과 의회의 기능을 약화했다고 최장집은 말한다.

아프리카, 남미 등 3세계는 국가를 건설하며 자본주의와 사회주의 사이에서 선택의 딜레마에 빠졌다. 이들의 국가 건설에서 핵심 축은 식민지 잔재 청산과 경제발전이었다. 식민지를 겪은 신생국들은 이념적으로는 자연스럽게 민족주의적이며 반제국주의를 기치로 내세웠다. 그러나 동시에 경제적으로 빈곤한 이들 국가의 건설에는 밖으로부터의 원조와 기술 유입이 필요했다. 반제국주의는 곧 반서구였으며, 공산주의와 이념적 친화성이 있었지만, 문제는 사회주의 국가들은 경제발전을 도와줄 여력이 거의 없었다는 점이다. 소련만 하더라도 2차대전의 피해가 막대했고, 동유럽을 위성국가로 만드는 과정에서도 자원을 투입하기보다는 오히려 이들 국가의 자원을 수탈하는 구조를 만들었기 때문에 3세계가 경제발전의 도움을 기대하기 어려웠다. 반면에 미국과 미국의 지원을 받는 서구 자본주의를 택하는 것은 식민지 청산의 과제를 외면하고 제국주의의 전력이 있는 국가들에 다시 의존하는 선택이라는 면에서 내부의 반발이 있었다.

선택의 딜레마가 만들어진 것이 3세계의 잘못은 아니다. 2차대전에서 승전한 국가들이 식민지 착취의 전력이 있는 국가들이 대부분이었던데다가, 전후 미국과 소련이 먼저 세계를 양분한 다음, 과거의 역사를 바탕으로 하기보다는 냉전의 현실에서 친미와 친소의 배타적 선택을 하도록 틀을 만들어버렸기 때문이다. 3세계 내부의 어떤 세력이 정권을 잡느냐에 따라 선택이 달라질 수밖에 없는 상황이었다. 그러나 소수의 국가를 제외하면 대부분이 국가 건설을 추진하며 식민지 잔재 청산보다는 경제발전을 선택했다. 한국이나 베트남, 예멘은 그 선택이 내부적 분열을 가져옴에 따라 분단에 이르렀다. 가장 큰 이유는 미국과 서구 자본주의가 2차대전 이후의 질서를 관장했으며, 이들과 결탁함으로써 살길을 찾은 구 지주, 관료, 자본가 들이 제국주의의 부역세력을 자임하고 미국과 서구는 이들의 후견인을 자처하면서 기득권을 활용하는 정책을 채택했기 때문이다. 정당성을 잃은 세력들은 한편으로는 경제개발의 성과로 이를 상쇄하려 했고, 다른 한편으로는 강력한 관료제에 의한 권위주의 국가로 권력을 독점하고 국민을 탄압했다. 미국은 세계전략을 위해 이들의 반민주적 행태를 허용하고, 때로는 부추겼다.

남한의 국가 건설도 이처럼 식민지 잔재 청산이 아닌 경제발전을 중심으로 진행되었다. 국가는 일본 식민통치와 미군정하의 조직을 그대로 물려받고, 한국전쟁을 겪으면서 더더욱 비대해진 군, 경찰, 관료를 바탕으로 상당한 조직력과 무력을 갖춘 반면, 민간사회는 계속 침체함으로써 사회에 대한 국가의 우위가 계속되었다. 국가의 형성에 끼친 미국의 영향은 절대적이었다. 미국 중심의 정치, 군사, 경제체제로의 편입이 남한의 근간이 되었고, 이런 근본 구조가 대한민국의 내치와 외교의 넘기 어려운 경계선으로 지금까지 존재해왔다.

2차대전 이후 공고화의 길을 걷던 미·소 냉전체제의 의미있는 변화는 닉슨 행정부에 의해 시작되었다. 1968년 대통령선거를 통해 제37대 미국 대통령으로 당선된 리처드 닉슨은 베트남전쟁이 실패로 돌아감에 따라 기존의 미국과 소련의 이념대결 구도를 탈피하고 협상과 실리를 추구하는 노선으로 전환하고자 했다. 닉슨독트린의 핵심 어젠다는 베트남전 종식과 중국과의 수교 그리고 해외 주둔 미군의 단계적 감축 계획이었다. 이런 변화의 이면에는 다양한 배경이 있었는데, 중요한 것은 국제정치의 패권안정론에서 지적하듯이 미국 패권의 쇠퇴로 인한 어쩔 수 없는 결과로 첨예한 대결의 시대가 종식되고 협상의 시대가 왔다는 점이었다. 1960년대 후반의 미국은 국력의 상대적 약화에 따른 어려움을 겪고 있었다. 무엇보다 1968년 1월 북베트남과 베트콩의 소위 '구정 대공세'는 베트남전의 승리가 멀지 않았다는 존슨 행정부의 호언장담을 무색하게 만들었는데, 오히려 전반적인 전세는 역전되었고, 국내의 반전 여론은 거세졌으며, 미국의 개입에 대한 국제 여론은 등을 돌렸다. 엄청난 전쟁비용이 소요되면서 경상수지 적자는 눈덩이처럼 불어갔고, 2차대전 직후 한때는 전세계 금의 70퍼센트를 차지했던 미국의 금보유고는 바닥을 드러냈다.

닉슨독트린과
데탕트

이런 배경을 안고 대통령에 취임한 닉슨은 하버드대학의 현실주의 학자 헨리 키신저를 백악관 안보보좌관으로 임명하고 외교정책의 극적 변화를 시도하였다. 닉슨-키신저 외교팀은 한편으로는 미국의 국력 약화와 국제정치 판도의 변화에 대한 대응 차원에서, 다른 한편으로는 주도적으로 변화를 모색한 외교독트린을 전개하였다.[2] 이들은 미국은 더이상 트루먼독트린이 구축한 대립적 양극질서와 세계 전체를 전선으로 삼는 무차별적 봉쇄정책을 유지하기 어렵다고 판단했다. 미국의 약해진 국력과 줄어든 자원을 효율적으로 투입하기 위한 대외정책의 우선순위를 만들었다. 이를테면 베트남전은 냉전의 이념대결이라는 원칙에서는 필수적으로 참전해야 하는 것이었지만, 미국의 중대한 이익이 결부된 것은 아니었다는 판단을 한 것이다. 물론 이런 결론은 전세의 불리함으로 인한 것이지만, 닉슨은 적극적으로 외교독트린의 변화를 추진했다. 큰 틀에서 미·소 양극체제를 이완시켜 다극체제로 바꿈으로써 적은 비용으로 같은 영향력을 확보하려는 구상이었다. 소련, 중국, 일본, 서유럽의 5개의 극 polarity 으로 구성되는 이른바 '5극체제'pentapolar system를 시도했다.[3]

이런 구상은 키신저가 자신의 1954년 하버드대 박사학위논문에서 영감을 받았다. 즉 나폴레옹전쟁이 끝난 19세기 초 유럽의 5개 열강인 프랑스, 프로이센, 러시아, 오스트리아, 영국이 현상 유지에 합의하고, 다극균형을 통한 유럽협조체제를 만들었던 소위 빈체제에 착안한 것이다.[4] 미·소 양극의 대결적 냉전체제를 이완해 미국, 소련, 중국, 일본, 유럽 5극의 질서를 구상했다. 미국의 국력이 비록 약해지고는 있으나 여전히 군사력과 경제적 강국의 지위를 유지하고 있는 상태에서, 군사력만 우세한 중국과 소련, 그리고 경제력만 우세한 일본과 유럽을 비교해 여전히 상대적인 우위에 있다고 판단했다. 미국이 전세계를 홀로 책임지는 비용은 줄이되 세계를 다극으로 분산함으로써 영향력은 계속 유지하겠다는 의도였다. 이것이 가능해지기 위해서 몇가지 선제조치가 필요했는데, 중·소분쟁의 틈을 이용해 중국을 끌어들이고, 전후 복구를 넘어 경제 강국으로 발돋움한 유럽과 일본에 자본주의 진영의 안보와 경제에 대한 비용 분담을 압박하는 것이다. 더불어 냉전 대결의 첨예함을 완화하기 위해 소련과의 긴장완화를 통한 평화공존을 모색하는 것이었다.

국제경제체제의 변화도 동시에 추진하였다. 2차대전 이후 세계는 미국의 주도로 브레턴우즈Bretton Woods체제를 유지했다. 브레턴우즈체제는 금달러본위제, 즉 미국이 보유한 금의 양만큼 달러를 발행함으로써 국제기축통화international key currency로서의 달러의 신뢰도를 유지하는 것이었지만,[5] 미국은 자본수지 악화와 금 보유량의 지속적 소진으로 유동성 문제가 계속 불거졌다. 미국의 금보유고가 통화량을 따라가지 못함으로써 미국은 고정환율제를 유지할 여력이 없어진 것이다. 브레턴우즈체제는 사실 모순을 내재하고 있었다. 소위 말하는 '트리핀 딜레마'Triffin Dilemma 인데, 통화는 신뢰도를 유지하면 유동성이 훼손되고, 유동성이 확보되면 화폐의 가치가 떨어져 그만큼 화폐에 대한 신뢰도는 하락하게 되므로, 둘모두를 가질 수 없는 딜레마를 말한다. 미국 달러가 기축통화의 지위를 유지하기 위해서는 전세계에 달러가 계속 공급될 수 있어야 한다. 그런데 이것이 금과 연동되었기 때문에 유동성에 한계가 있을 수밖에 없었다. 닉슨은 미국의 금이 고갈되고, 경기 하락과 베트남전을 치르는 전비의 증가로 달러까지 고갈되면서 더는 버티지 못할 지경이 되자 1971년 8월 브레턴우즈체제의 파기를 일방적으로 선언하고 만다. 미국은 더 나아가 자유무역체제의 유지를 위해 시장과 자본을 제공하던 노선에서 벗어나 사실상 관세에 해당하는 수입부담금을 물리는 등 보호무역주의 경향을 보이면서 일본과 유럽을 압박했다.[6]

브레턴우즈체제의 파기와 뒤에서 설명할 중국과의 전격적인 외교관계 개선을 합쳐서 닉슨의 '트윈 쇼크'Nixon's Twin Shocks로 표현하기도 한다. 베트남전쟁을 망친 책임을 존슨 정부에 지우고 자신은 전쟁에서 빠져나오는 평화공존의 대통령이 될 것이라고 강조했다. 소위 '명예로운 평화'Peace with Honor를 주창했는데, 이는 미국이 명예를 지키면서(즉 패배를 인정하지 않으면서) 베트남에서 철수하겠다는 표현이었다. 나중에 닉슨독트린으로 발전한 괌독트린을 1969년 7월에 발표함으로써 베트남에서의 철군 의도를 내비쳤다. 괌에서의 언급은 동맹국의 안보에 대한 책임은 일차적으로 해당 국가에 있고, 미국은 보조와 지원의 역할로 후퇴한다는 선언이었다.

데탕트의 영향은 상반된 모습으로 발현되었다. 한편으로는 미·소 간의 대결적인 양극체제가 이완되고 여러 국가가 다자체제로 전환되는 양상을 보이지만, 다른 한편으로는 오히려 과거에 이념의 절대적인 영향에 갇혀 있던 국제정치가 한층 더 국익 추구의 실용적 색채를 띠게 되었다. 미국이 냉전적 경직성은 어느정도 탈피함으로써 힘의 약화에도 불구하고 패권의 큰 틀은 유지할 수 있었지만, 역설적으로 자본주의 진영 내부에서는 오히려 분열이 초래되고 미국의 리더십이 큰 도전에 직면하게 되었다.[7] 미국은 특히 베트남전과 세계적인 불경기의 여파로 달러 가치가 폭락하면서, 국제경제의 리더십마저 손상을 입었다. 자본주의 진영의 보호

괌독트린

닉슨 대통령은 1969년 7월 25일 괌에서 발표한 내용을 기초로 1970년 2월 국회에 보낸 외교교서를 통하여 닉슨독트린을 선포하였다. 닉슨은 괌에서 백악관 수행기자단과 가진 기자회견을 통하여 동아시아 동맹국들의 자주국방 능력 강화와 미국의 부담 감축 방침을 천명하였다. 이 회견에서 닉슨은 "길지 않은 기간 동안 미국은 세번이나 태평양을 건너 아시아에서 싸워야 했다. 일본과의 태평양전쟁, 한국전쟁, 그리고 아직도 끝이 나지 않은 베트남전이 그것이다. 2차대전 이후 아시아처럼 미국의 국가적 자원을 소모한 지역은 일찍이 없었다. 아시아에서 미국의 직접적인 출혈이 더 이상 계속되어서는 안 된다."고 선언하였다. 그러면서 그는 동아시아 동맹국들에 대한 미국의 정책이 견지해야 할 원칙을 밝혔다.

핵심 사항

1. 미국은 우방 및 동맹국들에 대한 조약상의 의무는 지킨다.
2. 동맹국이나 기타 미국 및 기타 안보에 절대 필요한 국가의 안정에 대한 핵보유국의 위협에 대해서는 미국이 핵우산을 제공한다.
3. 핵무기 공격 이외의 공격에 대해서는 당사국이 1차 방위 책임을 져야 하고 미국은 군사 및 경제원조만 제공한다.
4. 군사적 개입을 줄인다.

무역과 방위비 분담 문제가 제기되면서 2차대전 이후에 놀라운 결속을 보이던 서구 진영이 흔들리기 시작한 것이다.

데탕트 정책과
한반도

한·미관계는 어떤 변화를 보였는가? 우선 세계적 차원에서의 긴장 완화는 역설적으로 한반도에는 남북체제의 불안정을 가져왔고, 한·미관계의 갈등을 촉진했다. 물론 동서 긴장 완화가 한국을 포함한 전통적 동맹국들에 더 많은 운신의 자유를 준 것은 확실하다. 그러나 서유럽이나 일본이 경제적인 이슈들을 중심으로 미국과 이견을 보인 것이나, 서독의 빌리 브란트Willy Brandt의 동방정책과 같은 자율적인 움직임이 미국정부의 우려에도 불구하고 진행된 것과 비교하면, 한국에서 모색한 자율성이란 상대적으로 훨씬 미미한 것이었다. 이 과정에서 남북관계를 진전시킬 가능성은 분명 존재했지만, 남·북한의 상호불신과 대립으로 곧 흐지부지되고 말았다. 예를 들면, 7·4 남북공동성명이나 이산가족상봉, 남북체육회담 등이 이루어졌지만 어느 것 하나 제대로 결실로 이어진 것은 없었다. 오히려 남북의 대결 구도가 변한 것이 없는 상태에서 미국의 일방적인 긴장 완화가 한국에는 안보 불안으로 이어졌으며, 절대 우위의 동맹 상대국에 의한 '방기'에 대한 두려움의 확대로 이어졌다.

괌독트린에서 이어진 닉슨독트린은 베트남 사례에 적용되는 것이었지만, 미군이 많이 주둔하면서 베트남과 함께 트루먼독트린의 최전선이었던 한국에 대해서도 역시 미군 감축이나 철군이 자연스럽게 논의되었다. 앞장에서도 언급했듯이 이는 케네디 정부 때 추진했으나, 한·일수교 협상이나 베트남전 파병 등으로 연기했던 논의를 재개한 것이었다. 닉슨은 처음에는 박정희에게 한국은 예외 사례로 취급해 미군을 철수하지 않겠다고 약속했지만,[8] 실제로는 이를 꾸준하게 추진하였다. 물론 전면 철수보다는 주둔 규모의 축소로 가닥을 잡았지만, 그로 인해 한·미 갈등이 심화하였다. 1970년 3월 초, 닉슨은 2만의 미군을 한국으로부터 철수시키는 계획을 결정했는데, 박정희는 이를 사전에 인지하고 북한의 위협을 강조하면서 한국이 경제성장을 이루어 스스로 방위능력을 갖출 때까지 이를 연기해줄 것을 고위급회담이나 친서 등을 통해서 줄기차게 요청하였다. 그러나 닉슨 행정부는 꿈쩍하지 않았고, 1971년 6월까지 주한미군 지상군 1개 사단의 병력 약 2만명의 철수를 강행했다. 미국은 박정희가 1960년대 중반 이후 베트남 파병을 빌미로 무리한 요구를 계속하던 것에 불만이 쌓여 있었다. 그런 맥락을 알고 있던 닉슨은 더 확고하게 밀어붙였다. 전격적인 미·중관계의 정상화 이후 미국에 대한 박정희의 신뢰는 땅에 떨어졌다. 냉전적 세계관으로 똘똘 뭉친 박정희가 이해하기는 애초부터 불가능했다.

소련과의 전략무기제한협정Strategic Arms Limitation Talks, SALT 등의 군축 분위기로까지 이어지는 등 닉슨의 데탕트 정책은 워터게이트로 닉슨이 중도 낙마한 후 정권을 승계한 제럴드 포드Gerald Ford 행정부에서도 계속되었다. 그러나 데탕트에 대한 미국 내 비판이 늘어나면서 결국 추가적인 해외 주둔 미군의 감축 문제는 없던 일로 돌아갔다. 미국의 베트남전 발빼기와 다른 지역 주둔군의 감축 논의는 미국에 안보를 위탁한 많은 동맹국에 불신감을 심어준 채로 흐지부지하게 된다.[9] 체코슬로바키아의 '프라하의 봄'과 유고슬라비아의 티토주의Titoism에서 확인할 수 있듯이 공산진영 역시 응집력이 심각하게 훼손되었다. 어떤 학자들은 데탕트가 동서 긴장을 일시적으로 완화한 것보다 각 진영의 내부를 분열시킨 영향이 더 크다는 주장을 한다. 진영 내 분열이 1980년대의 신냉전을 초래했다고 해석하기도 하는데, 미국이나 소련이 데탕트로 손상된 각 진영에 대한 리더십을 회복하기 위한 시도가 바로 신냉전의 출발이었다는 지적이다.[10] 미국의 3세계 정책도 기대 이하였다. 닉슨과 키신저는 중국을 끌어들이고 소련과 평화공존을 모색하면, 이들의 영향력으로 인해 베트남을 포함한 3세계의 분열과 저항이 잠재워질 것으로 믿었다. 그러나 이는 3세계에 대한 무지로 인한 희망사항이었을 뿐이다. 3세계 내부의 민족분쟁이나 내전 등은 글로벌 수준의 미·소 냉전체제와는 다른 특성이 있었고, 이는 소련과 중국이 나선다고 해결되는 것은 아니었다. 키신저는 소련과 중국이 호찌민을 제어할 수 있으리라고 기대했지만 그것이 별로 효과적이지 못했던 것이 이를 증명한다.

불법적 군사쿠데타로 권력을 잡은 박정희는 견고한 한미동맹에 근거한 안보의 확보와 경제발전을 통한 체제경쟁의 승리로 부족한 정당성을 확보하려 했다. 그러나 1960년대 초부터 미국정부가 한반도 개입을 축소하려고만 하자, 박정희는 이를 국가는 물론이고 정권의 생존에 대한 심각한 도전으로 인식했다. 1960년대까지 북한의 경제 상황이 남한보다 더 좋았을 뿐 아니라, 북한이 중국으로부터 상당한 군사지원을 받았기 때문에 더 위기감을 느낀 박정희는 앞장들에서 살펴본 것처럼 한·일수교 협상과 베트남전 파병 카드를 적극적으로 활용하면서 미국의 정책 변화에 대응했다. 케네디와 존슨 행정부에는 어느정도 통하던 방법이 닉슨 행정부에 와서는 효과가 없는 것을 알고 자주국방의 기틀을 마련하고 국내 통치를 강화하는 플랜 B를 채택했다.

자주국방을 위해서는 방위산업의 육성과 더불어, 물론 미국의 강력한 반대로 좌절되긴 했지만, 핵무기 개발까지 고려하였다. 국내 통치적 측면에서는 독재를 위한 유신체제의 수립을 추진했다. 박정희는 1971년 12

월 6일 국가비상사태를 선포하고 이듬해 10월 17일 유신헌법을 공포함으로써 1인 독재와 장기집권의 문을 열었다. 그러나 유신체제는 국내의 체제 저항 세력들을 도리어 조직화시키고 확대했을 뿐 아니라, 미국과의 관계도 악화시키는 요인으로 작동했다. 특히 닉슨의 뒤를 이은 민주당 지미 카터^{Jimmy Carter} 행정부의 도덕외교와 인권외교는 과거 미국이 냉전체제의 수호란 이름으로 우파 독재자를 보호해온 것을 반성하는 것이기 때문에 이에 정면으로 역행하는 한국과 미국의 관계는 최악을 향해 치달았다.

데탕트의 국제 환경은 북한에도 영향을 미쳤다. 군부 강경파의 2선 퇴진과 기술·행정관료들의 득세로 대남 무장게릴라 노선의 입지가 약화되고 대외정책의 유연화가 시도됐다. 또 북한은 남한의 평화공세를 거부하지 않고 수용하여 이산가족의 재결합을 위한 남북적십자회담과 남북조절위원회 등에도 나섰다. 그리고 박정희가 유신체제를 강화했듯이 김일성 역시 유일체제를 강화했으며, 주체사상을 통해 자주적인 체제를 구축하기 위해 노력했다. 미국의 영향력이 남한에 절대적이었던 것에 비해 북한에 대한 중국과 소련의 영향력은 처음부터 크지 않았다. 한국전쟁이 끝난 후에 소련과 중국의 군대가 모두 철수한 것은 남한보다는 상대적으로 자율적인 북한체제의 결과이자 또 원인이었다. 김일성은 그동안 다섯차례 소폭 개정만 해오던 1948년 건국헌법을 전면 개정하여, 사회주의 헌법을 제정하고 1인 독재체제의 법적 근거를 확보했다. 또한 주체사상을 조선로동당 활동의 지침으로 헌법상에 규범화했으며, 주석직을 신설했다. 후자는 다분히 남한의 강력한 박정권에 대한 대응적 성격을 지니는 조치였다.

반복하지만, 1970년대 초 한반도의 남북 긴장 완화와 대화 분위기는 민족 내부의 역량보다는 미국을 비롯한 강대국의 정책 수요로 시작된 측면이 강했다. 닉슨과 키신저의 주도에 의한 데탕트 정책은 과거에 세계를 양분함으로써 한반도를 분단시킨 트루먼의 봉쇄정책과 내용은 달랐지만, 강대국 역학의 반영이라는 점에서는 다르지 않았다. 특히 미국이 한반도 분단의 주역이면서 이를 부인하거나, 또는 의도가 아닌 실수로 인한 것 정도로 치부하는 것과 매우 유사하게 이제는 다시 강대국의 이익에 따라 긴장 완화를 반강제적으로 이식했다. 그러다보니 여전히 남북은 각자 자기 이념 기준 위에서 자기 진영을 향한 체제 선전에만 몰두했으며, 상대방 체제를 이해하려는 진지한 노력은 부재했다. 1970년대는 혼돈과 변화의 시기였다. 미국은 엄격한 냉전정책에서 평화공존과 협상의 시대를 추구했고, 이를 통해 패권 비용을 줄이려는 것은 나름의 합리적 정책이었을 수 있다. 그러나 한국은 이러한 미국의 변화가 동맹 방기의 가능성을 보여준다고 인식했다.

미국은 자신의 필요에 따라 1970년대에 데탕트 전략을 펼친 것이 맞지만, 이것이 한국 안보를 불안하게 만드는 것은 아니라고 판단했다. 오히려 미국의 평화공세로 냉전체제의 첨예한 대결 구도가 약해지면 미군은 물론이고 한국군의 규모를 줄이고도 한반도의 안정을 유지할 수 있다고 생각했다. 닉슨과 키신저는 중국 및 소련과의 관계 개선을 통해 북한의 모험적 군사도발도 제어할 수 있고, 소련과 중국의 동의 아래 한반도 평화의 기반이 조성될 수 있다고 본 것이다. 실제로 키신저는 저우언라이周恩來와의 회담 당시 중국이 북한의 대남 도발행위를 자제시켜주도록 직접 요청했다. 당시 북한의 병력이 35만 수준인 데 비해, 한국에 국군 60만에다가 미군 2개 사단이 주둔하는 것은 과도한 것이라고 미국정부는 판단했다. 미국이 한미상호방위조약 체결 당시부터 가장 우려한 것은 바로 동맹의 연루에 대한 두려움이었다. 요약하자면, 미국으로서는 주한미군은 물론이고 한국군의 규모를 축소하더라도 대북 방위는 충분히 확보할 수 있을 뿐 아니라, 이것이 미국의 어려운 경제 상황에서 상당한 경비를 절감할 묘안이었다. 게다가 한국의 군사력이 지나치게 강할 경우에 발생할 수 있는 한반도에서의 유사시 상황에 미국이 연루될 수 있다는 우려도 없앨 수 있었다.

그러나 박정희의 생각은 미국과 전혀 달랐다. 한반도에 큰 영향을 끼치는 강대국들의 정책 변화는 현상 타파이고, 이는 그간의 균형을 흔드는 안보 불안으로 다가올 수밖에 없었다. 미국의 닉슨독트린으로 주한미군이 감축 또는 철수를 하게 되면 북한의 모험적 도발 가능성이 커질 수밖에 없다고 인식했다. 미국이 한반도 개입을 축소하는 것 자체가 세력균형에 의해 어렵게 유지되던 안정을 깨는 것이라고 보았다. 무엇보다 미국이 베트남에서 냉정하게 돌아서는 것을 목격한 후 박정희는 불안을 떨치기 어려웠을 것이다. 박정희는 미군의 감축이나 철수를 백지화하는 것을 최대의 목표로 했고, 차선으로 시간을 끌면서 보상이나 지원을 가능한 한 많이 받아내고자 했다. 그러나 미국은 자신들의 합리적인 조치를 이해하지 않고, 무조건 반대만 하면서 그 댓가를 더 많이 뜯어내려 하는(?) 박정희를 불편해했다.

데탕트와
한·미관계 악화

1970년대에 한·미관계가 나빠진 가장 큰 이유는 국제정세를 바라보는 한·미의 전략적 관점의 차이가 이렇게 컸기 때문이었다. 미국은 세계전략의 변화를 상정하고, 이를 동북아 및 한반도에 일관적으로 적용하는 방식이었지만, 한국은 한반도의 특수한 상황을 우선 고려해주기를 원했다. 한국에게 미국의 존재감은 절대적이었던 반면, 미국에게 한국은 세계전략의 적용사례 중 하나에 불과했다. 한미동맹의 태생적 기원과 유지의 기반은 위협 인식의 동조화였는데, 1970년대에 처음으로 위협 인식에서 차이가 드러나버렸다. 비대칭 동맹에서 위협 인식의 차이가 생겼을 때, 그 영향 역시 비대칭적으로 나타날 수밖에 없다. 다시 말해서 미국은 한국의 반대가 불편한 정도였지만, 한국은 미국이 변화를 강행하는 것을 사활이 걸린 문제로 접근했다.

여기에서 특기할 만한 것은 미국으로서는 박정희의 비타협적 태도에 늘 불만이 많았다는 점이다. 그렇지만 박정희는 멈추지 않았고 가능한 모든 수단을 동원해서 미군의 감축 또는 철수를 막아내려 했다. 1976년 10월에는 박정희가 미군 철수를 막고 보상을 더 얻어내기 위해 로비스트 박동선을 시켜 미국 의회 의원들을 대상으로 불법적인 뇌물을 공여한 '코리아게이트'까지 일어났다.[11] 이로 인해 미국 내 반한 분위기는 최고조에 이르렀다. 그런데 일부에서는 이승만이 미국과 불협화음을 내던 것과 마찬가지로 박정희의 이러한 행보가 대미자율성을 보여준 것이라고 평가하기도 한다. 즉, 약소국인 한국이 세계 최강 미국을 상대로 동맹의 불편함을 각오하고 이익을 관철하려 했다는 것이다.

그러나 이는 미국의 세계전략에 대한 이해가 부족하고 냉전 프레임에 갇힌 행동이었지, 결코 외교를 잘한 것이거나, 한국의 대미자율성이 제고됐음을 보여준 것이 아니었다. 한미동맹의 신화 속에 갇혀 미국이 한국을 그렇게 대할 수 없다는 사고와 실제 현실의 변화 사이의 괴리를 수용하지 못한 채 미국과 불편한 관계를 만드는 것 자체만으로 자율적이라고 할 수는 없다. 진정으로 자율성이 제고됐다면 한국의 이익에 반하는 미국의 정책을 변경할 수 있어야 한다. 미국의 의도와 목적을 분명히 파악하고, 우리가 들어줄 것은 들어주고 챙겨야 할 것은 챙기는 외교를 함으로써 대미종속성은 극복할 수 있는 것이다.

그런데 박정희는 한·미관계의 갈등구조에서 자율성을 확보하고 실용적인 이익을 취하기보다는 불편한 관계를 이어갔을 뿐 아니라, 결과적으로 대미의존도를 더욱 높여버렸다. 조금 심하게 말하자면 박정희는 미국을 불편하게 하는 응석받이였을 뿐, 처음부터 끝까지 미국과의 본질적인 관계에서는 철저하게 순종적이었다.[12] 불편함은 박정희가 체제의 유지를 위해 한미동맹의 강화를 절실하게 필요로 했음을 보여주는 것에 불과했다. 이 장의 앞부분에서 한국이 해방 직후 근대국가의 모습을 형성한 이래로 지금까지 남한에 대한 미국의 역할은 가히 절대적이었다고 지적했다. 2차대전이 끝나면서 초강대국의 지위로 부상한 미국은 그에 걸맞은 대외정책을 추진하였고, 소련과 중국, 일본 등의 열강들과 경쟁하고 있는 동북아에서도 유럽과 마찬가지로 교두보를 마련할 필요가 컸다. 물론 한반도 전체를 미국의 세력권에 두는 것이 가장 이상적이었겠지만, 남쪽만이라도 미국의 강력한 영향권 아래 두어 완충 또는 세력균형을 도모하고자 하였다.[13]

한국은 미국에 전략적으로도 중요했지만, 공산주의와의 이념경쟁에서 중요한 시범사례로 체제의 우월성을 입증하는 도구이기도 했다. 물론 이것이 한·미 간에 모든 사안에서 의견이 일치했음을 의미하는 것은 아니었다. 미국정부는 박정희가 아무리 저항하고 자신의 요구사항을 제시하더라도 불편할 뿐, 자신의 정책을 수정하거나 변경할 필요가 없다는 것을 너무도 잘 알았다. 박정희는 실제로 핵무기 개발 시도도 실패하고, 방위산업의 육성도 큰 성공을 거두지는 못한다. 당시 냉전 프레임에 갇히지 않고 오히려 미국의 정책 변화를 한반도 평화와 교류·협력을 주도적으로 추진할 기회로 삼았더라면 어땠을까 하는 아쉬움이 남는다. 그러나 이런 반문은 박정희 정권의 태생과 정체성, 그리고 그간의 행보를 고려하면 우문愚問이다. 한반도 분단과 냉전체제 심화의 가장 큰 수혜자이자, 한미동맹이 정권의 생명줄이었던 그가 갈등하는 한·미관계를 주도적으로 한반도 평화를 추진함으로써 풀 가능성은 처음부터 끝까지 제로였다.

이 장을 끝내기 전에 짧게나마 북한의 입장을 살펴보는 것도 의미가 있다. 1970년대 초는 북한이 남한과의 체제경쟁에서 상당한 자신감을 보이는 시기였다. 북한은 경제도 남한에 비해서 낫다고 믿었고, 국제 환경 역시 자신에 유리하게 돌아가고 있다고 인식했다. 미·중관계의 개선이 처음에는 충격이었으나, 미국의 베트남 철수와 닉슨독트린은 주한미군의 철수로 이어질 기회라고 생각했다. 이 때문에 1970년과 71년 2년 동안 북한은 매우 적극적인 평화공세에 나서게 되었다. 1960년대 말의 울진·삼척 사태, 1·21 무장공비 사태 등과 같은 도발 노선을 자제하고 평화공존 자세로 전환하는 모습을 보였다. 북한은 자신들의 평화공세가 동맹국들에 대한 안보 책임에서 벗어나려는 닉슨 정부의 정책에 더욱 힘을 실어줄 수 있을 것으로 생각했다. 아무튼 남이나 북이나 1970년대 초의 대화 국면은 강대국의 정책 변화에 떠밀려 마지못해 마련한 것에 가까웠다. 따라서 상대방과의 협상을 통해 타협점을 모색하는 진정한 대화는 아니었다. 대화의 모양만 있었을 뿐 각기 체제 내부에서는 유신헌법과 사회주의 헌법을 채택하며 권력 집중을 모색했던 이유다.

제6장
카터의 인권외교와 주한미군 철수의 이중주

카터 행정부의 출범과
인권외교

5장에서 닉슨의 데탕트 전략 이후 한·미관계가 어려움에 빠져들었던 부분을 살펴봤다. 주한미군의 철수 문제는 양국 갈등의 촉매제였으며, 박정희의 유신체제는 닉슨이 탈개입주의를 추구했다는 점에서 철군 문제보다 표면화되지는 않았으나 그로 인한 미국 조야의 반한 정서는 점점 커졌다. 닉슨은 1974년 워터게이트 사건으로 탄핵소추가 진행되자 사임했고, 나머지 임기는 제럴드 포드 부통령이 승계했다. 포드는 취임 직후 닉슨을 사면해 의회와 언론의 비판을 받았다. 외교정책은 닉슨의 실용주의적 현실주의를 계승했고, 키신저를 국무장관으로 중용했다. 포드 대통령은 당시 미국이 대한국 방위공약을 확인해주지 않아 박정희가 미군의 철수에 대비해 핵무기 개발과 국내 정치의 독재화에 매진한다고 판단했다. 이 때문에 박정희에게 안보공약을 재확인함으로써 권위주의 강화 현상을 되돌려야 한다는 의견이 개진되었다.[1] 그러나 포드는 짧은 임기 탓에 이를 위한 구체적인 정책을 실행하기는 어려웠다.

그러다가 1977년 출범한 지미 카터 행정부는 대한국 정책의 큰 전환을 추진했다. 그 결과 한·미관계는 악화일로로 치달았다. 한·미관계의 악화 원인을 미국은 박정권의 반민주적 행태 때문이라고 봤지만, 박정희는 한국에 대한 미국의 방위공약이 흔들리기 때문이라고 생각했다. 미국의 39대 대통령 지미 카터는 남부 조지아주 땅콩농장 경영주 출신으로 해군사관학교를 나왔다. 독실한 기독교인인 카터는 대통령선거 당시부터, 미국의 건국이념이라고 할 수 있는 소위 '신의 도성'으로서 미국이 지닌 '도덕적 힘'을 부활시킴으로써 추락한 리더십을 회복해야 한다고 주장했다. 대외정책에서 진정성과 도덕을 회복해야 한다는 점을 강조했는데, 특히 베트남전과 워터게이트 사건의 트라우마를 극복하기 위해서라도 도덕적 재무장이 필요하다고 역설했다. 그리고 도덕외교가 곧바로 적용되어야 하는 영역이 인권이며, 미국과 외교관계를 맺고 있는 나라들에 대해 반드시 인권 문제를 제기하겠다고 경고했다.[2]

키신저를 비롯한 현실주의자들은 다른 나라의 내정 문제인 인권을 미국 외교정책의 직접적인 목표로 내세우는 것은 위험하다고 비판했고, 이는 카터 이전 미국 외교의 기본이었다. 그러나 이러한 도덕외교나 미국의 가치 회복에 대한 카터의 순수한 열망은 미국 대중들에게 큰 지지를 받았다. 뭔가 커튼 뒤에서 음모를 도모하는 듯한 닉슨-키신저의 외교로 인해 전쟁에서 패배를 맛보게 되었고, 이를 은폐하기 위해 워터게이트 사건 같은 민주주의의 훼손이 초래되었다고 미국인들은 생각했기에 카터의 등장은 환호를 받았다. 베트남신드롬은 미국의 대외정책에도 변화를 요구했다. 카터는 3세계의 특수성을 무시하고 미·소 냉전 대결의 잣대로만 판단함으로써 그 지역 민중들의 지지를 받지 못하고 오히려 그들을 탄압하는 독재자들이 친미·반공만 추구하면 무조건 지원해온 미국의 외교 행태를 반성했다. 카터는 냉전체제의 문제에 집중하기보다는 다자주의를 중요시하고 환경 문제나 남반구와 북반구의 불평등 문제 등에 관심을 기울였다. 그는 전임 정부의 현실주의 관점을 폐기하고, 이상주의와 다원주의적 관점으로 세계를 바라봤다. 군사력을 통한 봉쇄보다는 상호의존에 입각한 국제협력을 통해 평화를 이룰 수 있다고 믿었다. 동북아 및 한반도도 미국과 중국의 관계 개선과 미국과 소련의 평화공존 노력으로 안정화될 수 있으며, 과거와 같이 진영 간에 첨예한 대결을 펼칠 필요가 없어졌다고 생각했다.

　미국에 이익이 되면 동맹국의 독재권력을 눈감아주던 외교에 제동이 걸린 것이다. 카터는 이란, 필리핀, 니카라과 등 주요 우방국에 인권 상황을 개선하라고 압박했다. 한국도 예외가 아니었다. 유신으로 독재를 더욱 강화한 박정희는 근본적인 정체성의 차이로 인해 불편한 관계를 유지할 수밖에 없었다. 미국이 한국을 다룰 때 사용하는 전가의 보도가 '미군 철수론'이지만 카터의 경우는 누구보다 진정성이 있었다는 면에서, 한국을 길들이기 위한 수단으로서만 이를 사용한 이전 사례와는 달랐다. 하지만 카터의 확고한 결심에도 불구하고 주한미군의 철수는 쉽게 실행에 옮겨지지 않았다. 결국 1970년대 말 국제정치 상황이 불안정해지고, 카터의 도덕외교가 현실의 어려움에 직면하면서 정책 이행의 시간이 지체되었다. 그러다가 임기 말 소련이 아프가니스탄을 침공하면서 미·소 간의 관계가 다시 긴장과 대결의 구조로 환원됨에 따라 미군 철수 문제는 백지화되어버렸다. 이는 한국이나 미국이 한반도의 냉전 관성을 극복하기가 얼마나 어려운가를 보여주는 실례이기도 하다.

주한미군 철수와
한·미관계

　한·미관계에 문제가 발생할 때마다 그 중심에 놓인 어젠다가 주한미군 철수 또는 감축 문제인데, 지금까지 본격적으로 거론된 것은 모두 예닐곱차례다. 최초의 철수는 한국정부 수립 이후 그 유명한 애치슨 라인의 선언에 의한 것이었고, 다음으로 1954년에 한국전쟁 때문에 불가피하게 늘어난 미군 규모에서 8만 5천 정도의 병력만 남기고 미군이 철수한바 있다. 제3차는 1970년 닉슨의 데탕트 정책으로 미 7사단이 철수를 단행한 것이었고, 제4차가 바로 카터가 시도하고자 했던 것이다. 다음으로 1990년 탈냉전의 도래 이후 미군의 감축 필요성이 대두되어 약 1만 5천명이 철수했다. 이후 2000년대 초 조지 W. 부시 대통령과 국방장관 도널드 럼즈펠드Donald Rumsfeld가 주도했던 '해외 주둔 미군 재배치 계획'Global Posture Review, GPR에 따라 진행된 것이다. 그리고 최근 트럼프 대통령 역시 선거유세 때부터 미국 우선주의에 따른 주한미군의 철수 카드를 사용하려 했다.

　아무튼 카터 행정부는 한국의 인권 문제를 주한미군 철수와 연계했다. 1976년 대통령선거전에서 카터는 "박정희의 정적 탄압과 관련하여 미국의 대한국 안보공약을 재검토하겠다"라고 강력하게 경고했다. 그리고 취임하자마자 한국으로부터의 핵무기 철수와 인권 문제에 관한 박정희의 인식을 알아보려 했다.[3] 실제로 카터는 박정희에게 비공개 친서까지 보내 인권 문제를 직접 제기하기도 했다.[4] 박정희는 미국에서 오는 인권 압박에 매우 민감했고, 이로 인해 두 사람의 관계는 시간이 흐를수록 점점 나빠졌다. 박정희는 카터의 인권정책을 자신을 권력으로부터 제거하려는 음모로까지 인식하기도 했다. 카터의 대한국 인권 압박은 해가 갈수록 강해졌으며, 박정희는 카터의 요구가 미군 철수와 연계되는 바람에 이를 무시하지 못하고 이에 대한 수용적 입장을 표했다. 이런 노력에도 불구하고 1979년 6월 카터가 한국을 방문했을 때 두 사람은 물론이고 한·미관계의 갈등은 최고 정점을 찍었다. 이 정상회담은 양국 역사상 가장 심각했던 정상회담으로 기억된다. 정상회담 직후 박정희는 180여명에 이르는 양심수의 석방을 발표하기도 했다.

그런데 여기서 연결고리가 잘 들어맞지 않는 점에 주목할 필요가 있다. 카터의 미군 철수 이유는 1950년대부터 이어진 미국의 예산 절감 노력과 한반도의 안정화에 따른 미국의 개입 비용 감소의 연장선에 있었다. 그리고 카터 역시 철군의 표면적 이유는, 경제력과 방위능력을 고려하면 미국의 주둔이 필요하지 않을 만큼 한국이 성장했다는 것이었다. 또한 카터는 주한미군 철수가 미국과 중국의 수교 및 미국과 소련의 평화공존으로 북한의 도발 가능성은 상당 부분 낮춰졌다는 판단에 의한 것이라고 밝혔다. 그러나 철군정책과 인권정책이 동시적으로 적용될 경우 문제가 발생할 소지가 다분했다. 인권 문제를 가지고 박정권을 압박할 경우 미국은 전략적인 동기로 군대를 철수한다는 그동안의 대외 메시지의 신뢰를 상실할 위험이 있었다.

그렇지 않아도 베트남에서의 철수로 인해 미국의 동맹국들의 불안과 미국의 안보 우산에 대한 불신이 커지는 상황에서, 미국이 한국에서마저 표면적으로 내세운 전략상의 합리적 고려 때문이 아니라 인권 문제로 철군하는 것으로 받아들여질 경우, 미국의 대외정책에 대한 신뢰도가 떨어질 수밖에 없었다. 그리고 만약에 인권을 정말 중시한다면 한국에 대한 개입을 줄일 것이 아니라 오히려 강화해 한국을 압박하는 것이 더 효과적이라는 반론도 가능한 상황이었다. 즉 미군이라는 지렛대가 있어야 인권 개선을 더욱 효율적으로 압박할 수 있다는 논지였다. 이유는 또 있다. 박동선의 코리아게이트로 인해 미국 의회의 반감과 몸을 사리는 분위기가 높아졌기 때문에 미군 철수의 공백을 메우기 위해 한국에 제공해야 할 물자나 그에 필수적인 조치와 관련된 안건 역시 의회 통과를 장담할 수 없었다. 따라서 카터는 대통령에 취임하자마자 구체적인 철군 일정을 짜라고 지시하면서 의욕을 보였지만, 실제 철군 계획과 실천은 계속 지연되었다.

인권 문제에 대해서 조금 더 들여다보기로 하자. 카터 대통령에 대한 평가는 엇갈린다. 그는 미국 역대 대통령 중에서도 매우 예외적인 인물로 여겨진다. 자신이 열심히 믿는 기독교 신앙과 도덕적 신념을 현실 정치에 구현하려고 애썼다. 독실한 기독교인이지만 십자군적 근본주의자라고까지 할 수는 없었다. 도리어 이상주의자나 자유주의자였고, 민주당 출신 대통령에 어울리는 진보적 정치인이었다. 그러나 그는 이러한 가치관이 현실 세계에의 벽에 부딪히거나, 유연성을 발휘하지 못하는 바람에 임기 말에는 지지율이 24퍼센트까지 하락했던 최악의 대통령으로 평가받기도 한다. 그는 일 처리가 서툴렀고, 지지자들을 실망하도록 만들었다. 특히 경제나 외교 분야에서 정책 의도와 목표의 정당함에도 불구하고 실제 수행성적은 좋지 못했다. 워터게이트와 베트남신드롬으로 찌든 1970년대 중반에 미국민의 열광적인 지지를 받았던 신선한 이미지는 사라지고 이란 인질 사태와 석유 위기 등으로 무능한 이미지가 부각됐고, 결국 그는 재선에 실패했다. 더욱이 그 스스로 이란 인질 사건을 계기로 자신의 인권 및 도덕 외교를 스스로 폐기하고 중동에 대한 강경책을 부활시켰지만 이마저도 성공하지 못했다. 자신의 신념을 버리고, 실리도 못 챙겼다고 할 수 있다.

역설적인 것은 미국 외교사에서 '카터독트린'이라고 하는 것은 그의 일생의 신념이자 목표였던 인권이나 도덕 외교를 가리키는 것이 아니라 중동에서 미국의 국익을 위해 필요하다면 군사적 조치를 선택하겠다는 정책을 말한다. 카터의 임기 말인 1980년 1월 23일에 발표된 이 정책이 그의 대표 외교독트린으로 명명된 것은 역사의 아이러니가 아닐 수 없다. 그의 순진하고 위험한 외교는 우방국들과의 동맹에 균열을 가져왔고, 소련의 아프간 침공의 빌미를 제공했다는 비판을 받았다. 게다가 이란의 미국대사관 인질 사건에 제대로 대응하지 못했다. 그의 인권외교의 실패는 미국 내 강경파들의 입지를 높였으며, 그로 인해 민주당은 강한 미국의 부활을 기치로 내세운 공화당의 로널드 레이건Ronald Reagan에게 정권을 내주고 말았다. 또 레이건 행정부의 네오콘 세력에 의한 신냉전 정책의 빌미를 제공했다. 카터는 퇴임 이후의 행보가 오히려 호평을 받았다. 1994년 북핵 문제로 인한 한반도 위기를 해결하기 위해 평양으로 날아가서 김일성을 설득한 것을 포함해서 협상과 평화의 전도사로 활발한 공헌을 했고, 2002년 노벨평화상까지 수상했다.

카터의 인권외교와
한·미관계의 부조화

카터 대통령의 인권외교 및 도덕외교는 성공 여부와 관계없이 진실성이 있었다. 카터 행정부가 미군 철수를 추진했던 것도 미국의 다른 정부와는 달리 한국을 길들이기 위한 수단의 차원이 아니었다. 그런 점에서 카터는 한·미관계에서도 예외적 인물임이 분명했다. 그런데 이를 전부 수용할 경우, 우리는 그가 1979년 불법적인 12·12군사반란을 일으키고, 광주의 민주화운동을 무참히 짓밟으며 권력을 잡은 신군부에 대해서는 개입하거나 저지하지 못한 채 용인했던 일을 이해하기 힘들다. 물론 그는 전두환 정권에 민주주의를 지킬 것을 여러차례 요구했지만, 적극적으로 이들의 행위를 막아내거나 상황을 변경시키려는 노력은 하지 않았다. 일각의 주장처럼 미국이 한국의 신군부와 함께 처음부터 불법적 쿠데타를 공모하거나 이를 적극적으로 지지하지는 않았다고 하더라도 민주주의의 모델인 미국이, 그것도 미국의 가치를 회복하자는 기치를 들고 집권했고, 한국의 인권 상황에 대해 압박했던 카터 대통령이 한국의 민주주의가 유린되는 상황을 외면했다는 것은 쉽게 이해가 가지 않는다.

여기서 시어도어 로위Theodore J. Rowi의 미국의 역할에 대한 다중적 측면의 분석을 살펴볼 필요가 있다. 로위는 현대 세계사에서의 미국의 역할을 네가지 유형으로 분류했다.[5] 먼저 '세력균형자'Balancer of power의 역할인데, 미국은 압도적인 경제력과 군사력을 보유했지만, 서구 제국주의 국가들과 비교해 수동적으로 패권을 행사하거나, 또는 한발 물러서서 유럽과 아시아에서 세력균형자의 역할을 하는 경우가 많았다. 그런데 현실주의 국제정치학자 한스 모르겐타우Hans Morgenthau의 지적처럼 세력균형의 추구는 쉽게 현상 타파 행위로 변형된다. 즉 세력균형을 회복하는 것에서 패권적 질서의 창출로 쉽사리 변질되는 것이다. 두번째는 경제적 팽창주의의 역할이다. 레닌의 제국주의론이나 좌파 탈식민주의에서 비판하는 역할과 유사한데, 미국은 자본주의의 급속한 성장을 뒷받침하기 위해 새로운 시장을 확보하는 데 앞장서는 세력이라는 것이다.

세번째는 이른바 '신성동맹'의 역할인데, 혁명의 전파를 막고 보수세력을 보호하는 역할이다. 즉 다른 나라의 혁명이나 정치적 변화를 억압하고 봉쇄하기 위한 개입주의의 성격을 갖는다는 것으로, 중동에서의 개입정책, 중남미와 아시아 독재자의 지원 등의 사례가 여기에 해당한다. 마지막으로 미국의 리더십을 나폴레옹과 비교했다. 나폴레옹은 프랑스혁명의 산물인 동시에 수구적 인물이다. 여전히 구질서를 유지하던 여타 유럽에 나폴레옹전쟁을 통해 민권, 자유, 공화주의 같은 프랑스혁명의 물결을 전파했지만, 반대로 그 자신은 절대군주가 되어 프랑스혁명의 정신을 도리어 후퇴시켰다. 이와 유사하게 미국은 민권혁명과 민주주의라는 건국이념과 제도를 지니고 있지만, 나폴레옹이 그랬듯이 민주주의의 수출이 대외정책에서 우선순위가 아니며, 패권의 이익을 위해 원칙이나 가치를 저버리는 행위도 많이 했다고 지적한다. 미국의 존재론적 정체성과 행태론적 정체성의 격차를 지적한 것인데, 꽤 통찰력 있는 분석이라고 생각한다.

한국 민주주의의 발전과 관련해서는 로위가 말하는 네번째 역할이 가장 두드러졌다고 할 수 있다. 한국의 국가 건설에서 미국 모델은 때로는 우리가 배워야 할 본보기로 작동했고, 동시에 우리가 벗어나기 힘든 한계로 작동하기도 했다. 미국의 민주주의는 우리가 성취해야 할 모델이었다.

해방 이후 한국 민주주의의 이념적 기반과 제도적인 원형이 된 것들은 미국에 의해 주어진 것들이 대부분이었다. 미국은 프랑스혁명과 함께 세계 역사의 양대 민권혁명인 미국혁명의 산실이자, 법치와 자유와 인권을 존중하는 민주주의를 이끌어온 나라이다. 그뿐만 아니라 민주주의를 가능하게 만드는 자유주의 정치문화 역시 미국으로부터 주어진 것이다.[6] 한국 민주주의와 한·미관계가 만나는 지점은 무수히 많다. 그런데 한·미관계는 한국의 국가 안보나 경제발전에 미친 영향과 관련해서는 전반적으로 긍정적 평가를 받지만, 민주주의를 논할 때는 의외로 부정적이거나 냉소적인 평가가 주를 이뤘다.

한국에서 민주주의는 안보와 항상 대척점에 있었고, 미국은 한국의 안보를 책임지는 위치에 있었기에 한국 역사에서 민주주의가 유린당하는 지점에 미국이 연루되었다는 것은 기정사실처럼 인식된다. 한국은 짧은 시간에 정치변동의 굴곡을 많이 겪은 나라다. 변동의 고비마다 미국은 실제로 개입했고, 한국민들은 때로 민주주의 진전을 위해 미국의 개입을 기대하기도 했다. 그러나 많은 경우 불법적 쿠데타 세력이 헌정질서를 파괴한 후 정권을 잡을 때 미국은 대부분 침묵으로 이를 용인했다. 로위의 지적처럼 미국은 한국이 배워야 할 민주주의의 모델로서 긍정적 영향을 끼친 것은 사실이지만, 한국에 민주주의를 전파하거나 지원하려는 정책목표는 별로 없었다. 미국은 한국민이 민주주의에 역행하는 한국의 정치변동을 미국이 나서서 막아주기를 원할 때도 침묵했고, 오히려 반민주세력들을 지원하고 승인해주는 역할을 빈번하게 했다. 한국의 독재자와 지배세력, 그리고 미국은 '국가 안보를 위하여'라는 소리를 똑같이 합창했다.

프롤로그에서 언급했듯이 해방 이후 한국사회의 인식체계에는 두개의 상반된 미국이 존재해왔다. 하나는 2차대전 이후 세계 최강의 군사력과 경제력을 갖춘 패권국으로서, 제국주의 일본의 압제로부터 한국이 해방되는 데 결정적인 역할을 했으며, 이후 전쟁과 빈곤의 나락으로부터 한국을 구해준 '구원자'와 '보호자'의 미국이다. 또다른 하나의 미국은 무조건 긍정적이지는 않았다. 제국주의 일본의 범죄에 눈을 감고 그 부흥을 도왔으며, 자국의 전략적 이익을 위해 한반도를 희생양으로 삼아 분단시키고, 냉전의 최전선으로 만든 책임을 면하기 어려운 미국이다. 또한 대한민국의 경제발전과 민주화에 대한 미국의 공헌을 외면할 수는 없다고 하더라도, 미국은 그 과정의 여러 지점에서 독재정권들을 용인했고, 양극체제로 대표되는 강대국 패권경쟁의 수단으로 동맹을 이용했다. 마찬가지로 세계의 모범인 미국의 민주주의가 한국의 민주화에 긍정적인 영향을 미친 것은 맞지만, 미국은 자국의 이익을 위해 한국의 민주화에 역행하는 행태도 많이 보였다. 그런 점에서 미국은 선한 구원자와 보호자의 모습만을 가진 것은 아니라는 인식이 우리 안에 존재한다.

사실 한국 정치에 대한 미국의 개입 여부가 문제가 되었다기보다는 미국이 어떤 개입을 했느냐가 더 중요하게 작용해왔다. 미국의 영향력이 절대적이라는 것은 이미 주어진 상수라고 한다면, 개입 자체에 대한 거부감은 오히려 적을 수 있었다. 그런데 한국민은 개입의 불가피성을 기정사실로 받아들이되 미국의 개입이 한국의 독재를 반대하고, 국민의 저항을 포함한 민주주의 편에 서는 것일 경우 긍정적으로 인식했다. 예를 들면 4·19혁명이나 1987년 민주화운동 당시 미국이 직간접으로 개입해 독재자의 반대편에 서서 민주항쟁의 편을 들었을 때 한국민의 여론은 긍정적으로 평가했다. 그러나 1961년 5·16 군사쿠데타, 1972년 유신헌법 통과, 그리고 1980년 신군부의 쿠데타와 5·18 광주민주화운동 당시 미국이 반민주세력을 멈추지 않고, 오히려 용인하고 지지하는 태도를 보였을 때 우리 국민은 매우 부정적으로 보았다.

한국의 민주화에 대한
미국의 역할

한국의 민주화에 미국이 어떠한 역할을 했는지에 대해서는 민주주의를 연구하는 학자들이 시간에 따라 다른 평가를 하고 있다. 과거에는 미국이 한국의 민주화에 디딤돌 역할을 했다고 보는 견해가 우세했지만, 1987년 민주화 이후에는 이와 반대로 한국 민주화의 걸림돌이었다는 평가가 더 많다.[7] 미국은 이승만, 박정희, 전두환, 노태우로 이어지는 역대 독재 또는 권위주의 정권을 지지했다. 그리고 결정적으로 다음 장에서 다루게 될 1980년 광주민주화운동과 관련해서는 공모자는 아니라고 하더라도 한국 민주주의의 걸림돌 역할을 했다. 미국은 적어도 1980년대까지는 대한반도 정책을 수립하며 민주주의냐 독재냐 하는 이분법보다는 한반도가 안정적이냐 안정적이지 못하냐 하는 이분법으로 바라보았다. 이런 관점으로 한국을 바라본 결과 한국 민주주의에 대한 미국의 노선은 일관성이 없었고, 민주주의는 정치변동을 동반한다는 점에서 불안을 배태하고 있기에 결과적으로 미국의 안정 지향적 개입이 한국 민주주의의 발전과정에서 걸림돌로 작동했다고 보는 것이 맞다.

박정희는 유신체제를 수립하기 이전까지는 선거라는 최소한의 절차적 민주주의를 유지했다. 그러나 유신체제 이후는 그야말로 독재를 향한 거칠 것 없는 질주였다. 그러면서도 '한국적 민주주의'라는 말로 민주주의를 참칭했다. 카터 대통령은 유신이라는 독재체제에 대해 매우 비판적이었지만, 미군 철수를 인권뿐 아니라 민주주의의 역행을 막는 지렛대로 적극적으로 사용하지는 않았고, 신군부의 쿠데타도 저지하지 못하는 등 한국에 대한 미국의 기본적인 관성을 벗어나지 못했다. 그 기본적인 관성이란 미국이 한국의 국내 정치에 개입할 때 그 영향력이 생각보다 제한되어 있다고 보는 것과 앞에서 지적했듯이 민주와 반민주의 틀보다는 안정과 불안정의 틀을 우선 적용하는 것 등인데, 이전과는 달리 카터 대통령은 예외적으로 인권이라는 구체적인 문제로 한국의 국내 정치에 영향을 주었던 만큼 이런 행보는 기대에 못 미치는 실망스러운 것이었다. 물론 당시 미국은 이란 주재 미국대사관의 인질 사건과 소련의 아프간 침공 등으로 외교적으로 상당히 어려운 처지에 있었기에 한반도의 안정이 긴요했던 탓도 있었다. 물론 카터가 간접적으로 끼친 영향도 적지 않다. 인권이나 평화를 앞세운 미국 행정부의 등장은 한국의 민주화 세력들에게 그동안 기대하지 못한 희망을 줌으로써, 이들이 한층 적극적이고 조직화된 저항을 할 수 있었던 동인으로 작동했다.

미국의 이상주의와 한반도 평화

카터 행정부와 한·미관계의 관련성은 미군 철수와 인권 압박이라는 두 가지 이슈에서 가장 큰 함의를 지니고 있고, 이 둘은 불가분의 관계다. 여기에 이 장을 끝내기 전에 한가지 이슈를 더 다룰 필요가 있는데, 바로 평화다. 카터는 미국 역대 행정부의 대외정책에서 이상주의의 명맥을 이은 매우 중요한 고리였다. 마키아벨리Niccoló Machiavelli, 비스마르크Otto von

Bismarck, 키신저 등이 말하는 인간의 본성과 국가의 관계는 극단적으로 말하면 협력이나 평화보다는 갈등이나 전쟁이 훨씬 더 정확한 모습이다. 그리고 이들은 그런 한계를 반드시 미리 알고 그 한계 안에서 움직여야만 살아남는다고 주장했다. 칸트Immanuel Kant, 윌슨Woodrow Wilson, 그리고 카터 등은 인간의 이성을 믿고, 국가가 협력하면 전쟁을 종식하고 평화를 이룩할 수 있다고 보았다. 우리는 그들을 이상주의자라고 부른다. 미국의 건국이념도 이상주의에 기초했다. 절대군주, 전쟁, 권력투쟁 등으로 상징되는 유럽의 구질서, 즉 '앙시앵레짐'Ancien Régime에 저항하는 사람들이 미국으로 건너가 '신세계'New World를 건설한 것이다. 신세계는 공화주의와 민권과 함께 도덕적 가치와 규범적 가치를 지향하는 이상주의를 추구했다. 초대 대통령 조지 워싱턴이 고별연설에서 구질서 유럽의 싸움에 연루되지 말라는 당부를 했고, 이는 5대 대통령 제임스 먼로에 의해 미국 대외정책의 고립주의로 공식화되었다. 굴곡과 수정은 있었지만, 이후 20세기에 세계대전에 참여하기까지 미국은 이상주의를 표방한 나라였다.

미국의 이상주의가 견지하는 평화 사상은 이마누엘 칸트와 닿아 있다. 칸트는 1795년 저서 『영구평화론』Zum ewigen Frieden에서 전쟁은 악이며, 평화야말로 인류가 도달해야 할 의무라고 주장했다. 전쟁은 인격을 말살하고 자유를 손상하기 때문이다. 그는 또다른 저서 『세계시민적 관점에서 본 보편사의 이념』Idee zu einer allgemeinen Geshichte in weltbürgerlicher Absicht에서 인류사회의 최종 목적은 인간 자유의 실현이라고 설파했다. 인간의 자유를 가장 잘 반영하고 보호하는 체제는 민주주의이므로 민주화는 곧 영구적인 평화로 연결될 수 있다. 칸트에게 평화의 출발점은 개인의 감성이나 의지가 아니라, 개인의 자유를 인정하는 좋은 국가체제, 즉 공화정 안에서 가능한 국민의 집단 도덕성이었다. 평화에 관한 논의를 현실적 차원보다는 철학적 가치의 문제이자 당위적 목표로 설정하고 있지만, 그의 사상은 제1차 세계대전 직후 베르사유체제의 산물인 국제연맹의 탄생으로 현실화했다.

국제연맹을 창설하고 1차대전 이후 이상주의를 이끈 미국의 우드로 윌슨 대통령은 영구평화론을 계승해서 세계 평화를 구축하는 가장 중요한 조건으로 민주주의를 제시했다. 칸트의 주장처럼 인간은 원래 합리적인 이성을 가지고 있으므로 전쟁보다는 평화를 원하고, 따라서 인류가 노력하면 영구적인 평화도 가능하다는 것이다. 전쟁이 난무하던 19세기 유럽이 1차대전이라는 비극적 결말을 맞은 이유는 국민 다수의 뜻을 반영하지 않은 소수의 권력자가 권력을 위해 국민을 전쟁터로 내몰았기 때문이라고 해석한다. 그러므로 합리적인 이성을 가진 다수의 힘이 위력을 발휘하는 민주주의 국가들에 의해서 평화는 가능하다. 윌슨은 따라서 전쟁을 막기 위해 꼭 필요한 것이 민주주의 국가로 이루어진 국제기구라고 생각했고 이를 만드는 데 모든 노력을 기울였다.

윌슨은 평화주의와 국제주의를 일관되게 주창했다. 전쟁은 야만적이므로 당장 멈추어야 하고, 국가들끼리 협력하면 얼마든지 전쟁을 막고 평화롭게 잘 지낼 수 있다는 것이다. 하지만 그의 뜻과는 달리 1914년 1차대전이 발발했다. 처음에는 신념대로 중립을 지키며 전쟁에 참여하지 않았다. 그러나 독일의 잠수함 도발과 연합국의 간절한 참전 요청, 그리고 만약에 독일이 이길 경우 유럽에 막대한 전비를 빌려준 J. P. 모건^{John Pierpont Morgan}을 포함한 미국의 자본가들이 돈을 돌려받을 수 없을 것이라는 우려 때문에 미국정부를 움직여 1차대전에 참여하게 되었다.[8] 미국의 참여로 전쟁을 승리로 이끌자 윌슨과 미국은 단박에 유럽 및 세계를 구원한 영웅으로 부상했다. 전쟁으로 잿더미가 된 유럽과는 달리 미국은 거의 피해가 없는 상태로 전후처리와 복구에서 리더십을 발휘하였다. 그 중에서도 가장 주목을 받은 것은 바로 세계 최초의 본격적인 국제기구이 자, 오늘날의 국제연합의 뿌리인 국제연맹을 창설한 것이었다.

윌슨의 이상주의에 대한 비판도 만만치 않았는데, 권력이라는 현실을 무시한 것이며, 목표가 바람직한 것이라고 해서 문제가 해결되지는 않는 다고 지적한다. 실제로 미국은 정작 국제연맹에 참여하지 않았고, 또 후 에 독일과 이탈리아가 다른 나라를 침략했을 때도 국제연맹이 아무런 힘 을 발휘하지 못함으로써 이상주의가 가진 약점을 그대로 보여줬다. 국제 사회에서는 어떠한 도덕적 원칙도 힘과 이익 앞에서 무력함을 국제연맹 이 보여준 것이다. 또한 윌슨이 식민지 사람들에게 민족자결주의를 주장 했지만, 영국, 프랑스, 그리고 일본 등 연합국으로 하여금 보유했던 식민 지를 끝내 포기시키지는 못했다. 우리나라의 3·1운동도 윌슨의 민족자결 주의를 기대하고 일어난 운동이었지만, 결정적인 순간에는 미국이나 국 제연맹은 돕지 않고 외면했다. 무엇보다 윌슨의 평화를 위한 외교란 세계 모든 민족이나 국가들이 동의할 수 있는 것이 아니라 철저하게 미국을 위 한 원칙이었다.

칸트와 윌슨의 이상주의는 2차대전과 이후 냉전의 격화로 사라졌는데, 이를 미국의 대외정책으로 부활시킨 인물이 바로 카터이다. 카터는 윌 슨의 이상주의적 평화론과 탈냉전이 도래하면서 주목을 받은 '민주평화 론'Democratic Peace Theory 사이에서 연결고리 역할을 했다. 당대에 철없는 이상주의자라는 평가를 받았던 카터는, 1970년대의 데탕트가 굳건한 냉 전체제에 대한 반동 또는 착시가 아니라, 1980년대 신냉전이 오히려 도도 한 평화의 흐름에 대한 일시적 반동이었다는 평가 속에 새롭게 주목을 받 았다. 탈냉전이 그야말로 그가 지향하던 평화, 상호의존, 민주주의의 전성기 모습을 드러내쳤기 때문이다. 마이클 도일Michael Doyle은 칸트, 윌슨, 그리고 카터의 평화 사상을 체계화해 '민주평화론'을 제시했다. 자유주의 이데올로기를 공유한 민주적인 국가들은 그들간의 국제관계에서 자유무역과 국제법을 존중해야 하며 한두 사람이 전쟁을 결정할 수 없고 모든 국민에게 전쟁의 의사를 물어야 하기에 전쟁을 쉽게 일으키기가 어려운 것이라는 핵심 주장은 앞선 평화 사상과 다르지 않다. 다른 점이 있다면 통계로 검증했다는 것이다. 도일은 물론 민주주의 국가들이 전쟁을 전혀 하지 않는다고 말하지는 않는다. 비민주적인 국가와의 전쟁은 가능하지만, 이런 전쟁은 평화를 위한 전쟁이지, 권력자의 사욕을 위해 평화를 깨는 전쟁은 아니라는 것이다.[9]

카터의 이상주의는 칸트와 윌슨의 사상을 어떻게 계승하려 했었던가. 카터는 일단 미군의 아시아 주둔이 전쟁을 막기보다는 오히려 북한이나 중국 등을 자극해서 전쟁의 가능성을 키운다고 생각했다. 게다가 베트남 전쟁의 경험이 말해주듯이 미국이 원하지 않는 전쟁에 연루되고 미국 젊은이들의 희생을 초래할 것이기 때문에 철군을 원했다. 대학에서 핵공학을 공부했던 카터는 수백기의 전술핵무기를 위험한 한반도에 배치하는 것에 대해서는 가장 비이성적인 행동이라는 입장이었다. 북한에 대해서도 봉쇄와 압박을 펼치기보다 먼저 선의를 보이면 달라질 수 있다는 쪽이었다. 퇴임 후 1994년 1차 핵위기 당시 평양을 방문해 중재를 통해 위기를 해소한 것은 그 나름의 오랜 평화주의적 지론의 실천이었다.

그러나 카터가 외교정책의 혼란을 거듭하다가 임기 말에 신념을 버리고 냉전적 대외정책을 펼친 것은 매우 아쉬운 일이다. 이는 앞에서도 지적한 바처럼 당시 미국이 처한 외교 환경의 어려움으로 인한 것이기도 했지만, 카터가 가진 이상에 비해 그의 능력이 뒷받침되지 못한 이유도 있다. 그는 외교정책에 실책이 잦았고, 일관성이 부족했다. 독재자들을 혐오했지만, 루마니아의 차우셰스쿠Nicolae Ceaușescu 같은 희대의 독재자는 뜬금없이 환대해주기도 했다. 게다가 외교 초보자인 그를 둘러싸고 있는 참모진의 부조화도 영향을 끼쳤다. 안보보좌관 브레진스키Zbigniew Brzezinski와 국무장관 사이러스 밴스Cyrus Vance 사이의 불협화음은 미국 대외정책사에서 유명하다.

카터는 처음에는 밴스에 의지해서 과거 미국의 비도덕적이고 호전적인 대외정책을 참회하고 진보적이고 평화 지향적인 외교를 추구했지만, 시간이 갈수록 냉전의 관성 속에 갇히게 되었다. 결정적인 역할을 한 사람이 강경파이자 반공주의 현실주의자인 브레진스키였다. 카터는 처음에는 그에게 영향을 받다가, 시간이 흐를수록 점점 그를 닮아갔다. 소련과 다시 갈등을 겪었고, 부패한 독재자인 이란 국왕의 미국 망명을 받아들이면서 이란 인질 사건의 빌미를 만들었으며, 아프간에서 탈레반을 군사적으로 지원하였다. 그리고 중동에서는 이란을 견제하기 위해 독재자 후세인을 지원하였는데, 결국 이라크가 이란을 침공했다. 집권 초기에 군비 감축과 평화 추구 정책을 추진한 것과는 반대로 핵무기를 늘리고, 군비 확장까지 하였다. 마찬가지로 한국에 대한 그의 이상주의 대외정책은 주한미군 철수 압박과 인권이라는 부조화 사이에 헤매다가 이도 저도 아닌 상태에서 막을 내리고 말았다.

제 2부
신화가 된 동맹을 넘어

1980년~2007년

제7장
광주 5·18 민주화운동과 미국

/

5·18 민주화운동과
반미정서의 태동

 앞장에서 제기했던 한국의 민주주의 발전에 관한 미국의 영향력 문제
는 광주민주항쟁을 계기로 본격적으로 부상했다. 미국은 원해서든 아니
든 한국의 민주화 과정의 여러 지점에서 운명을 가를 수 있는 핵심 행위
자였고, 따라서 개입을 요구받았다. 이미 지적했듯이 미국이 개입한 경우
보다, 개입하지 않은 경우에 훨씬 더 부정적인 이미지를 가지게 된 것은
특이한 일이다. 이는 한국의 철저한 대미 의존적 관성의 결과일 수도 있
고, 미국의 패권적 영향력과 민주주의의 모범국가로서의 위상에다 한국
민의 기대 및 선입관이 동시에 반영된 결과일 수도 있다. 또는 이 모든 것
의 조합일 수도 있다. 이른바 '한반도의 안정적 관리'를 위해 1961년 5·

16 군사쿠데타를 통한 불법적 정권 탈취 세력인 박정희의 손을 들어주었었던 미국은, 혼란 속에 마감된 18년간의 긴 독재정치의 끝자락에서 같은 일을 반복한다. 전두환을 위시한 소위 '신군부'세력은 10·26 박정희 시해 사건을 틈탄 1979년 12·12쿠데타와 1980년 광주항쟁을 빌미로 한 5·17쿠데타라는 '2단계 쿠데타'two-phased coup d'État의 독특한 방식으로 권력을 탈취했다. 미국은 군사쿠데타를 통해 불법적으로 권력을 장악한 반란의 과정에서 광주민주항쟁을 무력으로 무자비하게 진압한 이들의 반민주적이고 반인권적인 행태를 묵인하는 쪽을 선택했다.

미군의 사전 인지나 방조, 또는 묵인이나 지원 없이 군사쿠데타가 과연 가능한 것인가에 대한 의문은 오늘날에도 속 시원하게 풀리지는 않는다. 미국은 물론 자신들은 책임이 없다는 견해를 여러 경로를 통해 밝혀왔지만, 일말의 책임이라도 인정하거나 제대로 된 사과를 한 적이 없다. 물론 전두환 정권 출범 이후, 미국이 한국의 새 정부를 향해 민주주의의 증진을 요구했다고는 하지만, 그 역시 실천을 목표로 한 적극적인 개입이나 압박 수준은 아니었다. 미국이 작전통제권을 유지하고 있었음에도 불법적 군사쿠데타를 묵인했고, 반란이 성공하자 곧바로 즉각 승인했다. 한반도의 안정이라는 미국의 대한반도 정책의 기본을 유지하기 위해 박정희 장기독재의 후견인 역할을 자임했던 미국은 전두환의 학살과 독재정권 수립에도 달라진 것은 거의 없었다.

공개된 미국의 공식 외교문서들은 광주학살과 쿠데타에 저항했던 민주화운동 세력을 도리어 "방해꾼, 완강한 싸움꾼, 또는 소수의 극렬 기독교 재야인사들" 등으로 폄훼했다. 이와는 대조적으로 양국 정부의 관계는 큰 문제가 없었는데, 박정희 시절보다 전두환 시절이 훨씬 평탄했다고 볼 수 있다. 두 사례만 놓고 봤을 때 전두환 정권은 정당성이 상대적으로 떨어졌고, 군사정부에 대한 대중의 피로감이 상당한 시기에 등장했기에 미국의 승인과 지지가 절실했다. 따라서 신군부라는 쿠데타 세력들은 미국의 입맛에 맞는 행동을 박정희보다 훨씬 적극적으로 함으로써 그들의 승인과 지지를 얻으려 했다. 미국 역시 10년도 되지 않는 소련과의 짧은 데탕트를 끝내고 신냉전이 부활하는 시기에 철저한 반공과 친미 성향을 지닌 동시에 군을 장악하고 있는 전두환이 분단 한반도에 쓸모가 있다고 보았다. 그러나 댓가는 분명히 있었는데, 그것은 광주항쟁을 전환점으로 한국에서의 미국의 신화, 한미동맹의 신화가 상당한 훼손을 입고, 반미정서가 태동했다는 것이다. 한국 민중의 염원에 등을 돌리고, 민주주의의 가치를 외면한 미국은 한국에 어떤 존재인가 다시 한번 묻도록 만들었다.

1980년 5월의 광주항쟁을 전후하여 한·미관계는 그야말로 롤러코스터를 탄 듯 불안정했고, 대내외적으로 많은 도전에 직면했다. 사실 1960년대 초 케네디 정부 때부터 주한미군 감축 또는 철수로 말미암은 한·미 간의 갈등이 계속되었고, 여기에 70년대 중반 카터 행정부의 도덕 및 인권 외교가 덧붙여지면서 한·미관계는 꾸준히 나빠졌다. 그런 상황에서 한국에는 1979년 박정희 대통령 시해로 갑작스러운 정치변동이 발생했고, 이 과정에서 군부 내부의 반란이 일어났으며, 이를 반대하는 광주민주항쟁을 신군부세력이 무력으로 진압하면서 엄청난 희생을 초래했다.

미국이 한 일, '공모'와 '묵인' 그 사이

10·26사건 이후의 전개과정은 다음과 같다. 박정희 대통령을 살해한

김재규는 당일 밤에 즉시 체포되었고, 제주도를 제외한 전국에 비상계엄령이 선포되었다. 박정희 대통령 서거 후 최규하 당시 국무총리가 대통령 권한대행에 취임했지만, 과도기의 형식적인 권력이었을 뿐이고, 실질적인 권력은 다시 군에 집중되었다. 육군참모총장인 정승화 대장이 계엄사령관에 올랐고, 보안사령관이었던 전두환은 계엄사령부의 합동수사본부장이 되어 박대통령 시해 사건을 조사하는 총괄 책임을 맡았다. 이런 와중에 최규하 권한대행은 12월 6일 기존의 유신헌법에 따라 통일주체국민회의의 체육관 선거를 통해 대통령에 취임했다. 그러나 전두환은 자신에게 집중된 권력을 가지고 1차 쿠데타인 12·12사태를 일으켜 정승화를 박정희 암살 사건과 연관이 있다는 혐의를 씌워 참모총장 공관에서 총격전 끝에 체포하였다.

전두환은 군부 내의 사조직인 '하나회'를 중심으로 신군부를 결집해 하극상의 쿠데타를 일으켰다. 10·26과 12·12쿠데타가 발생하자 미국은 이를 위기 상황으로 인식하고 발 빠르게 대응했다. 박정희 사후의 한·미 관계는 더욱 군사동맹을 중심으로 작동했다. 미국은 이를 한반도뿐 아니라 동북아 전체의 전략 구도를 흔들 수 있는 중대 사안으로 판단했다. 이런 군사적 관점에서 남한의 권력 공백 상태를 빠르게 효과적으로 수습할 유일한 기구는 군이었을 것이다. 당시 주한 미국대사이던 윌리엄 글라이스틴William H. Gleysteen은 10·26 이후의 한국의 정치변동을 구체적으로 파악하고 있었고, 확고한 입장을 본국에 건의했다. 여러 전문의 핵심 내용은 박정희의 후계자로 마땅한 사람이 없는 상황에서 결국 전두환이 이끄는 군부밖에는 이를 수습하고 권력을 승계할 세력이 없음을 피력했다.[1] 이런 맥락에서 12·12쿠데타가 발생했을 당시 한국군의 작전권을 가지고 있던 주한미군 사령관 존 위컴John Wickham은 9사단장인 노태우가 병력을 이끌고 서울에 들어오는 것을 저지하지 않았다. 또한 전두환과 정승화의 군부 내 갈등이 하극상임에도 중립을 지킴으로써 오히려 하극상을 일으킨 세력으로 하여금 미국이 그들을 지지하는 것처럼 인식하게 만들었다.[2]

미국은 큰 망설임 없이 신속하게 신군부를 박정희 정권을 이을 새로운 통치집단으로 인정했다. 미국의 암묵적 지원에 힘을 얻은 전두환은 4월 중앙정보부장직을 차지하며 권력 찬탈을 본격화했다. 이른바 2단계 쿠데타가 시작된 것이었다. 이런 군사정변 주역들의 음모와는 정반대로 재야 및 시민사회는 박정희의 죽음과 함께 독재의 시대가 끝남에 따라 민주화 운동에 가일층 속도를 냈다. 최규하 과도정부는 1979년 12월 6일을 기해서 긴급조치를 해제하여 정치권에서 개헌을 논의할 수 있게 하고, 구속된 재야인사들을 사면·복권하였다. 김대중, 김영삼을 비롯해 재야인사, 종교인, 해직 교수와 언론인 들의 주도로 한국의 민주주의를 회복하려 노력했고, 그들의 뒤를 이어 학생과 노동자, 일반 시민 들이 참여하였다. 10·26사태부터 광주민주항쟁을 촉발한 1980년 5월 17일의 비상계엄 선포까지의 기간을 '서울의 봄'이라고 부른다. '서울의 봄'은 1968년 4월 체코의 둡체크Alexandr Dubček가 일으킨 개혁 혁명인 '프라하의 봄'이라는 민주화 운동과 유사성이 있음을 가리키는 용어로 사용되었다.[3]

일종의 무정부 상태에서 한쪽에서는 소수의 군사엘리트에 의해 불법적인 쿠데타의 모의가 이루어지고, 다른 한쪽에서는 민중에 의해 민주화의 욕구가 분출되는 극단적인 흐름이 이후 7개월간 계속된 것이다. 미국은 이 시기 한국의 정치 상황이 군부 집권세력과 이에 반대하는 재야 및 시민사회로 '양극화'되는 것으로 판단했다. 해나 아렌트Hannah Arendt가 말하는 혁명의 반동적 사이클처럼 독재가 붕괴하고 무정부 상태가 되면 무력을 독점한 조직적인 군부에 의해 민주주의가 다시 좌절하는 패턴을

1980년의 한국이 그대로 따라갔다.⁴ 한동안 나서지 않던 신군부는 '서울의 봄'이 민주화를 열망하며 계엄 해제와 조기 개헌을 요구하는 시위로 이어지자 질서 유지를 명분으로 5월 17일 비상계엄의 전국 확대와 국회해산을 선포하고 김대중과 문익환을 배후조종의 혐의를 씌워 구속해버렸다.

그리고 신군부는 이런 움직임에 가장 강력하게 저항하던 광주에 특전사 공수부대원을 보내 학생과 시민을 가릴 것 없이 잔혹한 살육의 진압을 자행했다. 광주시민들의 엄청난 희생을 남긴 저항은 끝이 나고 신군부는 야욕을 실현하고야 말았다. 12·12사태가 국가의 권력 변동을 초래한 사건이라면, 광주학살은 한국의 국가와 시민의 관계뿐 아니라 한·미관계를 재정의하는 계기가 되었다. 광주학살은 미국의 책임론을 부각했다. 1980년 5월 당시 미국 본국 정부와 대사관 사이에 오간 전문들을 살펴보면 이들이 신군부의 움직임을 긴밀하게 모니터링하고 있었음을 알 수 있다. 국무부와 국방부는 전두환의 군대 동원 계획을 인지하고 있었음은 물론이고, 군대 동원을 가능하게 하는 '승인을 의미하는 묵인'의 태도를 꾸준하게 견지했다. 미국은 광주민주항쟁이 일어났을 때 신군부가 정권을 장악한 것을 기정사실로 받아들이고 있었다.

신군부는 1980년 초 적 후방에 침투해 작전하는 공수특전단에게 '충정작전'이라는 이름의 폭동진압 작전을 준비하도록 했다. 이들은 이미 부마항쟁과 서울 일부에 투입되어 시위를 무자비하게 진압한 전력이 있었다. 주한미군과 미국의 정보 당국이 이미 파악하고 있었을 것이다. 실제로 당시 주한 미국대사 글라이스틴이 본국에 보낸 전문에 따르면, 미국과 신군부는 시위가 격화될 경우 이들 특수부대를 동원해서 진압하는 문제에 대해 고민했으며, 신군부가 군사적 행동을 하기 전에 상호 협의할 것을 약속했다. 더욱이 당시 신군부는 시위진압을 목적으로 움직이는 부대의 동향을 한미연합사령부에 상세하게 보고하고 있었다. 5월 22일 주한 미군 사령관 위컴은 이른바 '폭동진압'을 위해 한미연합사 소속의 한국군 20사단 4개 연대의 이동을 허용해달라는 신군부의 요청을 승인했으며, 데프콘 3 수준의 경계태세를 발동해 광주 진압을 지원했다.[5] 1980년 5월 22일 광주항쟁 당시 백악관에서 열린 국가안전보장회의National Security Council, NSC에서 광주의 상황에 대해 논의했는데, 결론은 최소한의 무력을 사용해서 광주의 질서를 회복하고, 질서 회복 이후에는 군부를 압박해서 자유를 제고한다는 것이었다. 단기적으로는 군부세력을 지원하되, 장기적으로 민주주의를 회복하자는 것이었다.[6]

'거대한 연루, 제한적인 영향'(Massive Entanglement, Marginal Influence, 한국어판 『알려지지 않은 역사』, 랜덤하우스코리아 1999)이라는 글라이스틴 대사의 회고록 제목에서도 짐작할 수 있듯이, 미국은 한국의 국내 사태에 속수무책으로 끌려들어갔지만 할 수 있는 일은 많지 않았고, 그런 한계 속에서 최선을 다했다는 변명을 여러차례 피력하였다.[7] 즉 미국에는 책임이 없다는 것이 요지다. 미국의 개입과 책임에 관해서는 물론 논란이 있다. 적극적 공모와 적극적 반대 사이에는 여러가지 역할 규정이 가능하다. 그 사이에 소극적 공모, 묵인이나 방조, 또는 소극적 지지 등이 있을 수 있는데, 여전히 논란이 있지만 전체적으로 미국이 책임에서 자유로울 수 없다는 점은 분명하다. 공모라고 주장하는 사람들은 전두환이 이끈 신군부세력이 미국에서 훈련 및 연수를 받은 장교들로 이뤄져 있고, 박대통령 피살 이전부터 이미 미국과 친밀한 관계를 형성하고 있었다는 것이다. 미국이 장기적인 구상으로 친미 군부 인맥을 육성해왔다고 주장한다. 또다른 근거로 박대통령과 미국의 사이가 악화되었을 때, 이승만 당시 그랬던 것처럼 제거 계획까지 있었다는 사실을 제기한다.

미국이 과연 적극적인 공모나 지지를 했느냐 여부는 아직 논란의 여지가 있지만, 미국이 신군부의 동향을 처음부터 끝까지 알고 있었으며, 그 과정에서 전부는 아니지만, 사안별로 쿠데타 세력과 꾸준히 소통했다는 것은 움직일 수 없는 사실이었다. 그리고 불법적인 정권을 사후 승인하는 데는 그야말로 일말의 망설임도 없었다. 1989년 미국정부가 광주학살을 해명했는데, 요지는 자신들은 광주의 상황을 제대로 알지 못했을 뿐 아니라, 신군부세력을 막으려 했지만 이들이 자신들의 말을 듣지 않았다는 것이다. 그러나 이는 변명에 불과했을 뿐 사실과 달랐다. 미국은 광주학살을 공모하지는 않았다고 하더라도 신군부의 동향을 정확하게 모니터링하고 있었던 터라 사태가 일어날 가능성은 충분히 예상했을 것이다. 또한 신군부의 행위를 사전에 막을 시간적 여유가 있었지만, 그들을 적극적으로 압박하기는커녕 만류조차 하지 않았다. 넓은 의미에서 미국의 행보는 공모의 범주에도 집어넣을 수 있다고 본다. 12·12에서 5·17쿠데타까지 보여준 미국의 일관적인 입장은 불법세력들이 판단하기에 자신들을 반대하기보다는 지지하는 것으로 인식할 수밖에 없는 측면이 많았다. 미국은 전방 군대의 움직임부터 공수특전단의 출동과 학살까지 전혀 제지하지 않은 것이다.

물론 미국이 광주학살을 묵인한 이후부터는 더이상의 인권침해를 자행하거나 민주주의를 훼손하지 않도록 여러 방법을 통해 신군부정권을 압박한 것은 사실이다. 특히 김대중에 대한 구명을 통해 야권과 시민 세력에게 미국의 진심(?)을 보이고자 노력했다. 이는 미국이 학살 과정에서의 책임에 대한 면죄부를 얻기 위한 보상적 행동이자, 광주항쟁 이후 점증했던 반미감정을 의식하지 않을 수 없었기에 보인 보완적 행보였다. 5

·17 계엄 확대에 이은 야당 지도부에 대한 체포와 구금에 대해서도 미국은 즉각 항의했다. 이런 미국의 압력은 일부 성공했지만, 미국의 정권 교체로 상황은 다시 변했다. 민주당 카터 행정부는 단임으로 끝나고, 공화당 레이건 행정부가 등장했다. 네오콘들이 대거 입각한 레이건 행정부는 1979년 12월 소련의 아프간 침공을 기화로 강력한 신냉전 외교를 추진했다. 카터의 도덕 및 가치 외교는 사라지고, 냉전체제의 안보동맹으로서의 한·미관계로 회귀했다. 김대중의 석방은 그대로 추진되었지만, 전두환은 조건을 붙여 레이건 취임 직후의 방미를 요구했다. 미국은 이를 수용해 전두환을 백악관으로 불러들이고 주한미군 철수 계획도 백지화해줬다.

6·10 민주항쟁에
미국은 왜 개입했나?

1980년의 민주항쟁과 1987년의 민주항쟁은 같이 놓고 바라봐야 한다. 특히 대한민국의 민주화 과정에 대한 미국의 개입과 불개입, 책임 여부를 제기할 때는 비교적 관점으로 살펴볼 필요가 있다. 인권과 민주주의의 가치를 기치로 한 카터 행정부에서 불법 쿠데타와 광주학살을 묵인한 것도 역설이지만, 전두환을 미국까지 불러 승인한 레이건 행정부가 '민주주의 증진'promoting democracy 프로그램을 통해 민주화를 압박한 것도 역사의 아이러니가 아닐 수 없다. 물론 레이건의 이런 3세계 민주화 프로그램은 중남미의 좌파정부를 무너뜨리기 위해 게릴라들을 돕는 정책을 포장한 것이지만, 전두환에게는 부담이 되지 않을 수 없었다. 전두환은 이에 대해 7년 단임에 대한 약속을 끊임없이 반복하면서 자신의 태생적 불법성과 현재의 억압적 통치를 정당화했다. 전두환의 억압적 통치는 시간이 갈수록 조금씩 약화됐고, 86아시안게임과 88올림픽 개최를 맞아 제한적이나마 유화 조치가 확대됐다. 이에 따라 야당과 재야는 다시 본격적인 민주화운동에 돌입했다.

1980년대 중반 민주화운동이 본격화되면서 김영삼과 김대중이 이끄는 정권 교체 노력이 펼쳐지는 동시에, 광주민주항쟁에서의 미국의 책임론도 부각되었다. 연이은 미문화원 점거와 방화도 이러한 일련의 움직임과 맥을 같이하는 것이었다. 재야와 시민사회는 정부와 여당의 1989년 개헌 약속을 거부하고 1987년 대통령직선제 실시를 요구했다. 또한 한국에 대한 미국의 시장개방 요구에 관해서도 강하게 비판했다. 김영삼 당시 신민당 고문은 전두환 정부에 대한 미국의 지지를 철회할 것을 요구하기도 했다. 박종철 고문치사 사건으로 정국이 점점 불안정해지자 미국은 이전과 달리 한국의 민주화 과정에 적극적으로 개입했다. 개스턴 시거^{Gaston J.} ^{Sigur} 미국 국무부 아시아·태평양 담당 차관보와 주한 미국대사 제임스 릴리^{James Lilley}는 공개적으로 한국의 민주화에 대한 지지 의사를 표명했다. 미국 상원에서는 한국의 민주화를 촉구하기 위한 결의안이 제출되기도 했다. 그리고 4월 13일 전두환의 호헌조치가 발표되자 미국 국무부는 개헌논의를 중단시킨 데 대해 유감을 표명하면서, 한국 여야의 대화를 촉구했다. 6월 19일 릴리 대사는 레이건의 친서를 전두환에게 전달했다.

미국은 사태가 악화되더라도 계엄 선포나 군부의 개입이 있어서는 안 된다는 뜻을 반복적으로 표명했다. 6·10항쟁은 전국적으로 번졌고, 마침내 6·29선언이 나왔다. 물론 이는 전두환과 노태우가 당시의 정치적 위기를 넘기기 위해 잘 기획한 합작품이었으며, 결과적으로 야당의 분열로 한국사회는 역사적인 정권 교체에는 실패했으나 1980년의 비극을 되풀이하지 않고 민주화의 가능성을 키웠다. 특히 한국의 민주화에 대한 미국의 공개적 개입이 긍정적인 영향력을 발휘한 사례가 되었다. 1987년의 민주화 과정에서 미국이 보여준 역할 가운데 가장 결정적인 부분은 6월항쟁을 막기 위해 전두환이 군부를 동원하는 것을 차단한 것이었다. 미국은 전두환이 시위를 진압하기 위해 군을 동원할 조짐을 보이자 이를 막는 조치를 했다. 7년 전 광주에서의 경험은 전두환 정부의 군부 동원 결정을 어렵게 하고 미국의 긍정적 개입을 가능하게 만드는 역사적 제약조건으로 작용했다. 릴리 대사는 6월 19일 전두환과 면담하고 계엄 선포에 대한 미국의 반대를 분명하게 전했다. 특히 한미동맹의 훼손을 각오하라고 압박했다.[8] 1980년과는 다른 이런 자세를 통해 미국은 더이상은 독재정권의 보호자가 아니라는 점을 확실하게 하고, 무력이 아니라 대화와 협상을 통한 해결을 지지함으로써 민주화 세력에 힘을 실어주었다. 그리고 마침내 한국의 민주화가 이루어졌다.

"전두환 정권 수립, 미국의 한국 공작에서 가장 성공한 일"

1980년 당시 미국정부와 주한 미국대사관이 한국의 야당 및 재야의 민주화 세력을 보는 시각은 매우 부정적이었다. 이는 조선 말기부터 이어져온 미국 특유의 서구 우월주의와 동양인 비하라는 오리엔탈리즘적 인식이 바탕에 깔린 것이었다. 아무튼 1980년의 광주민주항쟁이 참극으로 끝난 것에 대한 미국의 책임은 분명하다. 보수진영이나 진보진영 할 것 없이 한국의 운명을 외세인 미국에 의존한 것은 아쉽지만, 당시 상황에서는 어쩔 수 없는 일이기도 했다. 정치사학자 박태균은 미국이 한국의 민주화 과정에서 반민주 집권세력을 지지하고, 불법적인 독재정권의 수립을 승인하는 등의 실망스러운 모습을 보인 이유에 대해서 한국 민주화 세력의 중심축을 차지했던 한국 정치인의 자질에 큰 책임이 있다고 주장했다. 특히 한국의 민주화라는 대의나 국민의 열망에 부응하기보다는 민주화 과정에서 자신이 정권을 잡는 데만 혈안이 되었던 행태와 미국에 절대적으로 의존해서 목적을 이루고자 했던 행태를 비판적으로 지적했다.[9] 틀린 말은 아니지만, 이런 지적이 미국의 책임론을 희석하는 논리로 사용되어서는 안 될 것이다.

미국이 수차례 자국의 이익을 위해, 그리고 통제의 효율성을 위해 독재자를 지지하며 한국민의 민주주의에 대한 열망을 거스르는 행태를 반복한 것은 변명의 여지가 없다. 한국의 정치인은 물론이고, 대중들의 대미 의존성에 대한 비판 역시 일부는 모르지만, 전적으로 수긍하기는 어렵다. 야당 정치인들이 미국의 승인을 받기 위해 미국에 호소하는 것은 매우 아쉬운 일이다. 그러나 미국이 그렇게 만들어놓은 구조적 원인이 더욱 크다는 점을 간과할 수는 없다. 식민지의 잔재를 청산하기는커녕 군정을 활용해 친일세력을 구축하고, 한반도를 냉전 대결의 최전선으로 만들어놓았으며, 한국을 군대와 경찰의 과대성장 국가로 구조화시킨 것은 바로 미국이었다. 한국의 야당 정치인이 미국의 승인을 받지 못해도 정권을 잡을 수 있다고 상상할 수 없는 구조였다는 말이다. 다시 말해서 당시 야당의 힘이나 정치력으로는 이런 구조를 넘어 반미를 선택할 수 없었다. 이 점은 오늘날 한국의 진보세력도 세차례나 정권을 창출했음에도 불구하고 온전히 극복하지 못했다고 본다.

박정희의 긴 독재가 끝난 '서울의 봄' 상황에서 민주화를 달성하겠다는 세력들은 늘 박정희와 미국정부가 반미·친북세력으로 몰았던 사람들이다. 당국에서 실제로 간첩사건을 조작해 자신들을 투옥하고 처형하던 시대에 이들이 미국의 도움이나 승인 없이 민주화에 성공할 수 있다고 상상할 수는 없었을 것이다. 카터처럼 미국의 반공정책에 비판적이고 박정희 독재를 그렇게 혐오하던 사람조차도 미국의 국익을 위해 한국의 민주화에 등을 돌렸고, 광주학살에 눈을 감았다. '서울의 봄'과 광주항쟁이 민주화의 성공으로 이어지지 못하고 한국의 시민사회가 다시 불법적인 쿠데타 세력에 권력을 내어준 일이 카터의 재임 시절에 벌어진 사건이라는 것은 한·미관계의 본질에 대해 시사하는 바가 크다. 미국이 한국의 야당 지도자들을 포함한 민주화 세력들이 독재정권을 대체할 수 있는 정책이나 비전을 갖지 않아서 불법적 신군부세력의 손을 들어줄 수밖에 없었다고 하는 것은 한반도 분단 과정에 대한 책임 문제가 제기될 때마다 당시 미국의 노력으로 한반도의 절반이라도 건진 것이 최선이라고 하는 변명과 너무도 닮아 있다. 미국이 독재의 준비 단계부터 광주항쟁을 외면하고 신군부의 반란을 승인한 잘못을 변명하기 위한 논리일 뿐이다. 신군부세력이 광주를 학살의 터로 만들고, 민주화의 열망을 무시하며 국가보위비상대책위원회(약칭 국보위)를 세워 독재를 준비할 때도 미국은 발 빠르게 지지를 표명했다.

더 나아가 미국은 보수정권이자 신냉전을 주도한 레이건 행정부 출범 후의 첫 방미 인사로 전두환을 초청하여 비민주적이고 불법적인 정권에 대해 승인을 넘어 정당성을 부여함으로써 적극적인 지지자의 모습을 세계에 보였다. 이는 당시 백악관의 계산된 행동이었는데, 전두환의 입지를 공고하게 해주면, 신냉전의 최전선인 한반도에서 든든한 추종자가 될 수 있을 것으로 생각했다. 미국정부는 기본적으로 광주민주항쟁은 폭도들

ⓒ국가기록원 제공

전두환·레이건 정상회담

미국은 보수정권이자 신냉전을 주도한 레이건 행정부 출범 후 첫 방미 인사로 전두환 대통령을 초청하여 정권에 정당성을 부여함으로써 적극적으로 지지했다. 레이건은 전두환이 신냉전의 최전선인 한반도에서 든든한 추종자가 될 수 있을 것으로 생각했다. 사진은 1981년 2월 2일 미국 백악관에서 열린 한미정상회담 현장.

의 폭동이며, 미국은 한국의 안정과 질서를 회복하기 위해 조력을 아끼지 않았고, 이는 옳은 선택이라고 인식한다. 자유와 민주주의, 그리고 인권의 나라에서 생각하기 힘든 자기중심적 왜곡이 아닐 수 없다. "한국인은 들쥐와 같은 민족이어서 누가 지도자가 되든지 복종할 것이다. 민주주의가 한국의 국민에게는 적합하지 않다."는 존 위컴 당시 주한미군 사령관의 유명한 망언이 미국의 인식이었다고 할 수 있다. 존 위컴은 자신의 진의가 왜곡되었다고 말하지만, 1980년 8월 27일 로이터통신과의 인터뷰에서 "10월 사태 이후 미국이 한국 공작에서 가장 성공한 일은 전두환 정권이 수립된 것이다. 우리의 노력은 헛되지 않았으며 우리의 보람도 크다."라고 발언한다.[10] 한미(군사)동맹의 관점이 한·미관계를 압도한 사례의 반복이었다.

물론 우리 내부의 반성도 반드시 있어야 한다. 미국의 위력이나 분단구조, 그리고 친북 좌파의 프레임이 강력하다고 하지만, 미국 역시 냉전 수구세력의 일부였음에도 그들의 지원을 통해 민주화가 완성되리라는 환상을 갖는 것을 넘어 야권 정치인들이 직접 미국 당국을 찾아가서 한국 문제에 적극적으로 개입하여 전두환을 끌어내리도록 부탁한 것은 외세의존의 구태를 벗어나지 못했을 뿐 아니라, 현실 상황 인식에도 문제가 많은 것이었다. 미국은 책임론이 제기될 때마다 광주민주항쟁에 눈을 감은 것이 아니라 한국민들이 적극적으로 항거하지 않은 상황에서 미국이 개입할 수 없었던 것이라고 주장한다. 미국 측은 오히려 6월항쟁의 성공 사례와 비교하면서 한국민이 전두환의 불법에 대해 전국민적으로 저항하지 않은 점을 제기한다. 즉 학생들과 일부 종교인, 재야인사의 저항 외에 대부분 국민은 침묵했다고 말한다. 오히려 전두환의 권력 앞에 수많은 사람이 몰려들어 그를 대통령으로 추대하는 모습을 보였다는 것이다. 한국민들은 한편으로는 전두환을 막아줄 것을 바라고, 다른 한편에서는 내정간섭을 반대하는 이중적 행태를 보였다고 주장한다. 고립된 광주가 전두환 일파에 의해 무력진압을 당할 때 다른 도시들은 잠잠했다는 것도 미국이 신군부세력을 적극적으로 막을 명분을 갖지 못한 이유라고 내세운다. 6월항쟁 때는 전국적인 저항이 있었기에 미국이 개입해 한국의 민주화를 완성할 수 있었던 데 비하여, 1980년 당시에는 그렇지 못했다는 것이다. 물론 이는 미국이 자신의 책임론을 희석하기 위한 변명을 포함하고 있지만, 우리의 자성이 필요한 부분이다.

미국은 과연
한국에 무엇인가?

이 장을 정리하면서 2020년은 광주민주화운동 40주년이 되는 해임을 떠올려본다. 참으로 많은 시간이 흘렀다. 두말할 필요 없이 광주민주화운동은 한국의 민주화 역정을 이끈 기반이 된 항쟁이다. 7년 후 6월항쟁, 그리고 6월항쟁부터 다시 30년 후 한국의 정치 역사를 뒤바꾼 '촛불혁명'까지 이어졌다. 동시에 광주항쟁은 한·미관계에서도 획을 긋는 매우 중요한 분기점이다. 광주항쟁은 한·미관계에서 미국의 신화가 일부이지만 벗겨지는 계기가 되었다. 민주주의의 수호자라는 신화, 보통국가와는 다르게, 그리고 미국이 스스로 주장하듯 역사를 가로질러 명멸했던 어떤 패권국과도 다르게 개별 국익보다 정의와 인권을 중요시하는 나라라는 신화, 그리고 전쟁에서 함께 피를 흘린 혈맹으로 한국에 관해서는 매우 희생적이라는 신화는 훼손을 입었다. 이것은 다시 두가지 함의를 가진다. 하나는 미국 또는 한미동맹의 신화 자체가 현실을 왜곡하는 치명적 함정을 지니고 있다는 점에서 어쩌면 필요한 성장통으로 긍정적인 함의가 있다는 것이다. 미국도 가치와 비전이 결코 국익을 앞설 수 없다는 것을 자각하게 된 것이다. 다른 하나는 광주항쟁 과정에서 미국이 보인 행보가 우리가 미국을 새롭게 인식하는 계기가 되었다는 점은 부인할 수 없지만, 그 이후 대미의존도가 현격히 낮아지거나 신화가 완전히 소멸한 것은 아니라는 점이다. 미국은 분단구조의 지속과 동북아의 지정학적 구조로 인해 현재 시점까지 여전히 작동하는 거대한 기축의 하나로 유지되고 있다.

대한민국의 민주화의 좌절과 광주학살에 대한 미국의 책임론은 한국 내에서 이전과는 다른 양상을 보였다. 광주의 시민군까지도 미국을 자신들의 구원자로 여기고 있었던 절대적 친미국가 한국에서 반미의 씨앗이 태동하는 계기가 되었기 때문이다. 그 결과 1980년대는 군사독재는 물론이고 미국에 대한 저항이 유난히 두드러졌다. 연이은 미문화원 방화 또는 점거 농성은 바로 이러한 움직임의 구체적 반영이었다. 1980년 12월의 광주미문화원 방화를 시작으로 1982년 3월에는 부산미문화원에 방화 사건이 일어났고, 1985년 5월에는 서울미문화원 점거 농성도 발생했다. 광주항쟁 이후 빈발한 이런 일련의 사건들은 광주민주항쟁이 한·미관계의 역사에서 핵심 분기점 중 하나라는 점을 보여준다. 대학생들을 중심으로 젊은 세대들은 '과연 미국은 한국에 무엇인가?'라는 본질적인 질문을 던지기 시작했다. 그 전까지 우리는 냉전체제와 남북 분단의 구조하에서 반미를 생각할 수조차 없었다. 물론 일부 과격한 세력들에 의한 반미주의가 있었지만, 폭넓은 공감이나 지지를 받지 못했고, 정치적 영향력도 미미했다.

이에 대한 미국의 인식도 일치한다. 미국은 광주 이전에는 한국에서 반미란 존재하지 않는다고 여길 만큼 확신에 차 있었다. 그러나 시간이 갈수록 한국인들의 미국에 대한 절대적 신뢰는 무너졌음을 감지하게 되었다. 물론 광주 이후에도 여전히 한·미관계에서 동맹의 신화는 너무도 강해서 한국의 반미는 '반미감정 또는 반미정서'Anti-American Sentiment의 수준일 뿐, 본격적인 세력화를 의미하는 '반미주의'Anti-Americanism는 아니라고 믿는 쪽이었다. 그런데 광주 이후 변화된 상황에 대한 미국의 새로운 인식이 이후에도 퇴행적 사고를 보이기도 했었다. 대표적인 것이 2002년 미군 장갑차에 의해 두 여중생이 사망한 사건이었다. 미국은 처음에는 한국 내의 문제 제기를 대수롭지 않게 생각했지만, 결국 부시 대통령이 직접 사과할 정도로 한국의 반미시위는 예상보다 거셌다. 이 사건은 미국이 한국민의 여론 동향에 주목하고 이를 근접 모니터링하게 만든 결정적 전환점이 되었다. 아무튼 광주는 역설적으로 한·미 양국의 관계가 특별하기는 하지만 각자의 국익을 초월할 수는 없다는 점을 양국에 공통적으로 알려줬으며, 특히 한국에는 미국이 상대적으로 착한 제국의 모습을 보인다고 하더라도 본질은 과거의 제국주의와 다르지 않게 탐욕적인 외세 그 이상도 이하도 아니라는 지극히 상식적이고 현실적인 인식을 갖게 되는 계기가 되었고, 주권국가로서 지나친 대미 의존에서 벗어나야 한다는 당위를 일깨웠다.

네가 죽은 뒤 장례식을 치르지 못해, 내 삶이 장례식이 되었다. 네가 방수 모포에 싸여 청소차에 실려 간 뒤에. 용서할 수 없는 물줄기가 번쩍이며 분수대에서 뿜어져 나온 뒤에. 어디서나 사원의 불빛이 타고 있었다. 봄에 피는 꽃들 속에, 눈송이들 속에. 날마다 찾아오는 저녁들 속에.

광주의 비극을 그린 한강의 소설 『소년이 온다』(창비 2014)의 일부다 (102~103면). 작가의 묘사처럼 광주항쟁은 한국 민주화의 치르지 못한 장례식 같은 것일지 모르겠다. 현재 이 순간에도 반란군 수괴 전두환은 여전히 자신의 책임을 부정하고, 극우 인사들은 틈만 나면 광주항쟁의 북한 개입설을 퍼트리고 있다. 광주민주항쟁은 또한 한·미관계의 모순과 위선도 극대화한 사건이었다. 광주항쟁은 한국과 미국이 그것에 대해 단 한번도 서로 속내를 드러내 대화를 나누지 못했고, 그래서 한국과 미국 사이에서도 치르지 못한 장례식인지 모른다. 광주의 억울한 죽음은 도덕과 인권의 정치가, 미국 대통령 중에서 가장 민주적이고 진보적인 인사라는 카터 대통령에 의해서조차 장례가 제대로 치러지지 못하고 무덤 깊이 처박혀버렸다. 곧바로 뒤를 이은 레이건 대통령은 마땅히 받아야 할 심판을 면한 집단을 적극적으로 활용하는 차원까지 갔다. 마치 해방 직후 경각에 달린 친일파들의 운명을 구해줌으로써 미국에 절대적으로 충성하도록 했던 것처럼, 반란군을 지지할 경우 그들이 신냉전의 충성스러운 기수가 되리라는 것을 염두에 두었을 것이다. 한강은 말한다. 광주는 용산에서, 밀양에서, 제주도에서 "수없이 되태어나 살해되었다. 덧나고 폭발하며 피투성이로 재건되었다."(207면)라고. 이제 우리는 과연 광주를 아는 것일까? 우리는 과연 미국과 광주의 비극적 연결고리를 청산했던가?

제8장
노태우 정부의 북방정책과 미국

/

6·29선언과
노태우 정권의 출범

1980년대 국제정치에서 신냉전의 수명은 그리 길지 않았다. 세계 냉전 체제의 대결 양상은 1950~60년대에 정점을 지나 1970년대의 데탕트 시기부터 조금씩 기울기 시작했다. 따라서 80년대의 신냉전은 긴 냉전 약화의 기조에 대한 단기적 보수 반동의 측면이 강했다. 소련의 아프간 침공으로 악화의 길을 걷던 미·소관계는 1980년대 중반부터 전환의 조짐을 보였다. 사실 돌아보면 1982년 레이건의 '악의 제국' 언급으로 대표되는 대소 강경 발언들은 오히려 정치 언술적 측면과 미국 내부의 단결을 위한 성격이 컸다. 한편, 사회주의 진영은 '페레스트로이카'perestroika, 개혁와 '글라스노스트'glasnost', 개방로 상징되는 고르바초프Mikhail Gorbachëv의 소위 '신사고'와 함께 1980년대 말부터는 동서 해빙의 조류가 빠르게 확산했다. 사회주의 체제 내의 결집력은 이완되었고 동유럽 국가들의 탈소련 움직임이 점차 퍼져갔으며, 독일의 통일과 소련 및 동유럽 사회주의 체제의 붕괴로까지 이어졌다. 마침내 몰타에서 조지 H. W. 부시George Herbert Walker Bush 대통령과 고르바초프는 냉전 종식을 한 목소리로 선포했다. 부시 행정부는 이념적으로 보수적인 공화당 정부였지만, '새로운 세계질서'New World Order, NWO라는 변화와 진보의 가치를 내세운 것은 역설이었다.

미국은 변화가 가져올 열강 사이의 급격한 세력 재편의 부담 때문에 동북아에 대해서는 일단 현상 유지 또는 관리를 택했지만, 북한에 대해서는 관계 진전을 위해 군사훈련을 축소하고 경제제재를 완화하는 등 유화정책을 폈다. 남한정부도 이런 조류에 발맞춰 고위급회담을 비롯한 활발한 대북 접촉을 시도했다. 또한 체제경쟁에서 압도적 우위를 확보했다는 자신감을 바탕으로 북방정책을 통하여 사회주의 진영의 국가들과의 외교관계 수립을 적극적으로 추진하였다. 그 결과 북방정책이 남북기본합의서남북 사이의 화해와 불가침 및 교류·협력에 관한 합의서 채택 등 남북관계에 큰 진전을 이룬 것은 평가할 만하지만, 동시에 시간이 갈수록 북한을 외교적으로 고립시키는 부작용을 낳았던 것도 사실이다. 나중에는 정부 일각에서 흡수통일론을 공공연하게 언급함으로써 남북관계의 진전에 걸림돌이 되기도 했다. 이 때문에 1990년대 초까지 미국과 남한정부의 유화적 접근에 적극적으로 상응하던 북한이 다시금 교류와 협력을 단절하고 핵무기 개발을 둘러싼 '벼랑 끝' 전략으로 선회하게 되었다. 아무튼 냉전의 종식과 탈냉전의 도래라는 국제정치적 변화에 선제적으로 대응한 노태우의 북방정책은 한국외교사에서 최초의 유의미한 대미자율성 확보 시도로 볼 수 있다는 견해가 있는데, 당시 북방정책을 바라보는 미국의 입장은 무엇이었으며, 이는 한·미관계에 어떤 함의가 있는지 살펴보고자 한다.

노태우는 전두환의 4·13 호헌조치에 반발해 들불처럼 일어났던 6월민주화항쟁을 6·29선언이라는 일종의 '기획 이벤트'로 모면한 이후 치러진 대통령선거에서 야당 분열을 적절하게 활용한 끝에 정권을 획득—또는 연장—하는 데 성공했다. 당시 노태우는 전두환에게 민주화 요구를 수용하여 대통령직선제를 실시할 것을 요청하고 설득했다는 점을 집중적으로 역설했다. 즉 자신이 대한민국의 민주화에 결정적인 공헌을 했다는 이미지를 만든 것이다. 집권 이후 정부·여당은 이를 한국정치사에서 이루어진 최초의 평화적 정권 교체로 대대적인 선전을 펼쳤지만, 야당과 재야에서는 쿠데타 세력의 정치 기획에 의한 재집권으로 규정했다. 다만 이전처럼 체육관에서 대통령을 뽑는 선거를 통해서가 아니라 국민의 뜻인 직선제의 수용을 통해 출범함으로써 노태우 정권은 이전의 전두환 정권과 달리 최소한의 정당성을 가질 수 있었던 것은 분명하다.

노태우 정권은 오랜 정당성 시비에서 어느정도는 벗어났지만, 전임 전두환 정권이 그의 뿌리라는 점은 떼어낼 수가 없었다. 불법적 군사쿠데타의 주요 세력이라는 태생적 기원을 희석해야 할 필요가 있었기에, 취임 후 정책적인 차별성을 만들고자 노력했다. 그러나 국내 정치 상황은 녹록하지 않았다. 야당과 재야세력이 6월항쟁에 힘입어 실시된 선거에서 야당의 분열로 말미암아 불법세력을 몰아내고 진정한 정권 교체를 이루지 못했다는 반성과 함께 반정부 활동을 멈추지 않은 것이다. 이에 대해 노태우 정권도 시간이 갈수록 강력한 공안정국으로 맞섰다. 따라서 차별화가 가능한 분야는 대외정책에서의 냉전체제의 탈색 노력이었다. 여기에는 앞에서 지적한 국제정치에서 냉전체제의 본격적 쇠퇴가 이루어지는 대외 환경의 변화가 가장 큰 역할을 했으며, 냉전체제 수십년간 계속되던 남·북한 체제경쟁의 판세가 1980년대 말에는 완전히 결정된 점도 영향을 미쳤다. 1960년대 말까지만 하더라도 여러 측면에서 우세를 보이던 북한이 1970년대에 들어서면서 역전을 당한 것이다.

북방정책의 등장과
남북기본합의서 채택

1970년대의 남북 해빙은 미국과 중국이라는 두 강대국의 관계 정상화가 한반도에 거의 반강제적으로 이식된 것이었고, 1980년대 신냉전의 도래로 자연스럽게 소멸했다. 오히려 1972년을 기점으로 남한은 유신체제로, 북한은 주체사상에 의한 주석체제로 바뀌며 권력 집중이 강화되었다. 그러나 1980년대 말부터 서서히 본격화되기 시작한 냉전체제의 붕괴와 탈냉전의 도래는 그동안 집권세력이 냉전체제에 기생하거나 때로 이를 확대 적용함으로써 정권을 유지해온 방식에서 탈피할 기회로 작동했다. 1980년 후반에서 1990년대 초반에 이르는 시기는 제2차 세계대전 이후 반세기 이상 지속했던 국제질서가 근본적인 변화를 겪는 시기였다. 변화의 소용돌이에서 한반도도 예외가 아니었으며, 이에 대한 외교적 대응으로서 노태우의 '북방정책'Nordpolitik이 등장했다. 북방정책은 중국, 소련, 동유럽 사회주의 국가 및 북한을 대상으로 하는 외교정책과 외교를 의미한다. 이들 국가가 대부분 지리적으로도 북쪽에 위치한다는 점이 작용했다. 이들 북방의 공산권 국가들과의 관계 개선을 모색함으로써 한반도의 평화와 안정을 유지하고, 공산국가와의 경제협력을 통한 경제 이익의 증진과 남·북한 교류와 협력을 추구하는 내용으로 이뤄졌다. 궁극적으로 공산국가와의 외교 정상화와 남·북한 통일의 실현을 위한 정책과 방법이라고 할 수 있다.[1]

북방정책의 목표는 1988년에 있었던 노태우 대통령의 7·7선언과 10월의 유엔 총회 연설에서 명확하게 제시했다. 7·7선언에서 북한을 적대적 대상이 아닌 평화공존과 교류·협력의 대상으로 전환하며, 한반도의 평화정착을 위한 여건을 조성하기 위해 소련과 중국을 비롯한 사회주의 국가들과 관계 개선을 추구한다고 선언했다.[2] 이어서 10월 연설에서 "우리의 우방국들이 북한과 관계를 증진하여 북한의 개방과 발전에 기여해주기 바라며, 또한 북한과 가까운 사회주의 국가들이 우리와 우호친선 관계를 증진해가더라도 북한과 더욱 좋은 관계를 유지하면서 그들과 더욱 협력해나가기 바란다"고 선언했다.[3] 북방정책은 한국의 대외정책인 동시에 궁극적으로 대북정책으로서 두가지 목표를 처음부터 분명하게 내세웠다. 하나는 냉전체제의 격변 가능성 속에서 냉전체제에서의 적대국, 특히 중국과 소련과의 관계를 개선함으로써 안보 상황을 개선하려는 목표이고, 다른 하나는 남북관계의 개선으로 한반도의 긴장을 완화하고 평화공존을 실현한다는 것이다. 첫번째 목표인 주변 강대국들과의 관계가 개선된다고 하더라도 북한과의 관계가 개선되지 않을 경우, 냉전체제에서의 안보 불안은 계속될 수밖에 없다는 것이다. 이 두 목표는 당연히 유기적으로 연결될 수밖에 없다.

많이 알려진 바대로 북방정책은 서독의 빌리 브란트가 기존의 할슈타인원칙Hallstein Doctrine을 파기하고 동유럽과의 관계 개선을 모색했던 동방정책Ostpolitik을 벤치마킹했다. 동방정책은 1969년 10월에 집권한 빌리 브란트 정권이 시행한 정책이다. 빌리 브란트는 아데나워Konrad Adenauer

시대로부터 고수해오던 할슈타인원칙, 즉 동독을 정식 국가로 승인한 나라와는 외교관계를 갖지 않겠다는 원칙을 공식적으로 포기하고 대동유럽 외교를 적극적으로 추진했다. 지리적으로 공산진영은 한국에는 북방이라면, 서독에는 동방이다. 동방정책 실행 초기인 1960년대 중반에는 비밀리에 추진해 루마니아와 유고슬라비아와 국교를 회복한 데 이어 1970년 8월에는 소련과 국교 정상화 조약을 체결했다. 같은 해 12월에는 폴란드와 이른바 '동방조약'을 체결했고, 1972년 6월에는 제2차 세계대전 전승 4대국인 미국, 소련, 영국, 프랑스와 베를린협정을 체결했으며, 12월에는 동·서독 기본조약에 합의했다.

한국도 이와 유사한 패턴으로 북방정책을 펼쳐 사회주의 국가들과 외교관계를 수립하고, 북한과는 평화공존을 모색했다. 전환의 계기로 삼은 것은 1988년에 치러진 서울올림픽이었다. 직전의 두 올림픽은 신냉전의 희생양이었다. 1980년 모스크바올림픽은 소련의 아프간 침공에 항의해 미국의 주도로 자본주의 진영에서 보이콧해버렸고, 1984년 L.A.올림픽은 소련의 주도로 사회주의 국가들이 모스크바올림픽 보이콧에 대한 보복으로 불참하는 바람에 연속적으로 반쪽짜리 올림픽이 되었다. 따라서 냉전 대결이 완화되어가던 1980년대 후반에 열린 서울올림픽은 양 진영의 국가들이 모두 참여한 의미있는 올림픽이었다. 이는 냉전체제의 최전방이라고 할 수 있는 한반도에서 동서 진영의 화해와 평화의 전기가 마련되었다는 상징적인 의미를 지녔다.

이러한 분위기를 타고 노태우 정권은 집권 초기부터 공산권과의 수교를 적극적으로 추진했다. 당시 캐치프레이즈는 '모스크바와 베이징을 거쳐 평양으로 간다'라는 것이었다. 사회주의 국가 중에 한국이 최초로 수교를 맺은 국가는 헝가리였다. 헝가리가 첫 수교의 대상이 된 것은 헝가리 민족이 동양계인 마자르족으로 한국과 정서가 비슷하고 당시 헝가리가 동유럽 국가 중 개혁·개방의 선두주자였다는 점이 크게 작용했다. 또한 당시 소련의 영향력으로부터 가장 독립적인 위치에 있었으며, 서울올림픽 참가를 동유럽 국가 중에 가장 먼저 결정하는 등 호의적 태도를 보였다는 점도 중요한 요소였다. 양국은 2개월여의 협상 끝에 서울과 부다페스트에 각각 상주대표부를 설치하기로 합의하고 1988년 8월 26일에 협정문에 서명한 후 9월 13일에 발표했으며, 이듬해인 1989년 2월 1일 수교협정에 서명했다. 또한 한국은 같은 해 11월 폴란드, 12월 유고슬라비아와 수교했으며, 1990년 3월 체코슬로바키아·불가리아·루마니아와 국교 정상화가 이뤄졌다. 1991년 8월 알바니아와 수교하면서 동유럽 7개국과 모두 관계 정상화가 이루어졌다.

당시 동유럽 국가들과의 수교는 북방정책이 중국·소련과의 수교, 남·북한 유엔 동시 가입, 남북고위급회담 개최와 남북기본합의서 채택 등으로 이어질 수 있는 중요한 디딤돌이 되었다. 소련과의 수교 과정은 극적이었다. 한국은 1990년 6월 초 미국 샌프란시스코에 고르바초프가 체류한다는 소식을 접하고 밀사를 보내 수교를 위한 비밀회담에 돌입했다. 그 결과 6월 4일 한소정상회담이 개최됐고, 9월 30일에는 소련과의 역사적인 수교가 이루어졌다. 1992년에는 노태우가 중국을 방문해 장쩌민江澤民과 정상회담을 개최해 중국과의 외교관계를 수립했다. 이어 몽골·베트남은 물론이고, 구소련에서 독립한 카자흐스탄, 우즈베키스탄, 키르기스스탄, 투르크메니스탄, 아제르바이잔, 벨라루스, 아르메니아, 조지아 및 또 다른 신생국인 몰도바와도 수교했다.

남북관계 개선에도 적극적으로 나서 1988년 7월 7일 '민족자존과 통일번영을 위한 특별선언', 소위 7·7선언을 발표했다. 이 선언은 남·북한 간의 적대관계를 종식하고 북한을 국제사회의 일원으로 인정하며 북한과 선의에 기초한 동반자 관계를 구축할 것임을 천명한 것이다. 북방정책은 이렇게 한반도에서 냉전과 신냉전으로 고착된 분단과 갈등의 시대를 종식하는 한편, 군사력 증강에 의한 대북 억지 전략에서 북한체제와의 공존을 전제한 포용정책으로 전환하는 의미가 있다. 그 결과 1991년 9월 그동안 북한이 영구분단을 획책하는 계략이라고 거부해오던 남·북한 유엔 동시 가입으로 이어졌고, 남한과 북한은 같은 해 12월 '남북 사이의 화해와 불가침 및 교류·협력에 관한 합의서'를 채택하기에 이른다. 1970년대의 데탕트가 미국의 일방적인 해빙 전략에 한국이 마지못해 따라간 것이라면, 90년대의 북방정책은 적어도 모양새는 한국이 국제적인 탈냉전에 발빠르게 적응하면서 선제적으로 채택한 화해정책이었다.

북방정책은
한국의 자율적 외교정책이었나?

북방정책의 성과와 연관하여 가장 포괄적인 수준에서 논쟁이 되어온 것은 한국 외교의 대미자율성에 관한 문제다. 즉, 북방정책이 얼마나 한국의 자율적 외교정책이었는가 하는 것이다. 기존의 한국 외교 및 안보의 깊은 대미의존성을 고려할 때 북방정책과 같은 중대한 외교정책의 전환을 놓고 당연히 논란이 제기될 수밖에 없었다. 북방정책은 미국과 사전협의가 없었던 한국정부의 선제적이고 자율적인 정책 변화였다는 주장과 처음부터 한·미의 합의사항이었으며, 오히려 미국의 요구가 정책 변화의 동기였다는 주장이 서로 부딪친다.

먼저 북방정책의 자율성을 주장하는 사람들은 노태우의 '7·7선언'은 미국과의 사전협의 없이 한국정부의 독자적 결정으로 준비되었고, 제임스 릴리 주한 미국대사에게 발표 불과 이틀 전에 통보했다는 점을 제시한다. 그리고 당시 통보를 받았던 릴리 대사가 "(한국의 북방정책이—인용자) 미국의 대북정책에 변화를 가져오게 될 것이다"라고 답했다는 것이다.[4] 또한 10월 유엔 연설에서 제안했던 동북아 평화를 위한 6자회담 제의에 대해 소련의 입장과 비슷하다는 이유로 미국은 매우 미온적으로 반응했다는 것이다.[5] 이외에도 북방정책이 한국의 자율적 대외정책이라는 점은 북방정책을 선언한 시기가 냉전이 흔들리는 시점이기는 했어도 향후의 전망이 불투명한 가운데 다른 나라들보다 한국이 매우 선제적으로 천명했다는 데서도 나타난다고 주장한다. 특히 미국이 당시 냉전 이후의 대외정책 노선을 확정하지도 못했다는 상황을 고려하면 한국의 상대적인 자율적 결정이라는 점이 더 부각된다는 것이다.

노태우 정부가 미국과의 충분한 사전협의 없이 북방정책을 추진했고, 이로 인해 한·미관계가 어려워졌다고 주장하는 사람들은 비밀보존기한 30년이 지나 공개된 외교문서를 증거로 제시한다.[6] 당시 미국은 한국의 북방정책이 양국 간의 주요 마찰요인이 될 것으로 우려했으며, 때로는 견제에 나선 적도 있다고 말한다. 전두환 정권과 적어도 표면적으로는 단절하며 집권에 성공한 노태우 정권은 경제성장과 88올림픽의 성공에 힘입어 경제계의 요구를 받아들여 대공산권 외교에 시동을 걸었다. 그러나 예상 밖으로 적극적인 한국의 움직임에 대해 미국은 한반도전략의 기본 틀이 흔들릴 수 있다고 보고 노태우 정부를 압박했다는 것이다. 『워싱턴포스트』지는 1990년 11월 16일 '한국의 북방정책'이라는 제목의 칼럼에서 한국의 대공산권 접근 정책이 주한미군의 주둔을 지지하고 있는 미 의회

내 보수파들의 심기를 불편하게 할 수 있다고 경고했다.

그렇다면 과연 북방정책이 한국의 자율적인 결정에 의한 것이었고, 미국은 이에 대해 반감을 지녔으며 또 반대했을까? 필자는 그렇게 보지 않는다. 자율적 정책 전환을 주장하는 사람들이 제시한 증거들은 일정 부분 개연성과 상관성을 보여줄 수 있어도 둘의 인과성은 분명하지 않다. 릴리 대사의 반응은 한·미 간의 사전협의가 있었더라도 충분히 나올 만한 것이었다. 또한 동북아에서 지닌 미국의 절대적인 영향력에 대한 대응적 차원에서 소련이 동북아에서 브레즈네프Leonid Brezhnev 시기부터 일관되게 유지해온 다자질서에 대한 지지와 노태우의 '6자 협의' 주장을 직접 관련지어 한국의 제안을 반대했다는 추론은 무리한 연결로 보인다. 북방정책의 핵심 논리 자체가 주변 강대국들과의 우호적 관계를 통한 한반도 평화의 구축이라는 점에서 다자협의 제안은 자연스러운 논리적 결론이었다. 또한 미국 의회 내 보수파들의 불만 역시 미국 행정부 내의 정책 결정을 담당한 사람들의 견해라기보다는 이념 성향으로 인해 나올 수 있는 정도의 반응이라고 볼 여지가 많다.

북방정책은 한국 외교사에서 일부 자주성을 표현한 것이었다고 하더라도 미국의 주도라는 틀을 벗어나는 데는 한계가 있었으며 많은 교훈과 과제를 남겼다. 오히려 미국과의 관계 속에서 좌절하고 굴절되는 과정을 겪었다.[7] 특히 초기에는 공조를 통해 순조롭게 진행되었으나, 미국의 정책노선이 중간에 바뀌면서 한국의 북방정책에 대한 미국의 태도가 달라졌다는 것이 훨씬 정확한 추론이다. 노태우 대통령이 대선후보 당시부터 공약으로 내세웠던 작전통제권 환수와 함께 북방정책은 기본적으로 미국의 의도가 반영된 작품이라는 주장이 더 설득력이 있다. 6·29선언이 전두환과 노태우의 기획 작품인 동시에 당시 12·12사태와 광주학살에서의 실책을 반복하지 않기 위한 미국의 한국정부에 대한 압박과 설득의 결과였다는 것은 이미 전술한 바 있다. 한국이나 미국 정부는 과거와는 다른 방법으로 한·미관계를 이끌어가려는 생각이 강했다.

미국의 냉전 전략 변화, 북방정책의 기본 동인

1980년대 말 미국의 국제정치 전문가들이 저술한 한반도 관련 논문이나 보고서에 따르면 한국정부가 북방의 3국인 소련, 중국, 북한과의 관계 개선에 노력하도록 미국정부가 과감하게 나설 필요가 있다는 주문이 많아진다. 예를 들면 1987년 미국외교협회Council of Foreign Affairs, CFR에서 발간한 보고서는 대한민국 정부가 남북 대화를 추구하고 한·중 및 한·소관계를 개선하도록 미국정부가 요구해야 한다는 뜻을 강하게 피력했다. 이 보고서에서는 특히 미국이 한반도 긴장 완화를 위해 북방의 강대국들과 관계 개선을 이룰 필요가 있다는 점을 한·미 양국이 솔직하게 논의해야 한다고 지적했다.[8] 미국 내에서 이런 논의가 활발하게 일어나고, 미국정부의 대외정책이 변화를 보일 수 있었던 가장 큰 이유는 물론 냉전체제의 해체를 중심으로 한 동북아 안보 환경의 변화 덕분이었다. 1980년대 초의 신냉전은 중반을 지나면서 이미 실체적 대결 상황은 완화되었고, 1986년 레이캬비크와 1987년 워싱턴, 그리고 1988년 모스크바에서 미·소 정상이 연쇄적으로 정상회담을 개최하면서 새로운 관계를 모색하였다. 소련과 사회주의 체제의 심각한 문제를 인식한 미국은 냉전적 위협은 더이상 유효하지 않다는 것을 깨닫게 되었다. 미국이 보기에 1970년대에 정상화된 중국과의 관계는 우호적이었고, 북한은 한국과의 체제경쟁에서 완패했음이 명확해졌다.

1980년대 말 1990년대 초는 미·소 냉전체제의 붕괴라는 거대한 구조적 변화가 진행되던 시기였다. 냉전 종식의 기간인 동시에, 이후 시작될 탈냉전의 서막의 기간이었다. 이는 미국의 국가전략을 근본적으로 변화시킬 수 있는 동인이었다. 어느 것 하나 확실하게 결정된 것은 없는 혼란과 과도기의 특성이 나타난 시기였다. 부시와 고르바초프의 몰타회담 이후 각급 무기 감축 협정, 독일 통일 문제, 북한 문제 등이 주요 이슈로 언급되었다. 비록 불을 뿜는 전쟁은 아니었지만, 체제대결에서의 승전국의 입장이 된 미국은 2차대전이 끝나기 전에 전후처리를 위한 준비에 들어갔던 것처럼 나름의 변화를 모색했다. 그중에서 '평화의 배당'peace dividend 차원에서 냉전기 미국의 군사적·경제적 부담을 줄이라는 국내 비개입주의의 요구에 부응해야 했다. 한국의 북방정책은 이런 맥락과 요구에 맞는 정책이었다. 한국이 당시 여러모로 열세에 있던 소련과 중국에 경제적 유인을 제공함으로써 관계를 개선하고 대북 영향력을 높이는 것은 미국에 여러모로 운신의 폭을 넓혀주리라는 계산이 가능했다.

한편, 이 시기에 미국의 또다른 초미의 관심은 일본이었다. 전후 미국의 전적인 도움으로 피해를 복구한 이후 빠른 속도로 세계적 경제 강국으로 부상했던 일본은 미국과의 무역에서 엄청난 흑자를 누리고 있었다. 특히 미국의 자존심이라고 할 수 있는 자동차산업에 대한 일본산 자동차 수출의 공습은 단지 무역적자 이상의 의미가 있었다. 필자가 유학하던 초기와 시기가 맞아떨어지는데, 당시 미국 유수의 잡지나 신문에는 연일 "일본이 몰려온다" "일본 주식회사"Japan, Inc 등의 문구가 도배되었다. 물론 미디어의 과장과 호들갑이 상당했지만, 2차대전 당시 적국이었던 일본에 대한 두려움은 현재 일본이 동맹국이라고 하더라도 떨칠 수가 없었던 것 같다. 이런 분위기에서 미국의 의회를 중심으로, 미국을 통해 막대한 경제적 이익을 가져가는 일본을 위해 미국이 왜 방위를 책임져야 하느냐는 불만이 커졌다. 한국에도 불똥이 튀었다. 한국 역시 1980년대 중반을 넘어가면서 막대한 대미 흑자를 보고 있었기 때문이다.

이런 상황은 동북아에서 수행해온 미군의 방위 역할을 점차 감소시키려는 미국의 정책으로 나타났다. 1990년 4월 국방부 보고서는 미국이 한국의 방위에서 주도적인 역할로부터 보조적인 역할로 변화할 필요성이 있음을 지적하고, 주한미군의 감축 계획을 발표했다. 이는 미국이 북방정책과 함께 냉전 전략의 확실한 변화를 모색하였음을 보여준다. 새로운 전략구상 중에 포함되어 있던 것이 작전통제권 이양과 북·중·러 3국과의 관계 개선이었다. 즉 미국이 주한미군의 점진적인 감축에 대비해서 적대관계를 유지해온 이들 국가와 관계를 개선하라는 요구를 한국정부에 했고, 이것이 노태우 정부 북방정책의 기본 동인이었던 것이다. 한국이 이들 국가와 관계를 정상화하는 과정에서 미국이 적극적으로 지원한 것도 사실이다. 1990년대 초반 워싱턴 정가에서는 탈냉전의 시기에 미국의 해외 개입을 대폭 줄이고, 해외 주둔 미군을 철수해야 한다는 주장들이 크게 힘을 얻고 있었다.

그런데 문제는 미국이 다시 정책 방향을 틀었다는 것이다. 냉전이 종식되고 소련 및 사회주의 진영이 붕괴하자 평화에 대한 기대가 높아졌으며, 평화적인 국제정치의 상황에서 미국의 세계경찰 역할의 축소와 군비축소가 필요하다는 요구가 국내외적으로 활발했다. 그러나 상황이 다시 변하는 데는 시간이 얼마 걸리지 않았다. 걸프전과 유고슬라비아 내전을 포함해서 분쟁은 끊이지 않았고, 종족 및 종교 분쟁과 소위 '실패국가'failed state 문제 등으로 세계는 여전히 평화와는 거리가 먼 상황이 계속되었다. 클린턴Bill Clinton 정부의 중앙정보국CIA 국장이었던 제임스 울지 James Woolsey는 "큰 용 한마리를 처치하고 나니, 독사들이 우글거리는 정글에서 살게 되었다. 여러 면에서 공룡을 감시하는 것이 더 쉽다."(Yes, we have slain a large dragon, but we live now in a jungle filled with a bewildering variety of poisonous snakes. And in many ways, the dragon was easier to keep track of)라는 표현으로 탈냉전 이후 바뀐 미국의 인식을 표현했다.[9] 그는 자신의 인준을 위한 정보위 청문회에서 국가 정보예산을 깎아야 한다는 요구에 대해서 반대하면서 이런 언급을 했다. 이는 이후 여러 사람에 회자되면서 공감대를 넓혔다. 북한의 핵무기 개발 문제 역시 미국이 한반도에서의 개입을 과감하게 축소할 수 없는 중요한 이유 중 하나가 되었다. 포괄적 전략과 관련해서도 한국의 북방정책 목표가 이뤄질 경우, 미군 주둔의 필요성이 낮아지고, 지리적으로 멀리 떨어져 있는 미국의 영향력이 감소할 우려가 고려되었다.

국제체제와 미국의 세계전략이 한국 외교정책의 자율성 여부에 큰 영향을 끼치는 독립변수라는 점은 주지하는 바이다. 냉전체제의 붕괴라는 역사적 변동기에서 필요에 따라 한국에 북방정책을 요구하는 배후가 되었던 미국이 국제정치 상황이 변화하고 그에 대한 정책결정자의 인식과 전략이 달라지면서 불과 수년 만에 북방정책에 미온적이거나 반대하는 자세로 바꿨다. 냉전이 완전히 종식되고 탈냉전이 확실하게 도래하면서 자국의 패권 질서가 부상하자 미국은 냉전기의 동맹을 재강화하는 쪽으로 선회하였다. 반공독재 시절 한국은 미국의 공산권에 대한 태도가 온건하게 변할 때 오히려 그에 대한 대결적 정책을 고집하다가 한·미관계를 어렵게 했던 기억이 있다. 특히 1970년대 데탕트가 그러했다. 1987년 이후 한국의 대북정책이 맹목적인 대결주의를 벗어나게 된 것은 다행스럽고 또 자연스러운 귀결이었다. 북한에 대한 유연한 태도는 노태우 이후 진보적 정부가 들어서면서 햇볕정책으로 발전하게 된다.

한편, 여기서 꼭 짚고 넘어가야 할 부분은 노태우 정부의 북방정책에 관해서는 보수세력 내부에서도 견해 차이가 꽤 있었다는 점이다. 북방정책과 관련해 한쪽에서는 한국외교사에 한 획을 긋는 성공사례로 지지하는 사람들이 있는 반면에, 다른 쪽에서는 잘못된 판단으로 한미동맹을 흔들리게 하고 중국 경사론으로 가는 결정적인 실책을 범했다는 주장이 있다. 흥미롭게도 노태우 정권의 뿌리인 보수진영이 비판의 날을 더 세운다. 비판자들은 북방정책이 한국의 자율적인 결정이라는 전제를 미리 깔고 정책의 결과에 대해 집중적으로 성토한다. 한마디로 당시 노태우 정권의 공산권에 대한 맹목적인 호의가 혈맹인 미국의 불신을 자초해, 한미동맹을 훼손했다고 주장한다. 특히 30억 달러에 달하는 차관을 소련에 공여한 것이 결정적으로 미국의 심기를 건드렸다고 주장한다. 당시 레이건 정부가 소련으로 들어가는 경화를 차단함으로써 체제 붕괴를 유도하려는 전략을 갖고 있었는데, 한국의 차관 공여는 미국의 이런 전략의 효과를 떨어뜨렸다는 것이다.

일각에서는 여기서 더 나아가 북방정책이 김영삼, 김대중, 노무현으로 이어지는 한미동맹의 약화와 한국의 친중 성향 강화라는 잘못된 한국 외교의 시발점이라고 강하게 비판한다. 당시 노태우 정부의 잘못된 자율외교의 결과로 오늘날의 미·중 대립에서 한국이 제대로 미국 편에 서지 못하게 된 것이라고 주장하는 사람들에게 노태우의 북방정책은 적어도 역사의 아이러니일 것이다. 미국이 오늘날의 깊어진 한·중관계를 예측했더라면 아마도 북방정책을 권유하지 않았을지 모르겠다. 하지만 북방정책과 현재의 중국 경사론의 인과론도 불분명하지만, 경제를 희생하면서까지 동맹지상주의를 고집하는 것의 위험성이 오히려 더욱 크다.

북방정책을 기점으로 오늘날 한미동맹의 약화와 한·중관계의 심화라는 결과가 이어졌다는 주장에 동의하기는 어렵다. 보수세력이 오늘날 중국과의 관계가 개선되고, 특히 경제적으로 중국에 깊은 의존성을 가지게 되면서 한미동맹이나 한·일관계가 상대적으로 부정적 영향을 받게 되었다는 이미 내려진 결론을 가지고 역추적해서 찾아낸 문제의 근원이 북방정책인 것으로 추정된다. 그들은 이런 논지에 설득력을 더하기 위해 미국의 요구를 한국이 수용해서 북방정책을 추진했다는 점은 고려도 하지 않고, 북방정책은 미국의 반대와 압박을 무릅쓰고 한국이 무리하게 추진한 것이라고 주장할 수밖에 없게 된다. 한·중관계의 개선이 마치 한·미관계의 희생을 전제한 것이고, 이런 결정은 경제보다 더 중요한 안보를 무시했던 결과인 것처럼 호도하는 것이다.

한계 속에서 발휘된 한국 외교의 자율성

북방정책의 자율성에 대한 논란과 관련하여 치열한 견해 차이를 보이는 앞의 두 시각을 절충한 중간적 입장도 있다. 절충론의 핵심 논지는 해방 이후 한국 외교정책의 자율성은 미국의 대동북아 정책과 역내 강대국들의 이해관계로 인해 제약되었지만, 냉전기에서 탈냉전기로 넘어가는 과도적 상황에서 이러한 제약조건들이 약해지면서 자율성이 발휘될 수 있는 공간이 커졌으며, 이를 노태우 정부가 잘 활용했다는 것이다. 국제정치학자 전재성은 이를 한반도에 대한 미국의 '상대적으로 우호적인 방치'relatively benign negligence라는 개념으로 설명한다. 미국의 고립주의 성향이 커질 때, 강대국 사이에서 한반도의 전략적 중요성이 상대적으로 작아질 때, 그리고 강대국 사이의 세력균형이 이뤄질 때 일종의 상대적 방치 상태가 되었고, 한국이 이를 활용하여 부분적인 자율성을 발휘한 것으로 해석했다.[10] 이런 해석은 강대국의 정치라는 독립변수의 약화에 따른 조건부 자율성이라는 한계를 고려하더라도 한국의 자율적 외교에 대해서는 일정 부분 인정할 필요가 있다는 점을 강조한 것이다.

북방정책의 부분적 자율성을 인정해야 한다는 주장들은 국제 환경의 영향이 생각보다는 결정적이지 않았음을 지적한다. 당시 상황으로 판단했을 때, 장기적으로 소련, 중국, 동유럽 국가들과의 수교가 필연적이었다고 하더라도, 그렇게 빠른 속도로 이뤄진 것은 노태우 정부의 적극적인 정책 추진의 결과라는 것이다. 그것이 국내 정치적 고려 때문인지와 상관없이 국제질서의 변화에 대한 적극적인 대응으로 본다면 국제 환경이나 미국의 대외정책은 필요조건이었지 충분조건은 아니었다고 주장한다. 특히 7·7선언에 대한 한·미 간의 사전협의가 사실이라고 하더라도, 이미 1987년 대통령선거 유세 당시부터 노태우 후보가 중국과의 수교를 공약으로 내세운 점에 주목해야 한다고 말한다.[11]

노태우 정부의 북방정책은 한국의 자율적 행동인지, 아니면 미국의 요구에 의한 정책이었는지에 대한 논란 이외에도 실행 과정에서 여러모로 역설적인 양상을 보였다. 보수정권에게 북방에 있는 국가들, 북한·중국·러시아는 늘 껄끄러운 존재였다. 서독의 동방정책을 모방했다고는 하지만, 통일에 대해서는 보수와 진보 가릴 것 없이 한마음으로 전향적인 자세를 보인 서독정부와는 달리 한국정부는 분단질서의 극복에 대한 열정이나 열린 자세를 갖고 있지 않았다. 물론 1970년대 초 박정희 정권이 데 탕트 상황과 미국의 압박에 떠밀려 그야말로 마지못해 남북 대화에 나섰 던 것과 비교할 정도는 아니지만, 상대방 체제에 대한 인정을 통하여 남 북 평화공존과 통일의 기초를 마련하겠다는 것도 아니었다. 미국의 요구, 또는 적어도 긍정적 묵인이 있었던 것은 분명해 보이는 상황에서 노태우 정권은 권력 공고화라는 국내 정치적 목적을 위해 외교를 수단으로 활용 했다고 보는 것이 더 정확하다. 이런 점은 밖으로는 전향적이고 탈이념적 인 북방정책을 펼치면서, 이와 반대로 국내 정치는 공안정국으로 몰고 간 것에서도 확인할 수 있었다.

북방정책을 평가할 때 등장하는 한국 외교의 자주성 또는 자율성이라 는 이슈는 한반도 분단이나 냉전이라는 대결구조를 넘어서는 평화외교 의 실현이라는 문제와 자주 일치하였다. 한반도 분단의 기원도 물론 그렇 지만, 역사적으로 또 구조적으로 동북아는 미국, 소련(러시아), 중국, 일 본 등 강대국들의 전략적 경쟁의 터라는 위치를 벗어난 적이 거의 없었 기 때문에 늘 강대국의 '힘의 정치'에 종속되었다. 이런 맥락에서 한국 외 교의 자율성을 모색하는 일은 대부분 대결구조에서 한반도 평화를 모색 하는 양상을 띠었고, 그것은 북방국가들에 대한 관계 개선을 모색하는 것 으로 나타났다. 1970년대 초 데탕트를 배경으로 한 박정희 정부의 외교가 그랬고, 지금 다루고 있는 80년대 말의 노태우 정부의 북방정책이 그렇 다. 또한 1998년 이후 김대중 정부에 의해 추진된 햇볕정책, 2018년 이후 문재인 정부에 의해 추진된 한반도 평화프로세스도 비슷한 양상이었다. 각각의 배경과 정책의 내용 및 대상이 조금씩 달랐지만, 미국의 전략적 이익을 일방적으로 반영해야 하는 상황을 벗어나려는 시도로 나타났다.

그러나 데탕트와 북방정책이라는 앞의 두 사례는 뒤의 두 사례와 비교하여 객관적 의미에서 한국 외교의 자율적 시도라고 보기에는 한계가 너무도 명확했다. 물론 이 둘 사이에도 구별은 필요하다. 1970년대의 남북화해는 아직 역량 미달인 상태에서 미국의 동아시아 정책의 변화로 초래된 안보 불안을 타개하기 위한 고육지책이었을 뿐이었다.[12] 반면에 1980년대 말의 북방정책은 한국의 능력이나 국제적 지위가 훨씬 나아지고 냉전이 종식되어가는 상황에서 실효성이 있는 정책 대안의 일부로 추진되었다. 또한 국제 환경의 변화를 활용하여 한반도 안보를 개선할 기회로 삼으려 했다는 점에서 제한적이나마 자율성이 있었다. 즉, 북방정책은 세계적인 탈냉전 과정의 초기부터 거기에 적절하게 편승하면서 한국 외교의 대미 및 대서방 의존도를 줄이고 외교 지평의 확대는 물론이고 새로운 시장의 개척을 적극적으로 모색했던, 일정한 한계 속에서의 자율성의 발휘라는 점에서는 의심의 여지가 없다.

국교 정상화 이벤트와 북한붕괴론

노태우의 북방정책은 수교국의 급격한 증가를 가져옴으로써 양적인 면에서 한국 외교를 선진국 수준으로 끌어올리는 등의 성과를 이루었다. 이와 같은 성과를 낼 수 있었던 것은 세계사의 시대적 흐름과 잘 맞아떨어진 덕분이라고 할 수 있을 것이다. 당시 공산권 국가들은 체제 정비를 위해 주변국과 우호적인 관계를 정립할 필요가 절실했고, 한국으로서는 북한을 견제하고 국제무대에서 위상을 높이기 위해 공산권과의 외교가 필요했다. 노태우 정부의 북방정책은 보수정권이 한반도의 냉전구조 해

200

소를 위한 정책을 추진했다는 점에서 높이 살 만하다. 그러나 정권이 가진 정체성까지 숨기지는 못했다. 노태우 정부는 내부적으로는 여전히 공안정국을 유지하였고, 많은 민주인사를 투옥하거나 탄압하였다. 즉 대외적으로는 북방정책으로 개방과 평화의 이미지를 구축하였지만, 내부적으론 엄격한 냉전 논리를 내재화하는 것이나 다름없이 친북 좌파의 색출을 위해 국가보안법의 적용 범위를 확대했다. 당시 김대중 평민당 총재는 이러한 노태우 정권의 행태를 두고 7·7선언을 통해 북한을 적이 아니라 동반자로 선언하고도, 실제로는 통일은커녕 남북교류의 의지조차도 없는 것이라고 비판했다.[13]

북방정책은 한반도 냉전구조의 근원적인 변화나 한국 외교의 지평 확대를 추구하기보다는 소련과 중국, 동유럽 사회주의 국가들과의 국교 정상화라는 이벤트에 지나치게 경도되어버렸다. 그보다 더 심각한 문제는 북방정책이 적대적인 주변 강대국들과의 관계 개선을 통해 북한의 변화를 이끌고 남·북한 교류와 협력을 증진해 한반도 평화와 통일의 기반을 마련한다는 원래의 목표와는 달리 오히려 북한을 더욱 벼랑 끝으로 몰아갔다는 것이다. 북방정책은 북한의 전통적 우방국들과 교류함으로써 체제 우위를 과시하고, 북한을 소외시키려는 방식으로 전개되었다. 북한을 상대로 인정함으로써 교류와 협력을 증진한다기보다는, 북한을 고립시키면 북한은 대화에 나올 수밖에 없을 것이라는 전략이었다. 또한 한국만 북방과의 관계 개선이 이뤄지고 북한의 미국 및 일본과의 교차승인으로 이어지지 않으면서 소련과 중국의 대북 영향력이 약화되는 상황에까지 이르러버렸다. 이는 당시 노태우 정부가 가진 이념적 한계로 인한 것이었으며, 노태우 정부는 시간이 갈수록 북한 역시 소련이나 동유럽처럼 붕괴할 수 있다고 생각했을 것이다.

그러나 북한은 붕괴하지 않았다. 오히려 고립과 체제 위기를 극복하기 위해 핵무기 개발에 전념하는 방향으로 나아갔다. 어떻게 보면 북한의 핵 개발 결심을 확고하게 한 것은 역설적으로 북방정책이었을 수도 있다. 벤치마킹했던 동방정책도 처음에는 동독을 고립시키는 한편, 서독의 수출시장을 확대하자는 것이었다는 점에서 북방정책과 크게 다르지 않았다. 하지만 세계 정세가 점차 탈냉전화됨에 따라 통일의 가능성이 커지면서 동독의 고립보다는 통합으로 정책의 방향이 선회하게 되었다. 그러나 북방정책은 시간이 갈수록 북한을 고립시키는 방향으로 나아갔다. 길게 본다면, 북방정책 역시 초기의 의도에도 불구하고 이후 김대중·노무현 정부에 의한 대북 포용정책으로 이어진다고 할 수 있다. 그러나 노태우 정부의 북방정책은 북한을 배제하고 소외시키는 것으로 결말이 나버렸다. 북한의 행동에 대해 영향력을 행사할 수 있는 지렛대를 구축하는 데도 실패했다. 그러다보니 북한이 핵확산금지조약Nuclear Nonproliferation Treaty, NPT 탈퇴를 선언한 이후 남한은 북·미 사이에서 제3자로 전락했고, 북한이 남한과의 총리회담을 거절하면서 협상에서 떠나버리자 그것으로 끝이었다.

가장 핵심적인 문제는 6월항쟁 이후 정부와 한국의 지배세력이 한반도 분단과 한·미관계에 대해 어떤 방향으로 나가고 있었는가라고 생각한다. 노태우 정부가 들어선 이후 남북관계와 대공산권 관계에 대한 새로운 접근이 모색되었다고 하지만, 그것이 군사적 긴장을 완화하고 한반도 평화 정착을 이뤄가는 노력과 병행했느냐의 여부는 다른 차원이다. 이는 미국과의 관계, 특히 군사동맹의 조정 문제를 수반할 수밖에 없다. 북방정책이 진정한 의미에서 냉전체제를 뛰어넘는 외교노선의 변화라면 냉전의 원인이자 결과인, 어떤 식으로든 미국의 군대가 한국에 주둔하고 있다는 사실에 대한 논의가 핵심이어야 한다. 한미동맹은 신화로 자리잡았고, 주한미군의 철수 문제에 대해서는 심지어 진보세력에서도 신중한 태도를 견지하는 경우가 대부분이지만, 한반도에서의 전쟁 재발 억지의 역할이라는 것을 뒤집어보면 분단과 대립 질서의 현상 유지 역할이라는 국제정치학자 이삼성의 지적은 매우 적확하다.[14]

그러나 북방정책의 이전은 물론이고, 이후에도 주한미군이 한반도 평화와 통일을 저해하는 변수가 될 수 있다는 점은 철저히 무시되고, 주한미군 감축이나 철수 문제가 불거질 때마다 이는 항상 전쟁억지력의 약화와 긴장의 고조를 초래하는 것으로 치부됐다. 그리고 이런 점들은 다시 미국이 자신들이 필요할 때 한국정부의 팔을 비트는 매우 효과적인 카드로 주한미군 철수 문제를 사용하도록 만들었다. 노태우 정권은 스스로 지닌 태생적 한계와 이념적 경직성 때문에 북방정책 자체가 가진 매우 진보적인 정책 성향에도 불구하고 냉전과 한미동맹의 이같은 악순환에서 벗어난다는 것을 애초에 상상할 수 없었다. 그러나 주한미군을 불변의 상수로 놓고 한반도 평화는 전쟁 억지 차원에만 머물도록 하는 한 진정한 평화와 통일은 아예 달성 불가능한 목표가 되는 것이다. 가장 이상적인 것은 남과 북의 긴장 완화가 이뤄짐으로써 주한미군의 전쟁 억지 효과가 필요 없게 되는 것이지만, 이는 지금도 쉽지 않은 인식 전환이므로, 노태우 정권에서는 애초부터 불가능한 일이었을 것이다.

/

대북정책에 남긴
북방정책의 부정적 유산

마지막으로 살펴볼 부분은 북방정책이 대북정책에 남긴 부정적 유산에 관한 것이다. 앞에서 분석한 것처럼 미국은 북방정책의 요구자 또는 승인자의 역할을 초기에 하다가 대외전략 변화로 관심이 멀어지게 되고, 뒤로 가면서 일부 정책에 관해서는 반대 의사까지 보였다. 특히 북방정책의 주요 목표인 남북관계와 북·미관계 개선에 소극적이었다. 미국은 1988년 말 베이징에서 처음 북한과 회담을 했지만, 관계 개선에는 매우 소극적이었다. 아예 '협상'negotiation이 아니라 '대화'dialogue로 규정했으며, 한반도 문제와 관련한 모든 문제에 대해 남한정부의 참여를 조건부로 내세웠다. 그러면서 북한에 대한 경제제재 조치의 철회는 거부했다. 북한 핵 문제가 주요 이슈로 등장하기 이전에는 북한과의 협상에 응하지 않았으며, 노태우 정부에게 아웃소싱하는 방식만을 고집했다.

이런 방식은 북한이 수용하기 어려웠다. 북한은 한국이 소련 및 중국과의 관계 개선에 성공함에 따라 초조감이 고조되었고, 이런 고립의 상황을 타개하기 위해 미국 및 일본과의 관계 개선이 필요했는데, 미국은 전혀 움직이지 않았다. 이런 구도가 지속됨에 따라 북·미관계나 남북관계의 개선을 통해 북한의 개방을 촉진하고, 결국 한반도의 평화를 구축하는 방식은 작동하지 않았고, 모든 문제는 북한 핵개발 문제의 인질이 되어버렸다. 미국이 열쇠를 가지고 있는 북방정책의 핵심이 한·소나 한·중 관계가 아니라 북한 문제, 그중에서도 북핵 문제였다. 북·미관계의 개선을 통해 북한이 핵을 포기하게 만드는 것이 아니라, 북·미 간에 핵 문제가 원만

하게 타결되지 않는 이상 어떤 보상이나 남북 및 북·미 관계의 개선도 불가능한 '선先비핵화 후後보상'의 덫에 빠져들게 된 것이다. 북한은 북한대로 미국에 먹힐 수 있는 유일한 카드가 북핵 위협뿐이라는 사실을 인지하고, 오히려 '위협 증가를 통한 접근'이라는 부정적이고 모순적인 전략에 빠져버렸다.

북핵 문제가 북한 문제를 모두 삼켜버리는 현상은 2021년 현재 시점까지 이어지면서 비핵화는 물론이고 한반도에서 지속 가능한 평화를 구축하는 것을 어렵게 한다. 지금까지 살펴본 것처럼 북방정책은 그 부분적 성과와 상대적 자율성의 측면에서 한국 외교의 성공사례로 볼 만한 지점들이 꽤 있다. 그러나 대북정책은 실패했다. 북한은 개방으로 나아가지 않았고, 한반도에는 평화보다 오히려 위기가 도래했다. 그렇게 된 핵심 이유로는 물론 북한의 핵무기 개발이라는 직접적인 도발 요인이 있었지만, 이면의 이유는 북·미관계의 개선이 실패했기 때문이다. 북한으로서는 미국과의 관계 개선이 개방의 전제였다. 북·미와 북·일 수교라는 그림 속에서 남북관계의 진전을 바랐던 북한은 결국 한국의 북한 고립 강화 정책과 미국의 북·미관계 개선에 대한 거부로 핵무기 개발에 더욱 매진(?)할 수밖에 없었다. 당시 한국과 미국은 공통적으로 북한이 처한 어려움으로 인해 보상이나 타협보다는 압박이나 고립 강화가 북한에 더 효과적이라는 생각이었다.

북방정책이 전개된 1980년대 말과 1990년대 초는 물론이고, 한반도 평화프로세스가 교착 상황에 빠진 2020년 초반 역시 북한에 대한 미국의 인식은 무력도발만 일삼는 비이성적인 집단이라는 틀에서 벗어나지 않는다. 제임스 릴리 대사를 이어 북방정책의 시기인 1989년부터 주한 대사직을 수행했던 도널드 그레그Donald Gregg는 회고록 『역사의 파편들』(창비

2015)에서 한국과 미국을 모두 사랑한다면서도, 남북 대결의 비극 뒤에는 늘 미국의 책임이 있다는 과감한 고백을 했다. 미국 대외정책의 가장 큰 문제점으로 '악마화 전략'을 들고 있으며, 이것이 북한, 베트남, 이라크, 그리고 러시아에 대한 외교 실패의 원인이라고 규정한다. 미국이 가진 엄청난 영향력을 긍정적으로 행사하지 못하고 낭비하도록 만들며, 미국을 끊임없이 곤경에 몰아넣었다는 것이다. 특히 북한에 대해 왜 그렇게도 혹독하게 대하는지, '악의 축'Axis of Evil 같은 심한 용어를 왜 사용하는지 이해하기 힘들다고 말한다. 보수주의자인 그의 눈에도 미국의 선악 이분법은 1950년대의 매카시즘에서 크게 탈피하지 못했다.

제9장
1994년 1차 북핵 위기와 한·미관계

북한의 핵무기 개발과
핵확산금지조약 가입

　제8장의 마지막 부분에서 지적했듯이 북한의 핵무기 개발 문제는 전체 '북한 문제'에 대한 선결 또는 전제조건이 됨으로써 북·미는 물론이고, 남북이나 한·미 간의 협상과 관계 정상화를 위한 시도를 고비마다 좌초하게 만드는 가장 큰 요인으로 작동하게 된다. 1994년은 북핵으로 인해 한국전쟁 40년 만에 다시 전쟁과 가장 가깝게 다가간 순간이었다. 당시 미국은 영변에 대한 폭격 가능성을 언급하며 북한을 위협했고, 북한은 남한을 '불바다'로 만들겠다면서 맞섰다. 게다가 김일성이 갑작스럽게 사망하는 일까지 벌어지면서 한반도는 한치 앞을 모르는 위기 속으로 빠져들어갔다. 1990년대 초반 북한의 핵개발을 둘러싼 이같은 일련의 상황을

우리는 '1차 북핵 위기'로 규정한다. 당시 사회주의 진영의 붕괴 이후 북한의 생존게임과 북한의 핵 위협 활용을 통한 미국의 아시아전략 구축이 교차하기 시작했다. 이번 장에서는 1차 북핵 위기에 대한 전후 내용을 살펴보고, 그 와중에 펼쳐진 한·미관계를 분석하고자 한다.

1994년 1차 북핵 위기를 이해하기 위해서는 우선 북한의 핵무기 개발 과정을 간단하게나마 살펴볼 필요가 있다. 사실 북한의 핵무기 개발은 김일성 정권의 초기까지 거슬러 올라간다. 김일성은 제2차 세계대전 중 미국이 일본에 투하한 원자폭탄의 위력에 큰 충격을 받았으며, 한국전쟁에서 아프게 경험했던 미국의 막강한 전쟁능력에도 깊은 인상을 받았다. 이 때문에 핵무기를 개발하고 싶다는 생각을 김일성은 일찌감치 품었던 것으로 보인다. 북한의 핵무기 개발은 1950년대 중후반부터 소련으로부터 기술을 받아들이는 방법으로 시작되었는데, 1955년 4월 '원자 및 핵물리 연구소' 설립을 결정했으며, 1959년에 연구센터를 건설하고, 핵 기술자들을 훈련했다. 평양 북쪽의 영변에 핵개발 관련 시설을 건립하고자 했고, 소련인 전문가들을 불러들였는데, 소련이 영변의 과학연구센터에 연구용 원자로를 처음 설치해준 것은 1963년 6월이었다. 소련 사람들이 북한으로 와서 교육하기도 했지만, 북한도 수백명을 소련으로 보내 훈련받게 했다. 1965년에 영변 과학연구센터의 건설 작업이 거의 끝나자 소련의 과학자들은 철수했지만, 그후에도 핵연료 제공 등의 소련의 지원은 계속되었다.[1]

북한의 핵개발 과정을 10년 단위로 대별해보면, 1960년대에 원자로를 만드는 설계기술을 확보했고, 1970년대에는 연구용 원자로의 출력을 키우는 기술을 자체 개발했으며, 1980년대에는 관련 기술을 상당한 수준으로 축적했다. 그리고 1990년대에 들어서는 가장 결정적인 핵연료의 재처리 기술을 확보했다. 소련은 핵의 평화적 이용이라는 맥락에서 북한을 도와주면서도 혹시 북한이 무기를 만들까 우려했기에 1974년에 국제원자력기구International Atomic Energy Agency, IAEA에, 그리고 1985년에는 핵확산금지조약NPT에 북한을 가입시켜 나름의 안전판을 만들었다. 1985년에 북한은 소련에 군사 목적으로 전용하지 않겠다는 약속을 하고 원자력발전소 건설을 위한 원자로 제공 약속을 받아냈다. 김일성이 처음부터 핵무기를 본격적으로 개발해서 군사적으로 이용하겠다고 생각했는지는 여전히 확실하지 않지만, 1980년대 들어서면서 무기 개발로 조금씩 무게의 중심이 실리기 시작했던 것 같다. 1970년 이전까지는 북한이 남한과의 체제경쟁에서 앞섰다고 봤지만, 이후 점점 경제적으로 뒤떨어지고, 군사 분야에서도 한국이 우세해짐에 따라 초조감이 커졌기 때문일 것으로 짐작된다.

더 결정적으로는 소련의 고르바초프가 개혁 및 개방 정책을 펼치면서 불안해진 김일성이 핵을 군사적으로 이용하려는 유혹을 떨칠 수가 없었을 것으로 보인다. 이후 소련과 중국, 동유럽 국가들이 남한과 외교 관계를 회복하면서 북한의 고립감과 안보 불안은 극도로 커졌을 것이다. 특히 자신과 비슷한 유일체제의 독재자인 루마니아의 차우셰스쿠가 인민들에게 처형당하는 것을 목격하면서 핵무기를 점점 그가 전적으로 의존할 수 있는 '최종 병기' 또는 '절대무기'로 간주했을 것이다. 당시 김일성은 소련이 자신을 버릴 것이라고 우려했다. 실제로 1988년 11월에 소련 공산당 정치국은 앞으로는 북한에 무기를 제공하지 않겠다는 결정을 일방적으로 통보해버렸다. 게다가 1990년 9월 소련의 셰바르드나제Eduard Shevardnadze 외상이 평양을 방문하여 남한과 수교를 맺을 것이라고 통보했다.

남한과의 체제경쟁에서의 완패가 분명해진 북한이 생존의 위기를 극복하기 위해선 개발에는 상대적으로 적은 돈이 들지만 그 파괴력은 큰, 즉 시쳇말로 '가성비가 뛰어난' 핵무기 보유가 필수라고 판단했을 것이다. 미국의 첩보위성이 북한이 영변에서 핵무기를 개발하고 있다는 의혹을 포착한 것은 1989년 10월이었다. 그동안 여러 구실을 만들어 국제원자력기구의 사찰을 피해온 북한은 1992년 돌연 핵사찰을 받겠다고 나섰다. 소련과 동유럽의 사회주의 정권들이 도미노처럼 차례로 사라지는 것을 보고 살기 위해 핵무기를 개발하려고 결심한 듯이 행동하던 김일성이 왜 갑자기 국제기구의 사찰을 받겠다고 나선 것일까? 한쪽에서는 북한이 핵무기를 만들 시간을 벌기 위한 속임수였다고 해석하고, 다른 쪽에서는 외교적 고립과 자연재해, 그리고 경제 파탄으로 위기에 몰린 김일성이 핵무기를 포기함으로써 절박하게 외부의 도움을 얻으려는 시도였다고 해석한다. 그런데 김일성이 1994년 7월 8일에 돌연 사망하면서 어느 해석이 사실에 부합하는지는 알 수 없게 되었다.

어쨌든 전쟁의 위기를 극적으로 모면하고 협상이 재개되었지만, 갑작스러운 김일성의 사망으로 다시 고비를 맞았다. 그러나 다행히 협상이 완전히 무산되지는 않았고, 같은 해 10월 제네바에서 북·미 양국은 극적인 합의를 이룬다. '제네바합의'를 통해 북한이 개발 중이던 핵무기프로그램을 멈추는 댓가로 미국이 중유를 제공하고 경수로발전소를 건설해주기로 합의함으로써 위기는 일단락되었다. 완전한 핵폐기가 아니라 '일단 멈춤'이라는 핵프로그램 동결 합의에 그쳤다는 한계를 품고 있었고, 이것이 2002년부터 시작된 2차 핵위기의 원인으로 작용하게 되지만, 북·미 사이에 이루어진 최초의 핵 합의라는 데 역사적 의의가 작지 않다.

1차 북핵 위기의 전개과정과
전쟁의 공포

　지금부터 1차 북핵 위기의 전개과정에 대해서 살펴본다. 우선 문제를 제기할 부분은 1990년대에 들어서면서 더욱 적극적으로 전개되었던 북방정책에도 불구하고 1994년에 일촉즉발의 위기가 발생한 것은 무슨 이유 때문이었는가에 대한 것이다. 탈냉전의 도래와 노태우의 북방정책으로 한국과 구공산권 국가들은 외교관계를 수립하였고, 남·북한도 교류와 협력에 나섰다. 전자는 꽤 성공적인 결실을 보였지만, 후자는 실패로 귀결되었고, 그것이 1994년의 북핵 위기로 진행되었다. 아주 단순화하면 북한 핵 문제가 대두하면서 북방정책이 좌초했다고 볼 수 있다. 하지만 문제는 그렇게 단순하지 않다. 북방정책이 좌초된 것이 북한 핵 문제 탓이라기보다는 오히려 북방정책 실행 과정에서의 오판이 북한으로 하여금 핵무기 개발에 더욱 집착하게 했다는 것이 인과론적으로 더 타당하다. 왜 그러한 결론을 내릴 수밖에 없는지를 분석하고자 한다.

　북한이 소련이 원자로 제공의 조건으로 내건 NPT 가입을 일찌감치 했다는 것은 앞에서 언급했다. 만약에 북한이 러시아에서 원자력발전소를 위한 원자로를 들여올 생각을 하지 않고 플루토늄 생산만을 목적으로 한 원자로를 자체적으로 만들었더라면 어떤 일이 일어났을 것인가? 아마도 북한은 그후 핵개발에 있어 두고두고 장애가 되는 NPT에 가입할 필요도 없었을 것이다. 어쩌면 인도나 파키스탄처럼 미국이 구축한 핵질서의 바깥에서 사찰이나 제재를 받지 않아도 되었거나, 또는 훨씬 덜 받을 수도 있었다. 북한은 핵개발 과정에서 여러차례 이 점을 후회했을 수도 있다.[2]

여기에서 우리가 주목해야 하는 부분은 북한의 후회 여부보다 북한이 처음부터 핵무기 개발에만 초점을 맞춘 것이 아니라, 그들의 주장대로 핵발전을 통한 에너지 확보라는 차원도 동시에 고려했다는 것을 알 수 있다. 따라서 북한을 핵의 평화적 활용으로 유도할 기회가 없지 않았다는 것이다. 아무튼 북한은 소련의 붕괴로 발전소용 원자로도 공급받지 못한 상태에서 NPT의 규제만 받는 처지에 놓이게 되었다.

한편, 북한은 NPT 제3조에 의해 필수적으로 체결해야 하는 IAEA와의 '핵안전조치협정'을 7년이나 미루다가 1992년 1월에 가서야 비로소 체결했다. 의무사항을 이행하지 않으려고 의도적으로 지연시킨 것이다. '핵안전조치협정'을 체결했기 때문에 북한은 자국 내 모든 핵시설을 IAEA에 신고해야 했다. 당시 북한은 영변에서 운전 중인 2기와 건설 중인 2기의 원자로를 포함해 총 16개의 핵 관련 시설을 신고했다. 그런데 1992년 9월 시작된 IAEA의 사찰 결과가 북한의 당초 신고와 불일치했고, IAEA가 이를 따지자 북한은 강력하게 반발하며 NPT를 탈퇴하겠다고 위협했다. 그런데 이때는 남북이 '한반도의 비핵화에 관한 공동선언'을 한 이후로 많은 회담이 벌어질 때였다. 즉, 한편으로는 한반도에 화해의 바람이 부는 반면, 다른 한편으로는 사찰 결과를 놓고 북한과 IAEA의 갈등이 고조되는 양상이었다. 1993년 2월에 열린 IAEA 이사회는 북한에 대한 특별사찰을 강력하게 주장하였고, 북한은 3월 12일 NPT에서 탈퇴하겠다고 선언했다. IAEA는 유엔 안전보장이사회에 보고했으며, 안보리는 5월 11일에 안보리 대북결의안 825호를 통과시킴으로써 북한의 NPT 조약 준수를 압박했다.

그러나 북·미 간의 접촉 노력은 이어졌고, 마침내 6월 2일에서 11일 사이에 뉴욕에서 북·미 고위급회담이 성사되었다. NPT 탈퇴 시효를 하루

앞두고 북한이 탈퇴를 취소했다.[3] 북한은 다시 사찰을 받아들이기로 했지만, 여전히 제한된 범위와 수단만 허용했다. IAEA는 제한된 사찰만으로는 북핵이 평화적 활용을 위한 것인지 확인할 수 없다며 북한을 압박했다. 우여곡절 끝에 북한은 1994년 3월 1일부터 15일까지 사찰을 받았다. 그러나 IAEA는 북한의 원자로 가동기록을 통해 정확한 핵 활동을 조사하려 했지만, 북한은 그동안의 핵 활동을 숨기기 위해 핵연료봉을 임의로 추출해 뒤섞어버렸다. 상황은 다시 악화되었다. 6월 IAEA는 북한이 핵안전조치협정을 위반하고 있기에 기술원조 제공을 중단하겠다고 결의했고, 북한은 이에 반발해 결국 NPT를 탈퇴해버렸다.

한반도의 핵위기가 고조되면서 클린턴 대통령은 영변 핵시설에 대한 폭격을 검토하기 시작했으며, 비밀 군사작전 준비에 들어갔다. 사실 미국이 군사적 수단을 하나의 옵션으로 생각한 것은 1993년 클린턴이 전임 부시 정부가 중단했던 팀스피리트훈련을 재개하면서부터라고 할 수 있다. 재개된 훈련의 규모는 굉장했다. 한국과 미국의 20만이 넘는 군인들이 동원되었고, 양국은 핵항공모함과 핵잠수함, F15-E, 토마호크 순항미사일, 조기경보기 등 최신 무기들을 총동원해 무력시위를 벌였다. 훈련의 목표는 평양에 대한 핵 폭격, 원산과 흥남 상륙작전, 그리고 군사분계선 지역에 대한 총공세 등 듣기만 해도 무시무시한 것들이었다. 미국은 북한이 특별사찰을 거부할 경우 영변을 폭격할 수 있다고 엄포를 놨다. 북한 역시 굴복하지 않고 1993년 3월 8일 '준전시상태'를 발동하고 전국에 동원령을 내렸다.

앞에서 살펴봤듯이 우여곡절 끝에 북미회담이 재개되고 북한의 NPT 탈퇴는 없던 일로 되었지만, 사찰 과정에서 합의는 깨졌다. 워싱턴의 강경파들은 북한을 힘으로 제압할 수밖에 없다는 주장을 강하게 내세웠고,

고립무원의 북한을 붕괴시킬 절호의 기회로 보았다. 북한 역시 굴하지 않고 전쟁 위협으로 맞섰다. 북한의 당시 '서울 불바다' 발언은 미국의 '영변 폭격'과 함께 1994년 1차 핵위기를 상징하는 키워드였다. 군사력에서 현저하게 차이가 나는 북한으로서는 남한을 인질로 삼는 전략에 당연히 의지해야 했겠지만, 이것이 북한이 전쟁 위기를 조장했다는 증거라고 주장하는 것은 문제가 있다. 이 발언은 3월 19일에 있었던 특사 교환을 위한 '8차 남북 실무접촉'에서 나온 것인데, 북한은 자신들은 전쟁을 바라지 않지만, 전쟁을 강요하면 피할 생각이 없다고 한 뒤, 전쟁이 나면 휴전선에서 멀지 않은 서울이 불바다가 될 것이라고 답한 것이다. 한·미 양국의 강경파들과 보수언론 및 단체들이 앞뒤 문맥을 다 잘라버리고 '북한의 위협으로 말미암은 전쟁 위기'라는 프레임을 만들어 북한이 전쟁을 일으키려 한다는 식으로 연일 떠들어댔다. 급기야는 김영삼 대통령과 이홍구 통일원 장관까지 나서 강경한 대북 경고를 날렸다. 미국 내부에서도 분위기는 비슷했다.

1994년 5월 18일 윌리엄 페리William Perry 국방부 장관이 합참의장과 해외 주둔 사령관들을 소집해서 공습 계획에 대해 논의했고, 다음 날에는 전쟁 시뮬레이션 결과를 클린턴에게 보고했다. 보고서는 한반도에서 전쟁이 발생할 경우, 최초 3개월간 미군 사상자 5만 2천명, 한국군 사상자 49만명에다 엄청난 숫자의 북한군과 남·북한 민간인이 희생될 것으로 추정했다. 소요경비는 610억 달러에 달할 것이라는 사항도 있었다. 통계를 받아든 클린턴은 고민에 빠졌고, 20일에는 이를 제대로 논의하기 위한 국가안보회의가 열렸다.[4] 1994년 6월 청와대를 방문한 주한 미국대사는 한국에 있는 미국인들을 철수시키겠다고 통보했다. 그동안 북한에 대한 공습 주장을 미국의 엄포로만 인식하고 있던 한국정부는 그제야 사태의 심각성을 깨닫고 크게 당황하기 시작했다. 무엇보다 안타까운 것은 비극적 결말을 맞을 수도 있는 한반도의 운명이, 당사자인 우리는 정작 그같은 결말을 불러올 행위에 대해 상의해보기는커녕 제대로 통보도 받지 못한 채 전적으로 미국의 손에 달려 있었다는 기가 막힌 사실이다. 전시작전통제권을 갖지 못한 채 전적으로 미국에 의존하는 상황은 지금도 크게 변하지 않았다.

1994년의 중반은 이렇게 전쟁 위기가 점점 고조되었고, 언제라도 충돌이 일어날 것처럼 긴장된 날의 연속이었다. 한국의 주식시장은 폭락하고, 생필품 사재기 열풍까지 벌어졌다. 한국전쟁이 끝난 지 40년이 지난 후 다시 전쟁의 공포가 덮쳤다. 그러던 차에 극적 반전이 일어났는데, 지미 카터 전 대통령의 전격적인 평양 방문이 성사된 것이다. 카터는 6월 15일부터 3일간 평양에 머무르면서 김일성과 회담한 후 영변 핵시설을 동결하고 북·미 협상을 재개한다는 원칙적인 타협을 성사시킨 것이다. 이를 계기로 치솟던 전쟁 위기는 해소되고, 북한과 미국은 협상을 재개했다. 중간에 김일성 사망이라는 악재가 있었지만 같은 해 10월 드디어 최종 타결되었다. 8월부터 제네바에서 열린 세번째 회담부터 구체적인 합의가 가시권에 들어왔으며, 양국은 10월 21일에 일명 제네바합의라고 부르는 'Agreed Framework'라는 합의서를 발표했다. 핵심 내용은 북한은 5메가와트급 원자로를 궁극적으로 폐기하는 것을 전제로 모든 핵프로그램을 동결하기로 합의하고, 미국은 북한에 2기의 1천 메가와트급 경수로 원자력발전소를 건설해주며, 건설이 진행되는 동안 북한의 에너지 수급을 위해 매년 50만 톤의 중유를 제공하기로 한 것이다.

미국의 대한반도 정책과
북핵 위기 발생의 이유

이 모든 과정에서 미국의 대한반도 정책과 대북 접근의 양상을 살펴볼 필요가 있다. 한마디로 미국은 역동하는 세계질서의 변화 속에서 주도권과 안정성을 가지고 명확한 정책을 수립하지 못했고, 상황에 따라 혼란을 거듭했다. 크게 보면 한국의 북방정책이 급속하게 추진되고, 냉전체제가 급격하게 붕괴하는 초기에는 한발 물러서서 한국의 북방정책을 앞세우며 일종의 배후지원을 했었다. 평양이 자신의 위기를 타개하기 위해 대미관계를 개선하고자 적극적으로 움직였지만, 미국은 상당히 미온적이었다. 그러다 핵 문제가 대두되자 미국은 미온적인 반응은 거뒀지만, 이번에는 입장을 강경하게 가져가기 시작했다. 초기에는 북한의 비핵화를 유도하려고 몇가지 선제적 조치들과 함께 대화를 병행했지만, 시간이 갈수록 비핵화를 강제하려는 방식으로 바뀌었다. 그러다가 1차 북핵 위기가 발생했고, 전쟁 위기를 모면하기 위해 미국은 다시 협상으로 돌아갔다. 그 과정을 좀더 들여다보면 다음과 같다.

국제질서가 변화를 보이기 시작하는 1988년 말 미국과 북한은 베이징에서 처음으로 마주 앉았다. 양국의 관계 개선을 희망하는 북한에 비해 미국은 별로 적극적이지 않았다. 북한에 대해 협상보다 탐색 수준에서의 대화를 상정했고, 한반도 문제에 대한 논의는 전적으로 남한을 통해야 한다는 조건을 고수하고 있었다. 북한에 대한 제재도 물론 풀지 않았다. 북한으로서는 사실 한국의 북방정책이 급하게 진행되는 것으로 보였을 테고, 이를 공세적이거나 위협적으로 느꼈을 수 있다. 그러던 차에 미국과의 대화 채널이 열리자 상당히 적극적인 자세로 임했다. 1990년 5월 24일 김일성이 최고인민회의에서 "미국이 필요하면 점진적으로 미군을 철수할 수도 있을 것이다"라고 할 정도로 유화적 자세를 보인 것은 주목할 만하다. 북한이 그동안 미군 철수를 관계 개선의 전제조건으로 삼아온 것을 생각하면 이는 상당한 자세 변화였으며, 미국과의 대화에 대해 큰 기대를 걸고 있음을 보여주는 것이었다.[5] 최고인민회의는 더 나아가 팀스피리트 훈련으로 그동안 중단되었던 남북 대화도 즉각 재개하자고 제의했고, 일본에 대해서도 적극적인 수교협상 의사를 밝혔다. 북한의 이러한 움직임은 한국의 북방정책에 대한 호응으로도 볼 수 있지만, 그보다는 오랜 배후의 지원세력이었던 소련과 중국이 한국과 외교관계를 정상화한 데 따른 위기감이 더 큰 이유였다.

그러나 미국은 북한의 이러한 시도와 노력에 상관없이 미온적인 반응으로 일관했다. 1990년 6월 5일로 예정되어 있던 한국과 소련의 정상회담을 앞두고 북한의 대미 유화적 행보가 많아졌지만, 돌아오는 미국의 반응은 신통치 않았다. 더욱이 한소정상회담 이후 열린 한미정상회담에서도 북한 관련 의제들은 아예 논의에 포함되지 않았다. 이는 미국이 애초부터 북한과의 관계 개선에는 별로 관심이 없었다는 것을 말해준다. 이처럼 미국의 대북 행보는 한국의 대중 및 대소 관계 개선의 속도와 큰 차이를 보임으로써 북한에 대한 교차승인을 위한 움직임은 없이 한국의 일방적인 외교공세 속에 북한의 위기감만 고조시키는 결과로 이어졌다. 이런 가운데 북한 핵 문제가 부상했다. 특히 미국은 한편으로는 IAEA를 통해, 다른 한편으로는 중국과 소련의 대북 영향력을 동원하여 북한의 핵개발을 중지시키려 애썼다.

미국은 북한의 핵개발 중단을 유도하기 위한 긴장 완화 조치들을 실행했다. 우선 미국이 남한에 핵무기를 배치한 상황에서 일방적인 핵사찰을 수용할 수 없다고 북한이 거부한 것에 대해 미국이 남한에 배치했던 전술핵무기를 철수함으로써 대북 비핵화 요구에 정당성을 부여했다. 한국정부가 미국의 핵우산 약화, 나아가서 동맹 약화를 우려해서 반대했지만, 미국은 찬반 논란 끝에 1991년 9월 말 남한에서 핵무기를 철수할 것을 결정했다. 미국의 결정은 북한의 비핵화를 유도하기 위한 것인 동시에 내부적 고려가 상당하게 작용했다. 냉전체제 붕괴 이후 해외군사력 투사에 대한 국내의 반대 분위기에 따른 변화 모색의 차원이었다. 어느정도는 한반도 상황과는 무관하게 구소련의 핵무기 감축이나 파기를 촉진하기 위해 선제적으로 한반도에서의 핵무기 철수를 결정했다고 볼 수 있다. 한국이 우려하는 핵우산과 안보공약의 약화에 대해서는 미국이 구두로라도 보장을 강하게 약속하는 방법으로 설득했다.[6] 1991년 12월 마침내 노태우 대통령은 남한에는 핵무기가 더이상 존재하지 않는다고 선언했으며, 다음 해 부시 대통령이 이를 재확인했다.

미국의 또다른 조치는 1992년 팀스피리트훈련의 중단이었다. 전술핵무기 철수 건과 마찬가지로 한국정부는 북한이 핵무기 개발을 중단하지 않는 한 팀스피리트훈련이 꼭 필요하다고 생각해서 이를 반대했다. 그리고 훈련을 중단하는 것은 결국 한미동맹의 약화로 이어질 것을 우려하면서, 북한의 선제행동 없이 먼저 선물을 줄 경우, 북한은 결코 핵을 포기하지 않을 것이라고 주장했다. 그러나 미국정부가 한국정부를 설득해 결국 중단을 결정했다. 미군의 전술핵무기 철수와 팀스피리트훈련의 중단은 미진했던 북·미 대화 분위기를 끌어올렸고, 남북 대화까지 촉진하는 효과를 보였다. 1991년 10월 남북총리급회담이 평양에서 열렸으며, 12월의 서울 회담에서 '남북 사이의 화해와 불가침 및 교류·협력에 관한 합의서'

핵우산 Nuclear Umbrella

토머스 홉스Thomas Hobbes는 전쟁, 갈등, 범죄를 막기 위해서는 누군가이를 일으켰을 때 이익보다 손해가 더 크게 만들어야 한다고 했다. 즉, 전쟁을 막기 위해서 상대가 전쟁을 일으키면 도리어 더 손해가 될 것이라는 점을 알게 하면 전쟁을 일으킬 수 없게 된다는 것이 이른바 억지deterrence의 기본이다. 군대와 군비를 증강하는 것이나, 미국과의 동맹을 유지하는 것도 억지의 수단에 속한다. 재래식 무기뿐 아니라 핵무기도 역시 억지가 필요한데, 한미동맹의 역할 중에 '핵우산'이 있다. 핵우산은 동맹국을 위해 미국이 핵 보복을 약속해서, 핵 공격을 받지 않도록 보호하는 전략을 말한다. 마치 비를 우산으로 막는 것처럼 방어망을 친다는 의미에서 핵우산이다. 예를 들면 러시아나 중국, 그리고 북한이 핵무기로 남한을 공격한다면, 이를 곧 미국에 대한 공격으로 간주하고 보복할 것을 약속함으로써 상대가 공격을 감행하지 못하게 만드는 것이다. 군사동맹이 원래 동맹 상대국을 공격하는 것은 곧 자신을 공격하는 것으로 간주하는 것이어서, 핵우산도 넓은 의미에서 제공된다고 볼 수 있지만, 유사시 과연 자신의 위험을 무릅쓰고 방어나 보복 약속을 지킬 것인가는 늘 불안의 영역에 있다. 특히 핵우산의 경우 핵전쟁의 결과를 상상할 수 없을 뿐 아니라 핵우산을 어떤 식으로 제공할 것인가에 대한 구체적인 방법들이 제시되어 있지 않기 때문에 과연 실제 상황이 벌어질 때 미국이 핵전쟁을 각오하고 정말 도와줄 것인지에 대해 우려는 늘 존재한다.

가 조인되었다. 또한 12월 31일에는 '한반도의 비핵화에 관한 공동선언'이 채택되었는데, 남북은 핵무기를 실험, 제조, 도입, 처리, 저장, 배치 및 사용하지 않으며, 핵 재처리 시설과 우라늄 농축 시설도 보유하지 않기로 약속했다.

미국은 약속대로 1992년 1월 말 북한과의 고위급회담을 뉴욕에서 개최했다. 그러나 미국은 이전과 달리 북한에 IAEA 핵안전조치협정의 이행이나 남·북한 상호 핵사찰 허용과 핵개발 포기를 강력하게 요구하면서도 이에 대한 대북 보상 약속은 전혀 하지 않았다. 특히 미국의 캔터^{Arnold} ^{Kanter} 대표는 협상팀에게 북·미관계의 '정상화'라는 표현은 아예 사용하지 말라는 지시까지 사전에 내렸다.[7] 더욱이 미국은 한국정부에 북미회담은 한번으로 끝날 것이며 후속 회담을 하지 않을 것이라고 언질을 주기까지 했었다. 북한은 미국과의 협상을 계속하기 위해 핵안전조치협정에 서명했지만, 미국은 대북 양보를 고려하지 않았다. 이 시점까지는 협상의 성공을 위해 서로 양보를 주고받은 셈이었다. 미국은 핵무기 철수, 팀스피리트훈련 중단, 북·미 고위급회담을 주었고, 북한은 남북기본합의서 채택, 핵폐기물 재처리 중단, 핵안전조치협정으로 조응했다. 그러나 딱 거기까지였다. 애초부터 미국은 북한의 핵개발을 중지시키는 것에만 관심이 있었을 뿐, 더이상의 관계 정상화를 원하지 않았다. 미국이 한차례 고위급회담 이후 본색을 드러내자, 미국과의 관계 정상화를 매우 원했던 북한은 다시 핵개발 카드를 만지작거리기 시작했다.

1992년 하반기부터 북한 핵 문제가 다시 위기 국면으로 회귀하기 시작한 결정적 이유는 이렇듯 미국이었다. 그 이후의 상황 전개는 앞에서 살펴본 그대로다. 미국은 북한의 핵개발 의혹을 더욱 부각하며 자국의 주요 안보 문제 중 하나로 규정하고 대북 강경책으로 맞섰다. 북한의 특별사찰 거부가 한반도 상황을 위기 국면으로 접어들게 만든 결정적 원인이라는 주장이 아주 근거가 없는 것은 아니지만, 미국이 북한의 핵 포기만을 압박하고, 북한에 줄 보상이나 유인책은 전혀 생각하지 않은 것에 더 큰 책임이 있었다는 것이 필자의 생각이다.

이 과정에서 한국의 책임 역시 컸다. 한국정부는 지속적으로 미국에 대북관계 정상화의 속도를 조절할 것을 요청했고, 한미동맹에 조금이라도 영향을 끼치지 않아야 한다는 것을 강조했다. 한국의 북방정책은 북방의 강대국과의 관계 개선에만 몰두했을 뿐 남북관계의 개선에는 관심이 없던 반쪽짜리 정책이었다. 북·일관계 개선에 대해서도 마찬가지로 한국정부는 이른바 '선한 중재자'는 결코 아니었으며, 방해자의 역할을 했다. 이를테면, 북·일 간의 협상에도 한국정부는 사전협의를 요구했다. 이런 식으로 북한을 고립시키면, 결국 북한은 굴복하고 나올 수밖에 없을 것으로 생각했다. 하지만 그것은 결코 유효한 방법이 아니었고, 예상은 빗나갔다.

북한의 생존전략과
군사적 해결책의 허구성

북한체제의 정체성과 생존전략을 이해하기 위해서 두가지 추가 설명이 필요한 것 같다. 먼저 북한이 도발을 일삼고, 핵을 개발하는 등 위협적으로 보이고자 하는 것은 어쩔 수 없는 일종의 생존방법이라는 평가다. 호주국립대의 국제정치학자 개번 매코맥Gavan McCormack은 자신의 책에서 미국과 북한의 위험도를 비교하면서 북한은 큰 짐승의 공격으로부터 자신을 보호하려는 '숲속의 고슴도치'인 반면, 미국이야말로 닥치는 대로 다른 짐승을 잡아먹는 '밀림의 습격자 호랑이'라고 규정하고 있다.[8] 북한을, 가시를 세우고 위협적으로 보이지만, 적의 위협으로부터 자신을 보호하기 위해 실제보다 더 강하게 보이려는 경향을 가진 고슴도치에 비유한 것이다.

같은 맥락에서 북한이 핵무기로 위협하는 전략을 '미치광이 전략madman strategy'이라고 부르기도 한다. 북한이 미치광이라는 것은 오해와 선입견으로 말미암은 것인데, 북한은 이를 역으로 이용해서 자신들이 원하는 것을 획득해왔다.⁹ 합리성을 가진 체제가 아니라 미치광이처럼 보일수록 주변국은 전쟁을 막기 위해서라도 자신들의 요구를 들어줄 가능성이 커진다는 것을 아는 북한이 의도적으로 도발과 위협을 감행한다는 것이다. 북한이 핵무기를 가지고 있지 않았더라면, 과연 체제경쟁에서 완승한 한국이 북한에 협력을 요청하거나, 세계 패권국인 미국의 대통령이 정상회담을 해줬겠느냐를 생각해볼 필요가 있다. 그것을 누구보다 잘 알고 있는 북한의 지도자들은 핵을 포기하기보다는, 더욱 핵무기에 의존할 수밖에 없다. 1990년대 초반의 북·미의 밀고 당기기 과정에서도 역시 북한이 가장 위협적이었을 때 미국은 북한과 대화하였다.

또한 북한은 핵무기를 심각한 경제난에서 벗어날 수 있는 보상 획득의 카드로 사용할 수 있다. 핵실험이나 미사일 발사를 통해 미국이나 남한을 위협하면서 경제적 보상을 받는 것이다. 그리고 북한은 핵무기를 활용해서 내부를 단결시키고자 한다. 북한은 국민에게서 권력이 나오지 않기에 국민의 뜻을 살피는 것이 필수는 아니지만, 권력의 안정성을 위해 불만을 최소화하는 것이 중요하다. 1990년대 초반 소련과 동유럽의 사회주의 독재자들이 무더기로 권좌에서 쫓겨나고, 카다피Muammar Gaddafi가 시민군에 의해 처형당하는 것을 목격했던 북한의 최고지도자는 핵무기를 이용한 내부 단결에 관심을 둘 수밖에 없을 것이다.

북한이 김일성에서 김정일로, 김정일에서 김정은으로 권력을 세습하면서 내세운 권력 정당화의 가장 중요한 원천은 '백두혈통'이다. 그런데, 1990년대 외교적 고립과 경제난으로 체제 위기를 겪고 난 후에는 권력 정당화를 위해 백두혈통 외에도 부가적으로 내세울 것이 필요했다. 그중 하나는 경제발전이고, 다른 하나는 안보 불안을 해결할 수 있는 핵무기라고 할 수 있다. 2017년 말 김정은 위원장은 '핵 무력 완성'을 선언하면서 북한 주민에게 이제 (안보) 걱정은 그만하고 생업에 종사하라고 말했다. 즉 핵무기로 안보를 지켜줄 테니 이제 안심하고, 모두가 단결해 일터로 가자고 촉구하는 것이었다. 총 여섯차례의 핵실험을 할 때마다, 실험이 끝난 후에는 대규모 군중대회를 열어서 '성공'을 자축하는 행사를 했던 것도 북한이 이제는 안보를 걱정할 필요가 없는 핵무기 보유 국가라는 점을 부각함으로써 북한 주민의 안보 걱정을 없애고, 정권에 대한 불만을 제거하려 했기 때문이다.

인민을 항상 굶주림에 빠트릴 정도로 가난하고, 외교적으로 우방국도 별로 없는 북한이 세계 최강의 패권국인 미국을 과연 위협할 수 있을까? 군사력과 경제력 등을 합친 종합 국력을 순위로 매기면 미국은 당연히 1위이고, 북한은 180위 정도다. 그렇다면 상식적으로는 북한이 미국을 위협할 수 없다는 것이 정답일 것이다. 그런데 현재 국제정치 판도와 한반도의 특별함 때문에 그것이 가능하며, 이를 북한의 지도부는 잘 알고 있다. 먼저, 아무리 미국이라도 전쟁을 함부로 일으키지 못하는 세상에서 우리는 살고 있다. 현존하는 국가 중에 미국만큼 많은 국가와 전쟁을 치른 국가는 없을 것이다. 미국은 제1, 2차 세계대전부터 한국전, 베트남전 등등을 치렀고, 최근에는 이라크, 아프가니스탄, 시리아와도 전쟁을 벌였다. 미국의 능력으로 마음만 먹으면 전쟁을 할 수도 있고, 또 이길 것이다. 그런데 미국은 스스로 평화의 수호자이며, 유엔을 포함해 국제기구들을 주도적으로 만들어서 전쟁을 막아온 국가라는 것을 자랑해왔다. 그러므로 국제사회로부터 비난받을 만한 전쟁은 꺼릴 수밖에 없다. 그래서 북한이 남한에 기습공격을 한다든지, 또는 미국인들의 생명을 해치는 행위를 하지 않는 한, 미국이 먼저 전쟁을 일으키기는 어렵다. 물론 트럼프는 세계의 경찰 역할을 더는 하지 않겠다며 국제 협력도 거부하는 등 미국의 민낯을 그대로 보여주기도 했지만, 다른 나라에 대한 개입을 최소화하는 고립주의 노선을 택하고 있어 전쟁을 일으키기 어려운 것은 마찬가지였다.

두번째 이유는 인질의 존재 때문이다. 5천만이 넘는 우리 국민뿐 아니라, 3만명에 가까운 주한미군과 8만명의 그 가족, 그리고 사업이나 관광으로 한국에 머무르는 미국인까지 합하면 평균 30만명이 넘는 미국인이 한국에 존재한다. 미국과 북한이 전쟁을 벌이면 미국이 압도적으로 승리하겠지만, 좁은 한반도는 초토화가 될 것이고, 미국인들의 큰 희생을 피할 수 없을 것이다. 이겨도 이긴 것이 아닐 것이다. 북한의 공격 범위 안에 들어가는 있는 일본도 생각해야 한다. 주둔한 미군의 숫자도, 그리고 미국인의 전체 숫자도 일본이 우리보다 더 많다. 2017년 위기는 재현되었다. 북한은 미국에 도달할 수 있는 대륙간탄도미사일Intercontinental Ballistic Missile, ICBM 개발에 성공함으로써 직접적인 대미 안보 위협 요인이 되었다. 트럼프 대통령이 대북제재를 최대치로 강화하는 것을 포함한 '최대의 압박 정책'maximum pressure을 견지하는 한편, 김정은 위원장과 험악한 '말 폭탄'을 경쟁적으로 주고받으면서 북·미관계는 최악으로 흘렀다. 미국의 강경파를 중심으로 대북 군사행동까지 언급했고, 소위 '코피 작전'bloody nose이라는 구체적인 옵션까지 나왔다.

1994년 미국이 북한의 영변 핵시설에 대한 소위 '외과수술적 공격'surgical attack을 준비했던 것과 유사한 작전이었다. 1994년과 2017년 모두 코피 작전의 성공 가능성과 실효성에는 반대의견이 많을 수밖에 없었다. 애들 싸움에서 코피가 나오면 얻어맞은 쪽에서 굴복하는 방식으로 싸움이 멈춰질 수 있지만, 그것을 국제정치에 적용하는 것은 위험하다. 부분적 군사충돌이 언제든지 전면전으로 번질 수 있다는 것이 문제다. 중동의 이라크가 사막으로 분리된 국가였음에도 미국이 10년 이상 길고 비싼 댓가를 치렀는데, 북한은 한국을 맞대고 있고, 한국에는 미군을 포함해 수십만의 미국인들이 체류하고 있다는 점은 미국과 북한 사이의 단순한 군사력 비교만으로 군사충돌의 실효성을 따질 수 없게 한다. 세상에 '깨끗한 전쟁'clean war이란 없지만, 한반도는 더욱 그렇다. 더욱이 현재는 북한이 핵무기를 보유하고 있다는 점에서 사용 불가능한 옵션이다.

안보딜레마와 리비아모델의 함정

북한의 정체성과 생존전략을 이해하기 위해 두번째로 알아야 하는 것은 안보딜레마 문제다. 안보딜레마는 국제정치의 현실주의 관점의 핵심 개념으로, 안보를 지키기 위한 행위가 오히려 안보를 해치는 딜레마를 말한다. 한 국가가 안보를 확보하기 위해 군비를 확장하는 것이 상대방의 경쟁적 군비 확장을 불러와 오히려 안보를 위태롭게 만드는 것으로, 현실주의의 주장만큼 극단적이지는 않지만, 현실 속에 자주 발생한다. 이는 현실주의가 바라보는 국제정치는 불신이 가득하고, 국내 정치의 정부와 같은 중앙집권력 권위가 부재함으로 말미암아 각국이 각자도생으로 생존하는 세계이기 때문이다. 국가들끼리 서로 전쟁하지 않고 협력하면 될 것 같은데, 전쟁이 끊이지 않는 이유는 자신의 생존을 더 확실하게 확보하는 것이 다른 국가의 생존에 위협이 될 수 있는 역설이 작동하기 때문이다. 내게는 방어이고 평화인데 그것이 다른 국가에는 평화가 아니거나 위협이 되는 것이다. 한 국가가 안보를 위해 군사력을 키우는 것은 곧 다른 국가에는 공격 준비로 해석될 수 있다. 2016년 한국을 뜨겁게 달구었던, 날아오는 미사일을 격추하는 사드를 한국과 미국은 방어무기라고 주장하지만, 중국과 러시아는 위협이라고 주장했다. 강한 방패는 적의 창을 무디게 만들기 때문에 처음에는 방어무기라고 하더라도, 나중에는 위협이 되는 무기로 인식된다. 북한이 자신들이 개발한 핵무기는 미국의 대북 적대시 정책을 막기 위한 자위적 조치라고 주장하지만, 안보 위협으로 인식되는 것도 같은 맥락이다.

이처럼 어떤 보장도 없는 상황에서 모든 국가는 생존에 대한 공포, 즉 안보 불안에 시달리게 된다. 그래서 대다수 국가는 생존을 확보하기 위해 군대를 늘리고 군비를 쌓는 선택을 한다. 모두가 무기라는 수단을 포기하고 무장해제를 하면 평화가 가능하겠지만, 서로에 대한 신뢰나 완벽한 검증이 불가능한 상황에서 혹시라도 혼자만 무장을 해제하는 것은 최악의 결정이 될 수도 있기 때문이다. 그래서 안보딜레마를 초래할 군비경쟁이 최선이 아니라는 것을 알면서도 안보 불안이 완전히 사라지지 않는 한 최악의 상황을 염두에 두고 대비할 수밖에 없다는 것이다.

안보딜레마와 매우 유사한 장면이 영화에 종종 나온다. 두 사람이 서로 총을 겨누는 긴박한 상황에서 상대방에게 먼저 총을 내려놓으라고 요구하지만, 총을 내려놓는 순간 죽는다는 것을 알기에 누구도 먼저 내려놓지 않는다. 그러다가 동시에 내려놓자고 하고 서로 눈치를 보며 내려놓는 경우, 대부분 결말은 한쪽에서 숨겨놓은 총을 꺼내서 쏜다든지, 같은 편이 숨어 있다가 상대를 쏜다든지 하는 이른바 '속임수'cheating가 등장한다.

신뢰가 없는 상황에서 자기를 지켜줄 수 있는 무기를 절대로 내려놓지 않아야 하는 이유다. 그런데 현실주의 관점을 따르더라도 서로의 국력 차가 클 경우, 안보딜레마를 대하는 국가의 입장이 서로 다를 수 있다는 점을 간과해서는 안 된다. 가장 좋은 예가 미국과 북한이고, 바로 핵 문제에 적용된다. 미국과 북한은 신뢰가 없으므로 상대의 속임수를 대비하지 않을 수 없을 것이다. 물론 상대방에게 먼저 총을 내려놓으라고 하거나, 동시에 내려놓자고 하겠지만, 쉽게 실행하기는 힘들다. 그런데 절대적으로 강자인 미국은 북한이 속임수를 쓴다고 하더라도 손해는 입겠지만 치명상을 입지는 않을 것이다. 반면에 미국이 약속을 지키지 않았을 때 북한에는 치명적이다.

이런 이유로 인해 북·미 핵 협상에 임하는 미국과 북한의 접근법이 다를 수밖에 없다. 미국은 북한을 기본적으로 악마화하는 경향이 있을 정도로 불신하고, 또한 국제사회에서 북한의 핵무기와 미사일 개발을 불법으로 규정하고 있기에 북한이 선제적이고 포괄적으로 핵무기와 핵프로그램을 폐기한 후에야 보상이 가능하다는 '선先핵폐기 후後보상'을 가장 선호한다. 반면에 북한은 포괄적 접근은 거부하고 단계적 접근을 선호한다. 자신들이 핵무기를 개발한 이유가 미국의 대북 적대시 정책이므로, 이를 폐기한다는 전제하에서 협상에 임할 수 있다. 그런데 미국의 약속을 신뢰할 수 있을 때 핵을 포기할 수 있으니 단계적으로 미국의 행동을 보고 신뢰 여부를 시험하겠다는 것이다. 이것을 앞의 영화 장면에 적용하면, 미국은 북한이 먼저 총을 내려놔야 믿을 수 있다는 것이고, 북한은 자신이 총을 내려놓을 수 있도록 믿음을 먼저 보여달라는 것이다. 특히 '선핵폐기 후보상'을 받아들였던, 즉 총을 먼저 내려놓았던 리비아 카다피의 비극적 운명을 목격한 북한은 더욱 리비아모델을 받을 수는 없다.

전략적 오판을 낳은
북한붕괴론에 대한 맹신

어쨌든 1990년대 초반의 과정은 이후로 핵 문제가 남북 대화, 북·미 대화, 한반도 평화 등의 모든 문제를 인질로 잡게 만든 계기가 되었다. 선제적으로 해결하지 않고는 그 어떤 것도 진전시키지 못하는 '자기결박'self lock의 함정이 시작되었다. 이 장에서 살펴보았듯이 노태우 정권이 북방정책을 시작할 때 목표는 크게 두가지였다. 하나는 북방의 사회주의 국가들과의 관계 정상화이고, 다른 하나는 남북관계 개선이었다. 그러나 그 진행 과정에서 전자가 상대적으로 진전이 빨랐던 데 비해, 후자는 지지부진했다. 그것은 노태우 정권의 기본적 속성 때문이기도 하고, 또한 사회주의 국가들의 연쇄적 붕괴로 말미암아 노태우 정권이나 미국이 북한에 대한 교차승인이나 남북 교류·협력을 추진하기보다는 대북 배제와 고립을 통한 북한의 체제 위기의 증폭을 노렸기 때문이기도 하다. 한국은 미국의 대북 접근에 개입해 속도를 조절할 것을 요구했고, 이에 따라 미국이 대북관계 개선에 대해 신중하게 대응해나가는 동안 북한 핵 문제가 본격적으로 대두했다.

미국의 정책결정자들은 한국이 이미 소련 및 중국과의 수교라는 성과를 보임에 따라 북한에 더이상의 유인책을 줄 필요가 없다고 여겼다. 오히려 더 밀어붙이면 북한은 항복할 것이라고 성급하게 생각했다. 곤경에 처한 북한이 한·미의 요구를 받아들일 수밖에 없을 것이고, 이를 거부하고 버티면 붕괴에까지 이를 수 있는 상황에서, 구태여 북한에 보상과 타협을 할 필요는 없다는 것이었다. 당시 한·미 정부는 북한의 붕괴를 압박하기 위해 강경정책을 펼 필요나 정당성은 없다고 생각했다. 그러나 미국이나 일본과의 관계 정상화는 북한이 막다른 골목에서 굴복함으로써 받을 수 있는 '상賞'으로 간주했다.

2021년 현재에도 한국과 미국, 그리고 일본까지 일종의 냉전적 연대가 형성되어 있다. 그리고 이들은 북한에 대한 제재와 압박을 강화하면 북한 체제가 버티지 못하고 붕괴할 것이라고 믿는다. 그러나 북한붕괴론에 대한 맹신이 초래한 위험성을 우리는 이미 여러차례 경험했다. 1990년대 초반의 북방외교는 북한에 대한 일본이나 미국의 교차승인을 추진하기보다는 오히려 북한을 더 고립시키려 했다. 이유는 북한은 이미 실패국가이며, 조금만 더 밀어붙이면 붕괴할 것이라고 봤고, 이는 통일을 이룰 수 있는 절호의 기회라고 판단했기 때문이다. 그러나 결과적으로 북한은 붕괴하지 않았고, 오히려 핵무기를 개발하는 데 성공했다. 북한붕괴론을 주장하는 사람들은 때만 되면 기독교 이단 사이비들이 들고나와 세상을 현혹하는 종말론과 비슷하다. 그들은 휴거일이나 재림예수의 강림일이라고 예언했던 날 아무 일이 일어나지 않아도 해명이나 사과도 없다가 얼마의 시간이 흐르면 어김없이 좀비처럼 기어나온다. 한·미의 북한붕괴론자들도 지난 수십년간 같은 행태를 보였다. 사회과학자들은 점쟁이가 아니므로 예측이 틀릴 수 있다. 그러나 틀렸을 경우, 왜 틀렸는지에 대해서 설명하고 논지를 수정해야 한다. 그런데 아무런 설명도 없이 시간이 지나면 똑같은 붕괴론을 가지고 재등장한다. 이들은 또한 지난 보수정부들로부터 막대한 예산 지원까지 받았다.

1990년대 초의 임박한 북한의 붕괴라는 예측은 틀렸고, 이 때문에 큰 전략적 오판이 이루어졌다고 해도 과언이 아니다. 정치가든 학자든 '아니면 말고'라는 식의 무책임함으로 일관하는데, 이는 단순한 개인적 책임성이나 역량 부족이라는 실패를 넘어 정책적 오판으로 말미암아 국익에 손해를 끼치는 행위가 될 수 있다. 붕괴할 것이라는 예상과는 달리 북한은 1990년대 중반의 소위 '고난의 행군' 시기를 살아남았을 뿐 아니라, 결국 핵무기 개발에까지 성공했다. 비핵화를 위해 한국과 미국이 치러야 할 비용이 수배에서 수십배로 늘어났음을 의미한다.

북방정책이 남북관계 개선으로 이어지지 못하고, 오히려 1차 북핵 위기로 치달은 것은 앞장에서도 지적한 바와 같이 이 시기 미국의 대외정책이 혼선을 빚었던 탓이 컸다. 냉전이 종식되고 탈냉전이라는 새로운 국면이 전개되는 과정에서 수십년 동안 미국이 견지해오던 트루먼독트린, 즉 봉쇄정책의 대상이 사라져버린 것이다. 하지만 새로운 질서에 대한 미국의 대응에 관한 합의가 아직 마련되지 못했다.[10] 냉전체제가 붕괴한 이후 미국은 질서 재편과 관련된 여러가지 새로운 원칙들을 세우기 위해 노력했지만, 이를 종합할 수 있는 분명하고 체계적인 이른바 '그랜드 전략'Grand Strategy을 구축하는 데는 어려움을 겪었다. 사실 미국 대외정책의 역사를 살펴보면 일관성 있는 거시전략이 의외로 많지 않다. 먼로독트린, 트루먼독트린, 그리고 닉슨독트린 등 손에 꼽을 정도만 제외하면, 대부분 큰 그림을 체계적으로 준비하고, 일관성 있게 추진하기보다는 상황에 따른 대중적인 성격이 강했다. 냉전이라는 명확한 질서가 무너지고 도래한 탈냉전이라는 미래를 쉽게 예측할 수 없는 국제정세는 이러한 특징을 더욱 강화했다. 미국은 새로운 세계질서에 대한 일반론적 고민의 범주를 벗어나지 못했다.

따라서 이 시기 미국의 외교정책은 전지구적으로 일어나고 있는 변화들을 그야말로 신중하게 관리하는 정도에 치중했다. 기본적으로 현상 유지일 수밖에 없었다. 한국의 북방정책이 동북아에 안정을 가져다주고, 이 것이 미국의 이익이 될 수도 있겠지만, 반대로 한·미와 미·일 동맹을 약화할 수도 있다는 점을 고려하지 않을 수 없었을 것이다. 따라서 기존의 질서를 흔들지 않는 범위 내에서 북한과의 대화에 나섰다. 적극적으로 미국과의 관계를 개선하기를 원하던 북한은 이런 미국에 대해서 실망했다. 이런 와중에 걸프전쟁까지 터지자 북·미관계 개선의 기회는 더욱 요원해 져버렸다. 이후 미국의 정책은 북한과의 관계 개선을 통해 비핵화를 달성하는 방안은 없어지고, 북한의 핵개발을 저지하는 것이 최대의 목적이 되었다. 한국과 미국은 국제질서가 변하는 상황에서 보상이나 설득을 하려는 생각은 없이 북한에 변화만을 강압적으로 요구했다.

마지막으로 지적할 것은 한국정부의 어이없는 대미 의존의 관성이다. 김영삼은 군사정부 시대의 종언을 고하고, "어떤 동맹국도 민족보다 나을 수 없다"면서 대단히 민족주의적인 정체성을 강조하며 등장했다. 그러나 그는 자신의 정권욕을 위한 3당 합당으로 정권 교체의 의미를 훼손했으며, 집권 후 시간이 갈수록 대북정책의 자율성을 확보하기는커녕 한·미·일 냉전세력의 주장을 대변하는 역할을 했다. 북한 핵 문제가 불거지자 "핵을 가진 자와 악수할 수 없다"고 언급하면서 남북관계 개선을 위한 자주적 모색을 거부하고, 다시 한미동맹의 틀에서 대북 적대시 정책으로 대북정책을 환원해버렸다. 김영삼 정부는 한반도 전쟁 위기의 심각성이나 미국이 비밀리에 준비하고 있던 군사적 행동을 전혀 파악하지 못하고 있었다. 김영삼 정부는 미국이 1993년 팀스피리트훈련을 통해 한반도에서 전쟁을 준비하기 시작했고, 1994년 위기가 고조되면서 대규모 군비를 확충할 때도 아무런 조치를 취하지 못했다. 미국이 시뮬레이션으로 영변 폭격을 준비하고 있는 것도 물론 알지 못했으며, 실행단계에 가서야 이를 통보받는 수준이었다. 그는 오히려 미국 강경파의 대변자가 되어 위기에 기름을 끼얹는 발언만을 반복했다. 이 때문에 미국에서조차 1994년의 위기를 가장 조장한 것은 워싱턴이 아니라 김영삼 대통령이라고 주장하는 이들이 많다.[11] 영변에 대한 미국의 폭격은 그것으로 끝나지 않고 전면전쟁으로 비화할 수 있는 사안이었지만, 김영삼 정부는 1994년 6월 주한 미국대사가 통보해줄 때까지 그것을 인지하지 못했다. 주권국가가 자신의 운명을 남에게 맡긴 것도 모자라서, 그 운명을 비극으로 몰아가려고 선봉에 섰다는 사실조차 인지하지 못했다는 것은 수용하기 어려운 일이다.

제10장
김대중 정부의 햇볕정책과 미국

/

햇볕정책의
개념과 기원

햇볕정책Sunshine Policy은 김대중 정부가 추진한 북한에 대한 포용정책이다. 김대중 정부는 남·북한 교류와 협력의 증대를 통해 북한을 개혁 및 개방으로 유도하고자 화해와 포용을 기본으로 하는 대북정책을 선언하고 추진했다. 포용정책이라는 기준에서 보면 최초의 기원, 또는 원형은 1970년대 초 남북 사이에 있었던 긴장 완화, 즉 데탕트 시기였다. 물론 미국과 중국이 조성한 데탕트로 말미암아 떠밀리듯이 진행하기는 했어도 한국전쟁 이후 20년간의 강경 대결과 긴장의 남북관계를 뒤로하고 맞은 해빙의 기회였다. 당시 포용정책의 결과로 1972년 7·4 남북공동성명과 1973년 6·23선언이 있었고, 남북적십자회담과 이산가족상봉 등이 가능했었다.

그러다가 1980년대 후반 한국의 민주화와 1990년대 초 세계의 탈냉전 물결이 확산하면서 한반도에 훈풍이 불자 보수정부이자 쿠데타 세력의 일원이었던 노태우 대통령이 북방정책을 제시하며 대북 포용정책을 계승했다. 그 결과 1991년 남북기본합의서에 서명하고, 남·북한이 유엔에 동시 가입하게 되었다. 노태우 정부는 보수정권으로서 냉전 종식의 국제정치를 활용해서 한반도의 냉전구조 해소를 위한 정책을 선택했지만, 정권의 근본적 정체성의 한계를 벗어나지 못했다. 시간이 갈수록 국내 정치는 공안정국으로 흘렀고, 대외정책 역시 본격적인 포용정책으로 나아가지 못했다. 북방정책은 남북과 북·미의 불신을 극복하기 위한 정책이었으나 오히려 불신이 깊어졌고, 북한은 당면했던 체제 위기를 타개하기 위한 수단으로 핵무기 개발을 본격화했다.

냉전체제의 붕괴가 완료되고 탈냉전이 본격화하는 시기에 등장한 '문민 1기' 김영삼 정부는 1993년 2월 25일 대통령 취임식에서 어느 동맹국도 민족보다 더 나을 수는 없으며, 어떤 이념이나 어떤 사상도 민족보다 더 큰 행복을 가져다주지 못한다는 당시로는 파격적인 내용의 연설을 했다. 그리고 김일성에게 역대 대통령 중 처음으로 남북정상회담을 제의했다. 당시 3당 합당으로 야당에서 여당으로 변신해 대통령이 되었지만, 민주화운동의 전력을 지녔던 김영삼 대통령은 대북관에서 나름의 진보적 성향을 내보였다. 그러나 동맹국인 미국보다 북한을 더 중요하게 생각한다는 비판에 직면하자, 곧바로 여기서 동맹은 북한의 중국과 러시아를 의미했다고 말함으로써 급하게 비판을 진화했다. 그리고 시간이 가면서 북한의 체제 위기가 심화하자 생각을 바꿔 북한붕괴론을 제기함에 따라 점차 초기의 정책들이 사라지게 되었다. 당시에 북한을 비행 중에 고장이

난 비행기에 비유하며 북한이 어떻게든 고친 후 비행을 할 것인지(개혁·개방), 추락할 것인지(붕괴), 아니면 고장이 난 채로 꾸역꾸역 견디고 나갈 것인지에 대한 시나리오 분석이 유행했다.[1]

재미 북한전문가 박한식은 북한에 대한 한·미 양국의 열두가지 편견 중 하나로 북한붕괴론을 지적하면서, 이는 1948년 북한이 정부를 수립한 직후부터 시작되었다고 말한다.[2] 이후 미국에서는 1980년대 말 사회주의 진영이 붕괴되자 북한도 그 대상에 포함하기 시작했다. 특히 1994년 김일성 주석이 사망하자 미국은 북한의 붕괴가 시간문제라고 여겼다. 김영삼 대통령은 "통일은 예기치 않은 순간에 갑자기 닥쳐올 수도 있다"고 아예 대놓고 말하기도 했다. 그리고 2011년 12월 김정일 국방위원장이 사망했을 때도 다시 북한의 붕괴가 임박했다는 주장이 어김없이 등장했다. 아인슈타인은 "미친 짓의 정의는 똑같은 일을 반복하면서 다른 결과를 기대하는 것이다"(The definition of insanity is doing the same thing over and over again, but expecting different results)라고 했다.

햇볕정책이라는 말이 김영삼 정부에서 먼저 나오기는 했다. 1993년 5월 15일 한완상 통일부총리가 『한겨레신문』과의 인터뷰에서 햇볕정책이라는 말을 처음 썼고, 핵심 개념에 대해서도 "정부는 북에 대해 한파로 옷을 벗기기보다는 따뜻한 햇볕을 쬐어 스스로 웃으며 옷을 벗게 한다는 방침"이라고 표현했다. 그러나 그의 정책 제안은 김영삼 정부 내부의 강경파에 밀려서 현실화되지 못하고 폐기되었다.[3] 집권 초기의 남북관계 개선 및 통일에 대한 전향적 자세는 시간이 갈수록 사라지고 3당 합당의 후유증과 당시 북한 내부의 어려운 사정으로 말미암아 북한의 체제붕괴론과 흡수통일론이 힘을 얻게 되었다. 김영삼 정부의 대미정책과 대북정책은 무원칙으로 일관하면서 북한과 미국 어느 쪽의 신뢰도 얻지 못했다.

당시 북한은 1980년대 말부터 이어진 한국의 공세적 북방정책으로 국제 사회에서 계속 소외되었고, 최악의 자연재해와 식량난으로 체제 위기가 극도에 달했다. 게다가 1994년 7월 김일성이 갑작스럽게 사망하면서 남한에는 북한의 붕괴론이 공공연하게 퍼졌다. 결국 김정일은 김영삼이 집권하는 동안 남한과는 상대하지 않겠다는 결론을 내려버렸다.

대북 포용정책을 본격적으로 꽃피운 것은 김대중 대통령이었다. 그는 대북 포용정책이 이전 정부들에서도 일부 있었지만, 대부분이 형식적이거나 실제로 본격적인 교류가 이뤄지지 않고 반대로 적대적으로 되는 경우가 더 많았다는 반성에서 출발하였다. 김대중은 대통령이 되기 훨씬 전부터 포용정책의 중요성을 반복적으로 강조했었다. 한국도 탈냉전을 맞아 세계적으로 공산주의가 퇴조한 마당에 북한에 대해 적대와 경쟁이 아니라 호혜와 협조의 방향으로 나아가야 한다고 역설했다. 1993년 6월 6일 영국 연수 중 했던 런던대학 강연에서 북한을 변화시키고 남북관계를 발전시키려면 햇볕정책이 필요하다고 주장하면서 "나그네의 외투를 벗기는 것은 강한 바람이 아니라 뜨거운 햇볕"이라는 이솝우화를 인용했다. 그리고 1994년에는 미국의 정계 인사들과 만나 재차 햇볕정책의 필요성에 대해 강조했다.

이후 대통령이 된 김대중은 햇볕정책을 본격적으로 실시하였다. 북한과의 대화나 협력을 강조하거나, 또는 평화공존 정도의 정책을 생각했던 정부들과는 달리 김대중 정부는 북한에 대한 지원을 통해 북한의 변화와 협력을 이끌겠다는 목표를 세운 것이다. 물론 이런 구상이 실현 가능성을 가질 수 있었던 것은 냉전이 종식되고 탈냉전이 도래한 그간의 변화로 말미암은 것이었다. 1970년대 이후 한국이 급격한 경제발전을 이루면서 북한과의 체제경쟁에 자신감을 가지게 되었고, 특히 북한이 자연재해와 탈냉전으로 인한 외교적 고립으로 체제 위기에 빠졌다는 점도 큰 배경이 되었다. 햇볕정책 역시 노태우 정부의 북방정책과 마찬가지로 서독의 대동독 화해·협력 정책을 본뜬 것이라고 볼 수 있다. 북방정책이 과거 공산권 국가들과의 수교를 비롯한 외교 확대에 방점이 찍혀 있다면, 햇볕정책은 대북정책에 방점이 찍혀 있다. 양자 모두 냉전체제 해체 이후 형성된 협력과 평화 체제의 산물이라고 할 수 있다.

김대중 정부의 출범과 햇볕정책

역사상 처음으로 여야 정권 교체를 이루고, 문민 2기 '국민의 정부'를 출범시킨 김대중은 기존의 대미 및 대북 정책에 전환의 계기를 마련하고자 노력했다. 김대중 정부는 미국에 대한 절대적 의존이나 동맹지상주의에서 탈피하기 위해 독자적 외교의 길을 가고자 했다. 특히 북한에 대해 이전 정부들과는 전혀 다르게 배제와 타도의 대상이 아니라 대화의 상대로 인정하고 포용과 협력을 통해 점진적인 변화를 이끌려고 노력했다. 대결을 통해서는 한반도 긴장을 해소할 수 없으며, 대화와 협력을 통해 상생의 길을 모색하자는 것이었다. 이러한 '햇볕정책'은 초기에 국민의 지지를 받았는데, 그것은 국제정치적으로 냉전체제가 붕괴하고 한반도의 대결구조가 이완되면서 안보 담론이 일시적으로 후퇴한 덕택이 컸다.

그렇다고 해서 미국이 북한에 대해 한국정부와 같은 생각을 하고 있었던 것은 아니다. 미국은 1990년대 초부터 불거진 북한의 핵무기와 미사일 개발이 자국의 세계전략에 역행하는 것이며, 자국에 대한 도전이라고 인식했다. 비록 1994년의 '제네바합의'를 통해 1차 핵위기가 해소되고, 북한의 핵 개발은 동결되었으나 그 이후 진전이 여의치 않았기에 미국은 북한에 대한 경계와 의심을 거두지 않고 있었다. 그러나 김대중 대통령은 과감하게 대북정책의 변화를 선도했고, 클린턴 행정부를 설득하는 데 성공하였다. 이 때문에 1998년 2월 김대중 대통령이 취임한 이후 2000년까지 한국이 대북정책을 주도하고 미국이 이를 지지하는 새로운 형식의 한·미 공조가 가능했다. 건국 이후 미국의 절대적인 영향력 아래에서 한국이 자율성이 거의 행사될 수 없었던 양국관계에 전환점을 이룬 시기였다고 할 수 있다.

김대중 정부는 북한붕괴론을 폐기하고 북한의 점진적인 변화를 위한 포용정책을 전면에 내세웠다. 김대중은 북한이 체제 위기에 직면한 것은 분명하지만, 체제 붕괴는 희망적 사고일 뿐이라고 판단했다. 또한 북한이 붕괴한다고 하더라도 남한사회에 끼치는 부정적 파급효과가 너무 클 수 있다는 점에서 바람직하지도 않다고 생각했다. 따라서 흡수통일을 배제하고 남·북한이 평화적 상호공존을 통해 신뢰를 쌓다가 여건이 성숙하면 통일을 이루면 된다는 전략을 선택하였다. 통일은 결과보다 과정이라는 신념에 기초한 것이었다. 또한 탈냉전 이후 한반도 문제의 국제적 맥락이 확대되는 상황에서도 남·북한 당사자 해결 원칙을 고수했다.[4] 이러한 대북정책은 곧 한반도의 평화를 구축하기 위한 노력인 동시에, 그동안 미국에 절대적으로 의존하던 대북정책에서 독자적인 영역을 구축하려는 새로운 시도이기도 했다.

사실 한국의 대미정책은 한국 정치사회의 변화를 반영하는 것이기도 했지만, 미국의 대한반도 정책의 변화를 반영하는 함의가 훨씬 더 컸다. 그래서 이전까지는 한국이 미국의 대북정책과 자동으로 일치된 노선을 취해왔지만, 김대중 정부는 최초로 한국의 자율적인 영역을 확보하려고 했다. 물론 자본주의 진영이 냉전에서 승리함으로써 미국 외교의 유연성이 상대적으로 커졌고, 더욱이 '자유주의적 국제주의'liberal internationalism를 기본 대외정책 노선으로 삼은 민주당의 클린턴 행정부가 집권했다는 점이 큰 플러스 요인이었지만, 김대중 정부의 부단한 노력과 설득이 가장 중요한 변수였다. 이전까지 한국은 단순히 대미 추종만을 했으며, 때로 한국의 불만이 불거져서 한·미관계가 일시적으로 나빠진 적은 있었지만,[5] 이렇듯 한국이 적극적으로 정책 전환을 주도하고 미국이 동의한 것은 최초였다. 김대중 정부와 클린턴 행정부가 함께했던 1998~2000년은 짧은 기간이었지만 이러한 한국 주도의 대북정책이 태동한 시기이자, 한국 외교의 자율성이 처음으로 의미를 지니는 시기였다.

여기에는 김대중 대통령 개인의 철학과 비전도 큰 역할을 했다. 오랜 기간 북풍이나 용공 조작의 최대의 희생자 중의 한명이었던 그는, 북한 위협을 과장함으로써 국민의 안보 불안 심리를 자극하고, 이를 동맹의 절대성으로 연결해 권력을 잡은 이전의 집권자들과는 확연하게 달랐다. 1998년에 열린 한미정상회담은 새로운 대북정책의 출범을 한·미 양국이 공식적으로 확인하는 자리였다. 클린턴 행정부가 처음부터 김대중 대통령의 햇볕정책을 기꺼이 지지한 것은 결코 아니었다. 오히려 미국은 핵무기를 포함한 대량살상무기의 확산 방지에 주력하고 있었기에, 북한의 새로운 금창리 핵개발 시설 의혹과 대포동미사일 1호 시험발사로 극도로 예민해져 있을 때였다. 워싱턴은 햇볕정책이 문제의 심각성에 비해 지나치게 온건한 접근이며, 북한에 일방적으로 양보함으로써 북한의 가시적인 양보는 끌어내기 어려울 것으로 판단했다.[6] 특히 제네바합의가 이루어진 지 불과 한달 후에 있었던 미국 중간선거에서 공화당이 의회의 다수당이 되면서 핵을 동결시킨 합의 체제가 흔들리고 있었다. 결국 클린턴 행정부는 윌리엄 페리를 새로운 대북정책조정관으로 임명하고 대북정책을 전면 재조정하기로 했다.

북·미관계가 경색되는 것을 막기 위해 김대중 정부의 끈질기고 단호한 설득이 이어졌다. 결국 한국정부의 설득으로 클린턴 행정부는 대북 강경책으로 선회하겠다는 계획을 접고 대화를 통한 해결을 결심하였다. 김대중 정부는 금창리에 대한 의혹 해소와 미사일 시험발사 중지라는 미국의 협상조건을 가지고 북한을 설득했고, 북한도 이를 수용했다.[7] 이 과정에서 김대중 대통령의 리더십과 민주화 투사로서의 역정에 대한 클린턴 대통령의 기본적인 신뢰와 존경심도 물론 큰 역할을 했다.[8] 클린턴은 한국이 대북정책의 운전석에 앉고 미국이 조수석에서 지원하는 것이 바람직하다는 의미있는 언급을 하기에 이르렀다.[9] 미국정부는 대북정책에 대해서 한국의 주도적 입장을 인정하고 지지하겠다는 뜻을 밝힌 것이었다. 김대중 정부는 미국의 지원과 동조에 힘입어 남북관계 증진에 박차를 가했는데, 정경분리에 기초해서 '남북 경제협력 활성화' 조치를 발표해 남측 기업의 대북 진출을 장려했다.[10]

그 결과 한·미관계와 북·미관계는 최고의 해빙기를 맞는다. 2000년 6월 역사적 남북정상회담이 개최되었으며, 북·미 공동 코뮈니케에 합의한다. 소위 '페리 프로세스'로 불리는 한반도 냉전구조 해소를 위한 포괄적 접근 전략이었다. '페리 프로세스'는 공식적으로는 대북정책조정관 윌리엄 페리에 의해 1999년 10월 작성되어 클린턴 대통령에게 제출된 보고서를 기본으로 한다. 북한 핵 문제에 대한 포괄적 해결방안을 담았는데, 배후에 작동했던 한국의 주도적 노력이 있었기에 '김대중 프로세스' 또는 '임동원 프로세스'라고도 불린다. 또는 군사적 옵션이나 압박정책을 포기하고 북한에 대한 포용정책으로 전환했다는 점에서 '미국판 햇볕정책'이라고 불리기도 한다.

이렇게 클린턴 행정부와는 한·미, 남북, 북·미 관계가 선순환으로 연결되면서 한국의 대미자율성이 상대적으로 제고된 시기를 보냈다. 하지만 2년간 가능했던, 새로운 차원의 한·미관계를 모색하려는 노력은 조지 W. 부시 행정부가 들어서면서 곧바로 어려움을 겪었으며, 김대중 정부는 비대칭 동맹의 한계를 절감하며 미국의 공세적 외교를 완충하는 데 모든 에너지를 쏟아야 했다. 부시 대통령은 집권하자마자 클린턴 행정부의 포용정책을 전면 재검토하고 엄격한 상호주의와 검증절차를 강화했으며, 남한에도 대북 강경책에 동조할 것을 압박했다. 대북 포용정책에 대하여는 어차피 붕괴할 북한 정권을 지원할 필요가 없으며 오히려 그 붕괴를 촉진하는 것이 더 낫다는 소위 '정권 교체'regime change론이 클린턴 행정부 당시에는 비주류의 의견으로 수면 아래 있었으나, 부시 정부에 와서 급속하게 대세로 부상했다.[11] 이 때문에 2000년 남북정상회담을 전후로 해서 최고조에 올랐던 화해 분위기는 급속하게 얼어붙었고, 덩달아 한·미관계도 어려워졌다. 미국의 집권당 교체로 남한의 대외정책 자율성이 즉각적으로 제한된다는 것은 한반도에서 미국의 영향력이 얼마나 절대적인가를 재확인해주는 것이었다.

김대중 정부는 부시 취임 초기에만 하더라도 미국과의 접촉을 통해 대북 포용정책을 지속하고자 하였고, 노력 여부에 따라 미국을 설득할 수 있다고 믿었으나 통하지 않았다. 클린턴 정부 말기에 조명록 북한 차수와 올브라이트Madeleine Albright 국무장관의 교환 방문을 포함해 급속도로 진전이 이뤄진 북·미관계가 결실을 이루진 못했으나, 이를 부시 행정부가 이어주기를 원했다. 미국 측에서도 올브라이트 장관은 부시가 당선된 이후 차기 안보보좌관으로 내정된 콘돌리자 라이스Condoleezza Rice를 접촉하면서 북한 관련 브리핑을 제안하기도 했다. 이 만남은 결국 불발되었지만, 올브라이트는 차선책으로 콜린 파월Colin Powell 국무장관 내정자와 웬디 셔먼Wendy Sherman 대북정책조정관, 그리고 잭 프리처드Jack Pritchard 대북특사와 연속적으로 만나서 그간의 대북협상을 브리핑하고 부시 행정부가 이것을 계승하기를 기대했다. 그러나 이는 민주당 정부의 희망사항일 뿐이었으며, 부시 대통령은 취임하자마자 클린턴 행정부의 대북정책을 전면 부정하고 강경론으로 돌아섰다. 사실 이는 충분히 예견된 일이었다.

부시 행정부가 전임 클린턴 정부의 모든 정책을 뒤집는다는 소위 'ABC'Anything but Clinton 정책과 기독교 근본주의 대외정책을 취함으로써 한·미관계의 갈등이 시작되었고, 미국은 한국의 대북정책에 거부감을 분명히 했다. 양국 관계는 첫 방미와 정상회담에서부터 틀어졌는데, 부시 대통령은 김대중 대통령을 '이 사람'this man이라고 부르는 등 외교적 결례로 일관하였고, 햇볕정책에 대해서도 의문을 제기했다. 전임 클린턴 대통령과는 달리 부시의 대북 적대감은 김대중 대통령의 어떤 설득에도 흔들리지 않았다.[12] 설상가상으로 미국정부가 최우선 순위를 두고 추진하려 했던 미사일 방어에 대해서 한국이 미온적인 반응을 보이자 부시와 김대중 대통령이 가진 최초의 정상회담은 그야말로 최악의 분위기에서 진행되었다.

사실 대선 유세 과정에서부터 대북 강경정책 기조를 내비친 부시 정부는 연속적인 대북 강성발언과 더불어 전임 클린턴의 대북정책의 전적인 전환을 추진한 것은 물론이고, 남북관계의 진전에도 제동을 걸었다. 첫 만남부터 어려움에 직면한 김대중 정부는 임기 내내 선한 중재자로서 미국과 북한 사이에서 부단히 관계를 이끌려 했지만 결국 성공하지 못했다. 클린턴 정부 당시 강경했던 윌리엄 페리 국방장관을 설득하여 미국판 햇볕정책인 '페리 프로세스'를 이끌었던 외교력이 이번에는 전혀 통하지 않았다. 미국은 자국의 이익과 정책 우선순위를 한국을 고려해 재조정하려는 어떤 노력도 보이지 않았다. 이는 김대중 정부의 외교력의 문제라기보다는 당시 워싱턴을 장악한 네오콘들에게 북한에 대한 포용정책이 들어갈 틈이 전혀 없었기 때문이기도 하다. 그들에게 김정일은 포용의 대상이 아니라 배제와 파괴의 대상일 뿐이었다. 페리보고서가 북한체제의 붕괴를 배제하고 존속 가능성을 전제로 했던 반면에 공화당이 주도했던 '아미티지보고서'는 페리보고서의 전제와 방법론을 부정하면서, 소위 '포괄적 접근'comprehensive approach이라는 이름으로 강력한 군사적 억제력을 앞세워 북한의 변화를 압박하고, 북한이 이를 거부할 경우 정권 교체까지 염두에 두는 것이었다.[13]

2001년 9·11테러 사건 이후 미국은 더욱 공세적으로 돌아서면서 그나마 미미하던 가능성도 사라져버렸다. 미국의 대북정책에 대한 한국정부의 의견은 무시되었고, 미국은 테러 방지와 대량살상무기 확산 방지의 차원에서만 북한 문제에 접근하였다. 햇볕정책이 성공하기 위해서는 구도상 북·미관계의 개선이 필수조건인데, 부시 행정부 출범 이후 북·미관계는 악화일로를 걸었다.[14] 네오콘들은 우라늄 농축 카드를 이용해서 제네바합의를 폐기하는 데 마침내 성공했다. 일이 이쯤 되자 북한도 핵시설의 봉인을 해제하였고, IAEA 감시단을 추방하였으며, IAEA 탈퇴 선언으로 대응하였다. 1994년 1차 핵위기를 막았던 제네바합의는 8년 만에 역사의 뒤안길로 사라졌고, 한반도에는 이른바 '2차 북핵 위기'가 닥쳤다. 당시 한·미관계가 어려워진 것은 김대중 정부의 자주적 대북정책 탓이라기보다는 심지어 일본까지 포함한 주변국들과도 유리된 부시 행정부의 일방적이고 강경한 정책 탓이 더 크다는 점이 분명하게 지적되어야 한다.

이유야 어떻든 결과적으로 동맹 반세기의 대미 의존 관성으로 말미암아 한국정부가 미국과 노선 차이를 보이는 것은 미국에 대한 배은망덕과 도전으로 인식되었고, 국내 보수세력은 이에 편승해서 김대중 정부에 대한 비판에 열을 올렸다. 이들은 클린턴 행정부 당시 한·미 공조가 순탄하게 이어지고, 남·북한 화해와 협력 관계가 국민의 고른 지지를 받을 때는 위축되었다가, 한·미관계가 난항을 겪고, 이것이 북·미관계 악화로 이어지자 곧바로 반격에 나서 김대중 정부의 햇볕정책을 난도질했다.[15] 햇볕정책은 북한에 대한 포용정책이며, 대결과 긴장이 아닌 화해와 협력을 추구하는 정책이다. 냉전이 종식된 이후 시작된 북한의 붕괴론에 대해서는 북한의 붕괴가 남한에 유리하지 않으며, 화해와 협력을 통한 평화공존을 이루고 난 후 점진적인 통일을 추구하는 것이 훨씬 낫다는 목표를 갖고 있다. 남·북한의 갈등은 서로에 대한 이해와 신뢰가 부족해서 생기는 것이므로 서로 교류하고 협력하다보면 이해와 신뢰가 생길 수 있다는 기능주의functionalism적 관점을 지향한다. 그렇다고 보수진영에서 공격하듯이 안보를 경시하는 것이 아니라 튼튼한 안보를 통한 전쟁 억지를 우선하는 한편, 화해와 협력을 통해 북한이 스스로 변화의 길로 나올 수 있는 적합한 환경을 조성한다는 것이다.

햇볕정책의
핵심 원칙과 내용

햇볕정책은 남북의 화해와 교류, 그리고 협력을 통해 북한을 평화와 개혁, 그리고 개방의 길로 인도한다는 매우 적극적인 대북정책이다.[16] 외교에 있어서 포용정책 또는 관여정책으로 불리는 'engagement'와 유사하지만, 그 이상의 함의와 내용을 가진다. 대북 포용정책 외에 군사적인 억지력 확보, 국제 공조, 그리고 국민적 합의 등도 포함되어 있다. 또한 궁극적으로는 평화통일을 지향하는 통일정책이기도 하다. 그러나 동시에 '선先평화 후後통일'의 평화 우선 정책이다. 일단은 평화공존을 달성하고, 시간을 두고 점진적으로 북한의 변화를 유도한 다음 통일에 이른다는 것이다. 김대중 대통령의 취임사에 천명된 햇볕정책의 3대 기본 원칙을 살펴보면 다음과 같다. 먼저, 북한의 군사적 위협이나 무력도발을 불용한다. 다음으로, 흡수통일의 공식적 포기와 함께 북한체제를 흔들거나 위협하는 행위도 일체 포기한다. 그리고 마지막으로는 1991년 남북이 체결한 '화해와 불가침 및 교류·협력에 관한 합의서', 즉 '남북기본합의서'에 입각하여 교류와 협력을 추진한다는 것이다.

이러한 기본 원칙에 입각하여 다음의 특징들을 포함한다. 먼저 햇볕정책은 겉으로 보기에는 매우 부드러운 정책으로 인식되어 자주 '유화정책'appeasement policy으로 오인되거나 비판받는데, 그것이야말로 햇볕정책에 대한 오해다. 햇볕정책은 매우 적극적이고 주도적이며, 심지어 공세적인 정책이다. 이전까지 남한의 대북정책은 매우 선제적proactive이기보다는 북한의 도발이나 공세에 대해 '대응적'reactive이었다. 겉으로는 북한에 대한 강경한 자세를 유지하는 것처럼 보이지만, 실제로는 북한에 주도권이 있고, 한국은 북한의 행동에 반응만 하는 수동적 패턴이 고착화했다. 그러다보니 대북정책이 일관성이 부족하거나 왔다 갔다 불안정했으며, 그 결과 역시 좋지 않았는데, 김대중 정부의 햇볕정책은 이에 대한 반성과 전환을 담고 있다. 김대중 정부는 초기에 북한이 햇볕정책을 무시했지만, 이에 굴하지 않고 교류와 협력을 통한 대북 포용정책을 밀고 나갔다. 이솝우화의 햇볕은 따뜻하고 부드러운 측면도 있지만, 나그네의 행동을 적극적으로 바꾸는 공세적 측면이 있다.

두번째 특징은 점진적인 실용주의라고 할 수 있다. 김대중 정부 당시 외교수석이었으며, 후에 통일부 장관을 역임한 임동원은 이를 4개의 사자성어로 집약해서 표현했다. 남·북한 사이에 쉬운 것을 먼저 풀어가면서 어렵고 예민한 문제들은 나중에 접근하자는 선이후난先易後難, 상호 이익의 영역이 크며 포지티브섬게임인 경제적 문제를 먼저 논의하고, 배타적 이익의 영역이 큰 제로섬게임인 정치적 문제는 나중에 접근하자는 선경후정先經後政, 민간이 먼저 앞장서 토대를 만들고, 그 위에서 정부가 움직이자는 선민후관先民後官, 그리고 중요한 방법론은 먼저 베풀고 나중에 얻는다는 선공후득先供後得이다.

이런 실용적 사고로 꾸준히 밀고 나간 덕분에 당시 미국도 설득할 수 있었고, 최초의 남북정상회담을 이끌었으며, 6·15 공동선언에 합의할 수 있었다.[17] 사실 '선공후득'은 김대중 대통령을 비롯해 대북정책 입안자들이 보수여론을 의식해 입장 표명을 자제했던 사항이었지만, 어쩌면 가장 중요한 원칙이기도 하다. 이른바 '비대칭 상호주의'인데, 미국과도 가장 큰 견해 차이를 보이는 부분이다. 햇볕정책 초기에 윌리엄 페리 대북정책 조정관도 협의 과정에서 한국정부의 선공후득의 유효성에 대한 문제 제기를 하였다. 한국정부는 한반도에서 전쟁 재발을 막고, 평화공존을 가능하게 하려면 북한이 원하는 것을 먼저 줌으로써 남북 사이의 불신을 해소하고 교류와 협력을 통해 신뢰를 구축한 다음에야 북한이 개방과 개혁의 길로 나아갈 수 있을 것으로 판단했다. 시간이 걸릴 수 있지만, 현실적으로 이 길밖에는 없다고 믿었다.

외교적 협상은 당연히 등가의 교환을 전제한 상호주의에 기초해야 한다는 것은 기본 상식이다. 그러나 상호주의는 관계에 따라 엄격한 대칭적 상호주의도 있지만, 비대칭적인 상호주의도 가능하다. 펌프의 물을 퍼 올리기 위해 '마중물'을 쓰는 것과 같은 논리라고 말한다. 펌프의 배관 속에 물이 없으면 펌프를 작동해도 물이 올라오지 못한다. 이를 방지하기 위해 물을 넣어 내부의 공기를 배출해야 양수가 된다. 김대중 정부의 햇볕정책은 남북화해와 평화정착의 중요성을 이유로 엄격한 상호주의에서 한발 물러서서 탄력적 상호주의 또는 포괄적 상호주의를 채택했다. 고립되어 체제 위기를 겪는 북한이 개방의 길로 나오도록 유도하기 위해 선공후득이 필요하다는 것이다. 그러나 한국과 미국의 보수진영은 북한 같은 반칙 행위자에게 먼저 양보해서 줄 수는 없다는 당위론을 고수했다. 북한에 먼저 주면 이용만 당하고 돌려받지 못한다고 주장했다.

햇볕정책의 세번째 특징은 신뢰할 수 있는 군사적 억지력과 대북 포용정책을 동시에 추구한다는 것이다. 즉 안보와 평화를 함께 추구한다. 김대중 대통령 자신이 용공 조작의 가장 큰 피해자 중 하나였고, 한국 정치에서 진보로 살아간다는 것은 언제나 친북 좌파 프레임의 위험에 노출된다는 말과 같다. 또한 평화만 추구하는, 현실감각을 상실한 이상주의에 집착해서 국가의 생존과 직결된 안보를 안이하게 다룬다는 비판에 직면한다. 그래서 튼튼한 안보가 확보되어야 햇볕정책이 효과를 볼 수 있다는 김대중 대통령의 인식을 담고 있다. 이는 보수세력의 공격을 대비하는 것이기도 하지만, 북한의 도발을 방지하고 상호신뢰를 위해 꼭 필요한 것으로 간주됐다. 군사적 억지력을 강화한다는 것은 부가적인 효과를 발휘하는데, 그것은 이전까지 북한의 군사적 도발만 일어나면 모든 교류와 협력은 자동으로 중단되고 만 것과는 달리, 군사적 억지력을 기반으로 북한의 군사도발은 엄격한 상호주의로 보복하지만, 교류와 협력을 중단하지 않음으로써 정책의 연속성을 확보하는 것이다. 실제로 김대중 정부 당시 서해에서 두차례 북한과 교전했지만, 군사적 보복과 남북 교류·협력은 연계하지 않았다.

마지막으로 햇볕정책은 국내 합의와 국제적 공조를 중요시한다. 먼저 국내 여론인데, 대북 문제는 언제나 국내의 진보진영과 보수진영의 분열과 대결을 초래해왔다. 과거에는 국민에게 알리지 않고 비밀공작이나 협상을 통해 남북문제를 다뤄왔지만, 이를 공개하고 투명하게 진행하겠다고 선언했다. 용공 조작 또는 북풍 공작을 통해 정치적으로 어려움을 겪어온 진보정부가 그런 가능성을 사전에 차단하는 동시에 남북교류에 대한 국민의 지지를 확보할 경우 훨씬 좋은 결과를 낳을 수 있다는 믿음 때문이었다. 국내적인 합의 추구와 함께 김대중 정부의 햇볕정책은 국제적인 공조를 중시했다. 통일을 포함한 남북문제의 당사자는 물론 남·북한이지만, 이는 동북아의 역학관계와 깊이 연관되어 있다는 점에서 주변 강국들과의 공조가 없으면 결실을 거두기 어렵다는 것을 잘 알고 있었기 때문이다. 국제 공조를 위해 4자회담을 성사시키고 동북아 안보협력 체제를 구축하고자 적극적으로 노력했다. 특히 김대중 대통령은 과거 한국이 소련 및 중국과 수교했지만, 북한의 경우 미국 및 일본과의 수교가 없었던 것에 대한 문제를 제기하고 교차승인을 추진했다.

햇볕정책은 지금까지 살펴본 것처럼 남북관계를 극단적 현실주의의 제로섬게임$^{zero-sum\ game}$이 아니라 자유주의에 근거한 포지티브섬$^{positivie-sum}$의 윈윈게임$^{win-win\ game}$으로 바라봤다. 이는 사실 북한과의 체제경쟁에서 확실한 우위를 확보했다는 판단과 한미동맹의 압도적인 힘에 기반한 대북 자신감에 근거한다. 그리고 이미 상수가 되어버린 분단유지비용과 소위 '코리아 디스카운트'$^{Korea\ Discount}$ 또는 '코리아 리스크'$^{Korea\ Risk}$를 평화공존을 통해 극복할 수 있다고 믿는다. 햇볕정책은 다음 양극단의 생각을 배제한다. 하나는 어떤 희생을 치르고서라도 반드시 통일을 이뤄야 한다는 통일지상주의다. 다른 하나는 분단유지비용이 통일비용보다 적다는 인식과 함께 분단질서가 자신들의 기득권 유지에 가장 좋은 토양이라는 냉전세력들의 생각이다. 햇볕정책은 '법적인'$^{de\ jure}$ 통일은 구조적이고 현실적인 제한들로 말미암아 단기간에 달성하기 어렵지만, 인적·물적 교류가 자유롭고, 군비축소가 실현되어 전쟁의 위험이 없어지는 '사실상'$^{de\ facto}$의 통일은 가능하다고 봤다. 상대와의 공존을 통해 비용을 줄이고 이익을 늘리는 동시에 통일의 기반이 될 수 있는 상호신뢰를 꾸준히 획득해가는 과정이 축적되면 통일도 가능해진다는 것이다.

그러나 의도와는 달리 햇볕정책은 통일을 민족의 지상과제로 보는 사람들로부터는 분단영구화로 비판받고, 북한 붕괴를 믿는 사람들로부터는 북한의 생명이 연장되도록 돕는 반국가적 시도라고 비판받았다. 동시에 북한에도 반가운 정책은 아니었다. 북한은 사실 햇볕정책이라는 말을 좋아하지 않는다. 북한 정권이 1990년대 '고난의 행군' 시기를 지나면서 체제 위기가 가중되는 상황에서 바라본 햇볕정책은 체제 붕괴의 공포를 가중하는 측면이 분명 있었다. 일단 햇볕정책은 북한에 대한 시혜를 베푼다는 의미가 은연중 담겨 있기 때문에 체면이 정권의 핵심 가치 중 하나인 북한 지배층이 수용하기는 힘들었다. 노무현 대통령이 평양을 방문해 정상회담을 가졌을 때 김정일 국방위원장이 노무현 대통령에게 자신도 인민이 있는데 개혁이니 개방이니 하는 말 하지 말라고 한 바도 있었다. 북한의 관점에서는 김영삼 정부 이후 보수진영은 북한 붕괴와 흡수통일을 아예 대놓고 떠벌이는 쪽이라면, 진보진영의 햇볕정책은 개혁이나 개방이라는 말로 숨은 의도는 감추어졌으나 본질은 북한을 남한 자본주의 체제로 흡수하겠다는 정책이라고 본다. 그러나 햇볕정책은 북한이 최선은 아니더라도 차선책으로서 타협이 가능한 지점들을 상당한 정도로 보유하고 있다는 점에 주목해야 한다.

햇볕정책과 미국: 이솝우화와 스테시코로스우화

햇볕정책의 유래가 된 이솝우화 「겨울 나그네」에서 해와 바람이 지나가는 나그네의 외투를 누가 먼저 벗길 수 있는지에 대한 내기를 했다. 바람은 거센 입김을 불어 외투를 벗기려 했지만, 나그네는 옷을 벗기는커녕 도리어 외투가 벗겨지지 않도록 외투를 더욱 세게 붙잡았다. 이번에는 해가 볕을 쬐자 더워진 나그네는 아주 쉽게 외투를 벗어버렸다. 해가 내기에 이긴 것이다. 우화가 담고 있는 교훈은 사람들을 설득하는 데는 강한 힘보다 부드러운 힘이 더 효과적이라는 것이다. 전술한 것처럼 햇볕정책은 한국이 대북정책을 펼 때 강한 압박이나 봉쇄정책보다는 경제협력과 교류 등으로 북한을 개방시키는 편이 훨씬 더 효과적이고 또 평화적이라는 주장이 핵심이다. 한반도에서 전쟁으로 분단을 해결할 수 없다면, 북한을 설득하고 변화시키는 것 외에는 다른 방법이 없다. 그런 점에서 햇볕정책은 자연스럽게 대북정책의 올바른 선택지다.

우화를 통한 비유는 명쾌하고 이해하기 쉽다. 그런데 따지고 들면, 반박이 가능하다. 보수진영에서는 북한은 결코 순진하고 저항하지 않는 나그네가 아니며 깡패 같은 존재이므로 비유가 잘못되었다고 비판하기도 한다. 햇볕정책의 지지자인 필자도 우화의 적용에 관해 의문을 제기함으로써 한반도 문제에 대해서 미국이 어떠한 위치와 역할을 지녔는지 살펴보고자 한다. 왜 하필 바람은 해가 제안한 '외투 벗기기' 내기에 응했을까 하는 것이었다. 외투를 벗기는 게임은 바람이 본래부터 이기기 힘든 게임이었다. 반대로 외투를 손에 들고 지나가는 나그네에게 '외투 입히기' 게임을 했더라면 바람이 틀림없이 이겼을 것이다.[18] 세상 모든 일이 그렇겠지만, 특히 국가 관계에서 게임 자체보다 누가 어떤 규칙을 정하는가가 훨씬 더 중요할 수 있다. 햇볕정책은 우리가 주도해서 시작한 것은 맞지만 미국이 제정하는 규칙에 좌우된 운명을 지녔고, 이것이 결국 20여년이 지난 지금까지 큰 성과를 보이지 못한 이유이기도 하다. 이는 우리가 처한 국제정치의 차가운 현실인지도 모른다. 그러나 적어도 1998년에서 2000년까지의 짧은 기간은 한국이 대북정책을 주도한 시간이었던 것은 의문의 여지가 없다. 한국이 외교 역사상, 그리고 대미관계에서 이 정도의 주도성을 발휘한 것은 거의 유일했다고 평가할 수 있을 것이다.

우화 하나를 더 소개하면, 기원전 6세기 그리스의 서정시인 스테시코로스Stesikhoros가 시칠리아의 히메라 시민에게 했던 연설 중에 나온 우화인데, 한국과 미국 그리고 북한의 관계를 생각나게 만든다.

말 한마리가 풀을 뜯고 있었습니다. 갑자기 사슴 한마리가 초원을 쑥대밭으로 만들고 달아났습니다. 말은 화가 났고, 사슴에게 보복을 다짐했습니다. 마침 그곳을 지나던 사람에게 말은 도와줄 수 있느냐고 물었습니다. 그는 기꺼이 승낙했지요. "내가 창을 구해올 테니, 네 입에 재갈을 물리고 네 위에 올라탈 수 있도록 해주겠니? 그러면 사슴을 찾아내 죽여 네 노여움을 풀어주마." 말은 그가 원하는 대로 해주었습니다. 어떻게 되었을까요? 사슴에 대한 보복은 성공했지만, 말은 그 사람을 평생 태우고 다녀야만 했습니다.

상황과 맥락에 따라 달라지겠지만, 미국과 남·북한을 대입할 경우 말은 전쟁과 이후의 많은 도발을 겪은 한국이고, 사슴은 그런 짓을 해 적대관계가 되었으며, 동시에 복수의 대상이 된 북한에 가깝다. 그리고 말이 재차 당하지 않는 동시에 복수를 할 수 있게 내 편으로 삼은 사람은 미국일 것이다. 친미와 동맹 절대주의자들은 아마도 우화의 해석에 불편함을 느끼는 것을 넘어 분노할지도 모르겠다. 미국같이 선한 나라를 두고 한국을 통제하기 위한 재갈을 물리고, 전쟁에서 도와줬다는 구실로 평생 우리를 타고 다니는 존재로 비유하는 것은 용납하기 힘들 것이다. 앞에서도 지적했듯이 우화의 알레고리라는 것이 어느 한 측면을 촌철살인의 기지로 적절하게 설명해내지만, 다른 측면에 모순이 생긴다. 그런데 그것을 인정하고 난다면, 스테시코로스의 우화는 남·북·미, 특히 한·미관계의 불편한 진실의 핵심을 찌르는 면이 분명하게 있다.

스테시코로스는 "히메라 시민 여러분, 적들에게 보복하겠다는 의욕에 불타서 어리석은 말이 겪는 일을 겪지 않도록 조심하십시오. 여러분은 이미 재갈이 물린 상태입니다. 팔라리스 장군에게 절대적인 군사적 자율권을 주었으니까요. 그런데 그에게 막강한 친위대까지 준단 말입니까? 그가 그 위에 올라타면, 여러분은 그의 노예가 되고 말 것입니다. 그 어리석은 말처럼 말입니다."라고 강력하게 경고했다.[19] 이 우화는 예속의 관계가 폭력적인 방법으로만 이뤄지지 않는다는 교훈을 준다. 입에 재갈을 물리고 등에 타라고 허락한 것은 매우 자발적 행보였으며, 사람이 말에게 강제하지 않았다. 말 스스로 원해서 이뤄졌고, 거기에는 먼저 나쁜 사슴에 대한 응징이라는 타당한 이유가 있었다. 프롤로그에서 제기한 가스라이팅 현상으로도 설명이 가능하다. 결과를 국가의 이익이라는 철저히 실용적인 관점에서 결정하지 않고 하나의 문제를 해결하기 위해 더 큰 문제를 불러들이는 오류를 범해서는 안 된다는 것이다. 전시작전통제권(약칭 전작권)을 자발적으로 포기한 채 작전 주권 부재를 아직 허용하고 있는 우리의 상황이 떠오른다.(전작권 관련해서는 12장에서 자세히 다룸)

2001년 3월 김대중 대통령은 조지 W. 부시 대통령의 취임 직후 워싱턴을 방문해 햇볕정책의 내용과 한반도 평화정착 계획을 설명했지만, 회의적인 첫 반응에 직면하였다. 이에 김대중 대통령은 1992년에 발효된 남북기본합의서의 기본 정신을 햇볕정책의 당위성과 필요성을 설명하는 근거로 활용했다. 특히 노태우 정부의 북방정책과의 연관성을 피력한 부분은 한국의 정권 교체의 역사, 특히 이념이 다른 정부로의 이양일 경우 정책의 연결성을 찾기 힘든 역사를 고려할 때 상당한 함의를 가지는 것이었다. 8장에서 상술한 바 있지만, 북방정책의 진행 과정에서 북방 국가들과의 수교와 교류는 빠르게 성과를 보인 반면, 북한은 내부적으로는 자연재해와 식량난을 겪고 외부적으로는 외교적 고립을 겪으면서 체제 붕괴의 위험성이 고조되었다. 그렇게 되자 교차승인과 화해 공존을 추구했던 북방정책 초기의 의도는 점점 약해지고 노태우 정부는 북한의 붕괴를 예상하고 밀어붙였다. 김대중 정부는 이를 정확하게 인지하고 있었다. 그래서 햇볕을 통해 북한의 빗장을 열고 국제사회의 일원으로 북한을 포함하려 했다.

햇볕정책이 한·미관계에서 지닌 또다른 중요한 함의는 곧 대북정책에 대한 자율성과 주도권의 확보이다. 물론 한·미관계의 비대칭성이라는 한계는 여전했지만, 적어도 대북정책에서는 한국이 그전처럼 미국의 정책에 전적으로 순응하는 허수아비가 아니라는 점을 북한에 분명하게 각인시켰다. 클린턴 대통령이 김대중 대통령을 향하여 한국이 대북정책의 운전석을 차지하라고 한 말은 바로 그것을 의미하는 것이다.

햇볕정책은 큰 틀에서 보면 대북 포용정책이다. 어떤 이들은 김대중 정부의 햇볕정책은 이전 정부의 대북 포용정책과 별반 다를 것이 없다고 주장하기도 한다. 7·4 공동성명으로 대표되는 1970년대 초 박정희의 대북정책이나, 1990년대 초반 노태우의 북방정책, 그리고 김영삼 정부의 민족화해정책들도 모두 남북교류를 활성화하고 평화공존을 이루는 것을 목표로 했다는 것이다. 그러나 이들 정부의 정책과 김대중 정부의 햇볕정책은 큰 차이가 있다. 이전 정부들의 정책은 전시용 정책이었거나 아니면 정책을 제시하고서도 북한의 행동을 본 후 그에 대응하는 정책이었지만, 햇볕정책은 앞에서 살펴본 선이후난, 선경후정, 선민후관, 선공후득의 네 가지 원칙을 주도적이고 공세적으로 펼친 것이다. 더 큰 차이는 냉전이라는 구조적 한계가 이완됨으로써 정책이 성공할 수 있는 우호적인 환경이 되었다는 것이었다.

햇볕정책의 명맥을 잇는 진보진영의 대북정책에 가장 많이 가해지는 비판 중 하나가 '유화정책'이라는 프레임일 것이다. 유화정책의 사전적 정의는 국제정치에서 갈등이나 충돌을 피하려고 상대국의 적극적인 정책에 대하여 의도적으로 타협하거나, 정치적·물질적 양보를 하는 외교정책이다. 국제정치학에서 내리는 정의도 크게 다르지 않다. 유화정책의 일반적 이미지는 상대의 강경책에 대해 자국이 부당하게 양보하고 있다는 것이다.[20] 그러나 긍정적인 의견도 있다. 강대국의 흥망성쇠에 대한 저서를 쓴 폴 케네디Paul Kennedy는 유화정책을 상대국의 불만을 인정하고 합리적인 협상과 타협을 통해 상대를 만족하게 만듦으로써 갈등을 해결하는 전략적 행보라고 봤다.[21] 갈등이 군사적 충돌로 진행되지 않도록 막기 위해 단기적으로 비대칭적인 양보를 통해 문제를 해결한다는, 어떻게 보면 적극적인 정책이라고 생각할 수 있다. 현실주의 국제정치의 아버지로 불리는 한스 모르겐타우는 기존의 권력 구도에 대한 현상 변경 세력의 위협에 대해 현상 유지 정책으로 대응하는 것이 유화정책이라고 중립적으로 정의했다.

이런데도 유화정책이 부정적 이미지를 벗기 힘든 것은 바로 역사적 전례 때문이다. 1차대전이 끝난 후 불과 20년 만에 2차대전이 발발했다. 독일은 패전국이었고, 1차대전의 후유증이 채 가시지도 않은 국가들은 어떻게든지 전쟁을 피하고 싶었다. 네빌 체임벌린Neville Chamberlain 영국 총리는 히틀러Adolf Hitler의 나치 정부가 급속도로 세력을 키워가는 것이 위협적이었지만, 그들의 도발을 달래기 위해 몇가지 양보 조치를 하면서 충돌을 피하고자 했다. 대다수 전략가는 당시 유화정책은 의도와는 달리 히틀러의 야심을 더 키우게 되어 2차대전의 원인이 되었다고 본다. 이 때문에 유화정책은 반복해서는 안 될 외교적 실패사례의 대명사가 되었다. 그러나 유화정책 자체가 나쁜 정책이라는 등식은 지나친 일반화이다. 상황에 따라 유화정책을 펼쳐야 할 수도 있고, 강경정책을 펼쳐야 할 수도 있다. 역사가들은 1차대전 당시에는 오히려 대독일 유화정책을, 2차대전 때는 반대로 대독일 강경정책을 펼치는 것이 옳았다고 지적하기도 한다.

한국의 보수진영은 햇볕정책이 전형적인 유화정책이고, 그런 방식의 대북 저자세 정책은 곧 북한 정권의 생명을 연장하며, 최악의 경우 나치와 같이 북한이 적화통일을 위한 전쟁으로 나아가게 만든다고 반복적으로 비판해왔다. 보수 정치인 홍준표는 2017년 대선 당시 경쟁자 문재인 후보의 대북 포용정책에 기초한 한반도 평화프로세스를 체임벌린의 유화정책과 같다고 거듭 비판했다.[22] 나중에 김정은 위원장과의 전격적인 정상회담을 세차례나 성사시켰지만, 트럼프 역시 2017년 북·미의 말 폭탄 교환에 이은 긴장 상황에서 트위터를 통해 자신이 주장했던 '최대의 압박' 정책의 정당성을 강조하는 맥락에서 문대통령의 노선을 유화정책이라고 직접 비판한 적도 있었다.

그러나 보수진영이 이념의 잣대로 유화정책을 무조건 적에게 양보하고 굴복하는 나쁜 정책이라고 규정하는 것은 지나친 일반화라는 점에서 문제가 있다. 국가들이 군사력을 사용하는 것은 비용의 부담이 너무 크기 때문에 유화정책은 외교적 협상을 통해 비용을 줄이고 효과를 볼 수 있는 정책일 수 있기 때문이다. 고려 성종 때, 서희 장군이 대군을 이끌고 침공해온 거란의 장군 소손녕을 설득한 외교는 생각하기에 따라 강경파가 반대한 유화정책이라고 볼 수 있지만, 협상을 통해 전쟁을 막은 외교적 승리라는 점에서 최고의 성공사례였다.

대결보다 협상을 주장한다고 해서 그것이 무조건 유화정책인 것은 아니다. 상대방의 행동을 바꾸기 위해 대화가 필요하고, 협상장에 나가서도 군사적 위협이나 압박을 가할 수 있기 때문이다. 그리고 보수정부들보다 진보정부들이 평균적으로 국방예산을 더 증액했던 것이 사실이기 때문이다. 앞에서도 지적했듯이 김대중 정부의 햇볕정책은 강력한 군사력에 의한 억지를 기반으로 했다. 유화정책이라는 비판을 국내와 미국으로부터 받은 문재인 정부가 북한의 핵실험 및 탄도미사일 시험발사에 대응하기 위해 트럼프 대통령을 설득해 한국 미사일 탄두의 중량 제한을 해제한 것도 유화정책이라고 보기 어렵다. 또한 유엔 안보리의 대북제재에 대해서 표결 전에 관련국과 접촉해 결의안의 통과에 힘을 보탠 것이나, 제재 결의 후 미국 강경파의 의심에도 불구하고 북한의 가시적 비핵화 조치 이전의 제재 해제를 반대한다는 기조를 이어온 것 역시 유화정책이라고 보기 힘들다.

역대 진보정부들은 북한의 양보를 끌어내기 위해서 전략적으로 비대칭 양보를 한 경우는 있어도 무조건 유화정책을 펴지는 않았다. 외교의 기본인 상호성에 기초한 등가교환이지만, 탄력적 상호주의 또는 비대칭적 상호주의를 채택하였다. 남북관계는 엄격한 상호주의를 적용하기는 사실 어렵다. 군대를 동원하고 무력충돌로 가는 경우보다 비용이나 희생이 적고 이익이 되기 때문이라는 합리적 계산에 의한 것이다. 그런데 이것을 흑백론이나 당위론의 이념적 해석을 통해 적에게 굴복한 정권이라고 몰아붙이는 것은 이념적 프레임을 통한 왜곡이다.

로마의 전략가 베게티우스Flavius Vegetius Renatus는 "평화를 원한다면 전쟁을 준비하라"(Si Vis Pacem, Para Bellum)는 유명한 경구를 남겼고, 전략가들이 무수히 많이 인용하였다. 유비무환有備無患, 즉 평소에 전쟁(환란)에 대한 준비를 잘하면 전쟁이 없을 것이라는 말과 통할 것이다. 그러나 베게티우스의 격언을 반대하며 "평화를 원한다면 평화를 준비하라"(Si Vis Pacem, Para Pacem)는 격언도 있다. 민주주의를 원한다면서 독재를 준비할 수 없는 것처럼, 평화를 원한다면서 전쟁을 준비할 수는 없으며, 반대로 평화를 가능하게 하는 요인들을 찾아야 한다. 평화를 위한 전쟁 준비는 군비증강과 강압적인 외교의 악순환으로 쉽사리 연결될 수밖에 없다. 현실주의자인 헨리 키신저는 그의 하버드대학 박사학위논문을 책으로 만든 『회복된 세계』A World Restored에서 "전쟁의 논리는 힘이며, 힘이란 본질상 그 한계가 없다. 평화의 논리는 비례이며, 비례란 곧 제한을 의미한다. 전쟁의 성공은 승리이며, 평화의 성공은 안정이다. 승리의 조건은 전념이고, 안정의 조건은 자제다." 이는 우리가 주목할 만한 말이며, 평화는 강압과 굴복이 아니라 자제와 타협의 산물이라는 통찰이다.[23]

키신저 외에도 미국은 레슬리 겔브Leslie H. Gelb의 지적에 귀를 기울여야 한다. 2019년 가을에 작고한 그는 한국 문제에도 정통한 미국 외교의 최고 전문가였다. 퓰리처상을 수상한 『뉴욕타임스』 민완기자 출신으로, 국무부와 국방부에도 근무했다. 이후 미국외교협회CFR의 명예회장으로 있으면서 미국의 외교정책 입안에 영향력을 행사해온 인물이었다. 그는 21세기 군주론으로 불리는 『권력의 탄생』Power Rules에서 미국 외교정책에 관해 신랄한 반성을 요구하면서, 차기 대통령에게 미국이 위기를 벗어날 방법을 제안한다. 그는 군사력이 권력의 모든 것을 차지하던 마키아벨리의 시기는 끝났고, 오늘날의 권력은 '경제력과 외교력으로 포장한 칼(군사력)'이며 세계의 권력구조를 이해하고 권력 행사의 올바른 법칙을 따라 상식이 통하는 정책을 수립하라고 권고한다.[24] 그는 특히 외교정책은 상식으로 이뤄져야 한다고 강조하는데, '도를 넘은 원칙들'extravagant principles, '비열한 정치'nasty politics, 그리고 '권력의 오만함'arrogance of power이라는 '세가지 악마demons'가 미국의 외교를 방해했고, 오늘날 미국을 위기로 빠뜨렸으므로, 이러한 악마들을 물리치려면 상식으로 무장해야 한다고 역설했다.[25] 2009년 당시 새로운 정부인 오바마 정부를 향한 권고이지만, 군사력에 더욱 의존하고 도를 넘은 근본주의적 원칙에 더욱 집착하는 공화당 정부를 향한 지적으로 읽힌다.

겔브의 고언高言은 우리에게 그리고 한·미관계에 시사하는 바도 크다. 한반도 문제의 해결을 위해 우리가 고려할 수 있는 선택지는 세가지다. 먼저 북한의 붕괴를 촉진하기 위한 봉쇄 및 적대적인 대결 정책이다. 그런데 이는 한반도에서의 전쟁 재발을 각오해야 하기에 선택할 수 없는 정책이다. 더욱이 이미 1990년대 초 북한이 가장 어려운 체제 위기를 겪었음에도 붕괴하지 않았다는 것은 전쟁이라는 수단이 사용되지 않은 대결정책으로 문제가 해결되기는 어렵다는 것을 말해준다. 두번째는 북한이 내부적으로 붕괴할 때까지 기다리는 방관이나 무대응 정책이다. 이 역시 북한 내부의 대안적 권력집단이 전혀 없는 상태에서 가능하지도 않고, 또 붕괴가 일어난다고 하더라도 외부적으로는 주변 강대국들의 개입과 충돌이, 내부적으로는 북한 지배세력 내부의 권력투쟁에 의한 대혼란이 초래될 위험이 있기에 바람직한 대안이 될 수 없다. 그렇다면 세번째 대안인 평화공존을 유지하면서 화해와 협력을 통해 북한의 점진적 변화를 꾀하는 포용정책이 유일한 대안일 수밖에 없다. 김대중 정부가 햇볕정책을 추진했던 가장 중요한 논리적 기반이다. 화해, 협력, 변화, 평화가 햇볕정책의 네가지 키워드였으며, 이는 북한의 조기 붕괴론이 아니라 북한도 중국이나 베트남처럼 점진적으로 변화할 것이라는 데 토대를 둔 정책이다.[26]

그러나 미국은 북한에 대해서는 합리적이고 점진적인 방식을 특히 선호하지 않았다. 햇볕정책이 과거의 수동적 대북정책보다는 상대적으로 능동적인 정책이기는 하지만 북한이 끝까지 호응하지 않는다면 사실상 대안이 별로 없는 것도 사실이다. 그래서 햇볕정책이 순탄하지 않을 때마다 그리고 북한이 도발할 때마다, 한국 내부의 반대자들은 물론이고 워싱턴도 정책의 효율성에 반복적으로 의문을 제기했다. 포용정책으로 북한을 도와주면 폭압적 세습정권의 생명을 연장하고, 그렇게 되면 한반도 평화는 더 멀어진다는 강력한 반대 논리가 작동했다. 김대중 대통령과 임동원 장관은 기회가 있을 때마다 미국을 설득했다. 하지만 미국은 1990년대 초에도 북한이 1~2년 내에 루마니아처럼 갑자기 붕괴할 것으로 판단했고, 김대중 정부 출범 직전에도 2~3년 안에 붕괴할 것으로 예측했다. 따라서 북한과의 협상이나 교류가 필요 없을 것으로 판단했기에 한국의 포용정책에 쉽게 동의하지 못했다. 클린턴 정부는 몇몇 굴곡에도 불구하고 대북정책을 대체로 온건하게 유지해왔으나, 문제는 상·하원을 장악한 공화당의 공세였다. 그래도 정권의 이념과 정체성에서 한국의 정부와 공통점을 가진 민주당 정부는 포용정책의 논리를 수용했지만, 뒤이어 등장한 공화당 부시 정부는 정책 공조가 아예 어려웠다.

김대중 정부의 햇볕정책이 그나마 국내외에 설득력을 지닐 수 있었던 것은 과거의 대북정책보다 내용이 더 좋아서라기보다 추진과정에서 보인 실천에 대한 강력한 헌신과 인내 덕분이었다. 김대중 대통령은 타고난 이상주의적 자유주의자였다. 독재정권에 의해 세번이나 죽을 고비를 넘긴 그의 인생 역정은 그로 하여금 엄청난 인내심을 발휘하도록 만들었다. 단기적으로는 북한에 이익을 제공하는 것이지만, 중장기적으로는 북한을 변화시키며, 그 사이는 대결구조가 이완됨으로써 이른바 '평화의 배당'에 의해 한국과 미국에 이득이 된다는 것이다. 그러나 오늘날 외교의 특징인 단기적인 국내 정치적 이익에는 도움이 되지 않는 정책을 끝까지 견지한다는 것은 결코 쉬운 일이 아니었다.[27]

문제의 본질은 역시 미국정부가 ── 특히 공화당이 집권할 때 ── 냉전이 종식된 지 여러해가 지났음에도 여전히 냉전적 사고를 떨치지 못했다는 데 있다. 김대중과 노무현 정부의 햇볕정책은 냉전체제의 해체를 전제하고 있기에 이같은 미국정부의 사고와 공존하기는 불가능했다. 이는 지금도 크게 변한 것은 없다. 문재인의 포용정책인 한반도 평화프로세스에 대해서도 미국의 네오콘 강경파와 한국의 안보 기득권 세력들은 국가 안보를 포기하는 것이라는 프레임을 덧씌운다. 그들은 한반도와 동북아의 국제 정세를 냉전 2기 정도로 인식한다. 그러나 냉전구조를 타파하자는 것이 안보를 포기하는 것은 아니다. 김대중, 노무현, 문재인 정부는 모두 강력한 대북 억지력을 기반으로 포용정책을 추진했다는 사실을 애써 외면한다.

제11장
노무현 정부의 이라크 파병과 미국

미국의 이라크 파병 요청과
여론의 분열

반미와 자주의 이력을 지녔고, 상당 부분 당시 한국사회에 퍼졌던 반미 정서의 도움으로 대선에서 승리한 노무현 대통령이었다. 그러나 그가 첫 미국 방문에서, 그리고 그 이후에 보여준 친미적 행보는 반대자와 지지자들 모두에게 물음표를 던진 것이 사실이었다. 더욱이 거기서 멈추지 않고 집권 기간 이라크 파병과 한미자유무역협정FTA 체결 등을 적극적으로 추진한 것을 어떻게 이해해야 할까? 반면에 정서적으로 이념적으로 노무현 정부와 대립각을 세웠던 조지 W. 부시 정부가 결과적으로는 한국으로부터 중요한 공조와 실질적인 양보를 얻어냈으며, 결국 짭짤한 이익을 챙겼다. 필자는 노무현 정부의 임기가 끝난 이후 수년 동안 워싱턴을 방문했

1990년 이후 한국의 해외 파병

1993년   아프리카 소말리아 공병대 파병

1995년   앙골라 파병

1999년   동티모르 파병

2001년   아프가니스탄 수송지원단, 의료지원단, 공병부대 파견

2003년   이라크 파병

2020년   호르무즈 파병

* 베트남 파병 연인원 32만 6천명을 포함 2020년 현재 아직 파병하지 않은 호르무즈를 제
외하면 지금까지 총 34만 4589명 파병

을 때마다 전직 관료들이나 전문가들에게 의외의 평가를 반복적으로 들을 수 있었다. 노무현 재임 시절 분위기상 한·미관계가 대체로 불편한 양상을 띠었고, 부시 대통령조차 노무현 대통령은 '어려운 사람'이라고 토로하는 등 갈등관계처럼 보였지만, 실질적으로는 한·미 양국 사이의 크고 중요한 현안들을 해결해낸 시기라고 후하게 평가했다. 예상을 벗어나는 평가들이지만, 실제로도 노무현 정부 시기는 한·미관계에서 양면적인 성격이 두드러졌던 때였다.

이번 장에서는 노무현 정부의 이라크 파병이 한·미관계에 지니는 함의에 대해서 살펴보고자 한다. 이어서 실용성의 관점에서 김대중·노무현 두 진보정부의 대미자율성을 함께 평가해볼 것이다.[1] 한국의 해외 파병 역사는 꽤 오래됐다. 이미 고려시대에 몽골과 함께 일본원정군을 파병했고, 조선에서는 명나라의 요청으로 여진정벌군을 파병했다. 그리고 1948년 대한민국 국군을 창설한 이래로 2020년까지 총 34만 4589명을 해외로 파병하였다.(앞의 연표 참조) 지금까지 한·미관계에서 파병은 고비마다 쉽

게 결정하기 어려운 문제였고, 국내 여론은 파병에 대한 찬성과 반대로 갈라졌다. 베트남전 파병이 가장 큰 사례였고, 다음이 노무현 정부의 이라크 파병이었다. 파병에 대한 논쟁은 '과연 파병이 한국의 국익에 도움이 될 것인가?', 또는 대부분 미국의 요청에 의한 파병이므로 파병 여부가 '한미동맹에 어떤 영향을 끼칠 것인가?' 그리고 '우리의 핵심 이익이 없는 타국의 전쟁에 참전하는 것이 과연 정당한가?' 등 명분에 관한 것들이었다.

2003년 9월 4일 미국 부시 행정부는 한국정부에 이라크에 파병해줄 것을 공식적으로 요청했다. 그때까지 한국은 이미 6백명 규모의 공병과 의무병으로 이뤄진 서희부대와 제마부대를 파견하고 있었기에, 엄밀하게 말하면 추가 파병에 대한 요구였다. 그런데 3천~5천의 보병 전투여단인데다, 특히 전투병 요청이라는 점에서 1차와는 전혀 다른 차원이었다는 것이 문제였다. 1차 파병의 경우 미국은 2002년 11월에 동맹국과 우방국에 파병 의사를 타진했고, 우리 측에도 주한 미국대사를 통해 인도적 지원, 전후 복구 지원, 수송 장비 지원 등을 할 수 있을지 문의했다. 김대중 정부는 파병의 의사가 있었지만, 대통령선거가 임박한 예민한 상황이었기에 실행으로 옮겨지지는 않았고, 2003년 2월 취임한 노무현 대통령에게 미국정부는 다시 파병을 요청했다. 사실 1차 파병 때도 찬반 논쟁은 없지 않았다. 그때도 거절할 경우 한미동맹이 흔들리고 남북관계에 영향을 줄 것이며, 한반도 정세의 불안정으로 '코리아 디스카운트'가 일어날 것이라는 우려가 있었고, 반대 측에서는 시민단체를 중심으로 파병반대 시위가 있었다. 하지만 1차 파병의 경우 대상이 전투병이 아닌 소규모의 건설 및 의료 지원단이었다는 점에서 논란은 잦아들었다.

미국은 9·11사태에 대한 보복으로 아프간을 침공한 이후, 내친김에 이라크까지 침공했다. 이른바 '테러와의 전쟁'War on Terror, WOT에 대한 동맹국과 우방국의 동참을 요구했다. 그러나 이라크전쟁에 대한 참전 요구는 1991년 걸프전쟁이나, 2001년 미국의 아프가니스탄 침공 때와 명분에서 차이가 있었다. 1991년 걸프전 때는 탈냉전의 벽두에 이라크의 후세인Saddam Hussein이 지역 패권을 향한 야욕으로 쿠웨이트를 침공했기에 미국의 이라크 침공이 어느정도는 정당성을 확보할 수 있었고, 실제로 34개국이 참전을 수락하였다. 미국의 아프간 침공 역시 미국이 탈레반 정부에 9·11사태의 주모자인 오사마 빈 라덴Osama bin Laden의 신병 인도를 요구했지만, 탈레반 정부는 그의 보호자를 자처하며 단칼에 거절했기 때문에 일어난 것이었다. 안방에서 충격적 테러를 당한 미국에 대한 공감과 전쟁의 정당성이 있었기 때문에 여러 나라가 지지했고, 또 참전했다.

그러나 이라크전쟁은 차원이 달랐다. 이라크전쟁이라는 명칭부터 문제가 된다. 이라크의 전쟁이 아니라 미국의 이라크 침공이 더 정확한 표현일 것이다. 게다가 알카에다와 이라크의 연관성도 찾기 힘들었다. 미국은 침공 이유를 이라크가 생화학무기를 비롯한 대량살상무기를 숨겼으므로 세계 평화를 위해 선제적으로 전쟁을 통해 이를 제거하기 위해서라고 했다. 하지만 이라크가 대량살상무기를 숨겼다는 확실한 증거도 없었을뿐더러, 무기를 숨겼다는 것이 사실이라고 하더라도 그것이 전쟁의 정당한 이유가 될 것인가는 큰 논란이었다. 소위 말하는 '부시독트린'의 일방주의에 의한 선제공격론은 국제법에서 허용한 정당한 전쟁의 범위를 넘는 것이었다. 이 때문에 유엔 안보리도 미국의 침공을 승인하지 않았다. 부시 정부가 세계 50여 동맹국과 우방국에 이라크 침공에 대한 지원 의사를 문의했지만, 환영하는 분위기는 거의 없었다. 미국은 유엔 안보리의 전쟁 승인을 8개월 동안 기다렸지만, 뜻을 이루지 못하자 국제사회의 반대를 아예 외면하고 독자 행동에 나섰다. 2003년 3월 전쟁을 일으켜 후세인 정권을 축출했고, 5월 1일 곧바로 승리를 선언했다. 그러나 전쟁의 명분으로 제기한 대량살상무기는 끝내 찾지 못했다. 또한 개전 이후 매우 빠르게 종전을 선언했지만, 이라크인들의 저항으로 끝이 보이지 않는 긴 수렁으로 빠져들었다.

당시에 국내 진보적 시민단체들은 한국의 파병은 헌법은 물론이고, 한미상호방위조약에도 위반이라며 파병을 강하게 반대했다. 이라크 파병은 '국제 평화의 유지에 노력하고 침략적 전쟁을 부인한다'는 대한민국 헌법 제5조 1항 위반인 동시에, 제3국의 공격을 받았을 때 동맹국을 방위해야 한다는 한미상호방위조약의 위반이라는 것이다. 한미상호방위조약 1조에서 당사국 중 일국의 정치적 독립 또는 안전이 외부의 무력 공격에 위협받고 있다고 인정될 경우 파병이 가능한 것으로 규정하고 있지만, 이라크전쟁은 미국이 그런 위협을 받는 상황으로 인정하기 어렵다는 것이다. 오히려 이라크 침략전쟁에 대한 한국군 파병은 세계 평화나 인류 공영이라는 가치에 정면으로 위배되는 것이라는 비판이 설득력을 얻었다. 사실 미국 내부에서조차 이라크전쟁의 정당성에 의문을 제기했다. 미국 상원 정보위원회는 이라크전쟁이 잘못된 정보에 기초해 있다는 보고서를 발표했다. 영국 의회의 요청으로 작성된 버틀러위원회의 보고서도 같은 결론을 내렸다.[2] 그리고 필리핀, 스페인, 도미니카공화국, 폴란드, 네덜란드 등이 철수를 했거나 철수할 예정인 상황이었다. 유엔헌장 51조가 규정한 집단자위권 발동의 요건도 맞추지 못했고, 평화유지군 역시 수용국가의 동의가 필요하다는 규정에 위반되었다.

그러나 워싱턴은 서울을 강하게 압박했으며, 국내 여론은 찬반으로 분열되어 논쟁이 격화되었다. 야당과 보수단체들을 중심으로 파병을 지지하는 사람들은 미국의 파병 요구에 신속하게 응함으로써 악화일로의 한·미관계를 복원시킬 수 있다고 주장했다. 진보세력을 중심으로 파병을 반대하는 사람들은 정당성이 크게 떨어지는 전쟁에 참여해서는 안 된다는 것이었다. 즉 파병지지 세력들은 한·미관계가 삐걱거릴 때 이를 타개하기 위한 카드로 해외 파병을 활용했다고 주장하는 반면, 반대쪽에서는 노무현 정부가 신념에 반하고 국민이 반대하는데도 불구하고 정당하지 않은 전쟁에 참여하는 잘못된 결정을 하려 한다고 비판했다. 파병 문제가 불거지기 전부터 노무현 정부는 정체성과 이념으로 인해 부시의 네오콘 정부와 긴장감이 있었다. 게다가 2002년 2차 핵위기까지 겹치면서 워싱턴은 한반도 상황에 대한 해결책을 대북 강경책으로 굳히려 하고 있었고, 서울은 여전히 협상을 통한 평화적 해결을 고수했다. 더욱이 2003년에는 미군 장갑차에 의해 두 여중생 효순·미선이 사망하는 사건으로 촉발된 반미 여론이 계속 확산하고 있었다.

문제는 파병을 반대하고 미국에 대한 비판의 수위를 높이는 이들의 중심에 노무현 정부의 핵심 지지층이 있다는 점이었다. 반전단체 및 평화단체들과 전국민주노동조합총연맹(약칭 민주노총) 등은 성명과 함께 대대적인 전쟁반대 시위에 돌입했다. 이미 노무현 정부는 출범 직후 김대중 정부의 대북송금 특검으로 인해 진보진영 내부에 갈등, 구체적으로는 김대중 지지파와 노무현 지지파 사이에 큰 갈등의 상흔을 남겼다.[3] 노무현 대통령의 고민은 깊어질 수밖에 없었다. 대통령 자신도 명분이 떨어지는 파병을 하고 싶지 않았다. 그러나 파병을 거부할 경우, 안 그래도 어려운 한미동맹에 심각한 균열이 발생하는 것이 불가피해 보였다. 참여정부 내부에서조차 부처에 따라 개인에 따라 의견이 갈렸다. 참여정부의 정체성에 반하는 정의롭지 못한 전쟁에 참여해서는 안 된다는 의견이 있었던 반면,

미국이 요청한 규모로 그것도 신속하게 전투병을 파병함으로써 그동안 어려웠던 한·미관계를 복원하는 기회로 활용해야 한다는 의견이 이에 맞섰다. 심지어 김희상 청와대 국방비서관은 미국의 요구를 넘어 8천명 안팎의 사단급 부대를 파병하는 것이 적정하다는 의견을 제출했을 정도다. 언론에선 1만 2천명 규모의 전투사단을 보내게 되리라는 추측성 보도까지 쏟아졌다.

파병의 불가피성과
비전투병 파병

당시의 국제정치 환경을 좀더 면밀하게 파악할 필요가 있다. 2001년 2월의 조지 W. 부시 대통령의 취임과 그해 9월의 9·11테러는 미국의 대외정책에 큰 변화를 불러왔다. 부시독트린이라고 명명할 수 있는데, 대통령 자신은 네오콘이 아니었지만, 그를 둘러싼 네오콘 전략가들은 테러 사건을 활용해서 그들이 꿈꾸는 이념에 가장 알맞은 전략을 구축했다. 부시독트린은 세가지의 핵심 요소로 이뤄진다. 먼저 일방주의인데, 부시는 2002년 연두교서에서 '악의 축' 발언과 함께 확실한 군사적 우위에 입각한 단독행동주의를 지향할 것임을 강조했다. 두번째로 부시는 6월 1일 웨스트포인트 육군사관학교 졸업식 연설에서 핵 공격을 포함한 선제공격의 필요성과 정당성을 강조했다. 이는 9월 17일에 발표된 국가안보전략National Security Strategy, NSS에서 재확인됐다. 세번째로는 '미국예외주의'American Exceptionalism인데, 미국의 가치가 곧 세계적 기준 가치이므로 이를 적극적으로 보호하고 필요하다면 수출하는 것이 정당하다는 것이다. 미국이 누가 '악의 축'인지, 선제공격의 대상인지를 결정할 수 있는 자격과 능력을 갖추었다는 것이다.

로버트 허칭스Robert Hutchings는 부시독트린을 네오콘에 의한 냉전 부활이자 수정이라고 이해하고, 'BD=X+9/11'이라는 방정식 모양으로 표현했다.[4] 여기서 X는 봉쇄정책의 트루먼독트린에 이론적 기반을 제공한 조지 케넌이 『포린 어페어즈』*Foreign Affairs*에 무기명으로 「긴 전문」Long Telegram을 기고할 때 썼던 필명이다.[5] 즉 트루먼의 봉쇄정책을 상징하는 기호로 사용된 것이다. 냉전의 부활이기는 하지만, 수정이 필요한 것은 미국이 맞이한 적이 과거와는 달리 테러라는 새로운 형태의 적이기 때문이다. 새로운 적에 대해서는 적대국의 위협에 대한 방어적 억지나 과거 방식의 봉쇄만으로는 안전보장이 충분하지 못하다는 것이다. 즉 소련을 봉쇄하는 것과 테러리스트를 봉쇄하는 것은 차원이 다른 문제인데, 영토와 국민을 가지고 있는 적국과는 달리 정체도 불분명하고 경계도 희미한 대상을 봉쇄하는 것은 거의 불가능에 가깝다. 특히 과거의 적은 합리성을 가진 존재이므로 방어적인 억지만으로도 위협을 막을 수 있지만, 9·11이 보여주듯 새로운 적은 실체가 불분명할 뿐 아니라 비이성적이고 예측하기 힘든 도발이 가능하므로 선제공격 또는 공격적 억지가 가능하다는 결론이다.

이 변화는 한반도에도 큰 함의를 가지는 것이다. 북한도 미국이 규정한 '악의 축'이므로 선제공격의 대상이 될 수 있는 상황에서, 미국은 새로운 전략에 의한 예방전쟁에 한국이 참가하기를 요구한 것이다. 이라크가 첫 목표물이 되었으며, 다음 목표물이 북한이 될 수도 있는 맥락에서 한국에 파병을 요구한 것이라는 말이다. 더욱이 2002년 초에 나온 미 국방부의 『핵 태세 검토서』*Nuclear Posture Review*에서 이란, 이라크와 함께 선제 핵 공격의 대상에 북한이 포함되었다.[6] 설상가상으로 2002년 10월 3일에서 5일 사이에 평양을 방문한 국무부 동아시아·태평양 담당 차관보 제임스 켈리 James A. Kelly에게 북한 당국이 핵개발 재개를 시인하면서 소위 '2차 핵위기'가 발생하였다. 부시 정부는 전임 클린턴 정부의 대북 관여정책에 대한 비판과 함께 강경책으로 전환하였다. 북한을 '악의 축' '폭정의 전초 기지'로 강하게 비난하며 정권 교체를 시사하기도 했다.

북한도 가만있지 않았다. 도발적 행동을 통해 노무현 정부를 시험하려 들었고, 1994년의 한반도 위기가 재현될 수도 있는 상황이었다. 파병을 주저하는 노무현 정부를 보고 미국의 강경파들은 북한에 대한 군사옵션 사용 가능성까지 흘리며 압박했고, 국내의 보수언론과 야당은 한반도 위기 속에서 한미동맹의 위기까지 겹친다는 식으로 정부를 몰아세웠다. 전임 김대중 정부의 햇볕정책을 계승한 노무현 정부로서는 위기의식을 느낄 수밖에 없었다. 무엇보다 한반도에서 전쟁은 불가하며, 대화를 통한 북핵의 해결이라는 김대중 정부의 대북정책을 승계한 노무현 정부는 역설적으로 이라크 파병을 통해 미국을 지원하는 대신, 미국의 대북 강경정책을 완화하는 방안을 고민하지 않을 수 없었다. 미국은 노무현 정부에는 물론이고 야당에까지 다양한 경로로 파병 요청을 한 것으로 알려져 있다. 정확하게 표현하면 요청이 아니라, 상당한 수준의 압력 행사였다.

노무현 대통령은 고민에 고민을 거듭한 끝에 북핵 문제 해결과 한미동맹을 고려해 파병이 불가피하다는 결론을 내렸다. 다만 파병의 방식이나 규모를 통해 예상되는 파장을 최소화하기 위해 노력했다. 예를 들면 대규모 전투병을 파병하지 않고, 비전투병을 보내어 재건사업과 치안을 맡게 할 경우, 미국의 압박을 피하면서도 가장 적은 비용을 치르고 곤란한 상황을 벗어날 수 있다고 생각했다.[7] 파병 방침을 결정한 노무현 대통령은 부시 행정부와 협의를 거치고 현지 조사 후 실행에 옮겼다. 결과적으로 2004년 8월 2500명(서희·제마부대를 포함할 경우 3천명 이내) 규모의 여단급 부대를 이라크의 아르빌 지역에 파병했다. 결정 이후에도 국내의 찬반 논란이 수그러들지 않았다. 미국 측은 신속한 파병을 원했으나, 한국정부가 시간을 오래 끌었고, 비전투병의 파병이라는 점에서 구미에 썩 당기는 것은 아니었지만, 당시 악화일로의 이라크전에서 찬밥 더운밥 가릴 처지가 아니었다. 도널드 럼즈펠드 국방부 장관이 "현실을 고려할 때 매우 어려운 결정이었다는 사실을 이해한다"는 말과 함께 감사 인사를 할 수밖에 없었다.[8] 노무현 정부로서는 어느정도 안도의 한숨을 내쉴 수 있었다.

북한전문가 서보혁을 포함해 많은 이들은 한국이 대규모로 파병한 베트남과 이라크의 사례는 평화를 위한 것이 아니라 평화를 배반한 것이라고 규정했다. 미국이 일방적으로 일으킨 정당성이 부재한 전쟁의 공모자가 되었다고 비판했다.[9] 정치사학자 박태균은 한·미관계에서 미국은 과거로부터 분명히 많은 학습효과를 얻어 늘 개선을 했지만, 한국정부는 이전의 한·미관계에서 어떤 학습효과도 얻지 못한 것 같다고 주장했다. 그리고 노무현 정부의 이라크 파병은 베트남 파병으로부터 아무런 교훈도 얻지 못한 결과라고 비판적으로 평가했다.[10] 한데 필자는 한국정부의 아쉬운 대미 행보라는 결론에는 동의하지만, 이라크 파병과 베트남 파병을 같은 차원에서 비교한 것은 적절하지 않다고 생각한다. 4장에서 살펴본 것처럼 한국군의 베트남전 참전은 당시 미국이 필요했지만, 미국이 요청하기 전에 박정희가 선제적으로 파병을 제안한 것이었다. 5·16 군사쿠데타 직후인 1961년 11월 국가재건최고회의 의장 자격으로 미국을 방문한 자리에서 케네디 당시 미국 대통령에게 베트남에 파병하겠다는 의사를 전달했다. 이 제안은 박정희가 군사쿠데타로 정권을 잡은 데 기인하는 정통성 부족을 해소하기 위한 차원으로 적극적으로 모색되었다. 노무현 정부가 치밀하지 못한 상황판단과 여전히 이상적인 사고로 말미암아 국내 지지세력의 엄청난 반발과 이탈을 무릅쓰고 이라크에 파병하고서도 파병의 진짜 이유였던 한미동맹의 강화와 북·미관계 개선을 이뤄내지 못한 점은 비판받을 수 있겠지만, 이라크 파병은 미국의 침략전쟁에서 용병을 자임해 이루어진 베트남 파병과는 확실히 구별되어야 한다.

'자주'라는 명분을 접고 '국익'이라는 실용으로

2002년 한국의 대선이 치러지는 기간에 노무현 후보는 "반미면 어떠냐? 남북관계만 잘되면 다른 건 다 깽판 쳐도 괜찮다."라는 매우 도발적인 발언까지 했었다. 또한 "미국에 사진 찍으러 가지는 않겠다"는 말로 자주적 노선을 분명히 했다. 이를 두고 보수세력들은 반미를 선거전략으로 활용하려고 의도적으로 던진 발언이라고 공격했고, 한미동맹을 파탄내는 위험한 행동이라고 비판했다. 당시 노무현 후보의 발언들은 한미동맹의 견고한(?) 신화에서 한발짝도 벗어나지 못하는 한국사회를 생각하면 분명 파격이자 충격이었을 것이다. 그러나 논리적 측면에서든 주권국가로서의 당위성 측면에서든 크게 틀린 말은 아니었다. 한미군사동맹의 태생 및 존재론적 이유가 북한의 위협에 대한 억지와 방어를 통한 국가안보의 확보라고 한다면, 목적을 위해 한미동맹을 굳건하게 하는 방법과 더불어, 북한의 위협을 감소시키는 방법 모두 유효한 것이다. 노무현 당시 후보는 전자를 포기하지는 않았지만, 후자의 방법론을 더 선호했기에 이를 강조한 것이다. 가능만 하다면 후자가 덜 위험하고 나은 선택이라고 본 것은, 전자보다 긴장 고조와 대치의 위험이 적고, 미국에 의한 전쟁 연루 가능성이 훨씬 낮아지기 때문이다.

노무현 대통령은 취임 직후에 계룡대를 방문한 자리에서 "주한미군이 철수하더라도 자주국방이 가능한지를 분석 보고하라"고 지시했다. 이를 두고 보수 측에서는 자주국방을 내세우면서 한미동맹을 해체하려는 위험한 시도라고 비판했지만, 그동안 미국이 주한미군 철수를 수단으로 자기들이 원하는 대로 한국을 다루어온 것을 고려해도 그렇고, 미국이 언제까지나 어떤 조건에서도 한국을 지켜줄 것이라는 약속이 얼마나 신뢰성이 있는지에 대해서도 확인할 필요가 있었다. 노무현 대통령은 결코 미군 철수를 계획한 것이 아니었다. 따라서 미군 철수에 대한 실천이 아니라 대비의 차원에서 분석하는 일조차 무조건 비판하는 태도가 오히려 문제인 것이다.

취임 전후의 이런 언행으로 인해 노무현 대통령에게는 '친북·반미'라는 이념의 꼬리표가 붙었다. 그러나 그의 언술적 표현에 비해서 실제는 반미와는 거리가 멀었다. 임기 중 그가 했던 일들을 살펴보면, 그는 이라크 파병 외에도 한미FTA 체결, 국방력 강화를 위한 미국으로부터의 무기 구매 등에서 진보세력들의 비판까지 감수해야 했을 정도로 다른 행보를 보였다. 국방비 역시 이전의 역대 어느 보수정부들보다 높은 증가율을 기록했다. 2004년 5월 처음 미국을 방문하고서 "50년 전 미국이 도와주지 않았더라면, 나도 정치범 수용소에 가 있었을지 모른다"고 했다. 당시 노무현 대통령의 진보 인사로서의 행적과 과감하고 직설적인 화법 등에 그동안의 친미적이고 순응적인 정권들에 익숙해 있던 미국의 조야가 문화적 충격을 받았으며, 그 때문에 취임 초기 양자 간에 어색한 시간이 있었던 것은 사실이다. 그리고 실제로 너무도 다른 이념을 지닌 미국의 네오콘 정부와 갈등이 있었다. 빅터 차Victor Cha 같은 보수적인 재미 한반도전문가들은 한·미관계가 돌아올 수 없는 강을 건너버렸다는 식으로 단정했다. 이는 미국과 한국 사이에서 자신의 존재감을 부각하기 위한 전형적인 주장으로, 근거가 부족한 과장된 언술이었다. 양국이 아무리 동맹이라고 하더라도 다소 불편한 관계에 빠질 수도 있는 것이 건강한 것이다.

2003년 5월 1일 취임 두달을 맞은 노무현 대통령이 '100분 토론'에 특별 출연하자, 예상대로 파병에 대한 질문이 나왔다. 질문자는 초등학교 교사였는데, 그는 정부의 이라크 파병을 아이들에게 어떻게 설명해야 하는가를 물었다. 잠시 고민에 빠졌던 노무현 대통령은 병자호란 당시 남한산성의 최명길과 김상헌의 유명한 논쟁을 인용해 역질문으로 답했다. 강대국을 상대로 해서 당시 굴복하고 화해해야 한다는 의견과 끝까지 저항해야 한다는 의견의 대립을 묻는 것으로 받아들인 것이다. 17일 뒤 미국을 다녀온 노무현 대통령은 자신의 미국관이 바뀐 것이 아니냐는 한 학생의 질문에 대해서 '한신도 무뢰한의 가랑이 밑을 기었다'라는 중국 진나라의 고사를 인용해서 대답했다. 훗날을 위해 지금의 수모는 견뎌야 한다는 고사를 인용한 것은 주변의 강대국들 사이에서 고민하는 대통령의 모습을 그대로 보여준 것이다.

노무현 대통령은 재임 시 파병 결정을 내렸을 때는 그래도 결정의 불가피성이 두드러졌기에 후회가 작았으나, 시간이 지날수록 후회가 커졌던 모양이다. 퇴임 후 여러차례 이라크 파병 결정에 대해서 매우 자책했다. 도덕적으로도 문제가 있었고 반인류적인 전쟁터에 그것도 많은 국민이 반대한 파병을 밀어붙였다는 자책이었다. 자신의 회고록에서 "역사의 기록에는 잘못된 선택으로 남을 것으로 생각한다"고 고백하고 있다.[11] 노무현 대통령의 결정 동기에 대한 의심은 없다. 이라크 파병은 한·미관계에, FTA 체결은 한국 경제에 이로울 것이라고 믿었을 것이다. 재벌을 위하거나 개인적 사리사욕을 위해 행한 일은 아니었을 것이다. 파병에 대한 보상과 관련된 미국과의 이면계약이 있거나, 개인적인 권력욕이 작동한 것은 아니었다.

노무현 정부의 이라크 파병에 대한 이념적 공격에 대해서는 단호히 부정하지만, 결정의 주요 근거가 되었던, 국익을 위한 실용적 결정이라는 판단이 과연 옳았는지 그리고 결정 이후의 상황이 원래 예상한 결과로 이어졌는지는 짚고 넘어가야 한다. 과연 그 동기나 의도대로 파병 결정이 국익을 위한 '옳은' '현명한' 결정이었는가는 엄격하게 따져봐야 한다는 것이다. 물론 현실주의 국제정치이론의 내부에서도 정책결정자가 신이 아닌 이상 모든 변수를 고려하고 파악할 수 없다는 한계를 인정한다면 결과의 실용주의까지 요구하는 것은 지나치며, 동기의 실용주의를 우선해야 한다는 주장이 있다. 하지만 국익을 위한 실용적인 결정이었다는 부분도 동기로서의 실용성과 결과로서의 실용성을 모두 따져봄으로써 정확한 평가를 해야 향후의 정책 결정에 실질적인 도움이 된다.

희망을 위한 선택: 미국의 대북 강경정책 완화를 향해

미국의 파병 요청을 받은 2003년의 상황을, 앞에서도 언급했듯이 노무현 정부는 위기로 인식했다. 이런 상황 인식은 매우 중요한데, 정책 결정 이론decision making theories에서 합리성을 판단하는 근거가 되기 때문이다.

즉 노무현 정부가 위기로 판단했다는 것은 미국의 파병 요청을 거절하기 매우 어렵다고 인식하고 문제에 접근했다는 뜻이다.[12] 특히 북한의 핵개발 시인과 미국의 대북 강경정책으로 정부 출범부터 한·미 간에는 이견이 노출됐다. 심지어 미국 조야에서는 대북 공격 가능성까지 흘러나왔다. 부시 대통령도 외교적 해결이 어렵다면 군사공격을 고려해야만 한다고 대놓고 얘기했다.[13] 이렇게 볼 때 노무현 정부는 부시 정부가 군사옵션을 내려놓도록 하는 것이 급선무였을 것이다. 취임 전의 자주적 인식으로 인해 워싱턴이 노무현에게 갖게 된 의구심을 고려하면 오히려 파병을 거절할 수 있는 여지는 더 적어지는 것이다. 이로 인해 이라크전쟁이 어떤 측면에서 봐도 정당한 전쟁이 아니었지만, 노무현 대통령은 한반도의 현실을 고려할 때 파병이 국익에 부합한다고 규정할 수밖에 없었다. 그리고 파병을 하게 되면 미국의 대북 강경정책을 변경할 수 있다고 믿었다.

그러나 그 판단은 오히려 현실주의적인 접근보다는 희망적 사고로 인한 비합리적 기대가 앞선 것이라고 본다. 패권국 미국이 감정적인 요인에 의해 한국의 파병에 감사하고, 그 때문에 다른 정책에서 양보하거나 한국의 기대를 충족시켜줄 여지가 있다고 본 것은 정확한 판단이 아니었다. 한·미관계는 비대칭 관계이며, 미국은 보호를 제공하고, 그 댓가로 한국에 대한 영향력을 갖게 되는 것이다. 미국 같은 강대국의 협상은 고압적일 수밖에 없다. 자신의 요구에 대해 한국이 가진 불안감을 활용해 목적을 이루지만, 그것은 당연한 일일 뿐 한국에 고마워할 일은 전혀 아니다. 강한 쪽에서 가끔은 신뢰나 혈맹으로서의 의리를 지켜줄 수도 있겠지만, 약한 쪽에서 이를 요구할 수 있는 것은 아니다. 따라서 파병 결정이 미국으로 하여금 자신의 필요가 있음에도 불구하고 파병과 연계해 한국에 다른 카드로 보답(?)하게 할 여지는 처음부터 없었다. 이런 것을 기대했다면, 파병 결정이 실용주의적 결정이었다는 전제 자체가 훼손된다. 파병 결정 이후 대북 강경정책이 바뀌어 공격옵션이 폐기되었다고 주장하지만, 이것도 따지고 보면 부시 정부의 노선이 바뀌었다기보다는 군사옵션은 애초에 사용할 수 있는 상황이 아니었다는 것이 필자의 견해다. 또한 파병 이후에도 우리가 바라던 것과는 달리 부시 정부 대북정책의 근간은 바뀌지 않았다는 것도 이런 사실을 뒷받침한다.

한국이 파병을 한다고 해서 한·미관계가 좋아진다고 할 수는 없겠지만, 파병하지 않을 경우 많은 문제가 발생할 것이라는 판단 정도는 오히려 합리적이고 현실적인 것이라고 할 수 있다. 그래서 한계 속에서 파병에 동의하는 대신, 신속한 결정을 원하던 미국의 압력에도 불구하고 시간을 충분히 가지고 논의하고, 무엇보다 전투병 대신 비전투병을 파병한 것은 나름대로 선전한(?) 일이라고도 평가할 수 있다. 당시 이라크 상황이 악화일로였다는 점과 파병에 많은 나라가 참여하지 않아 전쟁의 정당성이 의심받는 상황에서 한국의 파병은 부시 정부에 큰 힘이 될 수 있었다. 이는 한국이 원래 미국이 요구한 전투병을 파병하지 않고 공병이나 의료부대를 보냈음에도 역설적으로 미국이 사의를 표시한 이유가 되기도 했다. 주둔지를 상대적으로 안전지대인 아르빌로 했다는 점도 소득이었다. 자이툰부대가 주둔하는 4년 동안 오발 사고 한건을 제외하면 단 한명의 사망자도 없었으며, 우리 군에 의한 사살 역시 단 한명도 없었다.

노무현 정부 당시 한·미 간의 또다른 현안이었던 FTA 체결 과정도 이라크 파병과 비슷한 맥락과 방식으로 이뤄졌음을 알 수 있다. 당시는 세계적으로 신자유주의의 전성기였고, 미국은 우리의 두번째 무역 대국이었다. 노무현은 한국이 수출 없이 살 수는 없다는 점에서 후보로서의 노무현과 대통령으로서의 노무현은 다른 결정을 할 수밖에 없었다고 특히 실망한 진보세력을 향해 해명했다. 한미FTA를 체결할 경우 농업의 기반에 충격파가 갈 테지만, 제조업은 손해보다 이득을 볼 것이고, 이는 한국이 앞으로 생존하기 위한 불가피한 선택과 집중이라는 논점이었을 것이다. 노무현 대통령은 이왕 하는 것이면 철저하게 '비즈니스'로 생각하고 협상에 임하겠다고 결심했고, 협상단에게 세계의 경제 환경이 어떻게 변해갈지 모르는 상황에서 조급하게 체결할 필요가 없다는 점을 강조했다고 한다.

물론 한미FTA에서 (삼성이 배후에 있었다는 주장이 있지만) 의료민영화와 투자자-국가소송제Investor-State Dispute Settlement, ISD의 허용 등은 원래의 의도와 맞지 않는 것이었다.[14] 한미FTA 체결 역시 실용주의에 입각한 결정이라는 주장에 맹점이 발견된다. 노무현 대통령이 협상팀에 조급하게 타결하지 말고 철저하게 비즈니스적으로 접근하라고 했지만, 이는 한·미 간의 힘의 차이는 그런 단순한 논리가 적용되기 힘들다는 것을 간과한 것이었다. 그리고 협상에 임한 경제관료들의 생각은 대통령의 의도와 달랐다. 이미 체결을 추진하라는 신호가 떨어졌다는 점에서 대통령의 속도를 늦춰달라는 지시는 사족이 될 수밖에 없었다. 한미FTA 체결 이후 한국의 대미 흑자가 대폭 증가했으므로 이는 잘된 결정이라고 지지자들은 주장하지만, 과실은 대부분 대기업의 주머니로 들어갔으며, 중소기업이나 농가의 피해는 고려되지 않았다.

노무현 정부의 이라크 파병과 한미FTA 체결은 어찌 됐든 대통령 개인의 신념 및 정권의 정체성이나 비전과 상당히 달랐던 점은 분명하다. 이를 두고 세간에는 "좌측 깜빡이를 켜고 우회전한 정부"였다는 비아냥이 있었다. 그리고 동시에 다른 정부들보다 상대적 대미자율성을 보인 것은 사실이지만, 동시에 한계를 극복하지 못하고 드러냈다고도 할 수 있다.

다음에서는 노무현 정부의 대미자율성을 다른 정부들과 비교 평가하고자 한다.

국익 추구를 위한 자주성과 실용성의 결합[15]

한국의 자산資産과 천형天刑이라는 한미동맹의 이중의 정체성을 프롤로그에서 지적한 바 있다. 분단구조와 동북아 강대국 간 권력투쟁의 구조에서 한미동맹은 한국의 안보에 없어서는 안 될 자산인 동시에, 분단에 대한 미국의 책임 논란은 차치하고서라도 한미 '군사동맹'의 강화가 의미하는 것은 분단의 지속과 평화의 부재이다. 또한 한미동맹은 냉전체제의 산물이라는 점에서 탈냉전이 도래하고 사반세기가 지나도록 유지되는 것 자체가 정상성의 이탈이다.[16] 전시작전통제권마저 양도된 채로 미국의 이익을 위해 한국의 이익과 국민의 의사에 반하는 결정이 증가하는 현상, 그리고 한미동맹과 남북관계의 제로섬 관계로 인한 국내 분열이 지속되어온 것 등은 두말할 필요 없이 한미동맹의 덫과 같은 것이다.[17] 이는 자주냐 동맹이냐는 식의 단순화된 이념분열을 초래하면서 실체적 측면에서 정책적 균형을 모색하려는 노력을 저해하는 장애물로 작동했다.[18] 보수정권은 안보를 중시하기 때문에 동맹 절대주의를 신봉하는 것으로, 그리고 진보진영은 반미와 자주를 신봉하는 집단으로 규정되었다. 이러한 이념적 극단론에 의한 분열은 친미와 자주의 극단적인 정책 이외에는 중간지대를 허용하지 않는 구조를 만들어 한·미관계에 대한 실용적인 접근을 방해해왔다.

동맹에 관한 배타적 이분법이 김대중 정부가 출범하기 전에는 큰 문제가 되지 않았다. 왜냐하면 냉전체제하에서 한미동맹이라는 존재와 친미노선은 실체와 인식의 측면 모두에서 건드리기 힘든 대전제였기 때문이다. 자주를 중요시하는 세력과 동맹을 우선하는 세력은 서로 이념적으로는 반대편이었으나, 실제로 권력경쟁의 상대는 아니었다. 따라서 김대중의 집권은 이전에는 없었던 도전이었는데, 그가 진보적 사상과 함께 반미이미지까지 지녔기 때문이다. 김대중 정부는 출범부터 미국에 대한 절대적 의존에서 탈피하려는 외교를 추진했으며, 한·미관계를 규정해온 대북정책에서도 이전 정부들과는 다르게 북한을 배제와 타도의 대상이 아니라 포용과 협력을 통해 점진적인 변화를 이끌어야 하는 대상으로 간주하였다. 그러나 김대중의 최초의 본격적인 자주성 추구가 실제로는 한미동맹의 포기와는 거리가 멀었으며, 탈냉전이라는 국제 환경에 맞는, 그러나 동시에 동맹의 틀 속에서 실용적인 균형을 추구하는 것이었음에도 처음부터 끝까지 반미자주 노선으로 취급받았다.[19]

한미동맹은 그 특수성에도 불구하고 여타 동맹처럼 대내외적 조건이 변화함에 따라 조정을 겪을 수밖에 없고, 초기 동맹 체결 당시의 절대적인 비대칭성과 종속성이 탈냉전이 도래하고 남북관계에 개선이 일어나면서 한국의 자주성 제고 노력으로 이어지게 된 것은 지극히 자연스러운 현상이었다. 그러나 한미동맹의 오랜 비대칭성이 가지는 경로 의존성과 자주-동맹의 배타적 이분법으로 인해 김대중과 노무현 정부의 대미자주성 제고 시도는 곧바로 동맹 해체 시도라는 프레임이 씌워졌다. 두 진보 정부 10년간의 동맹정책이 이전에 없던 유의미한 대미자주성 제고 노력이기는 하지만, 결코 반미 또는 반동맹 정책은 아니었다. 김대중·노무현 정부는 각자가 이해한 안보 환경에서 국익을 추구했고, 이를 위해 한·미관계를 활용하는 기본적으로 실용적인 접근을 했다. 따라서 동맹-자주의 극단적 이념형보다는 그동안 부재했던 자주성을 부분적으로 보완한 실용적 접근이라는 의미에서의 자주성–실용성 연결고리의 관점에서 봐야 한다. 이러한 인식과 실제의 차이점은 진보정부 10년을 규정하였고, 이어서 보수정부가 연속해 집권에 성공하면서 이념적 편가르기가 부활했다. 보수세력은 변화된 세계질서의 스펙트럼을 반영하지 못하고 20세기의 냉전적 대북관을 가지고 있으며, 이를 그대로 대미관에 반영시켰다. 즉 보수의 반북은 친미로, 진보의 친북은 반미로 단순화하는 것이다.[20] 10년 만의 재집권을 위해 이런 등식은 보수세력에게 매우 유용했고, 그들은 친북·반미라는 진보의 아킬레스건에 대한 공격에 사활을 걸었다.

국제정치학자 이삼성의 주장처럼 한미동맹은 미국에 대한 종속적 군사관계를 제도화해왔다.[21] 냉전 기간에는 적의 위협으로부터 안보를 지키기 위해 이러한 종속적 관계를 수용하는 것이 실용적인 측면에서도 합리적 결정인 측면이 있다. 문제는 탈냉전 이후부터인데, 1990년대 초 한·미 양국도 탈냉전이라는 국제 환경의 변화에 맞추어 조정을 고려했다. 한미동맹은 극단적인 비대칭 동맹에 대한 조정 압박을 받게 된다. 그러나 북방으로부터의 위협이 현저하게 줄고, 남·북한의 국력 차이가 벌어졌는데도, 대미자주성은 크게 제고되지 않았다.[22] 1990년대 초 냉전 종식의 결과로 미·나토 동맹이나 미·일 동맹은 위계적 관계를 어느정도 벗어나는 모습을 보였지만, 한국만은 비대칭성이나 종속성의 변화가 거의 보이지 않았다.

부시 행정부의 등장과 9·11사태, 2차 북핵 위기, 미군 장갑차에 의한 두 여중생의 사망 등으로 촉발된 한·미 갈등과 함께 출범한 노무현 정부의 대미관계는 처음부터 어려움의 연속이었다. 노무현 정부가 한편에서는 대북 화해정책을 지속하고, 다른 한편에서는 '동북아균형자론'의 제시를 포함해 대미자주성 확보에 노력하자, 부시 행정부 노선과의 갈등은 필연적이었다. 이후 동맹은 출범 이후 가장 어려운 시간을 보냈다. 이유야 어찌 됐든 결과적으로 동맹 반세기의 대미 의존이 관성이 되어버린 맥락에서는 한국정부의 태도가 미국에 대한 배은망덕과 도전으로 보였고, 미국과 국내 보수세력 모두 동조해 비난을 퍼부었다. 이들은 한·미 공조가 순탄하게 이어지고, 남·북한 화해가 고른 지지를 받던 클린턴 정부 때는 위축되었다가, 한·미관계가 난항을 겪고, 이것이 다시 북·미관계 악화로 이어지자 곧바로 반격에 나서 노무현 정부를 거세게 몰아붙였다.

그러나 간과해서는 안 될 것은 한미동맹이 흔들리게 된 근본 이유는 위협 인식의 차이였다.[23] 즉 냉전 소멸로 소위 북방으로부터의 위협이 감소하면서 초래된 위협 인식의 약화는 자연스러운 결과였으며, 미국이 9·11 사태를 겪으면서 전면에 내세운 테러 위협을 한국이 똑같이 국가 안보의 최대 이슈로 삼을 수는 없었다. 물론 미국이 처한 어려운 상황을 혈맹의 관계에 있는 한국이 돕는 것이 동맹의 기본이라는 반론이 가능하다. 바로 그 지점이다. 그래서 동맹의 상호성이 요구되는 것이다. 즉, 일방적으로 미국은 한국을 돕고 한국은 미국에 종속적인 과거식의 관계로는 한국이 미국의 테러 위협에 대해 동조하거나 돕는 일이 제대로 이루어지기는 어렵다는 것이다. 사고는 옛날식으로 하면서 미국의 새로운 안보 어젠다를 우리와 동일시하는 것은 시대착오적이었다. 더욱이 당시 한·미관계가 어려워진 것은 한국의 자주적 대북정책보다는 부시 행정부의 일방적이고 강경한 정책 탓이 더 크다는 점을 분명하게 지적해야 한다. 김대중과 마찬가지로 노무현도 한·미관계를 희생해가면서까지 자주성을 확보하고 대북 접근을 할 생각은 없었으며, 그게 가능하지도 않았다. 야심을 가지고 준비한 동북아균형자론으로 미국을 설득할 수 없게 되고 오해를 불러일으키자 이를 불과 3개월 만에 발 빠르게 폐기한 것 역시 그가 자주성 제고와 자유주의적 다자주의를 결코 한미동맹의 틀을 넘어 추진할 생각은 없었다는 것을 보여주는 증거였다.[24]

앞에서 보았듯이 그가 자기 신념과 다르고 지지자들도 비판하는 이라크 파병을 고심 끝에 강행한 것도 바로 이런 점을 극명하게 보여준다. 그는 가끔 과격한 반미 성향의 발언을 한 것이 사실이지만, 전체적으로 그리고 실제 정책적으로는 한미동맹의 틀 안에서 움직였다. 집권 전과 후의 대미인식이 확연히 달랐고, 첫 방미 이후 미국에 대한 바뀐 태도를 보임으로써 오히려 진보세력의 많은 비판에 직면해야 했다. 시간이 갈수록 대미관계를 개선하려고 노력했으며, 한미FTA 체결에도 적극적으로 나서는 등의 행보를 보였다. 한·미관계는 갈등 국면 가운데서도 시간이 흐르면서 서서히 개선되어갔다. 하지만 당시 미국의 네오콘과 한국의 보수세력에게 노무현은 반미 및 반反동맹론자로 이미 낙인찍혀 있었다.

김대중·노무현 진보정부 10년간 자주성–실용성 연결고리가 형성되고 또 작동한 사안들로는 이라크 파병, 협력적 자주국방론, 전략적 유연성 strategic flexibility, 미국의 '해외 주둔 미군 재배치 계획'GPR과 전시작전통제권 등을 대표적으로 들 수 있다. 앞에서 살펴봤듯이 파병 문제는 대미자주성 제고를 목표로 내건 김대중·노무현 두 정부 모두에서 매우 민감한 이슈였으며 당시 진보진영은 물론 여당의 내부 분열까지 촉발했다. 파병이 결정된 이후에 진보세력은 대미종속성의 부활이라는 비판까지 쏟아내며 지지를 철회할 정도로 분노했다.

당시 부시 대통령은 이라크전쟁을 놓고 동참하면 미국의 친구, 반대하면 미국의 적이라고 선언하면서, 당연히 한국에도 미국의 친구라면 미국이 전개한 모든 전쟁에 참여할 것을 압박했다. 그런 점에서 노무현 정부가 이라크전쟁 참전을 결정한 것은 부시 행정부의 대북 강경책을 누그러뜨리면서도 한미동맹의 근간은 유지하겠다는 자주성-실용성 연결고리 형성 노력의 일환이라고 볼 여지가 충분하다. FTA 결정 역시 같은 차원에서 해석할 여지가 있다. 당시 세계는 신자유주의의 전성기였고, 세계화의 시대였다. 진보진영에서 한·미의 자유무역협정이 서민경제를 쑥대밭으로 만들 것이라고 한 주장을 노무현 대통령은 '교조적 진보'라고 규정했다.

다음으로 전략적 유연성과 '해외 주둔 미군 재배치 계획'의 수용 과정 역시 전형적인 자주성-실용성 연결고리 사례라고 볼 수 있다. 이 둘은 미국이 신안보패러다임의 일부로 추진했는데, 해외 주둔 미군에 대한 대대적인 재편으로서 한미동맹 역시 변화를 수반하였다.[25] 당시 국내 보수세력들은 미군 재배치 계획이 주한미군의 감축을 주요 내용으로 담고 있다는 점을 부각시키고 노무현 정부의 반미적 태도가 주요인이라고 주장하며 이념 공세를 확대했다.[26] 그러나 '해외 주둔 미군 재배치 계획'은 기본적으로 한국이 아닌 탈냉전을 맞은 미국의 전략적 필요에 의한 것이었다.[27] 미국이 1990년대 중반부터 이미 구체화해온 새로운 세계전략의 일환이며, 한미동맹을 대북 억지 차원을 넘어 동북아 전체의 안정을 지키는 것으로 확대하겠다는 것이었다.[28] 주한미군 재배치 문제는 자연스럽게 주한미군의 전략적 유연성과 연결되면서 논란을 불러일으켰다. 한·미 관계가 악화한 상황에서 미국정부 역시 이에 대한 명확한 입장 표명 없이 은연중에 한국정부에 대한 압력으로 이를 활용했다.

여기서 노무현 대통령의 '연루'에 대한 우려가 발견된다. 냉전기에는 한국이 미국의 일방적인 정책도 방기에 대한 우려로 인해 대부분 수용했던 것에 비해 미국은 동맹이 형성될 때부터 줄곧 연루를 걱정해왔다. 그러나 미국은 냉전질서의 붕괴와 중국의 부상으로 동북아에서 특히 영향력 약화를 우려하지 않을 수 없었으며, 남북관계는 물론이고 한·중관계가 좋아지면서 이제는 한국이 연루에 대한 우려가 커졌다. 상대적인 의미에서는 분명히 비대칭 동맹관계인데, 전형적인 하위자의 방기 우려와 동맹 상위자의 연루 우려가 역전되는 상황이 벌어진 것이다. 즉 미국은 한미동맹에서 연루보다 방기의 우려가 커졌고, 한국은 연루의 우려가 커졌다.[29] 그 결과 노무현 정부는 '해외 주둔 미군 재배치 계획'을 수용하고, 전작권 환수를 합의한 것과 함께, 한반도를 벗어나는 경우 협의한다는 전제조건을 달면서 전략적 유연성을 제한적으로 수용했다.[30] 이는 자주성의 확대를 통해 실용성과의 연결고리를 찾고자 한 노력으로 보는 것이 타당하지, 보수 측이 주장하듯 이를 두고 한미동맹을 버리고 자주성 확보로 기울었다고 말하는 것은 본질을 왜곡하는 것이다.

대미자주성 제고 노력의 무산: 진보정부 10년의 반작용

모든 동맹은 정태적이거나 기계적일 수는 없고 동태적이고 유기적이다. 동맹 태동 당시의 조건들은 변할 수밖에 없고, 그 변화로 인해 상호 이익의 교차점이 바뀌면서 조정이 모색되는 것은 지극히 자연스러운 현상이다. 1953년 체결되어 한반도의 안정에 공헌했던 한미동맹 역시 탈냉전의 도래로 인한 위협 감소와 미국의 세계전략 변화로 재조정의 압력을 받아왔다. 이런 배경에서 남북정상회담으로 대표되는 남북화해를 이끈 김대중·노무현 두 진보정권은 상대적으로 평등한 동맹 또는 대외정책의 자주성 제고를 이루려 했다. 이는 국제적 수준의 탈냉전기 안보 환경을 한반도에 적용하려는 시도이며, 동시에 '한·미관계'와 '남북관계' 사이의 효율적인 조화라는 목표를 위한 노력이지, 남북관계를 위해 한·미관계를 희생하는 것은 아니었다.[31]

물론 그처럼 자주성과 실용성을 연결하려는 노력이 정책의 성공을 자동으로 보장하는 것은 아니었다. 실제로 1998~2000년의 매우 짧은 기간을 제외하고는 한·미 외교게임에서 발생한 파장들을 극복하지 못했고, 양극화된 국내 여론도 설득·통합하지 못했다. 또한, 미국이 처한 상황과 동북아 환경에 대한 치밀한 분석을 등한시하고 대북관계 개선으로 모든 문제가 해결될 것으로 생각했던 이상주의라는 비판에 대해 자유로울 수 없다. 그럼에도 두 진보정부가 펼친 대미자주성 제고를 통한 동맹의 균형점 이동 전략을 단순한 이념형으로 분류하여 친북·반미·반동맹 정책이었다고 규정해버리는 것은 타당하지 않다. 김대중과 노무현은 어느정도의 반미정서를 가지고 있던 것은 사실이지만, 지금까지 살펴본 것처럼 실제 정책에서는 훨씬 실용적인 접근을 했다.

10년간의 자주성 제고 노력은 보수세력의 반발과 반미 프레임에 말려들음으로써 비가역적 결실로 이어지지 못했고, 뒤이어 등장한 이명박·박근혜에 의해 단박에 역전되었다. 부시 정부와의 갈등을 무릅쓰고 대북관계 개선을 모색했던 대부분의 노력이 한·미관계를 악화시켰을 뿐 아니라, 북한의 도발을 조장했다는 비판과 함께 용도폐기되었다. 한미동맹이라는 현실주의 대안이 유일했으며 자유주의적 접근이 아예 불가능했던 냉전 기간과는 구별되어야 함에도, 진보정부 10년의 반작용으로 한국 외교는 회귀적 경향을 지니게 되었으며, 한미동맹의 비대칭성은 오히려 강화되는 결과가 초래되었다.

  진보정부 10년의 자주성-실용성 연결고리가 가진 중요한 함의에도 불구하고 이후 등장한 보수정부들에 의해 용도폐기되어버린 것은 과연 안보-자주의 교환을 전제로 체결되고 유지되어온 한미동맹하에서 한국이 안보와 자주 양자를 동시에 추구하는 것이 가능한 시도인가라는 근본적인 질문을 던지게 만든다. 즉, 정치학자 조동준처럼 보장 동맹에서 하위자의 자주성 추구가 역설적으로 안보의 위협을 가중하는 '자가당착'이라는 냉정한 결론을 내려버리는 사람들도 있다.[32] 그러나 이는 극단적인 현실주의 동맹론에 갇혀버린 경직된 사고이기도 하다. 북한이 자주 사용하는 전술 중 하나인 소위 '약소국의 폭정'tyranny of the weak[33]까지는 아니라도, '약소국의 큰 영향력'[34] 같은 것도 특정 조건들에서 충분히 가능하다는 점을 인식할 필요가 있다. 강대국의 전략적 이해와 세력균형의 구조적 환경이 한국의 자주성 확보에 유리하게 작동할 때 이를 최대한 활용해서 비대칭성을 점진적으로라도 극복해나가는 노력이 필요하다.

제12장
전시작전통제권 환수와 미국

전시작전통제권
환수 개요

전시작전통제권은 한반도 유사시, 즉 전쟁 또는 전쟁에 준하는 상황이 벌어졌을 때 작전을 지휘 및 통제할 수 있는 권한을 말한다. 한마디로 작전계획을 세우고 작전명령을 내리는 권한이다. 대한민국 헌법 제74조 제1항은 대한민국의 대통령이 한국군의 최고 지휘권을 가진 국군통수권자라고 규정하고 있다. 대통령은 군통수권을 국방장관에 위임하고, 국방장관은 다시 합참의장에게 전투 편성, 임무 부여, 임무 수행 등 작전권에 해당하는 군령권을 위임하며, 육·해·공군 참모총장에게 군대의 편성과 조직을 관장하는 행정권을 위임한다. 작전권은 평시작전통제권(약칭 평작권·평시작전권)과 전시작전통제권(약칭 전작권·전시작전권)으로 나뉘며, 전자인 평작권은 1994년 이래 한국군 합참의장이 보유하고 있지만, 후자인 전작권은 2021년 현재 한미연합사령관을 맡은 미군에게 속해 있다.

전작권을 미군이 보유하게 된 기원은 한국전쟁이다. 1950년 7월 14일 당시 이승만 대통령이 전세가 급격하게 밀리는 위기 상황에서 더글러스 맥아더 유엔군 사령관에게 작전지휘권을 넘겼다.[1] 이렇게 이양된 전작권은 1954년 11월 18일 발효된 한미상호방위조약과 그후 개정된 한·미 합의 의사록에 '작전통제권'이라는 용어로 대체되어 현재까지 사용되고 있다. 이후 전작권 환수 문제를 다시 제기한 사람은 박정희 대통령이었다. 당시 자주국방에 대한 요구가 꾸준히 있었고, 특히 1968년 1월 21일 북한 특수부대의 청와대 습격 사건과 1월 23일 북한의 미군 정보수집함 푸에블로Pueblo호 나포 사건을 두고 미국이 전혀 상반된 대처를 함에 따라 한·미 갈등이 빚어졌다. 당시 국가의 최고통치권자가 북한군에 의해 살해당할 수도 있었던 청와대 습격이라는 엄청난 도발에 대해서는 미온적인 대응을 하던 미국이 자국의 배가 연루된 푸에블로호 사건에 대해서는 전쟁 직전 단계인 데프콘 2를 발령했다. 박정희 대통령은 분노했고, 이런 차이를 보인 이유 중 하나가 바로 전작권이 미국에 있기 때문이라는 사실을 자각하고 환수 문제를 제기했다. 그러나 당시 베트남전쟁 중이었던 미국은 한반도에서 혹시라도 발생할 수 있는 전쟁 가능성에 대한 우려로 인해 전작권을 넘겨주지 않았다.

한편 전작권은 1978년 한미연합사령부가 창설되면서 유엔군 사령관으로부터 한미연합사령관에게 이전되었다. 이후 한국이 경제발전을 이루고 국력이 강해지는 동시에 세계적 탈냉전의 영향으로 말미암아 한반도에서 전쟁의 가능성이 작아지면서 주권국가로서 당연한 전작권을 환수해야 한다는 주장이 끊이지 않았다. 그러다가 1987년 민주화 이후 치러진

데프콘 단계

데프콘 5 (Fade Out)	전쟁의 위협이 전혀 없는 안전한 상황
데프콘 4 (Double Take)	경계 강화 태세, 군사개입 가능성은 없는 상태. 1953년 휴전협정 이후 거의 상시 발령
데프콘 3 (Round House)	준비태세 강화, 전 군대 휴가·외출 금지, 작전권은 한미연합사령부로 이관
데프콘 2 (Fast Pace)	준비태세 더욱 강화, 전군에 실탄 지급, 부대 편제 인원 100% 충원
데프콘 1 (Cocked Pistol)	최고 준비태세, 전쟁이 임박한 상태로서 총동원령을 발령하고 전시체제 돌입

대선에서 노태우 대통령후보가 전작권 환수를 대선공약으로 제시함으로써 다시 주요 의제로 부상했다. 1994년 12월 1일 김영삼 대통령이 평시작전통제권을 환수해 왔으며, 이를 두고 '제2의 창군'이라고 의미를 부여했다. 그러나 상식적으로도 군에게 평시의 작전권을 보유한다는 것의 의미는 별로 없다. 심지어 평작권을 가져왔다고 하더라도 작전계획 수립, 연합정보관리, 연합위기관리 등의 중요 권한들은 모두 연합사령관에 여전히 속했다.

한편 평작권이 아닌 전작권이 발동되는 '전시' 상황은 데프콘 3 이상의 유사시를 말한다. 데프콘Defcon 이라는 것은 미국의 기준으로 정규전에 대비해 발령하는 말 그대로 '방어준비태세'Defense Readiness Condition 를 말하는데 모두 5단계로 나뉜다.(앞의 표 참조) 데프콘 5는 가장 낮은 단계로 전쟁 위험이 아예 없는 상태를 말하고, 데프콘 1은 가장 높은 단계로 동원령이 선포되고 전시에 돌입하는 국면이다. 한국이 평작권을 사용하는 단계는 4와 5이고, 3부터 1까지는 미국이 전작권을 행사하게 된다. 데프콘을 격상하기 위해서는 한·미 양국 합참의장에 건의한 후에 양국 대통령의 승인을 받는 절차를 거쳐야 한다.

한국정부가 1994년에 평작권을 환수한 이후에는 상당 기간 큰 진전사항은 없었다. 막연하게 전작권을 2000년 전후에 환수하겠다는 계획을 세운 적이 있기도 했지만, 본격적인 시도는 없었다. 그러다가 2007년 노무현 정부가 본격적으로 전작권 환수를 위해 미국과 협상을 시작했다. 양국은 여러차례의 협상을 거쳐 2012년 4월 17일까지 한국이 미국으로부터 전작권을 돌려받기로 합의했다. 이른바 '시간에 기초한'time-based approach 전환계획을 진행한 것이었다. 그러나 진보정부로부터 보수정부로 정권이 넘어간 이후부터 전작권 반환은 우여곡절을 겪다가 이명박 정부와 박근혜 정부에 의해 두차례 연기된 이후 현재는 전작권을 환수 시점을 정하고 그 시점에 환수하는 것이 아니라 특정 조건을 충족할 때condition-based approach 환수하는 것으로 못박은 상황이다. 문재인 정부가 임기 내 반환을 공약으로 내세웠지만, 2021년 현재 여전히 전작권은 미국의 손에 있으며, 공약 이행 여부는 불투명하다.

노무현 정부와
전시작전통제권 환수 노력

개요를 살펴본 전시작전권 환수의 진행 과정과 함의에 대해 한걸음 더 들어가보자. 앞에서 언급한 대로 김영삼 정부는 이승만 정부가 넘긴 작전통제권 중에 평시작전권을 44년 만에 환수했다. 김영삼 대통령은 '제2의 창군'이라고 포장했지만, 실제로는 평작권도 온전한 형태로 돌려받은 것이 아니었다. 당시 한국군의 전력 미비라는 이유로 평작권 중에 6대 권한(작전계획 수립, 연합정보관리, 연합위기관리, 연합연습, 교리발전, C4I 운용성)이 연합권한 위임사항Combined Delegated Authority, CODA으로 여전히 미군에게 남겨졌다. 결국 한국군은 평작권을 환수받았음에도 군사작전 수행 능력의 핵심 골격은 행사할 수 없었고, 미국에 대한 깊은 의존은 변화가 없었다.

전시작전권 환수는 노무현 대통령 시기에 본격적으로 그리고 강하게 추진됐다. 한미동맹의 중요성을 인정하면서도 동북아균형자론과 함께 소위 '협력적 자주국방'의 비전을 품었던 노무현 대통령은 전작권 환수를 핵심 국정과제로 삼았다. 한국 국방부는 2004년 노무현 대통령에게 제출한 보고서를 통해 한국군이 주한미군과 본토 미군의 증원 없이 단독으로도 북한과의 전면전에서 승리할 수 있다고 결론을 내림으로써 전작권 환수에 대한 우려를 경감시켰다. 2005년 합참은 '전시작전통제권 단독행사 추진계획'을 한국정부가 작전통제권을 미국에 이양한 1950년 7월 14일을 상기하는 의미에서 '714 계획'이라고 명명했다. 이후 일련의 내부적인 준비를 거쳐 2005년 9월 28일에 열린 제4차 한·미 안보정책구상Security Policy Initiative, SPI 회의에서 한·미 간 전작권 관련 논의가 시작되었다.

노무현 대통령은 2006년 12월 1일 민주평화통일자문회의 상임위원회 연설에서 작심한 듯이 군 장성들의 태도에 대해서 비판을 쏟아냈다. 그는 "자기들 나라, 자기 군대, 작전통제도 한개 제대로 할 수 없는 군대를 만들어놓고, 나 국방장관이오, 나 참모총장이오, 그렇게 별들 달고 거들 먹거리고 말았다는 얘기입니까? 부끄러운 줄 알아야지."라고 매우 직설적으로 비판했다. 비판의 내용과 대통령의 노골적인 표현은 큰 화제가 되었고, 그 이후 오랫동안 전시작전권 환수를 둘러싸고 보수와 진보의 논쟁이 벌어질 때마다 반복적으로 인용되었다. 이렇게 전작권 환수는 노무현 대통령의 강한 의지로 말미암아 적극적으로 추진되었다. 2006년 9월 노무현 대통령과 부시 대통령의 정상회담에서 한·미 간의 공감대를 이뤘고, 이듬해인 2007년 2월 24일 워싱턴에서 열린 양국의 국방장관 회담에서 2012년 4월 17일자로 전작권을 반환하기로 합의했다. 반환 날짜에도 숨은 의미가 있었다. 노무현 정부의 통일부 장관과 국가안전보장회의 사무차장을 지낸 이종석은 택일에도 자주국방의 숨은 의지를 담아 전작권을 미국에 내어준 7월 14일을 뒤집었다고 그의 회고록에서 밝혔다.[2]

그러나 이명박 정부가 들어서면서 기류는 확 바뀌기 시작했다. 이명박 정부의 정체성과 정책노선상 대북 강경론과 친미노선이 주류인데, 보수층이 중심이 되어 만약에 한국이 전작권을 환수할 경우 유사시에 미군이 빠르게, 그리고 충분하게 투입되기 힘들 것이라는 논리를 내세우며 연기론을 확산하기 시작했다. 그들은 한미연합사령부가 한미동맹의 끈끈함을 상징하는 것으로 보기 때문에 이의 해체는 곧 한미동맹의 약화로 이어진다고 주장했다. 또한 현실적으로 북한의 위협이 점증할 경우 미군의 정보자산 등을 활용해야 하는데, 한국이 지휘권을 행사할 때 문제가 발생하지 않겠냐고 반문했다. 이런 상황에서 2010년 3월의 천안함 침몰 사건으로 한반도 상황이 긴장으로 흐르면서 전작권 반환 연기론이 본격적으로 부상하였다. 당시 김태영 국방부 장관은 천안함 사건 이후 국회 대정부질문에서 "군으로서는 전시작전권이 한국에게 넘어오는 게 가장 어려운 상황"이라며 "반환 연기를 국가적 차원에서 검토하고 있다"고 말했다.[3] 찬반 양론이 갈려 있는 상황에서 천안함 침몰 사고는 연기론에 결정적인 힘을 실어버렸다. 결국 2010년 6월 이명박 대통령과 오바마 대통령의 토론토 정상회담에서 환수 시점을 원래보다 3년 7개월 미룬 2015년 12월 1일로 연기하는 데 합의했다. 연기 사유로 당시 천안함 피격 사건 등 북한의 점증하는 도발과 핵·탄도미사일 실험 등으로 인한 위협 증가로 한반도 안보 상황이 불안정해졌다는 것을 들었다.

한·미 양국은 2007년 전작권 전환 합의 이후 한미합동훈련에서 전환에 따른 한국군의 작전수행 능력을 함양해왔고, 전력 강화도 꾸준히 이어졌었다. 또한 2010년 발표된 4개년 미 국방전략검토보고서QDR에서 주한미군의 구조 조정을 지속적으로 추진하고 있으며 예정대로 전작권을 반환할 것이라고 밝혔고, 월터 샤프Walter L. Sharp 당시 주한미군 사령관도 원래 약속된 기한에 반환할 뜻을 피력하였다. 합동참모본부는 전시 지휘부가 들어설 청사를 짓기 시작한 상황이었다. 사실 미국은 전작권 반환을 기정사실로 여겼다. 오바마 행정부의 첫 국방장관이었던 로버트 게이츠Robert Gates는 자신의 재임 중 한국과의 전작권 재협상은 결코 없을 것이라고 할 만큼 연기론에 대해 반대했다. 그러나 이명박 대통령은 직접 오바마 대통령을 설득해 연기를 관철한다. 이명박 대통령은 자신의 회고록에서 2010년 4월 13일 핵안보정상회의에서 옆자리에 앉은 오바마 대통령에게 직접 전작권 전환 연기를 꺼냈고, 오바마는 공감을 표하며 '2+2 채널'을 통해 검토하자고 했다.[4]

한차례 한국 측의 부탁으로 연기된 전작권 반환은 이명박 정부를 이어받은 박근혜 정부에서 재연기론이 부상했다. 박근혜 대통령은 2012년 대선에서 2015년으로 예정되어 있던 환수를 위해 차질 없이 준비하겠다고 했고, 대통령직인수위원회에서도 국정과제를 발표하면서 이를 재확인했다. 그러나 2013년 5월 김관진 당시 국방부 장관은 척 헤이글Chuck Hagel 미 국방부 장관에게 '시기에 기초한' 전작권 전환이 아닌 '조건에 기초한' 전작권 전환을 제의했다. 이후 미국 측 고위 관리자들의 입에서 한국이 전작권 환수의 시기를 연기해달라는 요구가 있었다는 말들이 여기저기서 새어 나왔다. 한국의 국방부도 북한 핵 문제가 심각한 상황인 시점에서 변화된 안보 상황을 중요한 조건으로 고려하면서 전작권 전환 준비를 하자고 미국 측에 제의했다고 말했다.

사실 이런 기류는 2013년 5월 한미정상회담에서 당시 한국과 미국이 발표한 내용이 온도 차이를 보임으로써 감지되었다. 오바마 대통령이 양국이 2015년 전작권 환수를 위한 작업을 순조롭게 진행하고 있다고 말한 것과는 달리, 박대통령은 전작권 전환은 한미연합방위력을 강화하는 방향으로 준비, 이행되어야 할 것이라고 했다. 결국 2014년 4월 25일 한국의 박근혜 대통령과 미국의 오바마 대통령이 청와대에서 가진 정상회담에서 전작권 반환은 한미연합방위력을 강화하는 방향으로 준비하고 이행되어야 한다는 점을 제기하면서, 동시에 2015년으로 예정되어 있던 전환 시기와 조건을 재검토할 수 있다는 점에 합의했다는 사실을 발표했다. 같은 해 10월 23일 미국 워싱턴에서 열린 한·미 연례안보협의회Security Consultative Meeting, SCM에서 전작권을 특정 시기를 정하지 않고 '조건'에 기초해 전환하는 데 합의했다. 전시작전권 반환은 준비를 해왔지만, 현상황을 고려할 때 예정대로 할 수는 없다는 것이 연기의 핵심 요지였다.

전작권 환수가 가능하기 위한 세가지 조건은 안정적인 전작권 전환에 부합하는 한반도 및 역내 안보 환경, 전작권 전환 이후 한미연합방위를 주도할 수 있는 한국군의 핵심 군사능력 구비, 그리고 국지 도발과 전면전 시 초기 단계에서의 북한 핵미사일에 대한 한국군의 필수 대응능력이다. 일각에서 사실상 무기한 연기이며, 더 나아가 전환을 아예 하지 않겠다는 의미라는 비판이 등장했다. 쉬운 말로 풀이하면, 환수가 이뤄지기 위해서는 한반도가 평화로워야 하고, 한국군이 미군을 지휘할 수 있어야 하며, 북한 핵미사일을 능히 막을 수 있어야 가능하다는 것인데, 과연 어느 세월에 한국군이 이렇게 완벽한 조건을 갖출 수 있을까? 그래서 일부에서는 사실상의 무기 연기이자, 미국의 주관적 판단에 모든 것이 달린

작전통제권 관련 주요 연표

1950년 7월 14일	이승만 정부 유엔군 사령관에게 한국군의 작전지휘권 이양
1978년 11월 7일	박정희 정부 당시 한미연합사령부CFC 창설로 한국군에 대한 작전통제권을 유엔사에서 연합사로 이관
1994년 12월 1일	전시작전통제권을 제외한 정전 시 작전통제권을 한국의 합동참모본부ROK JCS로 전환
2006년 9월 16일	노무현·부시 대통령 전작권 반환에 대해 공감대 이룸
2007년 2월 24일	2012년 4월 17일까지 전작권을 전환하기로 합의
2010년 6월 26일	이명박·오바마 대통령 전시작전통제권 전환 시기를 2015년 말로 연기하기로 합의
2013년 9월 30일	미래사령부 설치 관련 개념, 즉 한국 합참의장이 미래사령관을 겸직하고 주한미군사령관이 미래사부사령관이 되는 지휘구조 기록 각서 체결
2014년 4월 25일	박근혜·오바마 대통령 전작권 전환 관련 적절한 시기와 조건 재검토 가능성 언급
2014년 10월 23일	한·미의 국방부 장관 전작권 전환을 조건에 기초하여 추진하기로 합의
2018년 10월 31일	한·미의 국방부 장관 조건에 기초한 전작권 전환계획 수정 1호에 서명하고 미래 지휘구조 기록각서와 한국 합참·유엔사·연합사 간 관계 관련 약정사항 승인

일방적 방식이 되었다고 비판했다. 군사평론가 김종대는 "말이 좋아 '조건에 기초한'이지 전작권이라는 군사주권에 대한 주장을 하지 않겠다는 것"이라며 "사실상의 주권 포기이고, 대표적인 대국민 거짓말이며, 미국에 의존해서 우리 생존을 도모할 수밖에 없다는 한국군에 대한 비관적 전망의 다른 표현"이라고 강하게 비판했다.[5] 시점 대신 조건을 정함으로써

미국에 전적인 결정권을 주게 된 것이다. 이런 결정을 두고 보수진영은 반대로 안보 상황에 대한 적절한 대응이라고 지지를 표명했다.

전작권 환수 문제는 촛불혁명과 박근혜 대통령 파면으로 탄생한 문재인 정부에서 부활했고, 이는 자연스러운 것이었다. 당시 특수상황으로 말미암아 문재인 대통령은 인수위원회도 없이 당선 다음 날부터 국정을 시작했다. 인수위 대신 국정과제를 만들 국정기획자문위원회가 출범했다. 필자도 참여한 외교·안보분과에서 전작권 환수에 대한 재검토에 들어갔고, '100대 국정과제'에 전작권 환수가 당연히 포함되었다. 당시 군 인사들과 군사전문가들의 의견을 충분히 청취했는데, 대다수는 전작권 환수의 필요성에 공감하였고, 일부에서는 문재인 정부 임기 내에 반드시 환수해야 한다고 강하게 주장했다. 실제로 '100대 국정과제' 초안에는 '임기 내 환수'라고 되어 있었으나, 지나치게 조급하다는 인상을 준다는 의견이 있어, 시기를 못박지 않고 가능한 한 조기에 환수한다는 표현으로 바뀌었다. 문재인 대통령은 취임 후 3개월 정도 되는 시점에서 열린 첫 국방부 업무보고에서 전작권 환수의 필요성을 강조하는 동시에 군의 자신감 부족을 질타했다. 그는 "막대한 국방비를 투입하고도 우리가 북한 군사력을 감당하지 못하고 오로지 연합방위능력에 의지하는 것 같아 안타깝다.""미리 독자적 작전능력에 대해서도 아직 때가 이르고 충분하지 않다고 하면 어떻게 군을 신뢰하겠는가?" 등 높은 발언 수위로 군 지휘부를 질타했다. 앞에 소개한 11년 전 노무현 대통령의 일갈을 기억하게 했다.[6]

한국의 보수진영은 늘 그랬듯이 우려와 비판을 쏟아냈다. 그런데 흥미로운 것은 미국의 반응이다. 미국정부는 트럼프의 고립주의 성향과 함께 전작권 이양과 미래사령부의 출범을 기정사실로 수용하면서 한국의 전작권에 대한 기본 운용능력의 검증을 진행해왔다. 그러나 일각에서는 강하게 반대하고 나섰다. 다수의 미국 안보전문가들은 한·미 양국이 '조건부'로 합의했음에도 불구하고 한국이 실제로는 '시한'으로 추진하고 있다고 비판했다. 브루킹스연구소의 마이클 오핸런Michael O'Hanlon은 문재인 대통령이 2022년 임기 말까지 전시작전권 전환을 목표로 추진하고 있지만, 전환의 세 조건 중 역내 안정이라는 조건을 만족하지 못한 상태에서의 환수는 위험하다고 지적했다. 이어서 미·중 패권대결이 본격화하고, 북·중 동맹이 확실한 상황에서 한국이 한미동맹을 주도하는 것은 어불성설이라는 것이다.[7] 다른 전문가들은 전작권 환수에는 찬성하지만, 지금은 아니라고 말한다. 미군 전·현직 고위 인사들도 대체로 전작권 전환 자체는 반대하지 않지만, 조건 성숙이라는 전제를 강조한다.

전시작전통제권 환수에 대한 핵심 논쟁

전작권 환수에 대한 국내의 찬반 논쟁은 오랜 시간 계속되어왔다. 그런데 찬반의 논리적 근거나 타당성에 관한 건설적인 토론보다는 한국사회에서 벌어지는 보수와 진보 진영의 이념갈등의 또다른 마당이었던 것이 사실이다. 전작권 환수를 가장 강력하게 밀어붙였던 노무현의 참여정부 당시 보수진영에서는 천만인 서명운동까지 하면서 반대했다. 원래 김영삼 정부 때까지만 해도 대표적인 보수언론들조차도 전작권 환수를 지지했었다. 그런데 차일피일 미뤄지던 이 문제를 노무현 대통령이 적극적으로 추진하자 반대가 거세게 일었다. 분단과 통일, 그리고 안보와 평화를 바라보는 양 진영의 관점 차이를 여기서도 그대로 드러낸다. 양측이 주장하는 핵심을 간단하게 살펴보면 다음과 같다.

전작권 환수를 반대하는 측 주장의 핵심은 전시작전권을 미국이 소유할 경우 전쟁의 주체는 미국이 되기 때문에 한국의 유사시 상황에서의 개입을 더욱 확실하게 보장할 수 있는 동시에, 적(북한)의 관점에서는 미국을 상대로 전쟁을 한다는 의미가 되기 때문에 전쟁을 일으키기 가장 어렵게 된다는 것이다. 현재는 미군 대장이 한미연합사령관을 맡는다. 이 말은 미군 대장이 한반도에서 전쟁을 억지하고, 전쟁이 발발했을 때 작전권을 가지고 있으므로 억제나 보복공격을 위한 미 본토의 병력 전개를 더욱 적극적으로 요청할 수 있고, 본토 역시 더 적극적으로 지원할 수 있다는 주장이다.

전작권 환수를 반대하는 측도 환수가 자주나 주권 등 명분의 관점으로 보면 필요한 일이라고 인정하지만, 국익의 관점에서 실용적으로 사안을 본다면 전작권이 미국에 그대로 있는 것이 기회비용의 측면에서 훨씬 유리하다고 주장한다. 현재 시스템에서 한국이 비록 미국으로부터 첨단무기를 사는 데 상당한 비용을 치르지만, 전작권을 우리가 보유했을 때 유사시 필요한 작전계획이나 무기 등에 소요되는 모든 비용을 한국이 감당해야 할 경우와 비교하면 비용을 훨씬 절감하고 있다는 것이다. 미국의 지휘통제에 의지하는 만큼 미국의 군사력에 의존할 수 있고, 그렇게 되면 우리 국방비를 줄일 수 있다는 것이다. 유럽의 선진국들이나 일본이 자신들의 자주국방 잠재력이 충분함에도 미국과의 군사동맹에 의지하는 것은 바로 이러한 이점 때문이라고 주장한다.

또한 전작권을 환수했을 때 벌어질 부정적 상황들을 열거한다. 가장 흔하게는 전작권을 우리가 환수해 온다는 것은 더는 미군이 필요하지 않다는 의미가 되기 때문에 미군이 한반도에서 철수할 것이라고 주장한다. 또한 한반도에서 전쟁이 발발할 경우 미국 본토로부터의 증원군이 필수적인데, 전작권이 우리에게 있으면 이 역시 어렵다는 주장이다. 그 중심에는 한미연합사 해체와 부재가 가져올 혼란이 있음을 지적한다. 전작권을 환수하게 되면 그동안 전작권을 행사해온 한미연합사가 해체될 것이라는 점에 대해서 우려를 표명하는 것이다. 한미연합사령부는 1975년 제30차 유엔총회에서 공산진영이 제출한 유엔군사령부의 조건 없는 즉각 해체 결의안이 자유주의 진영의 남북 대화 지속 촉구 결의안과 함께 동시에 통과되자 미국이 한반도 휴전협정의 당사자인 유엔군사령부United Nations Command, UNC를 해체하고 만든 것이다. 또한 주한미군 사령관이 한미연합사령관을 겸임하면서 전작권을 행사했다.

당시 한국정부는 한국군과 미군의 명령체계를 한 몸으로 만들어 일사불란하게 움직이는 것이 북한의 위협에 가장 효과적으로 대응할 수 있다고 판단했고, 단일사령부인 '연합명령체계'Combined Forces Command, CFC를 요구했다. 이는 일본이나 나토 같은 '병렬명령체계'Parallel Forces Command, PFC보다 유사시에 훨씬 더 효율적으로 연합작전을 펼칠 수 있다는 것이다. 그런데 전작권을 환수할 경우, 이런 한미연합사가 없어져 유사시 미군의 자동개입이나 병력 증원은 물론이고, 핵우산 제공 역시 원활하지 못하거나 불가능해질 수 있다고 주장한다. 한마디로 한미연합사는 전쟁 방지를 위한 미군의 개입을 담보하는 가장 중요한 수단인데, 이를 폐지해서는 안보의 근간이 흔들린다는 주장이다.

환수를 반대하는 측은 환수 시기를 두차례나 연기함으로써 자존심이 상하고 국가의 위신을 훼손한 측면이 있음에도 어쩔 수 없었던 이유로 과거와는 달라진 안보 환경을 내세운다. 그것은 최근 북한이 핵 및 탄도미사일 전력을 획기적으로 증강한 반면, 한국은 대비태세가 미비하며, 여

전혀 미국의 확장 억제와 핵우산에 의존할 수밖에 없는 상황에서 한국이 전작권을 행사할 경우, 안보가 심각한 문제에 봉착한다는 것이다. 2014년 연기 당시 천안함과 연평도 사태, 그리고 미사일 발사 등으로 남북관계가 경색되었으며, 이는 남북관계가 상대적으로 나쁘지 않았던 노무현 정부 당시와는 다르다는 것이다.

한편, 전작권 환수에 찬성하는 진영은 일단 전작권 부재가 주권국가로서는 용납하기 어렵다는 당위론과 명분을 앞세운다. 주권국가라면 전시와 평시를 구분하지 않고 자국 군대의 작전지휘권을 가지는 것이 너무도 당연하다는 것이다. 한국은 세계 10위의 경제력을 가지고 있고, 국방비는 9위, 정규군 숫자와 화력은 6위권이다. 세계적 군사전문가 제임스 더니건 James F. Dunnigan은 양과 질적인 면을 모두 고려해서 세계 각국의 군사력 순위를 매겼는데, 한국은 미국과 중국, 러시아의 뒤를 이어 4위를 차지했다. 또 그는 1995년 기준으로 북한의 전투력을 한국의 약 40퍼센트로 평가하기도 했다.[8] 그러므로 한국이 북한 국내총생산GDP 전체보다 군사비가 많은데도 자국 군대의 작전을 통제할 수 없다는 주장은 누구도 수용하기 어렵다는 것이다.

그리고 전작권을 회수할 경우 미군이 철수할 수 있다는 환수 반대론자의 주장은 사실과 전혀 다르다고 지적했다. 한반도에서 전쟁이 일어날 경우, 미국이 참전하는 것은 한미상호방위조약이라는 국가 간의 조약으로 규정되어 있기 때문에 전작권 환수와는 관계가 없다고 밝혔다. 즉, 미군은 전작권 환수를 이유로 철수하지 않는다는 것이다. 미군이 철수하고자 하면, 전작권 전환 여부와 상관없이 그들의 이익의 관점에서 결정할 뿐이다. 같은 맥락에서 연합사령부가 사라지는 것을 곧 안보 공백과 한미동맹의 동요로 간주하는 것도 무리한 논리 전개라고 비판한다. 더욱이 연합사령부가 사라지면 한미동맹을 지휘할 사령부가 없어지는 것으로 의도적으로 왜곡하는 것도 문제라는 것이다. 전작권이 환수되면 지금까지 한국군과 미군을 지휘해오던 '한미연합사령부'가 사라지는 것은 맞지만, 그것이 지휘통제 체제의 공백을 의미하지는 않는다. 이미 '미래연합사령부'라는 이름의 새로운 지휘체제를 마련하는 데 한·미 양국이 합의했다. 한국이 사령관을 맡고, 미국이 부사령관을 맡는 것까지 이미 합의한 사항이다. 로버트 에이브럼스Robert Abrams 연합사령관도 최근 이를 분명한 어조로 재확인했다. 그는 전작권 환수와 주한미군의 철수는 관계없는 일이며, 현재 자신이 지휘하는 한미연합사령부가 미래연합사령부로 바뀌고 사령관은 한국군 대장이 부사령관은 미군 대장이 각각 맡는 지휘구조에 이미 합의했다고 말했다.[9]

전작권 환수를 여러차례 연기한 과정도 문제다. 이명박 정부와 박근혜 정부가 두번이나 연기하면서 그동안 국가 대 국가로 철저하게 준비하고 공식적으로 합의한 사항을 누더기로 만들었다고 주장한다. 약속을 뒤집은 지 수년 만에 또 뒤집는 것은 주권국가로서의 국격을 떨어뜨리는 행위라는 것이다. 약속했던 것을 미루는 과정도 바람직하지 않다. 실무선에서 아무런 문제가 없다고 말했음에도, 정치적인 동기로 말미암아 한국의 대통령이 일방적으로 부탁하다시피 요구해서 미국의 대통령이 실무진에게 변경을 요구하는 패턴이 이어졌다. 그리고 무기한 연기가 결정되었다는 것은 분단구조하에서 안보 절대주의가 지닌 강력한 힘을 보여준 또 하나의 사례이며, 시기가 아니라 조건을 충족시키도록 결정한 것은 한미동맹에 미치는 미국의 절대적 영향력을 보여준 또 하나의 사례이다.

전작권 환수를 반대하는 측은 안보는 늘 최악을 상정해야 하고, 국가와 민족의 생존을 위해 주권을 포기하는 수모도 안보보다는 큰 것이 아니라는 논리로 반박한다. 북한의 핵 위협은 한국에 절체절명의 위기를 안겨주는 사안인데, 2차대전 당시 일본에 투하된 것과 같은 위력의 핵무기 정도가 한반도에 투하되면 한국의 도심화와 인구밀도로 인해 일본의 10배 이상의 희생자가 발생할 것이라고 말한다. 이를 막기 위해서 전작권이 계속 미국에 있어야 하고 한미연합사령부가 존속해야 한다고 강하게 주장한다. 일견 타당한 주장처럼 들리지만, 전제가 틀렸다. 여기엔 북한이 전작권을 미국이 그대로 가지고 있으면 핵무기를 사용하지 않을 것이지만, 전작권을 한국이 환수해 오면 핵무기를 사용할 것이라는 잘못된 전제가 깔려 있다. 물론 미국이 북한보다 월등한 전력이므로 북한이 핵무기를 사용할 가능성은 확률적으로 전작권을 한국이 가지고 있을 때보다 낮아질 것이다. 그러나 한국이 가지고 있다고 하더라도 북한이 핵무기로 공격할 가능성은 거의 없다. 핵무기 공격을 포함한 북한의 대남 선제공격은 불가능에 가깝다. 한반도에 이미 공포의 균형에 의한 상호억지시스템이 정착해 있다. 그렇지 않았으면 미국이 핵무기를 사용했을 것이다.

한국이 전작권을 가져와야 하는 가장 중요한 이유는 한국과 미국 정부 간의 국익이 항상 같을 수는 없다는 점이다. 특히 전쟁에 대한 관점이 다를 경우 전작권이 없는 우리는 미국에 의해 운명이 결정될 수밖에 없다는 점이 전작권 부재의 가장 치명적인 문제다. 스스로 안보를 지킬 수 없다면 그것을 바로잡아야 함에도 미국에 나라의 운명을 맡긴 관성을 무한정 유지하고 있다는 것은 이해하기 힘들다. 1994년과 2017년은 한국의 전작권 부재가 어떤 결과를 초래할 수 있는지 보여주었다. 핵심은 남·북한 당사자가 전쟁을 원하지 않더라도 미국에 의해서 한반도에 전쟁이 일어날 수 있다는 불편한 진실이다. 9장에서 자세히 살펴본 것처럼 1994년에 미국은 북한의 영변 핵시설에 대한 폭격을 준비하였고, 당시 청와대는 그같은 결정에 참여하지 못한 것은 물론이고, 그에 대한 통보조차 제대로 받지 못했다. 김영삼 대통령은 자신이 미국을 극구 말려서 전쟁이 일어나지 않았다고 주장하지만, 미국은 폭격에 대한 준비가 길어지고 결정에 참여하는 인원이 많아질 경우 북한이 알아채고 선제공격을 할 수 있다는 점에서 한국정부에 미리 알리지 않았다는 것이 정설이다. 한국의 운명이 바뀔 수도 있는 이런 결정에서 당사자인 우리가 배제된다는 것은 충격적이다. 전작권이 없는 한국으로서는 오직 미국의 선의에 의존할 수밖에 없다.

사람들은 한반도에서 북한의 위협만 억지하면 전쟁을 막을 수 있다고 믿지만, 그것은 일부만 맞지 전적으로 맞는 것은 아니다. 미국도 전쟁을 일으킬 수 있다. 1994년에 이어 2017년에도 위기 상황이 있었다. 북·미 간 말 폭탄 교환으로 상황은 험악했다. 그런데 미국은 한반도에서의 전쟁에 대해 우리만큼 절대 불가의 입장은 아니었다. 8월 1일 린지 그레이엄 Linsey Graham 상원의원은 트럼프 대통령과의 대화를 소개하면서 북한이 대륙간탄도미사일ICBM 실험을 계속하면 전쟁을 불사하겠다고 했다는 말을 방송 인터뷰에서 전했다. 더 충격적인 것은 트럼프가 "전쟁이 나더라도 거기에서(한반도에서 — 인용자) 일어날 것이다. 수천명이 죽겠지만 거기서 죽을 것이다. 여기서는 죽지 않는다."라고 했다는 것이다.**10** 물론 그의 평소 적극성과 당시 북·미가 말 폭탄을 주고받는 기간이라 실행 가능성 자체보다 위협성 언사라는 면이 더 컸다는 것을 인정하더라도 그런 인식 자체가 우리에게 주는 중요한 함의를 경시할 수 없다. 북한의 연평도 포격 당시 우리 군 지휘부가 허둥댄 것과 북한에 보복공격으로 대응하지 못한 것 역시 또다른 맥락에서 전작권 부재로 말미암은 한계를 드러낸 것이다. 당시 보수진영에서는 북한에 대해 단호한 보복을 하라고 주문했지만, 전작권을 넘겨받았음에도 보복에 필요한 자위적 대응 등 여섯개의 위임사항으로 말미암아 제대로 보복할 수 없었다. 앞뒤가 전혀 맞지 않는 소리를 하고 있다는 것을 말해준다.

한편, 찬반 논쟁에서 빠지지 않는 것은 미국이 맺고 있는 다른 동맹과의 비교다. 전작권 환수를 포함해 한미동맹의 주된 비교 대상은 미일동맹과 북대서양조약기구NATO일 것이다. 환수를 반대하는 측에서 주로 나토와 비교하면서 한국에서만 환수 문제를 제기한다고 주장하는데, 이는 무지의 소산이거나 의도적 왜곡이며, 후자일 가능성이 더 크다고 본다. 주장의 핵심은 나토의 경우 유사시에 미군 유럽 사령관이 회원국 부대의 작전을 지휘·통제하지만, 어느 회원국도 주권 침해라는 문제를 제기하거나 지휘권을 환수해야 한다고 말하지 않는다는 것이다. 나토의 경우 일단 우리나라처럼 사령부가 있고, 미국의 사령관이 단일 지휘통제를 하는 것은 맞다. 전작권은 연합작전이 벌어질 때 일시적으로 위임된다. 회원국이 침략당했을 때 나토의 개입 여부를 일단 이사회에서 회원들의 전원합의로 결정하며, 회원국은 거부권을 행사할 수 있다. 더 결정적인 것은 회원국들은 자국의 전체 군대에 대한 통제권을 넘기는 것이 아니라, 병력 일부에 대해서만 지휘권을 이양한다. 그 비율이 5~10퍼센트에 불과하다. 그리고 각 회원국은 전작권을 넘겼더라도 사후 판단으로 환수할 수 있다. 게다가 나토는 회원국들의 대표로 구성된 나토위원회NATO Council가 있고, 나토의회NATO Parliamentary Assembly가 이를 견제하며, 회원국 군사대표로 이뤄진 나토 군사위원회NATO Military Committee가 군사작전을 지도하기 때문에 미군 사령관을 견제할 수 있다.[11]

일본의 경우는 아예 단일 지휘의 연합명령체계CFC 방식이 아니라 협의의 병렬명령체계PFC를 채택하고 있어서 한국보다는 자율권 행사가 제도적으로 보장되어 있다. 즉 주일미군과 일본 자위대는 전시나 평시를 막론하고 각각 독자적인 작전통제권을 행사하는 체제로 되어 있다는 말이다. 자위대의 작전통제권은 한국의 합참의장에 해당하는 4성 장군 대우의 통합 막료장이 행사하고, 주일미군 사령관은 3성급이 담당하면서 상호 협조 지원 관계를 유지한다. 결론적으로 말하자면, 환수를 반대하는 사람들은 미일동맹과 미·나토 동맹을 자신들의 주장을 뒷받침하기 위해 동원하지만, 실제로 이들은 한미동맹보다는 상대적으로 자율성이 확보되어 있고, 전작권 역시 보유하고 있거나, 일부만 이양되어 있다는 것이 실상이다.

전시작전통제권 환수와
미국의 꽃놀이패

전시작전권 환수에 대해서는 대부분 노무현 정부가 먼저 적극적으로 요청해서 미국이 내키지 않았지만 수용한 것으로 알려져 있다. 특히 보수진영에서는 미국이 반대하고 한미동맹을 약화하는 전작권 환수를 노무현 대통령이 자주성 확보라는 명분으로 무리하게 추진했다고 단정했다. 미국은 내심 불만이었지만, 한국정부가 워낙 강하게 밀고 나감에 따라 마지못해 합의했다는 것이다. 그러나 이는 사실과 다르다. 전작권 환수는 당시 부시 행정부의 세계전략 변화의 일부로 모색되던 상황에서 한국정부가 먼저 요구한 것을 미국정부가 수용하는 모양새를 띠었을 뿐이다. 미국은 당시 신안보패러다임의 맥락 속에서 한미동맹의 조정을 시도했었다.

부시 행정부의 신안보패러다임과 이에 따른 '해외 주둔 미군 재배치

미국의 전통적 안보패러다임 대 신안보패러다임

	전통적 안보패러다임	신안보패러다임
국제정치구조	양극체제	일극체제
군사전략의 근거	위협의 정도	미국 능력의 정도
방위전략	억지(Deterrence)	예방적 공격(Preemption)
위협의 성격	구체적이고 명료	주체와 내용 불확실
핵전략	공포의 균형(BOT)	공격적 핵무기주의(MD체제)
전쟁의 성격	대량살상 및 대칭전	테러리즘 같은 비대칭전
핵심 군사전략	해외 지상주둔군 중심	신속기동군 중심

계획'GPR은 주둔군 중심에서 신속기동군 중심으로 전략을 전환하는 것이었다.(앞의 표 참조) 미국은 과거 소련을 포함한 적대 국가를 상대하기 위해 동맹국에 대규모의 지상군을 배치해서 위협을 억지하는 전략을 채택했지만, 탈냉전 이후 위협의 주체와 성격이 바뀜에 따라 전략적인 변화를 요구받았다. 실패국가, 깡패국가, 테러리스트 등의 이른바 '저강도 위협'에 어떻게 대응할 것인가가 관건이었는데, 9·11테러 사건을 계기로 본격적인 전환을 하게 되었다. 바로 전략적 유연성의 확보가 신안보패러다임의 엔진이었다. 즉, 주한미군의 기동화에 따른 감축과 다른 분쟁지역에도 파견할 수 있는 전략적 유연성 확보가 중점적으로 강조되었다. 그 맥락에서 주한미군의 감축과 지상군 위주의 주한미군 재편의 필요성 역시 커졌다. 한국 측의 전작권 환수 요청이 없더라도 미국은 한국군에 전작권을 이양하면서 지상군 주둔 중심의 미군의 몸집을 줄여야 했다. 즉 미군의 감축과 재배치는 미국의 전략적 구상으로 진행되는 것이었는데, 한국이 전작권 환수를 먼저 요청함으로써 미국은 꽃놀이패를 가지게 된 셈이었다. 특히 미국은 자주성을 강조하는 한국의 진보정부를 길들이기 위한 기회로 이를 활용했다.

2002년 11월 미국은 한미동맹의 미래를 위한 공동 연구를 제안하면서 동맹 조정 문제를 본격 시동했으며, 곧바로 다음 달인 12월 한·미 연례안 보협의회에서 이를 공동성명에 넣어 발표했다. 노무현 정부의 전작권 환수 의사 천명과 이어진 요구를 미국은 수용했고, 그해 한·미 연례안보협의회에서 논의가 시작되었다. 사실 부시 행정부는 한국이 설정한 시기보다 더 빠른 시기에 전작권을 반환하겠다는 의사를 밝혔다. 2010~11년까지 전작권 환수를 위한 준비를 마치겠다는 계획이었던 노무현 정부는 미국이 예상 밖으로 전작권 환수를 쉽게 수용할 뿐만 아니라 그 시기를 상당히 앞당기자는 반응을 보이자 적잖이 당황했다고 전해진다.

물론 미국의 전략 변화는 노무현 정부가 원했던 동맹의 자율성과 상호성을 확보할 기회의 창이었다. 2005년에는 럼즈펠드 국방장관이 공개 제안을 했고, 논의는 급물살을 탔다. 노무현 정부는 전작권을 주권국가로서 당연히 가져오는 것으로 보았고 미국이 시동을 걸었기 때문에 적극적으로 추진했었다. 노무현 대통령이 전작권을 환수해야겠다고 결심한 몇가지 중요한 배경이 있었다. 우선 노무현 대통령의 국정철학이자 비전에 미국과의 동맹이 평등한 관계로 조정되어야 한다는 소신이 있었다. 이는 논란이 되었던 '동북아균형자론'과 함께 미일동맹과 중국의 갈등에 끌려들어가지 않겠다는 의도였다. 만약에 주한미군이 동북아에서 분쟁에 휘말릴 경우, 한국이 자동으로 개입되는 사태가 일어나서는 안 된다고 보았다. 물론 균형자론은 보수 야당과 국제정치 전문가들에게 많은 비판을 받았고, 미국에도 마치 동맹을 약화하고 친중노선으로 가려는 것이냐는 의혹을 받아 결국 폐기처분하게 된다.

두번째 배경은 미국의 주한미군 전략적 유연성 요구에 대한 대응이었다. 이는 첫번째 배경과도 연결된 문제인데, 한반도 이외의 지역에서 분쟁이 발생할 경우, 주한미군을 이용할 수 있도록 신속기동군으로 전환한다는 전략이었다. 문제는 주한미군이 한국군의 전작권을 보유하고 있는 상태에서 역외분쟁에 개입하는 것은 한국의 연루 위험을 증가시킨다는 것이다. 전작권 환수 문제를 본격적으로 제기한 다른 이유는 주한미군의 지속적인 감축과 관련이 있다. 당시 미국의 부시 행정부는 군사력을 이라크와 아프간에 집중했기 때문에 주한미군을 감축해야 할 필요성이 점점 높아졌다. 미국의 관점에서도 한국은 이들 지역과 비교해 훨씬 안정적일 뿐만 아니라, 한국의 국력이나 위상으로 봐서 스스로 전작권을 행사할 수 있는 충분한 수준이 되었다는 판단이었다.

한·미 간에 전작권 환수가 합의되자 국내 여론은 들끓었다. 보수언론과 야당은 노무현 정부가 소위 '반미자주'란 잘못된 이념과 민족주의에 호소하는 포퓰리즘으로 국가를 위기 상황으로 몰아넣었다고 비판했다. 사실 전작권 환수 문제를 적극적으로 꺼냈던 이는 앞에서 언급했듯이 박정희 대통령이었지만, 당시 보수진영은 진보정부에 대한 프레임을 가지고 처음부터 한국이 미국과의 갈등을 각오하고 전작권 환수를 추진했으며, 이런 조치가 한미동맹을 약하게 만들 것이라고 비판의 목소리를 높였다. 미국이 원했고, 오히려 환수 시기를 미국이 앞당기려 했다는 것에 대해서도 노무현 정부의 무모한 자주성 확보 요구에 대해 미국정부가 화가 나서 '그렇다면 가져가'라는 식의 결정을 했다는 것이다. 즉 한미동맹이 근본적인 위기 상황을 맞이하게 되었다는 비판이었다.

전직 장성들과 야당 의원들은 전작권 반환에 반대하는 성명을 발표했고, 1천만인 서명운동까지 시작했다. 논리는 한국군은 전작권을 행사할 준비나 능력이 갖추어지지 않았다는 것과 전작권이 전환되면 한미연합사령부가 해체되고 한미연합사령부가 해체되면 결국 주한미군이 한반도에서 철수할 것이라고 주장했다. 그리고 미군이 철수하면 한국은 적화된다는 것도 빠뜨리지 않았다. 진보세력은 미국이 신속기동군으로의 재편을 위해 전작권 반환이 필요함에도 이를 드러내지 않고 노무현 정부를 길들이기 위해서 반미 프레임을 씌우면서 미군 철수를 언급하며 협박한다고 주장했다. 이런 주장은 어느정도 사실과 부합하는데, 실제로 당시 미국방부 장관은 한국에서 반미운동이 심해질 경우 주한미군을 철수하겠다고 협박했다. 필요할 때마다 전가의 보도처럼 미군 철수를 입에 올리면서 한국을 길들이려는 미국의 동맹에 대한 자세는 매우 편향적이고 비천하다. 비판이 확산했음에도 불구하고 2006년 10월 20일 제38차 한·미 연례안보협의회에서 양국 국방 부서의 수장인 윤광웅과 럼즈펠드가 2009년 10월 15일부터 2012년 3월 15일 사이에 전작권을 반환하기로 합의했다고 발표했다. 이후 2007년 2월에는 2012년 4월 17일에 한미연합사를 해체하고 전작권을 전환하기로 합의했다. 이어서 6월 28일 당시 김관진 합참의장과 벨Burwell Bell 주한미군 사령관은 전작권 반환을 위한 전략적 이행계획에 합의했다.

전시작전통제권과
자주국방

전시작전권 환수는 오랜 기간 여러 정부에 걸쳐서 논의되고 진행된 이슈지만, 가장 적극적인 태도와 실행 의지를 지니고 이를 밀어붙인 것은, 다시 강조하지만 노무현 정부다. 소위 '협력적 자주국방'이라는 비전을 내세우며 당시 북핵 문제, 미국의 신안보패러다임에 의한 미군 재배치와 한미동맹 재조정, 전략적 유연성 등의 어려운 문제들에 대응하고자 했다.

협력적 자주국방은 한국의 자율성을 높여 한국군이 대북 억제를 주도하고 미국이 보조하는 역할을 하게 만드는 계획이었다. 노무현 정부는 이를 위해서 국방비를 늘려 군사력을 강화하고, 전시작전권 환수까지 추진하겠다는 것이었다.

친북 좌파라는 프레임으로 집권 초기부터 의혹과 비판을 받았던 노무현 정부는 협력적 자주국방으로 이를 타개하려고 했다. 즉 주한미군 재배치 계획으로 말미암아 혹시라도 미군의 감축이나 철수가 발생하더라도 독자적인 방위를 할 수 있도록 만들겠다는 것이었다. 동시에 미국발 변화를 활용해 그동안의 지나친 비대칭적, 또는 종속적 대미관계를 극복해서 한국이 경제력과 국제적 위상에 걸맞은 자율성을 확보할 기회로 삼는다는 의도였다. 당시 국방부가 발간했던 『참여정부의 국방정책』에서 자주국방의 함의에 대해 "한미동맹의 변화에 능동적으로 대처하고, 남북관계를 주도적으로 발전시킬 수 있다"고 분명하게 기술하고 있다.[12] 국방정책의 의도나 목적은 타당한 점이 많지만, 당시 미국의 신안보패러다임에 대한 분석에 오류가 있고, 대미자율성 확보를 위한 방안들이 효과적이지 않을 뿐만 아니라 오히려 종속성을 강화할 위험성마저 안고 있었다.

먼저 당시 부시의 신안보패러다임은 한국 내 보수세력이 제기하는 한미동맹 약화나 미군 철수의 가능성과는 거리가 멀다. 이는 보수층이 동맹에 대한 어떤 조정도 무조건 동맹의 약화라고 주장하는 전형적인 프레임의 작동이며, 동시에 노무현 정부가 미국의 신안보패러다임에 의한 미군 재배치 계획을 지나치게 의식함으로써 발생한 과잉반응에 가깝다. 부시 행정부의 새로운 안보패러다임의 목적은 해외 주둔군의 재배치를 통한 탈脫개입이 아니라 오히려 동맹관계의 강화를 통한 군사주의로의 복귀다. 9·11테러 이후 새로운 적의 출현에 따라 혼란스러운 안보 개념을 명확하게 재정의하고 이에 효율적으로 대응하려는 전략 변화였다. 해외에 보병 위주의 대규모 군대를 주둔시키는 것이 과거 냉전 시대의 적을 상정한 것이었다면, 탈냉전과 9·11을 통해 새롭게 부상한 테러리스트와 실패국가들의 위협에 대한 대응은 이들을 해·공군의 신속대응군 중심으로 재편하는 것이다. 이 과정에서 독일이나 한국의 주둔군 숫자를 감축하는 것은 결코 동맹의 약화를 상정한 것이 아니다. 위협에 대한 억지력을 강조하는 안보전략에서 미국이 가진 탁월한 능력을 바탕으로 선제공격까지도 가능하게 만드는 패러다임으로의 전환을 뜻하는 것이었다. 이른바 부시독트린은 9·11테러 이후 1년간의 준비 끝에 체계화되었고, 2002년 9월 국가안보전략^{NSS}에 담겼다. 그리고 2003년 말 부시 대통령이 세계 군사력 배치에 대한 재검토를 목적으로 하는 '해외 주둔 미군 재배치 계획'^{GPR}에 서명함으로써 이는 구체적 군사독트린의 성격을 가지게 되었다. 이런 일련의 정책결과물들에 대해서는 네오콘들의 미국예외주의가 이념적 기반을 형성했다.

미국의 이런 전략적 변화를 초래한 계기가 9·11이라면, 변화를 가능하게 만든 것은 1990년대 이후 지속적으로 발전해온 첨단군사기술이다. 과거에는 유럽, 동북아, 중동에 지상군을 주둔시키며 억지 및 방어시스템을 구축했으나, 이제는 중심지역은 축소하면서 기동성을 확대·구축하는 전략이다. 스텔스전투기, 패트리엇미사일, 스트라이커 부대 등 가볍고 신속하면서도 적에게 치명적인 타격을 줄 수 있는 무기들과 이것들을 갖춘 부대들을 중점 배치하였다. 특히 미사일 방어는 대량살상무기의 위협을 막는 안보패러다임에 구체성을 부여할 수 있는 요소로서, 미국 군사 변환의 가장 핵심적인 분야로 간주됐다.[13] 군사혁신^{RMA}, 정보전^{4CI}, 신속대응군 ^{RDFs} 같은 분야가 전면에 등장했다.

핵심은 부시 행정부의 새로운 전략은 동맹의 약화가 아니라 강화임에도, 노무현 정부는 한국의 국방력을 강화하는 것으로 대응했다는 것이다. 과거 박정희 대통령이 카터 행정부의 미군 철수에 대응하기 위해 펼친 자주국방 노력과는 반대의 경우다. 한국이 전작권을 가져오지 못하면 현재 미국의 전략과 국제정치의 흐름에서 한국 군대는 미국의 세계전략 목표를 수행하는 하위 구조 또는 부속품의 위치를 벗어날 수 없다. 우리 군대가 총동원되는 작전계획은 철저하게 미국 태평양사령부의 작전계획의 틀에서 이뤄지기 때문이다.

　문제는 더 있다. 노무현 정부는 보수세력들의 전가의 보도인 '친북 좌파 프레임'을 의식해서 국방력 강화를 주장하고, 이를 통해 보수세력의 비판을 피하려 했다. 이러한 노력은 김대중 정부에서도 있었고, 현재 문재인 정부에서도 비슷한 양상을 보인다. 국방력을 강화함으로써 보수세력의 비판을 비껴갈 수 있고, 대미자율성을 강조함으로써 진보세력의 기대에 부응하려는 것이다. 어느정도는 효과가 있겠지만, 이는 동시에 어느 쪽도 만족시키지 못할 위험이 있고, 실제로도 그랬다. 자주국방을 위해 군사력을 강화하는 것은 남북협력에 방해가 될 것이고 북한의 맞대응을 불러와 군비경쟁이 심화할 것이라는 점에서 진보진영의 반발을 초래했다. 동시에 국방력을 강화하는 것은 적절하더라도 그것이 한미동맹으로부터 독립하기 위함이라는 점에서 보수진영의 비판에 직면했다.

　더 근본적인 문제를 제기할 수 있는데, 남한이 여전히 북한보다 군사적으로 열세인 것을 전제했다는 점이다. 그래서 독자적으로 북한의 위협을 억제하기 위해 국방비를 증액한다는 논리인데, 과연 대북 억지력이 없으니 막대한 예산을 투입해서 이를 시급하게 확보해야 하는 상황인가? 당연히 그렇지 않다. 한국은 이미 단독으로도 상당한 수준의 대북 억지력을 확보했다. 국제정치에서 말하는 군사적 억지력은 적이 공격할 경우 그들로 하여금 원하는 승리를 얻을 수 없으며 오히려 큰 댓가를 치를 것임을 인식하게 만들어 공격하지 못하게 만드는 기제이다. 물론 이는 적이 이득과 손해를 구분하는 합리성을 가지고 있다는 전제가 필요하다. 그래서 북한의 지도자를 비이성적인 집단으로 규정하면 이를 적용할 수 없다. 비이성적인 집단이라면 아무리 군비를 강화한다고 하더라도 적의 공격을 막을 수 없다는 결론에 이르기 때문에 억지력 확보라는 논점에서 아예 벗어난다.

대부분의 군사전문가는 이미 남한 독자적으로 북한의 남침을 격퇴할 수 있는 군사력을 갖춘 것으로 본다. 물론 북한이 휴전선의 장사정포나 핵무기 등 부분적인 비대칭 전력에서는 앞서지만, 전면적인 군사력에서는 한국에 크게 열세에 있으므로 남침을 할 수는 없다. 게다가 세계 최강의 군사력을 가진 미국과 동맹을 맺고 있으며 핵우산 아래 있는 남한을 상대로 선제공격을 한다는 것은 상상하기 힘들다. 역으로 북한으로서는 핵무기를 개발한 이유가 바로 이처럼 열세에 있는 그들이 남한의 침공 위협에 대해 억지력을 확보하기 위해 노력했기 때문이라고 할 수 있다. 아무튼 남·북한은 과잉 군사력을 확보하고 있기에 군사적 수단으로 통일한다는 것은 불가능해졌다고 봐야 한다. 적어도 합리성을 가진 정부라면 어느 한쪽이 승리한다고 하더라도 파멸적인 결과를 안게 될 통일은 의미 자체가 없는 것임을 알고 있을 것이다.

무엇보다 노무현 정부가 자주국방보다 상위에 두었던 한반도 평화번영 정책과 부딪친다. 또한 한국의 국방력 강화는 미국의 세계전략의 변화 과정에서 한국이 그에 보조를 맞춤으로써 한미군사동맹이 강화되는, 그것도 대미 종속이 강화되는 의도하지 않은 결과를 낳을 수 있다. 무엇보다 미국이 한미동맹을 동아시아와 세계 전략의 하위 개념으로 다루고 있고, 한국은 그 맥락 안에서 가능한 만큼의 '자주'를 확보하려 했지만, 그 틀을 벗어나지 못하고 강화할 여지를 남겼다는 점은 부인하지 못한다. 2004년 한·미 연례안보협의회의 공동성명에서 "한국의 협력적 자주국방 계획을 미국의 군사변혁과 조화되도록 추진한다는 한국 측의 의지를 표명했다"고 밝혔듯이, 이 부분은 공식적으로도 확인되었다. 미국이 한국의 '자주' 시도를 꺼리기보다 환영하는 듯한 태도를 보이는 것도 마찬가지 맥락이었다. 미국은 한국의 자주국방 시도를 자신들의 대한국 통제력은 유지하면서 한국의 분담은 늘리는 꽃놀이패로 인식했을 것이다.

전작권 환수 여부와 관련해서 미국은 노무현 정부 때나 그 이후 상황 모두에서 꽃놀이패를 쥐었다. 노무현 정부 때는 미국이 변화된 세계전략의 맥락에서 주둔군을 감축하고 기동화 및 유연화하는 과정에서 한반도의 지상 작전에 생길 수 있는 공백을 한국에 전작권을 이양함으로써 한국이 메우도록 하려 했다. 그러나 한국이 적극적으로 환수 연기를 요구했다. 미국은 자신들이 원했던 상황을 한국이 '협력적 자주국방' 구축을 위해 요청함으로써 전작권 이양에 대한 반대급부로 오히려 무기판매 등의 양보를 받아낼 수 있었다. 이명박 정부와 박근혜 정부에 의한 두번의 연기와 그 이후의 상황을 살펴보면 미국의 안보전략은 노무현 정부 때에 비해서 다시 변화했다. 부시 행정부 당시에는 미국이 신안보패러다임에서 적극적으로 추진했던 분담과 분업화를 통한 미군의 기동화와 유연화를 중시했다면, 이제는 전지구적 통합네트워크 구축의 방향으로 초점이 바뀌었다. 미국은 무기체계와 이를 관장하는 각국의 지휘통제체계들을 소위 '상호 운용'을 이유로 미국과 동일한 체계로 만들고자 한다. 이런 점에서 미국이 전작권을 유지할 경우 좀더 원활하게 미사일방어체제Missile

Defense, MD를 구축하고 한·미·일 삼각 군사협력을 추진할 수 있을 것이다. 물론 전작권을 한국에 이양하더라도 미국의 네트워크 구축 시도는 강화하는 방향으로 나갈 것이다.

2016년 당시 오바마 정부의 국방장관 애슈턴 카터Ashton Carter가 신미국전략센터Center For New American Strategy에서 한 연설을 주목할 필요가 있다. 그는 유명한 군사이론가이자 오바마 정부의 마지막 국방장관으로서 미국 미래안보전략의 의미있는 청사진을 밝혔는데, 미국이 글로벌 패권을 계속 유지하기 위해서는 '네트워크 중심의 대전략'Grand Strategy of Network Centrality을 취해야 한다고 역설했다. 특히 한·미·일 삼각 군사협력의 발전을 강조하면서 아시아지역의 미사일방어체제를 위해 주한미군의 전략적 유연성과 일본의 집단자위권 용인을 연결하는 전략이 매우 중요하다고 주장했다.[14]

지금까지 전작권 환수를 둘러싼 한·미 양국의 오랜 씨름의 과정을 살펴봤다. 이 책을 쓰는 시점에도 여전히 진행 중인 사안이지만, 잠정적 결론을 내린다면 전시작전통제권 부재라는 형식논리보다 한국군은 스스로 군사작전을 수행할 수 있는 능력을 보유할 기회와 의지가 거의 없었던 것으로 보인다. 그나마 진보정부들에서 전작권 환수를 위한 본격적인 시도를 해보지만, 국내외의 반대와 '반미 프레임'에 의해 쉽게 좌절되었다. 무엇보다 최근에는 한반도와 한반도를 둘러싼 아시아가 중국의 부상으로 말미암아 미국 세계전략의 중심이 되면서 한국의 대미 지렛대는 더욱 한계를 보인다. 기울어진 운동장에서 진정한 상호평등적 관계는 처음부터 불가능한지도 모른다.

제 3 부

새로운 도전과

한·미관계의 미래

2008년~2020년

제13장
이명박 정부와 한미전략동맹[1]

이명박 정부의 출범과
동맹 재조정

한국의 역대 정부는 정도의 차이는 있지만 모두 친미노선에서 탈피하지 못했다. 그것은 보수정부이든 진보정부이든 예외가 없었다. 물론 중요한 다른 점이 존재하는데, 보수정부는 한미동맹의 강화를 권력의 근간으로 삼은 데에 비해 진보정부는 보수정부와 비교해서 한미동맹으로부터의 상대적 자율성을 모색했다. 한국의 진보세력이 분단의 현실과 냉전구조 아래서도 정권을 잡을 수 있었던 것은 김대중 정부가 처음이었을 정도로 한국정부의 친미노선은 강력한 고정값이자 상수에 가까웠다. 진보정부들조차 친미노선에서 그리 크게 벗어나지 못했던 것이 사실이다. 김대중, 노무현, 그리고 문재인 정부는 마치 가슴에 주홍글씨가 박힌 것처럼 한반도 분단과 한미동맹의 틀 속에서 작은 변화라도 시도할 경우 친북-친중-좌파라는 낙인이 되살아나 한국 및 미국으로부터, 그리고 많은 경우 양쪽의 연대에 의해 이념 비판의 공세에 직면했다.

이런 맥락에서 이명박과 박근혜 정부로 이어지는 9년간의 보수정부는 이전 김대중과 노무현 정부의 자율성 모색에 대한 반발이 더해져서 상당한 정도로 냉전 회귀적 성향을 지닌다. 물론 여기에는 미·중 전략경쟁과 미국의 정책 변화 등도 중요한 원인으로 작용했지만, 이명박과 박근혜 정부의 진보정부 10년 '지우기'라는 차원 그리고 오랜 기득권 세력으로서의 냉전 관성이 주로 작용했다고 할 수 있다. 탈냉전의 세계에서도 여전히 냉전적 관성에 의한 한미동맹 지상주의였다는 것이다. 1953년 체결된 이후 반세기 넘게 지속되며 한반도에서의 전쟁 재발을 막고 한반도가 대체로 안정을 유지하는 데 공헌해온 한미동맹은 재조정의 필요성을 맞고 있다. 한미동맹 변화의 동력을 제공한 것은 물론 1990년대 초의 냉전 종식이라는 국제질서의 변화와 이에 따른 한반도의 긴장 해소였다.

그러다가 2차로 2001년 9·11테러 사건 이후 급속하게 진행된 미국의 세계전략 변화로 인해 한미동맹 재조정 필요성이 부상했다. 그러나 약 10년을 사이에 두고 벌어진 이 두 사건이 한미동맹의 변화와 관련하여 던지는 함의는 정반대이다. 전자인 냉전구조의 소멸과 2000년 제1차 남북정상회담으로 대표되는 변화가 한미동맹의 축소를 요구하는 변수라면, 후자인 전대미문의 테러 사건은 미국의 군사주의 강화로의 복귀를 초래했으며 이는 한미동맹의 재강화를 요구하는 변수로 작동하였다.[2] 두가지 상반된 변수와 더불어 한국과 미국에서 다른 이념노선의 정부들이 엇갈려 등장하면서 한미동맹의 변화 과정은 방향성을 상실하고 표류했다. 이 때문에 한미동맹은 재조정과 변화의 과도기만 수십년째 지나고 있다. 탈냉전 초기에는 한·미 양국이 한미동맹의 축소를 통한 재조정에 공감한 적도 있었지만, 그 이후 국제정치적 변화와 더불어, 한국의 진보정권들이 주도한 자주성 확보 시도와 부시 행정부의 일방주의적 군사주의 노선이 갈등을 겪으면서 한미동맹은 출발 이후 가장 어려운 시간을 보내기도 했다.

이어 등장한 이명박 정부는 전임 정부들에 의해 이루어진 햇볕정책과 남북관계의 개선이 한·미관계를 오히려 악화시켰다고 간주하고 강력한 유턴을 통해 대북 강경책으로 돌아섰다. 또한 전임 정부의 자주성 모색으로 한미동맹이 훼손됐다는 판단 아래 미국 측의 신뢰를 회복하기 위해 적극적인 친미정책을 폈다. 10년간의 한미동맹의 훼손(?)을 회복한다는 취지에서 취임 초기부터 한미동맹의 미래 비전으로 제시된 것이 이른바 '한미전략동맹'이다. 이명박 대통령은 부시 대통령과의 2008년 4월 19일 첫 한미정상회담에서 한미동맹을 '전통적 우호 관계'에서 '21세기 전략동맹'으로 격상하기로 합의하며, '21세기 전략동맹'이라는 새로운 동맹 개념을 제시하였다. 이러한 전략동맹 개념은 정상회담에 앞선 2008년 4월 15일 코리아소사이어티Korea Society 연설에서 이명박 대통령이 제안했는데, "21세기 새로운 국제 환경에 직면하여 한국과 미국은 한반도와 아시아의 평화 그리고 번영에 기여할 수 있는" 관계라고 설명하였다. 이때 전략동맹의 핵심 내용으로 '가치동맹' '신뢰동맹' '평화구축 동맹'을 표방했다.[3]

이렇게 제시된 전략동맹 개념은 이후 2008년 8월 6일 서울에서 열린 한미정상회담 공동성명에서 21세기 안보 환경의 변화와 미래 수요에 잘 대처하기 위해 한미동맹을 전략적이고 미래 지향적인 구조로 발전시켜나가야 하며, 지역 및 범세계적 차원의 평화와 번영에도 공헌하는 방향으로 발전시켜나가야 한다고 재확인하였다. 또한 2009년 6월 16일 이명박 대

ⓒ조선일보

이명박·부시의 '21세기 전략동맹' 합의

전임 정부들에 의해 이루어진 햇볕정책과 남북관계의 개선이 한·미관계를 오히려 악화시켰다고 간주한 이명박 대통령은 적극적인 친미 행보를 모색했고, 부시 대통령과의 한미정상회담에서 한미동맹을 '전통적 우호 관계'에서 '21세기 전략동맹'으로 격상하기로 합의했다. 사진은 2008년 4월 19일 미국 대통령 별장 캠프 데이비드에서 열린 한미정상회담 공동기자회견.

통령과 오바마 대통령의 한미정상회담에서도 '한·미 동맹을 위한 공동 비전'이 채택되어 "한반도, 아시아·태평양지역 및 세계의 평화롭고 안전하며 번영된 미래를 보장하기 위한 동맹"을 구축하고 있는 한국과 미국은 "개방된 사회 및 자유민주주의와 시장경제에 대한 신념"을 바탕으로 "공동의 가치와 상호신뢰에 기반한 양자·지역·범세계적 범주의 포괄적인 전략동맹"을 추구함을 밝혔다.

이처럼 한미전략동맹이 반세기 동안 한국 안보의 중심축으로 작동해 온 한미동맹을 새로운 시대적 환경에 맞도록 변모 및 격상시킨다는 목표를 앞세우고 있지만, 그 개념과 실천 방향은 모호하다. "가치동맹" "신뢰동맹" "평화구축 동맹"이라는 세가지의 지향점조차 한미동맹에 관한 기존의 개념만으로는 이해하기 어려운 측면이 크다. 게다가 한미전략동맹의 내용은 몇가지 새로운 아이디어에도 불구하고 압도적인 비대칭성처럼 근본적인 문제점으로 지적되어온 것들이 유지를 넘어 강화될 가능성을 포함하고 있었다. 일단 한미전략동맹이 구체화되기 전에 원칙, 목표, 이념 부분이 수립된 상태로 보는 것이 정확할 것이다. 이런 맥락에서 일단 동맹의 현상을 분석하기보다는 동맹이론의 측면에서 이런 원칙들이 지닌 문제점은 없는지를 살펴볼 필요가 있다.

한미전략동맹의 동맹이론적 이해

한미동맹을 일반 동맹의 이론적 차원에서 분석한 연구들은 그리 많지 않은데, 그 이유는 우선 미국이 한국전쟁에서 함께 싸웠을 뿐 아니라, 전쟁 이후 동맹이라는 차원의 역할보다 한국 안보의 절대적인 보호자로서의 역할을 더 부각해왔기 때문일 것이다. 또한 한미동맹이 오랜 냉전으로 말미암아 어떤 변화나 특이사항이 발견되기 어려운 거의 상수처럼 인식되었기에 동맹 형성이나 유지 또는 관리를 다루는 이론적인 관심의 대상이 되지 못했다는 측면이 있었다. 물론 한미동맹의 현상적 인식이 한·미관계의 맥락 속에서 진단되는 경우는 많았지만, 이를 두고 학문적인 분석을 하는 경우는 드물었으며, 또한 분석을 시도하더라도 한·미 간의 일방적 보호자와 피보호자라는 충분히 예상 가능한 관계를 재확인하는 정도가 대부분이었다.

그러나 한미동맹을 지탱하는 중심축이었던 냉전이 소멸하고, 김대중과 노무현의 두 진보정권의 햇볕정책으로 말미암아 북한에 대한 양국의 위협 인식의 괴리가 표면화된 이후 한미동맹의 변화 가능성을 두고 일반 동맹의 이론적 틀에 재적용하여 분석하는 의미있는 연구들이 속속 등장하였다.[4] 이러한 연구들은 안보 우산과 자율성의 상관관계, 동맹의 안보 딜레마, 그리고 동맹 유지 및 관리 등을 한미동맹에 적용한 것들이 주를 이루었다. 연구들이 공통으로 가장 많이 문제 제기를 하는 것은 역시 한미군사동맹은 시작부터 한국에 거의 자율성이 부여되지 않은 불평등한 동맹구조를 장기간 지속하고 있다는 부분이다. 일반적인 동맹이론들이 제시하는 가장 전형적인 동맹의 유형은 비슷한 국력을 소유한 국가들끼리 비슷한 수준의 의무와 기대로 형성되는 것이지만, 동맹이론의 대가 글렌 스나이더Glenn H. Snyder가 지적하듯이 한미동맹처럼 강대국과 약소국 간에 비대칭적이고 불균형적으로 체결되는 경우도 적잖이 발견된다. 이런 경우는 주로 강대국이 약소국을 보호하기 위한 일방적인 보장조약의 성격을 갖는다.[5]

하지만 비대칭 동맹이라고 해서 상호 이익의 접점이 없는 것이 아니다. 약소국은 강대국의 보호를 약속받고, 강대국은 안전보장을 제공하는 댓가로 약소국에 대한 영향력을 행사하며, 이를 국제정치에서 세력을 확장하는 중요한 수단으로 삼는다.[6] 미국이 한국과의 동맹을 교두보로 해서 지리적으로 역외국이라는 한계에도 불구하고 동북아시아의 주요 행위자로 장기간 영향력을 행사해온 것은 한미동맹을 통해 미국이 얻을 수 있는 중요한 이익이었다.[7] 또한 아무리 비대칭적 동맹이라고 하여도 공통의 적이 없다면 유지되기 힘들다. 한미동맹의 경우 북한 —— 더 크게는 소련 —— 이라는 공통의 적에 관한 위협 인식을 바탕으로 형성된 동맹이다. 비대칭성에 따라 남·북·미 3자 간 관계에서 끊임없이 방기의 두려움을 느끼는 동맹의 안보딜레마를 경험했다.[8]

한미전략동맹이 추구하는 원칙과 가치를 각각 살펴보자. 첫번째는 '가치동맹'이다. 이는 이명박 정부가 특히 강조하는 요소인데, 민주주의와 시장경제 가치를 공유하는 동반자로서의 한·미관계를 설정한 것이다. 국가의 동맹은 군사안보가 중심 개념임에도, 한미전략동맹의 지향점으로 제시된 첫번째가 군사안보 영역이 아닌 '가치'인 것은 매우 역설적이다. 전략동맹의 지향점으로 이러한 '가치동맹' 개념을 제시한 것은 동맹이 유지되는 중요한 요인으로 공통의 가치 또는 공통의 정체성을 강조하고 있다는 말이 된다. 이는 일단 동맹에 대해 물리적인 국제정치적 구조나 군사력 자체가 아닌 그 구조들에 대한 인식을 강조하는 국제정치의 구성주의적 경향과 맥을 같이하는 것으로 보인다.[9] 따라서 한미전략동맹의 첫번째 지향점인 '가치동맹'을 이해하기 위해 '정체성' 요소를 중심으로 하는 동맹 유지의 구성주의적 특성을 알아야 한다.

마이클 바넷Michael N. Barnett은 공유된 정체성을 가지고 있는 국가들은 적의 개념과 적의 위협의 개념을 공유하는 경향이 있으며, 공유된 정체성을 가진 국가들은 서로를 가장 적절한 동맹 상대국으로 여기는 경향이 있다고 주장했다.[10] 바넷은 이러한 예로 미국과 이스라엘의 군사 및 외교적 유대를 들면서, 이는 양국이 자유민주주의적 정체성을 공유하기 때문이라고 설명하고 있다. 바넷은 리스-카펜Thomas Risse-Kappen의 '민주동맹론'을 들어 동맹을 형성하는 국가 간의 정체성이 동맹 상대의 선택뿐만 아니라 유지에서도 중요함을 설명하였다. 리스-카펜은 북대서양조약기구의 예를 통해 미국과 서유럽의 동맹에서 민주주의 정치체제의 공유가 중요하다는 것을 설명했다. 나토는 소련이라는 공통의 위협에 대한 인식과 대처를 근간으로 하지만, 여기에 민주주의 정치체제라는 정체성의 요소가 중요하게 작용하여 '전체주의 소련과 민주체제의 미국'이라는 인식구조가 중요하게 작동했다고 주장한다.[11] 프랑크 시멜페니히Frank Schimmelfennig는 이보다 한걸음 더 나아가 탈냉전 후 동유럽 국가들이 나토에 참여하고자 하는 것을 두고 국제정치구조나 위협 인식의 요소는 거의 없는 반면, 집단정체성collective identity이 지배적인 원인으로 작동했다고 강조한다. 미국과 서유럽의 나토 회원국들이 냉전 종식 이후 동유럽 국가들의 회원 가입을 허용한 것 역시 그들이 유럽의 가치와 규범을 채택한다는 것을 인정한다는 의미라는 것이다.[12]

이러한 공통의 정체성에 대한 분석은 한미전략동맹에도 적용될 수 있다. 바넷이 예를 든 미국과 이스라엘의 유대와 리스-카펜이 제시한 나토, 또한 전통적인 영국과 미국의 동맹 등의 예처럼 한미동맹 또한 민주주의와 시장경제라는 가치의 공유와 공통의 정체성을 강조, 심화하는 방향을 중요시하고 있기 때문이다. 한미전략동맹의 '가치동맹' 역시 민주주의, 인권, 시장경제라는 가치의 공유와 확대를 통해 공통의 이익을 확대한다는 점을 강조한다.

그러나 이런 구성주의 모델이 한미동맹에도 그대로 적용되기에는 문제가 있다. 기존의 한미동맹이 초기에 형성될 때부터 오늘날까지 유지되어온 것이 오히려 정체성이나 공통의 가치라고 설명할 수 있다. 주지하다시피 한미동맹은 동맹 형성의 기초가 되는 위협 인식부터 가치와 정체성에 대한 인식에 커다란 영향을 받았다. 북한이라는 공산주의의 위협에 맞서 자유민주주의와 시장경제를 지키기 위해 한국이 미국과 동맹을 맺고 안보를 수호하고자 한 것이다. 나토의 경우처럼 한미동맹도 북한이라는 공통의 위협에 대한 인식과 대처를 근간으로 하면서도 민주주의 정치체제라는 정체성의 요소, 즉 사회주의 독재국가 북한과 민주주의 한미동맹이라는 정체성의 정치가 중요하게 작용했다고 볼 수 있다.

존 설리번John D. Sullivan은 동맹 가입의 동기 또는 목적을 두가지로 분류했는데, 하나는 군사적 힘의 증대를 통한 안보 확보라는 가장 전통적인 권력형이며, 다른 하나는 동맹 상대국과 동일한 이념을 지니고 사회문화적으로 유사한, 지금까지 지적했듯이 정체성을 공유하는 이념형이다.[13] 현실에서는 대부분 두가지가 혼합된 형태로 나타나며, 후자는 전자를 전제로 하지 않을 경우 취약할 수밖에 없지만, 공유하는 가치나 정체성 등 후자가 동맹의 유지에 중요한 역할을 한다는 것은 많은 경험적 사례들을 살펴볼 때 분명하다.[14] 민주주의와 시장경제라는 가치를 일찍부터 공유한 한국과 미국 역시 오랫동안 공통의 정체성에 대해 인식해온 것이 주지의 사실이다. 그렇기에 '가치동맹'이 마치 전통적인 한미동맹을 대체하는 미래 비전인 듯 한미전략동맹의 지향점으로서 새롭게 제시된 것은 매우 역설적이다. 해석하자면 이는 한미전략동맹의 '가치동맹' 개념이 제시된 특수한 역사적 배경과 목적론적 맥락에 기인한 것으로 보인다. 즉,

탈냉전 이후 한미동맹이 위협 인식의 차이를 보이면서 크게 흔들린 이후에 이를 회복하려는 차원에서 이루어진 의도적 선택으로 추측할 수 있다.

한미전략동맹의 두번째 원칙은 평화구축이다. 한미동맹은 흔히 '안보·자율성의 교환 동맹'의 전형으로 분류된다.[15] 안보·자율성의 교환 동맹이란 국력의 상대적 차이가 큰 국가 간에 맺어지는 동맹관계를 뜻하며, 비대칭 동맹이라고도 한다. 이는 국력이 비슷한 국가 간에 체결되는 동맹에 대한 일종의 대안 동맹이다.[16] 안보·자율성의 교환 동맹에서 약소국은 강대국인 동맹으로부터 군사적인 지원을 받아 안보를 확보하고, 강대국은 약소국에 대한 영향력을 행사할 수 있다. 따라서 약소국의 경우, 안보를 확보하는 대신 정책의 자율성을 일정 부분 희생하게 된다.

한미동맹의 가장 큰 특징 중의 하나라고 볼 수 있는 이러한 안보·자율성의 교환 동맹 모델을 가지고 전략동맹을 봐야 하는 근거는 두가지다. 한편으로는 새롭게 제시된 전략동맹이 지금까지의 전통적인 동맹을 새롭게 함으로써 격상된 동맹으로 나아가고자 한다는 미래 비전을 제시하지만 결국 한미동맹의 특징인 안보와 자율성의 맞교환 구조가 지속될 수밖에 없다고 판단하기 때문이다. 두번째 이유는 레이크David A. Lake의 '잉여통제력' 개념이 한미전략동맹에 높은 적용성이 있기 때문이다. 레이크는 안보 관계는 두 국가 간의 위계의 정도에 따라 정의되며, 위계의 정도는 잉여통제력의 위치에 따라 정의된다고 하였다. 잉여통제력이란 국가 간의 모든 관계의 바탕이 되는 계약이 불완전할 때 일어난다. 즉 국가 간의 관계는 명시적 혹은 묵시적인 용어로 이루어진 계약을 바탕으로 하는데, 실제로 모든 계약은 불완전하게 특정되어 있기에 특정되지 않은 힘, 의무, 행동에 관한 '잉여'의 공간이 발생한다. 위계적인 형태에서 우월한 쪽은 계약 외의 상황에 대해서도 잉여통제력을 가진다.[17]

한미동맹에서 잉여통제력이 더욱 커지는 것은 올리버 윌리엄^{Oliver E.} William이 주장하는 자산 특수성이 더해지기 때문이다. 특수한 관계가 오랜 기간 지속될 경우, 다른 대안적 관계들보다 훨씬 더 큰 가치를 부여받게 되어 좀처럼 변화하기 어렵다.[18] 어느 고용자가 특정 회사의 특정 업무를 오랫동안 하게 되면 그 고용자와 고용주에게는 관계를 지속하려는 강한 동기가 부여된다는 경제학의 가설을 한미동맹의 위계적 구조에 적용할 수 있다는 것이다. 즉, 미국의 한국에 대한 잉여통제력은 더욱 확대된다. 강대국과 약소국 사이의 비대칭 동맹 가운데서도 그 유례를 찾아보기 힘들 정도의 의존관계가 거의 70년 지속되면서 안정성을 확보하였다. 따라서 자율성 확보 노력 등을 포함한 동맹의 변화 가능성은 작아지게 되고, 이로 인해 미국은 한국에 대해 더욱 절대적인 통제력을 행사하게 되는 것이다. 간단하게 정리하자면, 자산 특수성으로 인한 안정성을 확보한 위계적 한미동맹의 상태에서 동맹의 목적이 모호해질수록 한국에 대한 미국의 잉여통제력은 커진다.

이른바 '평화구축 동맹'이란 한미동맹이 '동아시아지역 및 범세계적 차원의 전략적 이익을 공유함으로써 국제평화 구축에 기여'한다는 내용을 가지고 있다.[19] 이는 한미동맹의 지역적 범위가 한반도에서 동아시아지역, 그리고 전세계로 확대되는 것을 의미한다. 좀더 구체적으로는 한국이 한반도 밖에서 미국 주도의 미사일방어체제, 대^對테러전쟁, 국제평화유지군, 대량살상무기 확산 방지 등에 동원될 가능성이 커진다는 말이다. 그런데 한미동맹의 근거가 되는 한미상호방위조약 제3조는, 한미동맹의 지역적 범위에 대하여 "각 당사국은 타 당사국의 행정 지배하에 있는 영토와 각 당사국이 타 당사국의 행정 지배하에 합법적으로 들어갔다고 인정하는 금후의 영토에 있어서 타 당사국에 대한 태평양지역에 있어서의 무력 공격을 자국의 평화와 안전을 위태롭게 하는 것이라고 인정하고 공통한 위협에 대처하기 위하여 각자의 헌법상의 수속에 따라 행동할 것"이라고 선언하고 있다. 이에 따르면 한미동맹은 양 당사국의 영토를 적용 범위로 두고 있는데, '평화구축 동맹'에 따른 동맹 범위의 확장은 한미상호방위조약을 벗어난다고 볼 수 있다.

한미동맹의 바탕이 되는 계약은 한미상호방위조약이다. 따라서 평화구축 동맹이 지향하는 한미동맹의 지역적 범위의 확장은 한미상호방위조약을 통해 특정되지 않은 '잉여'의 영역이라고 볼 수 있다. 실제로 한반도를 넘어선 한미동맹 범위의 확장은 주로 미국의 전략적 이익과 깊은 관련을 지니는 것이며, 이러한 잉여의 영역에 대한 통제력은 안보·자율성의 비대칭적 동맹에서 우월한 상대방인 미국이 독점할 가능성이 크다. 이는 한미동맹이 기본적으로 비대칭적 동맹인데다, 초강대국인 미국이 자신의 세계적 이익과 전략을 위하여 지역적 이익과 전략을 결정하면서, 미국의 세계적 이익과 전략의 변화가 한미동맹에 지대한 영향을 미쳐온 것과 같은 맥락이다.

전략동맹의 세번째 요소는 신뢰동맹으로, 동맹의 전형적인 딜레마인 '연루'entrapment와 '방기'abandonment의 문제가 개입한다. 이는 앞서 살펴본 안보·자율성의 교환과도 일부 중첩되는 측면이 있는데, 스나이더는 이러한 긴장을 "동맹의 안보딜레마"라고 불렀다. 먼저 방기의 두려움이란 다극체제에서 동맹국은 끊임없이 동맹 상대국에 의해 버려지는 두려움에 처하는 것으로, 이는 동맹국이 또다른 동맹 상대국을 가지며 현재의 동맹에서 만족하지 못하게 될 경우, 그들 중 하나를 선택하게 될 것이라는 사실에서 비롯된다. 반대로 연루의 두려움이란 자국에 공유되지 않는 동맹 상대국의 이익을 위한 분쟁에 어쩔 수 없이 휘말려 들어가는 것을 의미한다. 방기의 비용이 일련의 안보에 관한 손실이라면, 연루의 비용은 자율성 손실의 강력한 형태이다. 따라서 하나의 두려움을 줄이려는 시도는 다른 한편의 두려움을 증가시킨다.[20]

처음 동맹이 출범할 때는 안보와 자율성의 교환에 있어 최적의 조합으로 동맹이 형성되지만, 시간이 흐르면서 안보 환경이나 국제정치구조가 변함에 따라 초기에 맺은 조합이 더는 최적이 아니게 된다. 이로 인해 동맹의 균열이 발생하면 서로 이익에 맞게 계약을 재조정하거나 재협상할 수 있다. 특히 약소국의 경우 이러한 재협상은 강대국에 의한 방기를 피하기 위한 하나의 방법이 될 수 있다.[21] 이처럼 동맹 상대국에 대해 강한 지원을 약속하는 것은 신뢰에 대한 평판을 획득할 수 있도록 하는데, 바로 이런 점에서 한미전략동맹의 세번째 지향점인 '신뢰동맹'과 관련이 깊다. 즉, 한국은 미국이라는 강력한 동맹으로부터 방기를 당하는 것을 피하려고 미국의 이익과 관련된 영역을 지원할 것을 약속하였고, 이를 통해 신뢰를 얻고자 노력한다는 것이다.

동맹의 형성부터 지금까지 방기와 연루의 딜레마에서 한국은 동맹국에 대한 연루보다 유난히 동맹의 방기에 대한 우려가 컸고, 이것이 맹목적인 대미 의존의 주된 원인으로 작용했다. 한국으로서는 한·미 간의 엄청난 권력 격차와 함께 미국이 지정학적으로 동북아에서는 직접적인 안보 위협이 거의 없다는 점 때문에 방기의 가능성을 더욱 크게 인식한 것이다. 이는 미국 입장으로 보면 동맹의 방기 위협을 통해 한국을 매우 효율적으로 제어할 수 있었다는 의미이기도 하다.[22] 동맹의 방기에 대한 한국의 두려움이 증폭된 또다른 이유는 미일동맹이라는 대체재의 존재 때문이기도 하다. 동맹 형성부터 현재까지 미국의 세계전략에서 높은 우선순위를 차지하고 있는 미일동맹의 존재는 한국에 자주 동맹 방기의 우려를 증폭시켰다. 특히 지난 10년간 진보정권에 의해 이루어진 자주성과 동맹의 상호성 추구와 맞물려 한·미관계가 나빠졌을 때, 미일동맹의 강화움직임은 동맹 방기를 우려한 국내 보수세력의 집요한 공격을 초래했다. 특히 참여정부의 동북아균형자론은 한·중 대 미·일이라는 원치 않는 구도가 형성되는 것으로 발전할 수 있다는 논란이 거세었다. 이명박 정부는 출범한 이후 이에 대한 변경 의지가 남달랐으며, 전략동맹에 이러한 의도를 담은 것이 바로 '신뢰동맹'이라고 할 수 있다.

1990년대 이후 냉전구조가 소멸하고, 북한의 위협이 현저히 감소했다면 과거보다 방기에 대한 두려움은 감소하고, 연루의 두려움은 증가해야 할 것이다. 그러나 실제에 있어서 한미동맹은 이런 상황 변화에 역행하고 있다. 한국은 연루보다 여전히 방기에 대한 우려에 집착하고 있으며, 이것이 전략동맹에서 재확인되었다. 그런데 방기와 연루가 구조적으로 딜레마에 놓여 있음으로써 한국에는 연루의 위험성이 높아지게 되었다.

미국의 신안보패러다임과 한미전략동맹

미국은 9·11테러 이후 전격적으로 안보패러다임을 전환하였는데, 이는 탈냉전 시대가 열린 10년 전보다 훨씬 더 큰 규모의 변화로 평가된다.[23] 압도적 능력capability 중심의 전략을 앞세워 위협에 대한 일방적이고 선제적인 대응을 천명한 신안보패러다임의 채택은 한미동맹에도 직접적인 변화를 몰고 왔다. '해외 주둔 미군 재배치 계획'GPR이라는 이름으로 독일, 일본 등의 모든 해외 주둔군을 대상으로 대대적인 재편을 했는데,

이에 따라 주한미군 역시 그 위상 및 규모를 재조정하였으며, 한미동맹의 성격에 근본적인 변화가 수반되었다. 당연히 그 변화는 한국의 입장에서 진행된 것이 아니고, 미국의 전략적 필요에 의한 것이었다.[24]

이런 변화는 한국 진보정권들의 자율성 모색이나 2002년 당시의 반미 정서에 대한 미국의 반한감정이 미군의 재배치와 감축으로 이어지는 양상처럼 보이기도 했지만, 사실은 그보다는 미국의 세계전략적 필요에 따른 것이 더 본질적이었다. 당시 미국과 한국의 보수세력들이 자신들의 정치적 필요로 주한미군의 재배치가 진보정권과 반미감정 때문이라는 식의 여론몰이를 한 것이다. 미국정부 역시 명확한 입장 표명을 하지 않으면서 은연중에 이런 여론을 한국정부에 대한 압력으로 활용한 측면이 컸다.

이러한 미국의 의도는 GPR을 진두지휘했던 럼즈펠드가 당시 상원 외교위원회의 연설에서 분명히 밝히고 있다. 그는 "우리의 군대는 1953년 한국전이 끝난 이후로 사실상 얼어버린 채로 지금까지 왔다. 주한미군의 북한에 대한 억지 기능도 여전히 중요하지만, 단지 그 목적만을 위해 더 이상 존재할 여력이 우리에게는 없다."라고 밝혔다.[25] 그러므로 당시 한국정부에 의해 이루어진 자율성 모색을 통한 한미동맹의 변화 시도는 국제정치 질서의 재편과 이에 따른 미국의 세계전략 변화에 대한 주요 원인은 아니었다. 미국은 이미 1990년대 중반부터 한미동맹의 미래 비전의 차원에서 그 역할을 확장해 동북아 전체의 안정에 기여하도록 하겠다는 의도를 구체화했었다.[26]

미국의 새로운 패러다임은 과거의 주둔군 강화 전략에서 탈피하여 신속대응군을 중심으로 한 이동성을 강조한다. 문제는 동맹의 비대칭성이 새로운 패러다임에서 더욱 강화될 여지가 크다는 점이다. 왜냐하면 지상군 주둔의 중요성이 감소할수록, 상호성은 더더욱 떨어질 수밖에 없기 때문이다. 또한 선제공격의 가능성 역시 공통의 적에 대한 방어라는, 한미상호방위조약에서 규정하는 상호 이익의 가치를 손상한다. 이는 앞에서도 지적한, 미국이 보는 위협과 우리가 보는 위협의 차이를 의미하는 것이기도 하다. 북한만을 놓고 보아도 우리와 미국의 인식은 많이 달라졌으며, 미국이 신안보패러다임의 중요한 근거로 삼고 있는 테러 위협에 대해서도 우리와 미국은 과거 공통의 적과는 다른 차원으로 인식했다.

이렇게 볼 때 이같은 전략 변화는 결과적으로 미국의 잉여통제력 행사를 통해 한국에 수용되었다고 볼 수 있을 것이다. 실제로 노무현 정권 시절부터 미국은 주한미군의 감축이나 변화 움직임 외에도 전략적 유연성, 대테러전쟁, 대량살상무기확산방지구상Weapons of Mass Destruction Proliferation Security Initiative, PSI, 미사일방어체제MD 등에 대한 참여 요구를 통해 한국을 꾸준히 압박해왔다. 미국의 이러한 잉여통제력의 사용에 대해 한국 정부의 대응은 이슈별로 수용과 저항을 오갔다. 대표적인 수용의 사례는 주한미군의 재편성, 이라크와 아프가니스탄에 대한 한국군 파병, 그리고 한반도를 벗어날 경우는 협의한다는 전제조건을 달기는 했지만 전략적 유연성을 수용한 것 등이다.[27] 대표적으로 저항한 부분은 PSI나 MD에 대한 참여일 것이다.[28]

그러나 이명박 정권의 출범 이후 미국의 잉여통제력에 대해 매우 적극적 수용의 입장으로 돌아섰는데, 그 신호탄으로 2009년 4월 그동안 미루어오던 PSI에 대한 전면적 참여를 전격적으로 선언하였다. 전세계 94개국이 참여하고는 있지만, 국제법 위반의 가능성으로 인해 전면적 참여를 선언한 국가는 불과 16개국에 불과함에도 이명박 정권은 이에 결국 참여하였다. 여기에서 특히 주목해야 하는 부분은 미국의 직접적인 요청이나 압박이 그리 크지 않은 상황에서 한국이 자발적·선제적으로 행동했다는 점인데, 계속 강조하고 있는 잉여통제력의 작동 사례로 볼 수 있다. 더욱이 이는 PSI로 끝나지 않을 것이고 더욱 가속화될 가능성이 커졌으며, 특히 한미전략동맹의 '평화구축 동맹'에 의하면 MD에까지 한국이 참여하게 될 가능성이 커졌다. 이명박 정부의 아프간 재파병 결정도 마찬가지 경우이다. 이는 오랫동안 지속되어온 동맹의 위계로 인한 학습효과 때문이다.

이를 두고 일각에서는 한국이 이러한 영역을 위협으로 스스로 인식하는 것이 강력한 동맹 상대국인 미국으로 말미암은 '자기충족적 위협' 인식이라고 설명하기도 한다.[29] 이처럼 한미상호방위조약의 근거를 넘어선 잉여 영역은, 미국의 잉여통제력의 행사와 더불어 학습효과에 따른 한국의 자발적 수용을 통해 한미전략동맹에 반영되었음을 알 수 있다. 이러한 잉여 영역의 수용 메커니즘에 이어 잉여 영역의 성격에 관한 물음이 또한 제기된다. 전세계적 차원의 대테러리즘, 핵 확산 방지, 대량살상무기 확산 방지 등과 관련된 위협이 과연 한국이 동맹, 특히나 동맹군을 주둔시키는 고도의 군사동맹을 통해 대응해야 할 정도의 안보 위협인지에 대한 물음 말이다. 이는 프롤로그에서 소개한 일종의 가스라이팅의 전형적 효과와 닮아 있으며, 다음 세번째도 유사한 현상이다.

세번째로 동맹의 안보딜레마에서 방기에 대한 두려움과 이를 피하기 위한 한국의 적극적인 지원 공약이 어떤 문제를 수반하는지 살펴보자. 앞선 분석에서 이명박 정부가 선제적으로 주창해온 한미전략동맹이 동맹의 안보딜레마에서 방기의 두려움을 피하기 위한 선택의 성격이 강하다는 점을 지적했다. 즉, 한국은 미국이라는 강력한 동맹으로부터 버려지는 두려움을 피하려고 미국의 이익과 관련된 잉여의 영역을 적극적으로 지원할 것을 약속하였고, 이를 통해 신뢰를 획득하고자 한다는 것이다. 그런데 방기의 회피를 위한 적극적인 지원 공약은 필연적으로 연루의 문제를 초래할 수밖에 없다. 앞에서도 지적했듯이 한국은 한미동맹의 안보딜레마에서 주로 방기의 두려움을 경험해왔는데, 한미전략동맹으로 넘어오면서 특히 '평화구축 동맹'에 따라 동맹의 범위가 전세계로 확대되고 전략적 유연성이 도입되면 한국의 연루 가능성은 점점 커진다. 이러한 연루는 대테러전쟁과 중국과 타이완의 양안 갈등 등 전쟁과 분쟁에 휘말리게 되는 실질적 연루의 문제뿐만 아니라 PSI 및 MD에 대한 참여 시 한미동맹이 다른 국가에 대한 봉쇄적 성격을 띠게 되는 문제까지 포함하는 것이다.

사실 1994년 1차 북핵 위기에서 우리는 이 연루의 가능성을 경험했다. 실행으로 옮겨지지는 않았지만, 미국은 일방적으로 한반도에서의 무력충돌을 심각하게 고려했다.[30] 그뿐만 아니라 조지 W. 부시 행정부의 취임 후 6년간은 북한에 대한 군사적 조치를 정책옵션으로 고려하고 있었다. 북한에 대한 군사적 수단을 사용하는 데까지 이르지는 않는다 해도, 미국과 중국의 갈등에서 한국은 방기와 연루의 딜레마를 겪게 될 가능성이 크다. 일본이나 나토 같은 경우도 우리처럼 비대칭 동맹임에도 불구하고 한국과 비교하면 그래도 연루에 대한 우려가 자주 제기된 반면에,[31] 한국은 방기에 대한 편향된 두려움만 제도화되어왔다. 노무현 정부에 와서야 비로소 전략적 유연성 문제가 내포한 연루의 가능성을 두고 처음으로 심각한 논의를 했다고 할 수 있다.

한미전략동맹은 중국 문제와 밀접하게 관련된다. 부시 대통령이 2008년 4월 한미정상회담 후 기자회견에서 한 "중국 문제가 한·미 양국이 건설적인 방식으로 협력할 기회라는 것을 인식하는 것이 21세기 동맹관계에서 대단히 중요하다"라는 발언은 이를 뒷받침해준다.[32] 또한 미국이 2000년 5월 발표한 향후 2020년까지의 미국의 세계전략을 담은 *Joint Vision 2020*의 핵심도 중국을 가상의 적으로 삼으며 이에 대비하기 위해 주한미군과 주일미군을 계속 주둔시키겠다는 뜻을 분명하게 밝힌 것이다.[33] 한미전략동맹의 이러한 특성은 한미동맹의 재조정 방향을 일단 긍정적으로 수용하는 일련의 국내 연구들에서도 지적된다.[34] 미국 부시 행정부의 대중 견제에 한미동맹이 사실상의 한·미·일 삼각동맹 체제로 묶여 봉쇄망으로 기능할 가능성이 있는 것이다. 그렇다면 한미동맹의 이런 성격 변화가 과연 한국의 동북아전략과 부합하는지에 관한 의문이 제기될 수밖에 없다.

미국의 대중 견제 및 대테러전쟁, 양안 분쟁 등에 대한 연루 가능성 외에도 동맹의 안보딜레마에 관한 또다른 문제가 제기된다. 이는 앞서 살펴본 미국에 대한 강한 지원의 공약과 관련된 문제이다. 스나이더는 방기와 연루라는 동맹의 안보딜레마에서 방기의 두려움을 피하기 위한 노력 가운데 동맹 상대국에 대한 적극적이고 강한 지원을 약속하는 것은 협상의 지렛대를 높이는 것과 반대되는 것이라고 지적한 바 있다.[35] 다시 말해, 미국에 대한 적극적인 지원 공약이 한국의 대미 협상력 저하라는 결과를 낳는다는 것이다. 이러한 협상력 저하가 두드러지게 나타난 곳이 바로 동맹 재조정과 관련된 동맹 비용의 분담 문제이다.[36]

실제로 미국은 변화된 세계전략에서 동맹의 상호성 및 평등성을 강조하는데, 이는 구체적으로 방위비 분담으로 연결된다. 미국은 한국에 대해 '공평한 분담'의 원칙을 제시하고 있다. 2008년 8월 서울에서 진행된 한·미 방위비분담 특별협정 체결을 위한 2차 고위급협의에서 미국은 한국의 현재 부담비율(42퍼센트)은 다른 동맹국에 비해 낮은 수준임을 강조하면서 이른바 '공평한 수준'(50퍼센트까지)으로 확대할 것을 요구했다. 특히 2009년의 경우, 분담금 증액 비율이 최소 6.6퍼센트에서 1999~2004년의 평균 분담금 증액 비율인 14.5퍼센트까지 될 수 있도록 요구한 것으로 전해졌다.[37] 방위비 분담에 관한 협의는 앞으로 한미동맹의 주요 쟁점이 될 것이다. 그러나 지금까지 지적한 바와 같이 한미동맹 재조정 과정에서 방기를 피하기 위해 한국 스스로 약속한 적극적인 지원 공약이 한국의 협상 지렛대를 상실하게 하는 결과를 가져오고 있다.

미래 한미동맹의 청사진이 얼마나 적실성이 있는가 하는 문제는 이것이 한미동맹의 재조정을 불러온 요인들을 적절히 반영하고 있는지, 이에 대해 충분히 대응하고 있는지 여부로써 판가름될 것이다. 한미동맹의 재조정을 불가피하게 만든 요인들은 크게 두가지로 나눌 수 있다. 첫째 한반도를 둘러싼 역사 및 구조적 변화, 둘째 특히 9·11 이후 미국의 세계전략 변화가 그것이다. 한미동맹의 위협 인식 변화는 한반도를 둘러싼 역사 및 구조적 변화와 연관된 것이었다. 즉 한미동맹의 강한 결속을 가능하게 했던 공통의 적에 대한 인식, 즉 위협에 대한 공통 인식이 약화되는 한반도의 역사 및 구조적 변화에 대해서 한미전략동맹이 충분히 대응한 것으로 보기 어렵다. 그러나 반대로 미국의 세계전략 변화에 대하여는 충실한 반영이 이뤄졌다. 이같은 한국의 입장은 새로운 시대의 '새로운 동맹의 미래 비전'이라는 슬로건이 무색하게, 동맹의 초기부터 미국에 대한 종속적인 군사관계를 제도화해온 과거의 동맹을 답습, 또는 심지어 심화하는 시대 역행의 성격을 가진다.[38]

장노순은 비대칭 안보동맹에서 피(被)후견국은 자국의 군사력으로 안보 수준을 향상할 수 있는 여건을 마련했음에도 불구하고 의존도를 크게 해소하지 못한 결과를 가져올 수도 있다고 지적한 바 있다. 서재정 역시 한미동맹의 경우 미일동맹을 포함한 다른 비대칭 동맹과 비교해서도 훨씬 더 종속적인 관계가 오랫동안 제도화된 점을 들어 비대칭적 한미동맹의 영속화 가능성까지 제기하고 있다.[39] 이렇게 볼 때, 국제체제의 구조 변화가 기존 동맹관계를 유지하는 양식에서도 변화를 초래할 수 있으나 그 변화로 피후견국의 자율성의 신장이 항상 보장되는 것은 아니다.[40] 한미동맹의 21세기 비전으로 제시된 한미전략동맹이 진정으로 한국의 국가이익을 증진하는, 기존 동맹에 대한 업그레이드가 되기 위해서는, 이와 같은 이론적 분석을 통해 예측되는 문제점이나 취약성에 대한 면밀한 검토를 바탕으로 반드시 변경이나 보완이 이루어져야 할 것이다. 2021년 현재 시점에서 평가하자면, 한미전략동맹은 '전략동맹'이라는 잘 포장된 용어가 가진 매력으로 인해 이런 문제들에 대한 근본적 개선 노력이 이뤄지지 않은 상태로 계승되고 있다고 하겠다.

전략동맹과 대북정책

이명박 정부의 대북정책은 다양한 표현과 정도의 차이는 있지만, 근간은 미국 네오콘과 같은 '선핵폐기론'이다. 이명박 정부는 진보정권 10년간의 대북 포용정책이 북핵 문제를 해결하지도 못했을 뿐 아니라 한미동맹을 위기로 몰아감으로써 실패했다고 규정했다. 북핵 문제도 민족이라는 특수 차원에서 보고 북한에 대한 비등가적 교환으로 해결하려 한 전임 정권들과는 달리 비가역적 비핵화를 협상이나 보상의 절대조건으로 삼았다. '비핵 개방 3000'으로 대변되는 이러한 정책 기조를 '원칙에 입각한 대북정책'이라고 불러왔다. 또한 '패러다임의 변화'라고 자칭하면서 남북관계를 특수관계로 보지 않고 보편관계로 대응하겠다고 천명한 것은 북한에 대한 양보는 더이상 없다는 점을 분명히 한 것이다. 임기 초 통일부 폐지 논의도 그렇고 국정원 내부의 조직 개편까지 하면서 대북 담당 부서를 축소하고 다른 국외 담당 부서의 일부로 흡수시킨 것도 같은 맥락이다.

이명박 정부는 초기에 실용주의를 내세웠지만, 스스로 자랑스럽게 원칙론이라고 말할 만큼 이념적인 대북정책 기조를 유지하면서 냉전적 사고를 벗어나지 못했다. 또한 비핵화라는 마지막 목표만 언급한다든지, 아니면 여러 과정이 성공해야만 도달할 수 있는 나중 단계의 얘기만 반복함으로써 남북관계나 북핵 문제의 장애물을 제거하는 일은 회피했다. 사실 이명박 정부의 대북정책은 네오콘이 주도한 부시 행정부의 초기 6년간의 노선과 매우 유사하다.

부시 행정부는 마지막 2년간에는 아프간과 이라크에서의 상황 악화도 감당하기 어려운 상태였기 때문에 북핵 문제는 더 악화시키지 않는 수준에서 봉합하려 했다. 이로써 6년간 끌어오던 세가지 중요한 원칙, 즉 양자회담 불허 원칙을 굽히고, 6자회담을 북한 압박수단으로만 보던 시각을 완화했으며, '선先핵폐기 후後보상'의 원칙을 완화하여 중간단계의 보상을 허용하는 상호적 조치quid-pro-quo로 전환했다. 이런 미국 측의 변화에도 불구하고 이명박 정부는 부시 행정부의 초기 노선을 답습했다. 오바마 행정부의 초기 행보에 대해 실망한 북한이 핵실험 재개라는 도전장을 던짐으로써 이명박 정부의 강경책이 나름의 정당성을 좀더 유지할 수 있었던 탓도 있다. 하지만 클린턴 방북을 계기로 북한은 유화적 태도로 바뀌었으며, 미국도 이에 호응하는 모습을 보였다. 또한 대북제재 국면 속에서도 중국은 북한에 대규모 원조를 약속하기에 이른다. 이런 변화 속에 한국정부도 약간의 변화를 보여주는데, 그것이 '8·15 신평화구상'이고, 뒤이은 소위 그랜드바겐grand bargain의 제의였다. 하지만 그 용어나 표현에 비해서 이런 새로운 제안들이나 구상들은 여전히 모호했으며, '비핵개방 3000'과 다르지 않았다. 특히 부시 행정부 시절의 '선핵폐기론'에서 크게 벗어나지 않고 있다는 점이 북한은 물론이고, 미국이나 중국도 설득시키지 못했다.

이명박 정부 당시 미국의 한국전문가들이나 오바마 행정부의 한국 담당 관료들은 전임 노무현 정부와 이명박 정부의 한미동맹을 비교하는 일이 잦았다고 한다. 그 가운데서 한미동맹 반세기 역사상 최악이었다는 평가를 받아온 노무현 정부에 대한 재평가가 많았는데, 그와 더불어 이명박 정부의 한·미관계가 기대한 것과는 달리 실망스럽다는 반응도 나왔다. 노무현 정부는 임기 전과 임기 초에 동맹의 종속성을 극복하고 자율성을 확보하려는 과정에서 이념적으로 상반된 부시 행정부와 좋은 관계를 유지하지 못한데다 정책의 기조가 9·11테러 사건 이후의 미국의 신안보패러다임과도 맞지 않은 탓에 한·미관계는 어려워질 수밖에 없었다. 그러나 돌이켜보면 노무현 정부는 다수의 판단과는 달리 진보나 보수, 또는 친미나 반미 같은 이념적인 분류로 규정하기 어려운 정권이었다. 정책의 공과功過 판단은 일단 제쳐둔다면, 오히려 실용적 정책을 지향했다고 할 수 있는데, 이것이 특히 대북정책이나 대미정책에도 그대로 반영되었다. 한편에서는 한미동맹의 균열을 무릅쓰면서 부시의 대북 강경책에 대응하여 햇볕정책을 굽히지 않은 반면에, 다른 한편에서는 아프간이나 이라크에 대한 파병 요청을 들어주고, 전략적 유연성을 포함한 주한미군의 재편을 수용한 것들이 이를 증명한다. 전시작전통제권 환수도 결국 미국과 보조를 맞추기 위해 애썼다. 따지고 보면 국내 지지세력의 실망으로 인한 비판과 미국의 계속되는 불신에도 불구하고 역대 어떤 정권과 비교해도 미국이 요구하는 대부분을 들어주었다.

　미국과의 관계 면에서보면, 노무현 정부는 기대치가 낮게 출발했으나 시간이 갈수록 한·미 양국 정부가 서로에게 적응하면서 관계가 나아진 것이라면, 이명박 정부는 기대 수준은 높게 해놓고 갈수록 엇박자를 보이는 양상이었다. 이명박 정부는 출발부터 남북관계보다 한미동맹을 우선하고, 가치동맹, 신뢰동맹, 평화구축 동맹으로 대표되는 전략동맹이라는 미래 비전을 야심차게 제시하였다. 이 과정에서 임기 말의 부시 행정부나 오바마 행정부 모두 한미동맹의 회복 및 강화를 반대할 이유는 없었다. 그러나 차츰 시간이 가면서 구체적 내용이 없으며 전략동맹이 무엇인지에 대해서도 이해가 부족하다는 점을 드러냈다. 사실 전략동맹이라고 부르려면 단순한 대북 억지 차원이나 북핵과 관련한 공조를 넘어 영·미동맹처럼 세계의 전략적 현안들까지 협력한다는 것인데, 과연 비대칭 동맹으로서 자율성이 제한된 상황에서 그것이 가능한지, 그리고 바람직한지도 의문이었다.

　또한 미국의 관점에서 전략동맹은 대북정책은 물론이고, 대동북아 정책, 그리고 아프간 등지의 파병 등에 대한 한국의 적극적 지원을 요구할 수 있는 동맹관계가 구축되는 것으로 해석할 수 있다. 그런데 한국은 과연 이러한 미국의 다양한 요구와 압력에 응할 생각으로 전략동맹을 언급한 것인지 따져봐야 할 것이다. 물론 아프간 파병을 결정했지만, 그 과정이 미국 측의 기대에 크게 못 미치는 것이 분명했다. 또한 파병 규모 등과 관련해서도 비슷한 문제가 차후에 발생할 수 있었다. 한·미 간에 이와 비슷한 엇박자가 북핵 양자회담, 그랜드바겐, 그리고 남북정상회담 이슈를 두고 반복적으로 일어났다.

　이명박 정부의 대북정책이나 대미정책은 한마디로 이名만 있고, 실實은 없었다고 할 수 있다. 가장 큰 원인은 이전 진보정권들의 대북정책을 실패라고 규정하고 이와는 확실하게 차별화하기 위해 전력을 기울였기 때문이다. 또한 그것은 이념적으로나 국내 정치적 이해득실상으로나 유리했기 때문이기도 하다. 정치적 이익의 차원에서 이 문제를 바라본다면, 이명박 정부에는 북핵으로 인한 위기 상황이 남북관계의 호전보다 정치적 효용성이 더 높았다. 그렇다면 이명박 정부는 왜 대북 강경책으로 더 나가지는 않은 것일까? 그것은 첫째, 미국에서 정권 교체가 일어났고, 새로운 오바마 정부는 전임 정부와 다른 협상 외교를 선호했기 때문이다. 또다른 한편으로는 남북관계의 경색 국면을 무한정 지속하는 것이 국내 여론의 측면에서 부담스러웠기 때문이다. 전임 정부와의 차별화만 있지 고유한 대북정책이 없다는 비판도 껄끄러웠을 것이다.

　그래서 나온 나름의 대안이 바로 겉으로는 대북관계 개선을 원한다는 뜻을 밝히면서도 실제로는 어떤 적극적인 대북정책도 펴지 않는 방법이었다. 국내 정치에서 마치 부자들을 위한 정권이라는 낙인으로 인해 떨어졌던 지지를 서민을 위한 정권으로의 이미지 변신을 추구함으로써 끌어올리는 데 어느정도 성공했던 것처럼 말이다. 그래서 한반도 평화와 민족의 장래를 위해서라면 언제든 김정일 위원장을 만날 수 있다고 겉으로는 말했지만, 정작 남북정상회담에 대한 의제가 부상하면 선핵폐기 혹은 대남 적대정책의 근본적 변화를 요구하거나, 진정성 없이 만남을 위한 만남은 하지 않겠다는 식으로 대응했다.

　이명박 정부 이전 10년간의 진보정권은 평등한 동맹을 이루고 대외정책의 자주성을 확보하기 위해 노력했다. 이는 국제적 수준의 탈냉전기

안보 환경을 한반도에 적용하려는 시도이자 한·미관계와 남북관계 사이의 효율적인 조화라는 목표를 위한 노력이었으며, 남북관계를 위해 한·미관계를 희생하는 것은 결코 아니었다.[41] 하지만 이 시기의 대부분의 노력은 뒤이어 등장한 이명박·박근혜 정부에 의해 한·미관계의 악화를 가져왔을 뿐 아니라 북한의 도발을 조장했다는 이유로 용도 폐기되었다. 진보정부 10년에 대한 이와 같은 반작용으로 한국의 외교가 회귀적 경향을 보인 것은 물론, 한미동맹의 비대칭성은 오히려 강화되는 결과가 초래되었다.

앞서도 언급했듯이 보장 동맹에서 하위자의 자율성 추구는 역설적으로 안보의 위협을 가중하는 자가당착이라는 주장은[42] 모로 James Morrow 의 현실주의적 동맹론에 갇혀버린 경직된 사고이다. 강대국의 전략적 이해와 세력 균형의 구조적 환경이 한국의 자율성 확보에 유리하게 작용하는 때를 포착해 '약소국의 폭정'이나 '약소국의 큰 영향력' 같은 접근을 최대한 활용함으로써 비대칭성을 극복해가려는 노력을 보수정부들에서는 볼 수 없었다.

천안함 침몰과
연평도 사태

이번 장에서는 주로 이명박 정부와 한미전략동맹을 다뤘지만, 이명박 정부 시기에 일어난 천안함 침몰과 연평도 사태를 살펴보지 않을 수 없다. 이 두 사건이 이명박 정부와 한·미관계에 대해 지니는 함의는 무엇인가를 중심으로 분석하면 어떤 결론이 나올까? 지금까지 알아본 것처럼 이명박 정부의 등장은 남북관계의 악화와 맞물린다. '비핵 개방 3000'이라는 대북정책은 북한이 비핵화를 하고 개방을 하면 북한의 국민소득이 3천 달러가 될 수 있도록 돕겠다는 것인데, 이는 북한의 굴복을 전제로 한 선비핵화 후보상의 전형적인 제안이다. 이전의 두 진보정부들이 남북협력이나 개방을 통해 북한이 의존성을 갖게 만들어 개방과 개혁을 하지 않을 수 없게 만드는 것과는 정반대의 접근이었다. 이명박 정부는 비핵화와 개방을 전제조건화함으로써 오히려 북한이 협상에 나오지 못하도록 만들었다. 이명박 정부는 북한과의 관계 증진에 전혀 관심이 없었다. 오히려 미국이 부시 행정부 말기와 오바마 행정부 초기에 대북 접근과 협상을 시도했지만, 한국의 강경책이 큰 장애물이 되어 한걸음도 진전이 없었다.

이런 와중에 2010년 3월 천안함 사건으로 남북관계는 파탄의 길로 들어섰다. 천안함 사건에 대한 한국정부의 공식 기록에 따르면, 이는 한국의 초계함이 북한 잠수함의 기습공격을 받아 침몰했고, 46명의 해군 병사들이 수장된 사건이다. 북한의 폭침 도발이라는 것이 당시 이명박 정부의 공식 결론이었고, 문재인 정부 역시 그 입장을 수용하고 있다는 점, 그리고 조작이라는 증거 또한 확실하지 않다는 점에서 현재로서는 이를 수용할 수밖에 없다. 그러나 여러가지 측면에서 과학적이고 객관적인 추가 조사가 필요하다는 지적들이 끊이지 않는 것도 사실이다. 미국의 탐사 전문 저널리스트인 웨인 매드슨Wayne Madsen은 천안함 사건을 한·미·일 정부의 조작이라고 규정했다. 도널드 그레그 전 주한 미국대사는 1964년 존슨 정부 시절의 통킹만 사건과 비교하면서 이명박 정부의 조작설을 제기했다.[43] 통킹만 사건은 1964년 8월 베트남의 통킹만 해상에서 북베트남 해군 소속 어뢰정이 미 해군 구축함을 공격한 사건으로 베트남전쟁에 대한 미군 개입의 도화선이 되었다. 그러나 통킹만 사건은 미국이 베트남

전쟁 개입을 위한 명분 만들기 차원에서 조작되었다는 사실이 『뉴욕타임스』에 의해 밝혀졌다.

조작이라는 음모설이 제기되면서 천안함 사건 직후 예정되어 있던 6월 지방선거와 일본 민주당의 후텐마 미군기지 이전을 놓고 벌어진 미·일 갈등 등이 동기로 제시되었지만, 마찬가지로 확실한 증거는 없다. 그러나 여러 정황이나 폭침의 증거로 제시된 어뢰 부품과 설계도면의 불일치, 부품의 부식 정도 등으로 볼 때 의문의 여지가 있다. 또한 사건 발생 직후 미국에서 청문회에 임했던 주한미군 사령관이 '북한의 소행이라는 증거는 없다'라고 말한 점이나 폭침의 증거로 내세운 독일산 어뢰에 대한 독일의 부인 등 의문을 불러일으키는 발언들이 꼬리를 물고 나온 것은 사실이다. 북한은 자신의 소행이 아니라고 부인했고, 러시아의 조사 결과도 마찬가지였다. 중국은 남·북·미·중 4자의 합동조사를 요구했지만 받아들여지지 않았다.

천안함 사건이 일어난 지 8개월 후 2010년 11월에는 연평도 포격 사건이 일어났다. 북한이 연평도와 인근 해상에 포탄 170여발을 기습적으로 퍼부어, 우리 측 군인과 민간인 4명이 전사하고, 60여명의 부상자가 발생한 비극적인 사건이었다. 북한은 천안함 침몰이 자신들의 소행이 아니라고 부인했지만, 연평도 포격은 자신들의 행위임을 대놓고 밝혔으며, 한·미 합동군사훈련을 포함한 남측의 도발 행위에 대한 응징이라고 했다. 정세현 전 통일부 장관은 맥락으로 미루어보면 북한이 자신들에게 천안함 사건의 책임을 떠넘기고, 남북관계 및 북·미관계를 긴장으로 몰아가고 있는 이명박 정부에 경고를 보낸 것이라고 해석했다.[44] 또한 한반도의 긴장을 최고조로 끌어올린 후 협상이냐 대결이냐를 선택하라고 하는 벼랑끝 전략을 사용한 것이라는 해석도 있었다.

북한은 연평도 포격 열흘 전에 미국의 핵물리학자 시그프리드 헤커 Siegfried S. Hecker 박사 등을 북한으로 초청해 우라늄 농축 시설을 의도적으로 공개하였다. 또한 연평도 포격 이후 곧바로 리처드슨Bill Richardson 미국 뉴멕시코주 주지사와 CNN 앵커를 북한에 초청해서 6자회담 재개를 위한 협력 조치에 대해 일부 동의했다는 것도 같은 맥락이다. 정리하자면, 연평도 사건을 일으킨 북한의 의도는 천안함 폭침을 주장하는 남한 정부에 대한 경고와 더불어, 미국을 향해 충돌로 갈 것인가 아니면 협상 테이블로 갈 것인가의 선택을 압박하는 도발이었다는 것이다. 북한의 연평도 도발은 한반도가 언제든지 무력충돌이 발생할 수 있는 정전 상태라는 점을 주지시킴으로써 평화협정을 맺고 관계 정상화를 이루어야 지속 가능한 평화가 성취될 수 있다는 것을 의식적으로, 그리고 행동으로 알린 것이다.

어떤 것이 진실이었는지 사건의 진상에 관한 논의도 중요하지만, 두 사건이 이 책의 주제인 한·미관계에 대해서 가지는 함의에 주목할 필요가 있다. 돌아보면 2010년은 천안함과 연평도 사건에 의해 한반도에 포연이 가득했으며, 다시 한번 전쟁위기가 재연됐고, 한반도의 분단과 대결이라는 구조에서 평화는 언제든지 사라질 수 있는 아슬아슬한 줄타기임을 우리가 깨닫게 된 해였다. 남북의 체제경쟁에서 완전한 우위를 점한다고 하더라도, 세계 최강의 미국을 혈맹으로 보유하고 있다고 하더라도, 진정한 평화체제의 완성 없이 억지만으로 지속 가능한 평화를 성취하기는 불가능하다는 것이다. 두 사건은 군비 확장으로 얻어지는 정전체제의 안보는 한계가 있을 수밖에 없다는 차가운 현실을 우리에게 다시 한번 일깨워줬다. 물론 남북의 격차와 한미동맹으로 인해 북한이 도발은 가능해도 전면전을 감히 시도하지는 못한다는 점에서 최소한의 안보는 그래도 유지할 수 있다는 반박도 가능할 것이다.

하지만 그마저도 한계가 있기는 마찬가지다. 대북 억지가 신뢰를 확보하려면 군사도발에 대한 응징보복이 가능하고 이를 의지에 따라 실행할 수 있어야 한다. 물론 평화를 무너뜨리는 응징은 바람직하지 않고, 그런 점에서 냉철한 판단이 필요하다. 그리고 응징을 결행할 때는 절제와 분명함을 동시에 보여줄 수 있는 치밀한 작전을 전개해야 할 것이다. 그러나 그것은 애초에 불가능한 일이었는데, 우리는 작전을 할 수 있는 권한도, 응징의 공격명령을 내리는 권한도 없기 때문이다. 천안함과 연평도 사건이 나던 때 국방부 장관 김태영은 "또 한번만 도발하면 원점을 때려버리겠다"고 대북 경고를 날렸다. 합참을 방문한 이명박 대통령은 북한이 추가 도발을 할 경우 몇배의 화력으로 응징하라고 했다. 이는 북한의 도발이 있을 때면 어김없이 등장하는 단골 멘트다. 그러나 그것이 가능하리라고 믿는 사람들은 당시도 지금도 많지 않다. 북한이 재차 도발한다고 하더라도 보복응징은 어려울 것이다. 우리에게 전시작전통제권이 없다는 공식적·제도적 결함 때문일 뿐만 아니라, 실제로도 중국과 러시아 그리고 미국까지 북한의 도발이지만 한국이 보복공격을 감행함으로써 사태가 악화하는 것을 원하지 않았기 때문이다. 그런데 이는 그 반대의 상황인, 우리가 원하지 않는 전쟁도 미국에 의해서 가능하다는 말인데, 그야말로 소름 끼치는 결과를 가져올 수 있는 것이다.

연평도 사건 직후, 정부 여당의 안상수 의원이 연평도를 방문해 보온병을 발견하고 "이게 포탄입니다, 포탄"이라고 하자, 그 옆에 있던 육사를 졸업하고 포병장교를 지낸 황진하 의원이 "이게 76밀리이고, 이게 122밀리입니다"라고 하는 웃지 못할 광경이 벌어졌다. 특히 후자는 육사 출신의 의원이었다. 탄착지점에서 포탄의 탄피를 찾는 기상천외한 사고는 차치하고서라도 일련의 상황은 곧 원점을 때리고 북한을 응징하라는 식의 대응이 얼마나 허언일 수밖에 없는지를 역설적으로 증명한다. 이는 상식이나 합리성을 벗어나는 한반도 상황을 반영하고 있기에 실소를 넘어 좌절감을 안긴다. '분단인의 거울 일기'라는 부제가 붙은 노순택의 사진 에세이 『잃어버린 보온병을 찾아서』(오마이북 2013)는 그 의원들 역시도 분단 질서에 갇힌 비극의 전형이라고 말한다.[45] 냉전과 분단의 프레임에 갇히는 순간 상식과 합리성은 사라져버린다.

그러나 이 프레임은 여전히 활용도가 높은 정치적 수단으로 좀비처럼 부활한다. 9·11의 음모이론의 주장처럼 미국이 고의로 사건을 일으키지 않았더라도, 이 사건을 차후에 미국의 네오콘들이 자신들의 주장을 강화하는 계기로 최대한 활용했던 것은 분명했다. 유사하게도, 그 발생 원인을 떠나서 이명박 정부가 천안함 사건을 반북·친미 절대주의에 명분과 힘을 실어주는 계기로 적극적으로 활용했다는 점은 변하지 않는다. 천안함과 연평도 사건은 우리 국민의 반북정서를 더욱 심화시켰으며, 그것은 곧 반북 프레임의 효용성이 극대화되었음을 의미한다. 상황이나 집권 여당의 이념적 성향이 시너지를 일으키며 그들로 하여금 대북 강경책을 통해 친미정책을 강화하고, '종북'이라는 카드로 국내 정치적 문제를 해결하려는 유혹에 빠져들게 하는 것이다. 이것은 악순환의 고리를 만들며 지금까지도 계속된다.

장을 마무리하기 전에 덧붙이고 싶은 것은 천안함 사태가 정부의 공식 입장처럼 북한의 폭침으로 일어난 것이 맞다면 문제는 다른 곳에서 발생한다는 점이다. 당시에도 제기된 것이지만 사건이 일어난 장소는 전략적으로 요충지이며, 남북의 대치 속에서 우리 군이 365일 24시간 초긴장과 초경계의 상황을 유지하고 있는 곳이다. 더욱이 당시는 한·미 합동군사훈련이 한창 진행 중이던 때인데도 북한의 잠수정이 얼마나 신출귀몰한지 우리 군의 초계함을 아무도 모르게 폭침시키고, 그것도 모자라 귀신도 모르게 빠져나갔다는 것이다. 군사전문가 김종대 전 의원은 천안함 사건에 대한 논란이 많은 것은 북한의 해안포와 잠수함 위협으로부터 가장 안전한 지역에서 우리의 군함이 최후를 맞았다는 역설에서 비롯된다고 지적했다.[46] 이는 우리가 전적으로 의존하고 있는 한미동맹, 그리고 미국의 안보 우산의 엄청난 허점을 드러낸 것으로 문책과 조사의 대상이 되어야 하는 것이 아닐까? 그런데 천안함 사태 이후에 이런 후속 논의나 대응 태세에 대한 점검과 반성은 전혀 없었고, 북한의 만행에 대한 규탄만 있었다.

제14장
박근혜 정부의 신뢰프로세스와 균형외교

박근혜 정부의 출범:
신뢰프로세스와 균형외교

　박근혜 정부는 적어도 임기 초에는 진보정권 10년과 이명박 정부 사이의 중도적 입장을 견지하며 대북 강경정책을 완화하고, 친미 일변도의 외교를 벗어나겠다는 의지를 내비쳤다. 대선을 승리로 이끈 주된 요인 중하나가 이명박 정부와의 '선 긋기'였고, 또한 보수정부 안에서도 상대적으로 진보적인 어젠다를 선점했던 것이라는 평가가 많았는데, 그런 사안이 국내 정책에선 경제민주화를 통한 국민복지의 향상이었고, 대외정책에서는 이명박 정부의 대북 강경책과 친미 일변도 외교로부터의 변화였다. 본질은 보수정권의 연장이지만, 일종의 정권 교체(?) 효과를 노렸던측면이 있었다. 실제로 이명박 정부로부터 대립의 남북관계와 소원한 한

·중관계, 그리고 깊어진 대미 종속이라는 난제들을 물려받은 박근혜 정부는 개선을 모색하는 듯했다. 그중에서도 가장 눈에 띄는 것은 한미동맹을 강화하면서도 중국과의 관계 회복에 노력했다는 것과 대북정책에 일정 정도 유연성을 보인 부분이다. 박근혜 대통령은 전임 정부와 기본적으로 이념과 인적 구성을 공유했지만, 대선 당시부터 전임 정부의 전체적인 외교노선에 대해서 비판적 견해를 표한 바 있었다. 그리고 이에 대한 변화를 담은 공약이 한반도 '신뢰프로세스'trustpolitik와 '균형외교'alignment였다.[1]

이론적으로 한반도 신뢰프로세스나 균형외교는 김대중·노무현 두 진보정권과 이명박 정부 사이의 중간적 성격이 강했다. 한반도 신뢰프로세스는 온건한 대북 포용정책과 강경한 '선핵폐기론'에 입각한 '비핵 개방 3000' 사이의 중도적 입장을 지향했다. 원칙론을 강조하고 북한의 행동 변화를 요구한다는 점에서 전자와 다르고, 북핵 문제와 남북관계 개선을 엄격하게 연동시키지 않는다는 점에서 후자와 다르다. 균형외교 역시 진보정부가 미국으로부터 자율성을 확보하려고 하고 미·중 사이의 균형자를 강조한 것을 비판하는 동시에 이명박 정부의 친미 일변도 정책에 대해서도 일부의 수정을 시사했다. 보수정권으로서 한미동맹을 최우선으로 하는 정책 기조는 유지하지만 나날이 중요성을 더하는 중국과의 관계를 복원하겠다는 의도를 담았다고 할 수 있다.

사실 박근혜 정부의 대외정책 목표나 비전은 상당한 기대를 하게 만들었다. 독일의 경우 진보세력이 시작한 대동독 포용정책과 통일정책을 끝마무리해 통일을 완성한 것은 보수정부였기 때문이다. 필자도 박근혜 정부의 출범 시기에 칼럼을 통해 용공 시비의 위험이 없고 친북·반미의 프레임에 자유로운 박근혜 정부가 대북 포용정책을 펼칠 경우, 역설적으로 성공 가능성이 크다고 보고 분투를 기원하였다. 그러나 '혹시나'가 '역시나'로 바뀌는 데는 긴 시간이 필요하지 않았는데, 제시된 정책들이 실행 과정에서 전혀 다른 모습을 보였다. 대북정책에 관해 살펴보면, 신뢰프로세스가 이명박 정부 때보다는 상대적으로 느슨하다고는 하지만 기본적으로 북한의 개혁과 개방을 유도하기 위한 정책은 거의 없는 상태에서 박근혜 정부는 북한의 진정성과 행동 변화 문제를 집중적으로 제기했다. 정권이 출범도 하기 전에 북한이 로켓 발사와 3차 핵실험을 실시하고, 이어서 한반도의 위기 상황이 전개되자 미국의 강경한 무력시위에 편승하면서 이명박 정부의 대북정책을 그대로 승계하는 것 아니냐는 의심을 받았다. 물론 당시 여론은 북한의 도발로 말미암아 평양 정권에 대한 인내가 한계치에 이르면서 박근혜 정부의 기조에 대체로 호의적이었다. 실제로는 중도를 벗어나 강경론으로 기울어지고 있었지만, 여론은 북한에 포용적 자세만 견지한 김대중과 노무현 정부와는 다른 적절한 정책으로 인식했다. 물론 여기에는 보수언론의 지대한 역할을 빼놓을 수 없다.

다른 한편, 외교에서의 균형노선은 이명박 정부가 친미 일변도의 외교만 고집함으로써 수교 이후 최악이었던 한·중관계를 복원하고자 노력한 것이라는 점에서 가장 눈에 띈다. 노무현 대통령 당시 큰 논란을 일으킨 균형자론을 의식해서, 균형이라는 말에 'balance'가 아닌 'alignment'라는 단어를 사용했다. 이 두 단어의 의미는 자동차 바퀴 정비 시에 정확하게 구별되기는 한다. 전자는 무게의 균형이고, 후자는 각도의 균형이다. 물론 이런 정교한 차이를 의식했는지는 확인하기 힘들지만, 비중에서는 당연히 미국이 중요하더라도, 중국으로 각도를 맞춘다는 의미일 수도 있을 것이다. 박근혜 대통령이 취임하기 전 당선자 시절에 전례를 깨고 미국에 앞서 중국에 특사를 파견함으로써 사전 정지작업을 했던 것과 취임 후 한중정상회담에서 '한·중 미래 비전 공동성명'을 채택하고 새로운 '동반자 협력 관계'에 시동을 걸었던 것들은 긍정적으로 평가할 만했다. 미국을 위해 중국을 견제하는 역할을 드러내놓고 자임했던 이명박 정부 와는 달리 한반도와 동북아 평화에 대한 중국의 역할을 중요시하고, 특히 대북정책에 대한 한·중 협력을 모색했다. 중국의 전승절 70주년에 톈안 먼 망루에 섰던 것은 그런 시도를 상징하는 것이었다고 할 수 있다.

그러나 박근혜 정부는 한·중관계의 새로운 밀월 시대가 열렸다고 선전 했지만, 구체적으로 진전된 것은 많지 않다. 양제츠^{楊潔篪} 외교 담당 국무 위원과 김장수 국가안보실장의 채널이 가동되기 시작했고, 양국의 국책 연구기관 사이의 전략 대화와 함께 외교부와 국방부의 외교·안보 대화 도 열렸다. 그렇지만 여전히 대북 공조는 제대로 이루어지지 않았다.[2] 박 근혜 대통령의 개인적 이미지가 중국 내에 좋은 반응을 일으켰고, 일본의 우경화 전략으로 인해 반사이익을 얻은 측면이 있었다. 하지만 한국은 기 본적으로 미·일동맹 강화를 통한 대중 봉쇄의 틈바구니에서 여전히 벗어 나지 못했고, 중국의 일방적인 방공식별구역 선포 이후 갈등이 표면화되 기도 하였다. 또한 노무현 정부 당시에는 이념논쟁을 피해 미·중 갈등 구 도를 회피하고자 했지만, 미·중 또는 중·일 갈등의 위험이 커지는 구도에 서 여전히 한국의 외교는 한미동맹의 그늘을 벗어나지 못한 수동적인 외 교에 머물렀다.

특히 2015년 9월 중국 열병식 참관의 전후 과정과 임기 말의 사드 배치 논란은 균형외교를 실패로 평가하도록 만들었다. 2015년 시진핑^{習近平} 중 국 국가주석이 박근혜 대통령에게 9월에 톈안먼에서 열리는 전승절 70주 년 행사 초청장을 보내자 박근혜 대통령은 이를 받아들여 서방국 정상들 이 아무도 참석하지 않은 가운데 톈안먼 망루에 올라 행진하는 인민해방

군을 향해 손을 흔들었다. 시진핑 주석과의 면담에서는 한반도의 통일이 모든 한반도 문제를 해결해줄 것이라고 역설했다. 중국 인민들은 열광했고, 한국의 성의에 대해 중국 측은 친중 접근으로 해석했다. 반면에 워싱턴은 겉으로는 박대통령의 참석 결정을 존중한다고 했지만, 다양한 경로를 통해 불쾌함을 한국정부에 전해왔다. 미국의 반응에 놀란 박근혜 대통령은 중국 방문 후 바로 다음 달에 미국을 방문해서 '한국의 중국 경사론'을 불식시키기 위한 적극적인 행보를 했다. 한미동맹 관계의 발전을 위해 한국이 더 많이 기여하기로 다짐했고, 특히 펜타곤을 방문해서 공식 의장 행사Full Honor Parade를 사열하고 브리핑을 받았다.[3] 미국 측의 이례적인 예우라고 말하지만, 이는 톈안먼 망루에 올라갔던 행동을 지우려는 일종의 압력 측면이 없지 않았다. 결국 중국에는 끝까지 안 하겠다고 반복적으로 말했던 사드를 한국정부가 전격적으로 배치하면서 한·중관계는 급속하게 냉각되었다.

/

다자주의 및
중견국 외교

박근혜 정부가 제시한 외교정책의 세가지 축은 지금까지 살펴본 남북관계와 북핵 문제의 해결을 위한 신뢰프로세스, 한미동맹과 한·중 동반자 관계의 조화라는 균형정책, 그리고 다자주의를 지향한 동북아평화협력구상Northeast Asia Peace and Cooperation Initiative, 약칭 동평구이었다. 동북아평화협력구상도 중도와 균형론의 맥락에서 추진되었다. 신뢰프로세스와 균형정책이 김대중·노무현 정부와 이명박 정부의 중도를 지향했듯이, 박근혜 정부는 다자주의 및 중견국 외교도 비슷한 맥락에서 추진하려 했다. 즉 동북아의 진영 간 갈등구조를 다자주의 협력의 틀로 우회 및 완화함으로써 한미동맹과 한·중관계의 조화로운 발전을 모색하겠다는 의도를 담았다.

중견국 외교 역시 한국이 강대국도 약소국도 아니면서도 국제적 영향력을 가진 국가로서 대내외적인 인정을 받아온 점을 충분히 활용하겠다는 의도였다. 이미 김대중 정부 당시부터 중견국 외교가 한국 외교의 주요 정책 어젠다로 강조되기 시작했지만, 실제적인 영향력을 발휘하지는 못했다. 그러다가 이명박 정부에 와서 적극적으로 추진되었는데, 한국의 경제적 위상이 커지고 특히 G20 정상회의와 핵안보정상회의가 개최되면서 탄력을 받았었다. 또한 한국 주도로 중견국 5개국의 협의체인 믹타 Mexico, Indonesia, Korea, Turkey, Australia, MIKTA가 2013년 9월 출범했다.[4] 그러나 초기의 비전과는 달리 이명박 정부의 실제 외교 행태는 주도권을 확보하는 외교라기보다는 스티븐 월트Stephen Walt가 지적하는 강대국 동맹에 '편승'bandwagoning하는 전형적인 약소국의 외교, 즉 한국이 과거에 익숙하게 했던 외교로의 회귀에 가까웠다.[5] 한·중관계에 실패하고 남북관계가 나빠지면서 이명박 정부는 국제회의에서의 표면적인 노출 빈도 증가에 비해서 발언권이나 영향력이 오히려 크지 않았다.

이런 상황에서 박근혜 정부는 중견국 외교의 부활을 강조한 것이었는데, 동북아평화협력구상은 이러한 다자주의와 중견국 외교 비전에 기초하고 있는 대표적 외교 제안이었다. 이 구상은 박근혜 대통령이 대선 이전부터 강조해온 소위 '아시아 패러독스'의 해법으로 제시되었으며,[6] 이후 한·미 및 한·중 정상회담 그리고 G20과 동아시아 정상회담 등에서도 꾸준히 강조되었다. '아시아 패러독스'는 아시아 국가들 사이에서 경제적 상호의존도는 나날이 증가하는 반면, 정치 및 안보 분야의 협력 수준은 매우 낮을뿐더러 영토분쟁, 군비경쟁, 역사 왜곡 논쟁, 핵무기 개발 등 지역 안정을 위협하는 요소가 점증하는 측면을 말한다. 이러한 역설적 현상을 해결하기 위해서 먼저 환경, 재난구조, 반테러 등의 연성 이슈soft issues부터 대화와 협력을 통해 신뢰의 인프라를 구축하고 이를 바탕으로 경성 이슈hard issues인 정치, 군사, 안보 분야까지 협력의 범위를 넓혀가는 동북아 다자간 대화 프로세스를 가동하자는 것이었다.

아시아 국제정치 현실을 패러독스로 규정한 것은 일단 정확한 진단이라고 할 수 있으며 국제사회의 공감도 이끌었다. 그러한 공감을 기반으로 한국이 중견국으로서 아시아 외교무대에서 지도력을 발휘한다는 것 역시 의미가 없지 않았다. 그런데 한국이 당면해 있는 정세는 훨씬 더 복잡하고 어려운 딜레마적 상황에 가깝다는 점에서, 정치적 수사나 이상주의적 외교 담론, 추상적 구상보다는 현실에 대한 좀더 냉정하고 엄중한 판단이 필요했다. 어렵지 않은 문제라면 애초부터 패러독스라는 표현을 쓸 필요가 없었을 것이다. 문제 해결을 위해서는 참여국들의 실천 의지와 자발적 헌신이 매우 중요한데, 이기적 국익이 지배하는 국제정치에서 이를 끌어내기가 쉽지 않다. 또한 연성 이슈에서의 협력이 일어난다 해도 경성 이슈로의 확산spillover은 전혀 다른 차원이다. 따지고 보면, 패러독스라는 용어 자체가 높은 경제적 상호의존도라는 연성 이슈에서의 협력관계가 경성 이슈로 전이하기 너무나도 어려운 현실 때문에 나온 것임을 고려하면 결국 순환논리에 빠질 위험이 애초부터 있었다.

신뢰와 평화협력 외교의 규범적인 정당성에는 그 누구도 반대할 명분이 없지만, 이것의 실제 운용 측면에서는 국가 간의 정책적 갈등이 반드시 존재한다.[7] 동북아의 급격한 세력 재편과 국익 다툼의 격화는 다자협력구상을 현실과 동떨어진 외교 담론으로 만들어버릴 수 있다. 이 구상의 배후에는 한미동맹과 한·중관계의 조화라는 목적이 놓여 있는데, 역시 동맹에 지나친 방점이 찍혀 있다는 점에서 한계를 배태했다. 원래 동맹질서와 다자협력질서는 기본적으로 상충할 수밖에 없다. 더욱이 동맹에 경도될수록 이러한 다자구상은 원래 목적과 실효성을 잃는다. 미·중 양국이 한국과의 정상회담에서 동북아평화협력구상에 대한 지지를 표명했지만, 속내는 전혀 다르다. 중국이 지지를 표명한 것은, 동북아에서 동맹질서를 강화함으로써 중국을 견제 또는 봉쇄하려는 미국의 재균형 정책에 대항해서 구축하려는 집단안전보장 체제와 유사한 구도라는 판단 때문이었다.

반대로 미국은 이 구상이 자신들의 아시아 재균형 전략의 보조적 역할을 하는 한에서만 지지한다는 것이 기본 입장이었다. 전후 미국의 아시아 전략은 샌프란시스코체제로서, 미국은 자신이 중심이 되는 '중첩적 양자동맹 질서'인 이른바 '허브 앤 스포크'로 영향력을 유지해왔다. 동북아의 지역주의나 다자주의 움직임을 무조건 반대하지는 않지만, 자신이 주관하는 동맹질서를 흔드는 것을 용납하지 않는다. 특히 중국의 영향력이 확대되는 아시아지역 다자체제에는 분명히 반대한다. 클린턴 행정부 당시 미국이 동북아를 포함한 다자주의적 접근을 심각하게 고려한 적이 있었다. 그러나 클린턴 행정부 2기에 들어서면서 다자주의는 외교 수사에서는 반복적으로 주장된 것과는 달리 실제적으로는 거의 정책순위에서 밀려나게 된다. 공식 입장 역시 1994년 콜린 파월이 『포린 어페어즈』에 기고한 글을 끝으로 다시는 언급되지 않았다.[8]

미국은 초기에 다자간 안보협력체제와 동맹체제는 모순적 관계라는 점에서 동북아평화협력구상에 대해 의심을 거두지 않았다. 박근혜 대통령은 이러한 미국의 우려를 불식시키기 위해서 이것이 한미동맹에 확고한 기반을 둔 전략인 동시에 미국의 아시아 재균형 정책과 시너지효과를 가져올 수 있다고 설득했다. 그러나 이 구상이 미국의 동맹전략인 아시아 재균형 전략과 어떻게 시너지효과를 가져올지 구체적인 전략이 제시되지 않았다. 결국 동맹 및 진영 질서를 극복하기 위해 제시된 구상이 극복은커녕 보조수단에 머물게 된 것이다.

동북아에서 실질적인 다자협력이 가능해지고, 그것도 한국의 주도적 역할이 가능하기 위해서는 먼저 남북관계가 복구되고 미·중관계가 갈등보다는 협력의 관계가 되어야 한다.[9] 그러나 당시의 상황은 이와는 반대였는데, 박근혜 정부는 그같은 상황에 대해 냉철하게 파악하지 못했다. 남북관계는 여전히 나쁜 상황인데다가 일본의 우경화와 미일동맹의 강화가 동북아에 동맹질서를 강화하면서 다자협력의 실현 가능성은 점점 작아졌다. 동북아 각국의 수면 아래에서 벌어지고 있는 상황은 군비경쟁과 안보 위협인데, 수면 위에서 평화와 협력을 강조하는 목소리는 현실적인 대안보다는 공허한 외교 수사가 되었다. 또한 아시아에는 이미 다자협력체들이 존재한다. 아시아·태평양경제협력체Asia-Pacific Economic Cooperation, APEC, 아세안ASEAN, Association of South-East Asian Nations, 동남아시아국가연합, 아세안+3APT, 동아시아정상회의East Asia Summit, EAS, 아세안지역안보포럼ASEAN Regional Forum, ARF 등 적지 않은 정상 간 회담들이 있지만, 기능적인 분화도 확실하지 않은 채 난립하고 있으며 실제적인 영향력도 미약하다. 이런 상황에서 구체적인 실행방안도 제시되지 않은 동북아평화협력구상은 시간이 갈수록 동력을 잃고 그야말로 옥상옥屋上屋으로 전락했다.

이미지와
이념외교

  박근혜 정부의 외교는 이미지를 중시하는 외교와 이념과 원칙을 중시하는 외교라는 두 각도에서 바라볼 수 있다. 박근혜 대통령 재임 기간에는 해외 순방 외교, 패션 외교, 심지어 공주 외교라는 말들이 유행했다. 세계의 정상들과의 회담은 물론이고 미국 의회 연설, 중국과 프랑스에서의 원어 연설, 그리고 영국에서 엘리자베스 여왕과 황금 마차를 타고 버킹엄 궁으로 가는 장면은 화려한 이미지 외교를 각인시켰다. 영국의 한반도 전문가인 에이든 포스터 카터Aidan Foster-Carter는 박근혜가 외국에서 유명 스타처럼 행동한다고 지적하기도 했다.[10] 정치학자 고재남은 이를 두고 여성 대통령만이 가질 수 있는 '매력 외교'charming diplomacy의 긍정적인 효과로 평가하기도 했다.[11] 윤병세 외교부 장관은 『중앙일보』에 기고한 글에서 박근혜의 외교가 김연아가 환상적인 점프기술을 통해 국민에게 감동을 주는 것과 비슷하다고 언급했다.[12]

  이미지 외교의 국내외적 효과가 없지는 않았다. 해외에서 후한 대접을 받는 모습과 이를 세련된 패션과 매너로 응대하는 장면들 자체를 비판하기는 어렵다. 또한 신뢰외교를 내세우면서 공존과 평화, 공동번영을 위해 책임을 다하겠다는 것을 국제사회가 환영하지 않을 이유가 없고, 세계 정상들과 어깨를 나란히 하며 의견을 나누는 모습이 국민에게는 국격 상승의 자긍심을 준 측면도 있다. 그러나 난제들과 씨름하면서 이를 해결하려는 외교는 보이지 않고, 이를 뒤로 미루거나 그 핵심에는 비껴 있었다. 어렵고 복잡하게 돌아가는 한반도 상황에서 박근혜 대통령은 원하는 상대하고 만나 통상적이고 우호적인 의견만 교환하고 실제적인 문제를 해결한 것은 거의 없었다. 윤병세 장관은 박근혜 대통령의 신뢰외교가 이상주의나 정치적 낭만주의가 아니라 한국의 역사적 경험에 기초한 매우 현실적인 대안이라고 주장했지만,[13] 이는 눈에 띄는 실제적인 성과보다 이미지 제고를 중시한 외교였다. 또한 마지막 목표지점에 집중하는 반면 당면한 현실적 문제를 해결하기 위한 해법이나 과정의 제시에는 매우 소극적이었다. 소위 '코리아 세일즈 외교'를 표방한 해외 순방도 성과는 미지수였다. 박근혜 정부가 엄청난 거래를 성사시킨 것으로 발표한 것들이 과거에 이미 나왔던 투자제안들을 재탕하는 수준의 것들이었으며, 구체적 합의라기보다는 장기적인 검토를 해보자는 원론적 공감 표명에 불과한 것들도 많았다.[14] 이는 수조원을 낭비하고도 성과가 미미했던 이명박 정부의 '자원외교'의 복제판이라는 비판을 받았다.

한편 박근혜 대통령의 외교가 원칙을 중요시하고 이념적 성향이 강하여 스스로 덫에 갇혀버렸다는 평가도 가능하다. 박근혜 정부는 개인들이 공존하기 위해 상호신뢰와 인정이 필요한 것처럼 국가 간에도 신뢰가 있어야 상호공존과 공동번영이 가능하다는 논리를 펼쳤다. 물론 국가 간에 신뢰가 존재하면 대외관계가 원활해지고 충돌의 가능성도 훨씬 줄어들 것이다. 그러나 상대의 신뢰를 전제로 상응하는 조치를 취하겠다는 것은, 반대로 상대방의 변화가 전제되지 않고서는 어떤 것도 선제적으로 하지 않겠다는 것이다. 이는 매우 근본적이고 이념적인 외교일 뿐 아니라, 외교무대에서 능동적인 행위자가 되기를 스스로 포기하는 외교 부재 현상으로 나타났다. 특히 대북 및 대일정책에서 두드러졌는데, 상대를 신뢰할 수 없고 상대가 변하거나 굴복하기 전에는 아예 만나지 않겠다는 자세를 견지했다. 이런 점 때문에 『이코노미스트』지는 박근혜의 외교는 신뢰외교가 아니라 '불신외교'distrustpolitik라고 부르면서 신뢰외교의 맹점을 냉정하게 지적했다.[15]

현실의 국제관계에서는 '신뢰'관계보다 '이해'관계가 더 중요하다. 또한 신뢰는 협상의 전제조건이 아니라 당사자들이 우선 대화나 합의를 이루어내고 그것을 이행해나가면서 형성될 수 있는 것이다. 그러므로 박근혜의 '신뢰외교'는 원래 제시된 용어 그대로 '신뢰를 구축하는 과정'이 되어야 했다. 그런데 그 과정을 시동하기는커녕 로드맵 같은 단계적인 정책 시나리오조차 없이 전제조건을 강하게 제시함으로써 아예 출발 자체를 스스로 막아버렸다. 북한이나 일본을 비판하는 잣대로 자주 내세워지는 진정성도 매우 주관적이었다. 매우 이념적인 북한 정권과 우경화라는 이념으로 경도되고 있는 아베 신조安倍晋三 정권과 상승작용을 일으켜 한국의 외교는 이념적 성향을 띠었다. 이는 이명박 정부가 실용주의를 표방하면서도 실제로는 매우 이념적인 행보를 보인 것과도 유사했다.[16] 한반도의 남·북한은 모두 서로에 대한 적대감을 확대 재생산함으로써 자신들의 정치적 입지를 강화하는 소위 '적대적 공생'의 구도를 강화해왔다.[17] 소련과 동유럽의 붕괴로 냉전은 공식적으로 종식되었으나, 한반도의 분단질서와 동북아의 여전한 안보딜레마로 인해 이념적 갈등이 예전처럼 중요한 변수로 부상했다.[18]

안보 포퓰리즘과 외교의 국내 정치화

박근혜 정부가 결국 시간이 갈수록 보수진영의 색깔을 확실하게 드러내면서, 한국사회는 친미와 반미, 반북과 종북의 프레임으로 대표되는 이념분열이 위세를 떨쳤다. 북한이냐 미국이냐는 질문은 어김없이 이념적 정체성을 결정하는 배타적 선택지로 작동했다. 이른바 안보 담론이 지배하고, 이에 편승한 군 출신의 인사들이 외교·통일·안보와 관련된 주요 정책 결정 과정을 지배했다. 그 결과 통일부와 외교부 등 주무부서가 주변으로 밀려났고, 전문 관료들은 보조적인 역할에 머물게 되었다. 김장수 국가안보실장과 김관진 국방부 장관, 그리고 남재준 국정원장은 외교·안보는 물론이고 대북정책의 의사 결정에서도 막강한 영향력을 끼쳤다. 그리고 국가안보실과 외교안보수석실 등에 이들 핵심 3인방 외에도 육사 출신의 인물들이 다수 포진해 있었다.[19] 이들이 박정희와 전두환의 군사정부 당시에 버금가는 힘을 발휘했다는 점에서 남한판 '선군정치'라는 말이 나오기도 했다. 북한의 3차 핵실험 감행과 이어진 도발적 행태가 일부 정당성을 부여한 것은 사실이지만, 정부의 대북정책의 초점이 협력과 대화보다 대북억지력 강화를 통한 안보 중심의 정책에 맞춰졌고, 한미동맹의 군사적 측면이 더욱 강화되었다.

그러던 중에 박근혜 대통령은 2014년 신년 기자회견에서 갑작스럽게 통일대박론을 들고나왔다. 이는 그동안 위축되어 있던 통일 담론을 다시 끌어낸 것이기는 하지만, 그보다는 북한붕괴론의 부활이 근저에 깔려 있었다. 안보를 군사력 강화로만 보는 냉전적 사고가 되살아난 것이다. 박근혜 정부는 북한의 핵무기와 미사일에 대해 미국의 핵우산과 확장 억지를 재확인하는 동시에 미국의 도움을 받아 킬체인Kill Chain과 한국형미사일방어체제Korea Air and Missile Defense, KAMD를 구축함으로써 대응하겠다고 발표했다. 그러나 이러한 안보 담론의 맥락에서 제기된 군비증강계획은 국내 정치적으로 꽤 효과를 가져왔다. 박근혜 정부의 외교·안보에 대한 확고한 자세를 과시함으로써 높은 지지를 얻을 수 있었다. 이는 북방한계선[NLL] 논란과 전시작전권의 환수 재연기와 함께 반북·친미의 보수층을 확실하게 결집했다. 대북 협상을 주장하거나 전시작전권 연기를 반대하는 주장에는 어김없이 종북 프레임이 덧씌워졌다.

한반도 3중 패러독스와 단선적 외교

한반도와 주변은 '아시아의 발칸' 또는 '지정학적 저주'로 일컬어질 만큼 항상 어려운 지역이었지만, 최근 본격화된 중국의 부상과 이에 대한 미국의 견제가 전략경쟁으로 진행되면서 더욱 복잡해졌다.[20] 탈냉전 이후 수십년의 시간이 흘렀음에도 한반도의 분단구조와 동북아의 냉전적 대결 구도가 해소되지 않은 상태에서 미국의 영향력 약화와 일본의 침체, 그리고 중국의 급격한 부상이 겹쳐지면서 불안정성이 점증했다. 박근혜 대통령은 아시아 패러독스를 강조했지만, 한반도 주변은 최소 3중의 패러독스 상황이 중첩적으로 교차한다. 반면에 한국의 외교는 이에 지나치게 단선적인 대응으로 일관하고 있다. 이를테면 고차방정식 함수 문제를 1차 방정식 산수 문제로 풀겠다는 것인데, 이는 실패를 예약해놓은 것과 다름없다.

한국이 당면한 3중의 패러독스 상황에서 가장 거시적인 변수는 미국과 중국 사이에서 전개되고 있는 글로벌 차원에서의 협력 증대와 갈등 심화의 중첩 현상이다. 중국과 미국의 경제적 상호의존도는 나날이 심화되어 왔다. 양국 간의 교역량은 박근혜 정부 출범 당시인 2013년 통계로 5624

억 달러에 이르렀고,[21] 중국은 캐나다에 이어 미국의 두번째 최대 교역국이며, 미국 역시 EU에 이어 중국의 두번째 최대 교역국이었다. 미국은 중국 상품의 최대 수입국이며, 중국은 미국 상품의 제3대 수입국이었다. 또한 중국은 미국 국채 1조 2500억 달러를 보유한 최대 채권국이며 이는 중국 외환보유액의 36퍼센트를 차지했다. 미국 소비자는 값싼 중국 상품의 혜택을 받고 있으며 중국은 미국이 주도해온 자유주의 세계질서 안에서 경제성장을 이루었다.

반면에 상호 간의 군사적 불신은 깊어졌다. 중국은 미국의 아시아 재균형 전략을 자신에 대한 포위전략으로 인식하며 미사일방어체제MD의 궁극적 목표가 중국이라고 봤다. 이에 중국은 20년 넘게 연평균 10퍼센트 이상의 군사비를 꾸준히 증강해왔으며, 핵잠수함, 스텔스기, 항공모함, 대對항공모함 미사일, 중장거리 탄도미사일 등의 첨단무기 개발에 박차를 가해왔다. 이러한 움직임에 대해 미국은 지역 안정을 위협하는 행보로 판단한다. 동중국해와 남중국해의 영유권 분쟁 문제도 양국의 첨예한 갈등요소인데, 미일동맹이 급속하게 강화되고 있는 것을 중국정부는 심각하게 받아들였다. 미국이 일본의 집단자위권 부활을 공식 지지하고, 중·일 영토분쟁의 대상인 센카쿠尖閣, 중국명 댜오위다오(釣魚島) 문제에서 일본의 손을 들어준 상황에 맞대응해 중국은 센카쿠를 포함한 방공식별구역을 일방적으로 선포했다.[22]

지난 20세기를 풍미했던 미국의 유일 패권의 지위가 약세로 돌아선 반면, 중국은 급부상하고 있다. 지난 역사에서 패권국과 도전 국가의 세력전이가 일어날 경우, 체제의 불안정성은 증가했고 많은 경우 전쟁으로 치닫기도 했다. 그레이엄 앨리슨Graham Allison도 스파르타와 아테네의 세력전이 과정에 전쟁이 있었던 사례를 언급하며 소위 '투키디데스의 함정'Thucydides Trap이 21세기 미·중 사이에도 일어날 수 있다고 경고했다.[23] 미·중 양국도 이를 충분히 인지하고 불행한 결과를 피하려 다각적으로 노력하고 있지만, 상호신뢰가 충분하지 않고, 국제정치를 특징짓는 제로섬이라는 권력 외교의 속성상 갈등과 충돌을 피하기 쉽지 않은 것도 사실이다.[24] 협력을 촉구하는 목소리가 높지만, 여러 측면에서 양국 관계의 갈등요소는 쉽게 사라지기 힘들다.

두번째 층위는 박근혜 대통령이 직접 언급한 아시아 패러독스다. 전세계가 동아시아를 경제발전의 새로운 엔진으로 이해하고 관심을 돌리고 있음에도, 정작 중심 국가들인 한국, 중국, 일본의 갈등과 대립은 확대일로에 있는 역설이 존재한다. 1990년대 초 냉전체제가 붕괴하면서 미·소 대결구조가 사라지고, 1990년대 말 아시아 경제위기를 겪으면서 아시아 국가라는 공동 정체성이 확대되는 조짐이 없지 않았다. 이런 조류를 뒷받침하기 위한 지역협력이나 다자협력을 제도화하려는 노력이 활발하게 모색되었다. 그러나 2008년 미국과 유럽의 금융위기와 더불어 미국의 침체와 중국의 부상이 겹쳐지면서 지역공동체 구축 논의는 약화되고 호전적이고 배타적인 민족주의의 발흥과 함께 열강의 세력 재편에 따른 갈등이 전면에 부상했다.

이런 현상을 심화한 것은 중·일 간의 역내 패권 경쟁과 일본의 재무장 및 우경화 전략이었다. 미국과 마찬가지로 일본 역시 국력의 침체 문제에 직면해 있었는데, 중국의 급부상이 주는 위협은 일본이 훨씬 더 심각하게 받아들인다. 당시 중국과 일본은 역사 논란과 영토분쟁으로 정치지도자들의 대화는 단절되고, 양국의 국민감정은 나빠진 채로 좀처럼 회복되지 않고 있었다. 일본의 아베 정부는 이를 도리어 활용하여 북한의 핵무기 및 미사일 위협과 중국의 부상을 빌미로 재무장을 노골화하는 동시에 미국과의 협력을 강화하면서 동맹에 의한 세력균형 전략을 본격적으로 구축하기 시작했다. 미국은 재정위기를 빌미 삼아 동맹국에 부담을 전가하고 싶은 상황이었고 일본은 이를 활용하기 위해 쌍수를 들고 환영했다. 미국이 필요한 것을 채워줌으로써 자신의 위상 강화와 대중 견제를 노리겠다는 의도였다.

세번째 패러독스는 한반도에서 작동하는데, 분단의 남과 북이 서로에게 위협인 동시에 화해와 공존, 그리고 궁극적으로 통합의 대상이기 때문이다.[25] 분단구조의 지속과 핵무기 및 미사일 개발로 말미암은 안보 위협으로 동맹 강화의 필요성이 증가하는 동시에 남북관계 개선의 요구도 함께 커지는 것이다. 하지만 냉전이 종식된 지 사반세기가 지났고 남·북한의 국력이 엄청난 격차를 보이는데도, 통일은커녕 평화공존의 가능성조차 작아졌고 한반도에는 대결과 긴장이 심화되어왔다. 탈냉전의 기회를 바탕으로 초기에는 남북이 분단질서를 극복하기 위해 관계 개선을 모색하고 평화체제 구축을 모색해서 상당한 성과를 거두기도 했지만, 이제 거의 모든 것이 무산된 채 최악의 상태로 빠져들었다.[26] 남한은 북한에 대한 제재와 압박 이외의 정책을 내놓지 못하고 북한과 한반도의 안정적 관리에도 실패했다. 도리어 압박에 대한 북한의 반발이 이어지면서 위기지수를 높여왔다.

더욱이 남북관계는 글로벌 및 아시아 패러독스를 강화하는 땔감으로 작동하고 있으며, 북한의 핵무기 고도화와 남북관계 악화로 한반도는 때로 분단고착을 넘어 전쟁 위기에까지 이르고 있다. 남북관계가 악화되면서 한미동맹에서 군사적 요소가 가장 중요해졌고, 남·북한은 물론이고 동북아지역 전체에서 안보딜레마와 군비경쟁이 심화되었다. 이런 와중에 한국은 북한의 핵개발은 저지하지 못하면서 일본의 재무장과 미국의 대중 봉쇄의 전위대가 될 가능성이 커졌다. 세계와 지역의 패러독스가 낳은 불안정성과 불확실성이 한반도에 투영되어 한반도 패러독스를 증폭시키고, 한반도 패러독스는 다시 상위의 두 패러독스를 강화해 악순환에 빠지는 것이다.

대한민국의 국내 정치까지 감안하면 패러독스는 3중으로 끝나지 않는다. 보수정부는 집권한 9년 반 동안 외교·안보·통일 담론을 국내 정치에 적극적으로 이용해왔다. 특히 남북관계를 북한과의 기싸움과 국내 보수층 결집을 위한 수단으로 적극적으로 활용했다. 외교를 국내 정치의 도구로 수단화함으로써 국익은 큰 해를 입었다. 이 과정에서 협상 대상국을 전혀 고려하지 않고 한국이 세계의 중심이라고 과대 포장하고, 민족주의적 경향을 앞세워 선명성 경쟁을 해왔다. 또 희망적 사고를 부추겨 과도한 기대를 하게 만들고 알맹이 없는 외교적 성과를 과장했다.[27] 게다가 국정원의 NLL 대화록 공개와 국방부의 전시작전권 환수 재연기에서 나타난 것처럼 국민의 안보 불안 심리를 정치적으로 활용하는 안보 포퓰리즘이 전면에 대두하였다. 과거 유신 시대를 연상시키듯 반공이데올로기가 안보의 이름으로 부활했으며, 통일과 평화 담론은 급격히 위축되었다. 안보를 군사력 강화로만 보는 냉전 시대의 사고를 되살림으로써 국내 정치적으로 효과를 거두었으니, 친미·반북 성향의 보수층을 결집한 것이다.

이러한 고차방정식의 복잡한 상황에 비해 박근혜 대통령의 외교는 지나치게 원론적이고 단선적이었다. 이명박 정부의 대북정책과 친미외교의 틀에서 거의 벗어나지 못했다. 북한의 선先변화를 전제화하면서 대화에 소극적이었으며, 남북관계 개선과 한·중관계 모두 한미동맹의 종속변수에 머물렀다. 한·미가 합의한 포괄적 전략동맹은 강력한 한미동맹을 재확인한 의미는 있지만, 이면에서는 북한을 압박함으로써 동북아의 군사적 긴장을 유발하고 한국이 미·중 패권경쟁에 편입될 가능성을 높였다. 많은 기대를 불러온 한·중관계도 남북관계 복구의 실패와 동맹 일변도 외교로 동력을 상실하고 사드 제재라는 상처만 남겼다. 이런 외교 행보는 대미관계도 마찬가지다. 한국은 미국에 변수가 아닌 상수로 취급받아왔는데 박근혜 정부도 이를 탈피하지 못했다.[28] 뼛속까지 친미였던 이명박 정부와는 다를 것으로 기대되었지만 결과적으로 차이는 크지 않았다. 북한에 대해서 강경해진 미국정부를 설득해 대화로 이끌려는 시도는 처음부터 없었으며, 박근혜의 신뢰프로세스가 표방하는 대북 억지와 남북 대화의 상충 부분에 대한 미국의 의구심 해소에 급급한 모습을 보였다.

사드 배치

다음 장에서 자세히 분석할 사드Terminal High Altitude Area Defence, THAAD, 고고도미사일방어체계 배치에 대해서는 박근혜 정부 시절인 2016년 2월 7일 한국과 미국이 동시에 '주한미군 사드 배치 관련 한·미 공동 발표문'을 내며 공식 협의를 개시했고, 2016년 7월 8일 사드 1개 포대를 주한미군에 배치하기로 최종 결정했다. 사드의 한반도 배치 논의는 미국이 먼저 시작했는데, 2014년 6월 커티스 스캐퍼로티Curtis Scaparrotti 한미연합사령관 겸 주한미군 사령관이 한국에 사드를 배치하기 위해 미국 당국에 요청했다. 그리고 같은 해 9월 로버트 워크Robert Work 미 국방부 부장관은 사드 배치에 관해 한국정부와 협의하고 있다고 밝혔다. 그러나 한국정부는 미국의 요청도, 협의도, 결정도 없었다는 이른바 '3 No' 입장을 지속했다. 정부는 부인했지만, 논쟁은 오히려 불이 붙었다. 당시 여당의 유승민 의원을 중심으로 공론화에 적극적으로 나섰다. 이런 와중에 2016년 1월 6일 북한이 4차 핵실험을 강행하여 수소폭탄 실험에 성공했다고 선언한 이후 사드 배치의 필요성을 주장하는 사람들의 목소리가 커졌다. 이렇게 되자 중국은 한국에 사드 배치의 위험성을 제기하며 반대 의견을 개진했다. 중국은 사드를 이미 외교·안보의 핵심 이익 사안으로 다루고 있었다.

정부는 댓가를 톡톡히 치렀다. 중국이 사드 배치에 반대 의견을 피력할 때마다 정부는 배치하지 않을 것처럼 중국을 안심시켰다. 2015년 중국을 방문한 박근혜 대통령도, 배치 결정을 선포하기 불과 10일 전 중국 방문 중이던 황교안 총리도 시진핑에게 결정된 것이 없다고 했다. 한민구 국방장관 역시 배치 발표 3일 전에 국회에서 결정된 바가 없다고 했다. 윤병세 외교부 장관은 발표 당일에 바지 수선을 위해 백화점에 갔다. 중국의 전승절에 톈안먼 망루 높이 올라갔다가 추락하고 있는데, 올라간 이는 대통령이지만 추락은 국민의 몫이 되었다. 이후 박근혜 정부는 한·미·일 군사협력을 위해 미국의 요구대로 일본과 굴욕적인 위안부합의에 응했고, 사드 배치를 결정했으며, 한일군사정보보호협정General Security of Military Information Agreement, GSOMIA까지 수용했다. 브룩스 주한미군 사령관은 미 의회에서 MD 구축의 1단계는 패트리엇미사일 설치이고, 2단계는 한·미·일 간 정보체계를 묶는 것이며, 3단계가 사드 배치라고 밝힌 바 있다. 따라서 사드와 한일군사정보보호협정이 미사일 방어와 무관하다는 한민구 장관의 말은 사실이 아니었다.

더 큰 문제는 최순실 국정농단 사건으로 박근혜 대통령의 직무가 정지된 후에도 사드 배치가 이어졌다는 것이다. 국정을 잠시 맡은 황교안 대통령권한대행이 이끄는 정부는 국정농단의 부역집단이며, 일종의 금치

산자들임에도 사드 배치를 강행함으로써 국가 대사에 대한 농단을 멈추지 않았다. 국방부와 외교부 역시 황교안 대행의 비호 아래 미 군부 강경파들과 군산복합체의 이익을 위해 물불을 가리지 않는 행동대원같이 행동했다. 이들은 더욱이 사드를 국내 이념분열의 도구로 삼아 이를 지지하면 애국이고, 반대하면 종북으로 모는 1차원적 편가르기의 전형을 다시 동원했다. 애초부터 합리적으로 추진하고 소통할 생각은 없었다. 사드가 꼭 필요한 무기라면 국민을 설득하고 그들의 지지를 받아, 중국을 향해 당당하게 안보주권의 행사라고 말할 수 있었을 것이다. 그런데 어디에도 우리의 주권에 따른 결정이란 보이지 않았고, 전격적인 배치 합의였듯이 도둑처럼 몰래 사드를 들여왔다. 당당한 배치였다면 정상적으로 당당하게 들여와야 맞는 것이다.

사드 배치가 결정된 이후 아무런 대책도 없다가 중국의 제재가 본격화되자 대국답지 못함을 질타하고, 국민의 혐중 감정을 자극하며 상황을 더 꼬이게 만들어버렸다. 물론 중국의 행태가 대국답지 못한 것은 사실이었지만, 이런 결과가 초래된 데는 한국의 책임도 컸다. 미국정부도 마찬가지다. 동맹국이 권력 공백의 어려움을 겪는 사이에 그것을 이용해 자신들의 뜻만 관철하는 그야말로 대국답지 않은 행동을 했다. 중국에 직접 맞서지 않고 한국을 방패 삼아 동북아에서 밀려나지 않으려는 모습은 미국 패권의 약점을 역설적으로 보여준다. 여기서 우리는 역설적으로 국제정치의 현실을 깨달을 교훈을 얻어야 했다. 국제정치란 우정이나 혈맹의 의리가 버틸 공간은 없는 곳이며, 국익을 확보하려는 처절한 경쟁의 마당일 뿐이라는 것을 알아야 했다.

2015년 봄 윤병세 외교부 장관은 "미·중 러브콜은 딜레마가 아니라 축복"이라고 언급해서 큰 논란이 되었다. 사드 배치에 이어 중국 주도의 아시아인프라투자은행Asian Infrastructure Investment Bank, AIIB 가입 문제를 놓고 어려운 상황이었음에도 자화자찬의 시대착오적 메시지를 던진 것이다.[29] 더욱이 당시에는 오바마와 아베의 미·일 밀월 외교가 한창이었고, 양국의 동맹 강화를 통해 중국을 견제하겠다는 미국의 아시아 재균형 전략이 시동을 거는 기간이었다. 물론 당시까지는 미국의 대중전략이 봉쇄와 포용이라는 이중전략의 기본 틀을 유지하고 있었으나 이미 무게중심은 확실히 전자로 기울고 있었다. 더욱이 이전에는 대중 견제를 위한 아웃소싱을 기본으로 하는 미국의 전략이 한·미·일 삼각 군사협력의 구축을 최선의 시나리오로서 함께 추진해왔으나, 당시에는 미·일 협력체제를 우선 구축하고 한국의 선택을 압박하는 방향으로 조정되는 시점이었다. 그 맥락에서 2015년 체결된 '신 미·일 안보협력 가이드라인'은 양국의 협력 범위를 무한 확대하고, 협력의 제한조건을 사실상 철폐하며, 중국을 봉쇄하는 것을 핵심으로 하고 있는데, 이는 개정이 훨씬 어려운 상위의 법체계인 평화헌법과 미일안전보장조약을 하위의 실행규칙인 가이드라인의 개정을 통해서 손쉽게 무력화하려는 시도였다. 일본 재무장의 길을 활짝 열어준 이같은 개정은 특히 한국에 대한 확실한 안전장치가 없는 상황과 전시작전통제권 부재와 결부되어 있었다.

박근혜 정부 4년의 평가와
한·미관계

박근혜 정부가 아무리 중견국을 부르짖는다 해도 전체 구도를 움직일 만한 독립변수가 되기는 어려웠다. 하지만 이들의 대립으로 말미암은 위험요소를 감소시키는 의미있는 개입변수의 역할만큼은 해야 살아남을 수 있었다. 그런 개입변수 역할을 효과적으로 하려면 북한이 필요했다. 세력 재편에 따른 안보딜레마의 빌미가 되는 당시의 악화된 남북관계를 복원하는 것이 최소한의 교두보를 마련하는 것이었다.

좀더 적극적으로 사고하면 미국·중국·일본이라는 지역 강대국들 사이의 갈등 상황은 역으로 한국이 대담하고 능동적인 행보를 할 기회의 국면이 될 수도 있었다. 박근혜 정부가 단순한 정책 기조나 추상적 원칙이 아니라 구체적인 '행동계획'action plan을 제시하면서 입지를 넓혀갔어야 했다. 한·미·일 삼각 군사동맹을 결성하려는 미국 내의 전략가들의 계획은 한·일관계의 악화로 인해 주춤해졌고, 이로 인해 우리가 미·일 사이에서 지렛대를 만들 수도 있었다.[30] 중국은 한국의 한미동맹 위주의 정책노선과 미국의 지역 MD 참여 가능성에 촉각을 세웠지만, 한국의 완충 역할에 대한 기대를 접지 않았다. 사드 배치와 방공식별구역 선포로 초래된 한·중 갈등에 대해 중국은 한국의 대응이 전략적이라기보다 감정적인 측면이 있다고 보고, 긴밀한 조정이 필요하다는 의견을 피력했었다.[31] 남·북한은 원하든 원하지 않든 중국과 미·일 사이의 완충 역할이 요구되었다는 말이다.

이런 긴박한 상황에 대해 박근혜 정부는 능동적으로 대처하지 못했고, 동맹 강화와 군비 증가 등 안보 포퓰리즘의 국내 정치적 효과에 외교가 종속되도록 함으로써 대외 환경을 이전보다 더욱 악화시켰다. 아베 정권은 일본의 위상을 부활시키기 위해 미국과 중국이 갈등구조로 나아가는데 아예 촉매가 되기로 작정한 데 반해, 한국은 미국과 중국 사이에서 난처해하면서도 한미동맹의 프레임에 갇혀 있는 어정쩡한 상태를 유지했다. 최악의 경우 미국의 편을 들고도 미국 외교의 우선순위에서 밀려나고, 중국으로부터 의심과 압박을 받는 것일 텐데, 박근혜 정부의 외교는 그런 방향으로 흘렀다. 남북관계는 거의 단절 상태로 빠져들었으며 박근혜 정부는 북한의 핵 능력 고도화에도 제재만 고집함으로써 남북 긴장의 수위를 높이고, 전쟁까지 걱정하기에 이르렀다. 또한 급변하는 동북아에서는 전혀 목소리를 내지 못하고 주변으로 밀려났으며, 위안부합의, 전작권 반환의 무기한 연기, 개성공단 폐쇄, 사드 배치 등 최악의 결정들이 이어졌다.

이 중에 개성공단의 경우는 장관을 포함한 통일부 내부의 신중론이 전격 폐쇄로 급작스럽게 변경되고 입주 기업들에 겨우 세시간 전에 이 사실이 통보되었다는 것은 비상식적인 수준이다. 사드 배치의 전격적인 결정 과정은 더욱 의아했다. 공식 발표 직전에 외교부 장관은 바지를 수선하러 백화점에 가고, 국방부 장관은 불과 발표 3일 전 국회 답변에서 아직 결정된 것은 없다고 했다. 주무장관이 배제된 독단적 결정일 뿐 아니라 전후 맥락에 따른 논리적 해석이 불가능한 매우 충동적인 행위였다. 돌아보면 대일외교에서 단호함을 유지하다 뜬금없이 굴욕적인 위안부합의를 한 것이나, 대통령이 중국 전승절 행사에 참가해놓고 다음 달에 미국을 방문해 의미없는 참가였다고 스스로 평가절하한 것도 합리성보다는 충동의 영역에 가까웠다.

사드 배치와 관련해서 당시 '전략적 모호성'strategic ambiguity이라는 말이 유행하였다. 그러나 박근혜의 균형외교는 전략적 모호성이 아니라 무원칙과 무계획의 눈치 보기 외교 그 이상도 이하도 아니었다. 전략적 모호성은 전략적 선택이 어려운 경우 취해야 하는 것으로, 치밀한 계획과 세밀한 관리가 필요한 그야말로 전략이어야 한다. 그런데 '망루 외교'는 물론이고 이후 '사드 외교'까지 박근혜의 균형외교는 미·중 사이의 배타적 선택을 피하기는커녕 스스로 최악의 상태로 걸어 들어간 결과를 빚었다. 대미 의존의 관성을 극복할 계기와 자신이 없었다면 중국에 과도한 기대를 심어주지 말았어야 했으며, 미국을 불편하게 함으로써 이를 보상해야 하는 상황도 만들지 말았어야 했다.

균형외교 자체를 어렵게 만든 가장 큰 요소는 역시나 지나친 대미 의존이었다. 물론 진보정부 10년간 자율성 및 상호성을 증대하려는 노력이 기울여졌지만, 우리가 미국의 전략에 이미 상당한 수준으로 편입되었기에 박근혜 정부의 운신 폭은 작았다고도 볼 수 있다. 바로 앞장에서 살펴봤지만, 이런 점 때문에 박근혜 정부는 한미동맹이 대북 억지의 목적을 넘어 미국의 세계전략에 부속된다는 함의를 가진 이명박 정부의 전략동맹을 계승하는 방향으로 나아갔다. 이를 통해 소위 '포괄적 전략동맹'의 견고함이 재확인되고 우리의 지위가 격상되었다고 했지만, 여전히 양국의 주요 현안인 무기판매나 원자력협정, 주둔 분담금, MD 문제 등에서 발언권을 확보하지 못했다. 일본의 집단자위권 확보에 대한 미국의 전적인 지지에 대해 한국은 깊은 우려에도 불구하고 정작 입장을 밝히지 못했고, 오히려 김장수 안보실장, 윤병세 외교부 장관, 김관진 국방부 장관까지 나서서 허용에 가까운 섣부른 발언을 이어갔다.[32]

박근혜 정부는 한미동맹을 대북 억지 동맹에서 범세계적 전략을 함께 수행하는 파트너 간의 동맹으로 확장할 계기를 마련했다고 주장하지만, 실은 한반도 문제 해결을 위한 대안 없이 글로벌 협력만 우선함으로써 한국이 미국의 군사전략적 필요에 따라 움직일 개연성을 증대시켰다. 특히 정상회담 공동 기자회견에서 나온, 양국이 미사일방어체제MD에 투자하고 있으며, 양국 군대의 공동 운용을 가능하게 하고 있다는 오바마의 언급은 한국의 MD 참여를 기정사실로 만드는 발언이었다. 정부는 부인했지만 실제로는 이미 MD라는 열차에 올라탄 것이나 마찬가지였다. 오바마 정부의 '아시아로의 중심축 이동'Pivot to Asia 전략 또는 '재균형 Rebalancing 정책'의 성패는 한국과 일본의 참여와 분담 여부에 달려 있었다. 한국은 일본과 함께 대중 봉쇄의 첨병 역할을 담당할 것을 요구받았을 것이다. 원래부터 대통령 자신이 대미 의존적 성향인데다 육사 출신의 친미엘리트들이 핵심에 포진하고 있고 국내 정치적 기반이 강력한 보수 친미세력에 있었기에, 한국이 주도권을 가지고 미국을 설득할 가능성은 애초부터 없었다.

2015년에 한미동맹을 묘사하는 재미있는 표현이 많이 등장했다. 그중에도 "한미동맹 관계는 빛 샐 틈도 없는 역대 최상"이라는 윤병세 외교부 장관의 말과 "한·미 간에는 빛이 새거나 1인치 1cm, 현미경만큼의 차이도 없다"는 존 케리John Kerry 미 국무장관의 말은 이후로 한·미 당국이 자주 애용하는 문구가 되었다.[33] 그런데 같은 해 초에 웬디 셔먼Wendy Sherman 미 국무부 차관은 한 세미나에서 일본 위안부 이슈를 두고 다른 시각을 보였다. '과거사는 한·중·일의 공동 책임'이라고 하면서 한국이 미래를 보지 않고 과거에 집중한다는 식의 비판적 발언을 함으로써 한·일관계 개선 여부는 과거에 집착하는 한국 측의 책임이라는 태도를 보였다.[34] 이후 한국과 중국의 반발이 있자 미국정부가 진화에 나섰지만, 미국의 솔직한 속내는 여기에 있으며, 이것은 미국 대외전략의 맥락에서 한국보다 일본의 중요성이 앞선다는 데에 대한 인증이었다.

또다른 문제는 미국의 북한에 대한 악마화인데, 이는 미국의 역대 정부들에서 거의 어김없이 등장했다. 민주당 오바마 행정부는 부시 행정부 당시 네오콘의 인식에 버금갈 정도로 북한을 악마시하는 대북인식을 지녔다. 출범 초에 적대관계의 국가와도 만남과 협상을 가질 의지가 있다고 한 오바마 대통령도 시간이 흐를수록 아무리 그래도 악마와는 대화할 수 없다는 식으로 변했으며, 그 결과 전략적 인내Strategic patience를 넘어 전략적 무시로 일관했다. 북핵 문제를 해결하려 하기보다는 이를 자신들의 동북아전략에 활용하려는 의도를 내비쳤다.

이렇게 문제는 미국이고, 미국의 동북아전략은 어떻게 표현하더라도 냉전 동맹네트워크의 부활에 그 본질이 있었는데, 한국정부는 여전히 미국의 등에 업힌 채로 세계를 보고 있었다. 미국이 동북아에서 지정학 부활을 꿈꾸며, 실제로도 추진하고 있다는 사실이 분명한데도, 미국에 대한 희망적 사고만 고집하고 다양한 외교옵션은 외면했다. 민주당의 선의만 믿고 대일외교에 자신했던 것도 실패였으며, 원래 의도를 약화해 포용정책을 거의 포기한 대북정책도 마찬가지였다. 박근혜 정부 말기의 정상회담과 장관급 고위층들의 연쇄적 회동의 목적은 모두 한미동맹 강화와 대북 압박 공조로 집중되었다. 선악의 기준에 의한 흑백 프레임은 외교를 정지시켜버렸을 뿐 아니라 급변하는 동북아질서에 우리를 점점 주변화하고 객관화시켰다. 우리의 외교는 미국에 과도하게 의존하고 있으며, 큰 전략에 의해 이루어지기보다 주어진 현안에 대한 대응만 허겁지겁 이어가는 모습을 반복했다.

박근혜 대통령이 대선 과정에서 제시한 대외정책을 단지 대선 승리를 위한 전략에 그치도록 하지 않고 진정성 있는 정책으로 실천했더라면, 김대중 정부가 추구한 한·미의 성숙한 동반자 관계와 남북관계 개선의 선순환 주기가 가동될 수도 있었을 것이다. 박근혜는 노무현 정부 시절에 북한을 방문하여 김정일과 대화도 했었고, 노무현 정부의 대북정책에 대해서는 소위 '퍼주기'와 '친북 좌파'라는 프레임으로 비판의 칼날을 세웠지만, 김대중의 대북정책은 긍정적으로 평가하는 차이를 보였기 때문이었다. 물론 노무현 정부는 미국의 압박 속에서도 햇볕정책의 이름으로 김대중 정부의 노선을 계승한 것이기 때문에, 이러한 차별적 평가를 과장할 필요는 없다.[35] 그렇지만 자체 및 외부 평가가 공통으로 지적하는 대로 박근혜의 한반도 신뢰프로세스는 기능주의 접근을 통한 신뢰구축을 표방한 헬싱키프로세스와 동일 선상에 있다는 점에서 김대중의 햇볕정책이 표방하는 기본 원칙이나 사상적 기반과 적어도 이론적으로는 다르지 않다.[36] 그러나 문제는 정책 실현의 구체적인 방법과 의지였다.

앞에서도 잠깐 언급한 것처럼 한반도 신뢰프로세스가 이론적으로 김대중 정부의 온건한 햇볕정책과 강경한 이명박 정부의 '비핵 개방 3000' 사이의 중도적 관점을 지향한 것은 분명하다. 원칙론을 강조한다는 점에서 전자와 다르고, 북핵 문제와 남북관계 개선을 연계시키지 않는다는 점에서 후자와 다르다. 하지만 시간이 갈수록 원칙이 강조되고, 유연성 있는 대북 접근이 이루어지지 않으면서 후자와의 차이가 좁아졌다. 북한의 도발이 원인을 제공한 점은 인정되지만, 한국정부의 대화 의지가 약해지고, 미국의 강경한 노선이 드러나면서 북한의 진정성 있는 선제적 행동만이 관계 개선의 필요조건으로 제시되었다. 그 결과 신뢰프로세스가 남북관계 개선을 위한 한국의 주도적 제안이지만 북한에 주도권이 넘어갔다. 즉 북한이 신뢰받을 행동을 하지 않을 경우, 남한의 다음 대안이 없어지게 되었다.

이는 김대중 정부와 여러가지 면에서 대비된다. 김대중 정부의 햇볕정책은 북한에 대한 신뢰를 전제로 관계 개선을 상정하기보다는 북한에 대한 신뢰가 없는 상황에서 어떻게 하면 신뢰를 이끌고 문제를 해결할지 방법을 모색하는 것이다. 즉 북한에 적당한 외부의 유인이 제공되면 북한의 행태는 달라질 수 있다고 보고 선제적으로 포용정책을 펴는 것이다.[37] 반면에 박근혜 정부의 신뢰프로세스는 북한의 신뢰 회복이 전제조건화되는 바람에 전혀 진전이 없었다는 것이다. 대미관계도 차이점이 발견된다. 앞에서도 살펴본 것처럼 김대중 정부는 미국이 북한의 핵과 미사일에 대해 불신하고 1994년 제네바합의의 위반 여부에 대해 우려하는 상황에서도 미국정부를 설득해서 포용정책을 밀고 나갔다. 그러나 박근혜 정부는 북한에 대해 무시로 일관했던 오바마 정부의 대북정책에 오히려 끌려갔다. 미국이 한국정부의 한반도 신뢰프로세스를 지지하는 모양새를 취했지만, 자세히 들여다보면 한국이 미국의 '전략적 인내 정책'을 앞서지 않도록 은근한 압력을 행사하고 있었다. 미 의회 연구소의 한·미관계 보고서나 『포린 폴리시』Foreign Policy가 내놓은 정상회담 브리핑도 직접 거론하고 있듯이 미국은 박근혜의 신뢰프로세스가 표방하는 대북 억지와 남북 대화의 상충 부분에 대한 의구심을 숨기지 않았다.[38] 즉 미국은 단호한 원칙론에 입각한 비핵화를 강조하는 반면, 한국은 남북의 신뢰 회복을 더 강조할 가능성이 있다고 본 것이다.[39]

이를 인지한 박근혜 정부는 한반도 신뢰프로세스가 전제조건 없는 대북 화해정책이 아니라, 미국과 마찬가지로 잘못된 행동에는 보상이 없다는 대북원칙론에 기초하고 있다는 점을 강조하면서 미국 측의 의구심을 해소하는 데 상당한 노력을 기울였다.[40] 대화보다 단호한 원칙론이 더 강조된 것도 이런 맥락 탓이 컸다. 김대중 정부가 대북정책에 관한 차이를 한국이 원하는 방향으로 좁히기 위해 설득했던 것과 정반대로 간 사례였다. 박근혜의 신뢰프로세스가 김대중 정부가 추구한 '신뢰구축을 위한 외교'trust building diplomacy라기보다는 신뢰를 전제한 '신뢰외교'trust diplomacy라는 것을 알 수 있게 하는 대목이다. 결국 북한이 변할 때까지 기다리겠다는 오바마의 전략적 인내와 훨씬 더 유사해졌다.

제15장
주한미군의 사드 배치

사드 배치의
전말

한반도의 주한미군에 고고도미사일방어체계Terminal High Altitude Area Defense, THAAD(약칭 '사드')를 배치하는 이슈는 박근혜 정부 말과 문재인 정부 임기 초 사이에 한국사회를 뒤흔든 큰 사건이었다. 한·미관계는 물론이고 한·중관계에도 엄청난 영향을 끼쳤다. 심지어 2021년 현재도 풀리지 않는 의문과 해소되지 않은 쟁점들이 남아 있으며, 사드가 배치된 지역사회의 반대가 계속되고 있어 사드 배치기지 자체가 비정상적으로 운용되고 있다. 사드는 군사적 효용성이나 위험성, 그리고 성능에 대한 의혹을 갖고 있는 것 외에도, 정부가 국민을 제대로 이해시키지 못하고 그럼으로써 충분한 논의를 통한 국민적 동의가 형성되지 못한 상태에서 조급하게 배치를 결정하고 또 진행했다는 절차적 문제를 가지고 있다. 그리고 무엇보다 사드를 둘러싼 논란은 기형적 한·미관계의 본질이 투영된 또 하나의 사례라는 점이다.

앞장에서 살펴본 것처럼 2016년 7월 8일 한·미 양국은 사드를 배치하기로 공식화하였다. 민감한 이슈로서 오랫동안 논란이 되었는데, 박근혜 정부가 배치 가능성을 반복적으로 부인하던 자세에서 변화를 보이고 그해 2월부터 공식협의를 시작한 지 단 5개월 만에 결정·공표해버린 것이다. 이런 전격성은 박근혜 정부가 사드의 한반도 배치는 처음부터 기정사실화해놓고, 형식적인 논의만 진행했다는 의심을 충분히 받게 할 만한 것이었다. 박근혜 정부는 전격적인 배치를 결정하기 전까지는, 한·미 양국이 사드 배치에 대해 비밀리에 논의를 진행하고 있다는 의혹이 불거질 때마다 일관되게 '3 No'No Request, No Consultation, No Decision, 즉 미국의 요청도, 협의도, 결정도 없다는 대답을 되풀이하였다.[1]

사드는 미국의 미사일방어체제MD와 관련이 깊은 무기체계다. 2012년 미국은 아시아·태평양지역에 미사일방어체제를 구축하겠다고 공표하였다. 그리고 2013년 6월 힐러리 클린턴Hillary R. Clinton 국무장관이 골드만삭스에서 있었던 임직원 대상의 한 강연에서 중국이 끝끝내 북핵을 막지 않는다면 미사일방어망으로 포위할 것이라고까지 언급했다.[2] 국내에서는 2013년 10월 14일 국방부가 유승민 당시 국회 국방위원장에게 제출한 보고서에서 사드의 한반도 배치를 고려하는 중이라고 밝혔다.[3] 또한 이듬해 9월 로버트 워크 미 국방부 부장관은 미국외교협회 주최 간담회에서 "사드 포대를 한국에 배치하는 것을 조심스럽게 고려하고 있고, 한국정부와 협의 중이다"라고 언급했다.

이렇게 아시아에서의 사드 배치 움직임은 미국의 아시아에 대한 미사일방어체제의 구축이 본격화되었다는 것을 의미했다. 미사일방어체제의 눈이라고 할 수 있는 사드 레이더를 중국을 겨냥해 전진 배치하는 것이었기 때문이다. 당시 미국은 일본에 두번째 사드 레이더 배치를 요구했고, 이어 한국에 배치를 요구하였다. 일본은 이를 수용했지만, 한국은 중국을 의식해서 일단 거절하였다. 그러나 시간이 흐른 후에 한국은 사드를 배치하기로, 그것도 전격적으로 결정했다. 한국의 사드 배치와 한일군사정보보호협정GSOMIA의 체결은 미국이 아시아지역 미사일방어체제와 한·미·일 군사동맹 네트워크를 구축하기 위한 매우 핵심적인 단계들이라고 할 수 있다. 이번 장에서 자세하게 설명하겠지만, 사드는 단순히 미국산 첨단무기를 하나 도입하는 것과는 전혀 차원이 다른 얘기다.

한국정부는 사드 배치 논의에 대해 부인하거나 애매한 자세를 유지했다. 2014년 11월 3일 국회 대정부 질문에서 유승민 의원이 사드의 조기 도입을 주장하자, 답변에 나선 한민구 당시 국방부 장관은 계획에 없다고 답변했다. 정부의 부인에도 불구하고 이후 사드 도입 및 배치에 관한 논쟁이 본격적으로 시작되었다. 2015년 3월 5일에는 마크 리퍼트Mark Lippert 주한 미국대사가 괴한의 공격을 당하자, 박근혜 대통령은 한미동맹에 대한 중대한 도전이라고 언급했고, 이를 계기로 여당은 사드 도입을 한미동맹 강화의 한 방편으로 간주하고 공론화에 적극적으로 나섰다. 이를 주도한 사람은 역시 유승민 의원이었다. 이런 와중에 2016년 벽두인 1월 6일 북한은 4차 핵실험을 강행했고, 수소폭탄 실험에 성공했다고 선언했다. 이 때문에 사드 도입을 반대하고 북한과의 관계 개선을 촉구하던 사람들의 목소리가 작아지고, 사드 도입을 찬성하는 사람들의 입지가 점점 커졌다.

시진핑 주석은 2월 5일 박대통령에게 전화를 걸어 한반도에 사드를 배치할 경우의 위험성을 강조하며 배치 반대를 분명히 했다. 박대통령은 사드는 북한을 겨냥한 것이지, 중국을 겨냥한 것이 아니라는 말로 응대했다. 이후 왕이^{王毅} 외교부장을 위시한 중국의 고위 관리들도 사드 배치에 대한 반대 의사를 적극적으로 개진했으며, 중국 언론들도 가세했다. 6월 29일 황교안 국무총리가 베이징을 방문한 자리에서 시진핑 주석은 한국이 중국의 안보 우려를 중시해, 사드를 한국에 배치하려는 미국의 시도에 대해서 신중하게 대응해야 한다고 직접 요청했다. 중국은 사드를 이미 외교·안보의 핵심 이익 사안으로 다루고 있었다. 하지만 불과 9일 후인 7월 8일 류제승 국방부 국방정책실장과 토머스 밴달^{Thomas Vandal} 주한미군 사령부 참모장이 사드 1개 포대의 배치안을 공식 발표하기에 이른다. 총리의 방중 이후 불과 열흘이 되지 않은 시점인데다 사드를 곧 배치할 것이라는 언질조차 주지 않은 것에 대해 중국의 한국에 대한 배신감은 매우 컸다. 이어 7월 13일 류제승 정책실장은 기자회견을 열고 사드의 성주지역 배치를 건의했고, 한·미 양국의 국방장관이 승인했다고 발표했다.

앞에서도 언급했듯이 박근혜 정부는 북한이 2016년에 들어와 중거리 미사일 발사에 성공하고 핵무기의 다양한 무기체계를 갖춤에 따라 이를 방어할 무기가 필요하다는 명분을 내세워 사드 배치를 강행하였다. 중국과 러시아는 사드 배치가 동아시아지역의 전략균형을 위협하는 행동이라고 강력하게 반발했다. 특히 중국은 한국이 공표 직전까지 사드 배치는 없을 것이라고 했다가 전격적으로 배치 결정을 공표함에 따라 뒤통수를 맞은 것으로 받아들였다. 한·미 양국은 사드가 한미동맹의 강력함을 증명하는 긍정적 효과를 주는 것과 동시에 북한의 핵과 미사일 위협이 증가하는 상황에서 한국의 국민에게 안도감을 준다는 식으로 정당화했다. 그러나 이후 북한과의 긴장이 높아졌고, 한·중관계 악화로 인한 중국의 경제보복이 전방위적으로 펼쳐졌다.

국내 여론 역시 찬반으로 나뉘어 들끓었다. 사드 배치는 남·북한 군비 경쟁을 촉발할 뿐만 아니라, 한반도를 미·중 전략경쟁의 마당으로 몰아넣음으로써 긴장과 갈등에 빠져들게 할 것이라고 야당과 시민사회는 반발했다. 이에 대해 정부와 범보수세력들은 한미동맹과 북한의 위협에 대한 안보 논리로 맞대응했다. 박근혜 대통령은 사드 반대를 두고 대안 없이 비판과 갈등으로 국민을 반목시키는 것은 국가와 국민을 위기로 내모는 것이라고 비판했다. 어느 쪽이 국민을 분열시키고 국가를 위기로 몰아가는 것인가에 대한 생각이 확연하게 달랐다.

그러던 중에 박근혜 대통령은, 최순실게이트와 국정농단을 이유로 의회가 탄핵소추를 가결하고, 2017년 3월 10일 헌법재판소가 파면 결정을 내림으로써 취임 4년여 만에 불명예 퇴진하였다. 이에 따라 사드 배치 이슈도 다음 정부가 들어설 때까지 중단될 것으로 보였다. 그러나 예상은 틀렸고, 오히려 배치는 가속화되었다. 황교안 대통령권한대행이 배치에 대한 확고한 의지를 천명하고 실행에 옮겼다. 2017년 4월 26일 주한미군은 전격적으로 하루 만에 사드 장비를 성주에 배치하고 시험가동에 들어갔다. 정부가 연내에 완료하기로 했던 사드 배치 계획을 앞당긴 것은 조기 대선 전망과 야권의 높은 집권 가능성을 염두에 뒀기 때문이란 게 당시의 중론이었다. 사드 배치와 같은 국가적 중대 사안을 과도기적 성격의 정부가, 그것도 수장이 파면됨으로써 정당성을 상실한 정부가 추진하는 것에 대해 야권과 시민사회가 크게 반발했다.[4]

2017년 5월 10일 새롭게 출범한 문재인 정부는 사드 배치 이슈로 인해 큰 고민에 직면했다. 문재인 대통령은 취임 전까지만 해도 사드 배치에 대해 반대했는데, 배치가 이미 이뤄진 것을 되돌리는 것은 배치 전에 반대하는 것과는 차원이 다른 문제였기 때문이다. 고심 끝에 문재인 대통령은 성주 사드 기지에 대한 환경영향평가가 끝날 때까지 발사대 4기를 추가로 배치하지 말라고 지시했다. 그러나 이에 대해 미국은 강력히 반발하면서, "사드 배치는 동맹의 결정"이라고 강조하며 한국정부를 압박했다. 결국 정의용 국가안보실장이 공개적으로 동맹 차원의 약속을 바꾸지 않겠다고 강조함으로써 수습해야만 했다. 6월 9일 취임 한달 되는 시점에 정실장은 "사드는 북한의 점증하는 위협으로부터 한국과 주한미군을 보호하기 위해 결정한 것"이라고 변화된 입장을 표했다.[5] 문대통령 역시 6월 20일 외신과의 인터뷰에서 한국과 주한미군의 안전을 위해서 한미동맹에 근거해 한국과 미국이 합의해서 사드 배치를 결정했다고 재확인했다. 한국이 환경영향평가를 실시할 경우 배치를 원점에서 재검토하는 계기가 될 것이라는 기대감이 있었던 중국정부와 언론은 문재인 대통령의 결정에 대해서 "잔꾀 쓰지 말라"는 표현 등으로 거세게 비난했다.[6]

중국정부는 2016년 말부터 한국에 대한 경제보복을 본격화했다. 성주의 골프장을 사드 배치를 위한 부지로 제공했던 롯데는 보복으로 중국 현지에 진출한 롯데 계열사 전사업장에 대해 세무조사와 소방·안전·위생 검사를 받았다. 또한 중국은 해군 항공모함 랴오닝호와 수십척의 함대가 서해에서 최초의 실탄 사격훈련으로 무력시위를 했고, 한국 해군사관학교 졸업반 순항훈련함의 중국 입항을 거부했다. 2017년 초부터 성주에 대한 군사적 공격을 포함한 위협적인 수사를 빈번하게 사용했을 뿐만 아니라, 활발히 벌어지는 불매운동과 별개로 수입 불허 조치 등으로 제재 범위도 더욱 확대했다. 또한 한국을 여행금지국가로 지정했고, 중국인들의 단체관광을 전면 금지했으며, 한류 콘텐츠의 중국 내 방영 등도 금지하는 이른바 '한한령限韓令'을 전방위적으로 실시했다. 수출의존도가 높은데다 특히 중국에 대해 25퍼센트 이상의 무역의존도를 가진 한국 경제는 사드로 인한 중국의 경제보복으로 상당한 타격을 피할 수 없었다. 중국에 진출해 있던 기업들의 매출이 반 토막 났으며, 연간 3백만명에까지 이르던 중국 관광객들이 발길을 끊어버림으로써 관광업계는 엄청난 손실을 당했다. 당시 현대경제연구소의 보고서에 따르면 사드로 인해 한국 경제가 입는 피해액이 약 8조원에 이를 것으로 예측되었다.[7]

중국이 사드 배치에 이렇게 험하게 반발하는 이유는 중국이 유사시 한반도를 향해 사용할 미사일들이 무용지물이 될 것에 대한 반발이라는 지적이 많다. 이에 대해 당시 한국 내 보수 친미세력들은 중국은 6백개가 넘는 미사일을 한반도를 향해 겨누고 있으면서 한국에는 무방비로 아무것도 하지 말라는 것은 말도 안 되는 요구라고 비판했다. 틀린 말은 아니다. 그리고 중국에 대해서 얼마든지 그렇게 비판의 목소리를 높일 수 있어야 한다. 그러나 조금 더 깊이 관찰하면 얘기는 달라진다. 중국이 초기부터 일관되게 반발했으므로, 우리는 그 이유에 대해 듣고 우리 입장을 충분히 설득했어야 했다. 우리가 막무가내로 군사주권을 주장하며 북한의 위협에 대한 자위수단을 보유한다는 데 간섭하지 말라고 몰아칠 일은 아니다. 중국은 기능상으로 볼 때 사드가 북한의 미사일 공격으로부터 한국을 방어하기 위한 것이라기보다는, 고성능 레이더 시스템을 통해 중국을 탐지하고 견제하기 위한 것이라고 간주하였다. 더 나아가 한·미·일 3국은 공동의 미사일방어시스템을 구축할 것이고, 이렇게 되면 동북아의 군사적 균형을 심각하게 손상하여 중국의 핵심 이익을 심대하게 침해한다는 생각이었다.

/

사드 배치에
관한 논란

　사드를 제대로 이해하기 위해서 미국의 미사일방어체제 전체를 이해
할 필요가 있다. 사드는 독립된 무기체계가 아니다. 사드는 미국의 미사
일방어망의 핵심 구성요소이다. 미국의 미사일방어체계는 적의 미사일
을 공중에서 요격하는 복합 네트워크로, 탐지부터 요격, 반격까지 지상과
해상 그리고 해저와 우주에서 입체적으로 구성된다. 간단하게 설명하면,
날아오는 미사일을 막아내기 위해서는 다양한 미사일의 고도와 궤도를
따라 그물망처럼 여러 층을 겹쳐가면서 요격체계를 구축해야 한다. 인공
위성과 수많은 레이더로 구성된 탐지체계를 촘촘하게 갖고, 요격용 미사
일은 고도별로 3중 망을 구축하는데, 사드가 40~150킬로미터의 중간층
을 방어하고, 그보다 상층부인 5백 킬로미터까지는 SM-3가, 그리고 그보
다 낮은 고도에서는 패트리엇미사일이 막는다. 그야말로 야심만만한 군
사전략 비전이지만, 미사일로 미사일을 맞춘다는 것이 과학적으로 불가
능하다는 회의론도 만만치 않다. 또한 날아오는 것이 핵미사일일 경우 수
십개에 대해 방어에 성공하고 한개만 놓쳐도 치명적이라는 점에서 위험
성이 너무 크다는 것이다.

　사드의 요격 원리는 탄도미사일의 탄두를 직접 충돌해 파괴하는 'Hit-
to-Kill' 방식으로 쉽게 말하자면 '총알로 총알 맞추기'라고 할 수 있다.
이를 위해 사드의 눈에 해당하는 '엑스밴드'로 불리는 고성능 AN/TPY-
2 레이더를 활용한다. 이 레이더는 전방 모드^{Forward Based Mode, FBM}와 종
말 모드^{Terminal Based Mode, TBM}로 운용할 수 있는데, 사드의 요격체계와

독립적으로 운용할 수도 있고, 최대 탐지거리가 종말 모드는 6백 킬로미터까지 전방 모드는 2천 킬로미터에 이르는 것으로 알려져 있다.[8] 그러나 사드의 요격미사일은 해상 기반 엑스밴드 레이더 및 이지스함에 탑재된 SPY 레이더의 정보를 이용하여 발사할 수도 있다. 발사통제장치는 이러한 레이더가 제공한 정보를 판단해 사드나 다른 요격 시스템에 발사 명령을 내리는 역할을 한다.

사드가 한국에 배치되어 방어용으로 사용된다고 할 때 가장 논란이 되는 것은 요격하는 고도가 40킬로미터 이상이라는 점이다. 즉 40킬로미터 이하에서는 무용지물이다. 일단 북한이 가진 단거리 미사일이나 수도권에 가장 위협적인 장사정포는 모두 40킬로미터 이하에서 비행하기 때문에 사드는 이것들에게 쓸모가 없다. 다시 말해 한국의 입장으로는 가장 시급한 위협인 단거리 미사일과 장사정포를 막도록 설계조차 되어 있지 않은 것이 사드이다. 사드는 기술적으로 개발과 시험이 완료되지도 않았고, 한국과 같은 자연환경에서 제대로 작동할 수 있는지도 검증이 되지 않았지만, 정작 더 큰 문제는 아예 무기 개발의 목적과 설계 자체가 한국의 대북 억지에 유용하지 않다는 사실이다.

미 국방부에서 미사일시스템 자문 역할을 오래 했던 시어도어 포스톨Theodore A. Postol 박사는 사드로 한국을 보호할 수 있다고 하는 것은 환상일 뿐이라고 단언했다.[9] 설령 북이 단거리 미사일을 고고도로 쏴주고, 사드가 제대로 작동을 한다고 가정을 하더라도 한국 국민의 안전을 위해서는 사드 1개 포대 가지고는 어림도 없다는 주장도 있다. 스탠퍼드대학 국제안보협력센터의 딘 윌케닝Dean A. Wilkening에 따르면 북의 스커드미사일 1백기를 50퍼센트 이상 신뢰도로 방어하기 위해서는 한국에 최소한 520기의 사드 요격미사일이 배치되어야 한다는 것이다. 이에 비해 사드

체계는 포대당 최대 72발의 요격미사일을 탑재하는데, 논의되었던 것은 사드 1개 포대였다. 북이 보유하고 있는 스커드미사일 등 단거리 미사일이 1천기가 넘는 것으로 추정된다는 점을 고려한다면 사드로 이를 요격한다는 것은 매우 비현실적이라는 말이다. 적어도 사드 포대 80개가 배치되어야 북의 단거리 미사일 모두를 요격할 수 있는 확률이 50퍼센트 정도된다는 것이기 때문이다.[10]

당시 한국의 국방부 대변인은 노동미사일이 고도 160킬로미터, 최고속도 마하 7로 비행했기 때문에 우리가 가진 패트리엇 PAC-2와 구매 예정인 패트리엇 PAC-3로 요격하기 어렵다고 했다. 따라서 노동미사일을 방어하기 위해 사드를 전력화해야 한다는 것이었다. 북한의 노동미사일을 요격하기 위해서 사드가 필요하다는 주장 역시 미사일의 탄도비행에 대한 이해가 부족해서 생긴 것이다. 일각에서 주장한 것처럼 북한이 핵탄두의 소형화에는 이르지 못했으므로 대형 탄두를 추진력이 강한 중거리 미사일인 노동미사일에 탑재시키고 이를 가까운 남한을 향해 고각도로 발사할 것이라는 논리는 그 자체로 억지스럽다. 일단 북한이 기술을 발전시켜 핵탄두의 소형화가 이뤄진다면 사드는 무용지물이 될 것이고, 그렇지 않다고 하더라도 북한이 발사 각도를 굳이 높여서 미사일을 발사해 사드의 먹이가 되도록 할 리가 없는 것이다. 그냥 미사일을 저각도로 발사하면 사드와 패트리엇을 동시에 무력화할 수 있는데 구태여 그렇게 할 이유가 없지 않은가. 사드 배치 목적을 주한미군 보호에 한정해도 마찬가지다. 중국이 사드를 자신을 겨냥한 것으로 의심하는 이유이다.

사드가 한국 방어에 도움이 되지 않는다면 미국은 과연 왜 사드 배치를 추진하는 것인가? 사드 배치 논의에서 기이한 점은 사드가 어떻게 미국 방어에 공헌할 수 있는지에 대해 전혀 논의되지 않았다는 사실이다. 미국방부와 국무부가 사드 배치를 위해서 적극적으로 움직였는데 사드가 미국 안보에 도움이 되지 않는 것이라면 오히려 이상하지 않은가? 사드가 사용될 수 있는 여러가지 가능성을 평가해보면 사드의 한국 배치가 어떻게 미국 방어에 공헌하는지 알 수 있다. 방법은 두가지다. 첫째, 북이 미국을 겨냥하고 발사한 대륙간탄도미사일ICBM이 북극을 통과하는 경우이다. 이 '북극 궤도'는 중국 동북부와 극동 러시아 및 알래스카 상공을 지나 미 본토에 도착하는 것이다. 이 경우 사드용 레이더로 ICBM을 추적하여 미국 미사일 방어 지휘통제전투관리통신C2BNC에 그 정보를 전달하는 것이다. 미국은 이 정보를 이용하여 알래스카나 캘리포니아에 배치된 지상배치 요격미사일로 요격을 시도할 수 있다. ICBM 발사 직후 이를 한국의 레이더로 포착하고, 일본 샤리키車力의 레이더로 추적하여 알래스카에서 요격하는 릴레이도 가능해진다.

한국에 설치된 엑스밴드 레이더가 북한 미사일에 대한 요격을 가능하게 할 정도의 해상도를 제공한다. 일본에 배치된 레이더는 전방 모드로 작동하므로 제공할 수 없는 기능이다. 이는 북한이 미사일이 남극 궤도를 따라갈 경우, 더 속수무책인 미국에 사활적 중요성을 지니게 된다. 미국으로서는 지상배치 요격미사일로 지키고 있는 북극 궤도와는 달리 남극 궤도는 현재 아무런 방어수단도 없는 무방비 상태다. 필리핀이나 괌 인근에서는 ICBM의 고도가 너무 높아 이지스함에서조차도 요격 불가능하므로, 한국과 동중국해 사이가 최후의 마지노선인 셈이다. 그 마지노선에서 한국에 배치된 사드는 그 어떤 다른 무기체계도 할 수 없는 유일무이한 역할을 한다.

핵심만 요약하자면, 사드는 한국에 배치되더라도 그 핵심 방어대상은 미국 본토라는 말이다. 미국이 사드 배치를 주도하고 있는 것도 이렇게 봐야 이해가 된다. 사드 논란이 한창이던 2015년 3월 마틴 뎀프시Martin E. Dempsey 미 합참의장이 방한해 '통합 미사일방어체계'를 두차례 언급한 것도 같은 맥락에서 이해해야 한다. 그의 발언은 미국 미사일방어국이 이전 몇해 동안 추진해오던 미사일방어체계의 통합을 염두에 둔 것으로 보이기 때문이다. 적어도 2012년부터 미국은 패트리엇, 사드, SM3과 같이 지금까지 개발한 다양한 미사일방어체계들을 통합해 시너지효과를 내기 위해 노력하고 있다. 사드용 레이더는 여기에 핵심적 역할을 하고, 사드가 한국에 배치된다면 통합 미사일방어체계에 핵심적 역할을 할 것이다. 그 통합 미사일방어체계의 우선적 방어 대상은 북한의 미사일이지만, 그것의 진짜 목적은 중국의 미사일로부터 미국을 방어하는 것이다.

사드는 완성된 무기가 아니라 개발 중인 무기체계다. 실전과 같은 조건이 아닌 곳에서 실험했기 때문에 정확성을 확신하기 어렵다. 그리고 사드와 같은 'Hit-to-Kill' 방식의 미사일은 요격 시 탄두에 명중되더라도 탄두가 공중폭발하지 않을 가능성이 있고, 적이 기만탄decoys을 섞어서 발사할 경우 그것을 식별해낼 수 있을지 의문이다. 또한 탄도미사일이 종말단계에서 불규칙한 나선형으로 떨어지는 것도 요격의 정확성을 떨어뜨릴 수 있다고 한다. 특히 북한에서 고각 발사를 할 경우 탄도미사일이 낙하할 때 불규칙한 움직임을 보일 것이라는 점에서 사드가 더욱 한계를 가진다는 것이 전문가들의 빈번한 지적 사항이다.

사드가 개발 중이라는 점에서 불완전하고 결함이 있다는 것은 당시 미 당국도 인정했다. 국방부의 마이클 길모어Michael Gilmore 무기성능시험 평가국장은 2015년 3월 25일 미 상원 군사위원회 전략군 소위원회가 주최한 청문회에서 사드에 보완이 필요하다는 점을 인정했다. 그는 비행 시험과 신뢰성 시험 데이터에 따르면 시스템의 구성요소들이 꾸준한 신뢰성의 향상을 보여주지 못하고 있다고 언급했다.[11] 이러한 결함과 문제에도 불구하고 사드의 한반도 배치를 서두른 것은 배치를 통해 무기의 성능을 시험하려 한다는 의심이나, 또는 실제 요격보다 레이더 운용을 통해 대중국 감시를 하려 한다는 합리적 의심이 제기되도록 했다.

사드 배치의 전략적 함의

핵보유국들은 한편으로는 핵무기를 늘리면서도, 핵전쟁을 막기 위해 '공포의 균형'balance of terror에 의한 억지 체제deterrence system를 유지해왔다. 핵무기는 그 엄청난 위력으로 말미암아 재래식 무기와 달리 보유량에 차이가 있어도 '2차 공격 능력'second strike capability이 확보될 경우 '균형에 의한 억지'가 가능해진다. 즉, 한 국가가 먼저 핵무기로 공격을 당했어도 남은 핵무기로 반격할 수 있다면 그 상대국이 함부로 핵무기를 선제적으로 사용하기 어려운 억지 체제가 형성된다. 이를 국제정치에서는 '상호확증파괴Mutual Assured Destruction, MAD에 의한 공포의 균형'이라고 부른다. 미국은 핵 군비경쟁 중에서도 이러한 억지 체제를 유지함으로써 핵전쟁을 막고 나름의 국제질서의 안정을 유지해왔다.

그러나 억지를 통한 공포의 균형은 역설적으로 미국의 군사기술 발전과 전략의 변화로 인하여 그 기반이 뿌리부터 흔들렸다. 특히 미국이 개발하고 확대 중인 미사일방어체제는 억지 체제에 균열을 줄 수 있는 가장 중요한 위협요인으로 부상했다. 사실 미사일 방어 기술은 미국에서는 상당히 오랜 기간에 걸쳐 개발되어왔고 레이건 대통령 시절에는 당시 개봉

했던 공상과학영화의 이름인 'Star Wars'라는 별명으로 유명세를 치르기도 했다. 최근에는 기술력이 급진전하여 미사일 방어 기술이 실전 배치되고 있는데, 만약에 이것이 완벽하게 작동한다면 적의 2차 공격 능력을 무력화할 수 있다. 선제타격 후 보복공격으로 날아오는 핵미사일을 미사일 방어 기술로 요격하면 되기 때문이다. 이것이 가능해지면 핵전쟁을 승리로 이끌 수 있다는 확신을 지니게 되고, 따라서 핵 선제공격을 할 수 있다는 근거를 갖게 된다.

공포의 균형은 냉전이 열전으로, 그것도 핵전쟁으로 진행되어 인류가 멸망에 이르지 않게 만드는 최소한의 안전장치였지만, 동시에 미사일 방어 기술에 의해서는 무력화됨을 의미한다.[12] 1973년 미국과 소련이 냉전 중이라도 요격용 미사일 개발에 제한을 두기 위한 탄도요격미사일Anti-Ballistic Missile, ABM 조약에 합의한 이유이다. 그러나 탈냉전 이후 미국의 마음은 변했고, 미사일방어체제의 구축을 통해 확실한 핵 우위를 차지하겠다는 것이었다. 이런 맥락을 이해하면 미사일방어체제의 핵심인 사드체제가 한국에 배치되는 것에 대해 중국과 러시아가 위협을 느끼고 반발하는 이유를 어느정도 납득할 수 있다. 이들은 사드의 한반도 배치가 미국의 대중국 포위전략의 일부이자 지역 내 전략적 균형을 위협하는 행위라고 인식한다. 한국과 미국은 방어용 체계이므로 전략적 균형은 무너지지 않는다고 주장하지만, 중국 입장에서 보면 중국이 핵미사일로 공격을 시도할 때 미국은 발사 단계부터 이를 탐지하고 그 궤도를 추적하여 여러 다층적 지점에서 미사일로 타격을 함으로써 중국의 미국에 대한 핵억지력을 무너뜨린다. 특히 중국에서 미국 본토를 향하는 모든 ICBM은 한반도 상공을 지나 알래스카를 거쳐 날아가는데다, 중국은 지상발사 ICBM이 유일한 대미 억지 수단인 데 반해, 미국은 한국이나 일본뿐만 아니라 해상이나 공중에서도 중국을 겨냥할 수 있다.

미국이 한국에 사드를 배치하는 것과 한국과 일본이 한일군사정보보호협정을 체결한 것은 아시아지역 미사일방어체제와 한·미·일 삼각 군사동맹 구축 계획의 일환이다. 이는 다시 전세계 미사일방어체제 구축으로 이어진다. 따라서 사드 배치는 단순히 북한의 미사일 위협에 대응해 신무기를 도입하는 것이 아니다. 이는 미국의 세계전략을 위한 거대한 자산이고, 이를 도입하는 것은 그런 미국의 네트워크에 참여할 가능성을 크게 높이는 행위가 된다. 더 구체적으로 말하자면, 미국과 일본이 주도하는 지역 미사일방어체제에 하위체계로 편입되어 미국의 통제와 지휘를 받는 대중국 봉쇄망을 구축하는 초기 단계로 볼 수 있다.[13]

구체적으로 중국이 사드의 한국 배치를 반대하는 이유는 레이더가 랴오닝성이나 안후이성 등에서 발사된 대륙간탄도미사일을 발사 초기 단계부터 추적하면 알래스카나 캘리포니아에서의 요격의 정확성을 높일 수 있기 때문이다. 또한 요격기능과는 별도로 운용이 가능한 엑스밴드 레이더로 중국군의 활동을 밀착 감시할 수 있기 때문이다. 중장기적으로는 한국이 미국과 일본 중심으로 형성된 지역 미사일방어체제에 편입되어 중국을 감시하는 첨단기지로 기능할 가능성을 중국은 우려할 것이다. 한국에 사드가 배치될 경우 미국의 아시아지역 MD에 대한 한국의 참여를 막는 진입장벽이 없어지는 것을 의미할 수 있기 때문이다.

중국의 핵과 미사일 전략은 구소련이나 현재의 러시아와 조금 다르다. 전형적인 공포의 균형이라기보다는 오히려 미국의 대중국 봉쇄전략에 대응하는 '반反접근·지역 거부 전략'Anti-Access Area Denial, A2AD인데, 사드의 한반도 배치로 이것이 무력화될 수 있다. 중국은 미국과 양적·질적으로 공포의 균형을 이루기 위해 경쟁을 하는 것이 아니라 미국의 선제공격을 막는 최소한의 억지 전략을 채택하고 있기 때문이다. 그러므로 중국으로서는 만약에 미국이 사드를 아시아에 집중적으로 배치하고 미사일방어체제가 본격화되면 미국에 굴복하거나 아니면 본격적인 핵무기 경쟁에 나설 수밖에 없다는 것이다. 이는 우리 한국에도 좋지 않은 것이, 마치 1980년대 신냉전 당시 유럽을 중간에 놓고 미·소가 중거리 핵무기 경쟁을 했던 것과 유사하기 때문이다.

주한미군의 사드 배치와 이에 따른 중국의 대한국 제재가 전개되었을 때, 중국과 미국을 배타적 선택지로 놓고 양국 사이에서 모호한 태도를 견지하지 말고 한쪽을 선택해야 할 시점이라고 목청을 높인 사람들이 있다. 이런 주장은 안보와 경제를 배타적 선택으로 만들어 어느 하나를 버려야 다른 하나가 산다는 식이어서 선동적이고 무책임하다. 중국 측의 나쁜 정책적 선택에 관한 평가나 비판은 여기서 본격적으로 다룰 문제는 아니지만, 얼마든지 가능하다. 중국도 한국의 사드 배치에 경제보복이라는 나쁜 전략적 선택을 했다고 본다. 그런데 한국은 미국과 중국 사이에 지정학적으로 '낀' 상태이며, 이는 한반도의 분단이 지속된 한 결과라는 점에서 쉽게 극복하기 어려운 상황이다. 게다가 경제는 중국에 의존하고, 안보는 미국에 의존할 수밖에 없는 기형적 구조를 지니고 있다는 점 역시 고려해야 한다.

그렇다면 사드가 가진 우리의 군사전략적인 함의는 무엇일까? 사드가 북한의 위협에 대한 방어에 유용한데 그것을 포기하면 북한의 미사일에 무방비로 노출된다는 식으로 주장하는 것은 과장을 넘어 왜곡이고, 이는 한반도의 군사질서, 즉 상호억제로 전쟁을 방지하고 있는 체제를 부정하는 것이다. 남과 북은 억지에 의한 '평화 지키기'peace keeping를 기본으로 지난 70년간 전쟁도 평화도 아닌 휴전과 정전의 상태를 유지해온 것이다.

우리가 북한의 군사력을 위협으로 느끼는 것처럼 북한도 우리의 군사력을 위협으로 느낌으로써 전쟁을 일으키지 못하는 메커니즘이다. 위협의 균형이라고 할 수 있다. 그러나 사실 한국은 북한보다 40~50배의 국력과 압도적인 군사력을 보유했을 뿐 아니라, 세계 1위의 군사력을 가진 미국을 동맹으로 가지고 있으므로, 북한의 군사력은 이같은 한·미의 군사력과 비교조차 할 수 없이 열세다.

위협이 균형을 이뤄 상호억제가 이뤄지고 있는 현실에서 군사적인 해결책은 없다는 점을 주목해야 한다. 한국과 미국이 압도적으로 우월한 군사력을 가진 상태라도 전쟁을 하자는 것이 아니라면 군사력으로 상대를 제압할 수는 없다. 북한의 위협을 제거하려고 할수록 북한은 어떤 수를 써서라도 그 위협에 맞설 것이기 때문이다. 북한이 핵을 개발한 이유 중 가장 중요한 이유일 것이다. 따라서 외교나 협상을 통한 '평화 만들기'peace making나 평화의 제도화를 통한 '평화 세우기'peace building 같은 이른바 적극적인 평화가 가능해지기 전까지는 위협의 균형을 안정적으로 관리해서 전쟁을 억지하는 소극적 평화체제를 유지해야 한다. 그리고 위협의 균형을 극복하는 것은 정전체제가 종식되어야 가능하다. 하지만 사드 배치는 이런 '평화 지키기'라는 상호억제 시스템을 흔드는 것이다. 그러므로 사드 배치를 통해서가 아니라 신뢰구축 조치confidence building measures를 통해 군비통제나 군비감축을 이루어가는 것이 가장 바람직하다.

사드가 대한민국의 국민을 보호하는 유용한 무기라면 미국정부가 왜 이를 공개적으로 추천하고 한국민에게 적극적으로 홍보하지 않는 것인지도 생각해볼 대목이다. 한국민의 안전을 위해 그런 첨단무기를 제공한다면 적극적인 홍보를 통해 돈을 받고 팔아야 정상일 것이다. 그런데 한국과 미국정부는 공통으로 사드 추진 과정에는 물론이고, 논란이 불거진 이후에도 배치 여부에 대해 대부분 모호하거나 오락가락하는 태도를 보였다. 정말 한국민의 안전을 위한 배치라면 그렇게 할 필요가 없었을 것이다. 배치가 결정된 이후에는 180도 달라져서 박근혜 정부가 한미동맹의 강화를 위해, 그리고 대중국 군사주권의 프레임까지 동원하면서 옹호했다. 사드 배치는 북핵 위협이나 한미동맹의 안보 수요를 넘어서는 목적이 있으며, 그것은 중국과 러시아가 반발하는 지점과 닿아 있다. 그래서 사드 배치는 한반도를 둘러싸고 군비경쟁이 일어나도록 하여 긴장을 고조시킴으로써 한국민의 안전을 오히려 위협할 수 있다.

사드 배치와
한·미관계의 함정

사드라는 무기와 그 배치에 대해서 다소 상세한 설명을 하는 이유는 이 문제가 앞으로도 반복될 수 있기 때문이다. 미·중 갈등이 깊어지고, 중국의 부상이 미국에 위협이 될수록 한미동맹은 미국의 핵심적인 전략자산으로서의 가치가 높아진다. 그렇다면 미국은 한미동맹을 대중전략의 전진기지로 삼고 싶은 유혹을 받을 수밖에 없다. 한국이 동맹에 대한 연루의 함정에 빠질 가능성이 시간이 갈수록 더 커진다는 말이다. 미국이 한국에 안보 우산을 제공한 것처럼 한국도 미국이 필요한 것을 해결하도록 돕는 상호성은 중요하다. 그런 신뢰가 없이는 동맹이 유지될 수 없을 것이다. 그러나 미국에서 실제보다 훨씬 과장된 중국위협론이 작동하는 경우나, 예방적 조치로서 중국에 대해 견제 또는 경고하기 위해 한미동맹을 끌어들이는 경우 한국으로서는 용인하기 어렵다.

우리는 사드 논란으로부터 한미동맹의 범위와 한계는 무엇인지 다시 깊이 성찰해봐야 한다. 과연 한미동맹이 미국의 대중국·대러시아 견제를 위한 미사일방어체제, 더 나아가 한·미·일 삼각동맹을 수용할 것인가 여부에 대한 질문이 내포되어 있기 때문이다. 미국은 사드 배치를 한미동맹과 미일동맹의 연결고리로 인식하고 있었다. 일본 역시 한국의 사드 배치 결정을 한·미·일 동맹의 강화로 인식했다. 이미 오바마 정부는 일본에 집단자위권을 부여하고 한·미와 미·일 군사정보협정도 연결했다. 그렇기 때문에 사드는 한미동맹의 정체성을 변화시킬 수 있는 사안이다. 원래의 대북 억지 동맹에서 주변국 —특히 중국과 러시아 — 을 견제하는 지역 동맹으로 바뀌는 시발점일 수 있다. 사드 배치가 대북 억지용일 뿐, 대중 견제용이 아니라고 강변하는 것은 미국의 아시아 재균형 정책이 중국을 견제하는 것이 아니라고 하는 것과 똑같다.

2016년 미국이 실제 배치가 이루어진 것도 당시 겨우 세곳 정도이고 더욱이 실전 환경에서의 성능시험도 없었던 사드라는 무기를 한반도에 배치하는 문제는 군사부터 외교 및 안보, 그리고 이념과 주권 문제로까지 비화했다. 한·미관계의 고질적인 문제 중 하나는 북핵, 미국의 대북정책, 한미동맹 조정 같은 한국의 미래를 결정할 수도 있는 핵심적인 사안이 합리적으로 충분히 논의되지 못하고 이슈로 부상하자마자 곧바로 이념 갈등의 불쏘시개로 사용된다는 것이다. 사드 배치 이슈도 그런 패턴을 벗어나지 못했다. 문제는 구조적 요소와 현상적 요소가 중첩적으로 섞여 있는데, 변수들의 유기적 관련성을 무시하고 필요와 편의대로 이들을 해석함으로써 상황이 예측 불가능한 방향으로 흘렀다는 점이다. 국제적으로는 한반도가 미국과 중국이 서로의 의중을 탐색하기 위해 건드려보는 실험실이 되어가고 있으며, 미·중 양국의 국내 정치적 기반을 강화하기 위한 도구로 사용되고 있다. 정도의 차이는 있겠지만 결과와 상관없이 실험실을 제공하고 있는 우리의 국익과 우리 국민의 미래만 어려워지고 있다.

미사일방어체제에 한국을 참여시킬 것인가는 한·미 양국 사이에서 오래된 주제였다. 김대중 정부 당시 미국 측의 제의가 있었으며, 한국은 이를 거부했다. 당시에는 사드같이 구체적인 무기체계를 배치하는 것이 아니라 미사일방어체제에 대한 포괄적 참여 여부에 관한 것이었다. 노무현 정부 시절에는 이라크 파병이나 전략적 유연성, 전시작전통제권 환수 등 한미동맹의 예민하고 중요한 이슈들로 인해 미사일방어체제는 거론되지 않았다. 그러나 북한과 중국의 군비증강에 대비해 노후화된 나이키미사일을 대체하는 패트리엇미사일의 도입 문제에 집중했으며, 이를 계기로 요격에 의한 미사일 방어 논의를 부분적으로 진행했다. 이후 이명박 정부 시절에도 한미동맹의 강화에 집중했지만, 미사일방어체제에 대한 논의는 거의 없었다. 그러다가 2009년 5월 북한의 2차 핵실험과 장거리 미사일 시험발사, 그리고 2011년 천안함과 연평도 포격 사건으로 선제적이고 능동적으로 원점을 타격한다는 킬체인 개념에 의한 한국형미사일방어체제KAMD가 구체화되었다. 이 때문에 전시작전권 환수도 연기되고, 한·미·일 군사정보보호협정이 논의됐으나 중단되었다. 결론적으로 김대중, 노무현, 이명박 정부 모두 미사일방어체제 참여는 거부한 셈이다.

그러나 박근혜 정부가 등장한 후에는 북한 핵미사일 발사를 상정한 대응책에 관한 논의, 특히 한·미·일 3국의 군사협력에 관한 논의가 많아졌다. 사드 배치 가능성에 관한 미국 측 고위 인사들의 언급도 이어졌다. 커티스 스캐퍼로티 전 주한미군 사령관은 2013년 7월 미국 의회 청문회에서 한국에서의 3단계 미사일방어체제 계획을 밝혔다. 1단계는 주한미군은 패트리엇 PAC-3를, 한국군은 PAC-2를 배치한 것으로 완료했다고 언급했다. 2단계는 한·미·일 미사일방어체계의 통합에 노력하면서 패트리엇미사일을 업그레이드하는 것으로 진행 중이라고 밝혔다. 실제 박근혜 정부는 전시작전권 환수 연기 직후에 PAC-3 구매를 결정했다. 3단계는 준중거리 및 중거리 탄도미사일 대응을 위해 사드 또는 이지스 같은 상층방어 체계와 엑스밴드AN/TPY-2 레이더를 배치하는 것이다.[14] 오바마 정부의 국방장관이자 가장 영향력 있는 군사전문가 중 한명인 애슈턴 카터가 2016년 6월 20일 신미국안보센터Center for New American Security, CNAS 연설에서 미국의 미래전략의 핵심에 대해 밝혔다. 그것은 미국이 글로벌리더십을 유지하기 위한 '네트워크 중심의 대전략'Grand Strategy of Network Centrality인데, 이를 아시아 재균형 전략을 통해 구현하는 것이고, 이 전략의 핵심이 미사일방어체제이며, 사드가 미사일방어체제의 핵심이라고 규정했다.[15]

2014년 3월에는 한·미·일 정상회담 합의문에 "외교와 군사협력 등 양 부분에 관한 결속을 강화하는 특별히 진전된 토론이 이루어져야 한다. 그 협력에 한·미·일 미사일방어체제 구축이 포함된다."라고 선언하였다. 그리고 곧바로 4월 한미정상회담에서 오바마 대통령은 "양국 간 공동 비전에 따라 방어 역량과 기술, 미사일 방어 등에 투자하고 있으며 이는 양국 군대의 공동 운용을 가능하게 한다"고 발언했다. 즉 '한·미 미사일방어체계의 상호운용성 개선'에 합의했다. 그리고 5월에 통과된 미국의 국방수권법은 "국방장관은 한국과 미사일 협력 강화 방안에 대해 평가하고, 6개월 이내에 하원 군사위에 보고하라"라고 법적 명령을 내렸다. 5월 27일 『월스트리트저널』은 미국의 사드의 한국 배치 가능성을 최초로 보도했다. 6월 3일에는 다시 스캐퍼로티가 개인적으로 사드 전개를 요청했다고 공개하였다. 그리고 같은 해 12월에 2012년 추진했다가 포기한 한일군사 정보보호협정 체결을 다시금 추진하려 했다.

한국정부가 미국의 움직임을 이어받았다. 2016년 1월 22일, 국방부는 그해 안에 한·미·일 군사 당국 간에 북한의 핵과 탄도미사일 정보를 실시간 공유하는 채널을 만들겠다고 밝혔고, 한·미·일이 합동으로 미사일 추적을 위한 훈련을 진행했으며, 7월에 미국의 한국 내 사드 배치 요구를 수용했다. 한국의 사드 배치 결정 이후 일본은 일본과 미 본토의 방위에도 이익이 될 것이라고 반응했다. 사드 배치는 미국의 미사일방어체제와 연결될 수밖에 없다. 한·미 양국 정상부터 군 수뇌부까지 꾸준히 공감대를 넓혀온 상호운용성은 공식적인 MD 참여를 말한 것은 아닐 수 있다지만, 실질적*de facto* 참여를 뜻한다고 볼 수 있다. 미국의 MD와는 다른 차원에서 독립적으로 운용하는 것을 목표로 한다고 해도 우리 기술로는 불가능하다. 미국의 조기경보 지원이나, 관련 무기 구매, 그리고 지휘체계의 도움 없이는 안 된다는 점에서 미국 체제에 편입될 수밖에 없다. 앞으로 국산화율을 높이겠다고 했지만, 첨단정보력과 첨단무기체계 운영은 미국이 담당한 채 한국은 완제품 무기만 구입해온 지금까지의 패턴 자체가 바뀌지 않는 한 그것의 현실성은 적다.

문제는 미국정부나 한국정부가 공식적인 협의가 없다고 말하면서도 사드 배치는 하루빨리 결정해야 할 긴급 사안인 것처럼 접근했다는 것이다. 어떤 의미에서는 국내의 논란의 광풍이 미국이나 중국 측의 논란을 촉발하는 형국이었다. 한·미·중 외교 문제와 남북관계의 문제로 발전한 것은 물론이고, 국내에서는 이념분열 양상으로까지 확산했다. 이런 식의 논쟁은 늘 한·미·중의 강경파들의 공격적 행보를 정당화하고, 한국정부의 운신의 폭을 제한한다.

더 큰 문제는 왜곡된 감정적 민족주의에서 발견된다. 중국이 사드 배치를 반대하는 것에 대해 우리의 안보주권에 대해 제3국은 개입하지 말라는 국방부 대변인의 결의에 찬(?) 반발은 이를 대변하는데, 여러모로 현명하지 못하다. 물론 중국의 행동 역시 과도한 측면이 있다. 그러나 중국의 우려를 단순히 근거 없는 외교공세로 치부하기는 어렵다. 중국 입장에서는 한국이 돈은 중국에서 벌어다가 미국에서 무기를 사들여 중국을 겨눈다고 생각할 여지가 충분하다. 중국과의 관계에서 사용되는 흑백논리도 문제다. 사드가 우리를 완벽히 지켜줄 무기이거나, 존망의 갈림길에서 배치냐 아니냐 둘 중 하나를 선택하지 않을 수 없다면 모르지만, 그렇지 않음에도 스스로 전략적 동반자로 거론했을 정도의 관계를 해치면서까지 사드를 배치해야 하느냐는 것이다. 중국은 미군의 한국 주둔을 포함해서 북한에 대한 억지를 위한 합리적 선에서의 한미동맹의 강화는 지금까지 인정해왔으며, 최근 KAMD에 대해서도 수용적이다. 더 걱정스러운 것은 우리가 마지막까지 중국에 사드 도입 계획이 없다는 식으로 흘리다가, 갑자기 주권 문제를 거론한 것이다. 중국으로서는 분명 당황할 수 있다. 또한 중국에는 주권을 내세우면서 미국에는 적용하지 않는 것도 문제다.

사드 배치 찬성론자들의 또다른 문제는 중차대한 외교·안보 문제를 국내 정치에 이용했다는 점이다. 안보 포퓰리즘과 종북몰이는 권력 기반을 강화하기 위해 이명박 정부와 박근혜 정부가 애용해온 전략인 것을 누구나 알고 있는데, 사드 논쟁 역시 그 범주를 벗어나지 못한다. 묘하게도 여당의 주도로 사드를 공론화시킨 것은 리퍼트 주한 미국대사 피습 직후부터이다. 심지어 사드 도입을 리퍼트 대사 피습에 대한 보상적 의미로 언급하는 사람들도 있었다. 개별 폭력 행동에 정치적 의미를 부여함으로써 매카시즘의 도구로 사용했고, 이에 탄력을 받아 안보 문제를 최대한 활용하려는 의도마저 엿보였다. 정치력도 외교력도 이미 바닥을 보인 박근혜 정부로서는 손만 뻗치면 닿을 곳에 있는 가장 강력한 무기를 쉽게 포기하기 어렵겠다는 것은 알겠지만, 국가의 미래에 치명적인 영향을 줄 수 있는 문제까지 이용하는 것은 정말 우려스럽다.

가장 근본적인 문제는 사드 배치에 담긴 군사안보 지상주의 또는 안보 포퓰리즘인데, 이는 우리의 안보에 결코 도움이 되지 않는다는 것이다. 이는 한반도에서 남북관계 개선을 통한 비핵화 및 평화체제의 건설보다는 군비경쟁과 냉전적 진영대결이 이루어지는 결정적 계기를 제공한다. 북한 핵과 미사일 위협에 대한 해법은 사드가 아니라 비핵화와 남북관계 개선이지만, 한·미 양국의 무대에서 이는 거의 사라져버렸다. 백번 양보해서 사드가 한미동맹의 방어력을 강화한다고 하더라도, 북한이 가만있을 리가 없다. 북한의 핵과 미사일 기술도 더 정교해질 수밖에 없다. 역사상 모든 군비경쟁이 그랬다. 사드 도입은 동북아 군비경쟁, 냉전 부활의 도화선이 될 잠재력을 충분히 가지고 있다.

한국에서 사드 배치에 대한 논란이 확산할 당시 나왔던 워싱턴 조야의 반응은 매우 흥미로웠다. 한·미관계의 신화가 그대로 반영되었다. 2017년 5월 13일 미국 상원에서 국방예산을 담당하는 민주당 상원 원내총무인 딕 더빈Dick Durbin 의원은 문재인 대통령에게 한국이 사드 배치를 원하지 않으면 미국정부는 이 돈을 다른 곳에 쓸 수 있다고 언급했다. 미국이 한국을 돕기 위해 그것도 미국이 비용을 대면서까지 한국에 사드를 배치하겠다는데 이를 반대하는 한국정부를 이해하지 못하겠다는 불만이 섞인 반응이었다.[16]

이를 뒤집어보면, 한국이 배은망덕하게(?) 난색을 보이는데도 미국이 말로는 배치하지 않고 그 비용을 다른 데 쓰겠다고 하지만, 기어코 배치를 고집하는 이유는 무엇일까? 그것이 미국의 이익에 도움이 되고, 전략에 필요하기 때문이다. 단순하게 보면 더빈 의원이 표현했듯이 자신이 한국에 산다면 북한이 한국에 퍼부을 수백발의 미사일로부터 국민의 생명을 지키기 위해 되도록 많은 미사일방어시스템을 원할 것 같은데, 한국인들의 정서를 도저히 이해할 수 없다는 것이다. 늘 뒤따라오는 것이 한국인의 생각이 그렇다면 3만명에 달하는 주한미군 역시 한국에 주둔할 필요가 없다는 주장이다. 미국이 어려운 재정여건으로 모든 비용을 줄이고 있는 판국에도 한국에 헌신하고(?) 있는데 정작 한국은 원하지도 않는 사드를 배치하고 운용할 이유가 없다는 것이다. 더빈 의원은 상대적으로 진보적인 민주당 소속이다. 물론 여당 공화당 의원들은 트럼프의 주장대로 한국의 비용 분담을 요구했다.

한국의 보수세력들도 이런 미국의 주장을 그대로 반복했다. 더 심각한 것은 사드 무기체계의 효과에 대한 정확하고 객관적인 분석이나 한반도를 둘러싼 미·중 간의 전략적 경쟁에 대한 열린 토론조차 이루어지지 못한다는 것이다. 여기서 한번 더 문제가 꼬인다. 당시 사드 배치가 한국의 안보를 위한 것이라는 논리와 한국에 주둔한 미군들의 안위를 위한 것이라는 논리 간의 논쟁이 있었다. 물론 한국 정부는 양자 모두라고 말했지만, 의미는 달랐다. 미국에서는 처음에는 한국민이 자신들을 돕기를 원하는 미국의 제의를 거절하는 것에 대해 이해하지 못하겠다고 하다가, 시간이 갈수록 미군의 안전을 위한 무기를 한국 정부가 방해한다는 것으로 프레임이 만들어졌다. 이 주장 역시 결론은 트럼프 대통령에게 주한미군 철수를 위한 구실을 제공할 수 있다는 것이었다.[17] 더 기막힌 논리도 나왔다. 미국이 자신들을 보호하기 위해 원하는 무기체계를 한국에 배치할 수 없게 될 경우, 주한미군이 중국으로부터의 미사일의 인질로 잡힐 텐데,

이처럼 한반도에 주둔해야 하는 전략적 가치가 소멸하고 부담만 안게 된 주한미군은 철수시킬 수밖에 없다는 주장이었다. 그러니 그것이 미사일 방어체제든 대중 봉쇄를 위한 무기체계든 미국에 이익이 된다면 한국은 무조건 수용해야 한다는 논리다.

사드의 한반도 배치 문제는 미래의 통일 한국이 가지는 군사안보의 정체성과도 연결되어 있다. 미국은 한국이 친중 성향으로 흐르는 것에 우려를 지니고, 더 나아가 한국이 통일을 달성하고 난 뒤에 남북을 가르는 군사분계선에 의한 지금의 '작은 분단'이 대한해협을 중심으로 하는 '큰 분단'으로 변하는 상황을 최악으로 보고 있다.[18] 결국 사드 배치 여부는 남북통일 이후에도 주한미군이 계속 주둔하고, 동맹을 바탕으로 한·미의 군사안보 관계가 유지될 수 있는가를 시험하는 것일 수 있었다. 사드는 시작에 불과하다. 중거리 핵미사일 배치나 인도·태평양전략, 남중국해를 둘러싼 미·중의 갈등을 포함해 미국은 끊임없이 한국의 선택을 요구할 것이다.

중국 관점에서는 사드의 한반도 배치가 한국이 한·중관계를 희생해서라도 미국을 선택한다는 것이고, 더 나아가 한·미·일의 대중 봉쇄를 위한 포위망에 참여한 것이라고 볼 여지가 있다. 단순히 새로운 무기체계를 배치한 것이라든가, 북한의 위협에 대한 대응이라는 한국 측의 해명은 믿지 않았고, 『환추스바오環球時報』 등 중국 언론들은 사드 배치를 두만강과 압록강을 제2의 38선으로 만드는 것으로, 이는 중국과의 큰 분단의 계기가 되는 것이라고 인식했다. 따라서 한국이 사드를 배치하면서 통일에 대한 중국의 지지를 기대할 수는 없다고 비판했다. 이렇게 사드 배치는 한국이 미·중 갈등으로 급변하는 동북아 질서 속에서 어떻게 살아가야 할지에 대한 비전의 문제와 연결되어 있다. 이렇게 사드 배치 결정은 북한의 탄도미사일 위협에 대한 방어체제로서의 효용성이 증명되지 않았거나, 또는 무용할 가능성이 큰데, 중국과의 관계를 손상하고 경제보복까지 감수하는 '이중 위험'double jeopardy에 빠진 것이었다.

미·중 전략경쟁의 시대에 한국이 안보는 미국과 협력하고 경제는 중국과 교류하는 이분법적인 접근은 배타적 선택의 딜레마를 수시로 안겨 줄 뿐이다. 오히려 적극적으로 안보와 외교를 통합해 사고하며 자율의 공간을 확보해야 한다. 미리 대외정책의 원칙을 반복적이고 선제적으로 표명함으로써 정책적 선택이 미국이나 중국의 편을 드는 행위라는 점을 희석할 필요가 있다. 또한, 우리뿐만 아니라 전세계 거의 모든 국가가 미·중 사이에 끼여 있으므로 비슷한 입장을 가진 국가들과 연대를 이뤄 대처하는 것은 사후 보복을 완화하거나 또는 비껴갈 수 있게 할 것이다. 그리고 쉽지는 않겠지만, 우리가 지닌 불리한 조건을 오히려 지렛대로 활용하는 것도 생각해볼 만하다. 즉 한미동맹을 중국에 대한 지렛대로 사용하고, 지리적 인접성이나 경제적 유대를 대미카드로 활용하는 것이다. 사실 사드 배치 문제로 지나치게 압박한 결과로 한국을 미국으로 더욱 기울게 했다는 자성이 중국 내에 존재한다. 2017년 10월 31일 '미국의 미사일 방어체제 참여, 사드 추가 배치, 한·미·일 군사동맹'을 하지 않겠다는 이른바 '3불不' 입장을 표명함으로써 한·중관계 회복의 신호탄을 올린 것은 문재인 정부의 외교적 노력의 결실이기도 하지만, 중국 측의 자성도 작용했다.

이 장을 끝내기 전에 사드를 둘러싼 또 하나의 논란을 다루고자 한다. 박근혜 대통령의 탄핵으로 말미암아 2017년 5월 9일로 정해진 조기 대선을 앞둔 시점인 2017년 4월 말 사드 배치 비용 부담 문제가 뜻밖의 논란이 되었다. 트럼프 미국 대통령이 로이터와의 취임 1백일 기념 인터뷰에서 한국과의 자유무역협정과 사드 합의가 "최악"horrible이라고 비판하면서 재협상 의도를 밝힌 것이다.[19] 허버트 맥매스터Herbert R. McMaster 백악관 국가안보보좌관 역시 사드 배치 비용을 한국 측이 부담해야 한다는 취지의 발언을 하면서 논란이 커졌다. 사드 1개 포대를 구성하는 데 드는 비용은 약 1조 5천억에서 2조 사이로 알려져 있다. 요격미사일 한발당 가격은 약 110억원이다. 사드 배치 비용과 배치 이후의 운용 비용까지 모두 미국이 전액 부담하는 것으로 이미 합의가 끝난 사항이었지만, 트럼프 대통령은 상대방을 보호하는 비용까지 미국이 내라고 하는 것은 아니라며 기존의 합의를 번복한 셈이었다.[20] 트럼프는 기본적으로 고립주의를 견지하고 있으며, 해외에 주둔하는 모든 군대는 미국의 이익이 아니라 주둔국의 이익을 위해 있는 것이라고 본다. 따라서 주둔국이 돈을 내면 미군이 계속 주둔하는 것이고, 돈을 내지 않으면 철수해야 한다는 것이다. 이는 그의 기본 사고이기도 하지만, 이 논리는 그가 상대에게 들이대면서 더 큰 비용 분담이라는 양보를 얻어내는 데 활용하는 수단이기도 하다.

사드 배치 문제로 이미 대선후보들 사이에도 논쟁이 있었던데다가 비용 논란까지 더해진 셈이었다. 정부가 곧바로 비용은 미국이 내기로 이미 합의되었다고 재확인했지만, 논란은 쉽게 수그러들지 않았다. 일부 시민단체는 고발을 통해 황교안 대행 정부가 미국 측의 비용 부담 문제를 수용했거나 적어도 알고 있었음에도 국민을 속였다는 의혹을 제기했다. 정확한 사실관계는 알 수 없으나 사드 배치의 효용성과 정당성 차원만으로도 많은 문제가 초래됐는데, 트럼프 대통령의 비용 전가는 수용 불가였다. 앞에서 언급한 바 있는 포스톨도 사드는 미국의 동아시아지역 미사일 방어체제의 일부이며, 이는 중국을 견제하기 위해 한반도에 배치하는 것이므로 비용을 한국에 요구하는 것은 비합리적이고 부당한 요구라고 말

했다.[21]

비용은 미국이 부담하는 것으로 일단락되기는 했으나, 이를 통해 한·미관계가 기울어진 운동장이라는 실상이 다시 드러났다. 한·미 사이에서 이견이 발생하면 늘 미국은 한국정부의 팔을 비틀어 뜻을 이루는 패턴을 보인다. 이미 합의가 된 사항에 관해서도 합의 준수라는 요구보다, 재협상이 늘 가능하다는 주장이 먹힌다. 한미자유무역협정도 미국의 뜻대로 개정했다. 미사일방어체제의 상층 체계를 구축하는 나토 유럽 회원국들과 비교해도 굴욕적이며, 미사일체제 구축 비용을 부담하기는 하지만 이를 대부분 자신의 방어에 할당하는 일본보다 굴욕적이다. 한국의 미사일방어체계는 방어 임무, 지휘통제체계, 비용 부담의 모든 측면에서 미국의 일방적인 요구와 압박을 받았다.[22]

사드 배치 논란이 가열되었을 당시 이런 말이 있었다. 미국이 배치 계획을 공개하지 않고 사드를 들여왔더라면 아무런 문제가 되지 않았을 것이라는 얘기다. 미사일방어체제의 핵심인 사드체계를 비밀리에 들여오기가 쉽지는 않았겠지만, 불가능하지도 않다고 판단한다. 현재 한·미관계에서 미군이 비밀을 보장해야 할 전략무기라고 하면 미군이 이를 한국 땅에 들여온다고 하더라도 한국은 확인도 검사도 할 수 없다. 리들리 스콧^{Ridley Scott} 감독의 「아메리칸 갱스터」^{American Gangster}(2007)라는 작품이 생각난다. 베트남전이 한창이던 1960~70년대 베트남에 주둔하던 미군들이 캄보디아나 라오스로부터 마약을 사들여 미국으로 밀수한 다음 암흑가 갱에 팔아넘겼던 실화를 바탕으로 만들어진 영화다. 미군들은 전사한 미군의 관 속에 마약을 숨겨 오는 수법을 주로 사용했다. 캄보디아나 라오스 정부는 이를 막을 수 있는 권한이나 방법이 없었다.

마약 반입은 아니지만 2015년 5월 말 미군은 살아 있는 탄저균을 한국

정부에는 알리지 않고 반입해왔다는 사실이 배달업체 페덱스의 배달 사고로 우연히 세상에 알려졌다. 미국이 생물학무기를 개발하기 위한 실험을 주한미군을 통해 비밀리에 수행했을 것이라는 의혹이 제기되면서 충격을 주었다. 주한미군은 2013년 6월부터 용산과 오산 미 공군기지, 그리고 충남 미 육군 공중보건국 등 세곳의 미군기지 내 연구실에서 생물학전 대응 실험을 하는 소위 '주피터프로그램'을 진행했다는 것이다. 미국의 생화학무기 프로그램 주피터는 2013년부터 시작된 것으로 알려졌다. 이들이 비공개 군사시설인 관계로 한국정부는 조사단을 보내 현장조사를 진행할 수도 없었다. 일단 주한미군의 탄저균 실험은 생물무기금지협약 Biological Weapons Convention, BWC 위반이다. 고위험 병원체는 한국 질병관리본부에 신고하게 되어 있었지만, 주한미군은 탄저균 표본을 들여오면서도 사전 통보를 하지 않았다. 미국은 대한민국의 법률을 마음대로, 반복적으로 어겨왔다. 그래도 우리가 막을 방법은 거의 없다. 이것이 종합 국력 세계 10위 한국의 위상이다.

제16장

미국의 아시아로의
중심축 이동 전략과 한·미·일 관계[1]

/

미국의 군사전략 변환과
미일동맹의 변화

냉전체제가 붕괴한 이후 미국의 대외정책은 조지 H. W. 부시 행정부로
부터 클린턴 행정부까지 10여 년 동안 뚜렷한 방향을 상실한 채 여러 노선
이 혼재되어 나타났다. 반세기 냉전이 무너지고 도래한 탈냉전의 시기는
많은 이의 기대와는 달리 그리 평화롭지 않았으며, 냉전을 대체할 새로운
질서의 핵심을 파악하기 어려운 불안한 정세가 이어졌다. 미국은 강력한
경쟁자 소련의 붕괴로 유일 초강대국이 되었지만, 오히려 세계의 모든 문
제를 혼자서는 해결할 수 없다는 것을 시간이 흐를수록 절감했다.[2] 특히
소련과 비견될 만한 '분명하고 실재하는'clear and present 위협의 부재가
미국의 대외정책 결정자들에게 축복만은 아니었다. 미국은 냉전과 탈냉

전적 사고 사이에서 어떤 질서를 구축할 것인가에 대해 혼란스러웠다. 질서 재편과 관련된 여러가지 새로운 원칙들을 세우기 위해 노력했지만, 이를 종합할 수 있는 분명하고 체계적인 이른바 '그랜드 전략'Grand Strategy을 구축하는 데는 실패했다. 사실 미국 대외정책의 역사를 냉철하게 살펴보면 일관성 있는 거시전략이 의외로 많지 않다. 먼로독트린, 트루먼독트린, 그리고 닉슨독트린 등 손에 꼽을 정도를 제외하면 대부분의 대외정책이 큰 그림을 체계적으로 준비하고 일관성 있게 추진한 것이라기보다는 상황에 따른 대증적對症的 성격이 강했다.

냉전이라는 명확한 질서가 무너지고 등장했으며 그 미래를 쉽게 예측할 수 없는 탈냉전이라는 국제정세는 이러한 특징을 더욱 강화했다. 소련의 부재 상태는 미국으로 하여금 중국이라는 존재에 대한 새로운 인식을 요구했지만, 그렇다고 해서 곧바로 중국이 미국 대외정책의 최상의 우선순위로 부상한 것은 아니었다. 일본의 부상과 밀려든 일본 상품에 대한 우려 때문에 '일본 때리기'Japan Bashing로 법석을 떨었던 1980년대까지만 해도 중국의 부상에 대한 담론은 거의 주목받지 못했다. 그러나 일본이 1990년대 혹독한 경제침체를 겪으면서 경쟁 구도에서 완전히 밀려나면서, 중국이 아주 조금씩 미국의 시야에 들어오기 시작했다. 하지만 미국은 중국이라는 개별 국가보다는 여전히 새로운 세계질서에 대한 일반론 차원에서의 고민이라는 범주를 벗어나지 못했다.

조지 H. W. 부시 행정부가 냉전과 탈냉전의 과도적인 정권이었다면 탈냉전을 본격적으로 맞이한 클린턴 행정부는 일단 다자주의에 입각한 포용정책이라는 큰 방향을 잡으며 출발하였다. 경제 분야에서 중국과 일부 갈등이 있었고, 중국의 부상에 대한 경계의 목소리가 나오기 시작했으나, 각론보다는 국제정치 안정이라는 총론에 치중했다. 그리고 소련 붕괴가 제공한 미국의 이른바 '일극의 순간'unipolar moment은 누가 아군인지 누가 적인지 확실하던 냉전 때보다 대외정책의 방향을 결정하기가 훨씬 어렵다는 사실을 확인했다.[3] 중앙정보국CIA 전 국장 제임스 울지의 묘사처럼, 탈냉전 시기에도 전통적인 국익과 안보 개념은 여전히 국제정치의 핵심 변수였다. 냉전체제 해체 직후 잠시 소강상태를 보이던 군비경쟁의 움직임은 얼마 지나지 않아 냉전 시대에 뒤지지 않을 정도로 부활했으며, 그 결과 동북아 역내국들의 국방예산이 반등했다.[4]

미국은 질서 재편과 관련된 새로운 원칙들을 세우기 위해 노력했지만, 이를 종합할 수 있는 분명하고 체계적인 이른바 '그랜드 전략'을 구축하는 데는 어려움을 겪었다. 이런 안보·외교정책의 과도기와 혼란기의 전환점은 9·11테러 사건이었다. 이를 계기로 미국은 지난 반세기 이상 끌어온 안보정책의 방향을 대폭으로 수정했으며, 미국이 가지고 있는 불분명한 목표, '그랜드 전략'의 부재, 그리고 정체성의 혼란을 정리했다.[5] 새로운 적의 출현이 혼란을 겪던 안보 개념을 명료하게 해줌으로써 안보패러다임의 전환을 가속화하였다. 미국의 대외정책이 안보와 군사 중심으로 복귀하였으며, 과거 적의 위협에 대한 억지력을 강조하는 안보전략에서 변화를 도모해 미국이 가진 능력을 바탕으로 한 전략을 추구했다.

9·11 이후 1년간의 체계화를 거쳐 2002년 9월 국가안보전략NSS에 담긴 부시독트린은 2003년 말 세계 군사력 배치에 대한 재검토를 목적으로 하는 '해외 주둔 미군 재배치 계획'GPR이 수립됨으로써 구체적 군사독트린의 성격을 갖게 되었다. 이런 일련의 정책결과물들의 이념적 기반을 형성한 것은 네오콘들의 미국예외주의로, 그들에 따르면 민주주의, 자유시장주의, 그리고 미국적 이념과 가치는 온 세계가 본받아야 할 보편적인 가치이다. 따라서 9·11은 단지 미국에 대한 공격에 그치지 않고 이런 인류

전체에 대한 위협이며, 이러한 적극적인 위협의 제거는 미국과 세계를 위한 정당한 대응이라고 주장했다.

12장에서 상술한 것처럼 미국의 이런 전략적 변화를 초래한 계기가 9·11사태라면, 변화를 가능하게 만든 것은 1990년대 이후 꾸준히 발전해온 첨단군사기술이다. 미국의 군사 변환은 동맹국인 한국과 일본에 직접 영향을 끼쳤다. 미국은 특히 일본을 아시아·태평양 안보전략의 중추로 삼았으며, 미일동맹을 미영동맹의 수준으로 발전시키고자 했는데, 1990년대 중반부터 진행된 일본의 요시다독트린의 수정 움직임이 미국의 안보 패러다임 전환에 적극적으로 편승하면서 동맹 일체화를 가속화하는 방향으로 나갔다. 미일동맹은 과거의 후방지원형 동맹에서, 미국과의 공동 전략 수행이 가능한 동반자적 동맹으로 적극적인 변화를 모색했다. 당시에는 집단자위권의 허용에 대해 일본 국내 여론이 비판적이었지만, 일본 정부는 유엔 상임이사국 진출이나 국제사회에 대한 공헌, 소위 평화로운 세계를 향한 공헌을 강조하며 여론을 호의적으로 만들기 위해 노력했고, 어느정도 효과가 있었다.

이러한 일본의 움직임은 1990년대 말과 2000년대 초반의 한국의 모습과는 매우 상반된 모습이었다. 한국은 경제성장과 민주화에 대한 자신감 및 두 진보정부의 연속집권에 힘입어 그동안 종속적이었던 한·미관계에서 벗어나 부분적으로나마 동맹의 자율성을 확보하고, 미국의 세계전략에 연루되거나 동원되지 않기 위해 노력하는 모습을 보였다. 즉 일본은 미국의 의도를 가감 없이 수용하였지만, 한국은 남북관계가 개선되며 동맹의 위협 인식에서 차이를 보임으로써 미국과 갈등을 겪었다. 이는 또한 한·미·일의 서로 다른 동맹이익의 관점에서도 설명될 수 있다. 즉 미국은 패권 유지를 위해 동맹을 활용하는 것이라면, 한국은 생존을 위해 소극적인 순응을 유지하는 반면, 일본은 생존과 패권을 동시에 유지하려 하기에 미국에 대해 적극적인 순응으로 나가게 되는 것이다.[6] 이런 접근법의 다름을 설명해줄 원인 중에는 군사구조의 차이도 있었다. 부시 행정부의 럼즈펠드 당시 국방장관에 의해 주도된 '해외 주둔 미군 재배치 계획'은 기존의 주둔군 중심의 전략을 신속기동군 전략으로 변화시키는 것인데, 한국은 여전히 분단 대결구조에서 쉽사리 벗어날 수 없었던 반면에, 일본의 경우는 소련의 붕괴로 전수방위에 묶여 있어야 했던 이유가 상당 부분 사라졌기에 신축성이 발휘될 수 있었다. 일본의 자위대와 주일미군이 한국군과 주한미군과 비교하면 공군, 해군, 그리고 해병대 위주로 되어 있다는 것도 전환에 훨씬 더 유리한 점이었다.

그러나 탈냉전 이후 미국의 군사 변환을 추진한 부시독트린은 시간이 갈수록 정당성과 효율성을 잃었으며, 이것이 적용된 아프간과 이라크 침공은 실패로 평가되었다. 또한 테러리즘의 비대칭전이 국제정치의 새로운 변수로 등장하기는 했지만, 국제질서를 통째로 바꿀 '게임체인저'까지는 아니었다. 따라서 냉전질서를 대체할 질서에 대한 질문이 여전히 워싱턴을 지배했다. 여기에 등장한 것이 바로 중국의 부상이었다. 중국의 성장은 가히 눈부셨다. 중국은 개혁·개방을 시작한 1970년대 이후 중단 없는 성장을 이뤘으며, 외환보유고 세계 1위 자리를 2006년 이후 유지하고 있고, 2009년에는 독일을 제치고 세계 제1위 수출 대국으로 올라섰으며, 2010년에는 국내총생산GDP에서 일본을 추월하고 2위로 부상했다. 중국의 급격한 부상은 중국이 과연 미국에 위협인지, 아니면 협력자인지 미국의 내부 논쟁을 격화시켰다. 중국이 수십년간 개혁을 통해 자본주의 시장경제 체제를 공고히 해왔다는 점에서 소련과는 다르지만, 사회주의 체제를 고집하며 배타적 민족주의 성향을 띤다는 점에서 갈등 가능성을 배제하지 못한다는 주장이 힘을 얻었다.

미국은 세력전이의 국면으로 인지하고 일단 대중 양면전략을 채택함으로써 협력과 봉쇄 어느 한쪽으로 흐르지 않고 상황에 따라 대처해왔다. 돌아보면 탈냉전 20년간 미국의 대외정책은 소위 '균형자'balancer와 '패권자'hegemon 사이의 선택이었는데, 이는 결코 쉬운 것이 아니었다. 전자는 국제질서의 안정을 위해 패권 행사를 자제하는 것이라면, 후자는 안정보다 패권에 걸맞은 이익을 적극적으로 챙기는 것이다. 클린턴 행정부 8년은 대체로 전자, 부시 행정부 8년은 후자로 기울었다고 볼 수 있지만, 그렇다고 다른 한쪽을 완전히 포기하거나, 어느 쪽으로도 확고하게 옮겨가지는 못했다. 중국에 관해서도 위험관리 전략, 혹은 데이비드 램턴David M. Lampton의 말을 빌리자면 일종의 '위험회피적 통합'hedged integration 전략을 펼쳤다고 볼 수 있다.[7] 이는 양국이 서로의 관계를 규정하기 위해 사용하는 '전략적 관계'라는 개념에서도 고스란히 드러난다. 적어도 미·중 관계에서 '전략적'이라는 말은 어떤 상황에서도 자국의 이익을 확보하겠다는 것이며, 이를 위해 필요하다면 절대적인 협력관계도 갈등관계도 아닌 상태를 유지하면서 상황에 따라 적절하게 대처하겠다는 뜻이 내포되어 있다.

오바마 정부는 중국의 부상을 세계질서 재편의 핵심 변수로 인식했고, 아시아를 중시하겠다는 정책을 표방했으며, 미국 대통령으로는 최초로 취임 첫해에 중국을 방문했다. 제임스 스타인버그James Steinberg 국무부 부장관이 미국은 중국의 부상을 봉쇄하지 않겠다는 '전략적 재확인'strategic reassurance을 강조하며 대등한 양자 관계의 포괄적 협력을 역설했다.[8] 그러나 구체적 실천은 뒤따르지 않았으며, 전략적 동반자 관계로 복원하겠다던 의도와 달리 시간이 흐를수록 오히려 상대에 대한 의심과 갈등이 심화했다. 2008년 발생한 세계 금융위기에 대한 해결방안을 둘러싸고 양국의 견해 차이가 두드러졌으며, 동북아와 동남아에서는 군사전략 차원의 갈등으로 확대되었다.[9] 결국 오바마 정부는 미일동맹 강화를 통해 중국의 군사력 증대 및 패권 추구, 북한의 핵과 미사일 개발 등에 대처한다는 노선을 채택하였으며, 이것이 일본에 군사대국화로 나갈 수 있는 명분을 제공해주었다.[10]

한·미·일 삼각동맹에의 유혹

미국은 사실 한·미·일 3국의 군사협력을 이미 오래전부터 추진해왔는데, 샌프란시스코체제가 바로 그 출발점이라는 것은 앞에서 언급한 바 있다.[11] 그러므로 샌프란시스코체제의 부활 또는 재활용이라는 함의를 지닌 미국의 아시아 재균형 전략은 전후 지속해온 한·미·일 '의사疑似 동맹'을 실질적인 동맹으로 전환하고자 하는 시도로도 볼 수 있다.[12] 체제가 성립했을 때는 일본의 재무장을 제한하기 위해 미일동맹이 주로 작동했다면, 이제는 미국이 전략적 필요의 변화에 따라 일본의 군사 및 경제적 동원을 극대화하는 것으로 바뀐 것이다.

미국이 '아시아로의 중심축 이동'Pivot to Asia 또는 '재균형'rebalancing 전략을 표면화한 것은 2011년 11월이다. 아시아·태평양경제협력체 회의에 참석한 오바마가 미국의 최우선 사항이 중동에서 아시아로의 중심축 이동이라고 말했고, 같은 달 당시 국무장관 힐러리 클린턴이 『포린 폴리시』지에 아시아를 미국의 외교 중심으로 삼겠다는 의도를 자세히 밝혔다.[13]

그리고 곧바로 이듬해 1월에 발표된 국가안보전략NSS은 미국이 여전히 전지구적 안보에 골고루 공헌하겠지만, 아시아·태평양으로의 재균형 정책을 유지할 것을 확인했다.[14] '아시아로의 중심축 이동'이라는 용어가 아시아를 떠난 적이 없는 미국이 마치 돌아온다는 오해를 줄 수 있다는 점과 중국 봉쇄를 담고 있다는 느낌을 준다는 지적으로 인해 중립적 함의를 가진 '재균형' 전략으로 용어를 바꿔 부르게 된 것이다. 그러나 이에 대해서는 미국 내 의견이 조금 갈라진다. 오히려 '재균형' 전략이 공세적이라는 사람들도 있고, '아시아로의 중심축 이동'보다 먼저 사용되었다는 주장도 있다. 현재 전반적으로 '재균형' 전략이라는 용어의 사용 빈도가 더 높기는 하지만 '아시아로의 중심축 이동'이라는 말이 완전히 사라진 것은 아니다.

미국은 10년이나 끌었던 아프간과 이라크라는 두 중동지역에서의 전쟁이 종결되면서 생긴 여지를 아시아로 돌려 중국을 본격적으로 견제하겠다는 것이었다. 이를 위해 소위 '공해전'air sea battle 전략을 채택했는데, 냉전 시대 지상전에 주로 적용되는 '공지전'air land battle을 대치하는 개념으로 해군과 공군 위주의 전략을 강조하는 것이다. 공해전 개념은 2010년 4개년 국방검토보고서Quadrennial Defense Review, QDR에서 등장했고, 이는 아시아전략에 곧바로 적용되었다. 당시 국방장관이었던 리언 패네타Leon Panetta는 아시아 재균형 전략으로 2020년까지 미국의 군함 중 아시아·태평양지역에 배치되는 비율을 당시의 50퍼센트에서 60퍼센트로 늘리겠다고 밝혔다. 또한 아시아 재균형 전략은 동중국해와 남중국해를 대중 봉쇄의 핵심지역으로 삼으면서, 이를 '항행의 자유'freedom of navigation 확보로 정당화하는 전략이다. 미국은 이를 위해 일본 및 필리핀과 해상안보협력을 위한 협정을 2012년 중반에 체결하였다.

미국이 대아시아전략에서 한·미·일 삼각 군사협력을 본격화한 것은 2012년 6월 한·미 외교·국방 장관회담(2+2)의 공동선언과 2013년 10월의 미·일 외교·국방 장관회담(2+2)이다. 여기서 현재 및 부상하는 위협에 북한과 중국을 포함함으로써 한미동맹과 미일동맹의 위협 인식을 일치시키고자 했다. 한·미·일 동맹의 또다른 핵심은 단일 전장을 전제한 동북아지역 미사일방어체제^{MD} 구축이다. 미국은 동맹국에 MD를 구축함으로써 동맹국에 대한 확장 억지를 지원하고, 동시에 MD의 엄청난 소요비용과 그 실효성에 의문을 던지는 미국 내의 반대여론을 우회하겠다는 것이다. 한국형미사일방어체제^{KAMD}는 물론이고, 사드 배치 등도 모두 한국의 미국 MD로의 편입이라는 같은 지점을 지향한다. 2012년 한·미 2+2에서 제기된, 북한의 미사일 위협에 맞서는 소위 "포괄적인 연합방어" 태세가 바로 KAMD가 독립적으로 존재할 수 없음을 확인해준다. 한국정부는 MD 참여를 부인하고 있지만, KAMD가 미국의 조기경보 지원이나, 관련 무기 구입, 지휘체계의 도움 없이 불가능하다는 점에서 실질적으로 미국의 체제에 편입될 여지가 매우 높다. 한국정부는 국내 여론과 중국을 의식해서 겉으로는 독자개발이고 MD 편입은 아니라고 주장하면서 실질적으로는 참여하는 것으로 가닥을 잡았고, 이런 합의가 반영된 것이 박근혜와 오바마가 지난 2년간 정상회담을 할 때마다 강조해온 '상호운용성'인 것으로 판단된다.

한·미·일 군사정보 공유에 합의한 것도 같은 맥락이다. 2012년 이명박 정부에 의해 밀실에서 추진되던 한일군사정보보호협정은 국내 여론의 거센 반대에 부딪혀 무산된 이후 상당 기간 수면 아래 가라앉아 있었다.¹⁵ 가속화되는 일본의 우경화로 인해 국민감정이 악화하면서 꼼짝하지 못하다가 미국이 한·일관계를 중재하는 과정에서 조금씩 되살아났다.

그러던 중 2014년 3월 헤이그에서 미국의 중재로 열린 한·미·일 3자회담의 분위기를 타고 차관보급 안보토의^{DTT}에서 한·미·일 군사정보교류 양해각서^{MOU}를 체결하는 방안이 본격 거론되었다. 또한, 한·일 양국 간 상호군수지원협정^{Cross-Serving Agreement}의 체결 노력도 진행되고 있다. 이렇듯 아시아 재균형 전략을 위해 한·미·일 삼각 군사협력을 원하는 미국의 입장이 빠른 속도로 반영되고 있는 것을 확인할 수 있다. 2014년 5월 31일 싱가포르에서 열린 한·미·일 국방장관 회담에서 3국 간 군사정보 공유의 필요성에 공감하고, 정보 공유 제도화 논의를 본격화하기로 합의했다. 또한, 북한 핵과 미사일 관련 정보 공유의 범위와 형식 등을 논의할 워킹그룹을 가동하는 데도 합의했다.

미국은 삼각 군사협력의 가장 큰 장애물이 한·일관계 악화라고 판단하고 이를 개선하기 위해 노력해왔다. 미국은 처음에는 한국에 우호적이었고 아베의 반역사적 행동을 비판하는 분위기였지만, 시간이 갈수록 미국의 전략적 필요가 더 중요시되면서 태도가 달라졌다. 미국의 세계전략에 일본이 공명하고 있다는 점에서 미국이 굳이 군사협력을 방해하는 우경화나 역사 왜곡에 대한 비판에 적극적으로 가담할 필요가 없다고 판단했던 것으로 보인다. 과거사 문제에 대해서도 초기에 한국을 이해하는 방향에서 시간이 갈수록 바뀌어 일본이 충분히 성의를 보였다는 식으로 표현하기 시작했다. 미국의 입장에서 한·일의 역사 대립은 샌프란시스코체제를 불안정하게 만드는 피해야 할 일일 뿐이다. 심지어 미국 내 보수세력들은 한국이 과거를 담보 삼아 한·미·일 군사협력의 미래를 방해한다는 식으로 비난하기까지 했다.

이러한 미국의 자세 변화는 14장에서도 소개한 것처럼 2015년 초 웬디 셔먼 미 국무부 정무차관의 발언으로 표출되었다. 셔먼은 "한국과 중국이 소위 '위안부' 문제를 놓고 일본과 논쟁하고 있으며 역사 교과서 내용, 심지어 바다의 다양한 명칭을 놓고 이견이 표출되고 있는 데 대해 이해는 가지만 실망스럽다"고 비판했다. 더 나아가 "정치지도자가 과거의 적을 비난함으로써 값싼 박수를 얻는 것은 어렵지 않다"면서 과거에 매달리는 한국과 중국을 탓하며 일본의 입장을 변호하는 발언을 했다.[16] 이 시점부터 미국은 한·미·일 동맹 구축에 대해 전술적 수정을 가한 것으로 보인다. 즉 한·미·일 삼각 협력 구축을 최선의 시나리오로 추진해온 전략에서, 한·일관계 악화로 인해 차선으로 미·일 협력체제를 본격 시동한 후 한국의 선택을 압박하는 방향으로 조정한 것이다.

미국과 일본은 2015년 아베의 방미와 미·일 안보 가이드라인의 개정 이후 대중 봉쇄를 위해 미일동맹을 강화했고, 본격적으로 한국에 진영 선택을 압박했다. 한미동맹과 미일동맹은 지금까지 일종의 유사 삼각동맹으로서 대미관계와 동북아의 정세 변화에 따라 때로는 보완재, 때로는 대체재 관계였다. 물론 미국 입장에서는 원칙적으로 양국이 상호보완재로 기능하는 것이 바람직했겠지만, 한·미, 미·일, 그리고 한·일관계에 갈등이 발생할 경우, 동맹의 선호도가 실제로 달라지기도 하고, 또는 선호도를 통해 양 동맹국을 길들이는 카드로 사용했다. 역사적으로 한미동맹은 공동의 적과 직접 대치하고 있다는 면에서 동맹의 결속력에 강점이 있다고 할 수 있지만, 미국의 세계전략에서 차지하는 비중은 미일동맹이 더 크다. 또한 앞에서 지적한 바와 같이 탈냉전 이후 한미동맹은 한국의 자율성 확보 노력과 북한 위협 인식의 감소로 흔들렸던 반면에, 미일동맹은 미국의 세계전략에 대한 일본의 적극적 경비 부담과 역할 분담 의지를 통해 꾸준하게 강화되었다. 일본은 미국과 중국이 갈등구조로 나아가는 데 아예 촉매가 되기로 작정했고, 우리는 미국과 중국 사이에서 난처해하면서도 한미동맹의 프레임에 그대로 갇혀 있는 양상이다.

미일동맹 일체화와
한미동맹의 딜레마

앞에서도 잠깐 지적한 것처럼 미일동맹과 마찬가지로 한미동맹에도 유사한 변화 압력이 가해졌다. 즉, 대북 억지에 한정된 주한미군이 미국의 세계전략에 맞추어 지역군화하고, 한미동맹도 역시 이런 목적을 위해 변화하도록 요구받은 것이다. 그런데 한미동맹이 북한만이 아니라 중국을 겨냥하는 동맹으로의 전환을 요구받기 시작한 것은 사실 노무현 정부 당시로 거슬러 올라간다. 부시 행정부는 GPR의 차원에서 주한미군의 소위 '전략적 유연성'strategic flexibility을 모색하면서, 한국의 합의를 요구했었다. 노무현 정부는 미국의 전략을 이해하지만, 원하지 않는 동북아지역 분쟁에 무조건 연루될 수 없다면서 유사시 한국의 동의를 얻어야 한다는 제한장치를 마련한 후 겨우 합의했던 일이 있었다. 그러나 이러한 제한 노력은 국내 정권이 보수정부로 넘어가면서 무위로 끝나버린다. 2008년 이명박 정부가 부시 정부에 '21세기 전략동맹'을 제의해 합의하게 되는데, 한미동맹의 격상이라고 하지만 그보다는 전략적 유연성을 포함한 미국의 아시아전략을 우리가 전면적으로 수용하게 되었다는 점에 주목해야 한다.

반복하건대 한미동맹은 전형적 비대칭 동맹으로서 약소국인 한국이 안보를 보장받는 대신 강대국인 미국이 한국에 대해 영향력을 행사하는 관계다. 이는 냉전구조 속에서 한국의 안보를 위해 불가피한 측면이 없지 않았다. 그러나 위계적 한미동맹이 개선되지 않은 상태에서 출범한 한미 전략동맹은 동맹의 목적을 모호하게 만듦으로써 한국에 대한 미국의 통제력이 더욱 커지게 만들 여지가 있다. 특히 한미동맹이 동아시아지역 및 범세계적 차원의 전략적 이익을 공유함으로써 국제 평화에 공헌한다는 내용을 가지고 있는데, 이는 한반도를 넘어 동북아와 전세계까지 동맹의 활동영역을 확대한다는 의미다. 이는 특히 미국 측의 치밀한 작업의 결과였는데, 『위키리크스』가 공개한 미국대사관 전문에 따르면 이명박 대통령이 정상회담 직전 독자적으로 전략동맹을 천명한 것은 한국이 주도하는 모양새를 갖추도록 하기 위한 미국 측의 의도가 반영된 것이었다. 이명박 대통령이 취임하기 전에 당시 주한 미국대사 버시바우Alexander Vershbow가 본국에 「한미동맹을 위한 비전 2020」이라는 보고서를 제출하는데, 거기서도 같은 내용을 밝히고 있다.

전략동맹은 박근혜 정부로 계승되어 2013년 5월 오바마와의 첫 정상회담에서 이를 확인했다. 박근혜 정부는 한미동맹 60주년을 맞아 한국이 미국의 21세기 글로벌 파트너로 '격상'된다는 것은 국력에 맞는 책임을 부여받은 것으로 대미 의존관계를 탈피하는 것이라고 강조했다. 그러나 글로벌 협력이라는 이름하에 미국의 세계전략적 필요에 따라 우리 군대와 물자가 동원될 수 있는 여지를 증가시키고, 방위비 분담액 증가와 무기구매 압력으로 이어질 개연성을 높였다. 오바마는 정상회담 직후 양국이 북한의 미사일 위협에 포괄적이고 상호 운용이 가능한 미사일 방어를 통한 연합방위력을 계속 강화해나갈 것을 합의했다고 밝혔다. 한미전략동맹에 대해 비교적 긍정적인 평가를 하는 분석들조차 공통적으로 한미동맹의 체제를 유지하되 한미동맹의 배타성, 특히 한미동맹이 중국을 포위하는 것으로 비칠 우려를 어떻게 극복하는가가 향후 동맹의 중요한 과제

라고 지적하고 있다.[17]

한반도와 동북아의 냉전체제를 단순화하자면, 한국·미국·일본을 축으로 하는 남방 삼각동맹과 북한·중국·소련을 축으로 하는 북방 삼각동맹의 대립 구도라고 할 수 있다. 남방에서는 1951년 9월 미일안전보장조약과 1953년 한미상호방위조약으로 분리되었지만, 미국을 축으로 유사 삼각을, 북방에서는 1961년 조소우호조약과 조중우호조약이 역시 따로 체결되었지만, 북한을 축으로 유사 삼각을 구축했다.[18] 냉전 종식 이후 북방으로부터의 위협이 현저히 감소했다고는 하지만 남·북한 적대관계가 유지되고 있고, 진영 갈등이 약화되기는 했지만 남아 있다는 것이 동맹 대 동맹 구도를 지속시키는 근거가 되고 있다. 냉전적 진영 구도가 완전히 해소되지 않은 상황에서 미국의 아시아 재균형 전략에 의해 부활하는 양상이 된 것이다. 물론 현재 미국과 중국이 보이는 높은 상호의존 정도를 고려하면 과거 미국과 소련 간에 존재했던 것과 같은 냉전질서가 그대로 재현되지는 않을 것이다. 하지만 그렇기에 우리로서는 더 큰 어려움에 봉착할 수 있다. 왜냐하면 미·중 양국이 협력과 갈등의 이중전략 사이에서 상대의 의도를 파악하기 위해 한국을 시험대로 삼을 가능성이 크기 때문이다. 한국은 이미 여러차례 미·중 전략경쟁의 테스트베드test bed 역할을 했다. 구체적으로 방공식별구역, 사드 배치, 집단자위권 허용, 그리고 남중국해에 대한 한국역할론 등이 바로 그런 함의를 가지며, 앞으로도 유사 사례들이 반복·심화될 가능성이 매우 크다. 2015년 9월 워싱턴 정상회담에서 오바마는 남중국해에서의 한국의 역할을 직접 주문하기까지 했다.

한국의
과제

지금까지의 분석을 간단하게 정리하면 다음과 같다. 미국은 냉전체제 붕괴 이후 약 20년간 새로운 질서를 모색하는 과정에서 가장 중요한 변수로 급부상하고 있는 중국에 대해 일관된 '그랜드 전략'이 부재한 가운데 정책적인 혼선을 겪어왔다. 오바마 행정부에 와서는 G2로서의 중국을 인정하고 전략적 협력관계를 모색했지만, 오히려 갈등과 혼란은 심해졌다. 글로벌 차원에서 미국과 중국의 세력전이 여부는 논란의 여지가 있을지 모르지만 적어도 아시아에서의 권력 재편은 이미 현실이 되었다. 관여와 봉쇄를 오가는 오바마 정부의 양면적인 대중정책은 많은 약점에도 불구하고 상당한 안정성을 유지할 수 있었다. 그러나 그것은 정책의 효율성보다는 중국의 영향력이 미국과 충돌할 만큼 강력하지 않았기 때문이기도 했다. 미국과 중국은 국제정치에서 가장 중요한 두 국가이며, 양국의 관계가 미래의 국제정치를 결정하는 가장 큰 독립변수라는 점은 누구도 부인하기 힘들다. 신현실주의자들의 예측대로 구조적인 면에서 미·소 대결의 재현이 될 것인지, 아니면 자유주의자들이 주장하는 대로 세계화 속에서 공동운명체로서 긴밀한 협력관계로 안정화될지 판단하기 쉽지 않다. 분명한 것은 경제는 물론이고 군사안보 분야에서도 분명 껄끄러운 상대라는 것이다.

양국이 전쟁을 치르는 등의 극단적인 경우로 가지는 않겠지만, 갈등이 심화할 여지는 충분하다는 것이다. 중국이 자신의 안방이라고 생각하는 아시아에서만큼은 절대로 밀릴 수 없다며 맞대응하는 전략을 계속할 경우 미국이 추구하는 봉쇄와 협력 사이에서의 균형은 쉽게 붕괴할 수 있다. 중국은 이미 미국의 전략을 자신의 하락을 늦추기 위해 중국의 상승을 방해하는 위협으로 해석했다. 중국이 군비증강을 통해 대비할 것이고 미국은 다시 이에 반응하는 안보딜레마가 촉진될 가능성이 매우 크다. 미·중관계를 악화시킬 수 있는 또 하나의 원인은 이 둘의 갈등이 근본적으로 다른 이념과 정체성의 충돌이라는 점이다. 미국예외주의와 중화 민족주의의 충돌 가능성이 커졌다. 20세기를 자신의 세기로 만들어온 미국이 하락하고 중국에 도전받는다는 것 자체를 미국인들은 감내하기 어렵다. 중국도 미국의 자극적인 정치 수사들을 받아줄 여유가 없다. 중국의 경우 권력독점을 정당화해온 공산주의 이데올로기의 약발이 떨어지고 있고, 그대신 민족주의가 급부상하는 상황까지 겹쳐 있다.

중국이 미국이 만들고 또 주도하려는 질서에 순응하며 공존할 것인지가 관건이며, 미국으로서도 안정과 공존을 위해 영향력 약화를 감수할 것인지, 아니면 중국과의 패권경쟁을 본격화해서 우위를 확실히 다질 것인지의 선택이 남아 있다. 그러나 그 선택이 보통 어려운 것이 아닌 딜레마 상황이다. 상황 전개에 따라 미국의 선택이 더는 의미가 없어지고, 중·미 갈등구조가 미국의 선택을 일방적으로 규정해버릴 수도 있다. 협력을 촉구하는 정치 수사들이 난무하지만, 중국과 미국의 전략적 목표는 수렴보다는 갈등 요소가 우세하다. 북핵 문제, 환율분쟁, 남중국해 영토분쟁, 타이완 무기판매, 티베트 문제 등 광범위한 분야에서 갈등은 반복적으로 수면 위로 부상했다. 이미 미국이 중국과의 치열한 경쟁 없이 패권을 유지할 수 없으며, 동북아 안정에 대한 위협을 각오하지 않고서는 우위를 점할 수 없는 상황이 도래했다.

미국은 탈냉전의 도래와 9·11테러 이후 군사 변환을 추진했으며, 이것이 오바마 정부의 '아시아로의 중심축 이동' 또는 '재균형' 전략에 의해 계승되었다. 재균형 전략은 다시 일본의 안보정책 변화와 수렴하면서 대중 견제를 기치로 미일동맹의 심화로 이어졌다. 그러나 문제는 이것이 동북아 지형을 불안정하게 만들고, 오바마 정부 당시까지는 협력과 갈등의 이중성을 띠고 있던 미·중관계를 갈등 쪽으로 추동했다는 점이다. 미국은 중국 봉쇄를 부인하지만, 중국은 자신들이 중심에 있다고 이해하기보다는 과녁이 되고 있다고 생각한다. 즉 재조정 전략을 중심으로 한 미국의 상당수 정책이 중국의 부상을 억제하거나 지연시키고, 잠재적으로 방해하고 있다고 생각했다. 여기에 미국의 전략에 일본이 적극적으로 편승함으로써 상황을 더욱 어렵게 만들어왔다. 폭주하듯 전개되어온 아베의 외교·안보정책 전환의 요체는 중국의 급격한 부상으로 인한 미·중 갈등 구조를 활용하여 군사적으로 제한받아온 전후체제에서 벗어나겠다는 것이었다. 이는 미국의 미일동맹에 의존해 동북아의 열강 정치에는 직접 관여하지 않았던 기존의 요시다독트린으로부터의 확실한 이탈이었다.

이는 한반도에도 심대한 영향을 끼친다. 아베의 외교·안보정책 전환과 미국의 한·미·일 삼각 군사협력의 추진이 내포하는 긍정적 함의로 가장 많이 거론되는 것이 바로 북한의 위협에 대한 공조와 중국의 위협적 부상에 대한 대비이다. 또한 전후 오랜 기간 일본의 평화헌법 체제가 국제사회에 대해 나름의 공헌을 해온 것도 사실이고, 유엔 회원국으로서 유엔헌장이 부여한 집단자위권의 행사를 한국이 무작정 반대할 수만도 없다. 그러나 아베의 외교·안보 체제의 전환이 지나치게 군사적인 측면을 부각하며, 배타적인 민족주의에 기초한다는 점이 문제인 것이다. 또한 한미동맹이 미일동맹의 하부구조화되는 것에 대한 우려다. 미·일 안보 가이드라인의 개정에서 양국은 주변국의 동의 없는 일본의 집단자위권 행사는 없

426

다고 원론적인 말만 반복했으나, 미국이 일본으로의 아웃소싱을 기대하는 전략, 즉 일본이 미국을 대신해서, 또는 미국의 위임을 받아서 한반도에 개입하는 전략의 가능성과 미·일 군사 운용의 통합성을 고려할 때, 구체적인 방안을 마련하지 않으면 그같은 집단지위권 행사를 막기 어렵다. 당시 일본의 관방장관이 북한의 유사시 상황에서 개입할 가능성을 시사한 데 대해 한국정부가 항의했지만, 미국 국방장관 애슈턴 카터가 일본의 편을 들어주었다는 사실이 품고 있는 함의는 많다.[19] 미국이 일본의 재무장을 정당화하기 위해 중·미 갈등을 조장하고, 북한을 일관되게 악마화하면서 역내의 안보딜레마와 군비경쟁, 그리고 신냉전 구도를 가속화하고 있어 더욱 우려를 불러일으킨다.

더욱이 최근의 국제정치에서 대외정책이 국내의 정치에 끼치는 영향력이 나날이 커지고 있다. 동북아 6개국은 내부 단결과 권력 공고화를 위해 강경하고 민족주의적인 대외정책을 우선 채택함에 따라 갈등구조에 편승하려는 유혹이 커지면서 국가 간 신뢰구축이 어려워졌다.[20] 북한의 선군정치, 일본의 우경화 드라이브, 러시아의 반미정책, 중국의 신민족주의, 미국의 중국위협론, 한국의 안보 포퓰리즘 등이 모두 유사한 맥락이다.[21] 그 중심에 남북관계의 악화가 놓여 있다. 남과 북은 분단을 해소하지 못했을 뿐 아니라 더 심화시켰고, 상호적대감도 더 커졌다.[22] 남북관계가 악화되면서 한미동맹에서 군사적 요소가 지배하고 있으며 남북은 물론이고 동북아 전체의 안보딜레마와 군비경쟁이 초래되고 있다. 물론 북한의 도발과 호전적 행동의 책임이 크다. 그러나 한·미 양국이 대화를 통해 해결하려 하기보다는 북한을 압박하고, 이를 동맹 강화나 진영외교를 정당화하는 데 이용하면서 상황을 더 악화시키고 있다.

여전히 분단구조 아래 살아가는 현실에서 우리가 동북아에 부활하고 있는 신냉전 외교를 반대해야 할 당위성은 너무나도 분명하지만, 사실상 우리가 미국의 전략체제에 이미 상당한 수준으로 편입되어 있기에 운신의 폭은 크지 않다. 한반도를 둘러싼 상황들이 좋지 않고, 이에 대응하는 한국정부의 외교는 정교하지 못하다. 다만 미·중관계가 대결 구도로 확정된 것은 아니며 한국 역시 편을 가르고 진영을 확고하게 선택한 상태는 아니라는 점이 그나마 다행이다.

한반도의 평화로운 미래를 위한 열쇠가 결국 남북관계의 복원에 있다는 것은 불문가지이다. 한국의 입장은 남북관계 개선을 통한 한반도의 안정과 평화가 전제되지 않을 경우, 강대국들의 권력 재편의 소용돌이에 그대로 함몰될 수밖에 없다. 남북관계의 개선과 함께 진영을 넘는 '크로스오버'crossover의 다자 외교를 회복해야 한다. 아세안지역안보포럼ARF이나 아시아·태평양경제협력체APEC 등과 같은 아·태지역의 다자간 회의는 물론이고, 한·미·일, 한·중·일의 소다자 대화도 적극적으로 활성화해야 할 것이다.

중단된 6자회담을 부활시키는 것도 한가지 방안이 될 수 있다. 비록 미국과 북한 모두 6자회담에 반대했고, 지금도 그렇지만, 6자회담의 결실인 2005년의 9·19 공동성명은 비핵화부터 한반도 평화체제 수립에 이르기까지 악화일로의 동북아의 안보 질서를 회복할 수 있는 실질적 제안을 모두 담고 있다. 결국 실천의 문제인 것이다. 다음 전략도 미리 염두에 두어야 한다. 예를 들면, 6자회담 내의 다양한 조합을 가동하는 것이다. 초기에 미국도 북한도 탐탁하지 않게 생각했던 6자회담이 제대로 돌아갈 때는 바로 북한과 미국의 양자회담이 성공했을 때였다. 따라서 한편으로는 한국이 북한과 미국의 대화를 촉진하는 중재자의 역할을 적극적으로 하고, 다른 한편으로는 북미회담뿐만 아니라 6자회담 내에 남북이나 중·미

의 양자회담이나 한·중·미, 남·북·미 3자회담, 또는 남·북·중·미의 4자
회담 등을 다양하게 추진할 필요가 있다.

제17장
문재인의 한반도 평화프로세스와 한미동맹[1]

촛불혁명과
문재인 정부의 출범

2017년 3월 10일 박근혜 대통령 탄핵 결정이 내려졌고, 5월 9일 대통령 선거로 신정부가 출범하였다. 촛불혁명으로 시작해서 탄핵 인용으로 이어진 모든 과정은 국정을 농단해 자격을 잃은 대통령을 평화적이고 합법적인 방법으로 끌어내린 민주주의의 진정한 승리였다.[2] 오늘날 민주주의를 가리켜 선거 이후에는 무력한 '청중 민주주의'audience democracy, 즉 주권을 가진 시민보다는 정치가가 만들고 조종하는 이미지에 반응하는 구경꾼의 민주주의라며 비판했던 베르나르 마냉Bernard Manin에게 한국의 광화문의 광장 민주주의는 확실한 반대 사례를 제공했다.[3]

문재인 정부의 출범은 '광화문 촛불 정신'을 계승하는 것이라고 할 수 있다. 대한민국 국민은 "이게 나라냐?"라는 질문에 이제 "이게 나라다!"라는 답을 줄 기회를 얻었으며, 대한민국 헌법 제1조와 제2조가 살아 있음을 증명했다. 박근혜는 사적 권력을 위해 민주주의를 후퇴시키고 공공성을 훼손함으로써 국가란 존재가 과연 무엇인가를 고민하게 했다. 대통령은 전근대적 군주처럼 행동했고, 집권 여당은 삼권분립의 견제 기능을 송두리째 포기한 신하에 불과했다. 그러나 국민은 '신민臣民'이기를 거부하고 민주공화국의 주권자인 시민으로서 대한민국 헌법의 유효함을 증명했다. 탄핵 전의 대한민국은 세월호와 다름없는 운명이었으나 국민이 스스로 침몰을 막아냈다. 대통령은 골든타임을 낭비했지만, 국민은 정부의 야만성에 항거했고, 매장당한 공동체 의식을 되살려 마침내 침몰을 막아냈다. 오바마 대통령이 임기를 마치면서 "헌법은 미국이 가진 소중한 보물이지만 사실은 종잇조각에 불과하다. 그러나 여기에 진정한 가치를 부여하는 것은 바로 국민이다."라고 했다.[4]

박근혜 정부의 몰락과 신정부의 출범은 해방 이후 오늘까지 이어진 반민주, 친일, 친재벌주의 등의 극복을 요구받은 것이었다. 이외에 정말 중요한 과제가 놓여 있는데 그것은 분단체제에 기생하면서 이를 악용해온 안보장사꾼들의 종북·반평화 프레임에 대한 극복이었다. 촛불혁명은 민주주의 역사에서 4·19혁명, 5·18 민주화운동, 6·10 민주항쟁의 연속선상에 있으며, 대외 및 남북관계에 있어 6·15와 10·4의 평화와 민족화해 정신의 계승이었다. 이명박·박근혜 정부는 탄핵의 직접적 이유인 민주주의의 훼손과 국정농단만큼이나 한국사회에 해악을 끼친 반反평화적인 집단이었으며, 분단체제를 자신들의 권력을 위해 철저하게 이용한 세력이었다. 친미·반북을 내세워 국내의 이념갈등을 증폭시킴으로써 권력 획득과 유지에 골몰했다. 남·북한 모두 상호적대감을 확대 재생산함으로써 정치적 입지를 강화하는 이른바 '적대적 공생' 구도였다.

탄핵 인용 이후에도 국방부와 외교부는 황교안 권한대행과 함께 미국의 군부와 군산복합체의 이익을 대변하는 듯한 행보를 계속했다. 사드 추가 반입에 대한 문대통령 보고 누락은 이런 적폐를 드러낸 충격적 사건이었다. 권력 교체의 가능성이 매우 큰 시점에서 도리어 사드 배치를 가속화한 것은 외교·안보·통일정책을 여전히 권력 유지의 수단으로 삼는 적폐 행태가 정부가 바뀐 뒤에도 변하지 않았음을 재확인해준다. 한반도의 분단은 북한 문제에 대해 보수와 진보의 관점으로 나뉜 정치적 영역뿐만 아니라 한국인 삶의 거의 모든 영역에 깊은 영향을 미쳤다. 보수세력은 전통적으로 북한에 대해 강경한 접근방식을 취해왔다. 그들은 북한을 포용하는 것으로는 북한의 행동을 변화시킬 수 없다고 믿으며, 미국과의 강력한 군사동맹이 제공하는 억지력을 통해 국가의 안전을 보장하는 것을 가장 중요하게 생각한다. 또한 북한을 구제불능의 국가로 여기며, 북한 지도부는 비이성적이고 심지어 악마와 같다고 생각하기 때문에 북한과의 협상을 쓸모없고 위험한 것으로 치부해버린다. 북한 핵 문제에 대해서 보수세력은 북한을 최대한으로 압박하는 것 외의 옵션은 무용지물로 여긴다. 북한이 협상테이블에 나오는 것은 한국을 배제하고 미국을 통하는 이른바 '통미봉남通美封南' 전술로 한국과 미국을 이간질하고 속일 시간을 벌어야 할 필요가 있을 때뿐이라고 주장한다.[5]

한편, 진보세력들은 '눈에는 눈, 이에는 이' 같은 대결적 구도보다 평화와 남북협력을 더 중요시한다. 그들에게 평화는 선택이 아닌 70년의 상호 적대를 종식하기 위해 반드시 완수해야 할 불가피한 사명이다. 진보세력들은 북한이 핵무기를 개발하는 것은 체제 생존에 대한 두려움과 불안감에 기인한다고 생각한다. 북한의 두려움과 불안감의 상당 부분은 한국과 미국의 군사동맹으로 야기된다는 것이다. 즉, 억지력 그 자체는 안보를 위해 억지력을 강화하려는 한쪽의 움직임이 다른 한쪽을 위협함으로써, 위협을 느낀 상대방 또한 자신의 억지력을 강화하도록 만드는 국제정치의 전형적 안보딜레마를 초래한다는 것이다. 진보세력들은 덜 적대적인 방식으로 북한을 대한다면 북한도 비핵화를 위해 협상에 나설 것이라고 주장한다. 김정은 북한 국무위원장은 2018년 6월 싱가포르에서 도널드 트럼프 미국 대통령과 역사적인 만남을 가진 뒤 "미국과 자주 만나 신뢰를 쌓아 종전과 불가침 조약을 약속받는다면, 핵무기를 유지하면서 어려움 속에 살 이유가 없을 것 아닌가?"라며 이러한 전제를 재확인했다.[6] 이 약속에는 한국전쟁 종전선언, 한미군사훈련의 취소 그리고 미국의 안전보장이 포함된다.

문재인 대통령은 취임하자마자 반복되는 북한의 미사일 발사와 핵실험 등 수많은 난관에 직면했다. 그럼에도 문대통령은 남북 간 대화와 협력을 통해 평화와 번영의 한반도를 만들겠다는 의지를 굽히지 않았다. 문대통령의 꾸준한 비전과 진정성 있는 대화 제안은 북·미 양측의 인정을 받아, 평창동계올림픽 개최를 촉매로 역학관계에 큰 변화를 일으켰다. 2018년 신년사에서 김정은 위원장은 개막을 불과 몇주 앞둔 평창올림픽에 대한 북한의 참가 의지를 보였다. 문재인 대통령은 국가 안보를 희생시키지 않고 평화를 이루려는 노력을 지속하였다. 그러나 그의 평화구상이 국가 안보를 약화할 것이며, 지속 가능한 평화를 이루고 북한의 위협이 사라진다면 한미동맹의 정당성이 약화할 것이라는 보수진영의 끊임없는 우려에 맞서야 했다. 많은 전문가는 물론 한국과 미국의 여론 역시 이러한 변화들이 초래할 결과에 대해 우려를 표했다. 이런 상황에서 문대통령은 한·미의 굳건한 동맹을 통해 국가 안보를 수호하는 것과 북한에 대한 외교적 관여를 촉진하는 것 사이에서 균형을 잡아야 했다. 이것이 성공하기 위해서는 미국과의 긴밀한 의견 조율이 필수적인 것이라는 사실을 문대통령도 인지하고 있었다. 그래서 문대통령은 평화프로세스로 인해 억지의 냉전체제 그리고 한미동맹에 어느정도 변화가 있을 수 있지만, 한반도 비핵화와 평화가 달성된 후에도 한미동맹은 계속 국가 안보의 핵심축으로 역할을 할 것이라고 거듭 강조했다.

바로 이런 점이 문재인 대통령의 평화구상이 양면성을 띠게 만든다. 과거의 억지력에 기초한 안보 메커니즘을 유지하면서 동시에 남북관계를 개선함으로써 변화를 시도하는 과정에서 긴장이 형성된다. 문대통령은 자신의 평화구상으로 억지에 기초한 안보가 희생되지 않을 것이라고 거듭 강조했지만, 오랜 이념분열이 여전히 그를 괴롭힌다. 보수진영의 의심을 의식한 문대통령은 국방예산을 늘리고 기존 무기체계 도입 일정을 앞당겨 국방을 대한민국의 최우선 과제로서 더욱 강조했다. 그러나 진보정부에 대한 고질적인 비판은 잦아들지 않고 있다. 사실 이러한 양면성은 구조적으로 "한반도 평화의 트릴레마^{rilemma}" 때문이다.[7] 한국의 3대 목표는 평화체제 구축, 비핵화, 한미동맹 유지인데, 트릴레마라 함은 세가지 중 두가지는 거의 충돌 없이 달성될 수 있지만, 세가지 모두는 어느 하나를 훼손하거나 포기하지 않고는 동시에 달성될 수 없는 것을 말한다. 그동안 보수진영은 비핵화와 한미동맹을 우선시했고, 진보진영은 평화체제와 비핵화를 중시했다.

한국의 '트릴레마'는 비핵화, 평화의 도래, 그리고 한미동맹 강화라는 세가지 모두를 원하는 국민에게도 확장된다.[8] 그것이 문대통령의 평화구상이 보수층의 비판에 빌미를 제공하며, 양면적으로 보이는 이유이다. 이러한 비판에 직면한 문대통령은 트릴레마를 극복하고 3대 목표를 모두 달성할 수 있는 효과적인 방안을 찾아내겠다는 의지를 보였다. 문대통령의 평화구상은, 문정인 대통령 통일외교안보특별보좌관이 말한 바와 같이, 오랜 기간 지속해온 '평화 지키기'peace keeping라는 억지력에 의존한 안보 메커니즘을 보존하면서도 그에 머무르는 것이 아니다. '평화 지키기'를 넘어 적극적으로 '평화 만들기'peace making를 추구한다. 문대통령은 억지가 한반도 평화체제의 최종 단계라면 더 바람직하고 지속 가능한 평화에 결코 도달할 수 없을 것이며, 결국은 안보딜레마에 빠질 수도 있다고 굳게 믿었다.

문재인 대통령의
평화프로세스

한반도 비핵화와 평화는 문재인 정부의 시작부터 대표적인 외교정책이었다. 문대통령은 부패한 박근혜 정부를 몰아내고 자신을 대통령으로 당선시킨 2016년 말에서 2017년 초의 '촛불혁명'이 부여한 가장 중요한 임무를 '평화 만들기'라고 생각했으며, 따라서 핵무기 없는 평화와 번영의 한반도를 만드는 것을 국정 목표로 선언하였다. 한국전쟁에 대한 정전협정을 항구적인 평화조약으로 대체하는 것은 문대통령 평생의 신념이었다. 그가 남기고자 하는 유산은 항구적인 평화와 남·북한의 확실한 경제적 공동번영이다. 문대통령은 남북화해가 한국인들을 더 밝은 미래로 이끌 것이라고 인식한다.

그러나 2017년 한국인들은 빠르게 발전하는 북한의 무기 능력과 경험 없는 젊은 지도자 김정은 위원장에 의해 증대하는 군사적 긴장에 큰 경각심을 갖게 되었다. 여기에 불가측의 트럼프 대통령이 주장하는 '최대 압박'의 대북 위협도 긴장을 놓을 수 없게 만들었다. 트럼프는 1987년 자신의 저서 『거래의 기술』*The Art of the Deal*에서 협상에서 유리한 지렛대를 만들어내는 주요 전략으로 위협을 언급하였다.[9] 2017년 북한을 향한 미국의 위협 중 가장 유명한 것은 '화염과 분노'*Fire & Fury*였다. 2017년 9월 트럼프 대통령은 유엔에 모인 세계 각국 정상들 앞에서 북한을 완전히 파괴할 것이라고 협박했다. 미국의 몇몇 고위 관리들도 외교적 해법을 우선하더라도 모든 선택지가 테이블 위에 남아 있음을 강조했다. 트럼프 행정부의 최대 압박 전술로 역사상 유엔 안전보장이사회가 부과한 제재 중 가장 강력한 제재가 발동되기도 했다. 트럼프 대통령 본인도 외교적 해법을 통한 교착 타개의 가능성을 일축하였다.

마찬가지로 김정은 위원장과 북한의 강경파들도 비슷한 반응을 보였다. 북한은 계속해서 미사일을 발사하고 핵실험을 강행했으며, 직접적인 전쟁 위협을 마다하지 않았다. 김위원장은 11월 29일 화성-15형 대륙간 탄도미사일 시험비행 성공 이후 2018년 신년사를 통해 미국에 대한 핵억지력 보유를 선언하였으며, 북한의 관영매체들도 이를 반복적으로 강조하였다.[10] 김위원장은 말 그대로 사무실 책상에 '핵 단추'를 설치했다고 덧붙였다. 김위원장은 트럼프 대통령의 경제제재와 파괴 위협 그리고 동해 인근의 지속적인 무력시위를 북한체제 붕괴 전략으로 해석하는 듯했다. 김위원장이 자신의 업적을 과장했을 수도 있지만, 그것이 공허한 허세는 아니었다. 북한 사람들 외에는 아무도 이를 공식적으로, 그리고 합법적으로 인정하지 않지만, 북한은 사실상의 핵무기 보유국이다. 김위원장은 당시 '마이웨이'식의 접근을 했고, 북·미의 두 지도자의 자존심이 걸린 상황에서 개인 간 갈등으로 비화하였다.

2017년 급속한 상황 악화로 말미암아 문재인 정부는 새로 출범한 지 얼마 지나지 않아 이미 4중 샌드위치가 되었다. 북한 핵 문제에 대한 해법에 관해 미국의 강경파와 한국의 진보진영 지지자 사이, 한국 내 사드(고고도 미사일방어체계) 배치 문제로 말미암은 미국과 중국 사이, 사드 배치에 관한 한국의 진보진영과 보수진영 사이, 그리고 햇볕정책의 계승이라는 선거 공약의 실천 문제와 악화일로의 남북관계라는 현실 사이에서 샌드위치 신세가 되었다. 문대통령은 선거 유세에서 북한의 행동을 변화시키기 위해 압박을 유지하면서 대화를 병행하는 이른바 '투 트랙'two track 정책을 견지할 것을 공언했으나, 취임 후 북한은 핵과 미사일 프로그램을 오히려 대폭 강화하였고, 실험 빈도도 늘렸다.[11]

이러한 상황은 문대통령의 평화구상이 필요하다는 주장에 정당성을 부여하는 동시에 그가 대화와 협력을 추진하기 어렵게 만드는 장애물이었다. 북·미 간 적대감이 고조되면서 억지력에 의한 평화 유지 방식은 한계를 분명히 드러냈는데, 이같은 상황은 문대통령이 단호한 평화구상을 실현하는 기반을 닦아주는 측면이 있었다. 그러나 1994년 이후 다시 재현된 한반도에서의 전쟁 가능성에 대한 두려움은 사람들로 하여금 기존의 안보를 통한 전쟁 방지, 즉 한미동맹을 통한 억지를 선호하도록 만들었다. 반면에 문대통령의 평화구상은 훨씬 양면적인 양상을 띠게 되었고, 그로 인해 대응책 역시 강경과 온건을 오가는 형태를 취하게 되었다. 즉 한편으로는 북한에 대화를 제안하고, 다른 한편으로는 북한의 도발을 신랄하게 비판하며 한미동맹의 굳건함을 강조하는 것이었다.

2017년 북·미 간 긴장이 최고조로 상승했을 때 소설가 한강은 『뉴욕타임스』 오피니언 기고를 통해 "평화가 아닌 어떤 해결책도 무의미하고, 승리는 그저 공허한 구호에 불과하며 어리석고 불가능하다는 것을 한국인들은 진심으로 이해하고 있다"고 썼다.[12] 한국인들은 이 땅에서 또다른 전쟁 발발을 거부한다. 때로 외국인들로서는 북한이 핵무기를 만들고 미사일을 쏘아댈 때조차 이상할 정도로 침착한 한국인들의 모습에 의문을 가질 수 있다. 그러나 이러한 침착함이 일부에서 제기하듯이 안보 불감증이나, 전쟁에 관한 두려움을 초월했다는 것을 의미하지는 않는다. 오히려 한국인들은 수십년 동안 내적인 긴장과 공포가 누적되어왔기 때문에 위기에도 모든 것이 괜찮은 것처럼 행동하려고 한다. 왜냐하면, 그런 긴장을 안은 채로 정상적인 일상생활을 영위하는 것 자체가 불가능하기 때문이다. 동시에 그 속 깊은 곳에는 현재의 대결구조를 벗어나 평화체제를 구축하려는 소망이 담겨 있다고 할 수 있다.

문대통령은 취임 초 한국과 미국의 강경보수파들을 대하며 본인이 과거 반미·친북의 프레임에 갇혔던 노무현 전 대통령의 재림으로 비치지 않기 위해 부단히 노력했다. 또한 이들의 프레임에 빠지지 않기 위해 한미동맹을 강조하고 미국으로부터 신뢰를 얻는 데 주력했다. 과거 한반도 평화 구축에 주력한 김대중과 노무현 두 대통령이 혹독한 고난을 겪었던 것이 문대통령과 같은 진보정치인들에게 트라우마를 남겼다. 한반도 분단구조에서 진보세력으로 살아간다는 것은 일종의 주홍글씨를 달고 살아가는 것과 비슷하다. 친북·반미의 프레임이라는 '올가미'가 늘 머리 앞에 놓여 있는 삶과 같다. 이런 맥락에서 당시 한국과 미국 양국의 보수 강경 인사들은 박근혜 전임 대통령 때부터 논란이 되었던 미국의 사드 배치 문제를 문재인 대통령이 노무현 전 대통령과는 다른지 그리고 미국과의 동맹을 중요하게 여기는지를 판단할 리트머스 시험지로 여겼다.[13] 문대통령이 트럼프 대통령의 '최대의 압박과 개입'maximum pressure and engagement에 대한 지지를 표명해왔다고는 하나, 한반도에서 모든 형태의 전쟁을 반대하고 대화와 외교적 해법을 강조한 것이 미국의 의심을 불러일으켰다. 트럼프 대통령은 심지어 문대통령의 접근법을 두고 '유화정책'이라고 비난했다.[14] 그러나 위기가 고조되는 가운데서도 문대통령은 평화에 대한 열망을 버리지 않겠다는 점을 분명히 하였다.

억지와 평화는 공존 가능한가?

일반적으로 억지와 평화는 서로 모순적인 성격을 지닌다. 두 단어의 라틴어 기원을 살펴보면 '억지'deterrere는 '겁줘서 쫓아낸다'는 의미이고, 평화pax는 '화합'을 의미하므로 큰 차이를 보여준다. 억지와 평화 사이의 이러한 부조화는 평화에 관해 다소 제한적인 정의를 부여한다. 즉 억지를 통한 평화라고 하게 되면, 두 당사자 사이의 직접적이고 공개적인 군사충돌의 부재 정도의 제한적인 평화로 받아들여진다. 남·북한과 같이 정전 상태에 있는 경우에 잘 적용된다.[15] 억지력은 당사자가 상대방에 대한 공격을 통해 얻어지는 기대 이익보다 더 큰 보복을 촉발할 것이라는 합리적 계산에 따라 공격을 자제하는 과정이다. 비록 핵무기 시대에 그 개념이 더욱 부각되었지만, 반드시 핵무기의 영역에만 국한된 것은 아니다. 억지력은 재래식 무기 수준에서도 존재하며, 보복 외에도 목표를 달성하는 데 많은 장애물이 있다는 점을 적이 납득할 수 있도록 함으로써 효과를 볼 수 있다.

냉전 시대 억지에 의한 안보 체제는 기본적으로 행위자의 합리성을 전제로 하였다. 1966년 토머스 셸링Thomas Schelling은 「폭력의 외교」The

Diplomacy of Violence에서 한 국가가 다른 국가를 공격할 수 있는 능력은 다른 국가가 그 공격을 피하고 3자 행동에 영향을 미치고자 하는 동기가 되는 요소라고 주장했다. 다른 국가를 강압하거나 억지하기 위해서는 폭력은 예측 가능한 것이어야 하고 합의로 막을 수 있어야 한다. 셸링은 공격력을 협상 도구로 활용하는 것이 억지력의 핵심이며, 사용하지 않을 때 가장 성공적이라고 주장한다.[16] 억지력은 그 부작용에도 불구하고 평화에 공헌하는 방법의 하나라는 점은 분명하다. 한국전쟁 휴전 이후 70년 동안 한반도 평화를 위한 기본적 안보 틀로서도 억지력이 전쟁 방지에 효과적으로 작용했음은 의심할 여지가 없다. 억지력이 없었다면 한국이 수천만명을 빈곤에서 구제하고 자유민주주의를 증진하면서 동시에 엄청난 사회경제적 발전을 이루는 일이 가능했을까? 막대한 비용에도 불구하고, 억지력은 평화를 구축하려는 외교적 노력의 실패에 대비한 보험과 같은 것이었다.

그러나 이러한 결론은 뒤집힐 수도 있는데, 예를 들면 추가적인 군사적 충돌은 한국의 발전을 수십년 지연시킬 수 있다는 점이다. 군사력 증강과 세계 최강국인 미국과의 동맹을 통한 억지력은 여전히 불안한 평화를 보장해주는 데 머무른다. 엄청난 재앙을 막기에는 역부족인 취약한 도구에 불과할 수 있다.[17] 억지력은 최소한의 생존 가능성을 제공할 수 있지만, 모든 사람이 완전히 안전하다고 느낄 만큼의 평화를 가져다주진 않는다. 안보를 위해 억지력에만 의존하는 것은 마치 한쪽 다리로 서 있는 것처럼 불안정하다. 억지력은 기본적으로 평화 메커니즘으로서의 지속 가능성이 작고, 그럼으로써 유지되는 것은 평화의 최소 수준으로, 안보딜레마에 쉽게 영향을 받을 수밖에 없기 때문이다. 세계 어느 지역보다 군사력과 전략무기가 최고도로 밀집해 있는 한반도가 평화에 가장 취약한 것이 그

좋은 예다. 역설적으로 한반도가 영구적인 평화 메커니즘이 가장 시급한 곳이다.

북한이 핵폭탄을 개발한 동기 역시 유사한 억지력의 관점에서 설명할 수 있다. 탈냉전 이후의 북한의 외교 및 경제적 고립은 한반도에 존재하던 냉전적 힘의 균형이라는 억지의 메커니즘을 흔들어버렸다. 게다가 원래부터 북한과 중국의 동맹은 한국과 미국의 동맹만큼 강력하지 않았다. 남·북한의 재래식 무기의 능력 간 불균형이 커지자 북한은 안보 위협에 대처하는 데 부족함을 느끼게 되었고, 억지력 차이를 보충하는 차원에서 핵무기를 개발했다. 북한은 2017년 말부터 미국 본토를 타격할 수 있는 장거리 탄도미사일을 보유하고 있다고 주장했다. 이것이 의미하는 바는 북한이 결코 미국과 같이 많은 핵무기를 개발해 균형을 이룰 수는 없지만, 사실상 한국을 인질로 삼음으로써 양적·질적 차이에도 불구하고 공포의 비대칭적 균형은 이룰 수 있다는 것이다.

북한이 핵무기를 보유하고 있다고 하더라도, 이를 이용해 대남 선제타격에 나서는 것은 스스로 생존을 포기하는 자살행위일 것이다. 한국에 엄청난 피해를 줄 수는 있겠지만, 한미동맹의 보복공격에 존재 자체가 사라질 수도 있다는 것을 북한 지도부도 당연히 인지하고 있을 것이다. '페리 프로세스'의 주역이었던 윌리엄 페리 전 국방장관도 여러차례 북한의 핵무기는 공격용이 아니라 방어용이라고 규정했다.[18] 북한에 의한 선제 (핵)공격의 가능성이 매우 작다는 점은 분명해 보인다. 그러나 동시에 북한의 핵무기와 탄도미사일 완성은 남북 상호 억지력의 증대로 남북이 안보딜레마에 봉착하게 된 것을 의미했다. 그런데 한미동맹은 북한의 공격을 좌절시키는 데 초점을 맞춘 억지와 방어 중심 전략에서 북한을 선제적으로 파괴할 수 있는 군비태세로 전환하기 시작했다. 끊임없는 수정과 조율을 통한 동맹 전투계획의 변화는 긴장을 고조시키고 전쟁 위험을 급격히 증가시켰으며,[19] 남북 모두로 하여금 막대한 국방예산을 지출하도록 만들었다.

이런 맥락에서 억지력을 통한 평화 유지는 그야말로 최소한의 안전보장은 될 수 있지만 지속 가능한 평화 메커니즘으로서는 상당한 한계점을 갖는다. 평화학자들은 한반도 평화 달성을 위한 세가지 단계를 제시한다. 첫째는 '평화 지키기'로, 군사적 억제와 동맹 강화를 통해 북한의 공격을 억제하는 것이다. 둘째는 '평화 만들기'로, 경제·사회·정치적인 교류와 협력을 통한 신뢰구축을 중심으로 해서 향후 군비통제 및 군축까지 이어지는 단계다. '평화 만들기' 단계는 '평화 지키기' 단계보다는 훨씬 더 적극적이지만 아직은 공공연한 적대행위를 끝내고 불안정한 평화에 대해 관리를 하는 차원이다. 그리고 마지막 단계는 '평화 세우기'peace building로, 전쟁의 원인을 영구적으로 제거함으로써 평화를 완성하는 단계를 말한다. 이는 소극적 평화를 넘어 적극적인 평화를 의미하는데, 불가침조약, 평화협정 또는 평화조약을 통해 제도적·정치적·군사적 신뢰 조치를 만들고 실질적으로 평화를 공고하게 구축하는 단계다.[20]

지난 70년 동안 대한민국은 분단구조를 기본 틀로 인식하고, 북한으로부터의 위협을 막고 안전보장을 확보하기 위해 군사력 증강과 미국과의 동맹을 통한 효과적인 억지력 확보를 최우선으로 해왔다. 억지력을 바탕으로 평화를 유지하기 위한 일관되고 지속 가능한 메커니즘을 추구해왔다. 정전체제에서의 억지력은 북한이 남한을 선제 타격할 경우 파괴적인 보복이 있을 것이라는 확실한 위협을 전제로 한다. 1953년 이후 한반도에서 다시 전쟁이 발생하지 않았던 것은 바로 억지력에 의한 '평화 지키기' 전략이 분명 효과적이었다는 중요한 증거다.

문재인 정부 평화구상의 출발은 분명 이러한 억지력을 통한 '평화 지키기'에 기초한 것이다. 즉 문재인 정부는 평화와 번영을 위해 강력한 안보가 필수적이라는 점을 부인하지 않고, 한미동맹의 뒷받침하에 확고한 방위태세를 바탕으로 강력한 군사대비태세를 유지할 것이라고 공언해왔다. 실제로 문대통령은 일관되게 군사력 증강을 최우선 과제로 강조해왔다.[21] 문재인 정부는 국방예산을 국내총생산 대비 2.4퍼센트에서 3퍼센트로 늘리기로 계획하였으며, 2018년 북한의 핵미사일 위협 고조에 대응해 국방비를 전년 대비 7퍼센트 증액하였다. 2019년에는 국방예산을 2018년 대비 8.2퍼센트 증액한 416억 달러로 책정하여, 국방비가 지난 2008년 8.8퍼센트 증액된 이후 가장 큰 폭의 증가세를 보였다.[22] 2020년 예산도 전년 대비 7.4퍼센트 증가해, 한국의 국방비는 50조원을 넘기게 되었다.

문대통령의 억지력 강화 노력에는 신형 무기체계 도입, 미국으로부터의 전시작전통제권 환수, 그리고 기존 무기체계 도입의 일정을 앞당겨 군사력을 한층 강화하는 것들도 포함돼 있다. 특히 문재인 정부는 한미동맹을 강화하기 위해 미국 무기의 수입에 적극적이었다. 문대통령은 2019년 4월 백악관에서 가진 트럼프 대통령과의 정상회담에서 한국이 앞으로 수십억 달러어치의 미국 무기를 구매할 계획이라고 밝혔다. 현지 국방전문가들은 2025년까지 한국의 무기 구매 금액이 무려 88억 달러에 이를 것으로 내다봤다.[23] 또한 문재인 정부는 출범하면서 위성 기반의 '킬체인' 선제타격 시스템, 레이더 기반 미사일방어체계, 북한의 핵 타격에 대응하기 위한 미사일 기반 보복체계 등 3축 방어계획 개발을 매우 적극적으로 강조했다.[24] 이는 진보정부들이 남북관계 개선에만 골몰함으로써 국방력을 약하게 만든다는 보수세력들의 프레임이 사실이 아님을 증명하는 것이기도 하다. 비단 문재인 정부만이 아니라 김대중 정부와 노무현 정부는 보수정부들과 비교해 오히려 국방력 강화에 더욱 힘을 쏟았고, 국방비 지출도 대폭 증액했다. 역설적으로 이런 점들로 인해 전통적인 진보 지지층으로부터 비난을 받는 경우가 많았다.

사드 배치 논란에서 보듯 한국의 국방정책은 종종 보수와 진보진영 간의 강력한 논쟁으로 인한 복잡한 정치를 배경으로 수립되곤 한다. 2018년 문재인 정부가 국방예산을 증액하고 3축 체제를 개발하자, 문재인 정부의 정치적 반대파들은 북한의 핵 위협에 대응하기 위한 억지력 향상이 충분하지 않다고 주장했다. 진보파들은 한국 국방의 개혁과 현대화를 위한 대규모 투자는, 간헐적이기는 하나 북한과의 전반적인 관계가 개선되고 있는 시점에서 문대통령의 비전인 평화구상에 역행하는 것이라고 지적하는 동시에 비용과 효율성에 관한 문제도 제기하였다.[25]

2017년 후반부에 계속되었던 트럼프 대통령의 북한에 대한 군사력 사용 위협은 잠재적으로 1950~53년보다 한반도에 얼마나 더 파괴적인 군사적 충돌이 일어날 것인가에 이목이 쏠리도록 했다. 실제로 북한이 이길 가능성은 거의 없지만, 공격을 당했을 경우 북한은 생화학무기, 핵무기 등 모든 무기를 사용하여 전면전을 벌일 수밖에 없을 것이다. 전쟁은 한국은 물론이고 일본에까지 재앙이 될 것이다. 이런 결과가 우려되는 가운데, 문대통령은 엄청난 규모의 필수 무기 구매를 위한 지출과 수백만 젊은 남성의 군 징집과 더불어 약 70년 동안 한국이 짊어졌던 국방에 대한 부담에 대해 언급했다. 문대통령은 국방에 대한 부담이 불가피한 것이었으며, 앞으로 새로운 미래를 위해 노력하는 것도 필요하다고 강조했다. 2017년 9월 69주년 국군의 날 기념식 연설에서 문대통령은 "우리의 후손들은 자유롭고 평화로운 한반도에서 공동번영의 혜택을 받아야 한다"고 말했다.[26]

한마디로 한반도는 분단 상황이며, 종전이 아니라 정전 상태이므로 군사적 억지력과 평화가 공존하고 있어 양면성이 생길 수밖에 없다. 비핵화의 추진을 통해 평화프로세스를 진전시키는 것은 남·북한 모두에 이 낡은 안보 체제를 변경시킬 새로운 체제에 대한 불확실성을 야기한다. 불확실성은 당연히 사람들로 하여금 새로운 질서를 일단 꺼리게 만든다. 현 체제가 문제와 고통을 갖고 있다고 해도 사람들은 이미 그 상태에 익숙하다는 점에서 큰 동기부여나 외적 변화가 없으면 견딜 만하다고 생각하는 경우가 많다. 따라서 문재인 정부가 더 안전하고 평화로운 미래에 대한 확신에 기초해 불안정한 한국인들을 미지의 길로 이끄는 것은 엄청나게 큰 도전이다. 그것도 분단이 해소되지 않은 상태에서 새로운 평화체제를 구축한다는 것은 그야말로 야심 찬 도전이 아닐 수 없다.

대북 강경 접근을 견지한 전임자들과 극명한 대조를 보인 문재인 대통령은 일관되게 북한과의 관계를 중요시하였다. 그는 2017년 5월 당선 전부터 "김정은 위원장이 비이성적인 지도자라고 해도 북한을 통치하고 있다는 현실을 받아들여야 한다. 따라서 그와 대화해야 한다."고 남북관계 복원의 중요성을 강조했다.[27] 대통령으로 취임한 이후에 포용정책을 추진하기 시작했는데, 2017년 7월 베를린에서 제시한 평화 비전의 본질은 북한의 안보를 보장하고 대화와 교류 확대를 추진하는 등 평화적 수단을 통한 비핵화의 달성이다. 그는 "한국은 북한의 붕괴를 바라지 않고, 어떤 형태로든 흡수통일을 추구하지 않을 것이며, 인공적인 방식의 통일을 추구하지도 않을 것"이라고 분명히 밝혔다. 문대통령은 당시 북·미 간 긴장이 고조되고 있음에도 불구하고 한국의 동의 없이는 한반도에서 군사활동은 없을 것이라고 덧붙였다.[28] 이 '베를린 구상'은 박근혜 대통령의 '통일대박론'과 이명박 대통령의 '비핵 개방 3000' 정책과는 확연하게 구별되었다. 가장 핵심적인 차이는 전임 정부들과 달리 흡수를 통한 통일을 추진하지 않겠다는 약속을 분명히 한 점이다.

2017년 북·미 사이의 긴장이 고조되었지만, 문재인 정부는 평화를 최우선의 국가 안보정책으로 삼고 한반도의 전쟁 위협을 피하기 위한 노력을 아끼지 않았다. 상황이 악화일로로 흐르자 문대통령은 국가 안보를 약화하고 나라를 위태롭게 한다는 야권의 비판에 직면해야 했다. 자신의 포용정책이 동맹 체제를 약하게 만들 것이라는 보수층의 비판에 맞서 그는 남북관계, 비핵화, 북·미관계라는 세개의 바퀴가 맞물려 돌아가 2017년에 냉전의 긴장을 해소하는 선순환의 창출을 시도했다. 문대통령은 억지 체제를 약화하기보다는 평화구상을 발전시켜 기존의 억지 체제를 더 높은 수준의 안보로 진일보시키겠다는 구상이었다. 이명박 정부와 박근혜 정부는 공격적인 억지력을 채택했지만, 문대통령은 그가 물려받은 수십년 만의 최악의 안보 위기를 더 악화시키지 않기 위해 방어적 접근법을 회복하고자 노력했다.

그런 특징을 담은 것이 2018년 12월 청와대가 발표한 국가안보전략인데, 2018년에는 적어도 한반도 평화프로세스의 급진전으로 상당한 정당성을 부여받게 되었다. 핵심은 한국이 주도적인 역할을 하는 가운데 북핵 문제의 평화적 해결과 분단된 한반도에서의 항구적인 평화 정착을 우선하는 전략으로, 동북아평화 구축과 번영, 책임 있는 정책 선별을 통한 한국의 국방력 강화, 협력의 균형외교 추진 노력 등이 포함되었다. 또 북한의 비핵화 초기 단계에서 한국전쟁의 공식적인 종전이 이루어지더라도, 한국은 비핵화 과정이 완료된 후 평화협정을 체결할 것이라고 언급했다.[29] '소극적 평화'와 '적극적 평화'의 개념을 구분하고 평화를 통한 안보가 안보를 통한 평화보다 낫다고 주장한 저명한 평화학자 요한 갈퉁

Johan Galtung을 상기시키는 중재자로서의 문대통령의 이미지가 드러난다.[30] 소극적 평화는 확실한 현재의 폭력이 없는 상태를 말한다. 예를 들어 어느 전쟁이 휴전되면 폭력과 공격이 중단되었기 때문에 소극적인 평화가 뒤따를 것이다.[31] 적극적 평화는 관계의 복원, 전국민의 요구에 부응하는 사회시스템의 창출, 갈등의 건설적 해결과 같은 새로운 역학관계를 발생시킨다. 평화는 갈등의 완전한 부재가 아니라, 모든 형태의 폭력의 부재 그리고 모든 당사자의 정당한 요구와 이익을 존중하며 건설적인 방법으로 분쟁을 해결하거나 관리하는 것을 의미한다.

갈통의 평화에 대한 세밀한 구분은 한반도에도 쉽게 적용할 수 있다. 소극적인 평화의 예로 서해상 남북 해군 교전 방지, 북한의 핵 도발을 억제하기 위해 취해지는 엄격한 제재, 또는 한국의 군사적 대비태세와 미국과의 동맹 강화 등을 들 수 있다. 적극적 평화의 예로는 협상을 통한 비핵화나 남북협력 강화를 통한 긴장 완화가 있다. 이런 관점에서 갈통의 표현을 빌려 문재인 정부의 접근법을 "비핵화를 통한 평화보다 평화를 통한 비핵화가 더 낫다"로 치환할 수 있다.[32] 문대통령의 한반도 평화구상이 평화 지키기와 평화 만들기 사이에서 엉거주춤하고 있는 것으로 해석될 수도 있지만, 문대통령이 어느 하나를 다른 하나보다 우위를 두고 추구하는 것은 아니다. 오히려 그는 양면적이고 심지어 모순적인 것처럼 보이는 접근법인, 평화 만들기 조치의 강화를 통한 평화 지키기를 효과적으로 하겠다는 것이다.

모호한 것 같지만
명확한 전략

　문재인 대통령은 취임 첫날부터 줄곧 북핵 문제의 평화적 해결을 위해 전력을 다했다. 그는 박근혜 대통령의 탄핵과 그로 인해 자신이 대통령에 당선된 것은 남북관계의 개선을 통해 평화를 추구할 수 있는 권한을 부여받은 것이라고 이해했다. 앞서 논의한 바와 같이, 한국인들은 거의 70년 동안 전쟁을 막아준 억지력에만 바탕을 둔 정전체제를 대체하려는 시도에 대해 불안할 수 있다. 즉, 남북관계 개선을 통한 한반도의 평화 추구가 억지력에 기초한 안보 메커니즘을 약하게 만들 위험을 감수하는 것인지에 대한 의문이 제기될 수밖에 없다. 특히 냉전적 사고방식을 버리지 못하고 있는 극우세력은 북한이 여전히 남한에 대한 적화야욕과 함께 틈만 나면 군사 침공을 계획하고 있다고 주장하는 한편, 북한이 대남 및 대미 화해 조치를 펼칠 때는 한국과 미국 사이를 이간시키려는 숨은 의도가 있다고 공세를 늦추지 않았다.

　이미 여러차례 강조했듯이 억지를 통한 평화, 즉 '평화 지키기'의 가장 큰 약점은 안보딜레마를 근본적으로 해소할 수 없다는 것이다. 그러므로 한반도는 비핵화가 뒷받침하는 공동의 안보를 위해 굳건한 평화 메커니즘이 절실히 필요하다. 전쟁의 공포로부터 한국인들을 해방하는 것뿐만 아니라, 예방 가능한 군사적 충돌로 인해 무고한 생명이 희생되는 것을 막는 것이 가장 중요하고 시급하다. 북한은 1990년대부터 남북 간 재래식 무기력의 불균형이 커지자 주요 억지력으로 핵무기에 집중했는데, 자신들이 핵무기를 개발한 이유가 미국의 대북 적대시 정책이라 말하고 있다.

448

북한이 2017년 말 핵무기와 탄도미사일을 완성함에 따라 만약에 '평화만들기'의 방법을 배제하고 '평화 지키기'만 고집할 경우, 상호 억지력의 증강만이 진행되어 양측은 이제 훨씬 큰 비용을 치러야만 하는 더 큰 안보딜레마에 빠지게 되었다.

평화 지키기에서 평화 만들기로 전환할 수 있게 만든 가장 중요한 결실 중 하나가 2018년 9월 평양선언의 부속서인 포괄적 군사합의라고 할 수 있다.[33] 이 합의는 남·북한의 군사력 증강과 관련된 위험을 통제하고 축소하며, 종국에는 제거하기 위한 매우 중요한 조치들을 포함하고 있다. 지상은 물론 상공과 분쟁 중인 서해 북방한계선^{NLL}에 관한 조항을 포함함으로써 육로를 둘러싼 비무장지대^{DMZ}의 군비통제를 규제하는 정전협정보다 훨씬 더 진전된 것이다. 양측은 DMZ를 평화지대로 전환하고 우발적인 군사충돌을 막는 조치를 이행하며, 이행상황을 감시하는 군사공동위원회를 설치하는 데에도 합의했다. 이 합의는 의도하지 않은 접촉의 위험을 줄이고 오해의 위험을 완화하기 위해 여러가지 조항까지 포함하고 있다.

이 합의는 '구조적'^{structural}인 차원에서의 무기 통제나 무기 감축은 아니다. 그러나 상호신뢰 구축을 위한 '조작적'^{operational} 차원에서의 무기통제를 실천하기로 한 것이다. 남북이 군사적 신뢰구축을 넘어 사실상 예비적 수준의 조작적 군축에 진입하는 것이라고 봐도 무방하다. 이러한 새로운 조치들은 비록 유럽 재래식 전력 조약보다 포괄적이고 구조적인 신뢰구축 조치에는 미치지 못하더라도 억지력에 기초한 현재의 평화 유지에 타당한 조정이다.[34] 지지자들은 한반도의 안정과 군사적 위험 감소를 위한 실질적이고 구체적인 진전이라며 반겼지만, 문대통령이 비핵화는 진전시키지 못한 채 국방력만 약화했다는 비판과 함께 이 합의가 유엔사 및 주한미군의 정당성에 대한 도전이 될 수 있다는 주장도 나왔다. 미국은 빠른 비핵화에만 관심이 있지만, 한국은 남북의 신뢰구축에 초점을 맞춰왔다. 남북 군사합의는 분명히 신뢰구축의 영역을 확대한 셈이다.

한반도 평화프로세스에 관한
잠정 결론

2018년 초부터 2019년 초까지 두번의 북미정상회담과 세번의 남북정상회담이 열리는 등 문재인 정부의 노력은 큰 성과를 거두었는데, 이 정상회담들을 통해 평화적 수단에 의한 완전한 비핵화의 원칙이 합의에 이르렀다. 판문점선언과 싱가포르선언 모두에 정전체제를 대체할 한반도 평화체제 구축에 대한 역사적인 공동의 약속이 포함됐다. 2019년 연말 비핵화와 안전보장 중 무엇이 선행되어야 하느냐를 놓고 회담이 교착상태에 빠졌으며, 2020년에도 북한이 개성에 있는 남북공동연락사무소를 폭파하며 불만과 좌절감을 과격하게 표시했지만, 협상의 판이 완전히 뒤집힌 것은 아니다. 제재를 통한 최대 압박은 제한적인 효과가 없지 않았지만, 군사적인 선택지는 불가하다. 2017년 한국인을 공포에 떨게 했던 지속 불가능한 일촉즉발의 무력 과시가 되풀이되어서는 안 된다.

2021년 초 현재 한반도 평화프로세스의 교착 국면이 계속되고 있으나, 외교적 수단을 통한 접근법의 핵심은 김정은 위원장을 계속 협상테이블에 앉히는 것이다. 양측이 '가능성 있는 합의의 영역'을 찾아 신뢰를 쌓고 다음 단계로 나아갈 기회를 만드는 것이 더 현실적이다. 김위원장이 테이블로 나오기로 한 배경에는 여러가지 이유가 있다. 우선 북한의 핵에 대한 김위원장의 자신감이 강한 동기로 보인다. 군사행동 위협과 강력한 제재를 통한 트럼프 대통령의 최대 압박도 다른 동기일 수 있다. 그러나 문재인 대통령의 평화구상이 없었다면 이러한 발전은 불가능했을 것이다. 2017년 트럼프 대통령과 김정은 위원장의 무모한 설전 이후, 문대통령은 북·미 사이의 가교 및 중재자 역할을 톡톡히 했다. 판문점회담으로 싱가포르회담을, 평양회담으로 하노이회담을, 다시 판문점 3자 회동으로 스톡홀름회담을 견인했다.

문재인 대통령과 트럼프 대통령, 그리고 김정은 위원장 간의 개인적 관계를 바탕으로 한 이른바 '톱다운' 방식이 효과를 발휘해왔다. 하지만 이는 전통적으로 안보 우선을 주장하는 세력들에 의해 불신을 받고 있으며, 특히 2019년 2월 하노이에서 좌절을 맛보았다. 그러나 이 파격적이면서, 또 때로는 실험적인 접근법이 정전체제를 변경해 평화체제로 변화시키는 열쇠가 될 수도 있다. 평화프로세스가 1953년 정전협정의 틀을 완전히 해체하려는 것이 아니라는 점을 강조해야 한다. 평화프로세스는 국가 간 그리고 국민 간 관계를 포함하여 한반도의 안보와 협력을 증진하기 위해 고안되었다. 마찬가지로 남·북한의 완전한 화해나 평화통일 방안이라기보다는 그러한 방향으로 나아가는 과정의 단계이다.[35]

한미동맹은 그동안 북한의 침략을 저지하고 동북아의 안정을 확보하는 핵심 축이었다. 한국의 군사대비태세와 한미동맹을 통한 전쟁 방지는 여전히 중요하며, 굳건한 한·미관계를 유지해야 한다는 데에는 의문의 여지가 없다. 그러나 맹목적인 군사력 강화와 냉전적 사고방식이 한국의 국익이나 한반도 평화에 도움이 되지는 않을 것이다. 70년 동안 동맹은 현실적인 문제라기보다는 성스러운 상징에 가까웠다. 기존의 동맹은 다른 대안, 심지어 더 나은 동맹보다 더 중시되고, 어떤 조정도 불허하는 신화로 자리잡았다.

한미동맹과 정전체제는 1953년 같은 해에 시작되었을 뿐 아니라, 샴쌍 둥이 또는 동전의 양면과도 같은 관계다. 1953년 7월 27일 정전협정이 서 명되고, 10월 1일에 한미상호방위조약이 체결되었다. 한미동맹은 한국전 쟁과 직접적인 연관성을 가지는데, 전쟁에 함께 싸운 역사가 동맹의 유인 이 된 드문 사례다. 북한의 남침으로 시작된 전쟁이 3년 이상의 혈투 끝에 도 종결되지 못하고 전쟁 직전의 상태로 되돌아가버린 것처럼 되었다. 결 국 한국전쟁은 미결의 상태로 휴전협정이 맺어졌고, 이는 분단의 지속과 함께 북한의 재침 가능성에 대한 우려를 낳았으며, 한국의 강력한 요구로 한미동맹이 탄생했다.

이러한 한미동맹의 태생적 기원은 동맹의 강화가 바로 정전체제의 강 화를 자동으로 의미하도록 만들었다. 즉 동맹의 강화는 평화와는 반대 방 향을 가리킨다. 이 때문에 한미동맹의 지나간 60주년을 기념할 때나, 다 가오는 70주년을 기념할 때나, 정전체제는 가려지고 동맹만 부각된다. 정 전체제를 얘기하는 것은 곧 분단을 강조하고, 한반도의 종결되지 못한 전 쟁을 의미하며, 더 나아가 평화체제로 가야 한다는 당위성을 부각하기 때 문이다. 무엇보다 평화체제로의 이행은 곧 한미동맹의 약화를 내포하기 때문이다. 동맹이 신화가 되면서 한반도 정전체제의 극복을 위한 평화, 남북교류, 상호이해 등은 의도적으로 뒷전으로 밀려나고, 대북 억지나 안 보가 의도적으로 강조되어왔다. 동맹의 신화화는 동맹비용, 분단비용, 정 전체제 유지비용 등을 현실 함수에서 사라지도록 만들었다.

동맹의 초기 목적은 북한의 모든 공격으로부터 한국을 방어하는 것이 었다. 그러나 국방비 지출과 함께 한국의 경제가 북한의 공격 가능성보다 우선시되었고, 한미동맹의 조건에 따른 미군의 주둔 목적이 의문시되었다.[36] 평화프로세스가 진전되어 마침내 평화조약이 체결되면 억지력으로서의 미군 주둔의 정당성은 당연히 도전에 직면할 수 있다.[37] 트럼프 대통령이 한국이 안보에 대한 몫을 충분히 내지 않고 있다고 불만을 토로하며 주한미군 철수 의사를 밝힌 적이 한두번이 아니다. 이런 맥락에서 정전협정이 대체되면 주한미군의 주둔에 변화가 생길 수도 있다. 그러나 문재인 대통령은 남북문제의 관점으로만 한미동맹을 바라봐서는 안 된다면서 주한미군 주둔은 북한 평화프로세스보다 더 큰 의미를 지닌 동맹 문제로, 남북이 평화조약을 체결하게 되더라도 동맹은 필요할 것이라고 거듭 강조했다.[38] 실용주의적인 김정은 위원장은 비핵화의 전제조건으로 주한미군 감축이나 철수를 요구하거나, 한미동맹에 의문을 제기하지는 않고 있다.

따라서 한미동맹의 미래에 대한 변화 구상이 문재인 정부의 평화 추구 노력을 깎아내리는 데 이용되어서는 안 된다. 그 앞에는 험난한 길이 펼쳐져 있다. 군사적 긴장 완화, 신뢰구축, 군비축소에 대한 합의를 도출하는 일은 어렵고 오랜 시간이 걸리는 작업이다. 억지력의 변화에 대한 보수층의 강한 반대로 국내적인 저항에 어떤 형태로든 직면할 것이다. 동북아의 체계적·지정학적 변수를 수반하는 중국의 부상과 미국의 약화에 기인한 권력 이동으로 인해 지역 안정이 점점 더 위태로워지고 있는 것은 사실이다. 한국은 중국을 최대 교역국으로, 미국은 1차 안보 파트너로 두고 있다는 점에서 새로운 방식으로 국제 패권경쟁의 인질로 전락할 위험에 처해 있다. 한국은 이에 대해 제한적인 통제력을 가지고 있다. 가장 좋은 대응전략은 적어도 남북관계를 복원할 수 있는 영향력 있는 특정 분야에서 안정과 균형외교를 도모하는 것이다.

앞서 논의했듯이 한반도 평화 추구를 위해서는 평화체제, 비핵화, 한미동맹이 얽힌 불가피하게 구조적인 트릴레마를 극복해야 한다. 고전적인 억지력에 초점을 맞춘 평화 지키기 방법은 평화체제보다는 비핵화와 동맹을 우선 추구하는 것이었다. 그러나 문재인 대통령은 이 트릴레마를 극복하고 동시에 세가지 목표를 모두 달성할 수 있다는 강한 확신을 견지하고 있다. 억지력을 유지하면서 평화구상과 함께 한반도 비핵화와 평화체제 구축을 적극적으로 추진하고 있다. 문대통령은 많은 이들이 이루기 어려울 것이라 여기는, 서로에 대한 의심을 거둔 완전한 신뢰관계를 남과 북이 구축할 때까지, 그의 평화구상이 양면적인 것처럼 보이는 위험을 계속 감수하겠다는 것이다.

제18장
판문점에서 하노이까지
한국을 의심하는 미국과 남한을 따돌리는 북한 사이에서

판문점 남북정상회담이
성사되기까지

2016년 말 혼란스러운 국제 정세 속에서 도널드 트럼프 공화당 대통령 후보가 예상을 깨고 힐러리 클린턴 민주당 후보를 물리치고 정권을 잡았다. 2017년 초 출범한 트럼프 정부는 시작부터 불가측성으로 국제정치를 더욱 불안정하게 만들었다. 4월 초 트럼프·시진핑의 첫 정상회담 이후 기존의 예상과는 다르게 협력적인 분위기를 보였으나 시간이 갈수록 미·중 패권갈등 구조는 강화되는 양상을 띠었다. 북핵 문제 역시 해결이 난망했고, 동북아 역내의 안보딜레마는 현저해졌다. 트럼프는 다른 정책영역과 마찬가지로 대북정책에서도 포퓰리스트적인 모습을 보였다. 트럼프는 오바마 정부 8년간의 전략적 인내를 실패한 정책으로 규정하고 대북정책이

'최대의 압박과 개입'maximum pressure and engagement이 될 것을 선언했다.[1] 중국에 대한 대북 압박 강화 요구와 함께 사드 배치와 미사일방어망 확충을 포함해 군사력을 획기적으로 늘리겠다는 뜻도 밝혔다. 그리고 전에 없던 대규모 무력시위와 선제공격 불사론까지 들고나왔다.[2] 반면에 북한 정권의 교체는 고려하지 않으며, 조건이 맞는다면 김정은과 대화도 하겠다고 말하는 등 정책의 진폭이 극단적으로 넓었고, 예측하기 어려웠다.

트럼프 집권 이후 군사적 봉쇄라는 강경책이든 전격적인 대화든 간에 한반도 안보지형의 변화 가능성이 오바마 때보다 훨씬 커졌다. 하지만 북한 핵 문제가 트럼프 정부의 우선순위 중 상당히 높은 자리를 차지하게 되었다는 점은 변화를 기대하게 했다. 하지만 트럼프도 북핵 문제 해결에 대한 마땅한 묘책은 없어 보였고, 압박과 포용에 대한 선택기준도 모호했다. "북한을 다루는 것이 미국 외교 역사상 가장 큰 실패사례 중 하나"라고 진단한 전 미 국방장관 윌리엄 페리의 말은 결국 틀리지 않았다.[3] 최대의 압박과 개입이라고 했지만, 2017년은 시간이 갈수록 대북 강경책이 두드러졌다. 한미동맹의 비대칭적 구조와 관성은 여전했고 이는 문재인 정부가 감당해야 할 무거운 부담으로 다가왔다. 트럼프 대통령은 대중 봉쇄의 장기적 전략목표에 대해서는 관심도 적었고, 목표 자체도 불분명했지만, 그를 둘러싼 전략가들은 미국의 패권 하락에도 불구하고 중국을 견제하고 영향력을 계속 유지하겠다는 분명한 목표를 가지고 있었다.

2017년 북한은 그동안 여섯차례의 핵실험을 종결했으며, 미국까지 닿을 수 있는 ICBM대륙간탄도미사일급 미사일을 완성했다고 주장했다.[4] 북한의 지속적인 핵무장 강화에 맞서 그때까지 김대중·노무현 진보정권 10년을 제외하면 한·미 양국은 외교적 해법을 배제한 채 압박과 제재에 의한 '강대 강' 구도를 고집해왔다. 유엔 안보리의 아홉번째 대북제재 2375는 역사상 가장 강력하다지만 북한의 자발적 핵무기 포기는 물론이고, 북한을 강제 굴복시킬 가능성은 여전히 크지 않아 보였다. 2013년 봄부터 한반도는 연례적으로 전쟁위기설에 사로잡혔다. 특히, 한미연합훈련이 있는 봄과 가을 두차례씩 위기 국면이 고착되는 경향을 보였다. 2017년 9월 미국과 북한은 평화와 국제협력의 상징이라고 할 수 있는 유엔에서 대표연설을 통해 상대에게 선전포고에 가까운 말 폭탄을 교환하는 비현실적 상황에까지 이르렀다. 한국에서는 촛불혁명의 결과로 9년 만에 진보정권이 탄생했기에 대북정책의 변화에 대한 기대가 높았으나 북한의 핵개발 가속화와 미국의 강경정책으로 인해 아직은 변수가 되지 못하는 상황이 이어졌다.

북한의 핵개발이 정점을 향해 치닫고, 트럼프의 군사옵션 사용 가능성 등으로 한반도 위기가 고조되면서 안보딜레마 현상이 심화했다. 미국의 최신 전략자산의 적극적 구매를 통해 시급하게 전력을 강화해야 한다는 주장이 나온 것은 물론이었고, 문재인 정부는 3축 체계, 즉 한국형 선제공격체계인 킬체인, 한국형미사일방어체제인 KAMD, 대량보복전략인 KMPR^{Korea Massive Punishment Retaliation}의 조기 완성을 적극적으로 추진하였다. 가장 논쟁적이었던 것은 북한이 핵무기를 가졌기 때문에 우리도 핵무장에 나서거나 최소한 전술핵을 보유해야 한다는 주장이 보수 야권을 중심으로 제기되었다는 점이다. 일종의 안보 포퓰리즘으로 상호확증파괴 프레임의 불가역적 구도로 들어가는 것이다.[5]

미국은 북한의 핵 보유를 공식적으로 인정할 수 없다는 것이 확고한 입장이었다. 같은 맥락에서 북한의 핵 군축회담 제안이나 평화협정 체결에 관해서도 비핵화 없이 북한 요구대로 들어주기 어렵다는 의지를 분명히 했다. 미국이 공들여온 핵확산금지조약^{NPT} 체제를 북한 때문에 흔들기 어려웠다. 이유는 또 있는데, 북한의 핵 위협은 오바마의 동북아 재균형 전략을 정당화해주고, 중국에 대한 견제와 공세를 가속화하는 역할을 해왔다는 점을 무시하기 어려웠다. 트럼프 집권 이후 오바마의 정책을 모두 뒤집는 소위 'ABO^{Anything but Obama}'를 내세우고 특히 오바마의 북핵 정책은 실패했다고 규정했지만, 트럼프 정권의 대외정책을 관장하고 있는 전략가들은 여전히 아시아 재균형 전략을 유지하려 했다. 평화협정 체결과 아시아전략은 동시에 병행하기 어려운 목표였다.

이명박 정부 이후 중국의 부상에 대한 미국의 우려가 점증하면서 북한을 통한 중국 견제라는 이해관계의 수렴이 한·미관계의 중요한 축으로 작동해왔다.[6] 즉 당장은 최대의 압박을 통해 북한의 굴복을 받아내 비핵화를 추진하는 데 집중할 때이고, 평화협정을 포함한 개입은 한참 뒤의 일이라는 인식이었다.[7] 북한이 주장하는 '선先평화체제 후後비핵화'는 물론이고, 중국이 주장하는 '(쌍궤)병행' 논의와도 큰 차이를 보였다. 미국은 평화협정을 논의한다는 자체가 북한에 주는 선물이라고 인식했기 때문에, 북한의 양보가 선제적으로 이뤄질 것을 요구했다. 2016년 제7차 당대회에서 김정은은 '핵·경제 병진 노선'을 재차 확인했다. 핵무장의 완성이 군사비를 절약함으로써 경제건설에 도움이 된다는 논리를 견지한 것인데, 이처럼 비핵화는 교환의 상응 조건이 아니라는 점을 분명히 했다.[8]

당시 북한 문제는 미국에는 고민의 수준이라면, 한국에는 엄청난 딜레마의 수준이라고 할 정도로 어려웠다. 박근혜 정권에서는 제재만 강조하고, 평화협정 논의는 제재의 효과를 감소시킨다는 인식을 고집하면서, 북한을 압박해서 붕괴시키는 것이 훨씬 효율적인 투자라고 생각했다. 2017년 트럼프 정부의 대북정책과 유사했다. 하지만 문제는 보수정부 9년간의 대북 강경노선에도 불구하고 북한의 핵 능력이 고도화된 것은 물론이고, 충돌 위기의 압력도 상승해왔다는 것에 있다. 박근혜 정부는 북한의 4차 핵실험을 계기로 대북정책을 근본적으로 바꾸겠다고 말했는데, 사실 앞뒤가 맞지 않는 것이었다. 대선공약에서 이명박 정부의 대북 강경책에서 벗어나 대화 모색으로 전환할 것을 약속했지만, 시간이 흐를수록 전임 정부와 차별화된 것은 없었다. 물론 수차례에 이르는 북한의 도발을 이유로 들겠지만, 박근혜 정부가 보여준 것은 이명박 정부와의 두드러진 연속성이었다.

반면에 촛불혁명으로 탄생한 문재인 정부는 대선후보 시절부터 평화이니셔티브를 앞세우고, 대화와 협상을 통해 북핵 문제를 근본적, 단계적, 그리고 포괄적으로 해결하겠다고 밝혔다. 이를 국정과제에 담았고,[9] 6월 말 트럼프와의 첫 한미정상회담에서도 강조했으며, 적어도 겉으로나마 동의를 얻어냈다.[10] 또한 한국이 한반도 평화에 대해 주도권을 가지고 있다는 것에 합의하면서 신정부의 대북협상 의지가 상황 변화를 이끌 수 있다는 기대를 하게 만들었다. 문재인 대통령은 필요하다면 대북제재를 강화할 것이지만, 제재만으로 문제 해결은 어렵고 제재의 목적은 반드시 북한을 협상테이블로 돌아오게 하는 데 두어야 한다고 강조했다.

그러나 한미연합군사훈련에 대한 반발의 성격을 지닌 북한의 도발과 미국의 무력시위의 계속되는 공방으로 인해 위기설이 불거졌다. 북한은 문재인 정부가 출범한 지 5일 만인 5월 14일부터 연속적으로 탄도미사일을 발사함으로써 평화프로세스를 강조한 문재인 대통령의 입장을 곤란하게 만들었다. 그러나 문재인 대통령은 이에 구애받지 않고 2017년 7월 6일에는 김대중 정부의 햇볕정책의 주춧돌 중 하나였던 2000년 3월 9일의 '베를린선언'을 계승한다는 의미로 '베를린 구상(신한반도 평화비전)'을 발표했다. 그리고 1차 남북정상회담과 6·15선언을 이끌었던 전례를 상기하며 김정은 위원장에게 정상회담을 제안했다.

문재인 대통령의 적극적인 평화프로세스는 일단은 미국과 북한 모두에게 거부당했다. 북한은 "잠꼬대 같은 궤변"이라고 비판했고, 같은 달 28일에 ICBM 화성-14형의 2차 시험발사로 오히려 긴장을 고조시켰다. 그리고 9월 3일의 6차 핵실험까지 이어지면서 문재인 정부의 협상 명분은 설 자리를 잃고 한국의 역할이 보이지 않는다는 소위 '코리아 패싱'Korea Passing의 논란에까지 휩싸였다. 북한은 핵미사일 완성을 위해 가속 페달을 밟고 있고, 미국은 전에 없었던 위협 인식과 패권국으로서의 자존심 훼손이 겹치며 군사옵션까지 공공연하게 들먹이는 말 폭탄을 터뜨리면서 긴장의 수위가 한층 높아져버렸다.[11] 이런 가운데서도 문재인 정부는 대화와 제재를 병행하는 소위 '투 트랙'Two Track 정책을 어렵게 끌고 갔다.

미국과는 6월 첫 정상회담부터 11월 초 트럼프의 방한까지 네차례의 만남과 세차례의 양자회담에서 꾸준히 한·미 공조를 재확인했지만 실제로 대북정책에 있어 한·미 양국이 같은 페이지에 있는지에 대한 의구심이 존재했던 것이 사실이다. 미국은 압박을 통해 북한의 비핵화 다짐을 받아낸 다음 협상을 하겠다는 것이었지만, 한국은 압박과 대화의 동시 적용을 추구했다. 미국의 강경파들은 문재인 대통령의 대화 강조가 미국의 압박을 약화하는 행보라고 간주했다. 트럼프의 군사옵션 사용 위협이 이어지는 데 대해서 한국의 동의 없는 전쟁은 불가하다고 못박는 것 역시 미국의 입지를 어렵게 하는 것으로 이해하는 등 각론에서의 차이로 인한 한·미 불협화음이 작지 않았다.[12] 문재인 정부는 워싱턴 강경파의 오해를 해소하는 것에 집중하지 않을 수 없었고, 미국의 군사옵션이 현실화되는 것을 막느라 원래의 평화 어젠다는 상대적으로 동력을 잃어갔다.[13] 한

·미 공조는 오직 강경책에만 적용되어 한국에게만 일방적으로 순응하라는 압력으로 작용하고, 한국의 주도적 역할론은 국내외 대화파에게는 절망거리가, 강경파에게는 조롱거리가 되어버렸다.[14]

판문점에서
싱가포르까지

문재인 정부가 임기를 시작한 2017년 5월 이후 시간이 갈수록 한반도의 정세는 1994년 전쟁 직전의 위기로 갔던 상황을 재연하는 것 이상의 심각한 상황으로 치달았다. 트럼프 대통령과 김정은 위원장은 말 폭탄에 가까운 공격적 언사를 교환했고, 미국의 대북 군사옵션 실행도 얼마든지 가능해 보였다. 하지만 2018년이 시작되면서 상황은 대반전을 보이기 시작했다. 2018년 벽두의 김정은의 신년사와 2월 평창동계올림픽은 한반도 평화프로세스의 본격적인 실행의 계기가 되었다.

상황이 180도 급반전을 이룬 것에는 복합적인 이유가 있지만, 문재인 정부의 노력을 간과할 수 없다. 앞에서도 언급한 것처럼 2017년 어려운 상황에서 북·미의 반대와 비판에도 불구하고 한반도 평화프로세스를 포기하지 않았던 것이 컸다. 트럼프 정부의 강경책과 한국에 대한 의구심을 정면으로 대응하지는 못했지만, 틈나는 대로 북한과의 대화를 촉구했다. 특히 2018년 2월에 개최될 예정이었던 평창올림픽을 대전환의 기회로 삼겠다는 의지가 있었다. 결정적으로 문재인 대통령은 평창동계올림픽의 성공을 위해 2017년 말에 한미군사훈련의 연기를 미국에 전격적으로 제의하기에 이르렀다. 서울-강릉 간 KTX 경강선의 대통령 전용 열차에서 미국 NBC 방송과 인터뷰를 하고 "한·미 양국은 올림픽 기간 예정되어 있던 합동 군사훈련을 연기하는 문제를 검토할 수 있다"며 "이미 나는 미국 측에 그런 제안을 했고, 미국 측에서 지금 검토하고 있다"고 말했다.[15] 북한이 11월 29일 화성-15형을 발사한 뒤 "국가 핵 무력 완성"을 선언한 상황임을 고려하면 매우 파격적인 제안이었다. 결국 미국은 한국의 제안을 수용했고, 평창올림픽은 한반도 평화프로세스의 반전 계기가 될 수 있었다.

트럼프 대통령이 북미정상회담을 수용한 것은 더욱 극적이었다. 북한을 방문했던 정의용 안보실장을 포함한 특사팀은 곧바로 워싱턴으로 가서 트럼프에게 김정은 위원장의 북미정상회담 제안을 전했다. 임종석 전 비서실장의 『창작과비평』 대담(2020년 여름호)이나 존 볼턴John R. Bolton의 회고록에 따르면 당시 트럼프 대통령에게 김정은 위원장이 비핵화의 의지를 밝히면서 만남을 희망한다고 전하자 그는 곧바로 백악관 참모들에게 정상회담 추진을 지시했다. 그러나 참모들은 정상회담 개최를 강하게 반대했다. 이에 트럼프 대통령은 아예 정의용 실장에게 북미정상회담을 발표하도록 만들었다. 북미정상회담은 이렇듯 주위 참모들의 반대를 무릅쓰고 트럼프 대통령의 강력한 의지로 추진되었다. 새로 임명된 마이크 폼페이오Mike Pompeo 국무장관이 두차례에 걸쳐 북한을 방문하여 비핵화와 체제 보장의 교환에 대한 합의를 추진하는 한편, 북미정상회담 의제를 조율했다.

드디어 4월 27일 문재인 대통령과 김정은 위원장이 판문점에서 역사적인 남북정상회담을 개최했다. 북한의 대륙간탄도미사일과 핵실험이라는 전략 도발과 미국의 최대 압박으로 점철된 2017년을 어렵게 넘긴 후 그야말로 대반전을 이룬 역사적 사건이었다. 역사적으로 전쟁을 일으킨 자들까지도 평화를 위해 불가피한 것이었다고 합리화할 만큼 전쟁과 평화는 분리되기 어려운 역설의 관계다. 정상회담 이전의 전쟁 위기는 역설적으로 평화의 소중함을 깨닫도록 만들었다. 앞에서도 소개했던 소설가 한강의 표현처럼 미국이 전쟁을 말할 때 우리는 몸서리쳤다. 전쟁 발발의 확률이 낮다는 것으로 위로가 되는 것은 결코 아니었다.[16] 전쟁 위기 속에서도 겉으로 보이는 평온함에 대한 외국인들의 의아함과는 달리 우리 시민들도 전쟁이 두렵지 않은 게 아니었으며, 두려움을 오래 삼키다보니 잠재의 세계로 들어가버렸던 것인데, 오랜 상처를 건들린 것처럼 다시 깨어났다. 전쟁을 직접 겪지 않은 전후 세대들이라고 해도 공포의 밖으로 탈출할 수는 없었다. 평화가 막연한 이상이나 당위적 담론이 아니라 현실 세계 속의 절실한 소망임을 깊이 자각하게 된 것이다.

남북정상회담은 북미정상회담의 길잡이 역할을 했다. 완전한 비핵화에 합의했을 뿐 아니라 종전선언까지 품어낸 것은 회담의 성패 여부를 따지는 것 자체를 무의미하게 만들었다. 구체성이 떨어진다는 비판은 남북정상회담의 성격과 북핵 문제의 본질에 대한 무지의 소산이며, 핵폐기라는 표현이 없다는 비판은 이념의 프레임에 갇힌 난독의 해석이었다. 판문점선언은 단순한 중개자가 아니라 방향도 정하고 경계선도 정한 유능한 길잡이의 '지도'같은 것이었다. 특히 강대국의 이해관계에 끌려가는 것이 아니라 남북이 주도적으로 이끌겠다는 의지의 표현이 합의의 순서에도, 합의의 내용에도 담겨 있다. 북핵 문제가 남북관계를 규정하는 것이 아니라 남북관계 개선을 통해 비핵화와 평화체제로 가겠다는 올바른 방향을 설정했다. 길잡이를 넘어 당사자라는 인식을 담음으로써 평화를 주도할 가장 바람직하고 효율적인 길을 선택했다고 평가할 수 있다.

판문점 남북정상회담에서 가장 많이 나온 단어가 '시작'이나 '출발'이었는데, 이에 못지않은 단어가 '이행'과 '실천'이었다. 지도를 가졌어도 목적지에 도착한다는 보장은 없으며, 길목에 있는 덫에 빠지지 않는다는 보장도 없다. 그래서 집중력을 높여야 할 뿐 아니라 속도도 높여야 한다. 덫에 빠질 위험은 평화를 믿는 사람들에게만 해당하는 것은 아닐 것이다. 얼음이 녹는지 모르고 냉전의 얼음 위에서 시대착오적 억지에 몰두하는 이들은 얼음 위에서 나오라고 아무리 소리쳐도 듣지 못한다. 그렇게 그들은 과거부터 지금까지 맹목의 길치였다. 차라리 길치가 안정감을 가져다준다는 자주성의 부재와 헛된 믿음으로 운명을 강대국에 의존해왔다.

11년 만에 성사된 세번째 남북정상회담에서 문재인 대통령과 김정은 위원장은 '한반도의 평화와 번영, 통일을 위한 판문점선언'에 합의했다. 이같은 정식 명칭을 가진 판문점선언은 전문, 3개 조문, 13개 항으로 구성되었다. 예상했던 비핵화, 한반도 평화정책, 남북관계 발전 순이 아니라 남북관계 발전을 위한 합의사항이 먼저이고 군사적 긴장 완화와 평화체제 구축이 따라 나온다. 이는 길잡이를 넘어 당사자 중심성이 강조된 것으로서 의미가 있다. 이전에는 북핵 문제가 다른 이슈들을 인질로 삼는 구조였지만, 이후로는 남북관계 개선 및 한반도 평화 정착을 통해 함께 비핵화를 완성하겠다는 의도를 분명히 했다. 원래 제재 문제로 인해 이번 회담에서는 누락될 것이 예상된 경제협력 부분도 10·4합의를 이행한다는 표현으로 비핵화가 실현될 경우 빠른 속도로 이루어질 수 있도록 준비했다.

1조의 남북관계와 3조의 평화체제 구축의 연결고리라고 할 수 있는 2조의 군사적 긴장 완화와 신뢰구축 또한 큰 의미를 담고 있다. '비무장지대의 진정한 비무장화'의 출발점으로 확성기 철폐와 전단 살포 중지, 그리고 5월 중의 장성급 군사회담 개최를 명시한 것은 군사충돌의 가능성이 해소되어야만 남북관계의 발전을 이어갈 수 있고, 평화체제 구축이 가능해진다는 의지의 표현이었다. 즉 정전체제의 극복은 군사적 조치가 선행되어야만 하는데, 이미 정전체제의 종식은 출발한 셈이다. 항간의 논란에도 불구하고 정치적 종전선언은 남북이 얼마든지 할 수 있으며, 이후에 미국이나 중국이 뒤를 이으면 문제될 것이 없다. 3조는 2조의 연장선이면서 남북 대결구조와 전쟁 위협을 근본적 제거함으로써 정전 상태를 종식하고 확고한 평화체제를 수립하겠다는 의지를 담았다.

싱가포르에서
하노이까지

남북정상회담과 북미정상회담은 제안부터 성사까지 함께 연동된 패키지와 같은 성격이었다. 이 때문에 서로 긍정적 견인력을 발휘할 수도, 반대로 문제가 전이되어 상황을 악화시킬 수도 있었다. 초기의 낙관적 상황 전개로 말미암아 남북정상회담의 성공적 개최가 북미정상회담으로 이어지는 데는 아무런 문제가 없을 줄 예상했으나 상당한 진통이 따랐다. 북한이 남북고위급회담을 무기한 연기하고, 도널드 트럼프 미국 대통령이 북미정상회담을 전격 취소하면서 판문점선언의 이행과 북미정상회담의 개최가 불투명해졌다. 이면에서는 남북 갈등과 북·미 갈등이 중첩되면서 어려움에 봉착한 것이다. 하지만 고비를 넘어 북미정상회담을 성사시키기 위해서 판문점 2차 정상회담까지 전격적으로 열렸으며, 북·미 정상 역시 전체 과정을 좌초시킬 생각이 없다는 뜻을 교환하였다.

우여곡절 끝에 마침내 2018년 6월 12일 싱가포르에서 역사적인 북미정상회담의 막이 올랐다. 전쟁과 분단의 시대를 마감하고 새로운 공존과 평화의 시대로 향하는 문이 판문점에 이어 다시 열린 것이다. 센토사섬 카펠라 호텔의 양쪽 회랑에서 김정은 위원장과 트럼프 대통령이 중앙으로 걸어 나와 나눈 12.5초간의 악수는 70년 묵은 적대감과 수년간 임계점까지 다다랐던 위기가 극적 반전을 맞는 순간이었다. 4월 27일 분단과 전쟁의 상징이었던 판문점이 평화로운 한반도를 여는 새로운 상징이 되었던 것처럼, 한때는 해적과 폭력, 전쟁과 학살의 어두운 역사를 지닌 '죽음 앞의 섬'이라는 별명의 센토사섬은 평화의 섬으로 재탄생할 기회를 얻었다.

트럼프는 미국 역대 대통령으로서는 사상 처음으로 북한의 정상과 만나 다섯시간 넘는 대화를 나누었고, 4개 항의 공동선언문을 발표했다. 참혹한 전쟁으로 시작되었고, 65년간의 오랜 적대관계는 물론이고, 2017년 주고받은 말 폭탄들과 전쟁 일보 직전의 긴장을 생각해보면 이날 두 사람이 선언한 '새로운 우호관계의 출발' 선언은 쉬이 믿기지 않는 그야말로 기적에 가까운 변화가 아닐 수 없었다.

오랜 세월이 만든 좌절감과 냉소의 관성이었을까? 북·미 정상이 화기애애한 분위기와 함께 공동성명에 서명까지 했음에도 확증편향을 통한 냉소로 불과 반나절 만에 성과를 평가절하하기 시작했다. 도저히 불가능하게 생각했던 미국과 북한의 정상회담이 성사되고 합의에까지 이른 극적인 상황이 비현실적인 탓에 '만화 같은'cartoonish 이라는 어느 미국 언론의 표현과 '판타지' 또는 '공상과학소설' 같다는 김정은의 표현은 생경하고 갑작스러운 역사적 변곡점에 대한 나름의 긍정적 놀라움의 표시였다. 그러나 그외에는 부정적 평가가 대다수를 이루었다. 사실 공동선언문의 내용이 어떻게 나왔어도 비판은 멈추지 않았을 것이다. 왜냐하면 김정은과 북한체제에 대한 불신에다 트럼프에 대한 반감, 그리고 지난 25년간

싱가포르 북미정상회담 공동성명 4개 항

1. 미국과 조선민주주의인민공화국은 평화와 번영을 위한 양국 국민의 바람에 맞춰 미국과 조선민주주의인민공화국의 새로운 관계를 수립하기로 약속한다.

2. 양국은 한반도의 지속적이고 안정적인 평화체제를 구축하기 위해 함께 노력한다.

3. 2018년 4월 27일 판문점선언을 재확인하며, 조선민주주의인민공화국은 한반도의 완전한 비핵화를 향해 노력할 것을 약속한다.

4. 미국과 조선민주주의인민공화국은 신원이 이미 확인된 전쟁포로, 전쟁실종자들의 유해를 즉각 송환하는 것을 포함해 전쟁포로, 전쟁실종자들의 유해 수습을 약속한다.

반복되어온 북·미 협상과 비핵화의 실패로 말미암은 냉소주의가 합쳐져 있었기 때문이다. 오히려 북·미 두 정상이 미국 내부를 점령하다시피 한 회의론자들과 비판자들의 반발을 의식하기보다는 상호신뢰 확보가 우선임을 인지한 것이 결과를 도출해낼 수 있는 나름의 긍정적 행보였다고 할 수 있다.

공개된 합의문의 내용도 평가절하될 이유는 크게 없었다. 정상들의 역대 공동선언들이 구체적인 실천방안보다는 원칙과 약속 위주로 구성되어 있다는 점도 그렇지만, 수십년의 불신이 일상이었던 양국 정상들의 첫 만남에서 합의의 모호성만 가지고 비판하는 것은 지나치다. 물론 구체적 실천방안과 타임프레임이 담겼으면 좋았겠지만 한편으로는 과욕일 수 있고, 다른 한편으로는 발표문에 담기지 않은 공감대나 이면 합의를 염두에 둔다면 섣부른 판단은 유보할 필요가 있었다. 적어도 두 정상이 불신의 구조를 뒤로하고 비핵화와 평화의 새판 짜기에 동의했다는 사실은 충분한 의미가 있다.

이 지점에서 반드시 지적해야 할 것은 미국의 'CVID 근본주의'다. 판문점선언과 싱가포르선언에서 공통적인 완전한 비핵화, 즉 CD^complete denuclearization라고 명문화하고 있음에도, 비판자들은 'V^verifiable'와 'I^irreversible'가 빠졌다고 비판한다. 그런데 따지고 보면 실현 가능한 수준에서의 비핵화를 규정하고 있다. 먼저 북한이 가장 반발하는 'I'는 빠지는 것이 오히려 합리적이다. 주권국가로서 협상 상황이나 조건이 변해도 되돌릴 수조차 없다는 것은 무리한 요구다. 미국이 북한의 행동에 따라 체제보장 약속을 변경할 수 있듯이, 북한에 대해서도 미국이 약속을 파기할 경우 가역성을 인정하는 것이 공평하다. 박근혜 정부가 일본과 맺은 위안부합의에서 일본이 줄기차게 들이대는 국가 간 조약의 비가역성의 부당성을 우리는 누구보다 잘 알고 있다. 또한 검증을 말하는 'V'는 조금 다른 차원이기는 하지만 북한의 핵 무력 완성 이후에는 효용성이 반감했다. 즉 북한이 핵을 가지기 전까지는 검증만으로도 비핵화가 가능할 수 있었으나, 북한이 핵을 완성한 후에는 검증만으로 확인 불가능하고 북한의 자발적 신고와 폐기에 대한 신뢰가 동반되어야 한다. 따라서 완전한 비핵화를 명기한 것은 현실적 최대치라고 할 수 있다. 오히려 내용으로 판문점선언보다 강한 표현인 '단단하고 흔들리지 않는'^firm and unwavering 완전한 비핵화 약속이라는 점에서 진전으로 봐야 한다. 김정은 위원장의 전략적 선택 자체의 진위에 대해 의심하기보다는, 그가 역진하지 않도록 분위기를 만들고 선언의 내용을 기정사실로 만드는 것이 더 중요해졌다.

북미정상회담의 합의가 너무 추상적이라는 논란에도 불구하고 그 역사적 전환점에 대한 평가는 긍정적인 것이 많았다. 되짚어보자면 '새판

싱가포르에서 만난 북·미 정상

2018년 6월 12일 싱가포르 센토사섬 카펠라 호텔에서 북한 김정은 국무위원장과 미국 트럼프 대통령이 만났다. 4월의 판문점 남북정상회담에 이어 최초로 공식적인 북미정상회담이 이뤄진 것이다. 두 정상은 5시간의 회담을 마치고 4개 항의 공동선언문을 발표하며 새로운 우호관계의 출발을 알렸다.

짜기'를 위한 틀을 제시했다는 점에 주목할 필요가 있다. 정상회담에서 합의된 구체적 실천사항은 미군 유해 송환 외에는 없었고, 후속 고위급회담으로 미뤄졌다. 하지만 싱가포르회담 3주 후 평양에서 있었던 김영철과 폼페이오의 만남에서도 상대의 양보에 대한 과도한 기대와 자국의 양보에 대한 과대평가로 말미암아 빈손으로 끝나버렸다. 그렇다고 이것이 싱가포르회담의 합의 자체가 잘못되었기 때문이라고 볼 수는 없다. 아무튼 싱가포르회담에서 트럼프 대통령이 약속했던 종전선언을 미국이 번복하고 북한에 도리어 검증을 위한 핵프로그램에 대한 신고서 제출을 요구하자, 김영철은 "미국이 일방적이고 강도적인 비핵화 요구만을 들고 나왔다"라며 비난을 했고, 폼페이오는 "미국이 강도면 전세계가 강도"라는 식으로 맞대응했다.[17]

북한은 핵미사일 실험 중단과 풍계리 핵실험장 폐쇄를 단행했고, 유해 송환과 동창리 미사일실험장 폐쇄를 실행했으므로 미국이 양보할 차례라고 보았지만, 미국은 한미군사훈련 취소는 물론이고, 세계 최강의 패권국이 북한 정상을 만나준 것 자체가 엄청난 양보라고 판단했다. 따라서 북한의 조치들은 미흡하며 미국이 내민 교환 조건과 전혀 등가가 될 수 없다고 생각했다. 오랜 불신구조의 관성이 다시 한번 그 위력을 발휘했다고 볼 수 있다. 미국은 북한의 종전선언 실천 요구를 비핵화에 대한 진정성 부재로 몰고, 북한은 미국의 종전선언 거부를 체제보장 약속에 대한 진정성 부재로 간주했다. 그런데 우리가 생각해봐야 할 부분은 양국 권력의 속성상 김정은 체제는 미국이 원하는 것을 모두 들어줄 수 있는 권력을 가지고 있으나, 트럼프는 역대 미국 대통령들보다 자의적 권력 행사가 훨씬 많기는 했지만, 그 정부는 북한이 원하는 것을 다 들어줄 수 없는 시스템이다. 그것을 감안한다고 하더라도 북한으로서는 트럼프의 결심으

470

로 가능한 몇 안 되는 조치인 종전선언마저 얻어낼 수 없다면 제재 해제는 꿈도 꿀 수 없고, 용어만 사용하지 않았을 뿐 리비아모델과 다름없다고 여겼을 것이다.

이렇게 6월 12일 싱가포르에서의 역사적 북미정상회담은 이후 실무협상 과정에서 궤도를 이탈하였고, 70년의 불신구조가 되살아나며 긴 교착상태로 빠져들었다. 어려운 시기에 문재인 정부가 다시 중재에 나섰다. 처음처럼 한국 특사단이 다시 방북하였고, 평양에서 3차 남북정상회담이 성사되면서 죽어가던 한반도 평화프로세스가 극적으로 호흡을 이을 수 있었다. 문재인 대통령의 방북 과정에서 남북의 정상이 보여준 신뢰와 우의는 물론이고, 김정은 위원장의 환대와 파격은 세계를 놀라게 하기에 충분했다. 평양 시내의 카퍼레이드와 백두산을 함께 등정한 것도 주목할 장면이지만, 15만 평양시민들에게 문재인 대통령이 직접 연설을 하면서 비핵화를 천명한 것은 엄청난 함의를 지닌 역사적 순간이었다.

문재인 대통령과 김정은 위원장의 3차 남북정상회담은 두가지 측면에서 진전이 꼭 필요했던 회담이었으며, 9·19 평양 합의는 끊어졌던 북·미 협상을 다시 되살릴 기회를 제공했다. 첫번째는 남북관계의 진전이자 곧 판문점선언에서의 진전이었고, 두번째는 북·미관계에서 비핵화 프로세스의 진전이었다. 전자는 남북 군사합의를 통해 한반도에서의 종전의 실현으로 전쟁 가능성을 완전히 종식할 수 있는 담대하고 구체적인 실천에 합의함으로써 성취하였다. 일각에서 주장하듯 비핵화는 뒷전에 놓고 남한이 가진 재래식 무기체계의 우위를 포기했다는 것은 전혀 근거가 없다. 반대로 북한의 핵개발 이유였던 재래식 무기의 열세로 인한 존재론적 위협을 감소시켜줌으로써 북한이 핵을 포기하는 유인을 오히려 더 크게 만들어준 것으로 봐야 할 것이다.

후자에서는 비핵화의 진전을 위한 북한의 양보가 나왔다. 동창리 미사일 엔진 시험장 폐기에 대해 미국이 그토록 주장해온 검증을 전제조건 없이 수용하였고, 더 나아가 북한 핵개발의 핵심이자 상징인 영변 핵시설을 미국의 상응 조치를 조건부로 폐기하겠다는 구체적 약속까지 내놓았다. 동창리 미사일 엔진 시험장 폐기를 검증받겠다고 나선 것은 미국 내 강경파들의 비판과 우려를 의식한 북한의 과감한 행보라고 할 수 있다. 문대통령은 평양 방문 다음 달 유엔 연설에서 "이제 국제사회가 북한의 새로운 선택과 노력에 화답할 차례"라며 "북한이 항구적이고 공고한 평화의 길을 계속 갈 수 있도록 이끌어주어야 한다"고 말했다.[18]

사실상 동창리 시험장 폐기와 종전선언의 교환은 싱가포르회담의 이면 합의의 핵심이었다. 트럼프 대통령이 싱가포르회담을 마치고 나오면서 트위터를 통해 마침내 미국에 대한 직접적인 위협을 제거했다고 스스로 평가했던 것이다. 자화자찬이기는 하지만, 동창리는 ICBM 개발의 핵심이었고, 미국에 대한 직접적 위협이었던 것이 사실이다. 그런데 이에 대한 보상으로 종전선언을 약속한 것이 미국 내 강경파들의 반발을 샀다. 검증도 없이 동창리의 폐기를 믿을 수 없고, 북한이 이미 다른 곳에 미사일발사장을 만들어놓았을 수 있으며, 종전선언을 할 경우, 북한은 주한미군의 철수를 요구할 수 있으므로 종전선언을 해줘서는 안 된다고 주장했다. 북한이 종전선언에 집착했던 이유는 이것을 통해 미국의 진정성을 확인해보고자 함이었다. 종전선언 정도도 해줄 수 없는 미국을 믿고 훨씬 더 비가역적인 비핵화 조치를 할 수는 없다는 것이 북한의 판단이었다. 강경파의 반대로 인해 트럼프 대통령이 종전선언에 난색을 보이자 북한은 평양 남북공동선언에서 검증을 받아들였다. 또한 주한미군 철수 문제에 관해서는 이미 한국의 특사들이 방문했을 때 종전선언을 하더라도 미군 철수를 주장하지 않겠다고 약속한 바 있었다.

이렇게 오랜 교착 상황에 빠져 있던 한반도 평화프로세스가 평양 3차 정상회담으로 되살아나는 것처럼 보였지만, 얼마 가지 않았다. 2018년 11월 8일로 예정되었던 김영철의 방미가 취소된 이후 다시 난기류에 휩싸였다. 한반도 '평화 만들기'가 쉽지 않을 것이라고 예상했지만 역사적인 정상회담들에서 합의가 급진전되었던 것과 비교하면 난기류는 더없이 불안하고 실망스러운 것이었다. 후에 밝혀지는 대로 당시 트럼프의 의중과는 달리 볼턴과 폼페이오를 위시한 강경파들의 끊임없는 방해가 있었다. 북한은 정상회담과 제재 해제 외에는 의제로 다루지 않겠다고 한 반면, 미국은 실무회담을 통한 비핵화 실천만 강조하는 무한궤도의 반복이 계속되었다. 그러던 차에 2019년 1월 31일 비건Stephen Biegun은 스탠퍼드대학에서 있었던 강연에서 북한의 비핵화 조치에 대해 유연한 모습을 보였다. 그동안 지지부진했던 종전선언의 수용 가능성을 비쳤고, 북한의 핵 프로그램 신고에 대해서도 영변 핵시설 폐기 이후 포괄적인 신고서를 제출할 수도 있다는 자세를 보였다.

하노이의 좌절

어려움 속에 표류하던 한반도 평화프로세스는 2차 북미정상회담이 하노이에서 열리기로 예정되면서 소생의 기미를 보였다. 다시 한번 톱다운 방식으로 교착 상황이 풀릴 수 있을 것이라는 희망적 관측이 많았다. 하지만 결과는 회담 결렬이었다. 그동안 교착과 재개를 오가며 불안하지만 기대를 모으기도 했던 한반도 평화프로세스는 결정적인 타격을 입었다. 회담에 임하는 트럼프 대통령과 김정은 위원장의 전혀 다른 태도에서 감지된 불길함이 현실이 되고 말았다. 김정은 위원장은 66시간의 기차여행을 할 만큼 성공에 대한 자신감이 있었지만, 트럼프 대통령은 협상 당일까지 미국의 최종안도 결정하지 못한 상태였다. 회담이 가까워질수록 트럼프는 오히려 속도조절론을 주장하며 기대 수준을 낮추기에 여념이 없었고, 협상 성공의 의지도 별로 보이지 않았으며, 관련 발언들에는 진정성이 담겨 있지 않았다. 트럼프는 기자회견에서 마치 북한이 영변 일부만 내어놓고 제재의 전면 완화를 요구하여 합의에 이르지 못한 것처럼 말했지만, 기자회견의 다른 언급들과 함께 종합적으로 판단하면 미국은 애초에 협상을 성공으로 이끌려는 성의나 노력이 없었다. 그랬다면 그들은 협상을 시도한 후에 도저히 타협점을 맞출 수 없다는 결론을 내렸어야 하는데, 하노이회담에서는 북한이 던진 제안을 단칼에 거절하고 회담장을 박차고 나와버렸다.

북한은 회담이 끝나고 난 후 새벽에 기자회견을 자청했고, 이에 대한 폼페이오의 반박이 이어지며 결렬의 책임을 두고 '블레임 게임'을 벌였다. 공방의 핵심은 상대의 과도한 요구가 결렬의 원인이라는 것인데, 미국은 북한이 영변 핵시설 일부의 폐기만으로 제재 전면 완화를 요구했다는 것이고, 북한은 미국이 영변과 함께 무리한 추가 요구를 했다는 주장이다. 미국이 말하는 플러스알파는 결국 전면 폐기 요구였다는 것이다. 이 사실은 존 볼턴의 폭스뉴스 인터뷰에서 확인되었는데, 그렇다면 이는 비건이 스탠퍼드대 강연에서 영변 핵시설 폐기를 두고 일정 시점에서 핵신고를 하도록 요구함으로써 단계적 접근을 수용하는 듯한 유연성을 보여준 것과는 차이가 컸다. 무엇보다 미국이 북한과의 치열한 협상을 한

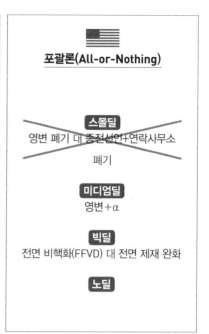

<table>
<tr><td colspan="2" align="center">단계론(Step-by-Step)</td><td colspan="2" align="center">포괄론(All-or-Nothing)</td></tr>
</table>

단계론(Step-by-Step)

스몰딜
영변 폐기 대 제재 일부 면제

미디엄딜
영변 + 핵물질생산 동결 대
종전선언 + 제재 일부 해제

북한 제안 문제점
영변 경계선이 불분명하고
이후 단계 부재

포괄론(All-or-Nothing)

~~**스몰딜**
영변 폐기 대 종전선언+연락사무소
폐기~~

미디엄딜
영변 + α

빅딜
전면 비핵화(FFVD) 대 전면 제재 완화

노딜

후 결론을 내린 것이 아니라 북한의 첫 제안을 듣자마자 그냥 협상을 결렬시켰다는 것이 문제였다.

겨우 이어져오던 신뢰관계는 완전히 무너지는 양상을 보였다. 싱가포르에서의 1차 회담은 지난 70년간의 북·미 적대관계를 정상들이 신뢰관계로 전환함으로써 북한은 비핵화를, 미국은 북한에 대한 체제보장을 교환하는 것이었다. 김정은은 지난 8개월간 실무진의 방해(그의 표현으로는 오해와 불신) 상황에서 고민, 인내, 노력으로 이를 헤치고 트럼프를 만나서 확인하려 했던 것 같은데, 기대했던 트럼프에게 뒤통수를 맞은 셈이 되었다. 진정성을 보여주려는 양보 조치들이 선의나 신의로 받아들여지기보다는 역이용의 대상이 되었고, 미국의 요구 수준은 생각보다 훨씬 더 높았다. 특히 트럼프의 전 개인 변호사 코헨의 청문회가 회담 전날 미국에서 있었고, 트럼프는 밤새도록 시청했다. 사면초가였던 트럼프는 영변 핵시설 폐기와 제재 일부 완화를 교환하는 합의 정도로는 비판을 면할 수 없다는 판단에서 전면 비핵화를 압박했을 것으로 판단한다.(앞의 그림 참조) 과거 북한의 전유물이었던 '벼랑 끝 전략'을 사용했는데, 김정은이 양보하면 좋고, 아니라면 노딜이 향후 국내의 정치공세에 더 효과적이라고 계산했을 것이다. 하지만 북한은 '선先비핵화 후後배신'이라는 리비아의 악몽을 떠올리지 않을 수 없었을 것이다.

하노이회담, 그 이후

2018년 벽두부터 모든 이들의 상상을 뛰어넘으며 빠르게 진행되던 한반도 평화프로세스는 하노이회담의 결렬로 다시 긴 교착 상황으로 빠져들었다. 협상의 결렬이지만, 대화와 협상의 판 자체가 엎어진 것은 아니라는 것을 누구도 반박하기 어렵다. 트럼프 대통령은 북한이 혹시라도 전략 도발을 감행해서 전체 판이 깨지는 것을 원하지 않았기에 김정은 위원장과의 관계는 여전히 좋다고 반복적으로 발언하며 상황을 수습하려 했다. 돌아보면, 트럼프 대통령이 남북이 평양회담에서 함께 제안했던 영변 핵시설 폐기와 제재 일부 완화의 교환이라는 이른바 '스몰딜'small deal을 거부하고 '노딜'no deal을 선택하자 미국 여야가 일치되어 지지하는 드문 현상이 일어났다. 이에 볼턴을 비롯한 강경파들이 대북정책의 주도권을 잡고 북한의 선제적 비핵화를 요구하는 '리비아식 빅딜'big deal로 더욱 압박하고 나섰다. 제재의 효과가 본격화하고 있다면서 북한을 조금 더 밀어붙이면 굴복할 것이라는 주장이 더해졌다. 북한에 유연성을 보였던 비건은 강경파들에게 밀려나는 모양새였다.[19]

북한은 하노이에서 유리한 합의를 이끌 수 있을 것이라는 과신에 대한 혹독한 댓가를 치렀다. 자신들의 전가의 보도라 할 수 있는 '벼랑 끝 전술'을 트럼프 대통령 측에서 사용했던 셈이다. 북한은 역공을 당하면서 국제정치에서의 힘의 한계를 절감했을 것이다. 그렇다고 시계를 싱가포르 이전으로 돌리며 리비아모델을 압박하는 미국에 굴복할 수는 더더욱 없었다. 회담 결렬 이후 북한은 미국과는 물론이고 한국과도 소통을 차단한 채 자체 평가 및 입장 재정리에 들어갔다. 그리고 2019년 4월 12일 최고인민회의 시정연설에서 김정은 위원장은 이른바 '새로운 길'을 갈 것이라고 밝히면서, 미국에 연말까지의 시한을 제시하며 미국이 셈법을 바꿀 경우 한번은 회담에 나설 수 있다고 했다. 김정은의 이런 노선은 이후 북한 외무성을 포함한 고위 인사들에 의해 반복적으로 언급되었다. 새로운 길은 정권의 존립을 위한 자력갱생과 더불어 외교적 다변화를 모색하겠다는 것이지만, 효과를 기대할 수 있는 카드가 별로 없을 뿐 아니라, 이는 결코 김정은 위원장이 원하는 최선의 결과가 아니라는 것은 분명했다. 결국 북한의 무너진 입지 그대로 협상으로 갈 수는 없기에, 한편으로는 상황에 대한 불만과 도발의 경계를 교묘히 넘나들면서 기회를 엿보자는 것이었다. 김정은 위원장은 트럼프 대통령과의 관계는 북·미관계처럼 적대적이지 않으며 좋다고 했고, 이에 대해 트럼프 대통령은 곧바로 4월 13일 트위터에 김위원장과의 관계는 "훌륭하다"excellent고 반응하면서 서로 협상의 완전한 붕괴를 원하지 않으며, 3차 정상회담이 필요하다는 뜻을 교환했다.

한편 중재자의 역할을 수행해온 한국의 입지는 대폭 좁아져버렸다. 9·

19 평양 남북정상회담을 통해 싱가포르 이후 길게 이어진 교착 상황을 타개하였고, 그 결과 하노이 2차 북미정상회담을 끌어냈기에 하노이의 합의 불발이 너무도 아쉬울 수밖에 없었다. 무엇보다 북·미 사이에서 종전선언과 핵프로그램 전면 신고의 팽팽한 줄다리기가 펼쳐지는 가운데 영변 핵시설 폐기와 상응 조치의 교환방정식으로 해결의 실마리를 만들었지만, 돌아보면 오히려 독이 되었다. 평양 합의대로 미국이 영변 핵시설 폐기를 수용하고 종전선언과 제재 완화를 내줄 경우, 트럼프는 이를 자신이 이룬 것이 아니라 문대통령의 전리품이거나 또는 남북 리더의 합작품으로 여겼을 것이다. 트럼프의 특성상 용납하기 힘들었을 것이다.

북한은 북한대로 문재인 대통령을 믿고 영변 핵시설까지 내놓을 용의를 밝혔지만, 결국 남한이 미국을 설득하지 못해서 하노이회담에서 실패했다고 보았다. 김정은 위원장은 시정연설에서 남측을 향해 "오지랖 넓은 '중재자', '촉진자' 행세를 할 것이 아니라 민족의 일원으로서 제정신을 가지고 제가 할 소리는 당당히 하면서 민족의 이익을 옹호하는 당사자가 되어야 한다"라며 강하게 비난했다.[20] 문재인 정부가 기대하던 하노이 회담이 실패하고 북한의 심한 비판의 대상이 되자, 국내에서도 정부에 대한 비판이 커졌다. 북·미가 각각 한국에 요구하는 역할이 매우 다르다는 점에 우리의 어려움이 놓여 있다. 미국은 한국이 북한을 설득해 빅딜을 수용하게 만드는 중재자가 되기를 바라지만, 북한은 남한이 평양선언에서 남북이 함께 만든 스몰딜을 가지고 미국을 설득하는 당사자가 되기를 바라고 있다. 게다가 미국이 결렬시킨 회담을 살리고자 하는 시도는 마치 북한 편을 드는 것처럼 인식되는 것 역시 국내외적으로 부담스럽다.

한국정부는 하노이회담 결렬 이후 협상을 재개시키기 위한 최선의 노력을 기울였다. 특히 4·11 한미정상회담을 통해서 4차 남북정상회담과

3차 북미정상회담을 성사시키고자 했다. 2018년의 성공의 추억, 즉 4·27 판문점선언과 6·12 싱가포르 합의의 1주년이 되는 시점에 이를 재현하는 것이 최상의 시나리오라고 여겼다. 문재인 대통령의 부단한 노력은 의외의 지점에서 실현되었다. 6월 말 트럼프 대통령의 방한 과정에서 남·북·미 정상의 3자 회동이 전격적으로 제안되었고, 극적으로 실현되었다. 그동안 미국의 셈법이 바뀌지 않는 한 회담은 없을 것이라는 입장을 고수해온 김정은 위원장이 의외의 행보를 보였다. 이후 김정은의 친서 외교가 재가동되고 8월 이후 북한은 리용호, 최선희, 김계관 등의 연이은 담화를 통해 실무회담을 수용한다는 의사를 표명했다. 그리고 결정적으로 트럼프가 9월 10일 볼턴을 트위터로 해임했다. 북한에는 하노이회담을 결렬시킨 회담 훼방꾼이자 리비아모델을 부활시킨 볼턴의 해임은 매우 긍정적인 신호였는데, 트럼프 대통령이 리비아모델을 적용한 것은 실수이고, 외교참상이었다며 볼턴의 해임 이유를 밝히면서 상황은 급진전했다.

그 결과 10월 4일 스톡홀름에서 6월 판문점 상봉의 후속으로 실무회담이 열렸지만, 결과는 실망스러웠다. 미국은 좋은 분위기에서 많은 대화를 나누었다면서 긍정적으로 평가했지만, 북한은 회담이 끝나자마자 미리 준비한 것처럼 결렬을 선언했다. 북측 회담대표인 김명길 대사는 미국이 구태의연한 태도와 기존 노선을 고수하는 등 협상 준비도 되지 않은 "역스러운 협상"이었다는 성명을 발표했다.[21] 북한은 핵실험과 ICBM 시험발사 중지, 북부 핵실험장 폐기, 미군 유해 송환 같은 선제적 비핵화와 신뢰구축 조치들에 대해서 미국의 성의 있는 화답이 있다면 다음 단계의 비핵화 조치들을 위한 본격 논의에 들어갈 수 있다고 밝힘으로써 회담의 끈을 완전히 놓지는 않았지만, 김정은 위원장이 시정연설에서 밝힌 입장을 재확인했다. 북한은 신뢰를 담보할 수 있는 실질적인 양보를 요구한 데 비해, 미국은 자세와 태도의 유연성에 집중하면서, 동시에 북한의 비핵화 조치가 선행되어야 한다는 조건부를 고집했다. 북한은 6월 말 판문점 회동에는 응했지만, 미국이 구체적인 조건을 명시하지 않을 것을 예상하고, 스톡홀름에서는 결렬을 준비한 것으로 판단된다. 한편으로는 하노이에 대한 복수라는 측면도 없지는 않겠으나, 이벤트성의 회담은 원하지 않는다는 것을 분명히 했다.

2019년 10월 스톡홀름의 회담을 끝으로 회담은 이어지지 않았고, 2020년 코로나 위기로 인해 교착과 공백은 길어졌다. 그러다가 북한이 6월 16일 개성의 남북공동연락사무소를 폭파하면서 상황은 더욱 악화했다. 트럼프 대통령은 11월 선거 전에 정상회담을 원했지만, 북한은 미국의 실질적인 양보가 없이는 응하지 않겠다는 뜻을 굽히지 않았다. 남한과는 일체의 접촉을 차단하고 연락사무소 폭파로 불만을 표현했다. 북한의 관점으로 보면 두 정상이 싱가포르에서 새로운 신뢰관계를 구축하기로 합의했고, 전쟁을 종식하고 평화체제를 수립하기로 약속했음에도 여전히 대북 불신은 변함없고, 일방적 양보만을 요구한다는 것이다. 특히 이미 진행된 이례적 양보들이 있고, 미국의 상응 조치만 있다면 추가로 양보할 수 있다고 하는데도 미국은 비핵화가 시작되지조차 않았다며, '선先비핵화 후後보상' 원칙만 무한 반복하고 있다는 것이다. 실제로 트럼프 대통령도 자신은 지금까지 북한에 아무것도 양보한 것이 없다고 했을 정도다. 미국은 비핵화를 진전시키기 위해서 어떤 조건에서 어떤 양보를 해줄 수 있는지에 대해선 묵묵부답이다. 그 때문에 북한은 자신들이 어떤 조치를 하면 미국은 그에 어떻게 상응 조치를 할 수 있는지 얘기해야 하지만 그에 대해서는 완전히 침묵하면서 자신들의 전적인 굴복만 요구한다고 주장한다.

미국은 사실 한국정부를 의심하면서 너무 많은 에너지와 시간을 낭비했다. 남북관계가 비핵화를 앞서지 말라며 압박했는데, 문제는 미국이 있는 위치를 밝히지 않으면서 앞서지 말라고 하는 것이다. 비핵화 로드맵과 정책을 한국과 의논하는 것이 공조의 본질이지만 그런 것은 보이지 않았다. 원활한 공조를 위해 한·미 워킹그룹을 만들었다고 하지만, 쌍방향 논의의 틀로서보다 한국을 제어하려는 수단으로 더 많이 활용했다. 북한은 반대로 한국이 중재를 통해 북·미를 연결하면 남한을 배제하고 직접 미국을 다루려 했다. 물론 평양 정상회담에서 문재인 대통령의 설득으로 영변 핵시설을 폐기할 용의를 밝혔지만, 한국이 미국을 설득하지 못했기 때문에 하노이회담이 결렬되었다고 믿으면서 한국과는 더욱 멀어졌다.

북한이 선제적으로 비핵화를 완성하면 좋겠지만, 현실적으로 불가능하다. 북한이 바보가 아닌 이상 자신의 생존을 위협하는 미국의 구두 약속만 믿고 모든 카드를 내려놓을 수는 없을 것이다. 특히 리비아에 대한 약속 위반을 목격한 북한이 그렇게 일방적으로 포기할 가능성은 거의 없다고 봐야 할 것이다. 김정은 위원장이 평양 정상회담에서 "불신 상황에서 핵프로그램을 전면적으로 신고하는 것은 미국에 폭격 리스트를 주는 것과 같다"고 말했다. 미국은 북한을 정확하게 이해하지 못하고, 그래서 해법이 없다. 트럼프는 해법을 모르고, 강경파는 해법을 알려 하지 않는다. 비핵화는 사실상 북한이 굴복하고 핵을 포기해야 해결되는 게임인 것은 분명하다. 그러므로 북한의 포기를 유도하면서도 북한이 자발적으로 포기하는 것처럼 포장해줘야 한다. 북한체제의 성격상 자존심이나 체면은 단순한 감정을 넘어 체제 유지의 핵심축이기 때문이다. 그런데 미국은 이를 모르거나, 또는 알고도 패권의 힘을 보여주며 제압하려 한다. 이 지점에 트럼프와 강경파가 일치한다.

/

볼턴 회고록과
관객 비용

전 미국 국가안보보좌관 존 볼턴은 2020년 6월 23일 회고록을 출판했는데, 2018년 4월부터 17개월간의 재임 기간 동안 백악관에서 경험한 일을 기록했다.[22] 국가원수의 안보 참모의 수장이 해임된 지 9개월 만에 그것도 자신이 재직했던 정부의 임기가 끝나지도 않은 시점에서 회고록을 발표해 미국 외교·안보정책 결정의 내밀한 상황을 공개한다는 것은 매우 이례적인 일이었다. 총 15장으로 구성된 회고록 중 한반도에 관련된 부분은 4장과 15장에 있는데, 북미정상회담에 관한 외교 비사를 매우 자세하게 다루고 있다. 책이 묘사하고 있는 트럼프 정부의 비정상성만큼이나 볼턴의 회고록 출판도 특이하다. 미국 내 반응도 다르지 않았다. 트럼프 대통령에 대한 비판으로 반사이익을 기대할 수 있는 민주당에서조차 볼턴의 신뢰성을 문제 삼았다. 볼턴이 만약에 자신이 국익을 위해 옳은 일을 했다고 믿었다면, 해임 전에 스스로 사임하거나 적어도 트럼프와 견해를 달리하는 모습을 확실하게 보였어야 했다는 지적이 나왔다. 특히 2020년 초에 트럼프에 대한 하원의 탄핵절차에서 증언을 거부한 사람이었다.

볼턴은 알려진 것처럼 책상 위에 (뇌관 없는) 수류탄을 두고 근무하는 네오콘의 전형적 강경파이자 근본주의자이다. 조지 W. 부시 행정부에서 유엔 주재 미국대사를 역임했고, 미국기업연구소American Enterprise Institute, AEI 등 다양한 극우단체에서 활동했다. 이라크전쟁을 부추겼고, 북한, 리비아, 시리아, 쿠바, 베네수엘라 등의 정권 교체를 주장해온 인물이다. 문정인 대통령 통일외교안보특별보좌관은, 북한에 대해 "볼턴은 최대한으로 압박으로 제재하되 저항하면 군사력도 불사해야 한다는 게 기본적 생각이다. 북한이 최전방에 전진 배치한 장사정포를 선제 타격해 궤멸시키는 동시에 핵과 미사일 시설을 정밀 타격하면 끝난다고 생각했다."라며 패권주의와 최대한의 압박, 그리고 군사력 사용 불사론 등 세가지 시각을 바탕으로 회고록은 서술되어 있다고 했다.[23]

볼턴은 회고록에서 한반도 평화프로세스를 정치적인 춤판으로, 문재인 대통령을 조현병 환자나 끼어들기의 명수 등으로 표현하며 폄훼했다. 엄청난 외교적 결례인 것은 말할 필요도 없다. 볼턴은 문재인 대통령을 조현병 환자로 조롱했지만, 트럼프 대통령과 볼턴이야말로 그가 말하는 환자에 가장 가까운 인물이었다. 문정인 대통령 외교안보특보는 볼턴이 책에서 묘사한 미국 백악관의 정책 결정 과정을 개그콘서트라는 텔레비전 프로그램의 한 코너였던 '봉숭아학당'이라고 비판했다. 세계 최강의 국가인 미국, 그것도 과거에 무식하게 힘으로만 정복하고 탈취하는 제국들과 다른 패권이라고 자랑하던 오늘날 미국의 정책 결정의 수준이라고는 믿기 힘들 정도였다. 『워싱턴포스트』의 기자인 데이비드 이그네이셔스David Ignatius는 볼턴의 책은 그 오만함만큼이나 트럼프 정권의 놀랄 만한 무능과 허영심을 드러내고 있다면서, 왜 그토록 백악관이 책의 출판을 저지하려 했는지 알 수 있다고 비꼬았다.[24]

일각에서는 그가 회고록을 그 시점에 출간한 의도가 돈 때문이라고 말한다. 물론 그런 의도가 전혀 없지는 않았을 테지만, 진짜 의도는 바로 자신이 옳다는 것을 주장하고 싶었던 데 있을 것이다. 선악의 세계관과 근본주의로 똘똘 뭉쳐 자기의 판단은 절대로 틀릴 수가 없다고 믿는 부류의 사람이다. 볼턴은 아마도 자신과 같은 최고의 전문가가 애국의 충정에서 트럼프 같은 무능력자를 어떻게든지 바꿔보려 했지만 불가능했다는 얘기를 하고 싶었던 것 같다. 사실 미국에는 근본주의적 독선이 작용한다. 기독교 정신에 의한 건국이념이기도 한 미국예외주의는 어제오늘의 일이 아니지만, 오늘날 네오콘을 포함해 미국의 보수우파는 이같은 경향이 더욱 심해지고 있다.

무조건 자기가 옳다는 것은 파시즘의 가장 큰 원인이다. 파시즘이라고 해서 논리나 이성이 없는 것은 아니다. 그러나 독선이 문제다. 히틀러의 이성은 맹목적으로 인간 청소를 통해 더 나은 인간의 세상을 만들 수 있다고 믿었다. 마블 코믹스의 만화를 원작으로 한 히어로 영화들이 유행한다. 그중에 최고 악당이라고 할 수 있는 타노스는 모든 생명체를 절반으로 줄이면 멸망 위기에 빠진 우주를 구할 수 있다고 믿었다. 생명체를 줄이면 무너진 우주 생태계의 균형이 회복될 것이라는 믿음은 타노스가 나름의 이성으로 내린 결론이다. 미국은 자신의 패권은 과거 유럽의 제국주의와 다르다고 주장한다. 과거의 제국주의는 영토를 침탈하고 원주민들을 착취했지만, 미국은 민주주의와 시장이라는 소프트웨어를 통해 세계를 지배하는 착한 패권이라고 강조한다. 어느정도의 설득력이 있는 주장이지만, 미국 역시 시간이 갈수록 독선과 오만의 제국이 되어간다. 오늘날 미국은 과거 유럽의 제국주의 국가들이 그랬듯이 자신들 외에는 미개하고 위험하므로 제거해야 한다는 독선적 이성을 휘두른다. 독선적 이성은 제국주의를 합리화하고, 흉포화한다. 독일의 나치즘을 비판해온 프랑크푸르트학파의 아도르노Theodor Adorno와 호르크하이머Max Horkheimer는 이런 것을 도구로서의 이성일 뿐이라고 규정하면서, 이런 도구적 이성이 파국적 결말에 이르지 않도록 '비판적 이성'으로 대응해야 한다고 주문했다.[25]

볼턴의 회고록은 오늘날의 외교에 큰 해악을 끼칠 수 있는 위험한 책이다. 앞으로 비공개 협상에서 허심탄회하게 의견을 교환하는 일을 한층 어렵게 만들 것이다. 때로는 상대의 양보를 이끌기 위해 내가 (잠정적) 양보를 해야 할 수도 있는데, 누군가가 이것을 회담 후에 국내 정치적인 입지와 계산을 위해 일방적으로 폭로할 수 있다고 생각하면 협상의 주고받기는 이뤄지기 어렵다. 국제정치학에는 '국내 관객 비용'domestic audience cost이라는 개념이 있다. 1990년대 중반 제임스 피어론James Fearon에 의해 제시된 개념으로, 국제정치에서 위기를 끌어올렸다가 물러서는 경우 국내 정치에서 치르는 비용을 말한다.²⁶ 상대국에 대해서 최후통첩을 했는데, 막상 그 시점이 되었을 때 실행하지 않고 꼬리를 내림으로써 감수할 국내 지지 상실 같은 것이다. 예컨대, 김정은 위원장이 작년 말까지 미국이 셈법을 바꾸지 않으면 핵실험이나 중장거리 미사일 발사를 재개하겠다고 경고했지만 실행에 옮기지는 않았는데, 이럴 때 발생할 수 있는 국내 정치적 비용을 말한다.

과거에는 국제정치가 국내 정치를 움직였지만, 오늘날은 대부분 국가의 국내 정치가 국제정치(대외정책)를 움직인다. 따라서 청중 비용이 나날이 커짐에 따라 국익을 위한 중장기적 외교가 어렵게 되고, 정권 연장 같은 국내 정치적 목적을 위해 인기영합적 포퓰리즘이 득세한다. 오늘날 스트롱맨의 권위주의가 부상하고, 각자도생의 배타적 민족주의가 성행하는 이유이기도 하다. 정치인들이 정권의 이익과 국가의 미래가 충돌할 때 전자를 위해 후자를 희생하려는 유혹에 빠지기 쉬운 시대를 우리는 살고 있다. 한반도 평화프로세스를 위한 대북정책도 악의적 프레임에 의한 비판의 단골 메뉴다. 2018년처럼 상황이 잘 돌아갈 때는 비판이 소강상태였지만, 하노이회담 이후 교착 국면이 되자 비난은 다시 거세졌고, 북한의 도발과 대남 불만들이 쏟아져 나오면서 정부의 입지는 더 곤란해졌다.

평화는 강자의 양보로
가능하다

2018년 극적인 반전을 이뤘던 한반도 평화프로세스가 2019년 하노이 회담 결렬 이후 벽에 부딪혔다. 2021년 3월 현재 한반도 평화프로세스가 완전히 엎어진 것은 아니지만, 해결을 위한 움직임도 없다. 미국은 정권이 바뀌었고, 북한은 코로나 팬데믹으로 인해 극한의 봉쇄로 들어가 있다. 70년 동안 고착된 분단의 갈등체제를 생각하면 난항은 당연하기도 하지만 2018년이 우리에게 보여준 가능성을 생각하면 안타까운 교착이다. 2017년의 전쟁 위기를 일거에 뒤집은 전격성만큼 엄청난 기대감을 심어주었고, 전쟁 위기는 평화의 소중함을 배가시켰다. 북·미의 두 정상도 싱가포르회담의 역사적 무게로 말미암아 이전과는 전혀 다른 게임을 했다. 반세기 이상 묵은 불신구조를 타파할 수 있는 것은 새로운 신뢰관계 외에는 없기 때문이다. 실제로도 북한이 핵무기를 완성한 이상 상호신뢰 없는 비핵화는 불가능하다. 핵무기의 완성 이전에는 대북 불신 속에서도 핵사찰로 비핵화를 검증할 방법이 있었지만, 완성 이후에는 신뢰만이 비핵화를 완성할 수 있기 때문이다.

'진정한 평화는 강자의 양보로만 가능하다!' 어린 시절을 회상해보면 통일이 평화로만 느껴지지 않았다. 통일은 평화보다 적화통일이 더 많이 생각나게 만들었다. 그 이유는 학교에서 북한의 위협을 무섭도록 반복해 강조했기 때문이었다. 생각해보면 초등학교 교실의 환경미화에 왜 그런 것들이 필요했는지 지금도 이해할 수 없지만, 교실 뒷벽에는 항상 남·북한의 군사력비교표가 있었다. 어린 마음에 숫자상으로 북한의 무기들이 늘 압도적이었던 것을 보며 적화통일의 가능성이 공포로 다가온 적이 도리어 많았다. 당시 북한군이 총을 들고 필자가 살던 마을로 들어와 공포 속에 숨을 곳을 헤매던 꿈을 자주 꾸었다.

그런데 지금은 사정이 좀 역전되었을 것 같다. 우리가 북한보다 수십배의 국력을 갖게 된 후, 통일이라는 단어는 어쩌면 이제 북한 주민들에게 위협적인 단어가 될 수 있을 것이다. 보수정부는 대놓고 흡수통일을 이야기하고, 진보정부는 개방·개혁으로 포장하지만, 북한 당국의 입장에서 통일로부터 느끼는 위협은 같을 것이다. 비핵화도 같은 맥락에서 볼 필요가 있다. 북한에 위협을 남기는 비핵화는 실패할 수밖에 없다. 약자에 대한 일방적 항복 요구는 북한이 핵 개발에 집착한 이유만 재생시킬 뿐이다. 김정은의 비핵화 결심을 실현시키는 것은 '진정성'이라는 신기루가 아니라 비핵화를 유도해낼 수 있는, 상응하는 무언가와의 교환이다. 한반도 평화프로세스는 강자의 항복 요구를 통해서가 아니라, 위협을 제거하는 교환을 통해야 성공할 수 있다.

사실 지난 30년간의 남·북·미의 비핵화 관련 협상은 강경책부터 온건책까지 거의 모든 옵션을 소진했다고 해도 과언이 아니다. 2018년의 협상이 다른 점은 내용보다 방법에 있었는데, 그것은 최초로 국가수반 사이에 톱다운으로 진행되었다는 점일 것이다. 이는 북한체제의 성격은 물론이고, 과거 실무협상 실패의 경험과도 무관하게 2018년의 협상에 기대를 걸게 만들었을 것이다. 북한은 자신들이 핵을 개발한 이유가 미국의 대북 적대시 정책이라고 말하고, 이를 멈춰야만 핵을 포기할 수 있다고 주장해왔다. 70년의 북·미 불신을 하루아침에 풀 수는 없지만, 미국 대통령과의 담판은 이를 가능하게 할지도 모른다고 생각했을 것이다. 이런 맥락에서 싱가포르에서 이루어진 두 정상의 역사적인 만남과 북·미가 '새로운 관계'로 나아간다는 합의문 1항은 큰 의미가 있었다.

국제정치 현실주의 이론은 국가 간의 관계에서의 신뢰 부재를 핵심 전제로 한다. 신뢰가 없기에, 국가는 평화가 좋은 줄 알면서도 군비경쟁에 나서며 안보딜레마로 간다는 것이다. 앞에서도 얘기했듯이 이는 영화에서 자주 나오는 장면이기도 하다. 두 사람이 서로 총을 겨눈 채로 파국을 막기 위해 총을 동시에 내려놓자는 장면에서 대부분 숨겨놓은 총을 꺼내는 등의 한 쪽의 배신행위로 다른 쪽은 죽음을 맞이한다. 이것이 북·미가 대화를 통해 평화적 비핵화에 이를 수 없는 구조와 유사하다는 현실주의 주장과 닮아 있다. 미국은 북한이 핵을 먼저 내려놔야 신뢰가 생긴다고 말하고, 북한은 핵을 내려놓을 수 있을 만한 신뢰를 먼저 보여달라는 것이다. 이는 결코 작은 차이가 아니다. 여기서 자칫 놓치기 쉬운 것은 강대국과 약소국의 관점은 다르다는 부분이다. 강대국은 약소국에 속아도 죽음에까지 이르지는 않지만, 약소국은 강대국에 속으면 곧 죽음이라는 절박성이 다르다. 특히 리비아 독재자 카다피의 전례를 목격한 북한은 미국이 지금처럼 자기는 선한 국가이므로 약속을 믿어야 한다는 말이나, 비핵화 이후의 장밋빛 미래를 아무리 강조해도 그것을 수용하기 어려운 것이다. 미국이 북한에 일단 협상장에 나와서 뭐든지 얘기하자는 '태도적 열림'을 보여주는 데 그칠 것이 아니라, 북한을 비핵화로 이끌 만한 자신의 구체적인 양보 조건을 제시해야만 북한이 협상테이블에 나올 것이고, 무너져가는 판은 되살아날 수 있다.

2018년부터 남·북·미 사이에서 진행된 일련의 만남과 협상은 한반도 평화를 실현할 절호의 기회가 될 수 있었다는 점에서 하노이에서의 협상 결렬은 두고두고 안타깝다. 무엇보다 협상이 진행되다가 북한의 요구는 너무 크고, 양보는 너무 적었다면 모르지만, 아예 협상을 시작조차 하지 못한 채 절호의 기회를 허무하게 날려버린 것은 애석하다 못해 절망스럽다. 북한이 이미 양보하기로 한 영변 핵시설 폐기안은 일단 받아두는 것이 협상의 기본이 아니었을까? 이를 받고 나서 차후에 북한에 더 요구했어야 했다. 배신이 곧 죽음이라고 믿는, 상대적으로 약한 상대인 북한에 대해, 강자인 미국의 역지사지가 없다면 우리는 현실주의의 결론을 추인할 수밖에 없을 것이다.

한반도 평화프로세스는 또한 한·미관계와 관련해 다시 한번 같은 고민에 빠지도록 만들었다. 미국은 전쟁을 방지하는 안보 보장자의 역할도 하지만, 한반도 평화의 장애물의 역할을 할 때도 많다는 것을 재확인했다. 디딤돌이 아닌 걸림돌이 될 경우가 적지 않다. 한미군사동맹은 태생적으로 북한의 위협과 대북 적대감을 양분으로 자라는 구조다. 또한 70년의 관성은 현상의 변경 시도에 대해 그것이 평화의 길이라도 저항한다. 북한 문제는 미국에 기본적으로 부정적 어젠다이다. 즉, 미국이 해결한다고 해도 미국의 이익에 보탬이 되는 것이 아니라는 인식이 기저에 깔려 있다. 미국이 견고한 동맹네트워크를 구축해 중국을 견제하고 아시아에서의 영향력을 유지하기 위해 북한 위협을 의도적으로 과장하고 북한과 적대관계를 유지하려 한다고까지 단정적으로 말할 수는 없다. 그러나 북한 문제를 해결하여 한반도의 지속 가능한 평화를 구축하고 싶은 적극적인 동기는 없다고 말할 수 있다. 핵 문제가 해결되고 남북이 평화공존을 이루거나, 또 통일될 경우 중국으로 기울 수 있다는 우려도 존재한다. 따라서 한반도 평화프로세스의 성공을 위해 한국은 이 부분에 대해 미국을 설득할 논리를 개발하는 것이 매우 시급하다. 두 초강대국의 피 말리는 대치와 갈등을 직접 막을 수 있는 능력은 없다. 그러나 한반도가 미·중 갈등의 최전선이자 상대방을 움직일 지렛대로서의 이용가치를 떨어뜨릴 방법은 있는데, 그것이 바로 남북의 평화공존이다. 북·중·러-한·미·일 진영의 부활을 막으려면 남북의 평화공존은 최소한의 요건이다.

다시 한·미관계를 생각한다

한미동맹의
신화

책이 출판되는 2021년을 기준으로 139년에 걸친 한·미의 공식적인 우호관계, 그리고 1953년 체결된 한미상호방위조약 이후 70년의 동맹관계는 군사안보 분야를 넘어 정치제도, 그리고 사회규범과 정체성마저 그에 일체화되면서 어느 순간 실용적인 차원에서 다루어지지 않고 정치화되고 이념화되었을 뿐 아니라, 종교나 신화가 되어버렸다. 한미동맹에 중독된 대한민국은 동맹을 신성시하면서 남북의 대결구조를 고정값default으로 당연시하거나, 심지어 강화할 때도 있다. 70년이라는 시간은 친미세력의 기득권화와 인식의 체질화로 인해 기존 동맹이 다른 대안들에 비해 절대적 가치를 부여받아 강력한 관성이 작동할 수 있을 만큼 길다고 볼 수 있다.[1] 필자는 오랫동안 한미동맹도 다른 동맹처럼 국익 실현의 수단으로서 하루빨리 실용화되고 세속화될 필요가 있다고 틈나는 대로 주장해왔다. 동맹이라고 하더라도 미국의 전략에 일방적으로 끌려가는 관계에서 벗어나 국익을 위해 미국을 설득해 유연한 대북정책과 대외정책을 펼수 있어야 한다.[2] 그동안 한국의 국력이 괄목하도록 성장했음에도 우리는 여전히 외교적으로 왜소하고 대미 종속의 수동적 성향에서 탈피하지못하고 있다. 한반도 평화는 우리 문제이고 우리 영역임에도 운전석이 아니라 조수석에 앉아 있는 시간이 대부분이고, 심지어 관광버스의 뒷좌석에서 손님처럼, 또는 심지어 트렁크 속의 짐짝처럼 실려 갈 때도 있다.

한반도는 여러 측면에서 평화 부재의 땅이다. 분단구조는 불을 뿜는 전쟁으로 말미암아 탄생하였고, 얼어붙은 냉전 반세기를 통해 견고해졌으며, 탈냉전이 도래한 후에도 살아남았다. 군사동맹은 평화 부재의 원인이거나 또는 적어도 결과적 현상이지만, 한미동맹과 평화는 서로 안티테제라기보다는 동반적 관계를 유지해왔다. 전쟁이 강력한 태생적 기원이었고, 적대적 진영구조의 핵심 원인을 형성해온 군사동맹이지만, 북으로부터의 위협이 상수가 되다보니 평화와 모순되기보다 조화를 이룬 관계였다. 비슷한 맥락에서 대다수 한국인의 대미인식 역시 '평화의 수호자'로수렴된다. 그러나 미국은 2차대전 이후 일본의 식민지 및 전쟁 범죄에 대해 눈감았으며 아시아에서의 영향력을 유지하기 위해 일본의 부흥을 오히려 도왔다. 더욱이 그 과정에서 한반도를 희생양으로 삼았으며, 특히분단의 기원과 고착화에 대한 책임을 벗기 어렵다. 또 역사의 여러 지점에서 자국의 경제적 이익을 위해 한국의 이익을 훼손하거나, 독재정권들을 묵인하고 보호하기까지 했다. 소련에서 중국으로 이어지는 패권경쟁의 맥락에서 한국의 희생은 고려하지 않았고, 진영 대결이라는 한반도의 지정학을 최대한 활용해왔다.

프롤로그에서도 지적한 것처럼 한국사회의 인식체계에 존재하는 두개의 미국은 그 긍정적 인식과 부정적 인식의 상호 견제와 균형을 통해 발전된 모습으로 변모하기보다는 한국인들로 하여금 편향된 신화적 이미지만 맹목적으로 추종하도록 함으로써 한국사회의 이념분열을 강화했으며, 그 결과 한국의 정치와 외교는 퇴행했다. 한미동맹의 긍정성만을 옹호하는 세력들은 친미와 동맹 절대주의로 흘렀고, 이를 비판하는 사람들에게 친북·반미·반평화 프레임을 덧씌웠다. 분단구조가 고착될수록 친미주의와 동맹지상주의는 민족의 생존을 담보할 유일한 신념으로 역설적 정당성을 부여받았고, 한국사회에서 기득권 유지의 핵심 가치였을 뿐만 아니라, 대다수 국민에게도 신성불가침의 신화로 자리잡았다. 한미동맹에 대한 충성도는 안보, 평화, 그리고 국익의 리트머스 시험지였으며, 한국 대외정책의 유효성을 판단하는 절대적인 기준이었다. 친북·반미의 자주냐 친미·반북의 동맹이냐는 식의 단순한 이분법이 이념분열을 확산했고, 실용적 국익의 측면에서 균형에 대한 모색이나 유연화를 위한 노력이 시도되는 것을 철저하게 배제했다. 노무현 정부에서 불거졌던 청와대 내부의 자주파와 동맹파의 갈등은 이를 확인해준다. 앞의 본론들에서 분석한 것처럼 한국의 진보정부들 역시 한국의 자율성과 동맹의 상호성 제고에 노력했을 뿐, 크게 보면 동맹 반대자라기보다는 동맹 옹호론자들이지만, 덧입혀진 이념의 굴레는 진보정부 내부에서조차 이념 갈등을 조장하였다.[3] 동맹의 경직성은 시간이 갈수록 심화했는데, 그 경직성으로 말미암아 동맹 형성 초기의 조건들이나 대외 환경이 엄청난 변화들을 겪었지만 비대칭적이고 종속적인 관계는 초기의 형태 그대로 여전히 이어지고 있다.

미국은 한국이 보유한 세계 유일의 동맹국이다. 한·미관계의 가장 큰 특징은 군사동맹을 기반으로 하고, 자본주의의 확대재생산을 내용으로 하여 오랜 기간 구조화되어왔다는 점일 것이다. 미국은 평화수호자로서 한국의 운명을 책임지는 존재이며, 한국은 자신의 역량과 위상의 증진에 상관없이 의존적 지위를 기꺼이 수용해왔다. 따라서 한미동맹은 신성불가침의 영역이며, 이에 대한 문제 제기는 타당성 여부와 거의 상관없이 반평화 프레임의 대상이 된다. 미국은 한국에 있어 이미지의 호불호好不好, 또는 상호교류의 심화·감소에 따라 변하는 차원이 아니다. 이를 동맹의 견고성으로 주장할 수도 있겠지만 실상은 오히려 미국 없이는 아예 시스템 작동 자체가 불가능할 정도로 의존적이라는 것이다. 국제정치적으로는 한·미관계가 미국의 세계전략을 위한 군사동맹과 미국의 번영을 위한 자본주의 이식이라는 두가지 핵심축에 의해 구조화되어왔다. 미국은 이를 유지·확대하기 위해 친미엘리트들을 적극적으로 양성해왔으며, 언론, 교육, 문화를 총동원해서 사회 전반을 미국이 선호하는 방식으로 구축했다. 사실 긴 세월을 놓고 보면 미국을 통째로 한국에 이식시켜온 과정이라고 볼 수도 있는데, 이는 70년 동안 반복되고 축적되면서 우리 국민의 사상과 의식까지 점령했다.

역사상 명멸했던 수많은 동맹이 실제 전쟁에서는 파기되는 경우가 많았지만, 한미동맹은 오히려 사전적·법적 체결이 이루어지기보다 전쟁에서 양국이 함께 싸운 사후에 체결된, 역사상 매우 드문 사례다. 이러한 강력한 태생적 기원에다 전쟁을 거치고도 해소되지 않은 분단구조는 비대칭 구조를 더욱 견고하게 만들었으며, 우리 군대의 대미의존도를 심화시켰다. 무기체계와 조직 등도 소위 '상호 운용'을 이유로 미국과 동일체계로 구축되어왔기 때문에, 전시작전통제권 부재라는 형식논리가 적용되기 이전에 한국군은 스스로 군사작전을 수행할 수 있는 능력을 보유할 기회와 의지 자체가 거의 없었다. 한국의 역대 정부들은 동맹의 중요성을 호흡처럼 반복하고, 수십조원 규모의 미국산 무기를 도입해 미국 무기 수입국 세계랭킹에서 1, 2위를 다투어왔다.

　경제 역시 군사동맹의 맥락에서 작동한다. 달러에 전적으로 연동되어 있기에 달러 자산이 부족하거나 미국 경제가 불안정해지면 한국 경제도 여지없이 흔들린다. 미국의 경제가 견고해도 원화의 가치는 떨어지고, 미국의 경제가 흔들려도 원화의 가치는 떨어진다. 한국의 경제가 아무리 발전해도 화폐 가치를 제대로 인정받지 못하고 달러로 환산·평가된다. 초기에 미국의 원조와 차관을 독점해 성장한 재벌들이 한국 경제의 중심축을 형성했으며, 무역이나 투자는 물론이고 경제학이란 학문 영역까지 미국 시스템의 하부구조처럼 작동해왔다. 언론 역시 예외가 될 수 없는데, 미국 언론의 콘텐츠를 그대로 번역해 기사를 쓰는 것은 애교 수준이라고 할 만큼 미국의 국익을 우리 국익과 동일시하는 기사를 양산하는 데 거리낌이 없다. 만연한 친미와 동맹 절대주의는 때로는 한국보다 미국의 심기와 이익을 살피는 일이 더 중요하게 만들었다.

　이런 맥락에서 보면 우리의 인식체계에서 한미군사동맹과 평화가 서로 안티테제 또는 부조화 관계가 될 수도 있다는 가능성은 아예 성립하지 않는다. 무엇보다 전쟁이 한미동맹의 기원이었다는 점에서 한반도에 지속 가능한 평화체제가 구축되는 것은 곧 동맹 축소 또는 해체의 이유가 될 수도 있다는 합리적 가설은 애초에 수용되기 어렵다. 과연 어느 수준의 평화체제가 구축되어야 동맹의 조정 또는 해체의 이유가 될 것인가에 대한 논란은 있겠지만, 이러한 논리구조의 타당성 자체는 훼손될 수 없는 것인데도 말이다. 이삼성의 말대로 미국 측의 급격하고 일방적인 동맹 해체가 아니라면 한미동맹의 유연화 또는 더 나아가 미군 철수는 한반도 평화체제의 구축 과정이 될 수도 있다. 그러나 동맹 약화는 물론이고 유연화 논의조차도 반평화적인 것으로 매도될 정도로 경직되어 있기 때문에 한미동맹을 통한 안보 확보를 넘어서는, 또는 군사동맹을 극복하는 적극적 평화체제를 기대하기는 2021년 현시점에서도 여전히 어렵다.

동맹 결성 이후 70년에만 한정된 것은 아니었다. 미국은 조미수호통상조약 체결 이후로 한결같이 한국에게는 압도적인 대상이었고, 우리는 미국 없이는 생존할 수 없다는 잘못된 절박감에 사로잡혀 있었다. 한국의 국력이 아무리 성장해도, 한국이 북한과 비교해 국력 격차를 아무리 벌려도 여전히 홀로 설 수 없다고 생각한다. 그러다보니 우리 문제를 주도적으로 해결하려는 생각 없이, 거의 모든 일에 미국이 만들어주는 시원하고 안락한 그늘에 안주했다. 전작권 환수를 우리가 나서서 미룬다거나, 미국이 요청하는 해외파병을 큰 저항 없이 수용하는 것은 물론이고, 미군 주둔 분담금을 미군의 작전비용 지원금으로 확대하려는 미국의 시도에도 단호하게 반대하지 못한다. 이는 주권국가로서 부끄러운 일이고, 실용적으로도 밑지는 관계다.

한미동맹은 비판이나 조정이 불가한 성역이 결코 아니며, 한미동맹이 없어지면 우리의 운명도 끝이라거나, 다른 국가에 종속될 것이라는 식의 논리는 정치적인 술수이거나 대책 없는 운명론이다. 어떻게 보면 철저하게 국익이 우선인 국제정치에서 이런 판도를 활용하는 미국을 비난하기 어렵다. 물론 미국예외주의와 도덕주의적 대외정책에 비춰 위선적 행태라고 비난할 수 있겠지만, 그것 역시 국제정치의 현실주의 관점에서는 자국의 이익을 실현하기 위한 효과적인 수단이라고 규정할 수 있다. 어떤 국가도 자기에게 주어진 꽃놀이패를 스스로 포기하기는 어려울 것이다. 실용주의적인 측면에서도 한국 같은 상대는 매우 좋은 옵션일 테니 말이다.

신화의 극복을
위하여

동맹의 신화를 극복하려는 노력이 아예 없었던 것은 아니다. 앞에서 살펴본 것처럼 김대중·노무현 정부 10년은 동맹의 객관화, 유연화 및 자율성을 나름 모색한 기간이었다. 특히 '햇볕정책'이라는 이름으로 북한을 타도의 대상이 아니라, 포용을 통해 점진적인 변화를 이끄는 대상으로 간주하였다. 그러나 이들 진보정부는 결코 반동맹 노선을 추구한 것은 아니었으며, 냉전 종식과 탈냉전 도래라는 국제 환경의 변화에 따라 적응과 조정 노력을 기울였지만, 기존 이념 프레임이 강력히 작동함으로써 이는 반미·반동맹·반평화 노선으로 규정되었다. 특수성을 아무리 고려한다고 하더라도 한미동맹은 대내외적 조건의 변화에 따라 조정을 겪는 것이 자연스러운 일이었다. 동맹 초기의 비정상적인 비대칭성이 탈냉전의 도래와 남북관계의 개선에 따라 자율성 제고 노력으로 이어진 것은 바람직한 현상이었다. 그러나 한미동맹의 경로 의존성과 배타적 이분법으로 인해 이들의 조정 노력은 반평화적 동맹 해체 시도로 간주되어버렸다.

한미동맹을 두고 벌어진 이념분열은 이후 등장한 보수정부들에서 증폭적 회귀를 일으켰다. 이들은 진보정부의 자율성 제고 및 유연화 시도가 동맹을 파탄 위기로 몰아갔다는 단정하에 강력한 친미노선을 부활시켰다. 이를 위해 '선핵폐기론'이라는 대북 강경책을 통해 양국 공조를 재확인했다. 대북정책의 강·온 여부는 한미동맹의 견고성을 시험하는 또 하나의 이념적 리트머스 용지다. 대북 강경책은 보수정부의 전유물처럼 인식되었고, 미국에 대한 충성서약과 같았다. 한국의 엘리트 집단은 거의 맹목에 가까운 대미의존성을 아직도 버리지 않고, 금과옥조처럼 지니고 있다. '미국 없이는 결코 안 된다'라는 의존 심리는 정당성과 합리성의 영역을 벗어나 있다. 이런 의존성은 한국이 적극적으로 독자적인 전략을 수립하고 국방역량을 키우는 데 방해가 되었다.

반면에 대북 포용정책은 진보정부의 전유물로 자동으로 반미로 낙인 찍혔다. 자율 또는 자주도 마찬가지 등식이 성립한다. 역대 진보정부들이 북한과의 관계를 개선하거나, 외교의 활성화를 통해 주변국과의 관계를 개선함으로써 안보 위협을 감소시키려는 시도를 할 때마다 오히려 한미동맹은 갈등을 빚거나 균열이 발생하는 일이 반복되었다. 외교의 역할이 확대되어도 국방의 역할이 확대되고 이는 다시 한미동맹에 어려움을 주는 패턴이 반복되어왔다. 이 때문에 핵 문제의 악화를 고려하더라도 대외 환경이나 한국의 국력 등을 생각하면 냉전 시대보다 한국의 자율성 제고의 여지가 많아졌지만, 이명박·박근혜 정부는 과거 박정희나 김영삼 정부 등과 비교해도 친미적이고 대미 의존적인 노선을 의도적으로 강화했다.

한미동맹은 안보딜레마와 동맹의 딜레마를 반복적으로 겪고 있어 한반도 평화체제 구축에 장애로 작동하는 측면이 있다. 국제정치에서 말하는 안보딜레마는 경쟁적 군비 확장을 초래함으로써 결국 쌍방에게 모두 안보 불안을 초래하는 것인데, 남북이 대치하고 있는 한반도는 안보딜레마의 전형적인 구조가 고착되어왔으며, 반복적으로 전쟁 발발의 위기 상황이 조성되어왔다. 한국 입장에서는 북한 장사정포의 전진 배치, 기습공격을 위한 비정규전 개발, 국내총생산GDP 대비 과도한 군사비 지출, 그리고 최근 핵무기와 미사일 개발 등이 한반도 안보딜레마의 근본적인 원인이라고 본다. 그러나 북한의 입장은 남·북한을 단독으로 비교해도 한국의 국력이 훨씬 우위에 있는데, 한·미의 연합전력은 엄청난 위협이며, 핵으로 억지할 수밖에 없다고 주장한다. 핵무기 포기의 조건으로 미국의 대북 적대시 정책 포기를 요구하는 것과 같은 맥락이다.

안보딜레마는 한반도에서 실제로 여러차례 무력충돌로 이어질 뻔했다. 그중에서도 1990년대 초의 위기 상황은 안보딜레마로 인한 군사충돌의 위기 사례였다. 1993년 북한이 핵확산금지조약NPT 탈퇴를 선언한 이후 외교적 해결 시도가 좌절되자 미국에서는 강경론이 득세하였고, 유엔 제재와 더불어 군사적 방안이 적극적으로 검토됐다. 이듬해 봄부터는 미군의 공격적 무기들이 증강 배치되었고, 영변 핵시설 타격이 검토되었다. 한국군도 6월 대규모 육·해·공 합동 군사훈련을 했고, 북한 역시 전시체제에 돌입했다. 같은 상황은 2017년에도 재현되었다. 북한의 핵실험 및 탄도미사일 도발에 대해 트럼프 행정부는 공격적인 전략자산을 동원하면서 예방적 선제공격 가능성을 제기했다. 문재인 대통령이 한국의 동의 없는 선제공격은 불가하다고 주장했지만, 1994년과 마찬가지로 군사적 충돌의 가능성은 쉽게 해소되지 않았다.

한미동맹의 또다른 딜레마는 앞에서 상술한 적이 있는 방기와 연루라는 동맹의 딜레마이다. 동맹은 안보 위협에 대한 대비책이지만 동시에 안보에 위협이 되는 양면성을 가지고 있다. 한미동맹처럼 비대칭적으로 체결되는 전형적인 보장 동맹의 경우 약소국은 강대국의 보호를 약속받고, 강대국은 안전보장을 제공하는 댓가로 영향력을 행사할 수 있다. 그런데 보장 동맹의 경우 일반적으로 강대국은 연루의 위협을 많이 느끼지만, 약소국은 방기의 위협을 많이 느끼게 된다. 한미동맹의 경우 비대칭성에 따라 한국이 끊임없이 방기의 두려움을 느껴왔다고 한다면 반대로 미국은 원하지 않는 역내 분쟁에 연루될 것에 대해 더 우려해왔다. 약소국은 강대국으로부터 버림받지 않기 위해 자율성에 대한 제한을 기꺼이 수용하는 경향을 지닌다. 한국은 미국으로부터 방기되는 두려움을 피하려고 미국의 이익에 부합하고자 노력했고 이것이 맹목적 대미 의존의 핵심 원인으로 작용했다.

한국의 종속적 경향은 곧 대미 지렛대의 약화를 의미한다. 아무리 단단한 동맹관계라도 같은 나라가 아닌 이상 대외정책에 대해 온전히 같은 입장일 수는 없다. 정도나 빈도의 차이는 있을 수 있지만, 이익의 부조화를 피할 수는 없는데, 한국의 신화적 대미종속성으로 말미암아 미국의 동의가 없는 한국의 이익 관철은 어렵다. 이 책 18개의 장에 걸친 분석이 한결같이 가리키는 지점은 한국의 대외정책에 대한 미국의 엄청난 영향력이고, 한국의 거의 무조건적인 수용과 순응이었다. 늘 그렇다면 미국은 과연 한국이 미국이 원하는 대로 하지 않으면 동맹을 단절하고 주한미군을 철수시킬 수 있을까? 그렇지는 않을 것이다.

한미동맹이 유지되어야 하고, 미군의 감축이나 철수는 안 된다는 측의 논리는 먼저 북한으로부터의 위협이 여전하다는 점을 내세운다. 남한이 체제경쟁에서 북한을 압도했다고 하더라도 북한의 국가 목표가 아직도 대남 적화인 이상 미국과의 동맹이 필수라고 주장한다. 특히 북한이 핵무기 개발에 성공한 이후로는 두말이 필요 없다는 것이다. 다음은 미국에 안보를 의존함으로써 기회비용을 줄이고, 한국이 안보에 드는 비용을 절감할 수 있다는 논지다. 북한이 한국을 상대로 전쟁을 걸어올 가능성은 거의 없다고 하더라도 한국이 모든 무기체계와 군사력을 갖추는 데 드는 비용을 생각하면 미국에 의존하는 것이 훨씬 효율적이라는 얘기다. 독일이나 일본이 한국보다 더 잘사는 나라지만, 여전히 미국에 의존하는 이유이기도 하다는 것이다. 그다음으로 제기되는 논리는 경제적 신인도 효과이다. 미군이 철수하고 한미동맹이 파기될 경우 분단국인 한국에 대해 해외투자자들은 발길을 돌릴 것이라고 주장한다. 한미동맹과 더불어 미군 주둔은 소위 말하는 '코리아 디스카운트'Korea Discount 현상을 최소화함으로써 결과적으로 한국 경제에 도움이 된다는 논리다.

이런 주장들은 나름의 논리적·현실적 타당성이 없지 않지만, 동시에 사실에 대한 과장도 있고, 또 긍정적 요소만큼이나 부정적인 요소도 크다. 가장 큰 문제점은 미군 철수는 곧 안보의 포기, 또는 절체절명의 위기라는 검증되지 않은 극단적인 흑백론에 입각하고 있다는 점일 것이다. 한미동맹은 한반도와 동북아 국제정치의 안정을 가져오는 변수이기도 하지만, 반대로 불안정을 초래하는 변수의 가능성도 얼마든지 있다. 1994년 클린턴 정부의 북폭 논의나 2017년 김정은 정권에 대한 트럼프의 '최대의 압박 정책'은 북한이 원인 제공을 했다고 하더라도 미국이 불안정을 초래한 대표적 예라고 할 수 있다. 중동을 비롯한 세계 각지에 파병을 할 것을 요구하는 것도 한국에는 큰 비용이 될 수 있다. 또한 현재의 미·중 전략경쟁에서 대중 봉쇄망을 강화하며 한국에 배타적 선택을 요구하는 과정에서 엄청난 전략적 비용을 발생시킬 수 있다.

가장 큰 문제는 이런 종속적 성향이 가져오는 심리와 인식 영역이다. 한국의 지배 연합과 군부의 관성인 미국에 대한 맹목의 의존성이 대표적이라고 생각한다. 한국의 지배엘리트들은 국민소득이 북한에 비해 최소 40배가 넘고, 세계 6위의 화력을 보유하고 9위의 국방비를 쓰며, 10위의 경제력을 가진 한국이 "미국 없이는 꼼짝없이 북한에 진다"라고 인식하는 수준을 넘어, 아예 부끄럼도 모른 채 공개적으로 이를 말할 정도로 무감각해져 있다. 이는 트럼프 대통령이 미군의 방위비 분담금을 기존의 방위비 분담체계인 '방위비분담 특별협정'Special Measures Agreement, SMA의 틀을 넘어 50억 달러, 또는 심지어 5백억 달러를 요구하고, 한국이 받아들이지 않을 경우 미군을 철수해버리겠다는 식으로 나오는 협박을 가능하게 만들었다.[6] 트럼프의 과도한 요구에 대해서 이전과는 달리 한국 여론의 반대가 심했다. 그러나 여전히 한국 내에서는 보수진영을 중심으로 부담이 되더라도 이를 수용해야 한다는 목소리가 있었다.

근본적인 차원의 한미동맹 재검토와 재조정을 더는 미룰 수 없다. 사실은 이 작업을 냉전 종식 이후에 시작해야 했다. 10년 정도의 과도기와 조정기를 인정하더라도 적어도 21세기에 들어서면서 본격적으로 추진했어야 했다. 본문에서 살펴봤듯이 '전략동맹'이라는 이름의 재조정 시도가 있기는 했다. 그런데 이는 제목이 의미하는 바와 달리 한미동맹의 본질적 변화를 수반하지 못했을 뿐만 아니라, 한국의 위상을 높인다는 겉치레만 많을 뿐 동맹의 딜레마나 연루의 위험성을 오히려 증가시킴으로써, 현재 한국사회에는 동맹으로 인한 비용이 이익을 크게 추월할 위험이 도사리고 있다. 한국의 이익보다는 미국의 이익과 전략이 우선하는 철저한 비대칭성에 대한 변화 시도는 부재했다. 전략동맹은 미국의 세계전략을 위해 한미동맹을 운용하는 것을 기본목표로 하고 있다. 한반도의 지속 가능한 평화체제나 남북의 통일을 대비한 조정이나 준비는 없다.

무조건으로 한미동맹을 폐기하거나 주한미군을 철수시켜야 한다는 주장은 결코 아니다. 다만 동맹정책 역시 다른 대외정책처럼 실용적인 차원에서 다뤄져야 하고, 철저하게 국익을 최우선으로 하여 결정되어야 한다는 것이다. 한미동맹이 가지는 자산의 측면은 분명하다. 그러나 동시에 그것이 비용의 증가로 이어질 때 우리는 조정에 나설 필요가 있으며 미국

502

과의 협상을 통해 비용을 줄이고 이익을 증가시키는 노력을 해야 한다는 뜻이다. 한미동맹과 주한미군은 조정이나 변경의 논의조차 허락하지 않는 성역이었던 과거의 프레임에서 벗어나야 한다는 것이다. 한미동맹 자체가 목적이고 국익이라는 신화에서 조금만 벗어나서 바라보면 현실을 더욱 정확하게 볼 수 있다. 한국이 미국의 요구에 전적으로 순응하거나 그것을 수용하지 않고 국익의 차원에서 미국에 요구할 것은 요구하더라도 미국이 한국과의 동맹을 끝내거나 주한미군을 철수할 가능성은 거의 없다. 미국의 요구를 들어주지 않아서, 미국의 괘씸죄에 걸리면 한국의 운명이 결딴날 것처럼 우리 스스로 생각하다보니, 미국이 요구는 점점 커지는 것이다.

이런 의존성과 근거 없는 두려움의 굴레에서 하루빨리 벗어나야 한다. 한국은 이제 세계의 변방이 아니라 종합국력 세계 10위권의 강국이며, 많은 나라가 앞다투어 파트너가 되려 한다. 코로나 팬데믹의 습격 이전부터 한국형 성장모델을 향한 세계의 관심과 호평이 집중되었다. 세계 유수의 학술지나 언론이 세계 성장모델의 부재, 특히 서구 주도의 자유주의 및 자본주의의 위기를 제기하며 대안으로서 한국을 제시하기를 주저하지 않았다. 특히 자유주의 국제질서의 대척점에서 권위주의 모델로 체제경쟁을 벌이는 중국에 대한 거부감은 한국에 대한 주목으로 이어졌다. 한류의 인기는 중국의 소프트파워 부재와 대비되었으며, 코로나 습격 이후 한국의 방역은 이런 분위기를 더욱 고조시켰다. 한국은 민주주의 체제의 투명성, 개방성, 민주성을 유지하면서도 방역에 성공하고 경제 침체를 최소화함으로써 위상이 높아졌다. 필자는 국립외교원장으로 근무하면서 타국의 외교관들과 만나는 일이 많았다. 코로나 사태로 제한적이기는 하지만 많이 만나려고 했다. 과거 동유럽 국가들, 동남아 국가들, 인도와 아프리카는 물론이고, 유럽의 선진국들도 한국과 연대하기를 원한다. 그중에 주한 호주대사와의 만남은 생각거리를 주었다. 자신이 부임한 이후로 가장 생경한 것은 한국 사람들이 한국이 '작은 나라'라는 말을 꽤 자주 하는 것이었다고 했다. 한국이 국토의 크기만 호주보다 작을 뿐 국력에서는 오히려 앞선다는 객관적 사실을 잘 보지 못한다는 것이다. 한국인의 겸양지덕만은 아닌 듯하다.

　미국도 한국이 매우 필요한 전략적 자산이라는 점을 인식할 필요가 있다. 미국이 2차대전 이후 패권 질서를 유지하는 데 동맹네트워크는 결정적인 역할을 해왔다. 특히 소련과의 냉전 대결 체제에서 한미동맹은 미국의 봉쇄정책의 핵심적인 역할을 했다. 현재 중국의 거센 도전을 받는 미국은 다시 동맹국의 도움이 절실해지고 있다. 트럼프 대통령의 고립주의적인 성향으로 동맹국에 대한 정책이 미국 내에서조차 큰 우려를 낳았다. 민주당은 물론이고 공화당 내부에서도 동맹의 가치에 대한 존중을 요구하고 있으며, 국방수권법 등을 포함해서 동맹을 파기하거나 미군을 철수하는 문제는 대통령이 마음대로 하지 못하게 만드는 제도적 장치들 또한 많다. 그리고 한국은 사우디아라비아와 함께 미국 무기의 최대 수입국 중 하나라는 점에서 미국이 쉽게 버리기 어려운 고객이다. 한미동맹이 한국에 필요한 자산인 것처럼, 미국에도 자산이라는 점을 우리가 인식한다면 일방적으로 미국에 의존하거나 미국의 요구를 받아들일 필요가 없다.

조각난 것은 그의 기억이 아니라
우리 역사다

"조각난 것은 그의 기억이 아니라 우리 역사다!"는 도널드 그레그 전 주한 미국대사의 회고록 『역사의 파편』에 대해 필자가 쓴 서평의 제목이다. 그레그 대사는 내부자의 시선으로 미국 정치의 내면을 비판적으로 바라보았다. 여전히 미국인의 시각일 수밖에 없는 파편성을 온전히 숨길 수 없지만, 그래도 일반 미국인들보다 훨씬 더 객관적이고 자기비판을 담고 있다. 두차례에 걸친 김대중 구명과 광주민주항쟁에서 범한 미국의 행위에 대한 사과, 그리고 베트남전에서 미군이 보인 거만한 점령군의 모습에 대한 사과 등 양심을 지키려는 행동들은 높이 평가할 만했다. 군인, 정보원, 외교관으로 무려 43년간 공직에 있으면서, 공화당 성향을 지니고 아버지 부시인 조지 H. W. 부시를 최고의 보스로 평가하는 보수적 배경을 가진 인물이지만, 미국예외주의와 극우적 성향에는 평생토록 일관되게 반기를 드는 정직한 깨달음이 있다.

이는 북한에 대한 그의 생각과 활동에도 나타나는데, 공직에서 퇴임한 이후 압박과 봉쇄를 주장하는 북한붕괴론자를 성토하고, 남북관계의 개선을 위해 불철주야 장외투쟁(?)을 하는 삶을 보냈다. 보수세력인 그의 눈에도 미국의 선악 이분법은 1950년대의 매카시즘에서 크게 탈피하지 못한 모양이다. 이것이 작금에 벌어지는 한국의 이념적 마녀사냥과 만나 배제와 대결의 이중주를 만들어내고 있는 것은 아닐까? 공직을 떠나 야인으로 돌아온 후의 삶을 그린 마지막 장에서 밝힌 한·미관계에 대한 소신이 그렇다. "대사로 일할 때부터 나의 목표는 한미관계를 군사동맹 관

계에서 정치적·경제적 동반자 관계로 변화시키는 일이었다."(390면)

그렇다! 우리는 2021년 현재 한미동맹과 한·미관계를 분리해야 할 만 시지탄의 시점에 와 있다. 적어도 냉전이 붕괴한 이후에는 그렇게 했어야 하지만, 30년이 지난 시점까지 우리는 이 둘을 분리하지 못한다. 한반도를 중심으로 다시 격동의 세기가 다가오고 있다. 중국이 부상하고, 미국의 아시아 재균형 전략이 평화공존을 추구하기보다 일본과 한국을 묶어 중국을 군사적으로 압박하는 것은 역사를 거꾸로 돌릴 위험이 있다. 여전히 미국은 우리에게 꼭 필요한 전략적 자산이지만, 군사동맹의 절대적 신화는 벗어던져야 한다. '한·미관계는 깊어져야 하지만 한·미관계를 규정짓는 군비경쟁의 지배적 경향은 약해져야 한다.' 그것이 곧 신냉전이 아닌 화해와 평화의 한반도로 가는 연착륙을 의미하는 것이다. 도널드 그레그가 회고록의 마무리로 삼은 문장이 귓전에 맴돈다.

"한반도의 분단은 끝낼 수 있고 또 반드시 끝내야 하는 비극이다. 그것은 서로 계속하고 있는 악마화가 대화로 바뀌고 화해가 이뤄질 때에만 실현될 수 있다."(464면)

| 주 |

프롤로그

1 한국 현대사에 끼친 미국의 긍정적 존재감의 범위에 대한 논의는 김영명『한국 현대
정치사: 정치변동의 역학』, 을유문화사 1992, 188~89면; 박명림『한국전쟁의 발발과
기원 II: 기원과 원인』, 나남출판 2003, 10장 참조.

2 김준형『미국이 세계 최강이 아니라면: 미국을 제대로 보기 위한 가치 있는 가정들』,
뜨인돌출판사 2008, 177~79면.

3 정일준「남북한의 대미정책과 미국」,『황해문화』2001년 가을호 87면.

4 Robin Stern, *The Gaslight Effect: How to Spot and Survive the Hidden
Manipulation Others Use to Control Your Life*, New York: Harmony 2007.

5 「트럼프 "김정은도, 나도 한미훈련 마음에 안 들어" … "훈련비용 돌려받아야"」,『한
국경제』2019년 8월 10일;「트럼프 "브루클린 임대료보다 한국서 방위비 받는 게 쉬
웠다"」,『중앙일보』2019년 8월 12일.

6 「트럼프 "한국, 우리 승인 없이 아무것도 못해" … '5·24 조치 해제' 제동」『서울신문』
2018년 10월 11일.

7 「위키리크스 외교문서: "미국 입장 관철시키려 죽도록 싸웠다"는 한국 관료」,『주간
경향』2011년 9월 27일.

8 「문정인 "나경원 방미 발언, 하노이 회담 악영향"」,『조선일보』2019년 3월 13일.

9 2021년 2월 14일 현재(한국시간) 125만 8774명이 서명했다. "Indict & Arrest Moon
Jae-in for Smuggling the China Virus into the US & Endangering the National
Security of US & ROK," We the People, Created on April 23, 2020 (https://
petitions.trumpwhitehouse.archives.gov/petition/indict-arrest-moon-jae-

smuggling-chinavirus-us-endangering-national-security-us-rok: 검색일 2021
년 2월 14일).

10 「미 전문가 "문재인 아픈 곳 아는 北, 韓 가스라이팅 하고 있다"」,『중앙일보』2020년
6월 10일.

11 「김근식 "문 정부 김정은 '가스라이팅'에 언제까지 당할 건가?"」,『동아일보』2020년
6월 25일.

제1부 개항~1970년대

제1장 한국과 미국, 첫 만남과 첫 배신

1 조선은 조미수호통상조약을 시작으로 1883년 영국, 독일, 1884년 러시아, 1886년 프
랑스 등 서구 열강 국가들과의 조약에서 예외 없이 최혜국대우 조항을 넣었다.

2 김용구『세계관 충돌과 한말 외교사, 1866~1882』, 문학과지성사 2001.

3 홍규덕「구한말 미국의 대조선 정책: 역사적 교훈과 정책적 함의」,『국제관계연구』
12권 2호 37면; 박종인「박종인의 땅의 역사: 왕비, '노다지'를 팔아치웠다」,『조선일
보』2018년 11월 21일.

4 Carole Cameron Shaw, *The Foreign Destruction of Korean Independence*, Seoul:
Seoul National University Press 2007. 이 책은 일본이 조선을 강제 합병하는 과정에
서 미국이 얼마나 적극적으로 개입했는지를 미국의 역사학자가 밝힌 것이다. 저자는
겉으로 선한 얼굴을 가진 미국이 한국에 저지른 역사적 과오를 사죄하는 뜻에서 이
책을 쓰게 되었다고 말했다.

5 러시모어산에 얼굴이 새겨진 네명의 대통령은 미국인들이 사랑하는 대통령인데, 시
어도어 루스벨트와 함께 조지 워싱턴, 토머스 제퍼슨(Thomas Jefferson), 그리고 에
이브러햄 링컨(Abraham Lincoln)이다.

6 미국은 청과 일본이 조선을 속국으로 만들려는 시도에 대해서는 어느정도 견제자의
역할을 했지만, 막상 조선이 청일전쟁 당시 청·일 양국의 철군을 요구하며 도움을 요
청했을 때는 외면했다.

7 김계동 외『한미관계론』, 명인문화사 2012, xvi면.

제2장 분단과 한국전쟁의 기원, 그리고 미국

1 "American War and Military Operations Casualties: Lists and Statistics,"

Congressional Research Service Report, Updated July 29, 2020, 3면.

2 미국의 정보자유법은 기밀문서를 통상 25년이 지나면 공개하도록 만든 법이다. 한국
전쟁이 1950년에 일어났으므로 1975년부터 시작해서 한국전쟁의 문서가 공개되기
시작했다. 세균전, 양민학살같이 지극히 민감한 문제와 관련된 것을 제외하고는 한
국전쟁에 관한 극비문서 대부분의 공개가 이때 이뤄졌다. 국립문서보관소(National
Archives)에 보관되어 있던 미국 군정청 문서와 한국전쟁 당시 북한으로부터 이른
바 '포획한 문서'(Captured Documents) 약 2백만 페이지가 공개되었다. 그외에도
미국 중앙정보국, 국무성 자료실, 미 육군 군사연구소 등에 산재해 있던 자료들이 공
개되었다.

3 1백만 관동군의 패배는 표면상으로는 소련 참전 덕분이라고 알려져 있으나, 실제로
는 조선과 중국 민중의 저항으로 소련의 진군 전에 관동군은 거의 무력화되었으며,
따라서 소련은 거의 무혈점령에 성공했다.

4 Dean Rusk, *As I Saw It*, New York: W. W. Norton & Company 1990, 124면.

5 Stanley Sandler, ed., *The Korean War: An Encyclopedia*, New York: Routledge
1995, 333면.

6 Harry S. Truman, *Memoirs By Harry S. Truman: 1945 Year of Decisions*, reissue
edition, Saybrook, CT: William S. Konecky Associates 1999.

7 4개국 분할 점령 계획은 소련은 원산을 제외한 함경도, 영국은 평안남도·평안북도와
황해도, 중국은 충청남도, 전라남도·전라북도, 제주도, 미국은 원산을 포함한 함경남
도 일부와 강원도, 경기도, 충청북도, 경상남도를 관할하겠다는 것이다.

8 이완범 『한반도 분할의 역사: 임진왜란에서 6·25전쟁까지』, 한국학중앙연구원출판
부 2013.

9 「저자와의 대화: '한반도 분할의 역사' 이완범 한국학중앙연구원 교수」, 『경향신문』
2013년 8월 16일.

10 「38선, 30분 만에 그어졌다는 건 거짓」, 『서울신문』 2013년 8월 16일; 이완범, 앞의 책.

11 Denna Frank Fleming, *The Cold War and Its Origins, 1917–1960* I/II, New York:
Doubleday 1961.

12 「정전협정 60년: 브루스 커밍스 미 시카고대 석좌교수가 말하는 '한국전쟁'」, 『서울
신문』 2013년 6월 24일.

13 관련 저술과 연구를 살펴본 결과 박명림의 『한국전쟁의 발발과 기원』이 가장 객관적
이고 균형 잡힌 논의를 하고 있다고 본다. 박명림 『한국전쟁의 발발과 기원』 I·II, 나
남출판 2003.

제3장 미국의 전후 아시아전략과 1965년 한일기본조약

1 소위 '이중봉쇄 전략'은, 유럽에서 독일이 두차례나 전쟁을 일으킨 데 대해 여타 유럽 국가들의 두려움이 있다는 점을 고려해서 나토에 독일을 묶어둠으로써 독일의 부활을 봉쇄하는 것과 이 나토를 통해 공산주의의 팽창을 봉쇄한다는 것이다. Christopher Layne, "Iraq and Beyond: 'Old Europe' and the End of the U.S. Hegemony," in Christina V. Balis and Simon Serfaty, eds., *Visions of America and Europe: September 11, Iraq, and Transatlantic Relations*, Washington D.C.: Center for Strategic & International Studies 2004, 54면.

2 일본 헌법 제1장의 천황제 존속 조항은 제2장의 평화헌법 조항(9조)으로 상쇄되게 만들기는 했었다.

3 서승「미일동맹에 종속하는 한미일 동맹」,『아시아문화』17호, 2015, 24~25면.

4 Kent E. Calder, "U.S. Foreign Policy in Northeast Asia," in Samuel S. Kim, ed., *The International Relations of Northeast Asia*, Lanham, MD: Rowman & Littlefield 2003, 226~27면.

5 박태균『우방과 제국, 한미관계의 두 신화: 8·15에서 5·18까지』, 창비 2006, 184~87면.

6 Telegram from the Department of State and to the Embassy in Japan, Washington, July 13, 1962, *FRUS(Foreign Relations of the United States)* Vol. XXII, Document No. 267.

7 전재성「1965년 한일국교정상화와 베트남 파병을 둘러싼 미국의 대한(對韓)외교정책」,『한국정치외교사논총』26집 1호, 2004.

8 조아라「한일회담 과정에서의 미국의 역할: 케네디 정권기 청구권 교섭을 중심으로」,『일본비평』10호, 2014, 273면.

9 도시환·장박진·장세윤 외『한일협정 50년사의 재조명 4: 일제 식민지배 피해자의 구제를 위한 법정책적 과제』, 동북아역사재단 2015.

10 「"한·일 회담서 과거사 청산 못한 건 반공 논리 탓"」,『서울신문』2009년 9월 30일.

11 조세희『난장이가 쏘아올린 작은 공』, 이성과 힘 2000, 9면.

12 Bruce Fein, "Embracing Dictators is Nothing New," *The Washington Post* May 4, 2017.

제4장 1965년 또 하나의 사건, 베트남전 파병

1 인도차이나반도뿐 아니라 중동에 대해서 미군의 기지가 있던 그리스나 터키가 소련

510

의 지배에 들어가면 그 영향력이 중동과 유럽으로 확대될 것이라고 경고하는 것에도 도미노이론이 언급되었다. 그리고 1980년대 레이건 대통령이 중남미의 개입을 정당화할 때도 활용했다.

2 물론 일각에서는 반대의 조류도 있었다. 즉, 베트남신드롬을 패배주의로 단정하고 오히려 더 강하게 냉전 논리로 돌아갈 것을 주장했다. 이른바 '커크패트릭독트린'(Kirkpatrick Doctrine)으로, 독재체제라도 친미정부라면 미국이 적극적으로 개입해야 한다는 3세계 개입주의 외교정책의 부활을 주장하였다. 즉, 1970년대는 미국에 혼돈의 시기였다. 베트남전의 여파로 한쪽에서는 개입 불가의 반성론이 힘을 얻은 반면, 다른 한쪽에서는 그럴 경우, 공산주의 좌파의 준동으로 자유세계가 위험해질 수 있으므로 다시 개입주의로 돌아가야 한다는 정반대의 목소리도 있었다. 어느 쪽이든 베트남신드롬이기는 마찬가지다.

3 Chester J. Pach, Jr., "Dwight D. Eisenhower: Foreign Affairs," Miller Center, University of Virginia (https://millercenter.org/president/eisenhower/foreign-affairs: 검색일 2020년 4월 12일).

4 실제로 주한미군의 감축은 한국이 베트남에 전투부대를 파병한 시기에도 실행되었다.

5 김기정 「21세기 한국 외교의 좌표와 과제: 동북아 균형자론의 국제정치학적 의미를 중심으로」, 『국가전략』 11권 4호, 2005, 164면.

6 Glenn H. Snyder, "The Security Dilemma in Alliance Politics," *World Politics* Vol. 36, No. 4, 1984, 472면.

7 신욱희 「기회에서 교착상태로: 데탕트 시기 한미관계와 한반도의 국제정치」, 『한국정치외교사논총』 26집 2호, 2005, 271면.

8 박태균 『우방과 제국, 한미관계의 두 신화: 8·15에서 5·18까지』, 창비 2006, 278면.

제5장 닉슨 쇼크와 유신체제

1 Hamza Alavi, "The Structure of Peripheral Capitalism," in Hamza Alavi and Teodor Shanin, eds., *Introduction to the Sociology of the "Developing Societies",* New York: Monthly Review Press 1982; 최장집 「과대성장국가의 형성과 정치균열의 구조」, 『한국사회연구 3집』, 풀빛 1985.

2 Jeremi Suri, "Henry Kissinger and American Grand Strategy in the 1970s," in Fredrik Logevall and Andrew Preston, eds., *Nixon in the World: American Foreign Relations, 1969–1977,* Oxford: Oxford University Press 2008, 67~79면.

3 그래서 리트웍(R. S. Litwak) 같은 학자는 이 데탕트를 가리켜 조율된 다원주의로 명명하였다. Robert S. Litwak, *Detente and the Nixon Doctrine: American Foreign Policy and the Pursuit of Stability, 1969-1976*, London: Cambridge University Press 1984, 135면.

4 Henry Kissinger, "A World Restored: Metternich, Castlereagh and the Problems of Peace 1812-22," Doctoral Dissertation, Harvard University 1954.

5 금 1온스를 35 미국 달러로 고정하고, 다른 나라 화폐는 다시 미국 달러에 고정환율로 연동했다.

6 브레턴우즈체제를 파기하겠다는 미국의 선언은 협의 없이 일방적으로 그것을 밀어붙인 것 자체로도 횡포지만, 더 큰 문제는 이것이 미국의 달러를 믿고 보유한 국가들에는 하루아침에 보유한 달러의 가치가 하락하는 것을 의미한다는 점이다. 고정환율제에서 이들 국가가 보유한 달러의 가치는 정해진 것인데, 미국이 금도 없이 돈을 마구 찍어낼 경우, 이들은 가만히 앉아서 보유한 달러의 실제 가치가 하락하는 것이다.

7 이안 클라크 『지구화와 파편화: 20세기 국제관계사』, 정헌주 옮김, 일신사 2001, 252~55면.

8 "Talks Between President Nixon and President Park," August 21, 1969 (http://www.nixonlibrary.gov/virtuallibrary/documents/mr/082169_korea.pdf: 검색일 2020년 4월 12일).

9 Mike Bowker and Robin Brown, eds., *From Cold War to Collapse: Theory and World Politics in 1980s*, Cambridge: Cambridge University Press 1992, 2~5면.

10 신냉전의 본질이 소련과의 공존을 깨고 공세적인 대결정책을 지향한 것이라기보다는 데탕트로 느슨해진 자기 진영 내부의 단결을 고양하고 통제를 강화하는 성격이 더 강했다는 논의에 관해서는 Fred Halliday, *The Making of the Second Cold War*, New York: W. W. Norton & Company 1986, 16~17면; Bruce Cumings, "The End of the Seventy-Years' Crisis: Trilateralism and the New World Order," in Meredith Woo-Cumings and Michael Loriaux, eds., *Past as Prelude: History in the Making of a New World Order*, Boulder, Co.: Westview Press 1992, 9~22면 참조.

11 「'코리아게이트' 박동선은 누구?」, 『시사저널』 1447호, 2017년 7월 10일.

12 신욱희 「한미동맹의 내부적 역동성: 분석틀의 모색」, 『국가전략』 7권 2호, 2001, 17면.

13 김계동 『한반도의 분단과 전쟁: 민족분열과 국제개입·갈등』, 서울대학교출판부 2000, 11~18면.

제6장 카터의 인권외교와 주한미군 철수의 이중주

1 마상윤 「박정희 시대 한국의 민주주의와 한미관계(1961~1979)」, 정일준 외 『한국의 민주주의와 한미관계』, 대한민국역사박물관 2014, 219~20면.

2 Jimmy Carter, *Keeping Faith: Memoirs of a President*, New York: Bantam Books 1982, 142~43면.

3 Larry A. Niksch, "U.S. Troop Withdrawal from South Korea: Past Shortcomings and Future Prospects," *Asian Survey* Vol. 21, No. 3, 1981.

4 Telegram to Embassy Seoul, "Letter to President Park," Department of State, February 14, 1977.

5 Theodore J. Lowi and Benjamin Ginsberg, *American Government: Freedom and Power*, Second Edition, New York: W. W. Norton & Company 1992.

6 정일준 「통치성을 통해 본 한국현대사: 87년 체제론 비판과 한국의 사회구성 성찰」, 『민주사회와 정책연구』 17호, 2010.

7 홍성태·노순택 『반미 교과서』, 당대출판사 2003.

8 미국의 1차대전 참여가 윌슨의 명분과는 달리 민주주의를 위한 것도 평화를 위한 것도 아니라, 파산 위기에 몰린 미국의 은행가와 무기제조업자들을 구하기 위한 것이었다는 주장이 있다. 특히 금융재벌 JP모건을 구하기 위한 전쟁이었다는 것이다. 당시 유럽 연합국 측의 무기 구입과 차관 획득의 유일한 대행자가 JP모건이었다. 실제로 당시 연합국은 미국으로부터 빌린 돈으로 전쟁을 치렀다고 해도 과언이 아니다. 그리고 전쟁이 끝난 후 부채를 갚기 위해 독일에 막대한 배상금을 물리지만, 파괴된 독일은 갚을 능력이 없었고, 엎친 데 덮친 격으로 대공황까지 발생해 영국을 포함한 유럽 국가는 급격하게 쇠락했다. 미국의 자본가들이 세계대전을 활용해 최고의 '장사'를 했다는 내용에 관해서는 다음 두 책을 참고. 올리버 스톤·피터 거즈닉 『아무도 말하지 않는 미국 현대사 1: 윌슨에서 케네디까지』, 이광일 옮김, 들녘 2015; 스메들리 버틀러 『전쟁은 사기다』, 권민 옮김, 공존 2013.

9 아무튼, 1960년대 행태주의 혁명과 통계학 발달의 힘입어 '민주평화론'은 이상주의 가설을 어느정도 검증했다. 그러나 여전히 민주주의나 전쟁의 개념이 모호하다는 비판은 나오고 있다.

제2부 1980년대~2007년

제7장 광주 5·18민주화운동과 미국

1 Telegram from Assembly Seoul to Secstate Washdc, NODIS, 791028, Subject: Initial Reflections on Post-Park Chung Hee Situation in Korea.

2 서중석 『한국 현대사 60년』, 역사비평사 2007, 161면.

3 '프라하의 봄'이라는 말은 원래 1946년 2차대전의 종전을 기념하는 프라하의 음악축제를 뜻한다. 1968년 소련군이 프라하를 침공할 당시 어느 신문기자가 '프라하에도 봄은 오는가?'라는 제목으로 기사를 송고하면서 세상에 알려졌다. 그리고 밀란 쿤데라의 소설 『참을 수 없는 존재의 가벼움』이 「프라하의 봄」이라는 제목으로 영화화되면서 민주화의 분출을 상징하는 말로 더욱 유명해졌다. 1980년 '서울의 봄'이 그랬고, 2011년 '아랍의 봄'이 뒤를 이었다.

4 Hannah Arendt, *On Revolution*, New York: Penguin Books 1963.

5 이준영 『한미관계의 23가지 그림자』, 도서출판 615 2015, 197~98면.

6 윌리엄 글라이스틴 『알려지지 않은 역사』, 황정일 옮김, 중앙M&B 2000, 193면.

7 William H. Gleysteen, Jr., *Massive Entanglement, Marginal Influence: Carter and Korea on Crisis*, Washington D.C.: Brookings Institution Press 1999.

8 정일준 「미국 개입의 선택성과 한계: 전두환·노태우-레이건·부시 정부 시기」, 역사비평 편집위원회 엮음 『갈등하는 동맹: 한미관계 60년』, 역사비평사 2010, 120~21면.

9 박태균 『우방과 제국, 한미관계의 두 신화: 8·15에서 5·18까지』, 창비 2006, 360~63면.

10 들쥐 발언에 대해 위컴은 자신의 진의가 상당히 곡해되었다고 말한다. 먼저 들쥐론은 자기가 처음 사용한 말이 아니라 폴 크레인(Paul S. Crane)이 쓴 *Korean Patterns*에서 인용한 것으로 한국인이 역경을 참아내는 인내심이 때로는 부패나 부정의도 묵인하는 결과로 이어진다는 점을 지적했다고 말한다. 또한 자신은 전두환의 쿠데타와 광주학살에 대해서 있을 수 없는 잘못이라는 생각이었지만, 한국인들이 학생들과 재야인사 외에는 수용하는 듯한 태도를 보였기 때문에 어쩔 수 없었다고 말했다. John A. Wickham, *Korea on the Brink: From the "12/12 Incident" to the Kwangju Uprising, 1979-1980*, Washington D.C.: National Defense University Press 1999.

제8장 노태우 정부의 북방정책과 미국

1 김달중 「북방정책의 개념, 목표 및 배경」, 『국제정치논총』 29집 2호, 1989, 43면.

2 노태우「대통령 7·7 특별선언문」, 1988년 7월 7일.

3 노태우「한반도에 화해와 통일을 여는 길」, 1988년 10월 18일 노태우 대통령 UN 총회 연설.

4 Don Oberdorfer, *The Two Koreas: A Contemporary History*, New York: Basic Books 1999; 돈 오버도퍼·로버트 칼린『두 개의 한국』, 이종길·양은미 옮김, 길산 2014, 297면.

5 박홍규「북방정책과 한국의 대미·일관계」,『국제정치논총』29집 2호, 1989, 108면.

6 2020년 3월 31일에 총 1577권, 24만여면에 달하는 외교 비밀문서를 해제했다.「외교문서: 한 북방정책 제동 걸려던 미 … 나중엔 지지」,『노컷뉴스』2020년 3월 31일.

7 이와 관련한 자세한 논의는 다음 책을 참조. 하용출 외『북방정책: 기원, 전개, 영향』, 서울대학교출판부 2003.

8 Kenneth W. Dam, *Korea at the Crossroads: Implications for American Policy*, Washington D.C.: Council of Foreign Affairs 1987, 56면.

9 Douglas Jehl, "C.I.A. Nominee Wary of Budget Cuts," *The New York Times* February 3, 1993.

10 전재성「노태우 행정부의 북방정책 결정요인과 이후의 북방정책의 변화과정 분석」, 하용출 외, 앞의 책 25~26면.

11 백창재「한국의 북방정책과 미국」, 같은 책 173~74면.

12 이석호「한국 북방정책의 변천과정과 결정요인」,『국제정치논총』28집 2호, 1988, 127 ~28면.

13 김대중「공안정치 부활의 저지와 민주화를 위하여」,『후광 김대중 대전집 10』, 중심서 원 1993, 91면.

14 이삼성「북방정책과 한·미관계: 주한미군문제와 한국 북방정책의 한계」,『한국과 국제정치』5권 2호, 1989, 69~70면.

제9장 1994년 1차 북핵 위기와 한·미관계

1 안준호『핵무기와 국제정치』, 열린책들 2018, 265~67면.

2 같은 책 270~71면.

3 여기서 주목할 필요가 있는 것은 시점이다. 핵확산금지조약(NPT)의 탈퇴규정은 탈퇴를 원할 경우, 선언 이후 곧바로 되는 것이 아니고 3개월이 지나가야 비로소 효력이 발생하도록 했다. 이를 잘 알고 있는 북한이 '벼랑 끝 전술'에 사용하면서 3개월을 의도적으로 채운 것이었다. 이러한 북한의 전술이 먹혀들 수 있었던 또다른 이유는

NPT가 미국이 주도하는 핵 질서를 위해 필수적인 수단인데, 이것이 1970년에 출범할 당시 25년 시한부 조약이었고, 그 연장 여부는 1995년에 결정하기로 했다는 점 때문이다. 미국은 당연히 연장하기를 원했던 터라, 북한의 NPT 탈퇴가 실현될 경우 핵무기 비확산 체제의 리더십에 상처를 입게 되는 것이었다.

4 김기협 「'전쟁 불사' 외친 북, 미국이 '쳐부수지' 못한 까닭?」, 『프레시안』 2014년 8월 5일.

5 김일성의 이 연설문은 베이징에서 열린 10차 북·미 참사관 회의에서 미국에 전달되었다.

6 Leon V. Sigal, *Disarming Strangers: Nuclear Diplomacy with North Korea*, Princeton: Princeton University Press 1998; 리언 시걸 『미국은 협력하려 하지 않았다: 북한과 미국의 핵외교』, 구갑우·김갑식·윤여령 옮김, 사회평론 1999, 49면.

7 Don Oberdorfer, *The Two Koreas: A Contemporary History*, New York: Basic Books 1999; 돈 오버도퍼·로버트 칼린 『두 개의 한국』, 이종길·양은미 옮김, 길산 2014, 397면.

8 개번 맥코맥 『범죄 국가, 북한 그리고 미국』, 박성준 옮김, 이카루스미디어 2006.

9 Denny Roy, "North Korea and the 'Madman' Theory," *Security Dialogue* Vol. 25, No. 3, September 1994.

10 김태현 「동북아질서의 변동과 한반도」, 『국제지역연구』 11권 1호, 2002.

11 조엘 S. 위트 외 『북핵 위기의 전말: 벼랑 끝의 북미협상』, 김태현 옮김, 모음북스 2005.

제10장 김대중 정부의 햇볕정책과 미국

1 Nicholas Eberstadt, "North Korea: Reform, Muddling Through, or Collapse," *NBR Analysis* Vol. 4, No. 3, December 1993.

2 박한식·강국진 『선을 넘어 생각한다: 남과 북을 갈라놓는 12가지 편견에 관하여』, 부키 2018.

3 「남북관계 어디로 가나?: 한완상 부총리에 듣는다」, 『한겨레신문』 1993년 5월 15일.

4 김학성 「남북화해 시대의 한미관계」, 김계동 외 『한미관계론』, 명인문화사 2012, 176~77면.

5 대표적인 예를 들자면, 미국의 정책을 수긍하지 않은 이승만의 북진통일론, 김신조 일당이 청와대를 습격하려고 시도했던 1·21사태와 푸에블로호 사건에 대한 미국의 처리와 관련한 박정희의 불만, 클린턴의 김일성 조문에 대한 김영삼의 불만 등이다.

박명림은 진보정부와 보수정부를 막론하고 역대 한국정부들이 미국에 대해 접근과 순응이 아니라 저항과 도전의 태도를 취함으로써 종속을 피할 수 있었고, 한·미관계가 성공적으로 유지되었다고 주장한다. 주장의 근거로 역대 양국 정부 사이에 갈등이 있지 않았던 시기가 거의 없었다는 점을 들고 있다. 하지만 양국 정부의 갈등이 있었다 하더라도 미국의 정책에 영향을 끼칠 정도의 변수가 되지 못했고, 특히 한국정부는 대북정책에 관해서 거의 자율성이 없었다는 점, 그리고 친미는 용공 조작과 함께 보수의 권력유지를 위해 가장 유용한 수단이었다는 점에서 이러한 평가는 과장된 측면이 있다. 박명림 「순응과 도전, 적응과 저항: '미국의 범위'와 한미관계 총설」, 『역사비평』 2009년 봄호.

6　To-hai Liou, "U.S.-South Korea Relations under Kim Dae-jung and Beyond," *Tamkang Journal of International Affairs* Vol. 9, No. 2, 2005, 57면.

7　금창리에 대한 2년간의 조사 끝에 미국의 의심이 잘못되었다는 것이 밝혀졌다. 미사일 개발 역시 적어도 북·미 간 협상 중에는 중단한다는 유예(moratorium)를 선언했다.

8　당시 미국의 조야는 김대중을 넬슨 만델라(Nelson Mandela)와 비교할 정도로 존경심을 가지고 있었다. 미국 망명 시절 쌓았던 폭넓은 인적 네트워크 역시 큰 역할을 했다.

9　임동원 『피스메이커: 남북관계와 북핵 문제 25년』, 창비 2015, 290~91면.

10　이 조치의 결과 중의 하나가 바로 현대그룹 정주영 회장이 5백마리의 소떼를 몰고 판문점을 건너간 것이고, 금강산관광개발을 시작한 것이었다.

11　Nicholas Eberstadt, "Hastening Korean Reunification: The Writing on the 38th Parallel," *Foreign Affairs* Vol. 76, No. 2, March/April 1997, 79~80면; Karen E. House, "Let North Korea Collapse," *The Wall Street Journal* February 21, 1997, 14면.

12　Charles L. Prichard, *Failed Diplomacy: The Tragic Story of How North Korea Got the Bomb*, Washington D.C.: Brookings Institution Press 2007, 94면.

13　장성민 편역 『부시 행정부의 한반도 리포트』, 김영사 2000, 238~51면.

14　Sebastian Harnisch, "U.S.-North Korean Relations under the Bush Administration: from 'Slow Go' to 'No Go'," *Asian Survey* Vol. 42, No. 6, November/December 2002, 877면.

15　김대중 정부에는 두가지 큰 짐이 있었는데, 하나는 여소야대 구조였고, 다른 하나는 1997년 시작된 금융위기였다. 이로 말미암아 햇볕정책의 추동력은 시간이 갈수록 약

해졌다.

16 Soon-young Hong, "Thawing Korea's Cold War: The Path to Peace on the Korean Peninsula," *Foreign Affairs* Vol. 78, No. 3, May/June 1999, 8~11면.

17 「임동원 수석 대북 '선공후득(先供後得)' 주장」, 『연합뉴스』 1999년 3월 11일.

18 김준형 『미국이 세계 최강이 아니라면: 미국을 제대로 보기 위한 가치 있는 가정들』, 뜨인돌출판사 2008.

19 김헌 「우화의 숨은 뜻, 지혜롭고도 위험하구나」, 『한겨레』 2011년 3월 18일.

20 Daniel Treisman, "Rational Appeasement," *International Organization* Vol. 58, No. 2, 2004, 347면.

21 Paul Kennedy, *Strategy and Diplomacy, 1870-1945: Eight Studies*, London: Allen & Unwin 1983, 195면.

22 「홍준표 '文 정부 대북 유화 정책 … 실패한 햇볕정책 계승'」, 『더 퍼블릭』 2017년 8월 29일.

23 이 책은 메테르니히가 나폴레옹전쟁 이후 유럽 5개 열강의 다자 균형체제라는 새로운 질서를 만들기 위한 원칙들을 다뤘다. Henry Kissinger, *A World Restored: Metternich, Castlereagh and the Problems of Peace, 1812-22*, Brattleboro, VT: Echo Point Books 2013.

24 Leslie H. Gelb, *Power Rules: How Common Sense can Rescue American Foreign Policy*, New York: Harper Collins 2009, 특히 13장 'Necessity, Choice, and Common Sense'를 참조.

25 같은 책 278면.

26 임동원, 앞의 책 333~34면.

27 Chung-in Moon, "Understanding the DJ Doctrine: The Sunshine Policy and the Korean Peninsula," In Chung-in Moon and David I. Steinberg, eds., *Kim Dae-jung Government and Sunshine Policy: Promises and Challenges*, Seoul: Yonsei University Press 1999, 55면.

제11장 노무현 정부의 이라크 파병과 미국

1 한국의 대미자율성에 관한 주제는 필자가 학문적인 관심을 가지고 여러편의 논문을 발표한 바 있다. 이들 논문을 토대로 논의를 전개했음을 밝혀둔다.

2 The Rt. Hon The Lord Butler of Brockwell, "Review of Intelligence on Weapons of Mass Destruction," Ordered by the House of Commons, Great Britain, July

14, 2004.

3 노무현 정부가 김대중 정부를 계승했음에도 한반도 평화를 위한 정치적 결단인 대북 송금 문제를 두고 특검을 실시하는 것에 대해 김대중 지지자들은 어떻게 그럴 수 있느냐며 분개했다. 반대로 노무현 지지자들은 이는 이념과 정책의 문제가 아니라 법과 원칙의 문제인데, 마치 김대중 정부를 부정하고 대북 포용정책을 폐기하는 것처럼 매도한다고 불만을 제기했다. 특히 특검을 계속 거부할 경우 야당의 공세는 더욱 거세지고, 문제가 검찰로 넘어갈 경우 검찰이 전면적인 수사에 돌입할 수 있었는데, 이것을 송금에만 한정함으로써 오히려 난맥을 돌파했다고 주장한다. 두 지지세력의 상처는 이라크 파병에 대해서도 재현되었다.

4 Robert L. Hutchings, "X+ 9/11," *Foreign Policy* No. 143, July-August, 2004.

5 조지 케넌은 당시 최고의 소련전문가였으며, 트루먼 정부의 요청으로 당시 소련의 의도와 정책에 대한 보고서를 작성해 '긴 전문'(Long Telegram)이라는 이름으로 보냈고, 이것을 보완해서 1947년 7월에 『포린 어페어즈』지에 X라는 가명으로 기고했다.

6 The U.S. Department of Defense, "Nuclear Defense Review: Excerpts," January 8, 2002.

7 「더민주 '영입 3호' 이수혁, 참여정부 이라크 파병 설계자」, 『한겨레』 2016년 1월 5일.

8 이종석 『칼날 위의 평화: 노무현 시대 통일외교안보 비망록』, 개마고원 2014, 234면.

9 서보혁 『배반당한 평화: 한국의 베트남·이라크 파병과 그 이후』, 진인진 2017.

10 박태균 『우방과 제국, 한미관계의 두 신화: 8·15에서 5·18까지』, 창비 2006, 379~81면.

11 노무현 『성공과 좌절』, 학고재 2009, 223면.

12 서보혁 「결정의 합리성: 노무현 정부의 이라크 파병정책 재검토」, 『국제정치논총』 55집 3호, 2015, 249면.

13 George W. Bush, *Decision Points*, New York: Crown Publishers 2010, 424면.

14 「"노무현의 '한미FTA' 삼성의 프로젝트였다": 정태인 전 청와대 비서관이 말하는 '노무현과 삼성'」, 『프레시안』 2010년 4월 19일.

15 이 부분은 졸고 「한국의 대미외교에 나타난 동맹의 자주성-실용성 넥서스: 진보정부 10년의 함의를 중심으로」(『동북아연구』 30권 2호, 2015)를 참고했음.

16 Justin Chapman, "For the US-ROK Alliance, Less is More," *Paterson Review of International Affairs* Vol. 14, 2014, 15면.

17 정욱식 『동맹의 덫 ― 지독한 역설: 두 개의 코리아와 미국』, 삼인 2005.

18 한용섭 엮음 『자주냐 동맹이냐: 21세기 한국 안보외교의 진로』, 오름 2004.

19 정일준 「남북한의 대미정책과 미국」, 『황해문화』 2001년 가을호 87면.

20 황지환 「북한 문제 인식의 문제점과 새로운 접근의 필요성」, 『통일과 평화』 3집 2호, 2011, 6~8면.

21 이삼성 「한미동맹의 유연화를 위한 제언」, 『국가전략』 9권 3호, 2003, 9면.

22 김일영·조성렬 『주한미군: 역사, 쟁점, 전망』, 한울 2003.

23 동맹이론의 대가인 스티븐 월트(Stephen Walt)의 지적처럼 동맹은 주로 외부의 위협에 대항하기 위해서 형성되는데 만일 동맹국 당사자들이 공통 외부위협의 존재에 대한 인식이 달라진다면 기존 동맹 관계는 약화되거나 심하면 와해될 수도 있다. Stephen M. Walt, "Why Alliances Endure or Collapse," *Survival* Vol. 39, No. 1, Spring 1997.

24 노무현의 동북아균형자론은 2005년 3월 1일 3·1절 기념식에서 처음 사용되었다가, 논란 끝에 6월 10일 한미정상회담 이후 완전히 사라져버렸다.

25 Charles M. Perry et al., *Alliance Diversification and the Future of the U.S.-Korean Security Relationship*, Herndon, VA: Brassey's, Inc. 2004, 19면.

26 당시 미국의 진정한 의도는 '해외 주둔 미군 재배치 계획'(GPR)을 이끌었던 국방장관 럼즈펠드가 상원 외교위원회 연설에서, 주한미군은 북한에 대한 억지 기능이 여전히 중요하지만, 단지 그 목적만을 위해 더이상 존재할 여력은 없다고 한 데서도 분명히 나타난다. "The Global Posture: Testimony as Prepared for Delivery by Secretary of Defense Donald H. Rumsfeld to the Senate Armed Services Committee," September 23, 2004 (https://www.govinfo.gov/content/pkg/CHRG-108shrg23080/html/CHRG-108shrg23080.htm: 검색일 2020. 12. 29).

27 Terrence Roehrig, "Restructuring the U.S. Military Presence in Korea: Implications for Korean Security and U.S.-ROK Alliance," *Korea Economic Institute Academic Paper Series on Korea* Vol. 1, 2007, 142~45면.

28 Jonathan D. Pollack et al., *A New Alliance for the Next Century: The Future of the U.S.-Korean Security Cooperation*, Santa Monica, CA: RAND 1995; Changhee Nam, "Realigning the US Forces and South Korea's Defense Reform 2020," *Korean Journal of Defense Analysis* Vol. 19, No. 1, 2007.

29 이정철 「북미 대립과 한미동맹: 변화와 딜레마」, 『한국정치연구』 18집 1호, 2009, 158면.

30 Larry A. Niksch, "Korea: U.S.-Korean Relations — Issues for Congress," *Congressional Research Service Report* July 21, 2006, 15면.

31 이상민「남북한-미국 관계의 역사적 고찰: 한반도 평화체제의 수립과 남북·북미관계의 전망」,『한국과 국제정치』16권 1호, 2000, 153~56면.

32 조동준「'자주'의 자가당착: 한반도 국제관계에서 나타난 안보모순과 동맹모순」,『국제정치논총』44집 3호, 2004.

33 Astri Suhrke, "Gratuity or Tyranny: The Korean Alliances," *World Politics* Vol. 25, No. 4, 1973.

34 Robert O. Keohane, "The Big Influence of Small Allies," *Foreign Policy* No. 2, Spring 1971.

제12장 전시작전통제권 환수와 미국

1 이승만은 1950년 7월 14일 맥아더 장군에게 다음과 같은 서한을 보냈다. "맥아더 장군 귀하, 대한민국을 위한 국제연합의 공동 군사노력에 있어 한국 내 또는 한국 근해에서 작전 중인 국제연합의 모든 부대는 귀하의 통솔하에 있으며 또한 귀하가 최고 사령관으로 임명되어 있음에 대하여, 본인은 현 작전상태가 계속되는 동안 일체의 지휘권을 이양하게 된 것을 기쁘게 여기는 바이오며, 그러한 지휘권은 귀하 자신 또는 귀하가 한국 내 또는 한국 근해에서 행사하도록 위임한 기타 사령관이 행사하여야 할 것입니다. 한국군은 귀하의 휘하에서 복무하는 것을 영광으로 생각할 것이며, 또한 한국 국민과 정부도 고명하고 훌륭한 군인으로서 우리들의 사랑하는 국토의 독립과 보존에 대한 비열한 공산침략에 대항하기 위하여 힘을 합친 국제연합의 모든 군사권을 받고 있는 귀하의 전체적 지휘를 받게 된 것을 영광으로 생각하며 또한 격려되는 바입니다. 귀하에게 깊고도 따뜻한 개인적인 경의를 표하나이다." 한국군 지휘권을 주한 유엔군 사령관에 이양하는 이승만 대통령의 서한, 우리역사넷, 국사편찬위원회 http://contents.history.go.kr/front/hm/view.do?treeId=010801&tabId=03&levelId=hm_146_0040(검색일 2020년 12월 19일).

2 이종석『칼날 위의 평화: 노무현 시대 통일외교안보 비망록』, 개마고원 2014, 143면.

3 「천안함 침몰: 金국방 "전작권 반환 연기, 국가적으로 검토 중"」,『한국일보』2010년 4월 8일.

4 이명박「이명박 회고록 연재-대통령의 시간 54: 전작권 연기, 2012년은 취약한 시기」, MB재단, 2017년 3월 17일.

5 「전작권 전환 사실상 무기 연기: '군사주권 포기, 박 대통령 공약 파기' 지적도」,『오마이뉴스』2014년 10월 24일.

6 「문 대통령 국방부 질타, 11년 전 노무현 전 대통령과 '데자뷔'」,『한겨레』2017년 8월

29일.

7 Michael E. O'Hanlon, "Don't Gut the US-South Korea Alliance," Brookings Institution, January 23, 2020.

8 제임스 F. 더니건『현대전의 실제』, 김병관 옮김, 현실적 지성 1999.

9 「에이브럼스, 전작권 전환 재확인, "주한미군 철수? 근거 없는 주장"」, 『서울신문』 2020년 7월 2일.

10 Erik Ortiz and Arata Yamamoto, "Sen. Linsey Graham: Trump Says War with North Korea an Option," *NBC News* August 2, 2017.

11 「'전작권, 나토에 비유' 사실과 다른 MB 논리」, 『한겨레』 2010년 7월 12일.

12 국방부『참여정부의 국방정책』, 2003, 28면.

13 『포린 폴리시』(*Foreign Policy*)는 공포에 의한 핵 균형체제를 포함해서 20세기를 풍미했으나 21세기에는 역사의 쓰레기통으로 사라질 여섯가지를 제시했다. 맑시즘, 경제의 무한팽창, 종속이론, 공포의 균형, 아시아적 가치, 군산복합체가 그것이다. *Foreign Policy*, No. 133, November-December, 2002.

14 그는 미국이 당면한 다섯가지 전략적 과제를 1) 유럽에서의 러시아의 공세 대처, 2) 아시아·태평양에서의 중국의 부상 관리, 3) 북한 핵·미사일 위협 대처, 4) 걸프 지역에서의 이란의 위협 통제, 5) 이슬람국가(ISIL) 위협 제거로 설정하고, 아시아·태평양, 중동, 북아프리카, 유럽에 다양한 동맹과 파트너 국가들과의 쌍무, 3자, 다자 체제 등 중첩적이고 광범위한 네트워크를 구축할 것을 권고하고 있다. Ashton Carter "Networking Defense in the 21st Century" (Remarks at CNAS), U.S. Department of Defense, June 20, 2016.

제3부 2008~2020년

제13장 이명박 정부와 한미전략동맹

1 이 장은 한미동맹에 관한 필자의 다음 논문을 업데이트하고 큰 폭으로 수정해서 집필하였음을 밝혀둔다. 「동맹이론을 통한 한미전략동맹의 함의 분석」, 『국제정치연구』12집 2호, 2009.

2 이를 두고 반테러 세계전선을 형성하여 진정한 탈냉전을 회복해야 한다는 의미로 랠프 코사 같은 이는 탈-탈냉전이라고 명명했다. Ralph A. Cossa, "Toward a Post Post-Cold War World," Special Policy Forum 9/11, Nautilus Institute, October 18,

2001.

「한미정상회담: 동맹, '한반도 틀' 벗어나 미 세계전략에 적극 동참」, 『경향신문』 2008년 4월 21일.

동맹이론을 통해 한미동맹을 분석한 대표적인 연구에 대해서는 다음을 참조. 장노순 「'교환동맹모델'의 비교환성: 비대칭 한미안보동맹」, 『국제정치논총』 36집 1호, 1996; 이수형 「동맹의 안보 딜레마와 포기-연루의 순환: 북핵 문제를 둘러싼 한-미 갈등 관계를 중심으로」, 『국제정치논총』 39집 1호, 1999; 전재성 「동맹이론과 한국의 동맹정책」, 『국방연구』 47권 2호, 2004; 김우상 「한·미동맹의 이론적 재고」, 『한국과 국제정치』 20권 1호, 2004.

Glenn H. Snyder, *Alliance Politics*, Ithaca: Cornell University Press 1997, 12~13면; Hans J. Morgenthau, *Politics Among Nations: The Struggle for Power and Peace*, Revised by Kenneth Thompson, 6th edition, New York: Alfred A. Knopf 1985, 196~97면.

Robert L. Rothstein, *Alliances and Small Powers*, New York: Columbia University Press 1968, 11면.

물론 한미동맹만이 그런 역할을 한 것은 아니다. 미국은 일본, 타이완, 호주, 뉴질랜드, 필리핀 등과도 동맹을 체결함으로써 중첩적 쌍무동맹의 이른바 '허브 앤 스포크'(Hub and Spokes)로 동북아에서 영향력을 유지해왔다.

김유남 『두개의 한국과 주변국들』, 훈민정음 1996, 145~51면.

알렉산더 웬트(Alexander Wendt)를 위시한 구성주의 이론가들은 국제체제의 구조를 물리적 구조로 보기보다는 사회적 관계로 이루어진 구조로 보는데, 사회적 구조에도 물적 자원이 포함되어 있지만 가장 중요한 것은 공유된 지식(shared knowledge)이며, 물적 요소는 공유된 지식이라는 요소를 통해서만 의미가 있다고 주장한다. 이러한 논점에 관해서는 다음을 참조. Alexander E. Wendt, "Collective Identity Formation and the International State," *American Political Science Review* Vol. 88, No. 2, 1994; Jeffrey T. Checkel, "The Constructivist Turn in International Relations Theory," *World Politics* Vol. 50, No. 2, January 1998.

Michael N. Barnett, "Identity and alliances in the Middle East," in Peter J. Katzenstein, ed., *The Culture of National Security: Norms and Identity in World Politics*, New York: Columbia University Press 1996.

Thomas Risse-Kappen, "Collective Identity in a Democratic Community: The Case of NATO," 같은 책.

12 Frank Schimmelfennig, "The Community Trap: Liberal Norms, Rhetorical Action, and the Eastern Enlargement of the European Union," *International Organization* Vol. 55, No. 1, 2001.

13 John D. Sullivan, "International Alliances," in Michael Haas, ed., *International Systems: A Behavioral Approach*, New York: Chandler Publishing Co 1973, 104~105면.

14 Jae-Jung Suh, *Power, Interest, and Identity in Military Alliances*, New York: Palgrave Macmillan 2007, 23~24면.

15 Stephen M. Walt, *The Origins of Alliances*, Ithaca: Cornell University Press 1990, 19~20면.

16 James D. Morrow, "Alliances and Asymmetry: An Alternative to the Capability Aggregation Model of Alliances," *American Journal of Political Science* Vol. 35, No. 4, November 1991.

17 David A. Lake, "Anarchy, Hierarchy, and the Variety of International Relations," *International Organization* Vol. 50, No. 1, 1996.

18 Oliver E. Williamson, *The Economic Institutions of Capitalism: Firms, Markets, Relational Contracting*, New York: Free Press 1985.

19 이명박 대통령은 2009년 4월 15일 코리아소사이어티 연설 중에 2008년 한미정상회담의 공동성명에 한미동맹이 '지역 및 범세계적 차원의 평화와 번영에도 공헌하는 방향으로 발전해나가야 한다'는 내용이 있음을 강조했다.

20 Glenn H. Snyder, 앞의 책 181~83면.

21 같은 책 183~84면.

22 한·미 간에 문제나 이견이 발생하고, 관계가 악화할 때마다 미국이 들고 나온 카드가 바로 주한미군 철수 또는 감축 가능성이다. 지금까지 본격적으로 거론된 것은 모두 여섯차례이다. 최초의 철수는 한국정부 수립 이후 애치슨 당시 국무장관의 발언으로 인한 것이고, 다음은 한국전쟁으로 늘어난 미군이 1954년에 8만 5천명 정도의 병력을 남기고 철수했다. 제3차는 1970년 닉슨의 데탕트 정책으로 미 제7사단이 철수를 단행했으며, 제4차는 1977년 카터에 의해 시도되었지만, 대내외 여론의 반대와 소련의 아프간 침공으로 인해 중단되었다. 제5차는 1990년 탈냉전으로 미군의 감축 필요성이 대두되자 약 1만 5천명이 철수했다. 최근의 감축 움직임은 부시 행정부의 럼즈펠드가 주도한 '해외 주둔 미군 재배치 계획'(GPR)의 일부로 진행되었다. 김태우 「주한미군의 위상과 역할」, 『한국군사』 12호, 2001, 84면.

23 Charles M. Perry et al., *Alliance Diversification and the Future of the U.S.-Korean Security Relationship*, Herndon, VA: Brassey's, Inc. 2004, 19면.

24 Terrence Roehrig, "Restructuring the U.S. Military Presence in Korea: Implications for Korean Security and U.S.-ROK Alliance," *Korea Economic Institute Academic Paper Series on Korea* Vol. 1, 2007, 142~45면.

25 "The Global Posture: Testimony as Prepared for Delivery by Secretary of Defense Donald H. Rumsfeld to the Senate Armed Services Committee," September 23, 2004(https://www.govinfo.gov/content/pkg/CHRG-108shrg23080/html/CHRG-108shrg23080.htm: 검색일 2020. 12. 29).

26 Jonathan D. Pollack et al., *A New Alliance for the Next Century: The Future of the U.S.-Korean Security Cooperation*, Santa Monica, CA: RAND 1995.

27 Larry A. Niksch, "Korea: U.S.-Korean Relations — Issues for Congress," *Congressional Research Service Report* July 21, 2006, 15면.

28 미사일방어체제(MD)는 중국을, 그리고 대량살상무기확산방지구상(PSI)은 북한을 자극할 수 있다는 이유로 참여를 미루었다.

29 정욱식은 '테러 위협'을 주한미군 주둔의 명분으로 제시하는 것에 대하여, 이러한 새로운 안보 위협이 우리의 주체적 위협 인식에 바탕을 둔 것인지, 미국이 이식시킨 '자기충족적 위협'인지에 대한 구체적인 설명 또는 근거가 제시되지 않아왔다고 비판했다. 정욱식 『동맹의 덫—지독한 역설: 두 개의 코리아와 미국』, 삼인 2005, 151면.

30 Joel S. Wit, Daniel B. Poneman, and Robert L. Galluci, *Going Critical: The First North Korean Nuclear Crisis*, Washington D.C.: Brookings Institution Press 2004; 리언 시걸 『미국은 협력하려 하지 않았다: 북한과 미국의 핵외교』, 구갑우·김갑식·윤여령 옮김, 사회평론 1999.

31 남궁곤 「동맹규범과 탈냉전기의 미일안보체제」, 『국제정치논총』 40집 1호, 2000, 35~55면.

32 정욱식 「'전략동맹' 하려면 상호방위조약부터 고쳐라」, 『오마이뉴스』 2008년 4월 21일.

33 조성렬 「한반도 평화체제의 수립 이후 주한미군의 역할 조정」, 『세계지역연구논총』 14집, 2000, 218~19면.

34 최강 「한미동맹 현황과 발전을 위한 과제: 제3차 한미정상회담 결과를 중심으로」, 『주요 국제문제분석』, 외교안보연구원 2008.

35 Glenn H. Snyder, 앞의 책 184면.

36 조동준 「지구적 쟁점에서 한국과 미국의 협업」, 정경영 외 『오바마 행정부와 한미전략동맹』, 한울아카데미 2009, 163~64면.

37 「한미 방위비분담 2차 협의도 '탐색전'」, 『연합뉴스』 2008년 8월 29일.

38 이삼성 「한미동맹의 유연화를 위한 제언」, 『국가전략』 9권 3호, 2003, 9면.

39 Jae-Jung Suh, 앞의 책 14면.

40 장노순, 앞의 글 99면.

41 이상민 「남북한–미국 관계의 역사적 고찰: 한반도 평화체제의 수립과 남북·북미관계의 전망」, 『한국과 국제정치』 16권 1호, 2000, 153~56면.

42 조동준 「'자주'의 자가당착: 한반도 국제관계에서 나타난 안보모순과 동맹모순」, 『국제정치논총』 44집 3호, 2004.

43 「그레그, "통킹만 사건 연상 … 합조단 보고서 전부 공개해야"」, 『한겨레』 2010년 9월 3일.

44 정세현 『판문점의 협상가: 정세현 회고록』, 박인규 대담, 창비 2020, 478~79면.

45 노순택 『잃어버린 보온병을 찾아서: 분단인의 거울 일기』, 오마이북 2013.

46 「"천안함, 북 잠수함 위협 가장 안전한 곳에서 최후 맞아"」, 『프레시안』 2011년 3월 25일.

제14장 박근혜 정부의 신뢰프로세스와 균형외교

1 Park Geun-hye, "A New Kind of Korea: Building Trust Between Seoul and Pyongyang," *Foreign Affairs* Vol. 90, No. 5, September/October 2011.

2 북한의 핵실험과 장성택 사건에서 나타난 예측 불가의 행동들은 일단 중국의 대북인식을 변화시키고 한·미·중의 공조 가능성을 높이는 것은 사실이다. 그러나 선호하는 해결방안과 결과는 다르다는 점을 간과해서는 안 된다. 한·미 양국은 중국이 압박을 해서라도 북한을 굴복시키기를 바랐지만, 중국의 속내는 협상을 선호하고, 한·미 양국이 6자회담 개최 조건의 문턱을 낮추기를 바라고 있었다. Scott A. Snyder and See-won Byun, "Crying Uncle No More: Stark Choices for Relations," *Comparative Connections: A Triannual E-Journal on East Asian Bilateral Relations*, Council on Foreign Relations, January 17, 2014.

3 「펜타곤 사열한 박대통령 "한·미는 세계에서 가장 강력한 동맹"」, 『조선일보』 2015년 10월 16일.

4 믹타(MIKTA)의 명칭은 참여국인 멕시코, 인도네시아, 한국, 터키, 호주의 영문명 첫 글자를 따서 지은 것이다. 믹타의 참여국들은 2014년 GDP 기준으로 세계 12위에서

18위에 드는 나라들로 G7이나 브릭스(BRICS)와 차별화되는 그룹을 의도했다.

5 Stephen M. Walt, *The Origins of Alliances*, Ithaca: Cornell University Press 1990, 172~78면.

6 Park Geun-hye, "A Plan for Peace in North Asia," *The Wall Street Journal* November 12, 2012.

7 송기돈 「박근혜 정부 대미 외교정책의 방향과 전략: 미국의 정책기조와 한국의 국정 과제 중심」, 『통일전략』 13권 2호, 2013, 107면.

8 Colin Powell, "A Strategy of Partnerships," *Foreign Affairs* Vol. 83, No. 1, January/February, 2004.

9 동북아평화협력구상의 모델이라고 말하는 1970년대 유럽안보협력회의(CSCE) '헬싱키프로세스'의 기능주의 모델이 성공할 수 있었던 가장 큰 이유도 동·서독의 상호 간 안보 위협이 남·북한처럼 크지 않았기 때문이다.

10 Aidan Foster-Carter, "South Korea's Park Geun-hye Finds a Middle Way," *The Telegraph* November 4, 2013.

11 고재남 「박근혜 정부의 외교정책 평가와 모색 토론회」, 2013년 9월 4일 국회의원회관 제1세미나실.

12 윤병세 「'김연아식 감동' 외교서도 가능」, 『중앙일보』 2013년 3월 29일.

13 Yun Byung-se, "Park Geun-hye's *Trustpolitik*: A New Framework for South Korea's Foreign Policy," *Global Asia* Vol. 8, No. 3, September 2013, 12면.

14 한미정상회담의 성과로 선전했던 GM의 투자계획이나 한·인도 정상회담의 성과로 선전했던 마힌드라의 쌍용자동차 투자계획은 이미 과거에도 나왔던 투자계획을 재탕한 경우라고 할 수 있다.

15 "Nuclear North Korea: Bad or Mad," *The Economist* October 26, 2013.

16 이명박 정부는 전임 진보정권 10년을 이념정부로 낙인찍으며, 실용정부라는 정체성을 전면에 내세웠으나 실제로는 시작부터 이념적 행보였다. 대북정책에 대한 국내의 이념갈등을 극대화시킨 것이 정권 획득의 최대 요인이었던 것처럼, 집권 이후에도 냉전적 사고로 북한에 대한 봉쇄정책으로 일관했다.

17 커밍스는 "여전히 싸움에 몰두하고 있는 형제"(fighting brothers)라고 표현한다. Bruce Cumings, *The Korean War: A History*, reprint edition, New York: The Modern Library 2011.

18 Thomas J. Christensen, "China, the U.S.-Japan Alliance, and the Security Dilemma in East Asia," *International Security* Vol. 23, No. 4, Spring 1999, 49~

50면.

19 「동북아 격랑 이는데 '군 출신·북미통' 일색 … 위기 대응 '한계'」, 『세계일보』 2014년 2월 4일.

20 『강대국 국제정치의 비극』(*The Tragedy of Great Power Politics*)의 저자인 시카고 대학의 존 미어샤이머(John J. Mearsheimer)는 폴란드와 함께 한국을 세계 지정학 위치 가운데 최악이라고 말했다. 「국제정치 대가 미어샤이머 교수에게 '한국미래' 묻다」, 『중앙일보』 2011년 10월 10일.

21 "Top Trading Partners," US Census Bureau, US Department of Commerce (http://www.census.gov/foreign-trade/statistics/highlights/top/top1312yr.html: 검색일 2014년 2월 14일).

22 Lesley Wroughton and David Alexander, "U.S., Japan to Modernize Alliance to Counter 21st Century Threats," *Reuters* October 3, 2013.

23 앨리슨은 기원전 5세기 펠로폰네소스전쟁의 원인이 아테네의 급성장에 기존의 패권국 스파르타가 두려움을 느꼈기 때문인데, 이러한 세력전이의 불안한 과정에서의 현상 타파가 역사를 따라 반복적으로 일어났다고 지적한다. 그는 1500년 이후 세력전이 현상이 15번 있었는데, 그중 11번이 전쟁으로 치달았다고 한다. Graham Allison, "Thucydides's Trap Has Been Sprung in the Pacific," *Financial Times* August 22, 2012.

24 공격적 신현실주의자(offensive neorealist)들은 미국이나 중국의 정책적 선택과 관계없이 중국의 존재와 부상 자체가 안보딜레마를 초래하기 때문에 양국이 충돌할 수밖에 없다고 주장한다. John J. Mearsheimer, *The Tragedy of Great Power Politics*, New York: W. W. Norton and Company 2001.

25 대통령후보 토론에서 쟁점이 되었던 북한 주적 논란은 바로 이런 측면을 반영한다. 문재인 대통령이 후보 시절 북한이 우리의 주적인지에 대한 질문을 받았을 때 '군사적으로는 우리가 대치하고 있고 위협이며, 적이 분명하지만, 다른 한편으로는 우리 헌법에 의거 평화통일을 해낼 상대'라고 말했다.

26 장달중·이정철·임수호 『북미 대립: 탈냉전 속의 냉전 대립』, 서울대학교출판문화원 2011, 41면.

27 역대 정권이 대체로 이런 성향을 지녔던 것이 사실이나, 박근혜 정부는 그 도를 지나쳤다. 윤병세 장관이 미국과 중국 사이에서 어려움을 겪는 상황을 뒤집어 '양쪽으로부터 러브콜을 받고 있다'라며 자화자찬하는 행위가 바로 그것이다. 「윤병세 "미·중의 러브콜, 딜레마 아닌 축복", 아전인수 논란」, 『중앙일보』 2015년 3월 31일.

28 진보정부 10년은 미국의 대외정책과 한국 내의 보수진영의 저항으로 큰 성공을 거두지는 못했지만, 미국에 대해서 한국이 나름의 자율성을 확보하고자 시도했던 유일한 기간이었다. 이와 관련된 자세한 논의는 다음 졸고를 참고. 김준형 「한국 대외정책의 대미의존성의 고착화 과정과 원인에 관한 분석: 대북정책을 중심으로」, 『21세기 정치학회보』 19집 2호, 2009, 385~412면.

29 「윤병세 "미·중의 러브콜, 딜레마 아닌 축복", 아전인수 논란」, 『중앙일보』 2015년 3월 31일.

30 2013년 6월 24일 미 의회조사국(CRS)이 작성해 상·하원에 보고한 자료에 따르면, 한일군사정보보호협정(GSOMIA)은 한·미·일 3국의 미사일방어체제 구축을 위한 사전조치였다고 명시하고 있다. Ian E. Rinehart, Steven A. Hildreth, Susan V. Lawrence, "Ballistic Missile Defense in the Asia-Pacific Region: Cooperation and Opposition," *Congressional Research Service Report*, June 24, 2013, 17면.

31 "Safeguarding East Asian Security Needs Closer China-S. Korea Coordination," *Xinhua Global Times* December 10, 2013.

32 「정부, 일 집단자위권 '제한적 용인'」, 『경향신문』 2013년 10월 27일; 「김관진 국방 "일본 집단자위권은 일본이 결정할 문제" 발언 논란」, 『한겨레』 2014년 2월 10일

33 「윤병세 "한미동맹, 빛 샐 틈 없이 최상"」, 『세계일보』 2015년 5월 8일; 「케리 "한미, 북 도발 대응에 1인치 1cm의 차이도 없다"」, 『국민일보』 2015년 5월 18일.

34 「셔먼 "한·중·일, 과거사·영토 갈등 모두의 책임"」, 『서울신문』 2015년 3월 2일.

35 이런 입장은 국내 정치적 함의를 가진 것으로 당시 노무현 대통령이 집권하고 있었고, 김대중 전임 정부와 대북송금 문제로 갈등을 겪었던 상황을 정치적으로 최대한 이용하려던 전략의 일부였을 가능성이 크다.

36 Seongwhun Cheon, "Trust — The Underlying Philosophy of the Park Geun-Hye Administration," *CSIS Korea Chair Platform*, CSIS, May 6, 2013.

37 Chung-in Moon, *The Sunshine Policy: In Defense of Engagement As a Path to Peace in Korea*, Seoul: Yonsei University Press 2012, 25면.

38 Mark E. Manyin et al., "U.S.-South Korea Relations," *Congressional Research Service Report*, April 26, 2013, 3~4면; Elias Groll, "Morning Brief: Obama backs South Korean president's strategy on North," *Foreign Policy* May 8, 2013.

39 이것은 존 케리(John Kerry) 국무장관이 한국을 방문했을 때도 감지된 부분이었다. 케리는 한국정부의 대화를 통한 문제 해결 의사를 존중하면서도 비핵화 부분에 대한 원칙을 특히 강조하며 미국의 의사를 확실하게 표명했다.

40 박근혜 대통령은 정상회담 직전의 CBS 방송과의 인터뷰에서도 신뢰프로세스가 북한의 도발과 위협을 불용하고 비핵화 원칙에 근거하고 있다는 점을 강조하면서 미국과 이견이 없음을 강조했다.

제15장 주한미군의 사드 배치

1 2014년 6월 3일 커티스 스캐퍼로티(Curtis Scaparrotti) 당시 한미연합사령관은 한국국방연구원(KIDA) 조찬 강연에서 "사드의 한국 전개를 본국에 요청했다"고 발언했고, 이어 6월 5일에는 미 국방부가 한국정부에 사드 관련 정보를 요청했다고 언급했다. 또한 2015년 2월 12일 제프 폴(Jeff Paul) 미 국방부 공보담당관은 "이미 부지 조사를 마쳤기 때문에 한국과 비공식적으로 논의하지 않고 있다고 하는 것은 옳지 않다"라고 정면으로 반박했다. 3월 12일에는 주한미군 사령부가 보도자료를 통해 "평택, 원주, 부산 등 비공식 부지 조사를 진행했다"라고도 했다. 그리고 4월 10일에는 미 태평양 사령관이 상원 청문회에서 한반도에 사드 포대를 배치하는 문제를 논의 중이라고 하였다.

2 「힐러리 "중국 북핵 막지 않으면 미사일방어망 포위할 것"」, 『뉴시스』 2016년 10월 14일.

3 「군, 150km 중고도 방어체계 도입 검토, 미 MD 전초?」, 『뉴시스』 2013년 10월 15일.

4 사드 배치 강행 이전부터 황교안 대행은 단순한 관리자의 수준을 넘는 행보를 해서 비판을 받고 있었다. 당시 『한겨레』 사설은 파면된 박근혜 전 대통령을 보좌하던 참모로서 김관진 안보실장과 황교안 총리가 안보 상황을 유지·관리하는 수준을 넘어서서, 결정자 행세를 한 것은 "권력 남용"이며, "월권행위"라고 비판했다. 「황 총리의 어설픈 '대통령 행세' 꼴사납다」, 『한겨레』 2016년 12월 13일.

5 「정의용 청 안보실장 "사드, 북 위협으로부터 국민과 주한미군 보호하는 것"」, 『서울경제』 2017년 6월 9일.

6 「"잔꾀"라는 중국, "간계"라는 일본」, 『국민일보』 2017년 6월 11일.

7 「최근 한중 상호 간 경제손실 점검과 대응방안」, 『현안과 과제 17-10호』, 현대경제연구원 2017.

8 MIT대 포스톨과 코넬대 루이스 선임연구원은 미국의 사드 레이더가 한반도에 배치되면 중국에서 미국 본토를 목표로 발사되는 대륙간탄도미사일(ICBM)을 3천 킬로미터 이상 거리까지 탐지·추적할 수 있다고 분석했다. 「사드, 중국발 미사일 3000km 이상 탐지, 중국에 위협」, 『한겨레』 2015년 6월 1일.

9 Theodore A. Postol and George N. Lewis, "Illusion of Missile Defense: Why

THAAD Will Not Protect South Korea," *Global Asia* Vol. 11, No. 3, September 2016.

10 Dean A. Wilkening, "A Simple Model for Calculating Ballistic Missile Defense Effectiveness," *Science & Global Security* Vol. 8, No. 2, 2000.

11 http://www.armed-services.senate.gov/imo/media/doc/Gilmore_03-25-15.pdf (검색일 2015. 3. 25), 7~8면.

12 2009년 『포린 폴리시』는 상호확증파괴에 기초한 공포의 균형을 맑시즘, 군산복합체, 아시아적 가치 등과 함께 20세기에 존재했다가 역사의 휴지통으로 사라지는 것 중 하나로 꼽았다. Robert Jervis, "The Dustbin of History: Mutual Assured Destruction," *Foreign Policy* November 9, 2009.

13 고영대 『사드 배치, 거짓과 진실』, 나무와숲 2017, 128면.

14 "Advance Questions for Lieutenant General Curtis M. Scaparrotti," http://www.armed-services.senate.gov/imo/media/doc/Scaparrotti_07-30-13.pdf, 11면.

15 Ashton Carter, "Networking Defense in the 21st Century" (Remarks at CNAS), U.S. Department of Defense, June 20, 2016.

16 「한, 사드 원치 않으면 예산 다른 데 쓸 수 있다고 문 대통령에 전해」, 『연합뉴스』 2017년 6월 1일.

17 「"사드 배치 결정 번복은 트럼프에게 주한미군 철수 구실"」, 『연합뉴스』 2017년 6월 13일.

18 Howard W. French, "The World; If Koreas Unite, Will Asia Divide?" *The New York Times* October 15, 2000.

19 Stephen J. Adler, Jeff Mason, and Steve Holland, "Exclusive: Trump Vows to Fix or Scrap South Korea Trade Deal, Wants Missile System Payment," *Reuters* April 28, 2017.

20 "Full interview with President Trump on his first 100 days by Sarah Westwood, White House Reporter," *Washington Examiner* April 28, 2017.

21 「포스톨 MIT 교수 "중국 견제 사드 비용 요구 납득 안돼"」, 『JTBC』 2017년 4월 29일.

22 고영대, 앞의 책 154면.

제16장 미국의 아시아로의 중심축 이동 전략과 한·미·일 관계

1 이 장은 『아세아연구』에 발표된 다음 논문을 포함한 필자의 여러 논문을 종합해 작성하였다. 김준형 「아베 정부의 안보정책 전환과 미국의 재균형 전략: 한·미·일 관계를

중심으로」, 『아세아연구』 58권 4호, 2015.

2   그런 능력을 보인 기간은 아마도 91년 걸프전을 전후로 한 짧은 기간 정도였을 뿐일
    것이다. Samuel P. Huntington, "The Lonely Superpower," *Foreign Affairs* Vol.
    78, No. 2, March/April, 1999; Christopher Layne, "The Unipolar Illusion: Why
    New Great Powers Will Rise," *International Security* Vol. 17, No. 4, Spring 1993.

3   Charles Krauthammer, "The Unipolar Moment," *Foreign Affairs* Vol 70, No. 1,
    1990/1991.

4   Loch K. Johnson, "Reinventing the CIA: Strategic Intelligence and the End of
    the Cold War," in Randall B. Ripley and James M. Lindsay, eds., *U. S. Foreign
    Policy After the Cold War*, Pittsburgh: University of Pittsburgh Press 1997, 135
    면; Philip Windsor, *Strategic Thinking: An Introduction and Farewell*, edited by
    Mats Berdal and Spyros Economides, Boulder: Lynne Rienner Publishers 2002,
    167~68면.

5   Joseph S. Nye, *The Paradox of American Power: Why the World's Only
    Superpower Can't Go It Alone*, New York: Oxford University Press 2002.

6   김순태·문정인·김기정「한국과 일본의 대미 동맹정책 비교연구: 미국의 군사전환전
    략을 중심으로」, 『국제정치논총』 49집 4호, 2009, 66면.

7   David M. Lampton, "Paradigm Lost: The Demise of 'Weak China'," *The National
    Interest* No. 81, Fall 2005, 69면.

8   James Steinberg and Michael E. O'Hanlon, *Strategic Reassurance and Resolve:
    U.S.-China Relations in the Twenty-First Century*, New Jersey: Princeton
    University Press 2014.

9   김흥규「21세기 변화 중의 미·중관계와 북핵문제」, 『한국과 국제정치』 27권 1호, 232
    면.

10 임혁백『한반도와 동아시아의 안보와 평화: 불가능주의에서 가능주의로』, 한울아카
    데미 2014, 140~42면.

11 Kent E. Calder, "U.S. Foreign Policy in Northeast Asia," in Samuel S. Kim,
    ed., *The International Relations of Northeast Asia*, Lanham, MD: Rowman &
    Littlefield 2003.

12 1965년 한·일수교 시 일본 헌법 제9조로 인해 명시적인 군사동맹은 불가능했다는 점
    도 유사 삼각동맹의 형태를 유지한 또다른 이유였다.

13 힐러리 클린턴 국무장관이 필리핀의 마닐라만에 정박한 미 구축함 피츠제럴드호 갑

판 위에서 미국은 필리핀을 위해 일어나 함께 싸울 것이라고 한 연설은 중국을 자극하기에 충분했다.

14 Mark E. Manyin et al., "Pivot to the Pacific?: The Obama Administration's 'Rebalancing' Toward Asia," *Congressional Research Service Report*, March 28, 2012, 4면.

15 2013년 6월 24일 미 의회조사국(CRS)은 한일군사정보보호협정이 한·미·일 3국의 미사일방어체제 구축을 위한 사전조치였다고 구체적으로 명시하고 있다. Ian E. Rinehart, Steven A. Hildreth, and Susan V. Lawrence, "Ballistic Missile Defense in the Asia-Pacific Region: Cooperation and Opposition," *Congressional Research Service Report*, June 24, 2013, 17면.

16 Wendy R. Sherman, "Remarks on Northeast Asia," Carnegie Endowment for International Peace, U.S. Department of State, Washington, D.C., February 27, 2015.

17 최강「한미동맹 현황과 발전을 위한 과제: 제3차 한미정상회담 결과를 중심으로」, 『주요 국제문제 분석』, 외교안보연구원 2008.

18 민병천「북한의 동맹관계에 관한 고찰」, 『북한학보』 2집, 1978, 196면.

19 『한국일보』 2015년 11월 3일.

20 Charles A. Kupchan, "From Enmity to Amity: Trust's Part in US Foreign Policy," *Global Asia* Vol. 8, No. 3, September 2013, 31면.

21 Joon Hyung Kim, "Letting Off Steam: South Korea's Role in Northeast Asia," *Global Asia* Vol. 8, No. 1, March 2013, 25~26면.

22 장달중·이정철·임수호『북미 대립: 탈냉전 속의 냉전 대립』, 서울대학교출판문화원 2011, 41면.

제17장 문재인의 한반도 평화프로세스와 한미동맹

1 이 장은 필자가 집필한 다음 책의 2장 "The Horns of a Trilemma: Moon's Ambivalent Peace Initiative"를 한국어로 번역했으며 내용의 일부를 수정했음. Chung-in Moon and John Delury, eds., *Bridging the Divide: Moon Jae-In's Peace Initiative*, Seoul: Yonsei University Press 2019.

2 탄핵이 될 대통령을 처음부터 뽑지 않았더라면 더 좋았겠지만 세계사에 유례가 많지 않은 탄핵을 완성했다. 2000년대 이후 페루, 인도네시아, 리투아니아, 파라과이, 그리고 최근의 브라질 정도에서만 가능했던 사건이다.

3 Bernard Manin, *The Principles of Representative Government*, Cambridge: Cambridge University Press 1997.

4 "President Obama Farewell Address: Full Text," *CNN* January 11, 2017.

5 과거 협상은 남북 대화가 시작될 때 한국을 의심하는 미국 그리고 북·미 대화가 근접할 때 긴장하는 한국의 모습으로 정형화되어왔다. 전자는 한미동맹이 와해되고 있다는 비판에 의해, 후자는 통미봉남을 경고하는 목소리에 의해 주목을 받았다. 「'북·미'와 보조 맞춰야 하는 '남북' … 역대 정부 필연적 딜레마」, 『경향신문』 2018년 9월 5일.

6 Jamie Fullerton, "Kim Jong-un: North Korea to Allow Foreign Experts to Witness Nuclear Site Closure in May," *The Telegraph* April 29, 2018.

7 이승환 「평창올림픽과 한반도 대전환」, 참여연대 시민평화포럼 평화보고서 2018-1차(http://www.peoplepower21.org/Peace/1558533: 검색일 2021년 1월 26일).

8 「문정인 "남북 협력이 비핵화 촉진시킬 수 있다"」, 『한겨레』 2019년 4월 19일.

9 Donald J. Trump with Tony Schwartz, *The Art of the Deal*, paperback edition, New York: Ballantine Books 2015.

10 Ankit Panda, "The Hwasong-15: The Anatomy of North Korea's New ICBM — Is the Hwasong-15 the Apotheosis of North Korea's Ballistic Missile Program?," *The Diplomat* December 6, 2017.

11 Joon Hyung Kim, "National Commentaries: A South Korean Perspective," Asan Forum, October 26, 2017.

12 Han Kang, "While the U.S. Talks of War, South Korea Shudders: There is No War Scenario That Ends in Victory," *The New York Times* October 7, 2017.

13 문재인 대통령은 처음에는 사드 배치에 대해 모호한 입장을 견지하려 하였으나, 머지않아 사드 배치를 재확인하고 심지어 배치를 서두르는 것 외에는 다른 방안이 없다는 것을 깨달은 듯하였다.

14 "보수 제1야당의 홍준표 대표가 아돌프 히틀러를 과소평가하고 그에 대한 유화적 접근 방식을 옹호함으로써 제2차 세계대전을 막는 데 실패한 것으로 유명한 체임벌린 전 영국 총리를 문재인 대통령에 빗대며 트럼프 대통령의 발언을 되풀이하였다는 점이 흥미롭다." Nicola Smith, "Donald Trump Risks Rift with South Korea over 'Appeasement' Claim," *The Telegraph* September 4, 2017; Shin Hyon-hee, "No military action without Seoul's consent: Moon President says no war on peninsula; urges North Korea to freeze tests for talks," *The Korea Herald* August

15, 2017.

15 Bruno Tertrais, "The Causes of Peace: The Role of Deterrence," Recherches & Documents No. 02/2018, Fondation pour la Recherche Stratégique, January 16, 2018, 5면 (www.frstrategie.org/web/documents/publications/recherches-et-documents/2018/201802.pdf).

16 Thomas C. Schelling, "The Diplomacy of Violence," *Arms and Influence*, New Haven: Yale University Press 1966.

17 Richard Ned Lebow and Janice Gross Stein, "Deterrence and the Cold War," *Political Science Quarterly* Vol. 110, No. 2, Summer 1995, 180면.

18 조찬제 「존 삼촌과 트럼프의 핵 집착증」, 『경향신문』 2017년 10월 25일.

19 Yang Xiyu, "Security Dilemma on the Korean Peninsula and the Way Out," *China International Studies* March/April 2018.

20 Chung-in Moon, "Thoughts on a 'Peace Regime' to End the Korean War," *Global Asia* Vol. 8, No. 3, September 2013, 92~93면.

21 Katharine H. S. Moon, "Caught in the Middle: The North Korean Threat Is Ultimately Seoul's Problem," *Foreign Affairs* September 21, 2017.

22 Jon Grevatt and Craig Caffrey, "Seoul Approves Biggest Defence Budget Increase in a Decade," Jane's 360, 10 December 2018.

23 Jeff Jeong, "Inside South Korea's Military Wish List, As It Seeks Greater Control Over Its Forces," *Defense News*, April 21, 2019 (https://www.defensenews.com/global/asia-pacific/2019/04/21/inside-south-koreas-military-wish-list-as-it-seeks-greater-control-over-its-forces/).

24 『문재인 대통령 연설문집 제2권』, 대통령비서실 2019, 345~50면.

25 Sungyoung Jang, "How Will 'Defense Reform 2.0' Change South Korea's Defense?: A Closer Look at Moon Jae-in's Ambitious Defense Modernization Plan," *The Diplomat* August 27, 2018.

26 Ser Myo-ja, "Moon Touts Stronger Military for South: Armed Forces Day Speech Stresses Moves to Get Operation Control," *Korea JoongAng Daily* September 28, 2017.

27 "Will South Korean Presidential Hopeful Moon Jae-in Pull the World Back From Nuclear War?," *Time* April 19, 2017.

28 「"대화 어느때보다 절실" … 평화협정·남북교류 등 모든 카드 꺼내」, 『한겨레』 2017

년 7월 7일.

29 Vladimir Petrovsky, "South Korea's New National Security Strategy: Priorities and Nuances," *The International Affairs* December 29, 2018.

30 "The Peacemaker Moon Jae-in: Achievement during his first year in office," Cheong Wa Dae, Korean Culture and Information Service, May, 2018.

31 Johan Galtung, *Peace by Peaceful Means: Peace and Conflict, Development and Civilization*, Oslo: SAGE Publications Ltd 1996.

32 정인환 「다시, 평화를 통한 비핵화」, 『한겨레』 2019년 3월 7일.

33 "남북이 군사 문제에 관해 합의한 것은 이번이 처음이 아니다. 가장 중요한 것은 1991년 체결된 기본합의서이다. 그러나 이 새로운 합의는 양측 군의 효과적이고 단계적인 전술적, 작전적 축소를 가져올 수 있는 실질적인 조치들을 포함하고 있다." Sukjoon Yoon, "North and South Korea's New Military Agreement: Despite questions, the agreement should be welcomed — including by the U.S.," *The Diplomat* October 2, 2018.

34 Mats Engman, "The Inter-Korean Military Agreement: Risk of War Diminished?," *Issue & Policy Briefs*, Institute for Security and Development Policy, November, 2018.

35 James E. Goodby, "Creating a Peace Regime in Korea," Brookings Institution, May 30, 2006.

36 Kentaro Sakamoto and Yaechan Lee, "The Survival of the US-Japan, US-ROK Alliance under a Potential Peace Treaty," *E-International Relations* June 16, 2018.

37 David F. Helvey, "Korean Unification and the Future of the US-ROK Alliance," Strategic Forum, No. 291, INSS, February 2016, 2면.

38 "문대통령은 문정인 통일외교안보특보의 언론기사가 논란을 일으킨 뒤 자신의 입장을 거듭 밝혔다." Chung-in Moon, "A Real Path to Peace on the Korean Peninsula: the Progress and Promise of the Moon-Kim Summit," *Foreign Affairs* April 30, 2018.

제18장 판문점에서 하노이까지

1 Josh Rogin, "Trump's North Korea Policy is 'Maximum Pressure' But Not 'Regime Change'," *The Washington Post* April 15, 2017.

2 Tim Shorrock, "In South Korea, War Hysteria Is Seen as an American Problem," *The Nation* April 17, 2017.

3 William J. Perry, *My Journey at the Nuclear Brink*, Stanford: Stanford University Press 2015, 171면; 윌리엄 J. 페리 『핵 벼랑을 걷다: 윌리엄 페리 회고록』, 정소영 옮김, 창비 2016, 312면.

4 북한이 화성 12형을 일본 상공을 통과해 북태평양 방향으로 날아가도록 발사한 이튿 날인 9월 16일에 조선중앙통신은 "핵 무력 완성 거의 종착점"에 이르렀다고 주장했다. 또한, 『로동신문』은 10월 28일자 논평에서 핵과 미사일 개발에 대해 이미 최종 완성을 위한 목표가 전부 달성된 단계라고까지 주장했다.

5 전술핵 재배치에 대한 반대 논의에 관해서는 김준형 「확전 억제력 '0' … 북핵 명분만 주는 꼴」, 『서울경제』 2017년 3월 17일.

6 Ralph A. Cossa, "U.S. Northeast Asia Policy: Revitalizing Alliances and Preserving Peace on the Peninsula," 『전략연구』 49호, 2010, 24면.

7 Matthew Pennington, "Trump Strategy on N Korea: 'Maximum Pressure and Engagement'," *The Associated Press* April 14, 2017; Susan A. Thornton, "Briefing on the Situation on the Korean Peninsula," *U.S. Department of State* April 17, 2017.

8 "North Korea's Brazen Nuclear Moves," *The New York Times* May 2, 2016.

9 국정기획자문위원회 『문재인정부 국정 운영 5개년 계획』, 2017, 138면.

10 「한-미 정상 "단계적·포괄적 접근으로 북핵 해결"」, 『한겨레』 2017년 7월 1일.

11 Joon Hyung Kim, "National Commentaries: A South Korean Perspective," Asan Forum, October 26, 2017.

12 Nicola Smith, "Donald Trump Risks Rift with South Korea over 'Appeasement' Claim," *The Telegraph* September 4, 2017.

13 이대근 「이대근의 단언컨대 150회: 길 잃은 외교안보, 대전환하라」, 『경향신문』 2017년 8월 25일.

14 김준형 「한·미·중 공조론」, 『경향신문』 2017년 9월 22일.

15 「문재인 대통령 "한·미 군사훈련 연기, 미국에 제안"」, 『한국경제』 2017년 12월 20일.

16 Han Kang, "While the U.S. Talks of War, South Korea Shudders: There is No War Scenario that Ends in Victory," *The New York Times* October 7, 2017.

17 「"미국이 강도면 전세계가 강도" … 북 비난에 발끈한 폼페이오」, 『중앙일보』 2018년 7월 8일.

18 「문 대통령 "북한의 새로운 선택에 국제사회가 화답할 차례"」, 『오마이뉴스』 2018년 9월 27일.

19 David E. Sanger and Edward Wong, "How the Trump-Kim Summit Failed: Big Threats, Big Egos, Bad Bets," *The New York Times* March 2, 2019.

20 「김정은, 남에 "오지랖 넓은 중재자 아닌 당사자 돼야" 압박」, 『국민일보』 2019년 4월 14일.

21 「김명길 대사, "역스러운 회담 … 추후 회담 여부는 미국에 물어보라"」, 『경향신문』 2019년 10월 7일.

22 John Bolton, *The Room Where It Happened: A White House Memoir*, New York: Simon & Schuster 2020.

23 「문정인 "백악관, '봉숭아학당' 같아 … 볼턴은 편집증 환자"」, 『파이낸셜뉴스』 2020년 7월 2일.

24 David Ignatius, "John Bolton's Book is Full of Startling Revelations He Should Have Told US Sooner," *The Washington Post* June 18, 2020.

25 Th. W. 아도르노 외 『계몽의 변증법』, 김유동 옮김, 문학과지성사 2001.

26 James D. Fearon, "Domestic Political Audiences and the Escalation of International Disputes," *American Political Science Review* Vol. 88, No. 3, September, 1994.

에필로그

1 Jae-Jung Suh, *Power, Interest, and Identity in Military Alliances*, New York: Palgrave Macmillan 2007, 13~16면.

2 김연철 「한반도 평화체제 구축, 동북아 안보협력 발판」, 『통일한국』 2008년 8월호 19면.

3 노무현 정부의 청와대 내부에서 벌어진 자주파와 동맹파의 논쟁에 관해서는 다음 책을 참조. 김종대 『노무현, 시대의 문턱을 넘다: 한미동맹과 전시작전권에서 남북정상회담에 이르기까지』, 나무와숲 2010.

4 현재 한·미 간의 방위비 분담금은 '방위비분담 특별협정'(SMA)에 따라 미군의 주둔 경비 중 인건비, 군사시설비, 군수지원비를 분담하게 되어 있으며, 이는 총 20억 달러 규모라는 점에서 트럼프의 요구는 현 제도로는 불가능한 액수다.